U0112068

大展好書　好書大展
品嘗好書　冠群可期

大展好書　好書大展
品嘗好書　冠群可期

體育教材：15

田徑運動
高級教程

〈第三版〉

文超　主編

全國體育院校教材委員會　審定

大展出版社有限公司

編委會

前 言

　　20 世紀 80 年代，隨著改革開放的實行，全國體育學院田徑教材建設進展很快，各種學制都有各自的教材，一部體育系通用教材多學制使用的現象結束了。

　　1991 年 12 月，國家體委在上海體育學院召開了全國體育學院教材委員會擴大會議，審議和確定了全國體育學院「八五」期間教材建設目標、方針、任務與教材小組的任務等，要求教材小組成員集中精力，做好教材研究工作，發揮培養人才的諮詢、參謀和助手作用。

　　在本次擴大會議上，各教材小組成員進行了換屆。田徑教材小組成員有文超（組長）、馬明彩、徐昌豹、王代才、黃向東、王保成、胡曉進。秘書：李相如。田徑教材小組「八五」期間教材建設的主要任務之一是組織編寫、優選和出版《田徑運動高級教程》。

　　《田徑運動高級教程》是體育院校田徑運動專修教材，主要是供培養專修田徑運動的本科學生和研究生使用。同時，也可供田徑教師和教練員進修提高、崗位培訓以及體育院校其他師生研究田徑運動參考使用。

　　為了編好這部教程，田徑教材小組蒐集了世界田徑強國的田徑專著和蘇聯體育學院田徑教科書，翻譯、印刷和學習、研究；在國內進行較為廣泛的調查，傾聽意見，並收到了 15 所體育學院、部分師範大學體育系、體工隊、體育科學研究所等的很多教師、教練員、研究人員以及專修田徑的學生的來函，他們提出了很多寶貴意見，都積極熱情地支持與關注這部《教程》的編寫工作，使田徑教材小組的成員深受鼓舞。

　　1994 年 10 月，由文超為主編，韋迪、張思溫、徐昌豹為副主編，共有 18 位教授和 21 位副教授編寫的《田徑運動高級教程》由人民體育出版社出版發行，受到了體育界、媒體的熱烈歡迎，並給予了高度的評價。這部《教程》是全國體育學院教材委員會審定的通用教材，於 1995 年 12 月 26 日獲國家體委第三屆全國體育院校優秀教材一等獎，並在北京人民大會堂頒獎。

　　20 世紀 90 年代以來，國際田徑規則與時俱進地有部分修改，並且先後增加了女子三級跳遠、撐竿跳高、擲鏈球和 3000 公尺障礙跑 4 個比賽項目。

　　21 世紀初，世界和我國田徑運動都有很大的發展、變化和提升。新的田徑技術、科研成果和理論知識更加豐富。在新的形勢下，為了更好地適應培養 21 世紀田徑專業人才的實際需要，2003 年 6 月，我們修訂、出版了新版《田徑運動高級教程（修訂版）》。它是由全國體育院校教材委員會田徑教材小組委託原教材小組組長文超主編的，張貴敏、張思溫、徐昌豹、劉江南等為副主編，有 34 位教授和 11 位副教授參加了編寫工作，由全國體育院校教材委員會審定，人民體育出版社出版發行。第一版（650 千字）和修訂版（982 千字）從 1994 年 10 月至 2012 年 2 月每

年都再版，累計印刷 18 次，共發行了 65170 冊。

2008 年，第 29 屆北京奧運會的成功舉辦，中國田徑界收穫了莫大的精神財富和物質財富。

2010 年 11 月 30 日—12 月 4 日，由西安體育學院主辦、多威體育用品公司承辦，在崑山召開了《田徑運動高級教程》的再修訂工作會議，文超教授部署了再修訂工作，2011 年 12 月由 43 位教授和 3 位副教授共同完成了第三版的再修訂任務。

《田徑運動高級教程（第三版）》再修訂的原則，是在尊重原教材、原編者研究成果的基礎上，注意教材的穩定性、連續性，並重視吸納新的內容。

根據實踐是第一位的觀點，本《教程》將實踐部分（運動技術項目）排列在前，理論部分排列在後，與長期以來很多國內外田徑專著、教材都將理論部分排列在前、實踐部分排列在後的結構不同。特別是本《教程》將短跑項目排列在第一章，以更好地體現田徑運動的本質。

有的編者透過數十年田徑教學和訓練的實踐、總結，再實踐、再總結，使本《教程》新增加了「田徑教研室的建設」和「田徑代表隊總教練的基本工作與任務」等專節；有的編者對多年指導研究生的工作不斷總結和提煉經驗，使本《教程》新增加了「研究生的知識——智能結構與選擇研究方向」和「研究生創新能力的培養」兩個大節，提高了本《教程》的層次和實用性。本《教程》反映了當今世界田徑運動新的發展形勢、理論成果和我國先進的田徑運動教學訓練經驗。同時，介紹了一些有代表性的學術觀點與技術風格，旨在活躍學術思想，引導讀者不斷地向新的田徑運動教學訓練實踐和理論知識探求。

希望本《教程》能在我國田徑教材建設與發展中繼續發揮其引領作用。

本《教程》附有各章編者的簡介，其中有他們的研究方向，希望田徑工作者和田徑愛好者與他們相互交流。

本《教程》是以西安體育學院為主持單位的全國田徑理論研究會組織編寫的。我們期待著尊敬的讀者、專家、學者和體育老師們對本《教程》提出批評和指正。我們將在以後的適當時候再做修訂，使之日臻完善。

編　者

CONTENTS
目錄

目錄

//////// 理論部分 ////////

目錄

9

田徑運動 高級教程

田徑運動總論

文　超

第一節・田徑運動的競賽規則、定義、項目分類與特徵

百餘年來，世界田徑運動從僅有幾個比賽項目發展到數以百計，充分說明它在與時俱進地發展。世界各國對田徑運動的定義大同小異，對田徑運動的稱呼不盡一致，但是，田徑運動的內容基本相同。

隨著田徑運動的迅速發展和運動水準的不斷提高，全球性競賽日益增多，國際學術交流頻繁，人們對田徑運動的認識不斷加深，世界田徑運動需要一個有權威性的田徑競賽規則，也需要對它有個明確、公認、有權威性的定義。

一、田徑運動競賽規則

「不以規矩，不能成方圓」，田徑比賽必須有規則，而且必須與時俱進地適時修改。現行的規則是中國田徑協會依照國際田徑聯合會（國際田聯）頒發的《田徑競賽規則2010—2011》翻譯制定的，其中有中國田徑協會根據國內田徑競賽需要，結合實際制定的補充規則，供全國及各地區的各級各類田徑比賽使用。

國際田聯的《田徑競賽規則》是世界田徑競賽工作的依據與指揮棒。中國田徑協會審定出版的《田徑競賽規則》是中國田徑競賽工作的依據與指揮棒。它是編寫中國田徑教材的重要依據之一，也是中國田徑教師、教練員、科研人員與所有的田徑工作者必讀的書。我們都要遵循《田徑競賽規則》。

二、田徑運動定義

《田徑競賽規則》（2010—2011）中對田徑運動的定義表述如下：「田徑：包括徑賽和田賽、公路跑、競走、越野跑和山地賽跑。」

我們都應認真學習、理解、掌握這一定義內容、精神實質，並按此田徑定義進

行工作。中國是國際田聯第一組會員國，田徑工作一定要與國際接軌，模範地遵循國際田聯的規則。

田徑定義，也隨著田徑運動的發展、變化、提高而有所發展變化。將國際田聯2010—2011年與其2002—2003年田徑競賽規則中的田徑定義相比較，山地賽跑就是最新田徑定義中的新項目。

三、田徑運動比賽項目的分類

現代田徑運動的分類，可在徑賽、田賽、公路跑、競走、越野跑和山地賽跑這六大類之下，再按田徑比賽項目進行細化分類。這個細化的分類也應按國際田聯承認世界紀錄的項目進行。此外，各國也可根據國情設立本國的比賽項目和紀錄。

現代奧運會田徑比賽項目是47項。

世界田徑比賽項目有三個分類，即國際田聯承認世界紀錄的項目與分類；國際田聯承認世界青年紀錄的項目與分類；國際田聯承認世界室內紀錄的項目與分類。參照《田徑競賽規則》（2010—2011）第261條、262條和263條，共有187個田徑比賽項目。2002—2003年《田徑競賽規則》中是166項，新增加的比賽項目主要是各種不同距離的公路跑和女子十項全能等。在187個項目中屬於跑和與跑有強相關的項目約占88%。

我國還承認全國少年紀錄52項（男27項、女25項）；還承認2項全國青年最好成績。參照《田徑競賽規則》（2010—2011）第314、315頁。

以上，我國承認的總共241個田徑項目都可進行比賽，都承認其世界紀錄和全國紀錄（或最好成績）。在241個田徑項目中，有206個田徑項目屬於跑和與跑有強相關的項目，占85%以上。

縱觀奧運會，田徑場是主賽場，田徑場的直道、彎道、助跑道，投擲圈、欄架間，都有運動員在跑，跑是田徑的靈魂，無數的體育運動項目中也都離不了它，它是人類朝氣蓬勃的生命力。可見，開展跑的活動和競賽，提高跑的能力多麼重要。國際田聯設立了較多的世界紀錄項目，為各國運動員提供了很多的比賽機會，有助於運動員進行多年、全年系統訓練，提高訓練品質，豐富比賽經驗。特別是運動員參加相鄰項目比賽也有助於提高專項訓練水準和競賽能力。

我國地域遼闊，人口眾多，田徑運動的開展與比賽的經濟與物質條件差異甚大，廣大從事青少年田徑運動教學、訓練的工作者，應參考國內外田徑比賽項目，特別要參照我國田徑運動比賽項目，結合本地區、本單位實際情況，如場地器材條件、學生身體素質條件、學校所在地的自然環境條件以及本校、本地區傳統項目等選擇田徑運動項目。例如，處在丘陵地帶又缺乏場地器材的中學，可參照我國少年男女乙組田徑比賽項目，降低條件，設立本校或年級的田徑紀錄。例如，設立、開展50公尺跨欄跑（簡易欄架3～4個，欄高50～60公分，欄間距離6～7公尺）、

田徑運動 高級教程

立定跳遠、推 2 公斤重的實心球以及沿丘陵地形進行的 2000 公尺越野跑、山地賽跑等比賽項目。

四、田徑運動的特徵

第一，走、跑、跳、投是人類生活的基本技能，是田徑運動項目中最基本的運動形式。這些自然動作和技能對學習掌握田徑運動各項技術有著十分密切的關係，這些自然動作規範，有助於正確地、較快地掌握田徑運動技術。

第二，田徑運動具有個體性，又具有廣泛的群眾性。田徑運動除接力跑外，都是以個人為單位參加比賽的運動項目，團體成績和名次大多是由個人成績和名次及接力跑成績和名次的計分相加決定的。田徑運動是體育運動中最大的一個項目，它包括 6 大類的很多單項，是任何大型運動會中比賽項目最多、參賽運動員最多的項目，經常參加田徑運動的人也最多。

第三，參加田徑運動很少受條件限制。男女老少都可在平原、田野、草地、小道、公路、河灘、沙地、丘陵、山崗、公園等較寬敞安全的地帶從事田徑運動。基層田徑比賽可從實際出發，因地制宜，任何堅固、勻質、可以承受跑鞋鞋釘的地面均可用於田徑運動競賽。使用簡易的場地器材和設備也可舉行基層田徑運動會。

舉行較高層次的田徑比賽，田徑場地、器材等設施設備都必須符合國際田聯頒佈的田徑競賽規則的要求。國內外田徑水準越來越高，對比賽條件的要求也越來越高。現代奧林匹克運動會田徑賽、世界田徑錦標賽、洲際田徑賽、我國全運會的田徑賽所用的場地、器材、設施、設備都不同程度地反映出當代較高的科技水準。

第四，田徑運動中各單項和全能項目，對人體形態、機能、身體素質和心理素質等有不同的要求，運動員可從個人實際和特點出發，選擇運動項目，掌握具有個人特點的先進、合理的運動技術。

第二節・田徑運動的重要意義

一、田徑運動能有效地發展人體速度、力量、耐力等身體素質

第一，長時間競走或慢跑，全身的肌肉都能參加工作，可加速物質代謝，增強心血管、呼吸和其他系統的活動能力，協調有機體各器官和系統的機能，能有效地發展耐久力和培養堅持不懈的意志。

中速跑、快速跑時，要求進一步提高機體各系統器官的適應能力，身體全部肌肉群都參加運動，心血管、呼吸與其他系統活動也隨著跑速的加快而更強烈，物質

田徑運動總論

13

代謝速度也更快，能有效地發展速度、速度耐力、力量。也能使頑強拚搏精神跨入一個更高的階段，得到鍛鍊和提高。

第二，跳躍項目是人體在短時間、高強度神經肌肉用力克服障礙的一類運動項目。諸如克服地心引力、身體重量、自身運動中的各種生理性和病理性的不協調、不適應，以及克服運動環境、器械、心理、情緒等阻力。因此，跳躍練習能提高控制身體和集中用力的能力，能有效地發展彈跳力、力量、速度、靈敏協調性，培養勇敢精神。

第三，投擲項目是人體將專門器械推遠或擲遠的一類運動項目，經常練習能有效地發展臂部、肩帶、軀幹和腿部等肌肉力量。

第四，全能運動能更加全面地發展身體素質，更加全面地掌握田徑運動技術，培養頑強的意志品質。

二、「田徑運動是基礎」

「基礎：泛指事物發展的根本或起點。」[1]「田徑運動是基礎」表現在以下方面：

田徑運動是健康體魄的基礎；

田徑運動是人體生活、生產技能能力的基礎；

田徑運動是各項運動員提高運動成績的基礎；

田徑運動是戰士提高戰鬥力的基礎。

田徑運動是基礎的重要意義並不是要求人們都要練習跨欄、撐竿跳高、擲標槍或鏈球，其實質是要求人們重視發展身體素質，增強體能。

運動實踐表明，我國田徑運動開展較好、成績較好的省、區、市也是體育運動開展較好、成績較好的省、區、市。美國是世界上的田徑大國、強國，也是體育大國、強國。俄羅斯也可如此稱謂。牙買加國小，人少，但卻是田徑強國，也有成為體育強國的基礎。我國領土大，人口多，要成為體育大國、體育強國，尚須進一步重視與積極開展學校體育教育工作，特別是要高度重視與積極開展田徑運動。

三、「田徑是體育運動之母」

母親，是生我的人，動物都有母親，結子的植物也有母親。母親也泛指能有所滋生的事物。「田徑是體育運動之母」意味著很多體育項目如果沒有透過田徑運動的跑、跳、投項目鍛鍊出來的良好身體素質，就難以發展和提高。

「田徑是體育運動之母」，田徑運動是個大項目，它有很多單項和小項，它們

---

[1] 引自《辭海》（1979 年版）縮印本，上海辭書出版社，1982 年 3 月 1 版 2 次，538 頁。

又是什麼關係呢？

跑，是田徑的靈魂，是田徑偌大項目的大頭，是大多數。

短跑是田徑運動之核心，100 公尺跑的勝利者是田徑運動之星。

四、「得田徑者得天下」

天下自古以來都是指全國、全世界。「得田徑者得天下」之意是指：

田徑運動在全國普及與提高，體育教育事業發展得好，全國人民身體素質普遍提高，體質增強，意志堅強，可以把國家建設得更好。

田徑運動在部隊操練中運用得好，戰士們身體素質水準高，意志堅定，體魄健壯，戰無不勝，可以更好地保衛國家。

我們的運動員在省、區、市、全國運動會乃至奧運會田徑運動這個最大的比賽項目上，能獲得大量的獎牌、冠軍，就為獲得綜合賽事的全面勝利奠定了良好的基礎。

第三節・世界田徑運動

19 世紀中葉，英國、美國先後舉行過田徑冠軍賽。至於現代田徑運動形成於何時，難以確立嚴格、準確的界定。1896 年第 1 屆現代奧林匹克運動會的田徑賽，可認為是現代世界田徑運動開始的標誌。歷屆奧運會田徑賽都能較集中地反映田徑運動的發展、變化和水準等情況。

世界田徑運動一百餘年，經受過戰爭和重大政治事件的影響與考驗，按其發展和提高，大致可分為七個階段。

第一階段：

19 世紀末至 20 世紀初，是現代田徑運動開始形成、發展，在較低水準上逐步提高階段。

第 1—5 屆奧運會田徑賽所設項目分別為男子 12、16、16、18、21 項（圖1）。美國獲這 5 屆的金牌數分別是 9、12、16、11、11 枚，其次是英國。第 5 屆奧運會上，芬蘭長跑和投擲運動員大顯身手，獲 3 枚金牌。瑞士也獲 3 枚金牌。這屆田徑成績提高幅度較大，美國壟斷金牌的優勢開始遭到挑戰。

1912 年 7 月 17 日在斯德哥爾摩舉行「國際業餘田徑聯合會」（IAAF）的成立大會，有 17 個國家的代表參加。它為奧運會田徑賽和國際田徑賽制定了一個能被世界各國和地區接受的有關組織章程和規則，成為共同的業餘田徑運動的世界性法典，真實地記載了世界和奧運會田徑紀錄，開展了國際田徑運動的統一管理和組織

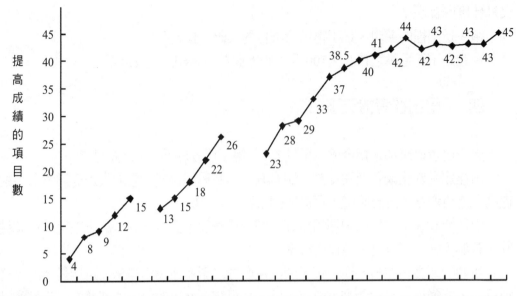

圖 1　世界田徑成績進展示意

工作。國際田聯也將這個成立大會作為第一次代表大會。1913 年在柏林代表大會上通過了第一部章程。

　　在這個階段，世界上有人開始用照相機拍攝單片或間隔時間連續拍攝照片，對田徑技術進行研究和提出改進技術意見等。

第二階段：

　　1913—1920 年受到第 1 次世界大戰的影響，是世界田徑運動成績下降階段。

　　第一次世界大戰的爆發，使得第 6 屆奧運會未能如期舉行。1920 年第 7 屆奧運會田徑比賽成績低於 8 年前的第 5 屆，而且顯著下降。美國獲 7 枚金牌，芬蘭獲 6 枚金牌，英國獲 3 枚金牌。美國實力削弱，芬蘭實力增強。芬蘭的投擲和長跑成績為世界比賽中的強項。

第三階段：

　　20 世紀 20—30 年代中期（1921—1936 年）是世界田徑運動迅速恢復、發展與提高階段。

　　第一次世界大戰後的十多年裏，許多國家田徑運動都有所發展，參加奧運會田徑賽的國家和運動員也增多，在迅速恢復戰前水準後，第 8—第 10 屆奧運會田徑成績逐屆提高。1936 年的第 11 屆奧運會田徑成績已達到較高水準。

　　1922 年在巴黎首次舉行了女子田徑賽。1924 年成立了專門統轄女子的田徑運動聯合會（FSFI）。同年在巴黎國際田聯代表大會上，國際田聯支持 FSFI 的要求，

在 1928 年荷蘭阿姆斯特丹舉行的第 9 屆奧運會上，首次將女子 5 個項目列為田徑比賽內容。從那時起，女子田徑比賽項目不斷增加，運動成績不斷提高。

1926 年在荷蘭出現第一架用於拍攝終點情況的高速攝影裝置，用以消除在裁判和計時中的人為誤差。1928 年第 9 屆奧運會田徑裁判工作使用了這種裝置。

1928 年，國際田聯在阿姆斯特丹代表大會上首次批准了有關檢查禁用興奮劑的規則，並且編入了國際田聯手冊。

1930 年，承認電子計時為世界紀錄。

1932 年，在洛杉磯舉行的第 10 屆奧運會上採用 1/100 秒計時，並設終點攝影。

在 1936 年第 11 屆奧運會田徑賽中，美國、芬蘭、德國和英國實力較強。美國黑人男子運動員歐文斯獲得 100 公尺、200 公尺、跳遠和 4×100 公尺接力跑 4 枚金牌。

第四階段：

20 世紀 30 年代後期至 40 年代後期（1937—1948 年）受第二次世界大戰的影響，是世界田徑運動水準第二次下降階段。

第二次世界大戰持續時間較長，許多國家遭受嚴重破壞，第 12、13 屆奧運會未能舉行，使世界田徑運動的普及與提高都遭受嚴重影響。1948 年第 14 屆奧運會田徑成績比 1936 年第 11 屆奧運會田徑成績還低，除美國運動員獲得較好成績外，荷蘭女運動員大顯身手，獲 4 枚金牌。

但是，已在世界許多國家開展起來的田徑運動具有頑強的生命力，即使在第二次世界大戰期間，特別是戰後，許多國家，包括受戰爭嚴重破壞的蘇聯和東歐一些國家，仍堅持開展田徑運動，努力提高田徑運動水準，例如在 1946 年舉行全蘇田徑錦標賽上，蘇聯田徑理論家取得了不少研究成果，對蘇聯和其他一些國家田徑運動的開展與提高產生了積極的影響。

第五階段：

20 世紀 50 年代初至 90 年代初（1952—1991 年）的 40 年間，是世界田徑運動穩定、持續發展、不斷提高並達到很高水準的階段。

蘇聯於 1952 年首次參加第 15 屆奧運會，歐洲參加國也增多，田徑賽競爭比較激烈，成績比上屆有較大幅度提高。澳洲和蘇聯女運動員取得較好成績。在 1956 年第 16 屆奧運會上，澳洲獲女子 100 公尺、200 公尺、80 公尺欄和 4×100 公尺接力跑 4 枚金牌。

20 世紀 50 年代，世界田壇出現了數位頗有影響的優秀運動員。

捷克斯洛伐克的長跑運動員埃·扎托倍克創造 5000 公尺、10000 公尺世界紀錄，並在第 15 屆奧運會上獲得 5000 公尺、10000 公尺跑和馬拉松跑三項冠軍，被

17

輿論界譽為「人類火車頭」。他的大運動量訓練對世界長跑訓練產生了一定影響。

巴西的三級跳遠運動員弗・達西里瓦獲第 15、16 屆奧運會三級跳遠冠軍，特別是在第 15 屆奧運會三級跳遠比賽的 6 次試跳中，4 次打破世界紀錄，他的精湛技術和在一次大賽中連續打破幾次世界紀錄，永遠值得人們敬佩和學習。

美國男子鉛球運動員帕里・奧布萊因也連獲第 15、16 屆奧運冠軍，他所創新的背向滑步推鉛球技術產生了深遠的影響，被稱為「大力士中的巨人」。

50 年代，蘇聯、美國等的田徑運動專著、教材也在世界許多國家翻譯出版，這對田徑運動的理論交流、研究與實際運用都發揮了良好的作用。

1960 年第 17 屆奧運會，蘇聯和美國分別獲得 11 和 12 枚田徑金牌，世界田壇形成兩強分庭抗禮的局面。居住在高原的非洲埃塞俄比亞運動員阿貝貝奪得馬拉松跑冠軍以後，一些生理學家、教練員認為阿貝貝驚人的快速恢復機能是高原訓練的結果。從此，比較廣泛地興起了高原訓練。

台灣運動員楊傳廣在本屆奧運會上獲十項全能比賽銀牌。1963 年他創造了十項全能 9121 分的世界紀錄（按當時的計分表）。

1968 年是世界田徑運動推陳出新、運動成績全面提高的一年。世界上出現了人工合成的塑膠跑道。這種跑道的出現和使用，對田徑運動具有劃時代的意義。它與煤渣跑道相比是重大革新，也是人類科學技術、物質文明對田徑運動的重大投入。這種被稱為「全天候」的跑道解決了雨天無法進行田徑賽的難題，它對在田徑場上比賽的大部分項目的技術和成績的提高都起著良好的促進作用。

美國男子鐵餅運動員歐捷爾是第 16—19 屆奧運會鐵餅比賽「四連冠」，被稱為奧運史上「田徑長壽冠軍」。他對田徑運動的競技年齡與競技壽命的研究，提出了新的課題。

1968 年在墨西哥城舉行的第 19 屆奧運會上，美國運動員福斯貝里採用背越式跳高技術取得冠軍後，背越式跳高技術在世界各國非常迅速而廣泛地普及起來，跳高成績也提高很快。同時，在田徑教學訓練中也較多地使用了海綿墊。福斯貝里對跳高技術革新和跳高項目的發展作出重大貢獻。

美國男子跳遠運動員比蒙，在本屆奧運會上創造了 8.90 公尺的世界紀錄，將原紀錄提高了 50 多公分，曾被讚許為「21 世紀的紀錄」，跳遠史上的奇蹟。

墨西哥城位於海拔 2300 公尺的高原地帶，本屆奧運會在田徑運動成績大面積、大幅度提高的同時，出現了男子競走、中長跑和 3000 公尺障礙跑等項目的成績均比上屆下降的現象，引起了人們對高原訓練的進一步思考與探索。

台灣女運動員紀政在本屆奧運會上獲得 80 公尺欄銅牌。她在 1969—1970 年間次打破 6 項世界紀錄（100 碼 10.0，100 公尺 11.0，200 碼 22.7，22.5，200 公尺 22.4，100 公尺欄 12.8，200 公尺欄 26.2），被稱為亞洲女飛人。她在以後年代裏為海峽兩岸同胞的田徑運動交流有著極大的貢獻。

1972 年第 20 屆慕尼黑奧運會女子 800 公尺、1500 公尺和男子 1500 公尺以上

所有中長跑項目及 3000 公尺障礙跑、競走和馬拉松跑的成績，全部都比上屆在墨西哥城的比賽成績提高了。這一實踐證實，在高原上的中長跑和競走等比賽對運動員心臟機能和耐力素質要求較高。人們進一步認識到，採用高原訓練是提高以耐力性為主的項目運動員身體素質、技術和能力的一種好的訓練方法。

1976 年在蒙特利爾第 21 屆奧運會上，東德以田徑強國面貌出現，獲得 11 枚金牌（女 9、男 2），為本屆奧運會田徑金牌之冠。美國獲 6 枚，蘇聯獲 4 枚，世界田徑賽場上開始形成了三強鼎立的局面。

國際田聯決定，從 1977 年 1 月起，400 公尺和 400 公尺以下的項目只有全自動電子計時的成績才被承認為世界紀錄；只承認男、女 1 英里跑的英制距離。這一決定的實施，使世界田徑運動有關項目的紀錄更為準確可靠，也促進了各國較廣泛地使用全自動電子計時，使徑賽工作更趨向科學化。同時，只保留男、女 1 英里跑英制距離，也使田徑運動分類、比賽項目進一步規範化。

波蘭優秀女子短跑運動員謝文斯卡獲第 19 屆奧運會 200 公尺跑冠軍，又獲第 21 屆奧運會 400 公尺跑冠軍，她表現了世界女子田徑運動員的「競技長壽」和不屈不撓的拚搏精神，報界稱她為「不死鳥」。

美國優秀運動員摩西獲第 21 屆奧運會 400 公尺欄冠軍，4 次打破這個項目的世界紀錄，在 9 年多時間裏參加了 107 次決賽均獲勝利，表現出「永勝不驕」的優秀品格，受到普遍稱讚。

1980 年在莫斯科舉行的第 22 屆奧運會，一些國家為反對蘇聯出兵干涉阿富汗內政沒有參加，田徑強國美國等一些著名選手也都拒絕參加，對田徑成績有些影響。但是，大多數歐洲國家優秀選手參加了田徑大賽，蘇聯、東德表現出很高水準，本屆 38 項比賽中，有 25 項成績高於上屆。

1984 年第 23 屆奧運會在美國洛杉磯舉行。中國首次派出較大運動員隊伍參加了本屆奧運會。蘇聯抵制在美國舉行的本屆奧運會，未派運動員參加，對田徑比賽成績有一定影響，但是，也有半數項目的成績超過了上屆。

在本屆奧運會田徑賽中，美國短跑運動員卡爾‧劉易斯獲 100 公尺、200 公尺、跳遠和 4×100 公尺接力跑 4 枚金牌。他在多次世界田徑大賽中獲得優異的成績，為世人矚目，被譽為現代世界田壇的歐文斯。

1988 年在漢城舉行第 24 屆奧運會，田徑成績又有大面積、大幅度提高。美國男子短跑運動員劉易斯又獲 100 公尺、跳遠和 4×100 公尺接力跑 3 枚金牌，美國女子短跑運動員喬依娜獲 100 公尺、200 公尺兩枚金牌。她在本屆奧運會之前創造的 100 公尺 10.49 和本屆奧運會創造的 200 公尺 21.34 的世界紀錄，把這兩項女子短跑世界紀錄提高到了很高的水準。劉易斯、喬依娜的短跑技術給人們留下了深刻的印象。

在本屆奧運會男子 100 公尺決賽中，曾以「9.79」奪冠的加拿大運動員本‧約翰遜，因查出服用違禁藥物被取消資格，並被國際田聯停賽兩年，成為轟動體壇的

一大新聞。1993 年 1 月，他參加加拿大室內田徑賽時，尿檢結果又呈陽性反應，國際田聯處他終身停賽。

在這個較長的階段，世界田徑運動發展和提高很快，很多國家和地區都更重視田徑運動。國際田聯為適應形勢發展，1983、1987、1991 年每隔四年舉行一屆世界田徑錦標賽，並決定從 1991 年起，每隔兩年舉行一屆。1991 年在東京舉行的第 3 屆世界田徑錦標賽，其規模和水準完全可與奧運會田徑賽相比。美國男子短跑運動員劉易斯以 9.86 的成績創造 100 公尺世界紀錄，他的同胞鮑威爾以 8.95 公尺成績打破了保持 23 年之久的 8.90 公尺的跳遠世界紀錄；美國男子 4×100 公尺接力創造了 37.50 的世界紀錄。劉易斯 100 公尺跑和鮑威爾的跳遠技術都為進一步提高運動技術戰術水準提出了值得探索和研究的新課題。

在本屆田徑錦標賽上中國女子鉛球運動員黃志紅和標槍運動員徐德妹分獲金牌，受到世界田壇矚目。

第六階段：

20 世紀 90 年代初至 20 世紀末（1992—2000 年）東歐社會動盪，蘇聯解體，兩德統一，各國政局逐步穩定，世界田徑運動水準從下降走向回升。

1992 年在巴塞羅那舉行的第 25 屆奧運會上，美國男子接力隊分別以 37.40 和 2:55.74 創造 4×100 公尺和 4×400 公尺接力跑世界紀錄。在 43 項比賽中，11 項成績比上屆提高，31 項成績下降。女子田徑賽中沒有一項成績接近世界紀錄。肯亞男子中長跑運動員在比賽中實力突出，在 3000 公尺障礙跑決賽中包攬了前 3 名。

這屆奧運會田徑成績比上屆低，原因有多種，主要是東歐社會動盪，蘇聯解體。美國獲 12 枚金牌，獨聯體 7 枚，德國 4 枚。20 世紀 70 年代形成的美國、蘇聯和東德在世界田徑大賽中三強鼎立的局面消失了。烏克蘭優秀撐竿跳高運動員謝爾蓋·布勃卡，曾三十多次打破世界紀錄，將世界紀錄提高到 6.14 公尺，人稱「無敵將軍」。但在本屆奧運會上竟在 5.70 公尺高度上 3 次試跳失敗，榜上無名。這一事實說明，任何運動員在比賽中因技術或精神準備不足而造成微小的疏漏都會導致失敗。世界田徑比賽中也無「常勝將軍」。

1996 年在美國亞特蘭大舉行的第 26 屆奧運會上，加拿大男子短跑運動員貝利以 9.84 創造 100 公尺世界紀錄，美國著名短跑運動員約翰遜以 19.32 創造 200 公尺世界紀錄。埃塞俄比亞男女長跑成績突出。美國、俄羅斯和德國分獲 13、3、3 枚金牌。實踐再次表明，三強鼎立的局面消失。

田徑比賽新的格局開始了，美國「一枝獨秀」，金牌、獎牌得主大分流，總分大分散。如第 25 屆奧運會上 18 個國家分得金牌，第 26 屆有24 個國家分得金牌。這是世界田徑運動成績發展的可喜趨勢，許多國家田徑運動水準在提高。奧運會田徑運動水準也有所回升。

2000 年在澳洲雪梨舉行的第 27 屆奧運會成績平平，中國運動員王麗萍獲女子

田徑運動 高級教程

20 公里競走金牌。本屆奧運會田徑賽有幾個特點：

第一，金牌大戰，獎牌得主分散，獎金越來越高；

第二，非洲男女運動員在中長跑比賽中占很大優勢；

第三，歐洲運動員在田賽、全能和競走方面的技術實力不凡。

第七階段：

21 世紀初期（2001 年始）是世界田徑運動水準提高的良好開端。

2004 年在希臘雅典舉行的第 28 屆奧運會，田徑成績普遍提高。金牌大戰的結果是美國 8，俄羅斯 6，英國 4，瑞典 3，古巴、摩洛哥、義大利、日本、希臘、牙買加、埃塞俄比亞和中國各 2。金牌大分散，獎牌更加分散。俄羅斯運動員伊辛巴耶娃以 5.04 公尺成績打破女子撐竿跳高的世界紀錄。中國優秀運動員劉翔以 12.91 平 110 公尺欄世界紀錄並奪冠，中國女運動員邢慧娜獲 10000 公尺跑冠軍。許多國家的田徑實力增強。

2008 年在中國北京舉行的第 29 屆奧運會，呈現了世界田徑運動水準新格局，是世界田徑運動發展與進步的里程碑。本屆奧運會田徑賽打破 5 項世界紀錄。牙買加運動員博爾特以 9.69、19.30 和 37.10 的成績分別打破男子 100 公尺、200 公尺和 4×100 公尺接力 3 項世界紀錄，俄羅斯運動員伊辛巴耶娃以 5.05 公尺的成績、薩公尺托娃以 8：58.81 的成績分別打破女子撐竿跳高、女子 3000 公尺障礙跑兩項世界紀錄。

在金牌爭奪戰中，金牌得主是：美國 7、俄羅斯 6、牙買加 6、肯亞 5、埃塞俄比 4，另有 19 個國家各獲 1 枚金牌。

本屆奧運會田徑賽具有幾個特點：

第一，美國田徑霸主地位受到嚴峻挑戰，它的短跑項目比賽優勢被牙買加取代。男女短跑 6 個項目，牙買加奪取其中 5 枚金牌，美國只得男子 400 公尺 1 枚金牌。美國強項男女 4×100 公尺接力，傳接棒失誤，名落孫山。

第二，俄羅斯在跳躍項目上成績突出，女子田徑保持優勢。

第三，肯亞和埃塞俄比亞占領中長跑的優勢地位。

第四，歐洲田徑水準下降，亞洲落後。

第五，我國田徑整體水準較低。從 1984 年第 23 屆洛杉磯奧運會到 2008 年北京第29 屆奧運會，在田徑這個大項目上，中國奧運健兒只獲金牌 5 枚、銀牌 3 枚、銅牌 7 枚，共 15 枚獎牌。而且除了朱建華男子跳高獲銅牌和劉翔男子 110 公尺欄獲金牌之外，其餘 13 枚獎牌均為女子項目，主要分佈在競走、中長跑和投擲項目上。中國田徑，特別是女子項目，在奧運會上取得了一定的成績。但是，中國田徑整體水準與世界先進水準還有很大的差距。

第六，北京的「鳥巢」（高科技的結晶）為世人矚目，受到世界田壇人士高度讚揚。

第七，劉翔臨場因重傷退賽，令人震驚，廣泛議論。此情況具有重要的訓練和學術研究價值。

2008—2010 年的兩年間，世界各國的田徑工作者們都在為參加 2012 年英國倫敦舉行的第 30 屆奧運會田徑大賽做準備，世界田徑錦標賽、洲際田徑賽等仍在進行。牙買加博爾特將 100 公尺成績提高到很高的水準，但他在 100 公尺比賽中屢受挑戰，一個又一個強手與他拚搏，他也跑過第 2 名，已不具有絕對優勢了。110 公尺欄的形勢也是如此。100 公尺賽跑、110 公尺跨欄跑以及其他項目的新人、能人不斷湧現。

世界田徑運動中，賽跑項目越來越多，應該引起廣泛關注和研究。

人類將越跑越快！人類將越跳越高！人類將越投越遠！過去給予人類田徑成績設立的「極限」二字，在人類田徑運動實踐與「理論」中罕見了。

近百年來，世界上最優秀、最有影響力的田徑運動員是美國 100 公尺、200 公尺、跳遠和 4×100 公尺接力跑運動員歐文斯和劉易斯；是牙買加 100 公尺、200 公尺、4×100 公尺接力跑運動員博爾特。

第四節·中國田徑運動

舊中國舉辦過 7 屆全運會，1949 年新中國成立以來舉行了 11 屆全運會。到目前為止，中國共舉行了 18 屆全運會，田徑運動比賽在每屆全運會中都是主要內容。此外，中國田徑代表隊參加過 7 屆奧運會和多次世界田徑賽。

從歷屆全運會和參加奧運會田徑賽情況以及中國田徑運動發展百年的歷史來看，中國田徑運動的發展大致可分以下幾個階段。

第一階段：

20 世紀初期至 40 年代末期（1910—1948 年）是中國田徑運動的引進、初步開展和停滯不前的階段。

舊中國第 1、2 屆（1910 年、1914 年）全運會田徑賽的組織、規程和規則的制定以及裁判員、工作人員等，大多由外籍教士包辦。徑賽距離和田賽成績丈量採用英制單位，投擲器械重量以磅為單位。第 1、2 屆全運會田徑賽分別設有 11 和 13 個項目（圖 2），參加的運動員僅有數十名。

1924 年舊中國第 3 屆全運會田徑賽由中國人自己主辦。設 19 個比賽項目，徑賽距離和田賽成績丈量採用公尺制單位。

這一期間，從引進、學習到中國人自己辦，是中國田徑運動的開端。

1930 年、1933 年舊中國的第 4、5 屆全運會田徑賽是以省、特別市、特區、華僑團體為單位進行的，並開始設置了女子比賽項目（1930 年 6 項，1933 年 11

田徑運動 高級教程

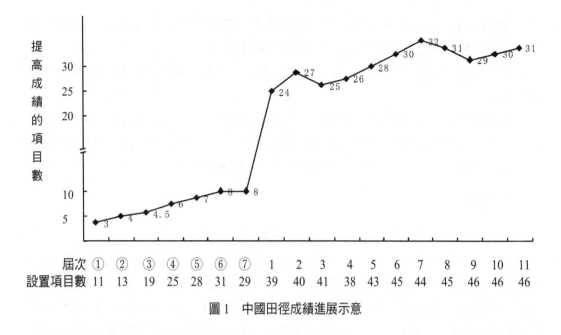

屆次	①	②	③	④	⑤	⑥	⑦	1	2	3	4	5	6	7	8	9	10	11
設置項目數	11	13	19	25	28	31	29	39	40	41	38	43	45	44	45	46	46	46

圖 1　中國田徑成績進展示意

項）。男子短跑運動員劉長春在第 5 屆運動會上創造了 100 公尺 10.7 的好成績。這個時期中國田徑運動中有兩件事不可忘記：

①中國田徑界人士比較早地重視開展了女子田徑運動。1936年奧運會田徑賽中女子才僅有 6 個項目。

②中國短跑運動員劉長春反對日本帝國主義侵略中國，公開發表聲明拒絕日本人要他代表偽「滿洲國」參加奧運會的打算。經「中華體協」努力，張學良將軍捐資，1932 年劉長春第一次代表中國參加了第 10 屆奧運會的100 公尺、200 公尺跑比賽，雖成績不佳被淘汰，但是，他熱愛國家、維護中華民族尊嚴的高尚情操，受到中外人士的敬佩。

1935 年舊中國的第 6 屆全運會田徑賽成績平平。男女 31 個項目的比賽中，半數項目稍有提高，半數項目則稍有下降。

1936—1948 年，中國人民先後經歷第二次世界大戰、抗日戰爭、解放戰爭，中國處於社會大動盪的戰爭年代。舊中國第 7 屆全運會原定於 1937 年 7 月在南京召開，因七七事變，日本帝國主義侵略中國，未能如期舉行。直至 1948 年 5 月，中國人民解放戰爭取得節節勝利，國民黨反動派統治處於全面崩潰的前夕，他們為安定人心在上海舉辦了第 7 屆全運會，參加這屆田徑比賽的運動員雖比上屆略有增加，但成績仍然平平，無所建樹。

在這一階段，舊中國分別派田徑運動員參加了第 11、14 屆奧運會，均未得分。參加的 1912 年至 1934 年共 10 屆遠東運動會，頭兩屆只有中國和菲律賓參加，後來日本、印度相繼參加。

中國田徑運動員在第 1、2 屆的比賽中取得一些名次，第 3 至 9 屆就名落孫山了，第 10 屆共設的 15 個田徑項目比賽中，日本獲 11 個第 1，中國只得兩個第 2

和 1 個第 4 名。舊中國田徑運動比之世界水準，整整落後了半個世紀，1948 年舊中國男子田徑成績低於 1900 年第 2 屆奧運會的田徑成績。

田徑場地和設備十分缺乏、簡陋，田徑人才、教材、專著和科學研究儀器等更是奇缺。

在這個階段，解放區的田徑運動蓬勃發展，即使在艱苦的歲月裏，各級人民政府對田徑運動都很重視並積極地開展，每年舉行較大規模的運動會，而且都有賽跑、跳躍和投擲等項目的比賽，以增強青少年和兒童體質。

第二階段：

1949—1965 年是中國田徑運動迅速普及和提高的階段。

中華人民共和國成立以後，隨著國民經濟的恢復和建設事業的發展，逐步增建田徑場、田徑館，增設田徑教學訓練器材等。從 1952 年起，每年都舉行較大規模的田徑運動會，培養田徑教學、訓練、科學研究和管理人才，並開始了培養優秀田徑運動員的工作。1957 年 11 月，中國優秀女子跳高運動員鄭鳳榮跳過 1.77 公尺橫桿，打破了世界女子（1.76 公尺）跳高紀錄，轟動世界體壇。1958 年 7 月，優秀短跑運動員梁建勳以 10.6 的成績打破 10.7 的全國 100 公尺紀錄。至此，已全部刷新了舊中國的田徑紀錄。中國田徑運動員開始向世界田徑運動高峰攀登。

1959 年第 1 屆全運會田徑賽，各項成績都有很大幅度的提高（參看圖 2）。男子田徑成績與 1928 年第 9 屆奧運會基本相同，差距約由原來的半個世紀縮短到 30 年；女子田徑成績與 1948 年奧運會基本相同，差距約為 10 年。

1965 年第 2 屆全運會田徑賽成績又有全面的、大幅度的提高。75 名運動員 80 次打破 21 項全國紀錄，有 8 個項目的成績達到了世界先進水準。男子田徑成績與 1948 年奧運會基本相同，將差距縮短至 15～20 年；女子田徑成績與 1956 年奧運會基本相同，差距約為 8～9 年。已有 50 多名運動員的成績達到了 1964 年第 19 屆奧運會田徑報名的標。60 年代中期，中國田徑運動有些項目的成績達到或接近世界水準。

50 年代，中國引進出版了蘇聯、美國、日本等大量田徑專著、雜誌，也發表了我們自己的大量的田徑專著、論文等。

60 年代初，我國編寫出版了第一部全國體育院系通用田徑教材。田徑運動的教學、訓練和科學研究工作呈現出一派繁榮景象。

第三階段：

1966—1976 年是中國田徑運動遭受「文化大革命」浩劫、運動水準顯著下降階段。

這個階段，許多田徑隊伍被解散，許多田徑教師、教練員、科學研究人員遭到批判；否定和銷毀了一些教材、論著；取消了運動員、裁判員等級制度；很多田徑

場變成了會場、田地，田徑比賽幾乎完全停止了。一些正向世界田徑運動高峰攀登的運動員夭折，中國田徑運動遭到無法彌補的損失。

「文化大革命」後期的 1975 年第 3 屆全運會田徑賽只打破 3 項全國紀錄，大多數項目的成績低於 1965 年的第 2 屆。在這 10 年中，世界田徑運動在迅速發展與提高，致使中國與世界田徑運動水準縮小了的差距又被拉大了，男女分別又落後約 25 年和 20 年。

第四階段：

1977—2000 年是中國田徑運動迅速發展，衝出亞洲，走向世界，向世界田徑運動高峰攀登的階段。

1976 年「文化大革命」結束，撥亂反正，廣大田徑工作者、教師、教練員、運動員和科學研究人員，奮發圖強，積極工作，刻苦訓練，田徑運動水準迅速提高。

1979 年第 4 屆全運會田徑賽中打破 18 項全國紀錄，38 項比賽中有 34 項成績超過了 1975 年第 3 屆的水準。

80 年代，中國實行改革開放政策，田徑運動員有機會參加較多國際性和世界性的比賽，運動成績更加喜人。中國出現了一批具有世界先進水準的運動員：朱建華跳高2.32 公尺，鄒振先三級跳遠 17.34 公尺，申毛毛擲標槍 89.14 公尺，劉玉煌跳遠 8.14 公尺，鄭達真跳高 1.93 公尺等等。中國田徑協會也從國際田聯第三組躍為第一組會員國，這也是中國田徑運動員取得較好成績，為國際田聯認定的一種反映。

1983 年 9 月，在上海舉行的第 5 屆全運會田徑賽有過半數項目的成績超過上屆。特別令人振奮的是上海優秀跳高運動員朱建華在預、決賽中分別以 2.37 公尺、2.38 公尺的成績兩次打破跳高世界紀錄。1984 年 6 月，他又在西德埃伯斯塔國際跳高比賽中創造了 2.39 公尺的世界紀錄。1984 年他在第 23 屆奧運會上以 2.31 公尺成績獲得銅牌。

1987 年，在廣州舉行的第 6 屆全運會田徑賽大部分項目成績也都高於上屆。中國女子鉛球運動員李梅素在 1988 年第 24 屆奧運會上以 21.06 公尺的成績獲得銅牌。

1990 年在北京舉行的第 11 屆亞運會，中國田徑運動員共獲 29 枚金牌，田徑運動成績在亞洲處優勢地位。但是，男子多數徑賽項目成績不高。

1991 年，中國田徑運動員在東京第 3 屆世界田徑錦標賽上獲得令人矚目的成績，黃志紅、徐德妹分獲女子鉛球、標槍金牌。競走、女子長跑和投擲，男子 110 公尺欄也都取得較好名次。

1992 年第 25 屆奧運會上，中國女子競走運動員陳躍玲獲得 10 公里競走金牌，實現了中國田徑運動員在奧運史上零的突破。黃志紅獲女子鉛球銀牌，曲云霞獲女子1500 公尺跑銅牌，李春秀獲女子 10 公里競走銅牌。有 12 名運動員進入前 8

名。

　　1993 年 8 月中國田徑運動員在德國斯圖加特舉行的第 4 屆世界田徑錦標賽上，獲 4 金、2 銀、2 銅獎牌。

　　1993 年 9 月 8─13 日在北京舉行的第 7 屆全運會田徑賽共設 44 個比賽項目（男 24，女 20），其中女子三級跳遠是新設項目，除男子 10000 公尺跑、撐竿跳高和女子鉛球的成績稍低於上屆全運會外，41 項比賽成績均大幅度地提高了。

　　王軍霞以 29:31.78 的成績創造女子 10000 公尺跑世界紀錄和以 8:06.41 的成績創造女子 3000 公尺跑世界紀錄。曲云霞以 3:50.46 的成績創造女子 1500 公尺跑世界紀錄。

　　還有 3 人創造了 3 項世界青年紀錄，13 人創造了 13 項亞洲紀錄，32 人創造了 17 項全國紀錄，19 人創造了 12 項全國青年紀錄。

　　中國女子田徑成績提高很快，男子水準還不高。

　　馬俊仁教練在女子中長跑訓練方面取得輝煌成就，引起國內外的關注。

　　1996 年第 26 屆奧運會田徑賽中，我國優秀女子長跑運動員王軍霞獲得 5000 公尺和 10000 公尺跑金、銀牌。女子鉛球和競走比賽獲得銀牌和銅牌，有 8 名運動員成績進入前 8 名。女子長跑、競走和投擲項目比賽尚有一定優勢，但比上屆的成績下降了。

　　中國田徑運動員在 1995 年和 1997 年第 5、6 屆世界田徑錦標賽中未能取得優異成績，很少獲得獎牌，運動水準下滑。

　　1997 年在上海舉行的第 8 屆全運會田徑賽，設 45 個比賽項目（男 24、女 21），其中女子 5000 公尺跑與撐竿跳高是新設項目。多數項目比賽的成績很高。姜波以 14:28.0 打破女子 5000 公尺的世紀紀錄。但是，我國第 8 屆全運會田徑成績與我國運動員在一個多月前的第 6 屆世界田徑錦標賽上表現較差的成績相比，差距甚大，引起一些質疑。

　　1999 年 8 月，在西班牙舉行的第 7 屆世界田徑錦標賽上，中國女子 20 公里競走運動員劉宏宇和王妍分獲金、銀牌。其他項目未得獎牌。

　　1999 年 8 月中國田徑協會主席、國際田聯理事樓大鵬當選為國際田聯副主席。

　　2000 年在澳洲雪梨舉行的第 27 屆奧運會田徑賽中，我國女子競走運動員王麗萍獲 20 公里競走比賽冠軍，李季獲女子 10000 公尺跑第 7 名，女子 4×100 公尺接力跑獲第 8 名。

　　2001 年 8 月在加拿大的埃德蒙頓舉行的第 8 屆世界田徑錦標賽上，中國女子長跑運動員董豔梅獲 5000 公尺第 4 名，高淑英獲女子撐竿跳高第 5 名。未獲獎牌。

　　第五階段：

　　2001 年 11 月即 21 世紀初，中國廣州第 9 屆全運會田徑賽是以劉翔開始引領田徑運動發展、提高的新階段。

2001 年 11 月，中國第 9 屆運動會的田徑賽，設置了 46 個競賽項目（男 24、女 22），其中女子鏈球是新增項目，設置了女子 20 公里競走而未設置女子 10 公里競走項目。打破了男子十項全能、女子三級跳遠、女子鏈球 3 項全國紀錄。與第 8 屆全運會田徑賽具有可比性項目為 44 項，其中男子 24 項中有 7 項成績提高，17 項成績下降；女子 20 項中有 5 項成績提高，15 項成績下降。共有 12 項成績提高，32 項成績下降了，成績下降幅度較大。第 9 屆也低於第 7、8 屆全運會田徑賽的水準（參見圖 2）。

本屆全運會出現了上海劉翔等 110 公尺欄年輕選手較高水準群體的苗頭，女子跨欄成績也較喜人，男子鐵餅、800 公尺都有令人鼓舞的新秀參賽，男子十項全能和女子七項全能成績優異。

普遍認為，第 9 屆全運會田徑成績正常、真實，競賽道德水準提高了，給人以新的希望。

2005 年在南京舉行全國第 10 屆運動會田徑賽，整體比賽成績一般或稍有進展。劉翔 110 公尺欄 13.10 的成績令人喜悅和關注。山東女運動員黃瀟瀟 400 公尺欄 54.18 也是較高成績。女子馬拉松跑運動員孫英傑興奮劑檢查呈陽性被禁賽也成為一條重要新聞。

特大的喜訊是劉翔在 2006 年 7 月 12 日瑞士洛桑進行的田徑超級大獎賽中以 12.88 的優異成績創造了新的 110 公尺欄世界紀錄，震撼中外田壇，中國人民受到莫大的鼓舞。

2009 年在濟南舉行中國第 11 屆運動會田徑賽，運動成績可稱與上屆持平，有高有低。劉翔傷勢並未痊癒，在 110 公尺欄比賽中，以 13.34 獲冠軍。河北運動員李延熙以 17.59 公尺的優異成績創造了男子三級跳遠新的全國紀錄。原由鄒振先在 1981 年 9 月 5 日第 3 屆世界盃田徑賽創造的 17.34 公尺的全國紀錄得以改寫。

2010 年 11 月在中國廣州舉行第 16 屆亞洲運動會田徑賽。中國田徑運動員獲 13 枚金牌。中國男子 100 公尺跑和男子 4×100 公尺接力隊表現甚佳，創造了男子 4×100 公尺接力跑的全國紀錄。劉翔在傷勢尚未痊癒情況下，謹慎地參加 110 公尺欄的比賽，跑出 13.09 的好成績，獲得冠軍，史東鵬獲亞軍。劉翔跨欄的精湛技術和合理的戰術，給人們留下深刻的印象。孫海平科學訓練又獲新的成功，人們再次關注劉翔的成績，期待劉翔新的成就。

劉翔是中國最優秀、最有影響力的田徑運動員。

就世界和中國田徑運動發展變化總體情況而言，在和平、安定的社會環境裏，田徑運動水準就易提高；在戰爭、動亂的社會環境中，田徑運動水準就要下降。當然，各項運動成績的變化還受許多具體因素的影響與制約。

中國田徑工作者眾多。田徑教學、訓練、科學研究以及訊息資料、學術交流活動都很活躍，出版了大量田徑專著、雜誌和大、中、小學校體育教材。

「田徑運動是基礎」，學校體育教育是建設田徑大國、強國，建設體育大國、

強國的關鍵。

第五節・田徑運動在現代人類社會中的作用與影響

一、田徑運動成為人類普遍需求和參與的運動

隨著現代社會經濟、科學技術的迅速發展，人們生活水準的不斷提高，鍛鍊身體，增強體質已成為廣大人民群眾迫切的要求。與人們生活密切相關的走、跑、跳、投等田徑項目就成為最易實踐、最受歡迎和便於普及的運動。事實上，人們對田徑運動的認識、興趣及參與意識也在相應提高。當今世界上經濟、科學技術和文化水準較高國家的人們，都喜愛田徑運動、參與田徑活動，觀看田徑比賽已成為許多家庭的習慣。

如美國政府為使人民看好奧運會田徑比賽的電視轉播，願意承擔一半的電視費用；國際田聯要求奧運會電視轉播費用的分成多於其他項目也是這個道理。

人們為了健身，也從田徑訓練中學習一些練習方法和手段，如在田野、丘陵和山地跑步。人的體能，也是人類生存、健康、生產與工作的重要條件，人們都為自身有強健的體能而高興。

二、田徑運動對奧林匹克的重在「參與」和「更快、更高、更強」的精神有重大的作用和影響

田徑運動是奧林匹克運動會的重要組成部分。在歷屆奧運會的大家庭中，田徑項目參加國和地區、參賽的運動員都很多，參加歷屆世界田徑錦標賽的國家和地區的運動員也很多，觀眾也很多。這說明田徑運動已居於體育運動場上的重要位置，越來越多地為世人所接受、所喜愛。

田徑賽場是奧運會競賽的中心會場、中心賽場，田徑比賽是典型的人類體質、身體機能的較量。所以，田徑運動能更好地體現奧林匹克重在「參與」和「更快、更高、更強」的精神。

三、田徑運動受一定經濟實力的影響，也促進了經濟建設的發展

人類社會經濟發展了，生活水準提高了，人們有一定條件和精力參加田徑運動。世界上經濟生活水準較高的國家，田徑運動也較普及，水準也較高。因為，人們不愁衣食住行，不在飢餓線上掙扎了，有體力、精力和時間，要求鍛鍊身體，參

加田徑運動。

　　現代化的田徑運動訓練和比賽，在場地、器材設備以及生活管理等方面已經提出了更高的標準和要求，需要有一定經濟實力才能達到。而有能力舉辦世界大型田徑運動會的國家和地區，也在促進其經濟建設的發展。如建築現代化室內、外田徑場、館，生產先進的田徑運動器材、儀器等，都要吸收世界先進技術，開發和促進本國有關建設項目。此外，它對拓展城市建設和交通設施，以及現代大型田徑場附設的一系列練習場地、科技交流、電信、各種服務設施，對淨化環境等都能起到無可比擬的促進作用。

　　在奧運會田徑賽和世界田徑錦標賽中，也有部分經濟較為落後國家和地區的運動員在某些項目上處於領先地位或創造世界紀錄，這與種族、個人身心素質、必要的資助和科學地、刻苦地訓練有關，也可謂難能可貴。

四、田徑運動水準依靠科技文化進步來提高，科技文化也可在田徑運動提高中獲得新成果

　　現代奧運會田徑場地的建築、部署、設備等的構成，是奧運會科技、文化發展水準比較集中的表現。現代世界田徑運動百餘年的發展和提高，一直都是與參賽者的增多和技術、規則、場地、器材、設備及科學技術教學訓練方法的改進與提高分不開的。概括起來，有以下因素：

　　第一，隨著對田徑運動的重視，參加世界田徑運動競賽的國家、地區和人口逐漸增多。世界冠軍和金牌得主仍以經濟科技發達的歐美國家為多，近些年來，亞、非國家隨著經濟發展，科技力量的投入，田徑運動水準在崛起，越來越顯示出不容忽視的實力，成為世界田徑運動競爭中新的力量。

　　第二，田徑運動技術教學訓練方法不斷改進與革新，田賽的一些項目的技術改進與革新最多。現代田徑運動訓練更加重視訓練的質量和大運動量訓練後的恢復，技術、戰術研究更加深入，更加注意細節。

　　第三，高科技的參與，為進一步提高田徑運動成績創造了不可缺少的條件。

　　田徑金牌之爭的背後是科技大戰。電腦模擬技術能為運動員發揮更大潛能提供幫助。如運動員根據電腦模擬，吃適宜的食物，穿合適輕便的運動鞋，使用相應的器械，使其更加充分地發揮體能和技能。

　　世界著名短跑運動員卡爾‧劉易斯創造 9.86 百公尺跑世界紀錄時，穿的是由日本美津濃公司特製的跑鞋，一隻跑鞋的重量僅有 115 克，其腳弓部位由航天飛機降落傘材料製成，價值 1.5 萬美元。

　　美國短跑運動員格林，創造了 9.79 的 100 公尺世界紀錄，其 100 公尺跑速最快時竟達 12 公尺/秒，克服空氣阻力是一大課題，他的跑鞋是耐吉公司為他設計製作的。他的釘鞋是 8 根，比普通的少兩根，用石墨纖維等作材料，非常輕，最引人

注目的是用拉鏈把腳背部分封起來，根本不見鞋帶。據報導，以 9 秒多的時間跑完 100 公尺，時速為 40 公里左右，交換跑動雙腳的時速達 88 公里，雙腳受到空氣阻力影響很大，設計成平滑的腳背，目的是減少空氣阻力。精心研製的運動服裝在提高 1/100 秒和 1 公分中也都起著不可忽視的作用。

世界最傑出的撐竿跳高運動員布勃卡，為適應與發揮各種高度的跳躍能力，根據自身體重、身高、速度和力量等，選擇和特製不同直徑、力度和品質的撐竿，他就是扛著一捆這樣的撐竿進入賽場的。

第四，多學科更加深入地幫助提高田徑運動成績。20 世紀 80 年代以來，大多數國家田徑代表隊中運動醫學和心理學專家等已成了不可缺少的成員。生理學、生物學、生物力學、生物化學等學科，從更多方面更加深入地參與研究和指導了田徑運動，在改進技術、提高生理機能、進行心理調適、防止與醫治運動創傷，以及運動員選材等方面都發揮著越來越大的作用。

第五，現代化交通工具先進、方便、快捷，訊息靈通，世界性國際性室內外田徑比賽頻繁，有利於學習先進運動技術，豐富比賽經驗，提高田徑運動水準。

此外，很多國家和地區田徑運動員的職業化，以及世界大賽和各國田徑賽的獎金、出場費不斷增加，競爭更加激烈，高水準田徑運動員不斷湧現，高水準運動競技年齡在延長，在 17—18 歲和 37—38 歲的運動員中都有衝擊世界紀錄奪得世界冠軍的範例。

田徑運動技術、教學、訓練和科學研究的理論與實踐在不斷發展、進步，有些我們認識了，有些尚未認識或尚未認識清楚，需要不斷地學習、探索和提高，以適應和促進田徑運動的進步與發展。

實踐部分

田徑運動 高級教程

第一章

短　跑

容仕霖、詹建國、吳瑛

　　短跑是短距離跑的簡稱，是 400 公尺和 400 公尺以下距離賽跑項目的統稱。目前，國際業餘田徑聯合會承認的短跑世界紀錄有 100 公尺、200 公尺、400 公尺跑和室內 50 公尺、60 公尺、200 公尺、400 公尺跑。

　　進行短跑運動時，人體的生理負荷很大，其供能方式以無氧代謝為主。因此，短跑運動是在人體大量缺氧條件下去完成最大強度的工作，屬於最大強度的週期性運動項目。

　　練習短跑對提高人體應激反應能力、神經肌肉系統的工作能力有很高的價值；對發展人體速度、力量、協調、靈敏等身體素質有明顯的效果。因此，短跑是田徑運動的核心項目，在其他運動項目的教學訓練中也占有十分重要的地位。

第一節・短跑的發展與研究概況

一、短跑的發展概況

（一）世界短跑發展概況

　　近代的短跑比賽可以追溯到 19 世紀中葉，當時的英國已出現職業選手進行短跑比賽了。1862 年 5 月 14 日，瑞士人尼科勒發明了跑表並取得了專利權，從而解決了賽跑的計時問題。1864 年，牛津大學的達比塞爾以 10½ 秒跑完了 100 碼（91.44 公尺），他還以 56 秒的成績獲得牛津與劍橋大學田徑對抗賽 440 碼（402.36公尺）的冠軍。

　　1896 年現代第 1 屆奧運會舉行。當時短跑項目僅設男子 100 公尺和 400 公尺兩個比賽項目，美國運動員布克分別以 12.0 和 54.2 獲得冠軍。1900 年的第 2 屆奧運會增設了男子 200 公尺比賽項目，美國的邱克斯貝利以 22.2 的成績取得冠軍。

　　1896 年第 1 屆奧運會的 100 公尺決賽時，5 名運動員分別採用「站立式」「半

「蹲踞式」「蹲踞式」等各自不同的起跑姿勢。

19 世紀末到 20 世紀初，人們普遍採用的短跑技術是所謂的「踏步式」跑法，動作特點是軀幹前傾角度大，大腿抬得高，腳的落地點離身體重心投影點近，步幅較小，步頻較快，跑的動作較為緊張。後來，芬蘭人克里麥特率先採用了「邁步式」的短跑技術，特點是軀幹較前傾，大腿高抬並前伸小腿，腳的著地點離身體重心投影點較遠，步幅增大，步頻稍減慢，整個短跑動作顯得自然。從短跑技術上說，由「踏步式」向「邁步式」技術的發展是很大的進步，使短跑運動成績明顯提高。

1912 年 7 月 17 日，國際業餘田徑聯合會在瑞典首都斯德哥爾摩成立，確認美國運動員里平科特在當年舉辦的第 5 屆奧運會 100 公尺預賽中跑出的 10.6 的成績，為第一個正式的男子 100 公尺世界紀錄。女子 100 公尺、200 公尺和 400 公尺比賽項目依次在 1928 年、1948 年和 1964 年奧運會上設立。

1936 年第 11 屆奧運會以前，短跑運動員不使用起跑器，是在起點的跑道上挖穴起跑。雖然在 1929 年美國選手辛普遜首先使用了可調節抵足板角度和前後距離的起跑器，但是，直到 1938 年，起跑器才被正式批准使用。從那時起，體育科研人員和教練員對短跑的起跑技術和起跑器進行了大量的研究和改進，還根據運動員的形態、技術和素質狀況的差異，設計出「普通式」「拉長式」和「接近式」等起跑器的安裝方式，使運動員在起跑時能夠迅速、及時地擺脫靜止狀態，獲得儘量快的起跑初速度。1981 年的《田徑運動規則》規定，短跑運動員在比賽中一律採用「蹲踞式」的起跑姿勢，在「預備」口令發出後，運動員的四肢必須支撐地面。這種起跑姿勢一直沿用至今。

20 世紀 60 年代末期塑膠跑道的使用，使短跑技術和運動成績飛躍發展和提高。1968 年在墨西哥城舉行了第 19 屆奧運會，美國運動員海因斯以 9.9 的成績打破了西德運動員阿明·哈里創造並保持 8 年之久的 100 公尺 10.0 的世界紀錄；在 200 公尺和 400公尺比賽中，美國的史密斯和伊萬斯，分別以 19.8 和 43.9 的成績獲得冠軍，並打破了世界紀錄。

短跑技術有了很大的改進，並形成了現代的短跑技術。其特點是更加強調擺動腿高抬膝，前擺大腿時積極送髖，支撐腿著地積極，腳掌「扒地」動作輕快而柔和，後蹬動作有力，蹬擺配合協調，擺臂動作幅度大而向前。其優點在於身體各部分動作協調、自然，步幅大、步頻快。

短跑的發展，自 1912 年里平科特在第 5 屆奧運會上創造的第一個正式男子 100 公尺跑 10.6 的世界紀錄，到 2008 年 8 月 16 日牙買加選手博爾特在第 29 屆奧運會上創造9.69 的新世界紀錄，前後經歷了 96 年，男子 100 公尺世界紀錄提高了 0.91 秒。相信隨著現代科學技術水準的提高，不斷發揮人體潛在的功能，新的世界紀錄一定會不斷出現。

100 年來，短跑的發展大致可分四個階段：

第一階段（1896—1931 年）：這個階段的特點是，主要依靠運動員的先天身體

田徑運動 高級教程

素質和奔跑能力創造優異的短跑成績。在訓練方面主要受俄國身體練習體系的奠基人列斯加夫特關於「只有當完全掌握長時間正確的跑，才能進行快跑。逐漸提高普通跑的跑速，使之達到約 15 秒跑 100 公尺的速度……在任何情況下都不得使練習者非常疲勞」和早期運動學者邱別隆關於「短跑運動員首先和主要的訓練必須始終以最小的用力進行，運動員在訓練時不應全力以赴」的理論影響，每週僅訓練 3 次。這一階段，短跑成績發展緩慢，100 公尺的成績從 1900 年第 2 屆奧運會的 10.8 到 1924 年第 8 屆奧運會的 10.6，前後相隔 24 年，成績僅提高 0.2 秒。這一階段最有名的運動員有第 5 屆奧運會 100 公尺和 200公尺冠軍庫‧克雷格，以及第 8 屆奧運會 100 公尺冠軍格‧阿巴哈姆斯。

第二階段（1932—1950 年）：這個時期開始進入了有計畫的安排全年訓練任務和內容的階段，即科學訓練的初級階段。出現了把全年訓練劃分為三個主要訓練階段——準備期、競賽期和過渡期。在身體素質訓練中出現了「一般身體訓練和專項身體訓練」的理念，是短跑走向科學系統訓練的開始。短跑運動員每週訓練課增加到 5 次，並首先採用一天訓練兩次的安排，在準備期經常出現接近極限負荷的訓練，完成較大的運動量。在訓練的理論和方法上有較明顯的進步，促進了短跑運動水準的提高。從 1928 年第 9 屆奧運會的 10.8 到 1948 年第 14 屆奧運會 100 公尺冠軍成績 10.3，前後相隔 20 年，100公尺成績提高 0.5 秒，是一個很大的飛躍。

在 20 世紀 30—40 年代裏，著名的美國短跑運動員傑西‧歐文斯，是現代奧運史上最傑出的運動員。他身高 178 公分，體重 71 公斤。在 1936 年第 11 屆柏林奧運會上，一人獨得 4 個項目的金牌：100 公尺（10.3）、200 公尺（20.7，創奧運會紀錄）、跳遠（8.06 公尺）和 4×100 公尺接力（39.8，創世界紀錄）。他在這 4 個項目的賽次中，共平或破奧運會紀錄 12 次。此前，他在 1935 年 5 月 25 日的密執安州的一次大學生運動會上，在一天裏（確切地說是 45 分鐘內）創造奇蹟：100 碼（9.4），平世界紀錄，並保持了 19 年；跳遠（8.13 公尺），創世界紀錄，保持了 25 年；220 碼（20.3），創世界紀錄，這是田徑史上到目前為止唯一能在一天之中，創造世界紀錄這麼多的運動員。為了紀念這位現代體育史上不朽的運動家，美國設立了「傑西‧歐文斯獎」（體壇諾貝爾獎），以表彰那些為體育事業作出了傑出貢獻的優秀運動員。

第三階段（1951—1968 年）：這個時期可以說是進入了大運動量訓練階段。在訓練負荷量的安排中，運動員承擔著很大的運動負荷，甚至接近人體承受能力的最大負荷量。這在短跑訓練理論和方法的發展上，具有劃時代意義。其中最富有影響和權威的是當時蘇聯的三位著名的教練員和教授：

Н.Г.奧卓林。他的《田徑運動員的訓練》一書的出版，推動了短跑運動的迅速發展。他的許多理論和觀點，至今還在短跑運動訓練實踐中被廣泛地採用。他的著名的論斷是「發展動作速度的訓練主要應以最快的速度來重複練習」，「每次發展速度的訓練，都必須在運動員主觀感到疲勞時或成績下降時停止練習，如果繼續訓

練將會是發展耐力」。

H.H.雅科夫列夫。他揭示了短跑運動員的訓練理論、短跑運動員功能的生理基礎和生化過程，並研究了短跑運動員的技術動作及動作速度變化的運動學原因，確定了影響短跑成績的諸因素。

B.H.伏佐洛夫。他在《100公尺訓練理論與方法中的新觀點》一書中，介紹了從生理學和生物化學理論方面進行的研究，並論證了短跑運動訓練中的階段性和確定運動訓練中每次快跑之間的休息間隔的重要意義。他指出：「積極減少休息間隔的訓練可導致糖元儲備的增長和改善速度耐力素質」，以5～8分鐘的間隔進行重複跑，可以在工作能力提高的階段（超量恢復階段）開始進行新的負荷，可以發展速度素質。

20世紀50—60年代，在短跑技術結構研究和運動訓練中，廣泛利用生理學和生物化學等科學研究成果，促進了世界短跑運動水準迅速提高。

這個時期最具有影響的短跑運動員有4人：

西德男子短跑運動員阿明·哈里，他在1960年6月以10.0的成績創造了100公尺世界紀錄，並在第17屆羅馬奧運會上以10.2獲得金牌。他在奧運會上首先採用「火箭式」起跑技術，開創了科學起跑技術的先例。

美國男子短跑運動員詹·海因斯。他在1968年第19屆墨西哥城奧運會上，以9.90的成績獲得金牌，並打破100公尺世界紀錄，成為突破10.0大關的首位運動員。他還是第一個正式電子計時100公尺世界紀錄的創造者。

美國女子短跑運動員維·魯道夫在1960年第17屆羅馬奧運會上獲得100公尺、200公尺和4×100公尺接力的3枚金牌，是美國運動員中獲金牌最多的女運動員之一。

波蘭女子短跑運動員伊倫娜·謝文斯卡。她是女子短跑項目的全才。她4次參加奧運會（第18—21屆），共獲得7枚獎牌（3枚金牌、2枚銀牌、2枚銅牌），並8次打破女子100公尺、200公尺和400公尺的世界紀錄，成為世界上最有影響的女子短跑運動員之一。

第四階段（自20世紀70年代初至今）：這個階段約40年，是從「經驗型」訓練到全面科學訓練的發展階段，是短跑成績迅速提高的階段。其發展特點是：

第一，形成了科學的系統的短跑訓練理論和方法。近40年來，最有影響的科學訓練理論和方法有「瑪克訓練理論體系」「沃克爾訓練理論體系」「蘇聯訓練理論和方法」「東德女子短跑訓練方法」和「美國計算訓練法」等。這些科學的短跑訓練理論和方法，深深地影響著短跑乃至整個田徑運動的發展。

第二，科學選材理論的發展。20世紀70年代初，各國在選材工作方面逐漸擺脫了「經驗選材」的落後狀況，根據短跑項目的性質、特點，提出了短跑運動員形態、運動素質和機能的選材參考標準。

第三，多學科的科研成果和手段在短跑項目中廣泛運用。近40年來，多學科

田徑運動 高級教程

的理論和科學手段不斷向短跑運動理論滲透。例如，運動生物力學、運動生物化學、運動醫學等眾多專家的投入，先進科技儀器的運用（如每秒 1000 格的攝影機問世及電子計算機配套分析系統），為高水準短跑運動員的技術診斷，提供了準確的時間、空間、步數、步長、步頻、速度等運動學參數；「八道肌電遙測系統」的採用，對於瞭解在快跑過程中，人體運動器官的運動變化狀態，以及從運動解剖學的角度研究肌肉用力與運動動作的相關關係發揮了作用；「三維動態力值測試儀」的運用，能精確地研究短跑支撐階段技術的動力學關係。此外，還普遍採用了電子遙測技術（心率、心電和肌電）、牽引裝置、活動跑道、液壓斜坡道、液壓組合練習器械、影像解析儀以及運動後的恢復措施等科學儀器設備和方法。這些理論的滲透和方法手段的採用，有效地促進了短跑科學化訓練的發展。

在這個階段中，先後出現了許多著名的短跑運動員。其中最著名的當數美國的卡·劉易斯、格林、格里菲斯·喬伊娜和台灣的的紀政。此外，還有美國的史密斯、貝利、約翰遜、公尺契爾、伯勒爾、馬什，蘇聯的鮑爾佐夫，英國的克里斯蒂，義大利的門內阿等。女子短跑運動員中有美國的瓊斯、阿什福德，東德的科赫、斯特歇爾，牙買加的奧蒂等眾多的著名短跑運動員。

2008 年第 29 屆北京奧運會上，牙買加短跑運動員博爾特分別以 9.69 和 19.30 創造 100 公尺、200 公尺新的世界紀錄，2009 年 8 月在德國柏林世錦賽上又分別以 9.58 和 19.19 再創世界 100 公尺、200 公尺新的世界紀錄，震撼了世界體壇。博爾特成為世界偉大的短跑運動員。

近幾年來，國際田聯田徑比賽規則規定，短距離跑比賽只要運動員起跑搶跑犯規，即取消比賽資格，這是短跑競賽中的一項重大改革，有助於培養運動員優秀道德和意志品質，有助於形成良好的賽風、賽紀，也有利於訓練、提高運動員的起跑反應時。

（二）中國短跑發展概況

19 世紀末葉，田徑運動傳入中國並逐步興起。1910 年在南京舉行的第 1 屆舊中國全運會上，上海代表黃灝和韋憲章分別獲得 100 碼和 220 碼的第 1 名，成績分別是 10.8 和 25.0。440 碼的第 1 名為華南組代表郭兆仁獲得，成績是 56.0。1933 年在南京舉行第5 屆舊中國全運會時，劉長春以 10.7 成績創造了新的 100 公尺全國紀錄，該紀錄曾保持 25 年之久。

我國女子參加短跑項目比賽是從 1930 年第 4 屆舊中國全運會開始的，當時只設有 50 公尺和 100 公尺跑兩個比賽項目。哈爾濱運動員孫桂雲分別以 7.4 和 13.8 的成績獲得冠軍。

新中國成立後，中國田徑運動得到快速發展。1958 年梁建勳以 10.6 打破了舊中國10.7 的全國紀錄，進入 20 世紀 60 年代之後，我國男、女短跑項目水準迅速提高，1965 年，短跑運動員陳家全以 10.0 的成績平了當時由西德運動員哈里保持的

世界紀錄。賀祖芬以 11.5 的成績創造了女子 100 公尺跑全國紀錄。

20 世紀 80 年代以來，隨著國際間體育科學技術交流的廣泛開展，中國田徑工作者在認真總結短跑運動教學、訓練實踐經驗的基礎上，借鑑和引進國外的先進經驗，不斷地改進短跑運動技術和訓練方法，使短跑運動水準不斷提高。20 世紀 70—80 年代，廣東運動員袁國強幾乎獨占 100 公尺、200 公尺的鰲頭近 10 年，他跑出了手計時 10.2 的成績和首創了電計時 10.51 的全國紀錄。隨後，浙江運動員鄭晨以 10.28 打破了這一全國紀錄，緊接著四川選手李濤又將這一紀錄提高到 10.26。1998 年，江西選手周偉創造了 10.17 的全國紀錄；1996 年，廣東選手韓朝明以 20.54 創造了男子 200 公尺跑全國紀錄；2010 年徐自宙在第 3 屆東亞運動會上創造了 45.25 的 400 公尺跑全國紀錄。在這一時期，還湧現出陳文忠、林偉、楊耀祖等優秀短跑運動員。

女子 100 公尺進展更為迅速。20 世紀 80 年代，浙江選手張新華以 11.35 刷新了女子 100 公尺跑的全國紀錄。1993 年河北選手馬玉芹在第 7 屆全運會 400 公尺預賽中，以 49.81 的成績創女子 400 公尺跑全國紀錄。1997 年，在第 8 屆全運會上，四川選手李雪梅將女子 100 公尺跑全國紀錄提高到 10.79，同時，她以 22.01 的成績創造了女子 200 公尺跑的全國紀錄。這一時期，還湧現了劉曉梅、田玉梅等一批優秀女子短跑運動員。

二、中國短跑研究概況

（一）短跑項目特徵的研究概況

1.短跑體能特徵研究

(1)身體形態

中國對短跑運動員身體形態的研究較多。其中，1989 年出版的國家體委體育科學技術成果專輯《優秀運動員機能評定》中，對中國優秀短跑運動員的身高、體重、體重/身高指數、體脂等指標的研究提出了「我國短跑運動員身高較矮，但近年有增高趨勢，逐漸接近國外模式」的研究結果。

(2)身體機能

目前，透過大量的生理研究，對短跑運動的供能方式有了一致的認識，即 100 公尺跑主要是以無氧非乳酸系統供能為主，200 公尺跑則是高能磷酸化合物及乳酸系統混合供能，而 400 公尺跑主要是以乳酸供能系統供能為主。

近年來，對 100 公尺跑運動員的機能研究，主要集中在運動員無氧代謝能力和心血管功能方面。其中，1993 年出版的《田徑運動訓練大綱》提出：短跑運動員應身體健康而強壯，有較強的心肺功能和無氧代謝能力，並對血紅蛋白、肺活量及台階試驗指數提出了具體要求。

在對 100 公尺跑運動員的機能研究引入血乳酸、血尿素氮等指標後，眾多研究結果表明，100 公尺跑運動員的血紅蛋白含量較高，血液氧運輸能力強；血尿素氮安靜狀態下較低，表明合成和分解代謝處於平衡狀態，是機能優良的表現。

中國對短跑運動項目的神經肌肉系統特點的研究表明：短跑運動項目的神經系統特點主要表現為神經系統支配下肌肉快速而協調配合的放鬆和收縮，神經靈活性高，轉換速度快，反應速度快，協調性高，節奏感強，肌肉收縮性、靈敏性和協調性好，在高速跑進中控制自身動作的能力強。

⑶身體素質

對短跑運動員身體素質、專項身體素質，以及與專項的關聯程度，都有大量的研究。研究結果表明，短跑運動員的身體素質特徵主要表現為聽覺簡單反應時短，起跑速度快，動作速度快；下肢蹬地爆發力足，動作頻率快，步幅大，髖關節與肩關節的柔韌性好；全身的力量大，協調性好。

2.短跑技能特徵研究

我國短跑技術理論源於前蘇聯的理論，此後，在多年的實踐中得到不斷的補充和修訂，逐步形成了自己現行的比較豐富、完整的短跑技術理論體系。隨著研究的深入和運動實踐的發展，人們對短跑傳統技術理論中的一些觀點產生質疑並由此引發了諸多爭論。其中，熱點問題是對短跑技術實質、動力過程的認識，以及由此造成的對短跑專項力量特點的認識。

透過對短跑支撐技術本質的再認識，研究者提出：短跑支撐技術的本質特徵是兩大腿的剪絞——制動，支撐過程中兩大腿的快速剪絞是短跑的核心技術，該剪絞速度在很大程度上決定著跑速，而支撐腿與擺動腿膝、踝的屈與伸均服務於兩大腿的快速剪絞。

跑的動力問題是短跑技術理論的根基。從整體上看，途中跑時前支撐過程中人體所受的水平方向的力基本上與跑的方向相反，因而，前支撐階段人體水平速度的增加是沒有力學基礎的。

跑的主要動力，也就是使人體質心水平速度增加的原因，依然是體後支撐階段與人體運動方向相同的支撐反作用力的水平分力。

儘管後蹬階段依然是跑的主要動力過程，但我們不能就此以後蹬為中心，而忽略了前支撐階段的重要作用。短跑的本質特徵是兩大腿的剪絞——制動，而支撐過程中兩大腿的快速剪絞是短跑的核心技術。它在前支撐階段的重要作用，是透過支撐腿的伸髖「拉」與擺動腿的加速摺疊前擺最大程度地減小前支撐阻力實現的，而在後蹬階段則是由擺動腿的快速前擺配合支撐腿的伸髖「推」創造動力。

3.短跑心理特徵研究

有研究表明，短跑運動員的心理品質特徵主要表現為靈活、反應快，注意力集

中、意志力強、勇於拚搏，聽覺反應速度快，節奏感強，遇到困難百折不撓，以及有「想跑得很快」的強烈願望。

另有研究者經過試驗測得優秀短跑運動員的心理素質品質主要表現為安詳、沉著、坦白、順應合作和高度責任心、自信心的個性特徵，也同時證明短跑運動既有較高的興奮性，又有良好的穩定性。

（二）短跑技術的研究概況

對短跑技術的研究，可概括為關於直接動作技術研究和肢體運動學變量研究兩個方面。

關於直接動作技術研究，比較集中在支撐階段人體質心速度、步長與步頻、支撐時間與騰空時間比、前支撐階段的距離等問題上。對於肢體運動學變量的研究，則可劃分為上肢運動學研究、髖和大腿的運動學研究、膝與小腿的運動學研究和著地時足的運動學研究四個方面。

在上述對途中跑技術的研究過程中，大多數是採用不同水平、不同速度狀態下運動員技術的對比，來探尋優秀短跑運動員的運動學特點和影響跑速的運動學因素，並據此來推測改善短跑運動訓練的方向或內容。對眾多的研究結果進行概括，可歸納為以下幾點：

第一，越來越多的研究認為，髖是人體快速向前運動的發動機，髖的有關運動學特徵（大腿的角速度、幅度、工作範圍）是評價短跑技術的重要指標。然而，對諸如支撐階段兩大腿如何協調，兩腿的膝、踝如何配合大腿相應運動，以及上下肢如何互動以提高兩大腿的工作效率等問題，還缺乏系統的認識。

也就是說，支撐階段人體質心水平速度得以保持或增加是肢體各環節，尤其是支撐腿與擺動腿的各個環節透過複雜而有序的協調運動實現的，但其協同方式尚不清楚。

第二，在以往對途中跑技術的研究中，研究方法上還存在著不足之處：在指標的選取上，以往研究通常採用特徵時刻的指標（瞬時指標）來反映不同跑速時的人體運動學特徵（如離地時刻的支撐腿膝角），而對過程指標（如支撐腿髖關節的角度變化）以及運動學指標在整個支撐過程的變化缺乏應有的瞭解。另外，以往研究偏重於離地時刻各項指標的比較，忽略了著地時刻的相關指標。這些研究方法上的不足之處，限制了我們對短跑技術進行更加深入的研究和認識。

第三，今後，對肢體各環節協同機制的認識將是未來運動學研究的一個重要方向，目的是更深入地瞭解「如何才能跑得更快」，這將有賴於運動學研究方法的改進。如果說不同水準運動員的運動學差異使我們認識到是哪些運動學參數的改變導致運動技術和成績的改變，那麼，對支撐過程中下肢各環節協同方式的認識將告訴我們這些運動學參數是如何透過系統的改變而影響跑速的。

（三）短跑教學的研究

1.基於相關學科基礎理論的研究

有研究者認為，短跑教學也應遵循運動技能形成規律，在短跑技術教學中的泛化階段，也應透過技術動作的分解教學來幫助學習者獲得正確的技術動作的肌肉感覺，明確技術動作的概念，並採用重複練習法使學習者能夠初步形成正確的動作技能。而在運動技能分化階段，則應透過觀察、示範、提問、分析等教學手段來促進學生分化抑制的發展。

有不少研究者關注心理因素對短跑技術教學的影響問題，對此進行了較多的研究或實踐總結。有的研究者在總結實踐教學經驗的基礎上，結合短跑項目的特徵和學生的心理特點，用實驗證明了在教學中採用相關心理教學手段能收到較為顯著的教學效果；有的研究者採用實證研究方法，從運動心理學的角度分析了短跑教學過程中心理訓練對學生短跑成績的具體影響。教師運用各種心理教學手段（如「動作表象訓練法」等），可以有效提高學生的短跑成績。

還有一些研究者提出了短跑教學過程中練習量的安排應遵循超量恢復原理，一次課的練習量要符合人體運動生理變化規律的認識。也有研究者對狀態反射在起跑和起跑後的加速跑教學中的作用作了相關分析，對遷移規律和人體第二信號系統在短跑途中跑教學中的作用進行了探討。

2.教學方法、教學手段的研究

許多研究者對短跑教學中教法的運用做了大量的研究。例如，遊戲在短跑教學中的作用和注意事項的研究；對在短跑教學中如何發揮學生主體性、能動性的研究；採用系統方法對制定短跑教學計畫、短跑教學過程、教學順序等進行研究；運用數理統計分析方法或模糊數學方法對短跑教學影響因素、教學效果的評價進行研究。

對教學手段的研究主要集中在短跑技術教學和專門性練習方面。

3.不同對象教學特點的研究

這方面的研究主要有中小學或青少年短跑教學的特點研究，青春期間（高中、大學）女生短跑教學特點研究，普通高校短跑教學改革與體育院校短跑教學的特點研究等等。

有研究者提出：體育院（系）短跑教學存在著重技術、輕理論；重達標、輕技評；學生對技術原理、技術動作的分析和理解能力不夠；教學基本功不紮實，組織教學能力差，示範與講解相脫離；裁判能力與科研能力不能適應社會的需求，應改革考試辦法和加強能力的培養。

4.短跑教學考核評價的研究

考核標準與評分方法的制定是短跑教學考核評價研究的核心研究內容。有的研究者是從制定評價標準的依據——評價規則的研究入手，根據評價規則對已有的評價方法、評價標準進行修訂；有的研究者是將已有的評價標準分解為更加細緻的評價指標和評價標準，以便在過程評價中使用；有的研究者對同類院校的短跑達標成績進行了分析與比較，制定出同類院校應統一使用的達標標準。

上述有關短跑教學的研究為進一步提高短跑教學質量奠定了基礎。

（四）短跑訓練的研究

近年來，我國對短跑訓練的研究內容可以概括為步長與步頻關係的研究、加速能力和最高速度及速度耐力的關係研究、後蹬與前擺關係的研究、量與強度的關係研究、比賽與訓練關係的研究等方面。

透過對近年來短跑訓練研究的梳理發現：缺少明確的訓練理念一直是困擾我國短跑訓練實踐的主要因素。科學的訓練理念是訓練理論的內核，由此出發，可對運動訓練起到高屋建瓴、事半功倍的效果。因此，應當抓住短跑運動本質特徵及運動技術發展趨勢，結合我國運動員的實際情況來研究和制定我國的短跑訓練指導思想。這是亟需解決的問題。

現代短跑訓練的發展趨勢可概括為以下幾點：

第一，利用神經肌肉系統的協調關係，合理安排速度訓練。

第二，重新認識力量訓練專項化的特點，有效進行力量訓練。

第三，技術訓練規範化和個性化相結合，在規範化基礎上突出運動員技術的個性化。

第四，結合專項特點，突出訓練方法與手段的整體效果。

第五，突出負荷強度，使訓練強度更接近於比賽強度。

第六，加強心理訓練，注重賽前心理調節。

第七，採用多學科協同方式，促進運動員訓練後的恢復。

第二節・短跑技術與戰術

一、短跑技術

短跑技術主要包括起跑、起跑後的加速跑、途中跑和終點跑技術。自然放鬆跑技術和彎道跑技術也是短跑技術的組成部分。

短跑成績是由起跑的反應速度、起跑後的加速跑能力、保持最高跑速的時間和

距離，以及各部分的技術完成品質決定的。

（一）起　跑

短跑起跑時必須採用使用起跑器的蹲踞式起跑方式。一般將從「各就位」姿勢到完成「起跑步」（圖 3④）稱做短跑的起跑。起跑的任務是：使人體擺脫靜止狀態，儘可能獲得最大的起動初速度，為起跑後加速跑創造有利的條件。

起跑器的安裝是否牢固、端正，前起跑器抵足板與起跑線後沿的距離，前後起跑器抵足板的距離，以及前後起跑器抵足板與地面的夾角，對起跑效果都會產生一定的影響。現代短跑運動員多採用「普通式」或「拉長式」的起跑器安裝方法。

短跑的起跑過程包括「各就位」「預備」和鳴槍三個階段。

當聽到「各就位」口令時，運動員應輕快地走到起跑器前，兩手撐地，兩腳依次踏在前、後起跑器的抵足板上，後膝跪地，然後兩手收回，兩臂伸直，兩手間距離比肩稍寬，手指成拱形（四指併攏與拇指相對成「八」字形）緊靠起跑線後沿做彈性支撐。軀幹略微弓起，頸部放鬆，使身體重心投影點落在兩手、前腳和後膝關節之間。

聽到「預備」口令後，運動員應平穩地抬起臀部，臀部與肩同高或稍高於肩。然後，軀幹適當前移，使肩部稍超出起跑線，雙手用指尖的掌側撐地，雙臂略向後用力，雙腿膝關節形成適宜的用力角度，並稍用力踏緊起跑器抵足板，使背部肌肉繃緊並略呈弓形，整個身體猶如壓緊了的彈簧那樣具有一定的張力，頸部自然放鬆。在做上述動作的同時，應深吸一口氣和呼出半口氣，然後「閉氣」，集中注意

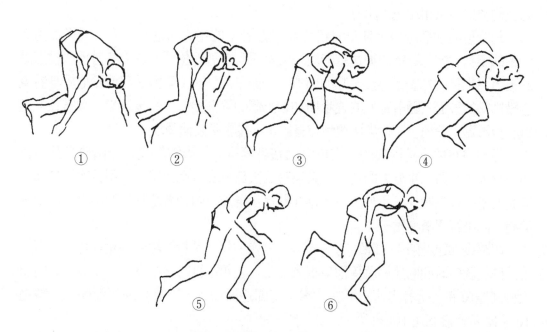

①　　　　②　　　　③　　　　④

⑤　　　　⑥

圖 3　短跑的起跑技術

力於聽發令槍聲（圖 3①）。在「預備」姿勢中，雙腿膝關節的角度具有重要意義，適當增大膝關節角度，有利於蹬伸；但是，角度過大也會減弱蹬伸的力量。研究表明，此時前腿膝關節呈 90°～100°、後腿膝關節呈 110°～130°為最佳角度。

鳴槍時，運動員兩手應迅速離開地面並有力地屈肘前後擺動，兩腿依次有力地蹬踏起跑器抵足板，使身體向前上方運動。後腿在快速蹬離起跑器後，便迅速屈膝向前上方擺出（後腿前擺時腳掌不應離地過高，以利於擺動腿迅速著地和過渡到下一步），同時，前腿有力地蹬伸（圖 3②③），形成「起跑步」姿勢（圖 3④）。此時，前腿後蹬角為 42°～45°，軀幹與地面形成 15°～20°的前傾角。

（二）起跑後的加速跑

起跑後的加速跑是指從「起跑步」到轉入途中跑姿勢的一個疾跑段。這個跑段的長度在 30 公尺左右。其任務是充分利用起跑所獲得的初速度，通過持續加速跑，使人體奔跑速度儘快地接近或達到自己的最高跑速。

起跑後加速跑的第一步從「起跑步」開始，此時，擺動腿前擺與支撐腿間的夾角稍大於 90°。第一步的關鍵是擺動腿應積極下壓，以前腳掌著地，著地點在身體重心投影點的後方，並迅速過渡到有力的後蹬；同時，以雙臂有力的大幅度前後擺動作為配合。這一動作越快，越有利於下一步的快速有力地完成蹬地技術。向前擺臂時，肘關節稍小於 90°；向後擺臂時，肘關節稍大於 90°。

從起跑後加速跑的第一步起，步長應逐漸增加。第一步的步長約為三腳半到四腳掌長，第二步約為四腳到四腳半長，以後的步長逐步增大，直到進入途中跑的步長。正確和積極地完成起跑後的最初幾步動作，取決於軀幹適宜的前傾角度以及運動員的腿部力量和加速跑能力。

起跑後的加速跑段，身體前傾角度是隨.速度的增大而逐漸增大，最後達到途中跑的姿勢。在起跑後的加速跑階段，支撐腿腳掌著地位置，是由身體重心投影點的後方逐步移向身體重心投影點的前方。一般是前 2～3 步腳掌著地點位於身體重心投影點的後面；隨著跑速的逐步增加和上體的逐漸抬起，隨後幾步，腳掌在身體重心投影點上著地，並逐步過渡到在身體重心投影點前面著地。

最初幾步的支撐階段中，支撐點處在身體重心投影點的後面，由於後蹬角較小，增大了後蹬水平分力的比重，使後蹬的大部分支撐反作用力作用於水平方向，有利於迅速提高跑速。另外，隨著跑速的逐步增加，兩腳著地點間的距離也由稍寬於肩，向中線逐漸靠攏。

起跑後加速跑階段，除了前 3 步外，隨後的每一單步的總時間相對穩定，而支撐時間與騰空時間的比例關係卻有很大變化。在起跑後的開始幾步，支撐時間明顯大於騰空時間，隨著跑速的增加，騰空時間逐漸增長，支撐時間逐漸縮短。經過 10～12 步過渡到途中跑階段。

起跑後加速跑階段的兩臂有力地前後擺動具有很大的意義。由於人體軀幹處於

前傾姿態，跑動中必須加大擺臂幅度以保持身體的平衡，而且，下肢的迅猛蹬地動作也必須有上肢快速有力地擺動來配合，因此，起跑後的加速跑階段更應強調有力地大幅度地擺臂。

在起跑後的加速跑階段，從擺脫靜止狀態到迅速增加奔跑速度，人體運動器官做功大，消耗能量也大，因此，要特別注意上、下肢動作的配合和下肢蹬、擺動作的協調用力，避免肌肉的過分緊張。

一般在起跑後的第 3～4 秒，運動員可達到自己最高速度的 92%～95%。此時，人體跑動姿勢已接近途中跑。在進入途中跑階段之前，運動員應自然放鬆跑2～4 步，以消除肌肉的過分緊張和疲勞，並適時調整跑動的姿勢。

（三）自然放鬆跑

所謂「自然放鬆跑」是指人體在保持已有跑速的前提下，使運動器官相對放鬆的一種跑動方法，也有人稱之為「慣性放鬆跑」「慣性跑」。實際上是人體運動器官只對克服阻力和重力做功，而不做超出阻力和重力的功以增加跑速，只保持原有跑速的一種比較自然放鬆的跑動方法。

當然，要使人體做功剛好與阻力和重力之和相等是相當困難的，所以，自然放鬆跑技術也是短跑技術中十分重要的一項技術，也是衡量運動員是否達到較高運動水準的一個標誌。

自然放鬆跑一般用於銜接兩個技術特點不同的跑段，其主要作用是：在人體高速跑動中，使人體運動器官獲得短暫休息，擺脫前段跑動技術的動力定型記憶和肌體的疲勞；調整技術動作姿勢，為後段跑動做好準備。起著承上啟下的不可忽略的作用。

在短跑兩個不同跑段之間應安排 2～4 步自然放鬆跑。自然放鬆跑的動作特點是：在人體原有運動狀態的慣性作用下，保持身體重心的高度，減小下肢後蹬的力量，稍稍縮短步長，以減小著地緩衝階段的前支撐阻力；兩大腿積極「剪絞」，步頻略微增加；各運動器官自然放鬆，動作協調、柔和。切勿認為自然放鬆跑是要減速，切忌身體重心下降。

（四）途中跑

途中跑是短跑全程中距離最長、速度最快的跑段，也是最重要的跑段。其任務是繼續提高跑速和儘可能較長距離地保持最高跑速。

根據跑的週期劃分，按著後蹬與前擺、騰空、著地緩衝三個部分來敘述：

1.後蹬與前擺階段

在垂直支撐時相（圖 4③），身體重心投影點與支撐腿腳掌（人體重力支點）重疊。此時，身體重心在跑的週期中處在最低點，支撐腿的髖、膝、踝關節屈曲，

膝關節呈136°～142°，踝背屈角呈 85°～90°；擺動腿大小腿摺疊角一般為 28°左右，處於最小狀態，腳跟幾乎觸及臀部。垂直支撐時相，伸肌群處於拉長壓緊待發狀態，為支撐腿的後蹬和擺動腿的前擺做好了準備。

當身體重心移過人體重力支點時，就進入了支撐腿的後蹬和擺動腿的前擺階段。此時，支撐腿和擺動腿同時做相向運動（兩大腿「剪絞」動作的延續）。即擺動腿同側骨盆向前送髖，帶動擺動腿迅速有力地屈膝向前上方擺出，擺至大腿面與水平面呈15°～20°，或擺至與水平面平行；與此同時，支撐腿快速有力地伸展髖、膝、踝關節，推動身體重心向前運動。這是人體向前跑動的動力。後蹬動作完成時，兩大腿之間的夾角為 100°～110°，腳掌（支點）至髖關節連線與地平面的後蹬角呈 56°～60°，膝關節角在 150°～156°之間（圖4⑧）。

支撐腿的後蹬和擺動腿的前擺，也就是兩大腿「剪絞」動作的後半程，蹬與擺動作既相輔相成，又互為制約，因此，蹬與擺的相互配合和快速、協調用力是後蹬與前擺階段的技術關鍵。

2.騰空階段

途中跑的騰空階段是指後蹬腿的腳離地至擺動腿的腳著地的動作階段。

當支撐腿的腳蹬離地面瞬間，兩大腿即開始了新一輪的「剪絞」動作。此時，小腿隨著蹬地後的慣性和大腿的前擺，迅速向大腿靠攏，形成大小腿邊摺疊、邊前擺的動作，與此同時，擺動腿以髖關節為軸積極下壓，膝關節放鬆，小腿隨擺動腿下壓的慣性自然向前下方伸展（即小腿的鞭打動作），準備著地。

　　　　　　　　　　　圖4　短跑的途中跑技術

在騰空階段要強調加快兩大腿的相向運動，即強調兩大腿在空中應積極進行「剪絞」運動，這不僅有利於縮短騰空時間，提高步頻，而且，還能使擺動腿腳掌的著地點更加接近身體重心的投影點，使腳掌的「扒」地動作更加積極有力，這有利於減小著地時前支撐階段的衝量。著地前踝關節應背屈約成 100°（圖4①⑥）。

3.著地緩衝階段

從擺動腿前腳掌著地瞬間起，即進入著地緩衝階段。當人體姿勢成垂直支撐動作時相時，著地緩衝階段結束。隨後進入新一輪的後蹬與前擺階段。

由於在著地瞬間，支撐腿腳掌在身體重心投影點前方，不可避免地會產生一定的水平阻力。但是，此時水平速度的損失與水平阻力的大小無關，而是與其衝量密切相關。因此，縮短著地緩衝的時間是減少水平速度損失的有效方法。

為此，在騰空階段後期，強調擺動腿大腿積極下壓帶動小腿前伸，積極下扒著地（圖4⑤⑥），使前腳掌著地點不要過多超過身體重心的投影點。其著地點依各人身高和下肢力量而不同，一般在身體重心投影點前 1～2 個腳長，即 30～60 公分，著地角為65°～68°。此時，在後蹬與前擺階段所說的擺動腿成為支撐腿。

支撐腿前腳掌著地後應積極展髖、屈膝、屈踝，以減緩前撐制動，同時，應在騰空階段兩大腿「剪絞」動作的慣性作用下，繼續積極扒地，「拉」動身體重心迅速前移，盡力縮短著地緩衝階段的時間，儘快使人體進入垂直支撐階段。

在支撐腿進行著地緩衝的同時，擺動腿以大小腿摺疊姿勢迅速向前擺動，與支撐腿做相向運動。為了減少支撐腿的緩衝支撐時間，擺動腿應加快擺動速度，積極配合支撐腿完成「剪絞」動作。

進行途中跑時，要求頭部位置正直，微收下頜；上體基本正直或略有前傾，含胸收腹。兩臂以肩關節為軸前後有力地擺動。擺臂具有兩個作用：一是可以調節腿部的動作速率，二是可以維持身體在運動時的平衡。

擺臂時，自然伸掌或半握拳，向前擺臂時稍向內收，手掌略高過下頜，並伴隨同側肩前送和異側肩後引的動作，屈肘成 90°或略小於 90°；向後擺臂時肘關節稍朝外，且肘關節角度隨擺臂慣性而增大，但擺至體後最遠點時，肘關節角度一般不超過 130°。

近些年來，在世界田徑大賽中，很多優秀短跑運動員採用伸直手掌的擺臂姿勢。從理論上分析，伸直手掌擺臂能加強伸肌群的工作，同時使屈指肌得到伸張，從而使擺臂時的肩關節更放鬆，有利於增大擺臂幅度和力量。但是，由於擺臂是以肩關節為轉動軸，伸直手掌擺臂會使手臂的轉動力矩略有加長，使轉動慣量加大，這就要求運動員的肩關節屈肌和伸肌也要相應地加強，以增加擺臂的效果。

途中跑是人體的全身性運動。在下肢積極地進行擺動、緩衝、蹬伸動作的同時，上肢、肩帶及軀幹也必須進行相應的配合動作，才能合理而有效地完成跑的動作。因此，不僅要注意每一個動作環節的品質，還要注意各動作環節的銜接和完整

技術動作的整體結構。肌肉放鬆能力的提高，可以促進途中跑技術動作的力量、動作的速度和頻率，使途中跑技術動作更加經濟而有實效。

（五）終點跑

終點跑是指從接近終點線至終點線的最後一段跑段，是途中跑段的延續。終點跑的任務，是盡力保持途中跑過程已經獲得的跑速和採用合理的撞線動作跑過終點線。

終點跑的技術基本上與途中跑相同，只是由於體能下降，運動員為了增大後蹬力量，應儘量保持上體前傾角度或略增大前傾角度，同時，加大擺臂的幅度和力量；在增大步幅的同時，儘量保持步頻，更加積極地、竭盡全力地衝向終點線。當跑到距終點線 1～2 步時，上體快速、柔和地再次增大前傾角度，用胸部或肩部撞向終點線（帶）的垂直面。跑過終點線後才逐步減慢跑速。

（六）彎道起跑和彎道跑

200 公尺和 400 公尺跑，都是在彎道上起跑，其途中跑有一半以上的距離是在彎道上跑的。

1.彎道起跑和起跑後的加速跑

為了便於在彎道起跑之後能有一段直線距離進行加速跑，應將起跑器安裝在彎道的右側，使起跑器的縱軸延長線與前方 15 公尺左右的跑道內側分道線相切。

「各就位」時，運動員的右手撐在起跑線後沿與右側分道線相交處，左手撐在距起跑線後沿 5～10 公分處，使身體正對著彎道的切點。聽到「預備」口令和鳴槍信號時，其技術動作要求與直道起跑一樣。

起跑後的前幾步加速跑與直道上的起跑後加速跑動作要求一樣，只是跑過起跑器縱軸延長線與跑道內側分道線的切點後，就進入了彎道加速跑。在進入彎道加速跑時，儘可能地沿著跑道的內側跑，身體應及時地向內傾斜。

2.彎道跑

彎道途中跑簡稱為彎道跑。從直道進入彎道跑時，由於人體要沿著彎道做圓周運動，必須有一個向心力來克服圓周運動所產生的離心力。這個向心力就是人體重力與支撐反作用力的合力。因此，身體應有意識地向內傾斜，加大右腿的蹬地力量和擺動幅度，同時右臂亦相應地加大擺動的力量和幅度，以利於人體沿著彎道跑進。

在彎道跑時，身體向圓心方向傾斜的程度應根據奔跑的速度和所處的道次來決定。跑速快時，傾斜度大些，反之則小些；跑內道次時，傾斜度大些，跑外道次時傾斜度小些。身體的傾斜不能只是上體的傾斜，而是整個身體的在一個斜面上的傾

斜。後蹬時，右腳前腳掌內側用力，左腳前腳掌外側用力。大腿前擺時，右膝關節稍向內，同時擺動的幅度比左膝大，左腿前擺時膝關節稍向外。右臂擺動的幅度大於左臂，前擺時稍向左前方，後擺時右肘關節偏外，左臂稍離軀幹做前後擺動。彎道跑時的蹬地與擺動方向都應與身體向圓心方向的傾斜程度趨於一致。

從彎道跑進直道時，身體應在彎道的最後幾公尺處逐漸減小內傾程度，藉助彎道跑產生的離心力，順勢自然跑 2～4 步，以獲得短暫休息和調整姿勢，然後轉入直道途中跑。

二、短跑的戰術

短跑的戰術，實際上是短跑的全程節奏變化與體能分配的方法，只不過其節奏變化的幅度不如中長跑那麼明顯。另外，短跑比賽的賽次多，根據每一賽次的比賽目標不同，也有一個體能分配問題。例如，本賽次的目標是為了達到一定的等級標準，或者是為了破紀錄，則在本賽次中全力以赴；或者比賽目標是要在決賽中取得好的名次，而在預、次、複賽中並不全力以赴，僅以取得下一個賽次的比賽資格為目標，以便集中全力參與決賽。不過，由於短跑運動是最大強度的週期性運動項目，所以，能夠不受任何干擾地完全按自己設定的並反覆練習過的全程節奏，以最快速度跑完全程反而是最佳戰術。

（一）100 公尺跑的戰術

研究表明，不管受試者年齡和訓練程度如何，起跑後加速跑達到最高跑速所需要的時間都在 6 秒左右。這是由於人體肌肉內儲存的 ATP（三磷酸腺苷）非常有限，在劇烈的奔跑中 6～7 秒鐘就消耗殆盡，轉而尤其他方式供能。

一般來說，起跑後的第一秒鐘能達到最高跑速的 55%，第二秒鐘為 76%，第三秒鐘為 91%，第四秒鐘為 95%，第五秒鐘才可能達到最高跑速的 99%～100%。而且，達到最高跑速後，人體保持最高跑速的時間一般也只有 2 秒左右，隨後跑速開始逐漸下降。

當然，運動員的訓練程度不同，其加速度能力、最高跑速、最高跑速的持續能力和跑速下降幅度也會不同。但是，迄今為止，還沒有材料能證明任何一名運動員能以最高跑速堅持跑完 100 公尺全程。優秀運動員大多數都是在距起跑線 60 公尺左右處達到最高跑速的，而一般運動員大約在距起跑線 50 公尺處就達到了最高跑速，但二者所用時間均為 6 秒左右。

100 公尺跑的全程節奏安排可分為 5 段。第一段為起跑和起跑後的加速跑段，距離為 30 公尺左右，既要儘快提高跑速，又要注意動作適度放鬆，避免因加速跑技術動作過分緊張而消耗過多能量。第二段為自然放鬆跑段，在保持已獲得的跑速前提下，自然放鬆跑 2～4 步（4～8 公尺），一邊調整技術動作姿態，一邊使運動

器官得到短暫放鬆。第三段為途中跑段，距離為 30 公尺左右，繼續提高跑速，直至達到最高跑速並保持最高跑速。第四階段為自然放鬆跑段，在盡可能保持最高跑速的前提下，自然放鬆跑 2～4 步（5～10 公尺），作衝刺前的調整。第五段是終點衝刺跑段，距離 15～20 公尺，盡力減小跑速的下降幅度，直至做撞線動作並跑過終點線。

起跑的快慢對 100 公尺成績固然會產生一定影響，但是，由對世錦賽百公尺決賽運動員起跑反應時的測量結果來看，參賽運動員的起跑反應時為 0.123～0.145 秒，極差僅為 0.02 秒左右。因此，企圖一起跑就甩開對手的想法，不僅不可能，而且還容易造成搶跑犯規，或者破壞了自己全程跑的節奏。特別是忽略了全程跑的節奏而採用竭盡全力地從起點一直加速跑到終點的做法，不僅在客觀上是不可能的，而且加速了肌肉和中樞神經系統的疲勞過程，使人體機能下降階段提前出現，影響應有水準的發揮。

按一定節奏跑 100 公尺時，並不是說不竭盡全力奔跑，而是要由兩次自然放鬆跑，在不損失已獲得的跑速前提下，使疲勞得以短暫的緩和，以推遲人體機能下降階段出現的時間。所以，掌握 100 公尺跑的戰術基礎是掌握自然放鬆跑技術。

（二）200 公尺跑的戰術

200 公尺跑幾乎完全是以無氧供能方式進行的，因而採用最高跑速跑完全程是根本不可能的。所以，體能分配問題至關重要。

200 公尺跑的體能分配，一般採用前後半程平均分配體能的方案。即用次最大跑速（低於個人 100 公尺跑最好成績 0.2～0.3 秒）跑前一個 100 公尺，然後，盡力保持次最大跑速至終點，使後一個 100 公尺的成績等於或優於前一個 100 公尺的成績。

研究表明，訓練水準較低的運動員，其 200 公尺跑的後一個 100 公尺往往比前一個 100 公尺用時要多，隨著訓練水準的提高，才能逐漸達到後一個 100 公尺的成績等於或優於前一個 100 公尺的成績。而優秀運動員 200 公尺跑的後一個 100 公尺的成績往往優於前一個 100 公尺的成績。世界優秀男子 200 公尺運動員的後一個 100 公尺一般比前一個 100 公尺用時要少 0.10～0.70 秒。

前後半程成績的差值，可以反映 200 公尺跑運動員的速度耐力訓練水準。約翰遜創 19.32 秒的 200 公尺跑世界紀錄時，後 100 公尺僅用了 9.20 秒，前後半程的時間差值為 0.92 秒，可見他的速度耐力水準之高。

200 公尺跑的全程節奏可劃分為 6 個階段。第一段為彎道起跑和起跑後的加速跑段，距離為 35 公尺左右；第二段為自然放鬆跑段，距離為 10 公尺左右；第三段為彎道途中跑段，距離為 40 公尺左右；第四段為下彎道加速跑段，距離為 35 公尺左右；第五段為自然放鬆跑段，距離為 10 公尺左右；第六段為盡力保持已有跑速和終點衝刺跑段，距離為70 公尺左右。200 公尺跑的全程節奏變化應小到肉眼難以

觀察的程度為好。其中下彎道加速跑段尤為重要，要充分利用離心力進行自然放鬆跑，為最後 70 公尺左右的直道跑奠定速度基礎。

良好的 100 公尺運動水準和速度耐力訓練水準，是實現 200 公尺跑戰術的基礎。另外，對在不同道次（1～8 道）彎道上跑的技術適應能力、建立自己的全程節奏和速度感等，既是一項技術訓練，也是戰術訓練。

（三）400 公尺跑的戰術

400 公尺跑主要是以無氧供能方式進行的，跑動距離較長，因而正確的體能分配是獲得 400 公尺良好成績的重要因素。目前，400 公尺跑的運動員多採用「勻速跑」的方法，即不能讓前半程損失過多的時間，又不能因過早地出現疲勞而造成後半程減速過於明顯。一般來說，後 200 公尺的成績比前 200 公尺的慢 1～3 秒。

范科佩諾勒的研究結果表明：用 45.00～45.90 秒跑完 400 公尺時，前後 200 公尺的時間差較小（1.5～2.1 秒）者好。男子 400 公尺世界紀錄保持者約翰遜在比賽中顯示出了最佳的速度分配方案，其後半程比前半程只慢了 1.01 秒。

其實，前後 200 公尺的時間差值主要差在最後 100 公尺上。最後 100 公尺和前 300 公尺之差值，差不多正好是前後 200 公尺的時間差，也就是說，最後 100 公尺速度下降是造成前後 200 公尺時間差的根源所在。

美國短跑專家施納爾和金德曼教授（1983 年）提出：「400 公尺平均最好成績介於45～48 秒之間的運動員，最明顯的差別在於，成績較好的運動員能夠由非乳酸供能系統產生較多的能量。」

據美國《田徑技術》雜誌報導：「在整個 400 公尺跑的用時裏，前 27～31 秒需採用無氧非乳酸供能系統較好。」這意味著儘可能延長 ATP 和 CP（磷酸肌酸）的供能時間，不能像跑 100 公尺、200 公尺那樣很快使之枯竭，儘量推遲動用糖酵解的乳酸能。因為，乳酸能源會產生乳酸堆聚在肌肉內，使肌肉痠痛無力，跑速下降。這就是 400 公尺跑中，前後 200 公尺及前 300 公尺和後 100 公尺速度分配的生化依據。

400 公尺跑的全程節奏較為明顯。全程節奏可劃分為 9 個跑段。第一段為彎道起跑和起跑後的加速跑段，距離為 50～60 公尺；第二段為自然放鬆跑段，距離為 10 公尺左右；第三段為下彎道加速跑段，距離為 40～50 公尺；第四段為第一個直道途中跑段，距離為 60～70 公尺；第五段為加速上彎道跑段，距離為 20～30 公尺；第六段為彎道途中跑段，距離為 60～70 公尺；第七段為下彎道加速跑段，距離為 30～40 公尺；第八段為自然放鬆跑段，距離為 10～20 公尺；第九段為盡力保持已有跑速和終點衝刺跑段，距離為 60～70 公尺。當然，除了起跑和起跑後的加速跑段有明顯的加速跑外，其他各段的跑速變化不應過大。

400 公尺運動員採用「勻速跑」的策略，力求各跑段的跑速變化不大，但其最高跑速的訓練水準依然是實施該戰術的基礎。美國著名短跑專家奧格羅民科夫指

出：「400 公尺跑最好成績為 45.5 秒左右的運動員，他們的 100 公尺最好成績應為 10.31～10.78 秒。」也就是說，400 公尺運動員同樣需要「速度儲備」，只有在速度儲備的基礎上才能考慮各分段速度的合理分配方案。

三、現代短跑技術發展趨勢

1.在重視短跑技術動作結構的規範性、協調性的同時，更加突出個性化

短跑技術動作結構規範性，不單是指某一個技術動作環節的實效性，更主要的是強調整個跑的技術動作從整體上要更加符合運動生物力學和解剖學的原理，使短跑技術動作從整體上表現出更明顯的實效性。同時，從整體上要求身體各部分和各技術動作環節之間協調配合，表現出高步頻、大步幅、自然平穩，重心起伏小，上下肢動作配合和蹬、擺配合協調，並有明顯的節奏感的特徵，使短跑技術動作從整體上表現出更加明顯的經濟性。

世界高水準短跑運動員跑的技術，在規範化基礎上也呈現出個性化發展趨勢。這主要表現在每位運動員在各自身體形態、結構、身體素質和機能、心理素質的基礎上，結合短跑特點與規律，形成的具有個體身心特點的技術風格，如以劉易斯為代表的技術型，以約翰遜等為代表的力量型，以博爾特為代表的大步幅、快步頻的均衡型和以前東德女運動員為代表的高步頻型等。

研究表明，世界高水準運動員之所以能取得優異成績，其主要原因之一就在於他們的技術更符合個人的特點。

2.更加重視短跑的擺動技術

短跑要求更突出擺動技術，強調以擺促蹬，擺蹬結合。研究表明：優秀運動員一側腿的支撐時間僅占一個復步時間的 22.1%，而擺動時間卻占 77.9%，兩者之間的比例約為 1：3.5。因此，在現代短跑技術觀念上要更加強調突出擺動技術的重要性。在重視下肢蹬、擺相互配合的同時，人們也越來越重視上下肢的配合，在訓練中加強了運動員的上肢力量訓練。

隨著對短跑擺動技術的重視，人們也進一步加強了對擺動動作的研究，希望更好地掌握擺動技術的規律和生物力學的特性，為正確理解擺動腿技術和擺臂技術提供生物力學依據。

3.越來越重視伸髖肌在提高跑速上的作用

美國斯普拉格和伍德等學者從力學分析中得出結論：伸髖肌在跑速上起著重要的作用。這一點被埃依等人在第 3 屆世界田徑錦標賽上運用高速攝影和運動技術解析等現代科技手段所驗證。

埃依的國際田聯生物力學課題組研究了劉易斯、伯勒爾及日本大學生短跑運動

員（10.60～11.50 秒）下肢關節運動的速度，透過比較發現他們之間的主要不同點是：劉易斯和伯勒爾表現出了極快的伸髖速度，伸髖速度明顯高於日本大學生短跑運動員。這一研究成果，為短跑訓練中必須注重發展伸髖肌群力量的觀點，提供了科學的依據。

4.在注重縮短支撐時間的同時，也力求縮短騰空時間

增大身體重心騰起的初速度和減小身體重心的騰起角是加快短跑速度的關鍵。身體重心的騰起初速度和騰起角，能直接影響短跑每一單步技術的步時狀態（步時是由支撐時間和騰空時間組成）。

因此，在現代短跑技術中，強調在加強前支撐「扒」地動作和雙腿「剪絞」動作以減少支撐時間的同時，也強調加強腿部力量和積極向前送髖來減小後蹬騰起角的角度，力求縮短每一個單步的騰空時間。

5.步長、步頻的發展趨於同步化

步長、步頻是影響跑速的主要因素。由於步頻和步長受到了運動員身體條件因素的影響，目前普遍以步頻指數（步頻×身高）和步長指數（步長÷身高）來評價步頻、步長的發展程度。現代高水準短跑運動員的步頻、步長有同步發展的趨向。如 100 公尺跑前世界紀錄保持者貝利和劉易斯的步頻指數分別達到了 8.198 和 8.197，步長指數分別為 1.240 和 1.238。尤其是 2008 年北京奧運會 100 公尺、200 公尺冠軍烏·博爾特在比賽中體現出的高步頻、大步幅的特點，給我們留下了深刻的印象。步頻、步長的同步協調發展，為運動成績的提高奠定了基礎。

6.在提高最快跑速的同時，更加重視保持最高跑速能力的提高

對近幾年來許多世界優秀短跑運動員技術資料的分析，發現世界高水準短跑運動員在 100 公尺比賽中，達到最高跑速的位置依然是 60 公尺左右，最高跑速已達到 12 公尺/秒左右；更加突出的是保持最高跑速的時間和距離都在延長，或最高跑速下降幅度越來越小。

這說明現代短跑訓練在重視提高最高跑速的同時，更加重視速度耐力訓練，運動員保持最高跑速的能力越來越強。烏·博爾特是現代短跑技術的代表，這位牙買加優秀短跑運動員，1986 年 8 月 21 日出生，身高 196 公分，體重 88 公斤。他創造的男子 100 公尺、200 公尺世界紀錄是 9.58 和19.19。圖 5 是他 200 公尺後程途中跑技術圖片。

從圖 5 可以看出，博爾特的途中跑技術動作規範、協調；下肢的蹬、擺積極、有力，且下肢的蹬、擺動作和上、下肢擺動的配合十分協調；大腿前擺時髖關節前送充分；前支撐「扒」地動作非常積極、有力。這形成了他高頻率、大步幅、動作舒展協調的技術特徵。

圖 5　烏・博爾特 200 公尺途中跑技術

第三節・短跑技術教學法

　　短跑技術教學應先從學習直道途中跑技術開始，然後順序進行蹲踞式起跑和起跑後的加速跑技術、終點跑技術、彎道跑及彎道起跑技術等教學環節的學習。最後的教學環節是改進和提高全程跑技術。短跑技術教學的重點是學習途中跑技術和蹲踞式起跑技術。

田徑運動 高級教程

在短跑技術教學開始時，要充分利用每個人都具備的自然跑的能力，進行短跑的完整和分解相結合的教學。但在短跑技術教學各個環節中，應始終強調自然、放鬆和富有彈性的大步幅跑的技術。

一、教學步驟

（一）使學生瞭解短跑技術和知識

內容：

① 簡介短跑項目的技術特點。

② 技術示範。做 60 公尺的短跑完整技術示範。

③ 觀看優秀運動員技術圖片、電影、錄影等，使學生瞭解短跑的基本技術。

④ 講解短跑項目的技術特點、裁判法、規則和發展概況。

教法提示：

① 簡介短跑項目的技術特點和做 60 公尺的短跑完整技術示範，並在第一次教學課開始時進行。

② 使學生瞭解短跑的基本技術和講解短跑項目的技術特點、裁判法、規則和發展概況，應貫穿整個教學過程，並依據教學進度和教學條件（如遇雨雪天氣等）適時安排。

（二）學習直道途中跑技術

內容：

① 學習擺臂技術。原地成弓步做前後擺臂練習。練習時講清擺臂的動作要領：以肩為軸，前後自然擺動，臂前擺時肘關節角逐漸減小，臂後擺時肘關節角逐漸加大，自然伸直手掌或虛握拳，快速、有力地擺動。

② 學習用前腳掌著地的富有彈性的慢跑。要求用前腳掌著地，做腳跟離地較高、富有彈性的慢跑，以後逐漸加大大腿擺動幅度並要求大小腿摺疊前擺。

③ 學習中等速度的反覆跑 60～100 公尺。要求跑速中等，跑的動作放鬆、協調、步幅開闊。同時，強調動作的大幅度和大小腿摺疊技術，使足跟直接靠攏臀部，切忌小腿後拋動作。

④ 兩人並列，中速反覆跑 60～100 公尺。體會擺臂和擺動腿前著地技術要領。要求以肩為軸，前後擺臂。著地腿的著地富有彈性，切忌前拋小腿的錯誤動作。

⑤ 學習大步幅的反覆跑 60～100 公尺。體會向前送髖帶動擺動腿前擺的技術。要求擺腿與擺臂協調配合。

⑥ 學習從慢跑到快跑，以均勻加速的技術跑 60～80 公尺，體會完整的途中跑技術。要求逐漸加快速度，大步幅富有彈性地快跑。強調蹬地和擺動結合，上下肢

協調配合。

⑦ 學習變換節奏的加速跑 80～100 公尺。例如，要求加速跑到 30 公尺，再以最大速度跑 30 公尺，然後採用自然放鬆慣性跑技術再跑 20 公尺。強調變換節奏跑時節奏變化不明顯且銜接連貫。

⑧ 學習行進間跑。要求跑的動作完整和放鬆。

教法提示：

① 在學習途中跑技術之初，不應採用過多的快速跑和教學比賽，不要過早地採用計時跑。

② 較好地掌握跑的技術後，應逐漸要求快速跑和延長跑的距離。

③ 在途中跑技術教學中，要強調大步幅和快頻率的技術特點，並貫穿教學的各個環節中。

（三）學習蹲踞式起跑和起跑後加速跑技術

內容：

① 學習安裝起跑器方法。讓學生按普通式起跑器安裝要求進行練習。

② 學習「各就位」「預備」技術。體會起跑動作的要領。學生成組進行練習。

③ 學習起跑和起跑後加速跑技術：

• 模仿蹬離起跑器技術練習——站立式起跑練習。要求兩腿前後站立，然後屈膝並前傾上體，兩臂自然下垂，按「跑」的口令，迅速完成蹬擺動作，並強調以身體前傾姿勢跑出。

• 按「跑」的口令，從起跑器上蹬離跑出 20～40 公尺。

④ 學習起跑、起跑後加速跑接途中跑技術。按口令起跑出發後，快跑 50～60 公尺。體會在加速跑後自然慣性跑 1～2 步進入途中跑。

⑤ 學習彎道起跑器安裝技術和學習彎道起跑、起跑後加速跑技術：

• 讓學生根據彎道起跑器安裝方法進行練習。

• 按「跑」的口令要求，完成彎道起跑和起跑後加速跑的練習。

教法提示：

① 學習起跑和起跑後加速跑技術的開始階段，不應過分強調身體前傾，以免影響起跑和起跑後加速跑動作的連貫性。技術熟練後，應逐漸要求加大身體前傾的角度，以提高跑的加速度。

② 學習起跑和起跑後加速跑過程中，根據個人特點，不斷調整前後起跑器的位置和起跑器抵足板的角度。

③ 練習起跑時，必須做到槍響起跑，杜絕搶跑現象。

④ 起跑教學開始，不應過早地組織教學比賽，以免影響正確的起跑和起跑後加速跑技術。

⑤ 學習彎道起跑器安裝技術和彎道起跑、起跑後加速跑技術。可以放在學習

彎道跑技術後進行。

（四）學習終點跑技術

內容：

① 在慢跑中做上體前傾動作，做用胸部或肩部撞線的練習。

② 用中等速度跑，做胸部或肩部撞線練習。完成撞線練習後不要立即停步，要求順勢向前跑過幾步。

③ 雙人或成組練習撞線技術。

④ 快速跑 40～50 公尺，直接跑過終點（不做撞線動作）。要求跑至離終點 20 公尺處盡力增大身體前傾程度，並加快擺臂，迅速跑過終點。

⑤ 快速跑 40～50 公尺，在離終點線 1 公尺左右時做用胸部或肩撞線動作，迅速跑過終點。

教法提示：

① 在完成終點撞線動作時，強調不要跳起撞線。

② 完成終點撞線後，要求逐漸減速，以免發生傷害事故。

③ 學生成組練習終點撞線技術時，要把跑速相近的編在同一組，以提高教學的效果。

（五）學習彎道跑技術

內容：

① 沿一個半徑 10～15 公尺的圓圈跑。依次按慢跑、中速跑、快跑的要求，體會隨跑速的增加身體內傾程度的變化。

② 學習進彎道跑技術。先在直道上跑 15～20 公尺，接著跑進彎道 30～40 公尺。要求在進入彎道前 2～3 步，有意識地加大右腿和右臂的擺動力量和幅度。

③ 在彎道上跑 30～40 公尺，接著跑進直道。在跑出彎道前 2～3 步，身體有意識地直起，體會順慣性自然跑跑出彎道。

④ 在彎道上跑 60～80 公尺，接著跑進直道。

⑤ 學習全彎道跑技術。讓學生進行 120～150 公尺的全彎道跑，體會上彎道、彎道和下彎道跑的銜接技術。

教法提示：

① 在做圓圈跑練習時，應從慢跑開始，逐漸加快跑速，使學生體會到跑速的快慢與身體內傾程度的關係。

② 在彎道跑時，應強調身體保持直立狀態向圓心方向傾斜，不是僅上體向內傾斜。

③ 觀察學生彎道跑技術時，教師的位置應依據教學內容的不同，站在彎道的圓心處或正對著學生跑進方向的前方。

（六）改進和提高全程跑技術

內容：

① 做 60 公尺全程跑，讓學生反覆完成直道全程跑的各部分技術。要求全程跑各部分技術的銜接連貫、自然。

② 改進 100 公尺和 200 公尺全程跑技術。

③ 進行技術評定和達標測驗。

教法提示：

① 在進行改進和提高全程跑技術教學中，以及進行技術評定和達標測驗時，應要求學生充分做好準備活動，防止運動損傷。

② 在進行改進和提高全程跑技術教學中，要求學生體會「放鬆中求快，快中求放鬆」的意境。

③ 在制定技術評定和達標測驗標準時，應注意處理好技術規範與跑速之間的關係。

二、教學中常見的錯誤動作及其產生的原因和糾正方法

（一）途中跑常見的錯誤動作及其產生的原因和糾正方法

1.「坐著跑」

（1）**產生原因**：①後蹬動作不充分，髖未前送。②上體過於前傾，使髖關節產生補償性後移。③腰、腹肌鬆弛，髖關節柔韌性差，後蹬時髖部前送不充分。④支撐腿力量差。

（2）**糾正方法**：①講清在後蹬時髖、膝、踝三關節的用力順序和充分伸展髖關節的動作。②後蹬時，強調向前送髖帶動擺動腿前擺。③加強腰、腹肌力量練習，跑時強調腰、腹肌保持適當的緊張度。④身體保持正直，以利髖關節前送。⑤加強支撐腿的伸肌群力量，提高支撐能力。

2.擺動腿前擺太低

（1）**產生原因**：①後蹬結束後，大小腿沒有充分摺疊，致使擺動腿前擺增加困難。②髖關節的屈大腿肌群力量不足和伸肌群不放鬆。③上體過於前傾，限制了抬腿動作。

（2）**糾正方法**：①講清後蹬結束後摺疊擺動的意義，並反覆做大小腿摺疊前擺的輔助練習。②加強抬大腿的屈肌群力量練習。③跑時強調上體正直，髖關節前送。

田徑運動 高級教程

3.踢小腿跑

（1）**產生原因**：①錯誤地認為前踢小腿能加大步長。②擺動腿前擺太低，前擺伸膝時造成前踢小腿。③後蹬結束後，大小腿摺疊角度大，前擺時小腿前踢。

（2）**糾正方法**：①強調擺動腿的大小腿充分摺疊，同時高抬大腿，在大腿向下擺落時，小腿順勢伸展。②反覆做高抬腿和車輪跑的專門練習。

4.擺臂的錯誤動作

擺臂的錯誤動作如左右橫擺、以肘關節為軸的前臂上下擺動、聳肩、擺臂無力等。

（1）**產生原因**：①擺臂技術概念及作用不清。②肩、臂無力或肩關節過於緊張。③腰、腹肌力量差。

（2）**糾正方法**：①講清正確擺臂的技術要領，反覆練習正確的擺臂動作。②增強肩關節、臂及腰腹肌力量。③反覆做擺臂的輔助練習。④用中等速度跑改進擺臂技術。

（二）起跑和起跑後加速跑常見的錯誤動作及其產生的原因和糾正方法

1.前後腿蹬起跑器無力

（1）**產生原因**：

①起跑「預備」姿勢時，臀部抬得過高。②兩腳沒有壓緊起跑器。③起動時前後腿蹬擺配合不協調，動作無力。④起跑時兩臂前後擺動無力。

（2）**糾正方法**：

①調整「預備」姿勢，使兩腿的膝關節角適當減小些，使「預備」姿勢處於最佳的用力狀態。②反覆練習蹬離起跑器的起動動作，如做膠帶輔助起跑的練習和雙人的輔助練習，體會蹬離起跑器時的蹬、擺配合。③反覆練習後腿蹬離起跑器時的屈膝擺動動作。

2.起跑後加速跑時上體抬起過早

（1）**產生原因**：

①支撐腿力量差，恐怕跌倒。②臀部在「預備」姿勢時抬起過高，或起跑後頭部上抬，使上體過早抬起。③兩個起跑器離起跑線太近。

（2）**糾正方法**：

①講清起跑後加速跑的正確動作要領。②加強腿部力量練習，提高支撐能力。③用器材限制起跑後加速跑時的上體過早抬起。④調整前後起跑器至起跑線之間的距離。

第四節・短跑訓練

一、初學者訓練階段

在進行多年系統短跑訓練時，選擇 12～14 歲的具有一定短跑天賦（優於少年級等級標準）的少年開始進行系統的短跑訓練為好。

這個階段的訓練一般為期三年。每週訓練 4～5 次，每次為 1.5 小時。

參加短跑初級訓練的男女少年，應分別具有 100 公尺跑（手計）13.0 和 14.5 的水準。

（一）基本任務

① 全面提高運動員的身體健康水準和發育水準。

② 全面發展運動員的身體素質，特別要注重動作速率和爆發性力量的發展。

③ 學習正確的短跑基本技術和蹲踞式起跑技術。

④ 學習和掌握跨欄、跳遠、推鉛球等項目的基本技術。

⑤ 進行意志品質和運動心理品質的教育。

（二）訓練要求

① 始終要以跑、跳、投田徑多項和體操、球類活動或比賽性質的遊戲活動為主要訓練內容，以達到發展速度、耐力、力量、柔韌、協調、靈敏等素質和一般技能的目的。

在上述各種練習中，要特別注意培養運動員動作的快節奏感，以利於動作速率和爆發性力量的發展。

② 力量練習應以克服自身體重的跳躍練習為主，切忌採用大重量器械練習。器械性的力量練習主要以輕槓鈴（體重的 30%～50%）、實心球、膠帶等器械發展身體各部分的力量。

③ 技術教學和訓練的比例約為 4.5：5.5。在訓練安排中，一般身體訓練與專項身體訓練比例約為 60%：40%。

④ 在教學和訓練中要注意控制運動量，以利於少年運動員的健康和發育。

對於未來 400 公尺跑的運動員，在本階段訓練與 100 公尺、200 公尺運動員的區別不大，不同的是必須在訓練的第三年注意發展一般耐力。

（三）主要訓練手段和負荷量

本訓練階段全年主要訓練手段、量如表 1 所示。

表 1　初學者訓練階段全年主要訓練手段量示例

訓練手段	量
全年訓練課次數	150～240
80公尺以內段落跑（90%～100%，公里）	3～5
80公尺以內段落跑（90%以下，公里）	6～8
80公尺以上段落跑（80%以上，公里）	10～15
跑的練習（公里）	18～25
起跑練習（公里）	25～300
球類活動與活動性遊戲（小時）	120～160
越野跑（公里）	100～150
跳躍（級數）	1000～1500
一般身體訓練練習（小時）	90～120
其他田徑項目練習（小時）	40～60
比賽次數（60公尺、100公尺、300公尺，接力，一般身體訓練）	10～15

（四）檢驗指標與標準

運動員經過本訓練階段 2～3 年的短跑運動系統訓練，專項成績應達到中國短跑三級運動員男 100 公尺 12.4 秒、女 13.8 秒的標準。其專項身體素質指標也應達到表 2 所列指標。

表 2　三級短跑運動員專項身體素質檢查指標

檢查項目	100 公尺、200 公尺		400 公尺	
	男	女	男	女
30 公尺起跑（秒）	4.2～4.4	4.5～4.8	4.2～4.4	4.5～4.8
60 公尺起跑（秒）	7.4～7.8	8.0～8.4	7.4～7.8	8.0～8.4
150 公尺（秒）	18.0～20.2	20.6～22.0	18.2～20.2	20.6～22.0
1500 公尺（800 公尺，分）	5:15～5:30	——	5:15～5:30	2:40～3:00
立定跳遠（公尺）	2.20～2.50	2.10～2.20	2.20～2.50	2.10～2.20
鉛球後拋（公尺）	11.0～11.8	9.0～10.0	11.0～11.8	9.0～10.0

註：男鉛球 4 公斤，女鉛球 3 公斤。

二、二級運動員訓練階段

達到短跑三級運動員的訓練水準後，就可以進入二級運動員訓練階段。這個階

段訓練為期三年，通常選擇 15～17 歲的少年進行專項訓練。每週訓練 6 次左右，每次為 1.5～2 小時。

（一）訓練任務

① 在發展一般素質的基礎上，逐步加強短跑專項素質的發展。

② 改進和提高跨欄、跳遠、推鉛球等項目的基本技術，建立豐富的技能和能力。

③ 進行短跑專項訓練，改善和提高短跑各部分技術和全程跑的技術。

④ 進一步培養具有短跑項目特點的心理素質，逐步形成勇敢、頑強、有自信心的良好心理狀態。

⑤ 學習短跑技術教學和訓練的基本知識。

（二）訓練要求和主要訓練方法、手段

① 本階段不應過多地在正規條件下用全速跑發展速度耐力，相反，可以在增加難度條件下完成跑的練習（如台階跑、上坡跑、沙灘跑、草地「法特萊克」越野跑等）。此外，可廣泛地採用接力跑，除了進行正規的 4×100 公尺接力跑訓練外，還可以安排遊戲性的接力跑練習和 5×100 公尺×6～8 次的連續接力跑。在進行跑的練習或接力跑練習時，都必須把注意力放在完成技術動作正確性上面，掌握正確技術。

② 力量訓練，採用體重的 40%～60%重量的槓鈴練習 6～8 次。動作要快速，以發展肌肉在收縮時的速度力量。採用少量重量較大的負重練習（如體重的 80%）4～5 次，幫助提高運動員的肌肉力量。此外，還應安排較多的負重或不負重的跳躍練習，以發展運動員的爆發力量。跳躍練習不但能夠提高運動員的快速肌肉力量和人體抗阻力能力，而且其動作與短跑的動作很相似，所以還能直接影響跑的步幅和步頻結構。

③ 短跳練習和長跳練習：短跳練習要求跳躍動作快速而連貫，如立定跳遠、立定單足跳遠、立定三級到十級跳遠、連續雙腿伸展跳躍和蛙跳、連續單足跳或跑、蛇形跨跳、跳過不同高度的欄架、跳深、跳台階、蹬擺跳、原地連續摸高跳、原地並腿觸胸跳和分腿跳等練習。

長跳練習要求有一定的動作幅度和節奏，如長段落跨跳（距離 100～200 公尺）、快節奏計時跨跳（距離 60～100 公尺）、長段落單足跳（距離 60～100 公尺）、單足跳接跨跳（雙單—跨跳、三單—跨跳等）、長段落彈性跳（距離 300～400 公尺）。

④ 速度練習，主要採用 80 公尺以內段落的反覆跑、衝跑、行進間跑，練習強度在90%～100%，發展運動員的速率，是提高位移速度的重要途徑。利用降低條件辦法進行訓練，如順風跑、下坡跑、利用節拍器做快節奏跑和 5～10 秒的快速高

抬腿跑等練習。此外，還可以不斷變換環境、做各種球類活動等，這些都可以有效地發展短跑運動員的速度能力。

在發展速率練習的持續時間上，要求以不產生疲勞為標準，因此，在訓練課中，速度練習應安排在基本部分的前半部進行。

⑤ 改進和提高蹲踞式起跑技術是這一訓練階段技術教學的重要內容，為了更好地掌握起跑技術，練習開始不必聽口令完成，讓運動員獨立體會蹬離起跑器的正確動作，然後在各種信號刺激下起跑。這有助於運動員把注意力更加集中在快速應答動作上。

⑥ 比賽是本階段訓練的任務之一，應具有全面、多項的特點。除了參加 60 公尺、100 公尺、200 公尺和 400 公尺專項比賽外，還可以參加跳遠、跨欄跑、150公尺、300 公尺、接力跑及素質項目的比賽。

（三）全年訓練週期各階段的任務和負荷量

本訓練階段的全年訓練時期的劃分如表 3 所示。本階段的特點是訓練的準備期相對較長，可以有更多的時間用於技術訓練和一般及專項素質訓練。

表 3　二級運動員專項訓練階段的全年訓練時期的劃分

週期	第一訓練週期			第二訓練週期				
階段	技術與一般身體訓練	專項身體訓練	冬季室內比賽期	技術與一般身體訓練	專項身體訓練	第一階段比賽期	專項身體訓練	第二階段比賽期
月份	10～12	1	2	3～4	5～6	6～7	7～8	8～9
週數	12	4	4	8	6	4	8	4

1.第一訓練週期，共 20 週

準備期的一般身體訓練階段的主要任務是：提高全面身體訓練水準；增強支撐運動器官的力量；提高一般身體訓練水準；發展一般耐力、速度耐力、力量等素質。

在準備期的專項訓練階段中占第一位的是提高專項素質水準，重點是發展速度和快速力量素質，以及發展速度耐力和一般耐力。

在第一競賽期（冬季室內比賽），運動員要參加 3～5 次比賽，既參加主項 100公尺、200 公尺、400 公尺比賽，也參加其他項目如 60 公尺、300 公尺、600 公尺、跳遠和跨欄跑等項目的比賽。

2.第二訓練週期，共 30 週

準備期訓練主要是用來鞏固已獲得的技能和使運動員身體素質的發展在質量上達到一個新的階段。準備期的主要任務是：發展一般耐力和速度耐力；發展速率、

柔韌性和關節靈活性；發展力量和快速力量素質；提高一般身體訓練水準。

第二競賽期分為第一階段比賽和第二階段比賽。運動員參加 7～8 次比賽，主要以參加主、副項比賽為主。在競賽期階段的主要任務是：提高途中跑和全程跑的技術；發展速度和速度耐力素質；保持一般身體訓練水準和快速力量素質的水準。

3.主要訓練手段和年度負荷量

短跑二級運動員專項訓練階段的全年訓練手段、量示例如表 4、表 5。

表 4　二級運動員專項訓練階段的全年訓練手段、量示例（100～200 公尺）

訓練手段	量
全年訓練次數	240～300
80 公尺以內段落跑（90%～100%，公里）	8～10
80 公尺以上段落跑（90%～100%，公里）	8～10
80 公尺以上段落跑（80%～91%，公里）	10～15
80 公尺以上段落跑（80%以下，公里）	20～22
負重練習（噸）	60～80
跑的練習（公里	30～40
起跑和起跑練習（次）	500～600
球類活動和活動性遊戲（小時）	150+50
越野跑（公里）	80～120
跳躍（級）	5000～6000
一般身體訓練（小時）	120
其他田徑項目練習（小時）	80
參加比賽次數（田徑多項和短跑多項）	15～20

表 5　二級運動員專項訓練階段的訓練手段、量示例（400 公尺）

訓練手段	量
全年訓練次數	250～320
80 公尺以內段落跑（90%～100%，公里）	8～10
80 公尺以內段落跑（85%～90%，公里）	12～15
80～300 公尺跑（90%以上，公里）	8～10
80～300 公尺跑（80%～90%，公里）	18～20
300 公尺以上（600 公尺以內）跑（90%以上，公里）	3～5
300 公尺以上（600 公尺以內）跑（80%～90%以上，公里）	6～8
負重練習（噸）	40～60

球類活動和活動性遊戲（小時）	100～110
越野跑（公里）	300～350
跳躍（級）	4000～5000
一般身體訓練練習（小時）	120～420
其他田徑項目練習（小時）	80～100
比賽次數（60 公尺、100 公尺、200 公尺、300 公尺、400 公尺、600 公尺）	25～30

（四）檢驗指標與標準

運動員經過本訓練階段 2～3 年的訓練，專項成績應達到我國短跑二級運動員的標準，即男 100 公尺 11.5，女 12.8（手計）等。其專項身體素質也應達到表 6 所列指標。

表 6　二級短跑運動員專項身體素質檢查指標

檢查項目	100 公尺、200 公尺		400 公尺	
	男	女	男	女
30 公尺起跑（秒）	4.2～4.1	4.5～4.3	4.2～4.1	4.5～4.4
60 公尺起跑（秒）	7.3～7.2	7.8～7.6	7.3～7.2	7.8～7.6
150 公尺（秒）	18.0～16.4	20.0～18.8	18.0～16.8	20.1～19.0
300 公尺（500 公尺，秒）	40.0～38.0	44.5～41.0	76.0～72.0	78.0～74.0
1500 公尺（800 公尺，分）	5:15～5:05	2:35～2:30	5:00～4:50	2:30～2:15
立定跳遠（公尺）	2.06～2.75	2.25～2.50	2.60～2.75	2.25～2.35
立定三級跳遠（公尺）	8.40～8.80	7.20～7.50	8.40～8.60	7.30～7.60
立定十級跳遠（公尺）	29.0～30.0	23.0～25.0	28.0～30.0	22.5～24.0
鉛球後拋（公尺）	11.0～11.3	10.0～11.2	11.0～11.3	10.0～11.0

註：鉛球 6 公斤，女鉛球 4 公斤。

三、一級運動員訓練階段

達到短跑二級運動員的訓練水準後，就可以進入一級運動員訓練階段。這個階段以選擇年滿 18 歲的青少年為宜，每週訓練 6～8 次，每次為 2 小時左右。

（一）訓練任務

①確定個人短跑主攻項目。
②重點發展和提高與短跑主攻項目相關的速度、速度耐力、爆發性力量、力量

耐力等專項素質。

③加強專項能力和技術訓練，逐步使技術趨於完善和穩定。

④針對運動員不同特點，逐步加強短跑競賽能力和心理穩定性的培養。

（二）訓練要求和主要訓練方法、手段

本階段的訓練具有明顯的專項化特點。專項技術、素質和心理訓練的比重顯著增加，而訓練手段、量和強度的增加主要是增加專項訓練和比賽次數。

①本訓練階段初期，應特別注意那些有針對性的發展決定短跑成績的各肌群力量練習，如腳掌背屈肌、腳掌的蹠屈肌、小腿伸肌與屈肌、大腿伸肌與屈肌。需要指出的是，力量練習的方式應根據訓練任務的不同而有所變化。大重量負荷的練習（每組 3～5 次）可以發展肌肉的絕對力量，而肌肉的最大力量與短跑的起跑、起跑後加速跑能力相關最為密切。肌肉的爆發力與加速跑、最大速度跑的能力相關最為密切，採用最大重量的 40%～50%負荷進行快速動作練習（每組 8～10 次）能夠發展爆發力和起跑力量；用最大重量的 15%～30%的力量練習（每組 15 次以上）能夠提高力量耐力素質，而肌肉的力量耐力與終點跑保持速度能力相關最為密切。

本階段發展力量常用的練習方法有：

• 負重深蹲、半蹲跳、1/3 蹲跳。深蹲練習從最大負荷量 70%～80%開始，逐漸增至 100%，完成 5～7 組，每組 4～5 次；半蹲跳和 1/3 蹲跳，負荷 30%～50%的重量，完成 5～7 組，每組 12～15 次。

• 負重弓步走。用最大負荷量的 40%，距離為 40～50 公尺，完成 5～7 組。

• 負重高抬腿跑和弓步交換腿跳。用最大負荷量的 30%～40%，完成 5～6 組，每組約 50 公尺。

• 拖重物跑和拖重物跳。重量 5～10 公斤，完成 5～6 組，距離 100～150 公尺。

• 槓鈴臥舉、抓舉、挺舉及持器械擺臂等。完成 5～6 組。

• 膠帶抗阻力牽引練習。發展股後肌、小腿後群肌、髂腰肌等力量練習，完成 5～6 組，儘量至疲勞。

②本階段發展跳躍練習的年跳躍量達 7500～8500 級。練習手段與二級運動員訓練階段相同，但在完成垂直向上跳躍和短跳時，須用最大力量完成；在完成長距離跳躍時，則可用 80%～90%力量練習。

以 200 公尺和 400 公尺為主的運動員，應特別注意在跳躍練習中做多級跳和 50～150 公尺的跨步跳，這些練習與最高跑速和速度耐久力的能力有很高的依賴關係。

③短跑的無氧效率（速度和速率）和速度耐力的提高，主要是採用最大強度和次最大強度的練習實現的。當然，還必須伴隨著力量、靈敏的發展。

提高無氧效率能力可採用最大強度或接近最大強度（90%以上）的練習。發展

田徑運動高級教程

無氧效率的訓練手段、重複練習次數、組數和間歇時間等，都必須使專項能力得到充分的恢復，再進行下一組練習。每組練習開始前的心率，控制在 110～120 次/分。提高無氧效率的練習手段如表 7 所示。

表 7　發展無氧效率的訓練手段

距離（公尺）	強度	重複跑次數	練習的組數	重複跑之間的休息時間（分）	每組練習之間的休息時間（分）	每組練習開始前的心律（次/分）
30	最大	4～5	2～3	2～3	4～5	110
60	最大	3～4	2～3	3～4	6～8	110
150	95%～98%	2	2～3	8～10	12～15	120
250	90%～95%	2～3	1	12～15		120

也可採用 100 公尺（30 公尺上坡跑+40 公尺平跑+30 公尺下坡跑）×2 次×4 組的聯結方法，其強度為 95%，每次跑之間休息 5 分鐘，每組練習之間休息 10 分鐘，坡度為3°～4°。還可以採用遞減距離的快速跑（150 公尺+120 公尺+100 公尺+60 公尺+30 公尺）×2次×2 組的聯結方法，強度為 90%～95%，每次跑間休息 3～5 分鐘，每組練習之間休息 8～10 分鐘。

速度耐力能力的發展，以次大強度（最大強度的 75%～90%）的練習進行各種不同距離的間歇跑訓練。發展速度耐力的訓練手段、重複次數、練習組數，必須考慮到使運動員承受最大的氧債；每組練習之間的休息時間須掌握到使氧債部分地得到償還。為了提高速度耐力，應使代謝系統的負荷加大到心率達到 200 次/分，同時在間歇後的心率達到 120 次/分，即運動員在尚未完全恢復之前就進行下一組的練習。

提高速度耐力的練習手段如表 8 所示。

表 8　發展無氧耐力的訓練手段

距離（公尺）	強度（%）	重複跑次數	練習的組數	重複跑之間的休息時間	每組練習之間的休息時間（分）	每組練習開始前的心律（次/分）
60	90～95	4～6	4～6	30～60 秒	3～5	120
100	85～90	5～8	3～4	30～60 秒	6～8	120
300	80～90	2～4	3～4	2～5 分	10～15	120
600	75～85	2～3	2～3	3～6 分	15～18	120

還可採用遞增與遞減距離跑（60 公尺+100 公尺+150 公尺+200 公尺+300 公尺+200 公尺+150 公尺+100 公尺+60 公尺）×1～2 次×2 組的聯結方法，其強度為 85%，每次練習間休息 2～3 分鐘，每組練習之間休息 10～12 分鐘。

以 200 公尺和 400 公尺為主的運動員，應特別注意發展速度耐力和提高放鬆的技術。

（三）本訓練階段全年訓練週期各階段的任務和負荷量

1.第一訓練週期

本週期共 18 週，分為一般訓練階段、專項訓練階段和冬季競賽階段。

⑴ 一般訓練階段

一般訓練階段約 7 週，完成下列任務：①提高一般與專項的身體訓練水準。②發展一般耐力和專項耐力。③發展快速力量和基礎力量。

⑵ 專項訓練階段

專項訓練階段約 6 週，完成下列任務：①發展速度素質。②發展速度耐力能力。③提高專項身體訓練水準。④發展快速力量和最大力量素質。⑤提高跑的各部分及全程跑的技術。

⑶ 冬季競賽階段

冬季競賽階段約 5 週，完成 60 公尺、100 公尺、200 公尺、300 公尺、400 公尺和 600 公尺跑的冬季比賽預定的成績指標。本階段要完成的任務：①改進蹲踞式起跑和途中跑技術。②提高速度和速度耐力水準。③保持專項和一般身體訓練水準。

2.第二訓練週期

本週期共 32 週，分為一般訓練階段、專項訓練階段和夏季競賽期階段。

⑴ 一般訓練階段和專項訓練階段

本階段共 12 週，與第一訓練週期的兩個階段的任務基本相同。

⑵ 夏季競賽期階段

本階段共 20 週，是為了保持競技狀態和達到新的專項素質發展水準。包括早期競賽階段、夏季專項訓練階段和主要競賽階段（運動員參加 12～15 次比賽）。

① 早期競賽階段。目的是獲得比賽經驗，為在主要競賽階段中達到預定成績打好基礎。

這個階段的任務包括：改進蹲踞式起跑和途中跑技術；發展速度和速度耐力素質；取得比賽經驗和提高競賽心理水準；保持一般和專項身體訓練能力。

② 夏季專項訓練階段。此階段的任務包括：改進途中跑技術和全程跑各部分技術；提高快速力量和力量耐力素質；提高最大速度和速度耐力能力。

③ 主要競賽階段。此階段的任務包括：改進蹲踞式起跑和途中跑主要環節技術；提高最大速度和專項耐力；提高快速力量和力量素質；保持一般身體素質水準。

田徑運動高級教程

3.主要訓練手段和年度負荷量

100 公尺、200 公尺和 400 公尺運動員在本訓練階段採用的主要手段量的示例如表 9、表 10。

表 9　100 公尺、200 公尺跑一級運動員訓練階段主要訓練手段和年負荷量示例

訓練手段	量
全年訓練次數	280～300
80 公尺以內段落跑（90%～100%，公里）	13～16
80 公尺以上段落跑（90%～100%，公里）	16～18
80 公尺以上段落跑（80%～91%，公里）	21～23
80 公尺以上段落跑（80%以下，公里）	45～50
負重練習（噸）	100～120
起跑和起跑練習（次）	700～800
球類活動和活動性遊戲（小時）	150+50
越野跑（公里）	200～220
跳躍（級）	7500～8500
一般身體訓練（小時）	80～120
比賽次數（主、副項，次）	28～32

表 10　400 公尺跑一級運動員訓練階段主要訓練手段和年負荷量示例

訓練手段	量
全年訓練次數	280～350
80 公尺以內段落跑（90%～100%，公里）	13～16
80 公尺以內段落跑（85%～90%，公里）	20～24
80～300 公尺跑（90%以上，公里）	18～22
80～300 公尺跑（80%～90%，公里）	22～26
300 公尺以上（600 公尺以內）跑（90%以上，公里）	8～10
300 公尺以上（600 公尺以內）跑（80%～90%以上，公里）	12～15
負重練習（噸）	70～80
越野跑（公里）	400～500
跳躍（級）	7000～8000
一般身體訓練練習（小時）	120～140
其他田徑項目練習（小時）	40～60
比賽次數（60 公尺、100 公尺、200 公尺、300 公尺、400 公尺、600 公尺）	35～45

（四）本訓練階段檢驗指標與標準

運動員經過本訓練階段 2～3 年的訓練，專項成績應達到我國短跑一級運動員的標準。其專項身體素質也應達到表 11 所列指標。

表 11　一級短跑運動員專項身體素質檢查指標男女男女

檢查項目	100 公尺、200 公尺		400 公尺	
	男	女	男	女
30 公尺起跑（秒）	3.9～3.85	4.3～4.2	3.95～3.85	4.5～4.3
60 公尺起跑（秒）	7.0～6.7	7.5～7.3	7.0～6.8	7.6～7.4
150 公尺（秒）	16.0～15.4	18.2～17.8	16.2～15.5	18.4～18.0
300 公尺（500 公尺，秒）	35.0～35.8	40.0～39.0	64.0～62.0	73.0～72.0
1500 公尺（800 公尺，分）			4:50～4:10	2:10～2:05
立定跳遠（公尺）	2.80～3.05	2.50～2.55		2.40～2.50
立定三級跳遠（公尺）	8.80～9.20	7.80～8.00	8.60～9.10	7.70～7.80
立定十級跳遠（公尺）	32.0～34.0	25.0～26.0	31.0～32.0	23.5～25.0
鉛球後拋（公尺）	11.3～11.8	11.5～11.8	11.3～11.8	11.1～11.6

註：男鉛球 7.26 公斤，女鉛球 4 公斤。

四、運動健將訓練階段

進入運動健將訓練階段的運動員，應該是那些經過多年系統短跑訓練，年齡在 22～24 歲，並已達到短跑一級運動員訓練水準的青年。這個階段每週訓練 7～8 次，每次為 2～2.5 小時。

（一）訓練任務

① 針對運動員的個人特點，進一步完善短跑主項的技術、戰術與節奏。
② 提高運動員的各種專門素質能力和水準。
③ 提高運動員參加重大比賽的心理狀態的穩定性。
④ 完成本階段預定的主、副項成績指標。

（二）訓練特點

① 訓練的專項化更加突出。短跑運動成績的提高，在很大程度上取決於訓練過程中專項素質能力和技術完善以及發展狀況。因此，高水準運動員的專項訓練負荷量和強度，已被許多國家所重視。已有統計資料表明，世界高水準運動員專項訓

田徑運動高級教程

練的時間約占總訓練時數的 80%。

② 增加比賽次數和控制比賽強度。訓練負荷量和強度的交替發展是促進短跑成績提高的主要原因，提高負荷強度是本訓練階段的重要手段。高水準運動員訓練階段，其訓練負荷越應與比賽負荷相一致。現代高水準短跑運動員每年參加 30～50 次的比賽。

③ 訓練手段分類更加明確，訓練效果明顯提高。在訓練過程中，按短跑專項化要求和肌肉活動的供能特點，安排短跑運動員的專項訓練手段，規定訓練強度、持續時間、休息方式和間歇時間等。根據不同的訓練時期和階段任務，採用不同的負荷強度和練習內容（表 12）。

表 12　高水準短跑運動員專項訓練手段分類表

訓練手段	訓練要求及供應特點	訓練強度（％）	工作時間（秒）
80 公尺以內跑	速度、無氧代謝、非乳酸能	極限強度	6～8
80 公尺以內跑	速度、無氧代謝、非乳酸能	96～100	6～8
80 公尺以上跑	速度耐力、無氧代謝、乳酸能	90～95	10～60
80 公尺以上跑	速度耐力、無氧-有氧代謝、混合供能極限強度	90～100	10～60
100 公尺以上跑	一般耐力、有氧代謝	80～90	30 以上
越野跑	一般耐力、有氧代謝	80 以下	1800 以上
負重練習	絕對力量、速度力量	80 以下	
跳躍練習	速度力量、力量耐力	60～100	

引自《莫斯科體院訓練手冊》

（三）全年週期中各階段負荷的重點

全年訓練總次數為 280～350 次，第一訓練週期共 20 週，分為四個訓練階段，時間從 10 月份至第二年的 3 月份。第二訓練週期共 30 週，分為六個訓練階段，時間從 3 月份至 9 月份（表 13）。

表 13　高水準運動員訓練階段全年計畫階段劃分

週期	訓練階段	持續時時間（週）
第一訓練週期 （10 月—3 月）	引導訓練階段	2～3
	準備期基礎訓練階段	8～9
	準備期專項訓練階段	4～6
	冬季比賽階段	4～6

第二訓練週期 （3月—9月）	休整週	2～3
	準備期基礎訓練階段	7～8
	準備期專項訓練階段	5～6
	第一比賽階段	4～6
	夏季專項訓練階段	5～6
	第二比賽階段	6～8

1.第一訓練週期的安排

⑴ 引導訓練階段

本階段的主要任務是提高一般身體訓練水準；增強支撐——運動器官的能力。

提高一般身體訓練水準，採用綜合性的方法，如球類、游泳、耐力跑等。耐力跑對於發展機體有氧能力是最好的訓練手段，耐力跑的速度控制在心率 155～160 次/分。發展有氧耐力跑的訓練，每週安排 2～3 次，跑的時間應逐漸增加，從 20～40 分鐘。

增強支撐——運動器官的能力，有效的方法是採用跳躍練習。完成跳躍練習時以長跳為主，不用全力，在鬆軟的地面上進行，距離為 50～80 公尺。總的負荷應逐漸增加。如本階段安排 3 週則負荷安排的比例為 25%：35%：40%。採用負重練習的重量不大，在30～40 公斤，練習節奏不快，但練習次數較多，旨在發展力量耐力。

⑵ 準備期基礎訓練階段（11 月至第二年 1 月）

本階段的主要任務是提高專項力量訓練水準和全面身體訓練水準。為此，應大量運用各種負重和跳躍的練習。採取保留訓練效果的「發展型」方法（每週遞增量在 20%以上）。

在這種遞增符合訓練後，當負荷量降下來時，其力量訓練的效果，特別是快速力量訓練指標會明顯提高。力量負荷安排，一般是在 2～3 週內達到大負荷量，在第 4 週（或在第 3 週）顯著降低，以便形成恢復和適應過程。在一個小週期的訓練中，專項力量練習 2～3 次。

跑的負荷主要以有氧——無氧供能形式（即以 80%～90%強度）的速度跑 80 公尺以上段落。短段落（80 公尺以內段落）跑的速度為 90%～95%，但是短段落的最高速度跑，通常是在減量訓練課進行，準備期基礎階段每兩週安排 1～2 次。

⑶ 冬季準備期專項訓練階段

本階段的基本任務是提高速度能力和短跑技術水準。

採用 80 公尺以內段落的行進間跑和起跑，以極限或極限下速度成組地進行，每週 3～4 次，一次訓練課的速度負荷平均量為 400～450 公尺。在沒有安排速度訓練課時，以提高跑的技術和進行全面身體訓練為主。為使快速力量訓練水準保持

田徑運動 高級教程

較高的狀態，可採用量小強度大的跳躍練習（每週安排 120～150 級跳）和負重練習（1.2～1.5 噸）。

⑷ 冬季競賽期

本階段的基本任務是提高短跑技術水準和速度能力，並在競賽中達到預定的成績指標。

透過比賽檢查身體素質發展狀況，為夏季的重大比賽打好基礎。此競賽期參加比賽可達 6～8 次，並把比賽作為有效的強化訓練手段。

在冬季競賽小週期開始時，最好先安排引導性訓練，在小週期的中段進行技術和速度訓練。適量的快速力量負荷（100 級以內的快速跳躍或 1～1.2 噸的負重練習），在比賽前兩天進行，在比賽前一天做準備活動，比賽後應進行輕鬆的活動。

2.第二訓練週期的安排

⑴ 準備期基礎訓練階段

本階段的訓練任務同第一訓練週期的基礎訓練階段。

專項力量的訓練採用「發展型」（即每月的力量訓練占全年總負荷量的 12%～20%）。跑的負荷主要是以有氧——無氧供能形式進行，採用 80%～90%的速度跑80 公尺以上的段落，短段落跑以 90%～95%的速度進行訓練。採用最高速度跑時，每週安排一次訓練課較為有效。

⑵ 準備期專項訓練階段

本階段的訓練任務主要是以提高速度能力、技術水準和發展速度耐力素質為主。

總體上說，跑的負荷和快速力量訓練的安排與冬季第一訓練週期的專項訓練階段的任務相似，區別在於稍增加速度能力的負荷量（一次訓練課達到 450～550 公尺）和進行大量的以提高無氧糖酵解供能的速度耐力的練習（100～300 公尺跑，強度為 90%～100%）。

在專項訓練的前半階段，主要是提高速度能力（每週為 2～3 次訓練課），到8～9 次課後改為每週 1 次課，並同時安排每週 1～2 次提高速度耐力的訓練內容。

在發展速度和速度耐力的負荷量的安排上，要因人而異，並且還應考慮到不同主項的運動員採用不同的負荷量和不同的訓練段落。

⑶ 第一和第二競賽階段

本階段的任務是達到更高的專項訓練水準和適應重大比賽的狀態，以及培養比賽所必須具備的精神，如堅強、果斷和必勝的意志，並且使運動員在技術上和專項素質上，以及在機體機能上都達到競技狀態的要求。

在第二競賽階段參加主要比賽。在準備參加比賽時，要考慮到運動員的個人特點和上一年參加重大比賽的經驗。安排訓練時，要求對重大比賽至少有 6 週的專門性準備。賽前安排，必須是有助於運動員技術、戰術和專項身體訓練水準的進一步

提高。

賽前訓練安排應是訓練小週期和模擬競賽小週期交替出現。在競賽階段的初期，訓練結構是重複第二訓練週期的基礎階段和專項訓練階段的內容，但負荷量有所減少。

訓練課依次以第一小週期專項力量 1.5～2 週、第二小週期速度訓練 1～1.5 週和第三小週期速度耐力 0.5～1 週作為主要訓練的內容。訓練小週期的負荷內容，必須有助於運動員的技術和專項身體訓練水準的提高。

模擬競賽小週期，主要是按照面臨競賽的特點安排訓練。

賽前的最後一週是減小負荷週，賽前兩天休息，賽前一天做準備活動。

⑷ 過渡期階段

本階段的基本任務是變換訓練條件，降低負荷量，進行積極性休息。

值得注意的是不應完全中斷訓練，而是要創造一定的保持訓練的條件，以便比上一年獲得更高的訓練水準，開始進入新的訓練週期。

400 公尺跑項目的運動健將訓練階段，與上述 100 公尺、200 公尺跑項目的訓練相比，主要的區別在於應重點提高無氧糖酵解和機體抗酸能力的訓練。要大幅度地提高在大強度條件下完成專項訓練手段的負荷量。據測定，400 公尺跑成績在 50 秒左右時，其無氧代謝與有氧代謝的比例為 6：1；400 公尺跑成績在 46 秒左右的，其無氧代謝與有氧代謝比例為 8：1。所以，400 公尺跑的運動員在準備期基礎訓練階段的有氧耐力的訓練是必不可少的內容。

運動員經過本訓練階段 2～3 年的訓練，專項成績應達到我國短跑健將級運動員的標準。

第二章

接力跑

劉江南

第一節・接力跑的發展與研究概況

接力跑是由跑和傳、接棒技術組成的集體項目。由於接力跑傳、接棒時精湛的技藝和每名參賽隊員為集體竭盡全力所表現的高度的默契，以及比賽場面激烈的競爭性和比賽結果變化無常帶來的戲劇性，使它成為田徑運動中最令人興奮的項目之一，它往往能把比賽推向高潮。同時，它也反映了一個國家或集體的精神面貌和田徑運動水準。

1908 年第 4 屆奧運會，首次將男子 4×400 公尺接力跑列為競賽項目，1912 年第 5 屆奧運會增加了男子 4×100 公尺接力跑項目。女子 4×100 公尺和 4×400 公尺接力跑，分別於 1928 年和 1972 年列為奧運會競賽項目。

接力跑包括場地接力跑和公路接力跑。田徑運動的大型比賽中，接力跑的比賽項目，一般男子有 4×100 公尺、4×400 公尺和女子 4×100 公尺、4×400 公尺。歷史上還有過男子 4×200 公尺、4×800 公尺、4×1500 公尺、4×880 碼、4×1 英里世界紀錄的記載。此外，還有過異程接力跑比賽。

接力跑規則曾規定，各參賽隊在各自指定的跑道內跑進，並要求接力棒必須在規定的 20 公尺接力區中完成起跑和傳、接棒動作。1962 年以後，國際田聯規定在 20 公尺接力區的始端向後延長 10 公尺作為預跑區，接棒隊員可以在 10 公尺預跑區域內任選一處開始預跑，但傳、接棒仍然必須在 20 公尺接力區內完成。

隨著短跑成績的迅速提高和傳、接棒技術的不斷改進，接力跑的成績不斷提高。至 2010 年 12 月男子 4×100 公尺接力跑世界紀錄為 37.10（牙買加），4×400 公尺接力跑為 2:54.20（美國）；女子 4×100 公尺接力跑為 41.37（東德），4×400 公尺接力跑為 3:15.17（蘇聯）。

中國自 1911 年舊中國的第 1 屆全國運動會起便設立了男子 4×100 碼接力跑比賽項目，1930 年第 4 屆全國運動會設立了女子 4×50 公尺接力跑項目。新中國成

立後，成績提高較快，至 2010 年 12 月，我國男子 4×100 公尺接力跑為 38.78，4×400公尺接力跑為 3:03.66；女子 4×100 公尺接力跑為 42.23（四川），4×400公尺接力跑為3:24.28（河北）。

當前，國內外圍繞提高接力跑成績進行了一些科學研究，如改進和完善傳、接棒技術，從起跑技術、跑的能力、身體形態、心理素質、協作精神到傳接棒技術等各個因素選擇最佳參賽隊員的陣容，以爭取發揮最佳的整體效應；又如接棒運動員如何確定最適宜的起跑時機，以使傳、接棒隊員均能在保持和發揮高速的狀態下完成傳、接棒動作，以爭取最快的跑進速度，提高接力跑的成績；再如對運動員在 4×100 公尺接力比賽中的分段時間進行分析，以及確定評定傳、接棒技術的指標，檢驗教學與訓練的效果等等。

但是，縱觀國內外對接力跑研究的歷史和從田徑運動大賽中接力跑的技術狀況看，對接力跑技術研究相對較少，許多接力跑運動員對技術的掌握尚差。在國內外田徑大賽中的 4×100 公尺接力跑比賽中常有犯規現象，4×400 公尺接力跑也往往因各種因素處理得不好和傳、接棒技術較差，在三個接力區內占用過多時間，較大地影響了接力跑的成績。

如 1991 年第 3 屆世界田徑錦標賽，美國女子 4×100 公尺接力隊具有41.55 的實力，但由於接力技術不好，在預賽中犯規，失去了衝擊世界紀錄的良機。英國女子 4×400 公尺接力隊在 1971 年赫爾辛基歐洲田徑錦標賽預賽中以 3:35.00 獲得第 2 名（三個接力區占用時間是 8.8），在決賽中以 3:34.50 獲得第 4 名（三個接力區占用總時間是 12.30），顯然，這不是因為跑的能力不強，是因為接力技術差造成的。在 1991 年第 3 屆世界田徑錦標賽上，英國男子 4×400 公尺接力隊以 2:57.53 戰勝了實力雄厚的美國隊（成績 2:57.57），當年英國隊無一人列入世界 400 公尺的前 20 名，而美國參加 4×400 公尺接力的 4 名運動員均可排在世界 20 名中的前列。

由當今世界最優秀女子短跑運動員瓊斯等人組成的美國女子 4×100 公尺接力隊，在 2000 年雪梨第 27 屆奧運會上，以絕對優勢在預賽中遙遙領先，早已被瓊斯列為計畫之一的金牌，卻因在決賽中傳、接棒失誤而丟掉。巴哈馬女隊的 4 人雖100 公尺跑的實力不如美國女隊，但她們成功地傳、接棒使其充分發揮了短跑速度，獲得了冠軍；牙買加、尼日利亞隊也分獲第 2、3 名；中國女子 4×100 公尺接力隊在同場比賽中，預賽成績較好，決賽成績較差，都是傳接棒技術優劣造成的。

2002 年第 14 屆亞運會男子 4×100 公尺接力決賽前，人們看好奪金、銀牌的是日本隊（其中 1 人獲200 公尺冠軍，1 人獲 100 公尺亞軍）和沙特隊（其中有 100 公尺冠軍），但是，比賽結果是泰國隊以 38.82 獲得金牌，戰勝了日本、中國和沙特隊。究其原因，也在於傳、接棒技術的優劣。

2010 年第 16 屆亞運會男子 4×100 公尺接力跑決賽，中國隊整體跑速並不很快，但勞義等 4 名運動員以為中國爭奪勝利的堅定意志和信心，以及精湛的傳接棒

配合和頑強拚搏的精神，獲得冠軍，創造了中國新紀錄。他們的表演震撼了全場觀眾和運動員。2010 年「中國田徑金跑道」頒獎，短跑運動員勞義獲得最佳新人獎；四名隊員陸斌、梁嘉鴻、蘇炳添、勞義共同獲得亞運會突出表現獎。

可見，接力跑傳接棒技術與配合的重要性，那種臨時組隊而缺乏專門研究和專門訓練的辦法是不可取的。

第二節・接力跑技術

接力跑技術包括短跑技術和傳、接棒技術兩個部分。接力跑成績決定於各棒次隊員的速度和傳、接棒技術，以及傳棒隊員與接棒隊員傳、接棒的時機。

一、4×100 公尺接力跑技術

（一）起　跑

1.持棒起跑

第一棒隊員以右手持棒，採用蹲踞式起跑，接力棒不得觸及起跑線和起跑線前的地面。起跑技術和短跑相同，持棒方法有三種：

① 右手的食指握住棒的後部，拇指與其他手指分開撐地；

② 右手的中指、無名指握住棒的後部，拇指、食指和小指成三角撐地；

③ 右手的中指、無名指和小指握住棒的後部，拇指和食指分開撐地。

2.接棒人起跑

第二、第三、第四棒的起跑採用半蹲踞式。接棒人站在接力區的後端預跑區內，選定起跑位置。第二、四接棒人應站在跑道的外側，右腿在前，右手撐地保持平衡，身體重心稍偏右邊，頭部左轉，目視傳棒人的跑進和自己的起動標誌線。第三棒接棒人站在跑道內側，左腿在前，左手撐地，身體重心稍偏左，頭部右轉，目視傳棒人的跑進和自己的起動標誌線。此外，第二、四棒接棒人靠近跑道外側，也可用左腿在前、右臂撐地、頭部左轉、目視傳棒人的方法。當傳棒人跑到自己的起動標誌線時，接棒人便迅速地起跑。

接棒人的起跑姿勢是否正確，一是要看是否有利於快速起跑和加速跑，二是要看是否能清楚地看到逐步跑近的傳棒隊員並作出起動的準確判斷。

（二）傳、接棒方法

多年來，接力跑的傳、接棒方法，主要有上挑式、下壓式、混合式等方法。

1.上挑式

接棒人的手臂自然向後伸出，手臂與軀幹成 40°～45°，掌心向後，拇指與其他四指自然張開，虎口朝下，傳棒人將棒由下向前上方送到接棒人的手中。

上挑式傳、接棒的優點是接棒人向後伸手的動作比較自然，容易掌握。缺點是接棒後，接棒人的手握著接力棒的中部，為避免第三、四棒傳、接時接棒人抓握棒的前端部分越來越少，造成掉棒和影響持棒快跑，而必須在跑進中換手或調整握棒的部位（即倒棒）。

2.下壓式

接棒人的手臂向後伸出，手臂與軀幹成 50°～60°，手腕內旋，掌心向上，拇指與其他四指自然張開，虎口朝後，傳棒人將棒的前端由上向下傳到接棒人的手中。

長期以來，很多接力跑隊員習慣於採用下壓式方法。不過，也有人認為採用下壓式時，接棒運動員的手臂後伸，掌心朝上，會引起身體前傾，傳棒運動員手臂前伸，都會降低跑速。

3.混合式

4×100 公尺接力跑多採用上挑與下壓式混合的傳、接棒方法，它綜合了上述兩種方法的優點：第一棒隊員以右手持棒起跑，沿彎道的內側跑進，用上挑式將棒傳給第二棒隊員；第二棒隊員接棒後沿著跑道外側跑進，並以下壓式將棒傳給第三棒隊員；第三棒隊員接棒後沿著彎道內側跑進，用上挑式將棒傳給第四棒隊員。

採用哪種傳、接棒技術都要因人而異，它還受身高、臂長、手掌大小和傳、接棒隊員習慣的影響，只要能使傳、接棒技術達到默契、精確、保險、快速就可以。無論採用哪一種傳、接棒方法，都應是第一、三棒隊員沿跑道內側跑進，以右手將棒分別傳給第二、四棒隊員的左手，第二棒隊員沿著跑道外側跑進，以左手將棒傳給第三棒隊員的右手。為了集中精神保持高速度，4×100 公尺接力運動員都要採用不回頭看棒的接棒方式。

（三）影響傳、接棒技術的因素

影響傳、接棒技術發揮的因素有傳棒和接棒的時機、接棒隊員起動標誌線、接棒隊員對移動人體的選擇反應時、傳棒隊員最後 25 公尺和接棒隊員起動後 25 公尺的跑速、傳棒和接棒隊員在傳棒和接棒瞬間的獲益距離。

1.傳、接棒的時機

在 4×100 公尺接力跑比賽中，要求傳、接棒隊員必須在接力區內以高速完成傳、接棒動作。而在 20 公尺接力區內傳、接棒隊員雙方都能達到相對穩定的高速

時便是傳、接棒的最佳時機。這一最佳時機，一般在離接力區前端 4～5 公尺處。此時，傳棒隊員仍處於高速之中，而接棒隊員也開始進入高速階段。如在接力區的後半段傳、接棒，接棒隊員正處於加速階段，傳棒隊員以高速跑進，傳、接棒隊員之間的速度差異將會給傳、接棒的配合帶來難度，造成傳、接棒運動員之間的距離過近而影響傳、接棒技術的正常發揮，也難以得到較長的獲益距離。

2.接棒隊員起動標誌線的確定

起動標誌線是第二、三、四棒接棒隊員確定起跑時機的標誌。它是根據傳棒隊員和接棒隊員的跑速和傳、接棒技術熟練程度以及最佳傳、接棒時機等因素確定的。起跑點與起動標誌線距離的計算方法有多種，現著重介紹一種較簡單的計算方法：

假如接棒隊員在接力區後面 10 公尺的預跑線處出發，當跑到 27 公尺（距接力區前沿 3 公尺）處傳接棒，兩隊員之間的前後距離為 1.50 公尺時，則起跑點與起動標誌線的距離為傳棒隊員最後 30 公尺平均速度×27 公尺，減去起跑接棒隊員實際起跑距離（27～1.50 公尺）。

例如，設傳棒隊員最後 30 公尺的平均速度為 9.5 公尺/秒，接棒隊員起跑 27 公尺所需的時間為 3.5 秒，則計算起跑點與起動標誌線的距離（s）=9.5 公尺/秒×3.5－（27 公尺-1.50 公尺）=33.25 公尺－25.50 公尺=7.75 公尺。即起動標誌線應設在預跑區後面 7.75 公尺處。

根據公式計算獲得的接棒人起跑標誌線的位置，還必須由多次實踐加以調整。

3.傳、接棒隊員在傳棒和接棒瞬間的獲益距離

傳、接棒隊員在傳、接棒瞬間的獲益距離，是指傳、接棒隊員都能保持高速的情況下，充分伸展手臂，順暢地完成傳、接棒動作瞬間身體重心相隔的最大距離。這一距離與運動員的身高、臂長、傳接棒的時機以及傳、接棒隊員進入接力區後半段的速度吻合程度有關。配合默契的傳、接棒技術能產生 1.5～2 公尺的獲益距離。在 4×100 公尺接力跑中，三個接力區能產生 4.5～6 公尺的獲益距離，這對提高整體的接力跑成績具有重要意義。

（四）一個接力區傳、接棒技術全過程的各個階段動作

一個接力區傳、接棒技術動作階段，主要是指從傳、接棒隊員進入接力區預跑段前的讓距標誌起，到接棒隊員起動至兩人跑進接力區後半段，完成傳、接棒動作為止的動作過程。它可分為預跑階段、相對穩定高速階段和傳、接棒階段，其中以傳、接棒階段最為重要（圖6、表14）。

傳、接階段是指傳、接棒隊員各自以不同的速度進入接力區，並不斷縮短兩人之間的距離，直到傳棒隊員將棒安全、平穩、準確、順利地傳遞到接棒隊員手中的過程。這一階段又可細分為靠攏階段、信號階段、伸臂階段、瞄準階段和交接階段。

圖6　傳、接棒全過程的各階段動作

表14　傳、接棒各階段的任務和技術特點

	預跑階段	相對穩定高速階段	傳、接棒階段
動作起止	自傳棒隊員跑至起動標誌線起，到接棒隊員開始起跑止。	自接棒隊員加速起，至傳棒隊員相距2～3公尺時止。	自傳棒隊員與接棒隊員相距2～3公尺起，至完成傳接棒動作。
任務	1.傳棒隊員持棒保持高速度跑進。 2.接棒隊員判斷無誤，迅速起動，並在較短距離內儘快發揮最高速度。	傳、接棒隊員都以高速跑進至逐漸相距2～3公尺，並在接力區後半段15～17公尺處達到相對穩定的高速階段。	快速、安全、正確地完成傳、接棒動作。
技術特點和提示	傳棒隊員：右手持棒沿彎道內側跑進。 接棒隊員：站在跑道外側，做半蹲式起跑姿勢，目視起動讓距。 提示：正確標出起動讓距，觀察傳棒運動員跑進。	傳棒隊員：沿跑道內側快速跑進，並保持高速逐漸與接棒運動員接近。 接棒隊員：半蹲式起跑，上體前傾，積極後蹬，以最大限度加速。 提示：判斷無誤地起動，並集中注意力聽接棒信號。	傳棒隊員：逐步減小身體內傾程度，保持高速，準確及時地發出信號，並將棒安全、順利地在接力區傳入接棒隊員手中。 接棒隊員：繼續加速並保持高速跑進，聽信號後伸臂接棒。 提示：發信號及時，接棒伸臂，手形正確。

（五）對男子 4×100 公尺接力跑傳、接棒技術的分析

在 1991 年的東京世界田徑錦標賽男子 4×100 公尺接力比賽中，法國隊員雖名列第 2，但卻表現了精湛的傳、接棒技術，有關專家給予了很高的評價。下面是法國《快報》週刊在題為《出色的接力》文章中的報導：

「美國卡森、伯勒爾、公尺切爾和劉易斯在東京的世界田徑錦標賽上奪得男子 4×100 公尺接力賽金牌，並以 37.50 的成績打破了世界紀錄。法國莫里涅爾、桑古馬、特魯瓦巴爾和瑪麗羅斯以 37.87 獲得第 2 名，他們只被美國人落下 4 公尺。若把個人百公尺跑時間相加，法國人在與美國人同一時間內跑完的距離會媲美國人少 12 公尺。而這恰恰證明法國人傳接技術非常出色。」

在接力賽中，接棒人有一個 20 公尺長的交接棒區和一個 10 公尺長的預跑區。問題是出自這樣一個事實：傳棒人跑來時的速度將近 11.6 公尺/秒，而接棒人在接棒時跑的最快速度也只能達到 8.8～9.7 公尺/秒。

接棒人若在接棒時達到最高速，就需要在交棒人距自己還有 10 公尺時起跑。如果競技狀態不是太好時，則應在傳棒人距自己 8 公尺時起跑。如果接棒人因緊張起跑過早，傳棒人會追不上接棒人，因而可能會造成違例。如果接棒人起跑過晚，傳棒人剎那間已到身後，這時再起跑，則會延誤時間造成失利。因此，必須保持冷靜的頭腦和熟練地掌握起跑時機，以免起跑過早或過晚。人們認為，最理想的傳接棒過程應在接力區的最後一段，也就是接棒人在用 2.50 秒跑完起跑區和接力區的最後幾公尺內完成。傳接過程本身所用時間應為 0.30 秒。

法國人的先進技術是根據這樣一個事實發展來的：接棒人不能像在個人賽時那樣猛然地飛離起跑線，而是逐漸加快，這種跑法完成起來是很難的，要花幾百個小時才能準確估計別人跑的距離和具有準確的自我速度感覺。

二、4×400 公尺接力跑技術

4×400 公尺接力跑的傳、接棒技術也不簡單，雖然傳、接棒是在速度相對較慢情況下進行的，相對較為容易，也不易犯規，但是，它有兩個接力區不是在按道次劃分的各自接力區傳、接棒，而是幾乎都在第一道一個接力區內傳、接棒。在勢均力敵的接力賽跑中，第二棒與第三棒、第三棒與第四棒隊員傳、接棒時，運動員往往是在齊頭並進或緊緊跟隨的複雜情況下進行的，要做到既不多跑距離又不犯規，還能迅速、及時地傳、接棒，那是比較困難的。

故有人只看到 4×400 公尺接力速度相對較慢的一面，認為傳、接棒技術比較簡單，而對其難度和複雜性的重視與討論、研究是不夠的。在國內外的大型田徑運動會上，還有接棒隊員採用身體姿勢較高、接棒手臂平伸、手掌朝下的接取式的消極接棒法。

國內外關於 4×400 公尺接力跑技術的文獻極少，現根據 1971 年赫爾辛基歐洲田徑錦標賽 4×400 公尺接力跑決賽和 1993 年東亞運動會 4×400 公尺接力賽（中國男、女隊）中較為接近的成績及各棒在接力區所占時間、全隊在接力區傳、接棒所占總時間進行比較（表 15、表 16）。

表 15　女子 4×400 公尺接力跑的數值

賽會名稱	隊名	各棒傳接時間			總時間	接力賽成績	名次
		1	2	3			
1971 年赫爾辛基歐洲田徑錦標賽	東德	2.9	2.7	2.9	8.5	3:29.3	1
	西德	3.0	3.0	2.8	8.8	3:33.0	2
	蘇聯	3.0	3.1	3.1	9.2	3:34.5	3
	英國	4.4	4.4	4.1	12.3	3:34.5	4
1993 年東亞運動會	中國	2.8	3.0	2.9	8.7	3:33.41	1

表 16　男子 4×400 公尺接力跑的數值

賽會名稱	隊名	各棒傳接時間			總時間	接力賽成績	名次
		1	2	3			
1971 年赫爾辛基歐洲田徑錦標賽	西德	2.6	2.8	2.2	7.6	3:02.3	1
	波蘭	2.6	2.5	2.6	7.7	3:03.0	2
	義大利	2.7	2.8	2.7	8.2	3:04.6	3
	蘇聯	2.2	2.6	2.4	7.2	3:06.4	4
1993 年東亞運動會	中國	2.9	2.9	2.7	8.5	3:04.35	1

從表 15 接力跑數值可看出，英國女子 4×400 公尺接力隊主要是輸在接力技術上，她們在三個接力區及總時間上都用時過多，這主要是因受阻或接棒速度配合較差造成的。從表 16 看，在男子 4×400 公尺接力中，蘇聯隊的三個接力區所占時間平均是 2.4 秒和總時間是 7.2 秒，這是該次比賽各隊中傳、接棒所占時間最少的，應當認為他們全隊接力技術優異。

從表 15 可以看出，中國女隊 4×400 公尺接力跑技術與相同成績的歐洲幾個隊相比可認為尚好，而表 16 中所示的中國男子 4×400公尺接力跑，在三個接力區所占時間和總時間都較長，這與中國隊仍用接取式的消極接棒方法和缺乏專門訓練有關。

從表 16 中還可以看出，中國男子在 1993 年東亞運動會上 4×400 公尺接力中的成績比 1971 年蘇聯隊的成績高 2.05 秒，但接力區所用的時間卻比蘇聯隊多用了 1.3 秒。可見，認真研究和掌握先進的 4×400 公尺接力跑技術是多麼重要。

由於傳棒人在跑近接力區時的跑速已經明顯地下降，所以接棒應注意自己隊友

前後左右的運動員，靈活機動、果斷地完成接棒動作。當傳棒人跑近時，接棒人要在慢加速跑中目視傳棒人，順其跑速主動接棒，隨後快速跑出。這種看棒傳、接技術，一般有兩種：

一種是接棒隊員向後伸出右臂並稍稍偏右，置於比臀部高約 10 公分的高度上，手掌向上，拇指向後方，肘部向下。交棒隊員伸出左臂，在完成傳棒動作時的向下伸出與右腿向前擺動相配合，逐漸減速。

另一種是接棒人向後伸出右臂，置於與臀部同高或稍低一些的部位，手掌向後，拇指向下指。傳棒隊員向前伸出左手，由下而上將棒傳給接棒人，逐漸減速。訓練有素的接力隊也可酌情採用 4×100 公尺的下壓式或上挑式以及混合式傳接棒技術。

隨著現代 400 公尺跑成績的普遍提高，4×400 公尺接力跑運動員傳、接棒在接力區所占時間也在縮短。如英國接力隊在 1991 年世界田徑錦標賽中，第一接力區和第三接力區所占用時間只有 2.0～2.1 秒（第二接力區因各隊隊員在傳、接棒時距離未拉開，占用時間一般稍長），傳、接棒總時間約為 6.5 秒。

4×400 公尺接力第一棒採用蹲踞式起跑，起跑技術同 4×100 公尺接力跑的起跑；第二棒採用站立式起跑，上體左轉，目視傳棒隊員，要估計好傳棒隊員最後一段跑的速度。如果傳棒隊員最後仍然保持較好的跑速，那麼接棒隊員可以早些起跑；如果傳棒隊員的跑速緩慢，接棒隊員則應晚些起跑並主動地接棒。總之，與 4×100 公尺接力明顯不同之處是在跑道上沒有固定標誌，接棒隊員必須清醒地判斷：

第一，自己將在哪一條跑道上接棒（因為有時候跑道上因擠滿了人而堵塞，並在最後一剎那發生隊員交叉現象）；第二，必須判斷傳棒隊員的速度，安全、順利接棒後，衝出人群占據有利的跑位。

4×400 公尺接力跑的傳、接棒動作，一般在 20 公尺接力區的後半段或中間區域內完成。傳棒隊員將棒傳出後，應從側面退出跑道，避免影響其他接力隊員的跑進。

4×400 公尺接力跑，多採用右手傳遞接力棒的方法，即第一棒隊員以右手將棒傳給第二棒隊員的左手，第二棒隊員跑出後將接力棒換到右手，以後各棒次接力棒的傳遞均以此方法傳接。使用這種方法進行傳接棒，可以避免擾亂傳接棒隊員的節奏和平衡，也不會在傳棒隊員十分疲勞的最後階段，造成棒的傳接混亂和疏忽。它的缺陷是隊員用左手接棒多有不便，不少隊員感到用右手接棒要自然些，更加舒適、安全。

4×400 公尺接力跑傳接棒的另一種形式是傳棒人以左手持棒，傳給接棒人的右手。接棒後換手的方法是持棒跑到最後一個直道時換到左手，然後將接力棒再傳給下一個棒次的接棒人。第四棒隊員不換手，一直跑到終點。

無論是 4×100 公尺還是 4×400 公尺接力跑，事先的計算和練習採用的接棒起

跑標誌，經過反覆多次的實踐，可作為比賽使用的基本標誌。但比賽時的各種因素變化，常常需要適當調整接棒人起跑標誌。所以，接棒隊員對傳棒隊員的瞭解、速度感覺、空間定向能力等都是很重要的。同時，傳、接棒隊員的相互瞭解、「控制」調整和配合好速度也是非常重要的。

三、接力跑的戰術

接力跑戰術的目的是憑藉某種比賽方法產生優勢而戰勝其他參賽隊。在決定戰術時，應從下列幾個方面進行考慮：起跑的能力、短跑的能力、對傳棒和接棒技術的掌握程度、意志品質、身高。

1.從跑的能力角度來使用運動員

4×100 公尺接力中，第一棒隊員約跑 110 公尺，第二、第三棒運動員各約跑130 公尺，第四棒隊員約跑 120 公尺（圖 7），因此，第二、三、四棒應使用較長距離單跑成績最好的運動員。

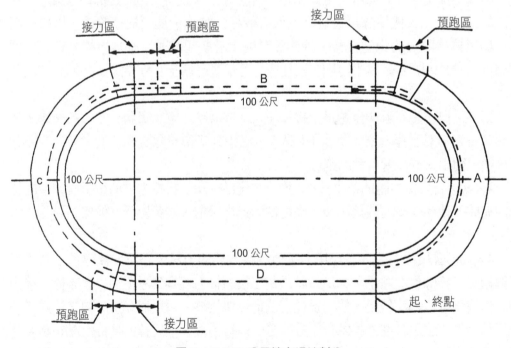

圖 7　4×100 公尺接力場地劃分

2.從起跑品質的角度來使用運動員

應選擇起跑快、速度好的運動員做第一棒隊員。一開始就能領先，為全隊創造獲勝的心理優勢。

3.從對傳、接棒技術掌握程度的角度來使用運動員

第一棒隊員只傳，第四棒隊員只接。接、傳棒技術較差的隊員可考慮放在這兩棒位置上。

4.從意志品質的角度來使用運動員

在水準不相上下的情況下，最後一棒隊員的最後幾公尺對勝負往往起決定性作用。因此，意志力特別強的運動員往往放在第四棒位置上。

5.從身高的角度來使用運動員

這主要是指 4×100 公尺接力跑，關係到兩段彎道。高個子運動員獲得向心力的難度較大，因此，一般講，在彎道上的跑速要比個子矮的運動員慢一些。所以，在第一棒和第三棒往往安排個子較矮的運動員。

根據上述戰術思想，將 4×100 公尺和 4×400 公尺接力各棒次運動員的安排使用原則分述如下：

⑴ 4×100 公尺各棒次運動員的安排原則

4×100 公尺接力跑各棒次運動員的安排，一般是第一棒持棒跑 106～108 公尺，應安排起跑技術好並善於跑彎道的隊員；第二棒持棒跑 100 公尺，實際跑 126～128 公尺，應安排專項耐力好並善於傳、接棒的隊員；第三棒持棒跑 100 公尺，實際跑 126～128 公尺，應安排除了具備第二棒隊員的條件外，還要善於跑彎道的隊員；第四棒持棒跑 92～94 公尺，實際跑 120 公尺，要安排短跑成績最好、衝刺跑能力最強，同時具備頑強的競爭精神的隊員。如果僅就跑的實力而論，隊員的安排一般是 2—3—4—1 的次序。

⑵ 4×400 公尺各棒次運動員的安排原則

4×400 公尺接力各棒次跑有不同的特徵，它共有三個彎道的分道跑：第一棒運動員有兩個彎道的分道跑；第二棒運動員先是跑分道，然後搶道；最後兩棒運動員不分道跑。因此，第一次傳棒在各自分道內進行，第二、三次傳、接棒均在第一道的接力區內完成。應根據運動員的實力和情緒狀態來排定棒次：

① 第一棒運動員須具備良好的衝刺能力，利用分道跑的良好條件，在第一個 400 公尺中成為領先者，並儘量超出顯著的距離，以使第二棒運動員不必浪費過多的力量去對付眾多的擠在一起的競爭者。

② 最後一棒的運動員必須是最優秀的選手，具有良好的戰術意識和速度控制能力，並且他應該是一名精神和心理素質較好的「競爭性」選手。

③ 如果隊員的能力不太平衡，那就可以讓排列第二位的選手跑第一棒，最差的選手跑第二棒，次差的選手跑第三棒，最好的選手跑第四棒。

④ 如果隊員的成績比較平均，則各棒隊員的順序安排可以從次到優，即安排

速度最慢的選手跑第一棒，最快的選手跑第四棒。

上述的戰術考慮因素和原則是不能截然分開的，它們之間的關係和情況的變化是錯綜複雜的。在各有關因素之間發生矛盾時，應該以利大弊小的和最有利於發揮整體效應為決定戰術的基本原則。此外，接力隊的團結一致更是重要問題。只有彼此善於配合的運動員才能掌握好傳、接技術。一個接力隊既已成立，不到迫不得已，不要變換位置和更換隊員。

第三節・接力跑技術教學法

接力跑教學在短跑技術教學之後進行，主要是教會學生在快跑中能按規則基本掌握傳、接棒的技術，培養學生團結協作和集體主義精神。

一、教學步驟

（一）建立正確的接力跑技術概念

內容：

① 講解有關接力跑的知識、比賽規則、研究狀況等。

② 示範在 20 公尺接力區內全速跑中傳、接棒技術。

③ 放映和展示優秀運動員傳、接棒動作的影片或圖片。

④ 講解和演示傳、接棒技術及其重要意義。

（二）學習傳、接棒技術

內容：

① 兩人配合，按口令集體做上挑式和下壓式的傳、接棒練習。傳棒人與接棒人前後相距 1.5 公尺左右，傳棒人的右側對著接棒人的左側。

② 兩人在慢跑和中等速度中做上述練習。

教法提示：

① 原地做傳、接棒練習時，可以站成兩列橫隊，兩人一組進行。

② 在進行上挑式傳、接棒練習時，傳棒人應在持棒臂前擺時發出「接」的信號。接棒人聽到信號後迅速向後伸手接棒。

③ 在進行下壓式傳、接棒練習時，傳棒人應在持棒臂後擺時發出「接」的信號。

（三）學習接力區的傳、接棒技術

內容：

① 兩人一組在接力區完成傳、接棒技術的練習。當傳棒人用較快速度跑至標

誌線時，接棒人迅速起跑，在高速跑進中完成傳、接棒技術動作。

② 兩人一組，進行 2×50 公尺的接力跑練習。要求在接力區末端約 3 公尺處完成傳、接棒技術動作。

教法提示：

① 要求練習者先用中等速度進行，然後過渡到最高速度，體會在保持最高速度情況下完成傳、接棒的技術動作。

② 安排若干個小組同時進行練習，使學生產生一種臨賽狀態，掌握在激烈競爭的情況下準確判斷同伴到達標誌線的時機和選擇與同伴高度配合完成傳、接棒動作的時機。

③ 做兩人成組的接力跑練習，要求接棒人的起跑時機和標誌線基本準確。

（四）學習全程接力跑技術

內容：

① 4 人成隊的連續進行 50 公尺或 100 公尺的接力跑練習。

② 4×50 公尺接力跑或教學比賽。

③ 4×100 公尺接力跑或教學比賽。

教法提示：

① 在練習全程接力跑的分組練習中，應力求各隊實力較為平均，以提高各隊之間的競爭效果。

② 在每次接力跑後，都要總結經驗教訓，要不斷改進傳、接棒技術。

二、接力跑教學中常見的錯誤及其產生原因和糾正方法

錯誤 1：

傳棒人尚未踏上接棒人的起跑標誌線，接棒人過早起跑使傳棒人無法追上向他傳棒。

【產生原因】接棒人過於緊張，起跑太早，或起跑標誌線離接力區過遠，或高估了傳棒人的跑速。

【糾正方法】全神貫注地起跑，或縮短起跑標誌線和接力區的距離，經常在高速跑的情況下練習傳、接棒動作；正確判斷同伴的跑速和自己的競技狀態。

錯誤 2：

傳棒人超過接棒人。

【產生原因】接棒人起跑太晚，低估了傳棒人的速度，反應太慢（指從看到傳棒人到達起跑標誌線時到自己真正開始跑時這一段時間太長）。

【糾正方法】全神貫注地起跑，延長起跑標誌線和接力區之間的距離，其餘均同錯誤 1 的糾正方法。

錯誤 3：

接棒人接棒時回頭看，影響跑速。

【產生原因】對接棒信心不足，精神過於緊張。

【糾正方法】練習較慢速度時的接棒動作；目光始終向前，反覆練習，消除緊張狀態。

錯誤 4：

接棒人沒有按應跑的跑道一側跑進，給傳遞接力棒造成困難。

【產生原因】沒有形成各棒次在跑道內側或外側跑進傳、接棒的習慣。

【糾正方法】反覆講解和示範各棒次隊員正確的跑進路線和傳、接棒技術，在隊員形成正確的概念之後反覆練習。

錯誤 5：

傳棒人持棒前送太早，或接棒人接棒臂後伸太早，或起跑時接棒臂就拖曳在後，影響跑速的發揮。

【產生原因】傳棒人跑到最後時過於疲勞，擔心自己不能及時趕上接棒人；接棒人擔心不能及時接到棒。

【糾正方法】在特別強調注意的動作與意義的情況下，反覆進行傳、接棒動作練習；消除緊張心理。

錯誤 6：

掉棒。

【產生原因】傳、接棒時過於緊張，接棒人還沒有做好接棒動作就傳了棒，手持棒的部位不正確。

【糾正方法】在中速跑進中安全地傳、接棒，傳、接棒時嚴格按照先後次序；傳棒人應負主要責任，必須握緊棒，直到安全送到接棒人手中為止。明確傳、接棒時手持棒的正確部位。

明確評定傳、接棒技術熟練程度的指標，注意以上要點，相信運動員的 4×100 公尺接力跑會跑出應有的成績。

第四節・接力跑訓練

一、接力跑訓練的重點

接力跑的訓練，重點應放在提高跑速和改進傳、接棒技術上，每名隊員的單跑速度是提高全隊跑速的基礎，應花大力氣提高接力隊員的單跑速度。良好的傳、接棒技術，可以使 4×100 公尺跑的成績比四名接力隊員的 100 公尺的成績總和提高 2.5～3.0 秒（4×400 公尺接力跑的這一數字是 4 秒左右）。因此，接力跑訓練應作

為短跑訓練的一部分，而且要使短跑訓練與接力跑的傳、接棒技術訓練統一起來，在日常的短跑訓練中，應利用可能的機會進行傳、接棒技術練習，在既完成短跑訓練負荷又能改進傳、接棒技術的情況下，達到兩者的統一。

另外，接力隊員的穩定和長期的配合訓練，也是培養全隊隊員在快速跑進中使傳、接棒技術達到自動化的重要因素。

二、接力跑訓練的基本內容與方法

接力跑訓練的基本內容是短距離跑訓練、傳棒和接棒技術訓練、心理訓練。具體的訓練方法如下：

第一，接力跑隊員的個別訓練目的在於提高跑的絕對速度能力。

第二，接力跑隊員的持棒訓練著重培養隊員持棒跑的習慣。一般可採用持棒慢跑、持棒加速跑 60 公尺×5～6 次；持棒行進間跑 30 公尺×5～6 次；在持棒快跑中完成傳、接棒動作練習。

第三，2 人或 4 人成組做快速傳、接棒的練習，兩組或多組在競爭中進行傳、接棒練習。如 2×50 公尺或 4×50 公尺接力跑。

第四，接力隊各棒次配合的練習。

① 第一棒與第二棒的接力：第一棒隊員聽槍聲起跑後把接力棒傳給第二棒隊員，2×100 公尺接力跑。

② 第一、二、三棒的接力：要求同前，3×100 公尺接力跑。

③ 完整的 4×50 公尺或 4×100 公尺接力跑。

④ 經常參加 4×100 公尺接力跑測驗或比賽。

4×400 公尺接力跑的訓練按以上基本內容與方法的精神，經常在提高 400 公尺跑能力訓練中，採用 2 人、3 人或 4 人在 200 公尺、300 公尺、400 公尺反覆跑中加入傳、接棒技術的訓練，這樣既能提高 400 公尺運動員訓練的興趣，又能在較接近 4×400 公尺接力跑速度的情況下掌握接力跑技術。同時，也要經常參加 4×400 公尺接力跑測驗和比賽，透過比賽總結經驗，不斷完善接力技術。

第三章

中　跑

王君俠　王志莉

第一節・中跑的發展與研究概況

一、中跑及其訓練理論與方法的發展

18 世紀，隨著英國出現中跑的競賽，許多國家也相繼開展起來，1896 年在第 1 屆現代奧運會上，就有男子 800 公尺和 1500 公尺兩個項目的比賽，其冠軍為澳洲的埃・弗蘭克獲得，成績分別為 2:11.0 和 4:33.2。

1928 年第 9 屆阿姆斯特丹奧運會首次設立了女子 800 公尺項目，德國選手林・拉德爾以 2:16.8 奪得冠軍。但遺憾的是之後女子 800 公尺這個項目從奧運會比賽中取消了，中斷 32 年之久，1960 年第 17 屆羅馬奧運會才恢復。

隨著中跑項目訓練方法的不斷改進，運動水準不斷提高，每當新的訓練方法出現，中跑運動水準就會大幅度地提高。20 世紀初期，基本是以自然跑為主的單一跑法，以英國為代表的跑法是採用長時間的勻速跑、越野跑。那時沒有系統的訓練計畫，訓練負荷不大，身體訓練也很少進行。

20 世紀 30 年代初，開始注意系統訓練，加大了訓練負荷量，並開始重視速度的訓練。美國訓練的特點是在長時間勻速跑的基礎上，注意了速度訓練，並增加了在運動場內進行短於比賽距離的跑。1934 年美國運動員比・邦思倫以 3:48.80 的成績創造了 1500公尺新的世界紀錄。

受「法特萊克」訓練方法的影響，在越野跑和場地訓練中出現變換速度的跑法，從而形成變速跑訓練的特點。同時期，德國教練員波・格施勒和生理學家賴因德爾根據最佳心率，確定了「間歇訓練」法的心率特點，並以心率控制訓練，賴因德爾認為控制在 120～180 次/分之間，對心臟血管系統訓練效果最好。1939 年，格施勒和賴因德爾培養出 800 公尺世界紀錄創造者魯・哈爾貝格，成績為 1:46.6。

1942 年瑞典運動員貢・黑格，一年內 10 次打破 7 項中跑到長跑的世界紀錄，

把1500公尺世界紀錄提高到 3:43.0。

上世紀 50 年代，中跑訓練廣泛採用了間歇訓練法。由於大強度跑量的增加，世界紀錄大幅度提高。1955 年匈牙利的伊哈囉斯 1500 公尺成績達 3:40.8，1957 年捷克斯洛伐克的斯·容格維爾特將 1500 公尺世界紀錄提高到 3:38.1，1955 年比利時的羅·莫恩以 1:45.7 打破了保持 16 年的 800 公尺世界紀錄。

上世紀 60 年代，澳洲和紐西蘭湧現出一批優秀中跑運動員。澳洲的赫·埃利奧特奪得 1960 年第 17 屆羅馬奧運會 1500 公尺冠軍，並打破世界紀錄；紐西蘭的彼·斯奈爾奪走 1964 年第 18 屆東京奧運會 800 公尺金牌，1962 年他還以 1:44.3 的成績打破了800 公尺的世界紀錄。澳洲教練員塞魯蒂創造了在困難條件下的訓練方法，主要是在沙灘、坡道上進行跑的訓練。紐西蘭教練員阿·利迪亞德創造了馬拉松訓練法，他們的共同特點是：大訓練負荷（一週跑 160 公里），在各種地形和公路上進行長時間跑，發展耐力，然後再提高專項速度。

與此同時，高原訓練的效應引起各國教練員和生理學家的注意，1968 年在高原城市墨西哥城舉行的第 19 屆奧運會上，800 公尺以上金牌、獎牌幾乎都被東部非洲高原國家的運動員獲得，使各國更加重視高原訓練和對高原訓練的研究。

上世紀 70—80 年代，世界上出現了許多在多個項目上打破世界紀錄和奪取世界大賽金牌的運動員，如肯亞的凱洛、英國的塞巴斯蒂安·科、奧維特，非洲的羅諾、奧伊塔，女運動員中的美國選手德克爾、挪威的克里斯蒂安森和羅馬尼亞的梅林特等。

中跑運動員多項化訓練的能力是建立在身體全面發展的基礎上，身體全面發展水準又必然促進所參加的各個項目能力的提高，必定會促進某個專項成績的提高。

上世紀 70 年代以來，隨著運動水準的不斷提高，各國運動員水準更加接近，各國加強了科學研究和對訓練過程進行科學的研究。運用基礎理論和相關學科的理論知識，為提高競技體育的運動水準服務，利用超量恢復、高原訓練、間歇訓練、無氧閾理論、心率遙測儀、血乳酸監測等理論、方法和儀器等，促進了中跑項目的訓練，使中跑運動成績不斷提高。

二、女子中跑項目的發展

1928 年第 9 屆阿姆斯特丹奧運會設立了女子 800 公尺比賽項目後，從 1932 年的第10 屆到 1956 年第 16 屆奧運會，女子 800 公尺比賽都被取消了。但許多國家的女運動員仍堅持訓練和比賽，瑞典的安·拉爾森於 1944 年和 1945 年兩破女子 800 公尺世界紀錄，成績分別為 2:15.9 和 2:13.8。蘇聯女運動員表現最為突出，從 1950—1960 年，一直保持女子 800 公尺世界紀錄。她們在訓練中廣泛採用 100～400 公尺段落的變速跑來發展專項能力，一組快跑量可達 1000～2000 公尺。1960 年的第 17 屆羅馬奧運會恢復了女子 800 公尺比賽項目，蘇聯的柳·謝夫佐娃以

2:04.3 的優異成績獲得冠軍，並打破了世界紀錄。

女子 1500 公尺是 20 世紀 60 年代才有的項目，1967 年公佈了第一個世界紀錄 4:15.6，1972 年女子 1500 公尺列入了第 20 屆慕尼黑奧運會正式比賽項目。

女子中跑項目雖然開展較晚，發展平緩，但自從 1500 公尺列入奧運會後，迅速發展起來。究其原因，在於中跑訓練的理論與方法已相對穩定，女子訓練借鑑男子訓練經驗；女子中跑項目的增加和這些項目列入奧運會，也極大地促進了女子中跑項目的發展。

進入 20 世紀 90 年代，中國優秀教練員馬俊仁，突破了過去中跑訓練方法中的許多理論和禁區，1993 年，他所訓練的女運動員創造了一系列優異成績。其訓練法的核心是大負荷訓練，而且有一定的強度要求，大大超過當時世界優秀中跑運動員的負荷。他十分重視恢復訓練，恢復貫穿在整個訓練週期中，貫穿在每天承受負荷以外的每一時刻。至今，女子中跑項目 1500 公尺世界紀錄仍為他的學生曲云霞所保持（3:50.46）。

三、中跑技術發展概況

在中跑運動水準發展過程中，技術的不斷改進也是一重要因素。20 世紀初，中跑技術根據個人特徵，形成自然跑的技術。中跑由於速度和距離的特點，20 世紀 30 年代以前基本是大步幅、慢頻率，全腳掌落地或先腳跟著地再過渡到全腳掌著地。這樣的技術產生的阻力較大，身體重心的上下起伏過大，增加了腿部負擔，腳與地面接觸時間長，影響了跑速。

隨著田徑運動的發展，中跑運動成績的不斷提高以及釘鞋的出現，教練員注意了對中跑技術的研究。腳著地的技術改進為由前腳掌外側先著地過渡到全腳掌著地，但擺動腿下落消極，造成小腿前拋，腳落地距身體投影點較遠。這樣的技術，雖然在緩衝技術上有所改進，但由於腳落地較遠，仍然影響了重心前移和向前的水平速度。20 世紀 50 年代以後，運動員擺動腿積極前擺和下壓，迫使小腿自然向前下伸，適當控制步長，形成以前腳掌「扒地」的落地技術，並積極緩衝，落地點距身體重心投影點較近，減小了阻力，縮短了支撐時間，提高了跑的頻率。中跑技術的發展過程強調擺動腿積極向前送髖，髖、膝、踝三關節充分蹬伸的技術，保證了身體的重心平穩和適當的步長，成績提高很快。

20 世紀 70 年代，世界上出現了以芬蘭著名長跑運動員維倫為代表的「高頻跑」技術，這種技術是後蹬結束後，小腿後擺很小，沒有明顯的摺疊動作，迅速轉入前擺，擺動腿腳落地離投影點較近，小腿自然下落，與地面成垂直角度，沒有明顯「扒」地動作，而且前擺大腿也抬得不高，這樣就縮短了兩腿交叉的時間，步長相對減小，提高了頻率。

這種技術，在很大程度上是由於長跑和馬拉松跑運動員全年訓練中越野跑、公

田徑運動 高級教程

路跑占的比重很大，為減輕腳與地面的作用力，防止受傷，在長期的訓練過程中形成的。這樣的技術也曾影響到了中跑技術，但由於中跑對速度能力要求很高，所以「高頻跑」技術對中跑影響不大。

隨著科學技術的發展，多學科滲透到競技體育的研究中，運動學、生物力學、高速攝影、影片解析技術的應用，對改進技術帶來了明顯的效益。

塑膠跑道的出現，對中跑技術要求更高了，在處理步頻與步幅的變化上，表現在支撐時間與騰空時間比例的變化；在前擺與後蹬技術上，強調了抬腿和身體重心向前性好，表現在前擺向前和後蹬用力。

根據中跑項目的特點，要求中跑技術根據個人身體條件、素質特點，在合理、有效的基礎上注意節省能量消耗，把步幅步頻恰當地統一在自己跑的技術上。

現代中跑技術中，摩洛哥、阿爾及利亞、肯亞、英國、丹麥等國的運動員都形成了自己的技術風格。

第二節・中跑技術

一、中跑的特點

承認為世界紀錄的中跑項目不少。但只有男、女 800 公尺和 1500 公尺跑作為世界大賽和奧運會比賽項目。

中跑屬於極限下強度的項目，對運動員速度耐力要求較高，運動員需用較高速度跑得優異成績。

中跑運動員的速度水準要求很高，速度好，速度儲備就有餘地。速度儲備是影響專項耐力的重要因素。有關資料表明，中跑的有氧代謝和無氧代謝占的比例，800 公尺為 70% 和 30%，1500 公尺各為 50%。中跑的無氧代謝比重小於短跑，有氧代謝比重小於長跑。

比賽後程血液中的血乳酸大量增加，可達 270～300 毫克/升，最大吸氧量可達 75～80 毫升/公斤/分，肺活量 4.5～5.5 升。因此，中跑運動員必須具備承受後半程高濃度血乳酸的能力，必須具有很強的心、肺系統的功能（圖 8）。

二、中跑的技術

中跑的完整技術包括起跑、起跑後的加速跑、途中跑和終點跑四個環節。在技術上要盡可能減少體力的消耗，以維持一定的跑速。要跑得輕鬆自如、重心平衡、節奏明快。中跑各項目的技術基本相同。但由於距離的不同，強度的不同，跑的各環節也有不同程度的差異。

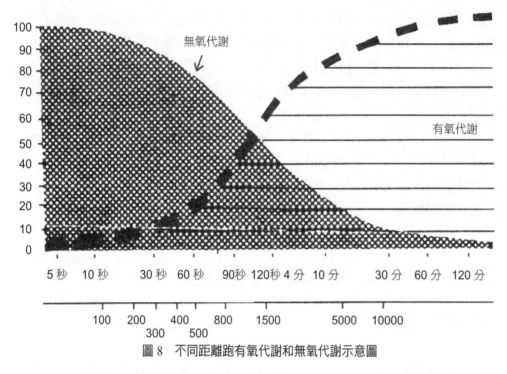

圖 8　不同距離跑有氧代謝和無氧代謝示意圖

（一）起跑和起跑後的加速跑

起跑是從「各就位」到跑出第一步之前的動作。其任務是聽到槍聲後，使身體迅速擺脫靜止狀態，獲得向前的動力快速跑出。規則規定 800 公尺以上的距離起跑只有「各就位」和鳴槍兩個信號，所以中跑的起跑一般採用半蹲式或站立式起跑技術。

半蹲式起跑的動作順序是，「各就位」時先做一兩次深呼吸，然後放鬆地走到起跑線處，將有力的腿放在起跑線後，兩腳前後自然分開，前腿彎曲 150°左右，後腿大小腿彎曲 130°左右，上體前傾，重心落在前腳上，前腳的異側臂自然向前伸，眼向前看 5～8 公尺處，身體保持穩定，注意力集中聽槍聲。當聽到槍聲後，兩腳依序用力蹬地，後腿蹬地後迅速前擺，兩臂配合腿部動作，快速、有力地擺動，使身體擺脫靜止狀態邁開第一步。800 公尺因速度快和採用分道起跑，所以，運動員有時還可採用單臂支撐的半蹲式起跑方法。

1500 公尺以上的中跑項目由於不分道跑，運動員一般採用站立式起跑技術。站式起跑技術與半蹲式起跑技術結構基本相同，只是在做「各就位」動作時，兩腿的彎曲程度、上體的前傾角度較小而已。

起跑後的加速跑是指從起跑第一步落地到發揮出預計速度或跑到戰術位置這段距離。這段加速跑中，上體逐漸抬起，迅速有力地擺臂。根據項目特點、個人習慣

和戰術需要，確定加速的距離和速度。無論在彎道或在直道上起跑，都應按切線方向朝著有利位置跑去。由於 1500 公尺以上項目不分道跑，在起跑後加速跑時，應在不妨礙別人或不被別人影響的情況下跑向能發揮個人速度和戰術需要的位置，然後按既定速度節奏進入途中跑。

（二）途中跑

途中跑是中跑的主要階段，掌握正確的途中跑技術具有重要的意義。

1.著地緩衝

著地緩衝階段的主要任務是減少人體對地面的衝擊，減小水平速度的損失，為盡快轉入後蹬創造有利條件。衡量一名運動員著地緩衝技術好壞的主要標準，就是看他在這個階段人體前進的水平速度損失的情況。損失少的運動員著地緩衝技術好。

腳著地前，擺動腿大腿積極下壓，小腿順勢前擺並做「扒地」動作，著地腿的膝關節是彎曲的，和足跟幾乎在一條垂直線上。腳著地時應用前腳掌或前腳掌外側先著地，然後過渡到全腳掌著地，這對完成緩衝動作有積極作用。

擺動腿前擺下壓時，切忌前伸小腿，避免腳的著地點距身體重心投影線過遠。因為阻礙人體前進的力主要是支撐反作用力的向後水平分力（圖 9）。

如腳在 A 點著地，距身體重心投影線較遠，則支撐反作用力（OR'）的向後水平分力（OR'$_1$）就大；若在 B 點著地，其支撐反作用力（OR）的向後水平分力（OR$_1$）就小。所以，在擺動腿前擺下壓時，不要為加大步長而刻意前伸小腿。而應注意膝關節的適度放鬆，用大腿帶動小腿積極下壓，使腳著地點距身體重心投影線相對較近。優秀運動員腳著地點距身體重心投影線大約為 20～30 公分。

在著地緩衝階段，水平速度的損失與著地瞬間的衝量有著更加密切的關聯。因此，為了減少著地緩衝時水平速度的損失，最有效的方法是縮短著地緩衝的時間。即透過積極「扒地」和在兩大腿「剪絞」動作的慣性作用，「拉」動身體重心快速前移，盡快使跑動姿勢進入垂直支撐階段，以此來縮短著地緩衝的時間。

腳著地時，腳尖應正對跑進方向，腳向外或向內偏都是不對的。輪流著地的兩腳內緣應成一條直線。這樣才能較好地保

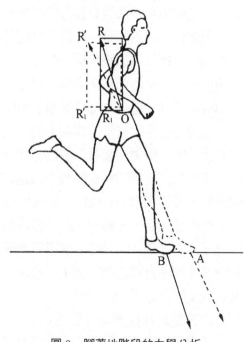

圖 9　腳著地階段的力學分析

持跑的直線性。

　　腳著地後，小腿後側肌群和大腿前側肌群應積極而協調地退讓，以減緩著地的制動力。這樣就使伸肌得到預先的拉長，為後蹬創造有利條件。與伸肌退讓的同時，應迅速屈踝、屈膝和屈髖完成緩衝動作。

　　在緩衝過程中，屈膝是起主導作用的。這時，身體靠慣性向前運動，使機體獲得一個短暫的休息。未參與工作的肌肉群應適度地放鬆，主要表現在骨盆向擺動腿一側傾斜，擺動腿的膝關節低於支撐腿的膝關節。

2.後蹬與前擺

　　跑時，一腿後蹬，另一腿前擺。這是產生跑進動力的階段，是途中跑技術的主要階段。

　　積極前擺可增加後蹬力量，有力的後蹬可促進前擺效果，只有使後蹬與前擺協調配合，才能產生更大的前進動力。當身體重心移到支撐點正上方時開始後蹬，後蹬的開始也是積極前擺的開始，後蹬結束的瞬間也是前擺達到最高點之時。

　　後蹬產生的支撐反作用力是向前上方的，前擺的慣性又加大了這個推動人體前進的力量。後蹬腿的三個關節要充分伸展，用力的順序是伸髖——伸膝——伸踝。擺動腿屈膝前擺，並帶動髖部前送（圖10），這是現代中跑技術的主要特點。

　　後蹬結束時，後蹬腿的膝關節不應完全伸直，一般為 160°～170°。奎羅伊的後蹬動作較充分，膝關節角度均在 170°左右（圖10③⑲）。曲云霞後蹬時膝關節的角度為 165°左右（圖11⑯），她在後蹬結束時，擺動腿的大腿前擺得不高，與地面約成 36°角（圖11⑧）。她的膝部主要是向前擺，帶動身體迅速前移。奎羅伊在後蹬結束時，擺動腿有一個強而有力的高抬動作，大腿與地面約成 25°角（圖10⑤⑲）。

　　與這個動作的同時，正是後蹬腿伸踝的「末節」用力的時刻。在支撐腿快速蹬伸的同時，擺動腿屈膝前擺，能更充分地發揮蹬擺產生的前進動力。後蹬腿的膝關節角度小，擺動腿前擺不高是現代中跑技術的共同特點。在中跑訓練中，除了發展蹬擺的力量外，還要注意發展腳掌肌的力量和踝關節的柔韌性。

　　後蹬時產生的支撐反作用力的方向應當通過人體重心並與跑的方向相吻合。要做到這一點，擺動腿起著重要的作用。前擺的方向不正，必然影響後蹬的方向。因此，必須保持兩腳和兩膝的動作與跑的方向一致。有些運動員在疲勞時，兩腿前擺向外翻，破壞了跑的直線性，削弱了蹬擺的效果。

　　後蹬結束時，上體稍前傾，後蹬腿充分伸展，髖部前送，擺動腿的小腿與支撐腿幾乎平行（圖10⑤⑲）。奎羅伊的髖部前送的幅度大（圖10⑤⑳），使後蹬腳最大限度地落在身體之後，加大了後蹬的工作距離。這是與奎羅伊較好的腿部力量和良好的柔韌性分不開的。

　　曲云霞是以擺動腿的膝部用力前擺來帶動髖部前移，減小後蹬角。若後蹬角大，其支撐反作用力的向前水平分力就小，從而使跑速減慢。

田徑運動 高級教程

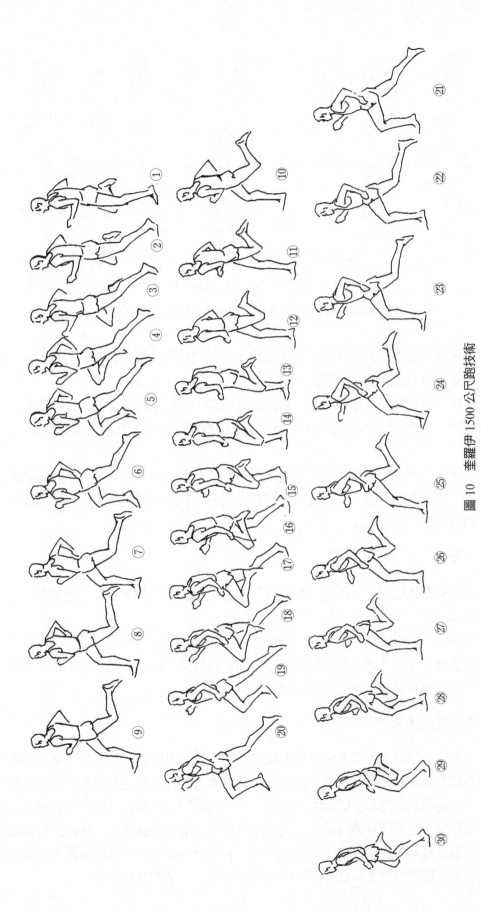

圖 10　奎羅伊 1500 公尺跑技術

圖 11　曲云霞破 1500 公尺世界紀錄時（第二圈）途中跑技術

　　在保證合理技術的前提下，減小後蹬角是改進技術、提高跑速的有效方法。奎羅伊和曲云霞的後蹬角基本都在 50°左右。

　　奎羅伊擺動腿著地積極下壓，扒地動作明顯，緩衝階段速度損失小，上體保持前傾姿勢，有利於身體的前移，使其始終保持較高的頻率（圖 10 ⑫—⑮、㉖—㉚）。

　　中跑有一半以上的距離是在彎道上跑，跑時身體應稍向左傾斜，右臂擺動的幅度較大，右腳著地時腳掌稍內旋。身體向左傾斜的角度與彎道半徑的大小有關，在同一跑道上與速度成正比。

3.騰空

　　後蹬腿蹬離地面，人體進入騰空階段。蹬地腿的小腿應迅速向大腿摺疊，形成以髖關節為軸、以大腿長度為半徑的擺動過程。

　　奎羅伊大小腿摺疊的角度為 25°左右，曲云霞為 50°左右。優秀運動員都重視大小腿的摺疊動作，不過高地向後甩小腿，而是在腳向上抬的同時膝向前擺。在騰空階段，兩大腿應積極完成「剪絞」動作。

4.上體和兩臂

　　中跑途中跑時，上體應採取稍前傾的姿勢，前傾的角度在 5°左右。這種姿勢對發揮蹬擺力量有利，並能保持自然步長。前傾過大或後仰都會造成緊張。在跑的過程中，上體前傾角度的變化範圍為 2°～3°，後蹬瞬間前傾增大，騰空時前傾角度減小。擺臂動作能保持身體的平衡，更主要的作用是增強蹬擺效果。應當把臂部擺動產生的動量移到推動人體前進的合力中去。兩臂彎曲約 90°，兩肩放鬆，做前後自然擺動，肘關節的角度在垂直部位可大一些，以利兩臂肌肉的放鬆。

（三）終點跑

終點跑是各項中跑全程結束前的最後一段距離的衝刺跑。終點衝刺的距離，要根據比賽項目、個人特點和戰術需要來確定。一般情況下，800 公尺跑可在最後 200～300 公尺處開始衝刺，1500 公尺跑可在最後 300～400 公尺進行衝刺跑。速度好的運動員，往往在跟隨跑的前提下，在進入最後一個直道時，突然加速衝跑；耐力好的運動員，為了最後戰勝對手，多採取更長段落的加速衝跑。衝刺時，運動員應加大擺臂、加快步頻和增加軀幹的前傾程度。

選擇最後衝刺的時機很重要。在進入預定衝刺距離之前，必須搶占有利位置，並注意觀察對手的情況，確定開始衝刺的時機。一經衝刺，就應以自己的跑法和速度，全力以赴一鼓作氣地衝到終點。

（四）步長與步頻

跑的速度是由步長和步頻決定的。中跑運動員應保持適宜的步長和穩定的步頻，增強跑的節奏性。這種有節奏的跑，能使肌肉和內臟器官的活動處於有利狀態，並能推遲疲勞的出現。步長的大小取決於運動員的腿長、蹬擺的力量和幅度、後蹬的角度、髖關節的靈活性和柔韌性等因素。

中跑運動員的步長，男子一般為 2.00～2.20 公尺，女子為 1.60～1.80 公尺。塞巴斯蒂安·科的步長為 2.34 公尺。每名運動員在比賽過程中的步長都不是固定不變的。步長的變化取決於疲勞的出現、各段落跑速的變化、跑道品質、風力和風向、運動員的身體狀態等。加大步長的主要方法是加強蹬擺的力量和確定適宜的後蹬角度。

步頻的快慢取決於神經系統的靈活性、肌肉收縮的速度和掌握技術的程度等。中跑運動員的步頻一般為 3.5～4.5 步/秒。塞巴斯蒂安·科的步頻約為 3.55 步/秒，曲云霞的步頻約為 3.77 步/秒。

步頻的快慢和每一步用的時間有關，每一步的時間又和支撐時期、騰空時期的時間有關。因此，支撐時期和騰空時期的時間應有適宜的比例。有人認為，騰空時間應大於支撐時間，也有人認為兩者所占時間幾乎相等，近年來有人認為騰空時間應小於支撐時間。

有些優秀運動員為了提高跑速而減少騰空時間，如塞巴斯蒂安·科的騰空時間為 0.125 秒，而支撐時間為 0.156 秒。為了提高步頻，除了減少騰空時間外，還應減少支撐時間，但要注意減少支撐時間主要是減少緩衝時間，緩衝時間和後蹬時間的比例應是 1：1.5～2。

（五）呼吸

中跑時，人體能量消耗較大，有機體需要更多的氧來維持運動中需氧量和供氧

量的平衡。當供氧量不能滿足需要時，組織內能量物質的分解與合成過程進行得緩慢，導致能量供應不能滿足跑的需要，因而使跑速下降、步長縮短、步頻減慢。可見呼吸對發揮正確的跑的技術起重要的作用。

為了保證有機體對氧的需要，呼吸器官每分鐘要吸入 120～180 升空氣。這樣，必須有一定的呼吸頻率和深度。優秀運動員的呼吸頻率每分鐘達 70～100 個呼吸週期（呼吸週期包括吸、呼及間歇）。呼吸深度約為肺活量的三分之一。在保持適宜呼吸深度的基礎上，主要靠呼吸頻率來保持必要的通氣量。要用鼻和半張開的嘴同時進行呼吸。

中跑的呼吸節奏應與跑的步幅相配合，可以兩步一呼，兩步一吸（四步為一個呼吸週期）；一步半一呼，一步半一吸（三步為一個呼吸週期）；一步一呼，一步一吸（兩步為一個呼吸週期）。應當保持跑的呼吸節奏，在起跑、途中跑和終點衝刺時，都不能有任何閉氣，但根據不同時段身體狀況和體能調整呼吸頻率與節奏。

每個呼吸週期的第二階段，積極進行呼氣很重要，因為充分地呼氣能保證足夠的吸氣。

第三節・中跑技術教學法

中跑的技術教學應當在少年時期就開始進行，因為 7～10 歲的兒童已具備掌握正確跑的技術的能力。因此，在中小學和少體校就應當認真地進行跑的技術教學。

中跑的教學應從慢跑開始。教學的重點是途中跑。教學的順序是先教途中跑，然後教起跑和終點跑，最後進行提高跑的技術的教學。

一、學習直道途中跑技術

內容：

① 80～100 公尺的勻中等速度跑。

② 80～100 公尺的加速跑。

③ 60 公尺加速跑——20 公尺慣性跑——60 公尺加速跑——20 公尺慣性跑。

④ 變速跑（或走跑交替）：100 公尺中速跑（直道）+100 公尺慢跑或走（在彎道）。

二、學習彎道途中跑技術

內容：

① 沿半徑 10～15 公尺的圓圈跑。

② 在彎道上進行 80～100 公尺的加速跑。

③ 由直道進入彎道跑：在直道上跑 20 公尺，接著跑入彎道。

④ 由彎道進入直道跑：在彎道上跑 20 公尺，接著跑入直道。

⑤ 變速跑（或走跑交替）：120 公尺中速跑（彎道）＋80 公尺慢跑或走（在直道）。

三、學習起跑和起跑後的加速跑

內容：

① 學習站立式或半蹲式起跑。

② 原地站立，身體前傾，順勢跑出，保持前傾姿勢，加速跑 20～30 公尺；個人在直道或彎道上起跑，跑 60～80 公尺。

③ 個人在直道或彎道上起跑，跑 60～80 公尺。

④ 集體在直道或彎道上起跑，跑 60～80 公尺。

教法提示：

① 在途中跑技術教學時，教師應注意學生對中跑技術主要環節的掌握。教學開始時，讓學生按統一要求去做，逐漸對不同學生提出不同的要求。

② 為了使學生側重體會途中跑技術某個環節或糾正錯誤動作時，可採用專門練習，如小步跑、高抬腿跑、後蹬跑、斜支撐跑和原地擺臂模仿練習等。

③ 進行起跑的教學時，要求學生聽槍聲快速起動。注意學生在「各就位」口令時姿勢的穩定性。在發令時可以故意延長兩個口令的間隔時間。

④ 在中跑教學過程中，注意發展學生的身體素質。有的學生對某個動作掌握不好，可能是由於力量、柔韌性等素質差造成的。

⑤ 教師觀察學生的動作，應從側面、後面或沿彎道的切線方向去觀察。

四、掌握中跑的完整技術

內容：

① 根據學生掌握中跑技術的情況，反覆進行以上教學內容的練習，使學生掌握正確的技術。

② 認真糾正學生的錯誤動作。中跑常見的錯誤動作和糾正方法如表 17 所示。

③ 進行 200～600 公尺反覆跑。最後 50～150 公尺進行加速，開始衝刺，到終點做撞線動作。

④ 變速跑：200～300 公尺中速跑 +100 公尺慢跑。

表 17　常見的錯誤動作及其糾正方法

錯誤動作	產生的主要原因	糾正方法
步幅過小	腿部力量差，柔韌性差，動作緊張。	加強柔韌性練習，發展腿部力量，做跨步跳、多級跳，動作要柔和放鬆。
後蹬不充分，「坐著跑」	對蹬擺動作理解不清，下肢力量差。	反覆做後蹬跑、多級跳和跨步跳，加強送髖練習，發展核心部位和腿部力量。
身體左右搖晃	兩腳落點間距大，左右橫擺臂。	讓學生沿著一條直線跑，兩腳內緣切在線的左右；或沿著 20～25 公分的「小道」跑；注意前後擺臂。
前擺腿抬得不夠高	上體前傾角度大，腹背肌和股四頭肌力量差。	上體正直稍向前傾，在跑道上做高抬腿跑，利用隔離墩（實心球）做 80～100 公分直線上的高抬腿跑，做上坡跑練習、各種跳躍性力量練習（可負重）。
擺動腿擺動時折疊不夠	後蹬離地面後腿不能適時放鬆，膝角過大。	側對肋木，一手扶肋木，一腿支撐，另一腿做前擺—著地—後擺模仿練習，掌控膝摺疊的角度，後擺要放鬆。

教法提示：

① 在教學過程中，發現學生的錯誤動作要及時糾正。

② 注意培養學生的速度感，掌握適合個人特點的跑的節奏。在進行反覆跑和變速跑時，對快速跑段落提出明確的時間要求。教師做計時報時。

③ 從學生的實際出發，控制好運動量。反覆跑段落的總和和變速跑快段落的總和稍超過專項距離，每個快段落跑後的心率控制在 160～170 次/分為宜。

④ 體育院校學生的中跑教學時數有限，應佈置課外作業，在早操或業餘時間，完成一定的跑量和發展素質的練習。

五、提高中跑的技術

內容：

① 按學生水準分組，進行 600 公尺（女生）和 1200 公尺（男生）的勻速跑，在最後100～200 公尺開始加速，衝刺跑過終點。

② 按個人速度分配計畫跑：男生 1200～1500 公尺，女生 600～800 公尺。

③ 進行技評和測驗（或比賽）：男生 1500 公尺，女生 800 公尺。

教法提示：

① 在提高中跑技術教學時，除了要求跑的技術動作正確外，要特別注意跑得放鬆、節奏和呼吸與步子的配合。

② 注意對學生戰術意識的培養，包括體力分配計畫，起跑後搶占有利位置，途中跑的領先跑、跟隨跑和超越對手，終點衝刺的時機等。

③ 對學生進行「極點」這一生理現象的講解，鼓勵學生在「極點」出現時，應調整跑速和呼吸，以頑強的毅力去戰勝它。

第四節·中跑訓練

中跑的訓練是在短跑技術教學之後進行的。短跑技術和運動成績是中跑技術、訓練的基礎，在中跑運動訓練中還要繼續完善和提高短跑的技術和成績，這是很重要的。

一、初學者的訓練（三級運動員的訓練）

主要訓練任務：
① 培養初學者對中跑項目的興趣、事業心和敢於克服困難的意志品質。
② 在全面發展的基礎上著重發展速度素質和提高一般耐力水準。
③ 促進身體正常發育，提高健康水準。
④ 初步掌握正確的中跑技術。
⑤ 根據素質特點，預測未來，並初步確定專項。達到三級運動員標準。
這個階段主要是採用一些田徑項目、其他體育項目以及遊戲等方法全面提高身體素質水準。

對 13 歲前的兒少，避免過多採用大強度反覆跑的方法發展跑的速度，以防心臟壁的增厚而影響心臟容量。應透過多種訓練方法和手段提高速度素質和動作速率，為以後提高跑的速度水準打下基礎。

還應透過各種方法發展耐力素質，提高有氧代謝和最大需氧量水準。

初學者訓練階段在確定中跑專項後，要進一步改進短跑的技術，建立中跑的技術概念，初步掌握正確的中跑技術，並在練習中加以完善、鞏固。

二、二級運動員的訓練

主要訓練任務：
① 開始進行中跑訓練，在擴展中跑項目的訓練中最後確定主攻專項。
② 繼續發展身體素質，重視發展速度和一般耐力，逐步提高速度耐力水準。
③ 掌握正確的中跑技術，學習、瞭解中跑的訓練理論與知識。
這個階段的訓練內容，仍以全面身體素質訓練為主，逐步增加專項訓練的內容，在提高最大需氧量的基礎上，提高速度耐力水準；要結合中跑技術和個人特點，注意跑的動作節奏，步幅開闊、輕鬆，儘量減少能量消耗。達到二級運動員標

準。

三、一級運動員的訓練

主要訓練任務：

① 繼續培養事業心，加強意志品質的訓練和職業道德教育。

② 繼續提高身體全面發展水準，不斷提高承受負荷的能力。

③ 加強專項速度耐力訓練，不斷提高專項能力。

④ 加強心理訓練，逐步完善技術、提高戰術水準。達到一級運動員標準。

⑤ 一級運動員的個體差異明顯，應根據個人特點實施訓練。

一級運動員的訓練，應重視有氧閾的訓練（表18）。

表18　訓練目的和訓練強度分類表

強度分類	訓練目的	持續時間	重複次數	間歇時間	乳酸含量	心率
1	乳酸耐受力訓練	30秒到2分鐘	6～8	5～10分鐘	>12	最大或接近最大
2	無氧閾訓練	2～7分鐘	6～4	5～7分鐘	4	160～170
		>8～30分鐘	6～4	5～15分鐘	4	160～170
3	有氧閾訓練	30分鐘～2小時	3～1	2分鐘	2～3	150

四、健將級運動員的訓練

主要任務：

① 訓練負荷內容根據總目標、不同階段的具體任務實施目標控制，確定負荷的內容。

② 加強專項能力的訓練，致力效率的提高，增加比賽機會，在比賽中提高專項能力。

③ 提高心理素質水準，適應大賽時的心理承受能力。

④ 形成自己的技術風格，比賽中熟練地運用戰術，並善於調動機體能力和保持良好的競技狀態，在比賽中爭金奪銀，創造好成績。

⑤ 健將級運動員應適當增加比賽次數，將一般比賽作為提高專項能力、培養戰術意識、豐富比賽經驗和心理機能的手段。

健將級運動員的訓練內容，應根據運動員個體特點突出專項訓練，訓練負荷致力訓練效率的提高，加強心理訓練，重視訓練監控、醫務監督、營養和恢復措施。

在訓練安排上，必須根據個體任務、個體差異和個人特點進行安排（表19—表21）。

田徑運動高級教程

表 19　中跑多年訓練各階段總跑量、訓練和比賽次數示例

內容		二級運動員訓練	一級運動員訓練	健將級運動員訓練
全年訓練總量（公里）		900～1600	2000～3000	3500～4000
每週訓練次數		5～7	7～10	8～12
每次訓練課時間		1～1.5	1.5～2	1.5～2
全年訓練總次數		180～220	240～320	360～500
全年比賽	主項	4～6	3～5	8～12
	副項	4～6	5～8	6～8

表 20　中跑各階段跑量占全年總跑量的百分比示例

時期	跑的類型	二級運動員訓練	一級運動員訓練	健將級運動員訓練
準備期	有氧代謝跑量	70～75	60～65	55～60
	混合代謝跑量	25～22	35～32	40～37
	無氧代謝跑量	5～3	5～3	5～3
競賽期	有氧代謝跑量	65～70	55～60	50～55
	混合代謝跑量	27～25	35～32	38～35
	無氧代謝跑量	8～5	10～8	12～10

表 21　中跑訓練各階段各種訓練內容百分比示例

訓練內容	二級運動員訓練	一級運動員訓練	健將級運動員訓練
以短段落的加速跑、變速跑、反覆跑、上下坡跑等練習及速率練習為主的速度練習	30～25	27～23	22～18
以較長段落的勻速跑、越野跑、球類練習、綜合循環練習等為主的一般耐力練習	15～20	18～22	28～32
以接近專項段落的快跑，較長段落的變速跑、間歇跑、循環練習等為主的速度耐力練習	10～15	23～27	33～37
以克服本身體重、負重（包括輕器械）的力量練習和各種跳躍為主的力量、彈跳力練習	10～15	14～16	11～9
以各種體操練習、技巧練習、靈巧練習、柔韌練習、綜合循環練習為主的其他素質練習	35～25	18～12	6～4

註：百分比計算方法是按時間計算

五、中跑訓練特點及年度訓練安排

現代田徑運動訓練年度週期的劃分，雙週期較常見，並呈現年度訓練多週期的安排趨勢，室內田徑比賽、國內外田徑大賽，使年度訓練安排發生了改變。一般是在本年度參加 3 次以上重要比賽，安排 3 個以上週期稱為多週期。通常情況下，無論屬何種訓練週期，均應有準備期、比賽期和恢復期（過渡期）。

（一）準備期

主要是為所確立的競賽目標打基礎。這個階段在年度訓練中是以中、小強度為主，以保證完成較大的練習量。

總負荷呈波浪式增加，最大負荷應在準備期末。各級別運動員在準備期的時間安排上，在訓練的內容、手段上有所不同，教練員應根據運動員的年齡、基礎、上年度訓練、比賽情況科學安排。

中跑運動員利用準備期的開始階段，進行一般發展性練習和專門性練習，一是適應訓練，二是為中、後期訓練創造條件。

隨著訓練的逐步深入，身體訓練和發展一般耐力的訓練應加強。還可進行田徑其他項目的練習，以提高身體全面發展水準。透過各種球類運動發展靈敏、協調等身體素質，還可提高運動訓練的興趣，發展靈活多變、快速反應的能力，這也有助於運動員承受訓練負荷。

中跑運動員的身體訓練可利用器械（肋木、墊子、單槓、雙槓、啞鈴、壺鈴、實心球、跳繩等），還可以進行徒手的各種跳躍練習，以及跨跳器械、障礙物等，做發展上、下肢及腰、腹、背部肌肉力量的練習。

一級以上中跑運動員為發展力量素質可進行槓鈴練習、聯合健身器械的練習，以及其他形式的負重練習、動靜力結合的練習、循環訓練練習等，這些都是很必要的。

參看表 22—表 25。

表 22　速度和力量練習的強度標準

強度類別	最好成績的百分比	強度
1	30～50	小
2	50～70	處於小和中等之間
3	70～80	中等
4	80～90	次最大強度
5	90～100	最大強度
6	100～105	極量強度

表 23　中跑項目供能情況對比

項目	ATP、CP 速度	有氧代謝（耐力）	乳酸能代謝（速度耐力）
800 公尺	30	5	65
1500 公尺	20	25	55

表 24　有氧供能的五種訓練強度

強度分類	訓練目的	運動節奏	每分心率	最大強度
1	乳酸耐受力訓練	最大	>180	85～95
2	最大攝氧量	很大	170～180	80～90
3	無氧閾	大	160～170	80
4	氧氣閾值	中等	150～160	70
5	氧氣補償	低	130～150	40～60

表 25　專項能力訓練中距離與速度變化的類型

類型	距離	速度
1	短於比賽距離	快於比賽速度
2	比賽距離並運用戰術	比賽速度或稍慢
3	長於比賽距離	慢於比賽速度
測試	以稍快於比賽速度完成比賽距離	

有氧代謝能力是指機體在有氧條件下運動時提供能量的能力，它決定著運動員的耐力水準。發展氧氣在體內的運輸能力，就成為發展耐力的主要內容。中跑運動員在準備期發展一般耐力水準，提高有氧代謝能力，不僅對專項能力至關重要，而且可以加速訓練中和訓練後的恢復。具有高水準有氧代謝能力，就可積極轉化為無氧代謝能力。中跑運動項目特點正是這一理論的體現。

發展一般耐力水準，高水準運動員大多透過公路跑、越野跑來實現。現代中跑訓練中，訓練負荷很大，週訓練次數很多。早操已成為發展一般耐力的最好時段，並已成為訓練課訓練負荷的補充。準備期的中後期逐漸增加變速跑、變速越野跑練習的內容。無氧閾理論大大提高了有氧訓練的質量，要掌握以有氧代謝為主的基礎訓練。由於中跑對速度耐力水準要求高，乳酸能代謝能力的訓練比重大於其他代謝的訓練。

無氧閾值需要血乳酸值的測試，或者進行相對應心率的測量，一般認為心率170次/分～180 次/分較為適合中跑的速度耐力訓練。由於中跑的速度水準愈來愈高，發展 ATP-CP 和糖酵解能力，是非常重要的提高專項能力的途徑。

準備時期發展速度水準也是中跑運動員不可缺少的內容，並利用各種跑段，選

第三章　中　跑

擇多種手段（慢跑、順風跑、追逐跑、行進間跑、接力跑等等）來提高跑速，優良的速度水準，將有助於專項距離中速度的儲備。

心率遙測器在現代訓練中通過心率控制訓練過程起到了重要的作用，教練員也可獨立操作。當今，血乳酸監測器使血乳酸值可控制在最佳狀態。

中跑運動員在準備期後期，場地訓練量要超過公路跑、越野跑的比重，可運用變速跑、間歇跑、專項距離的反覆跑等方法提高專項能力。除保持大負荷量的訓練外，還應提高負荷強度，也可適當參加一些比賽（含室內）。

（二）競賽期

主要任務是透過對競技狀態的培養，形成最佳競技狀態，參加比賽，取得最好成績。這個時期，訓練負荷量逐漸降低，負荷強度逐漸提高，專項訓練的比重增大，身體素質的訓練減少，但應保持已獲得的身體訓練水準。

中跑運動員的專項能力，實質就是專項耐力，或者是速度耐力，即保持以較高速度完成比賽距離的能力。在發展專項能力的訓練中，短於專項距離、大於專項距離的跑都應安排，競賽期偏重短於專項距離跑，其強度要求快於比賽時的平均速度，或努力完成計畫達到專項成績指標的平均速度。

如：800 公尺預計提高到 1:52.00，進行 600 公尺練習時強度要求達到 1:24.00 以內。另外，600 公尺快，間歇 200 公尺，衝 200 公尺；1200 公尺快，間歇 100 公尺，衝 300 公尺，也是用來提高專項能力常採用的練習。

發展專項耐力一般常採用間歇跑、變速跑、重複跑、專項距離跑、計算訓練法、檢查跑、測驗及比賽等。

間歇跑是用心率控制訓練，心率保持在 120～180 次/分的範圍內，血乳酸值 6～10mmol/l，使心輸出量處在最佳水準上。間歇時，肌肉及其他活動器官得到間歇休息，而心臟仍處在很高的水準，使整個訓練對心臟功能的增強都有效果，一般情況下心率恢復到 130 次/分左右即可開始下一組練習。中跑運動員常採用 200～1000 公尺距離的間歇跑，間歇跑在全年訓練中均可採用。

變速跑是用快跑+慢跑的方法，並以時間或距離要求來控制，可用快慢等距離的變速跑，也可用不等距離或混合組合的變速跑，快跑段應以高於或等於專項比賽的平均速度的強度進行。不同等級運動員快、慢段落的組合應根據個人特點和訓練目標科學安排。中跑運動員常用的（200 公尺快＋200 公尺慢、400 公尺快＋200 公尺慢、300 公尺快＋100 公尺慢×8～10 次）×2 組較典型。200 公尺快＋200 公尺慢變速跑中，二級運動員的強度要求快段平均 27～28 秒，慢跑 1 分～1 分 20 秒，組間間隔 8～10 分鐘，不少運動員試圖壓縮間歇時間以求質量，但應考慮會不會影響快跑的強度要求為前提。

重複跑就是反覆跑幾個段落，與間歇跑形式上很相近，但間歇跑是以時間或心率來掌控休息的，重複跑則往往是疲勞得以較好的恢復來進行的，休息時間根據任

田徑運動 高級教程

務而定。跑的距離、次數、強度應根據專項特點、個人特點和訓練任務而定，中跑項目各等級運動員常採用 300～1600 公尺距離內的反覆跑，心率控制在 170～186 次/分或血乳酸值 8～12mmol/l。

不同等級運動員其練習次數、負荷強度要求是不一樣的，總體是短於專項距離，速度應高於比賽速度。與比賽距離相同的重複跑訓練應適當減少，以免產生消極心理反應。

計算訓練法是美國學者詹姆斯·加德納和格里·珀迪博士發明的，是系統工程理論及電子計算機技術在田徑訓練中應用的體現，計算訓練法是為間歇跑訓練而制定的「速度表」，根據課時訓練任務，查找「速度表」，設計訓練內容及次數、組數、強度比例要求等，以產生最大的訓練效果。

（三）過渡期

主要任務是進行積極性休息，消除全年訓練比賽帶來的疲勞、傷病等，主要是透過變換訓練項目的一般練習、球類活動、慢跑等來進行。

為保持年度訓練中所獲得的專項能力、素質水準，一週中可採用保持能力的變速跑、反覆跑以及越野跑，進行一定負荷的、保持力量素質的練習，為適應新的年度訓練做好準備。

六、戰術與心理訓練

中跑距離相對較短，戰術非常重要，運用不當，會貽誤戰機。在水準相當的情況下，正確地實施戰術是取勝的關鍵。

合理分配體力，採用勻速跑是取得好成績的主要戰術。一般耐力好的運動員常採用領先跑，速度好的多採用跟隨跑。為了擺脫對手，破壞對手的節奏還可採用變速跑。

當今中跑比賽戰術主要體現在最後衝刺的時機和能力上，要掌握最後衝刺戰術的時機，平時訓練還應有意識地加強最後衝刺能力的訓練。

比賽場上的變化很大，運動員要隨時掌握主動權，要善於控制自己，又要根據比賽中的具體情況靈活地運用戰術。

戰術訓練首先依賴於心理訓練程度，加強意志品質的培養十分重要，訓練中要選擇安排困難條件下（氣候、環境、場地、觀眾等）的訓練，平時有意識地模擬對手進行戰術練習。教練員要透過語言、信號、手勢培養運動員的應變能力，要使運動員即使在疲勞情況下也能發揮身體潛能。

訓練中還要培養速度感、節奏感，以便在比賽中掌握跑速，靈活運用戰術。測驗、比賽是提高心理素質、臨場經驗、應變能力的有效方法，透過參加測驗比賽，總結經驗教訓，以提高自己的心理機能和戰術水準。

七、中跑的恢復訓練與訓練監控

（一）恢復訓練方法

大運動量負荷的訓練和高強度激烈的比賽之後，機體會產生疲勞，疲勞會使機體的工作能力降低，嚴重的會造成過度訓練或稱過度疲勞。這對於體能類速度耐力性項目恢復的意義就顯得更為重要。

恢復不應侷限在一般的手段上，首先要從訓練週期上進行恢復的訓練安排。大週期、年度訓練週期、階段訓練週期以及月、週、課時訓練計畫都要有恢復訓練的計畫、手段和方法。

常用的是在年度以上週期性訓練計畫中安排休整期（過渡期）、調整期；在階段訓練和課時訓練中，則常安排調整訓練（課）或積極性休息等，這是科學訓練的體現，是完成現時訓練和後繼訓練的保證。

不同訓練內容負荷需要的恢復時間不同，注意科學控制訓練節奏、合理安排訓練計畫是取得訓練成果的保證。

現代高水準中跑運動員的訓練，運動員常年超負荷運轉，恢復訓練和恢復措施就顯得十分重要。「沒有疲勞的訓練是無效的訓練」，同樣，「沒有恢復的訓練是危險的訓練」，只有在保證恢復的前提下，負荷產生的疲勞才有價值。恢復措施有自身恢復、物理性恢復、生理生化恢復和心理恢復等。

（二）訓練的監控

現代科學技術迅猛發展，運動訓練的科學化程度大大提高。現代中跑訓練是十分繁雜的過程，不同的距離、強度其供能方式不同，在訓練負荷的過程中，生理生化所發生的變化影響著訓練的效果。科學訓練就具體實施訓練而言，科學安排訓練（負荷、強度、量、頻率）、科學的訓練監控措施是科學訓練的體現。

運動成績是建立在運動負荷的基礎上的，在負荷之後必然帶來機能的下降，產生疲勞狀態，因此教練員在訓練和日常生活中，應科學安排訓練計畫和加強運動員的訓練監控與疲勞消除，做好傷病預防工作，這是訓練的組成部分，甚至比訓練負荷更為重要。教練員應主動配合醫務人員進行運動醫學和運動生理生化指標的檢測。

中跑項目訓練的監控，常用生理生化指標進行綜合評定，例如血乳酸能夠評定運動負荷強度，血尿素能夠評定負荷量和機能狀態，而心率、尿蛋白與負荷強度、負荷量和身體機能狀況均有關。

1.常用生理生化指標訓練監控方法

① 定期血清 CK、LDH 測定及營養水準的干預與監控。

② 心血管系統機能監控：日常的心率、血壓、心電監控；階段性心肌收縮功

能、泵血功能及氣體代謝水準等。

③血液載氧系統機能評定與監控：血紅蛋白、紅細胞數量、壓積及血清鐵蛋白等；肝、腎及物質代謝的監控；血尿素、尿蛋白及代謝產物等。

④內分泌系統的監控：階段性血清總睾酮、游離睾酮、總皮質醇、總睾酮與總皮質醇的比值等。

2.自我監控方法

運動員也可運用自我檢查的方法，在訓練日記中記錄自己的訓練狀態，身體反應和健康狀況。

主觀上：訓練慾望、睡眠狀況、食慾和排汗量。

客觀上：脈搏、體重。

如果同時對上述多項指標進行綜合評定，則既可較全面地評定訓練負荷，又可客觀地瞭解機體對負荷的適應和恢復情況。因此，透過多項生理生化指標的測試與分析，對實施訓練監控和科學安排訓練具有重要的作用。

第四章

長　跑

田秀東　王志莉

第一節・長跑的發展與訓練法演變概況

長跑起源於英國。當時在盛大節日時，有些人為了生活進行賽跑表演，跑的距離從1/4英里到100英里以上，距離越長收費越高。巴爾克勒於1801年跑了110公里，用時19小時27分鐘。19世紀初，歐洲許多國家的業餘愛好者參加了長跑的鍛鍊和比賽，使得此項目逐漸得到廣泛的開展。

一、男子長跑的發展和訓練法演變概況

男子長跑的發展和訓練法演變可劃分為四個階段。

第一階段（1930年以前）歐洲運動員初露鋒芒

男子5000公尺和10000公尺是1912年第5屆斯德哥爾摩奧運會被列為正式比賽項目，芬蘭運動員漢・科萊邁寧獲得這兩個項目的冠軍，並創造了5000公尺第一個世界紀錄（14:36.6）。10000公尺第一個世界紀錄是法國運動員讓・布安於1911年創造的（30:58.8）。

1920年前後，芬蘭人改進了長跑訓練法，在長時間的越野跑和場地跑過程中，以較快的穩定速度跑2～10公里，把速度訓練和耐力訓練結合起來，使運動水準得到顯著提高。其突出的代表是帕・努公尺爾，他打破了5000公尺（14:28.2，1924年）和10000公尺（30:06.2，1924年）的世界紀錄，並多次獲得奧運會冠軍，被評為20世紀「世界最佳運動員」之一。芬蘭為了紀念他，在赫爾辛基體育場外，為他塑造了一個銅像。

從第5屆到第11屆奧運會（第6屆奧運會未舉行）芬蘭運動員在6次奧運會比賽中，共獲得5次5000公尺和10000公尺的冠軍。5000公尺（1912—1939年）和10000公尺（1921—1944年）的世界紀錄均被人們稱為「長跑王國」的芬蘭運動

員保持。芬蘭的「不間斷的長跑訓練法」對現代長跑訓練仍有很大影響。

我國當時長跑的訓練方法是長時間的匀速的越野跑和場地跑。長跑的運動水準很低，5000公尺和10000公尺的全國紀錄，分別由王正林（17:13.4，1936年）和孫澈（34:01.0，1934年）創造的。

第二階段（1930—1970年）出現了許多長跑訓練方法，使長跑運動水準得到大幅度提高，出現群星爭霸的局面

第二次世界大戰期間，第12屆、13屆奧運會未能舉行，當時保持中立的瑞典的長跑運動水準得到大幅度提高，這應歸功於著名教練員古斯塔·霍邁爾，他創造了「法特92萊克」訓練法。「法特萊克」是瑞典語，其含意是「速度遊戲」。透過「法特萊克」訓練法取得成功的突出代表是貢·黑格，他打破了5000公尺的世界紀錄（13:58.2，1942年）。

與此同時，又出現了「變速跑訓練方法」。取得成功的突出代表是被人們稱為「人類火車頭」的埃·扎托倍克（捷克斯洛伐克），他在第15屆奧運會上獲得5000公尺（14:06.6）、10000公尺（29:17.0）和馬拉松3枚金牌，並多次打破10000公尺世界紀錄，最好成績為28:54.2（1954年），成為第一個突破29分大關的人。埃·扎托倍克的變速訓練，是以200公尺和400公尺為快跑段，以200公尺和400公尺為慢跑段。開始時，他一次課跑200公尺×5次+400公尺×20次+200公尺×5次，以後增加到400公尺×40～50次。他被評為20世紀「世界最佳運動員」之一。

蘇聯的弗·庫茲在進行變速跑訓練時，把重複次數減少到400公尺×15～20次，提高每個400公尺的強度為63～64秒（扎托倍克每400公尺的強度為68～69秒），從而取得了成功。弗·庫茲在第16屆奧運會上奪走5000公尺和10000公尺兩枚金牌，並多次打破5000公尺（13:35.0，1957年）和10000公尺（28:30.4，1956年）世界紀錄。蘇聯的彼·巴洛特尼科夫採用與弗·庫茲同樣的訓練量和強度，但他把慢跑段縮短到50～100公尺，也獲得成功，並奪得第17屆奧運會的10000公尺桂冠，而且打破了世界紀錄（28:18.2，1962年）。

在變速跑訓練的基礎上，德國學者賴因德爾和德國著名教練員創造了「間歇訓練法」。此訓練法在整個訓練過程中，對心臟功能增強效果明顯。無論是快跑或間歇，均以心率來控制，使心率始終保持在120～180次/分的範圍內，快跑時不超過180次/分，間歇時間不低於120次/分，使心輸出量都在最佳水準上。採用間歇訓練法，間歇時肌肉得到休息，而心臟仍處在很高的搏動中。

1960—1970年，紐西蘭著名教練員里迪亞德、澳洲教練員謝魯蒂創立了「馬拉松」訓練法。它的特點是大負荷訓練量，增加訓練難度，把速度、力量訓練與耐力訓練結合起來，使運動水準取得較大突破。突出的代表是澳洲運動員羅·克拉克，他曾4次打破5000公尺和兩次打破10000公尺世界紀錄，最好成績5000公尺為13:16.6（1966年），10000公尺為27:39.4（1965年），但他從未在奧運會獲得冠軍，

人們稱他為「無冠的皇帝」。也有人把他在奧運會比賽時的過於緊張的情況，視為「克拉克現象」。如何克服這種現象，加強心理訓練就成為科研人員的課題之一。

1968 年在墨西哥城第 19 屆奧運會上，5000 公尺和 10000 公尺的冠、亞軍均為地處高原地區的肯亞、突尼斯、埃塞俄比亞的運動員奪走，當時引起了極大的震動。許多教練員和研究人員對高原訓練進行了研究，認為低氧分壓環境是高原訓練的主要特點，能有效地提高有氧代謝能力。許多國家的運動員都到高原（海拔 1800～2300 公尺）去訓練。有人把這種訓練稱為「高原訓練法」。

舊中國留下來的長跑全國紀錄是很低的，5000 公尺 16:08.0，10000 公尺 32:47.0，都是樓文敖創造的。

中華人民共和國成立後，體育事業蓬勃發展，長跑運動水準也得到迅速提高。20世紀 50 年代主要學習蘇聯的訓練方法。50 年代末埃·扎托倍克來我國講學，又把間歇訓練法運用到長跑的訓練中來，加大了訓練負荷，中國長跑運動水準得到較大幅度的提高。新中國 5000 公尺的第一個紀錄是伊套特格創造的（15:48.0，1953 年），10000 公尺第一個紀錄是張希苓創造的（31:57.9，1954 年）。1959 年蘇文仁創造的 5000 公尺和 10000 公尺全國紀錄分別為 14:34.4 和 30:06.8，提高幅度分別為 39.4 和 1:41.1。

60 年代又吸收了「馬拉松訓練法」的經驗，長跑的訓練負荷繼續加大，運動水準得到了提高，冀成文在第 2 屆全運會上以 14:28.9 的成績創造了新的全國紀錄；蘇文仁在茲納門斯基國際田徑賽（莫斯科）的 10000 公尺比賽中，以 30:04.6 的成績創造出 60年代最高的全國紀錄。

第三階段（1970－1989 年）地處高原國家的運動員顯示出強大的實力

隨著體育科研的發展，現代科學技術在訓練工作中的廣泛應用，從長跑訓練內容到方法手段都注入了新的認識，雖然從長跑訓練體繫上沒有根本的改變，但許多國家在訓練上進行了創新，進一步豐富和完善了現代長跑訓練方法，運動水準也獲得大幅度的提高。

1972 年第 20 屆慕尼黑奧運會，芬蘭的拉·維倫一鳴驚人，他奪得 5000 公尺和 10000公尺兩枚金牌。他在自然條件下提高了持續跑的強度，吸取間歇訓練法的經驗，加大了訓練的難度，重振了芬蘭長跑的威風。4 年後，在蒙特利爾第 21 屆奧運會上，他又重複了同樣的壯舉。打破了 5000 公尺（13:16.4）和 10000 公尺（27:38.4）兩項世界紀錄。他是唯一獲得兩屆奧運會 5000 公尺和 10000 公尺冠軍的運動員。

1978 年肯亞的亨·羅諾連續打破 4 項世界紀錄：3000 公尺 7:32.1，5000 公尺 13:08.4，10000 公尺 27:22.5，3000 公尺障礙 8:05.4，使人們大為震驚，有人把這一年稱為「羅諾年」。羅諾的跑量和強度都很大，早晨跑 20～27 公里，上午進行重複跑訓練，下午安排間歇跑訓練，因而取得了重大突破。

1982 年英國的莫爾克羅夫特打破羅諾創造的 5000 公尺世界紀錄，成績為 13:00.42。他原來是中跑運動員，因為有塞巴斯蒂安·科和奧維特這樣的強手，感到在中跑不會有很大作為而轉到從事長跑訓練。他的教練主張速度、力量、耐力素質同步發展，讓運動員能達到自己最高的生理和心理狀態。

在比賽中，他戰勝羅諾，在加速時平均 61 秒跑一圈。可見，長跑運動員沒有好的速度是很難取得勝利的。

1984 年摩洛哥的塞·奧伊塔在第 23 屆洛杉磯奧運會上奪走 5000 公尺金牌。被人們稱為「非洲黑豹」的奧伊塔創造出 12:58.39 的 5000 公尺世界紀錄（1987 年），成為第一個突破 13 分大關的人。他加強衝刺能力的訓練，5000 公尺的最後 1000 公尺，用時僅 2 分 26 秒。墨西哥的阿·巴里奧斯創造了 80 年代 10000 公尺最高紀錄（27:08.83，1989 年）。

在這個階段，中國長跑訓練在學習外國先進訓練方法和總結實踐經驗教訓的基礎上，逐漸形成了自己的訓練體系。

20 世紀 70 年代，長跑訓練結合我國運動員的實際，參考「馬拉松訓練法」進行訓練。由於「文革」中斷了五六年，相繼又提出了「少年早期專門化」，使長跑運動的發展受到一定影響。但長跑的運動水準仍在穩步提高。70 年代男子 5000 公尺全國紀錄，先後由馬學忠、袁慶和、謝寶江多次打破，謝寶江把全國紀錄提高到 14:06.8（1979 年）。10000 公尺全國紀錄也經過 6 次易主，崔玉林創造出 70 年代最好的全國紀錄（29:57.7，1979 年）。

80 年代對長跑訓練的研究進一步深入，訓練思想更加活躍，廣泛探討在學習外國經驗的基礎上，從中國運動員的實際出發，走自己的路。中國優秀長跑教練員蘇文仁創製了「十週訓練法」，也稱為「小週期訓練法」，收到明顯的效果。他訓練的運動員張國偉運動水準提高得很快，在 80 年代張國偉包攬了 5000 公尺和 10000 公尺兩項全國紀錄，他的最好成績是：5000 公尺為 13:31.01（1986 年），比 70 年代提高了 35 秒多；10000 公尺為 28:24.85（1986 年），比 70 年代提高近 1 分鐘。

第四階段（1990—2010 年）地處高原國家運動水準占絕對優勢

進入 90 年代，各國對長跑訓練進行了一些改革，提高了運動員的衝跑速度。尤其是地處高原地域的國家，在訓練上利用得天獨厚的自然條件，將高原訓練與平原訓練有機結合起來，運動水準提高得更快，競爭更激烈。埃塞俄比亞的蓋佈雷塞拉西兩次打破 5000 公尺世界紀錄（12:56.96，1994 年；12:44.39，1995 年）。肯亞的丹·科曼將 5000 公尺世界紀錄提高到 12:39.74（1997 年）。蓋佈雷塞拉西迎頭趕上，創造出 20 世紀最後一個 5000 公尺世界紀錄 12:39.36（1998 年）。

創造 10000 公尺世界紀錄的爭奪，更使人振奮，幾乎每年都有新的世界紀錄誕生。1993 年肯亞的約·翁迪埃基以 26:58.38 打破 10000 公尺世界紀錄，成為突破 27 分大關的第一人。1994 年肯亞的威·西蓋，破世界紀錄的成績為 26:52.26；

1995 年埃塞俄比亞的蓋佈雷塞拉西，破紀錄的成績為 26:43.53；1996 年摩洛哥的希索，破紀錄的成績為 26:38.08；1997 年肯亞的特蓋特，破紀錄的成績為 26:27.85；1998 年埃塞俄比亞的蓋佈雷塞拉西創造了 20 世紀最高的 10000 公尺世界紀錄，成績為 26:22.75，把世界紀錄提高了 5 秒多。

蓋佈雷塞拉西是埃塞俄比亞的一位天才運動員，訓練中非常自覺、刻苦，既加大運動量（最多每週跑 220 公里），又提高跑的強度和最後衝刺速度，運動水準得到迅速提高。自 1993 年以來，連續 4 次奪得世界田徑錦標賽 10000 公尺冠軍；1994—2000 年期間，曾 15 次創造了 10000 公尺室內、外的世界紀錄；他和肯亞的亨‧羅諾是 1978 年以來，5000 公尺和 10000 公尺兩項世界紀錄的創造者。他於 1998 年榮獲歐文斯獎，並當選國際田聯年度最佳運動員，2001 年獲得奧委會授予的「奧林匹克勳章」最高獎賞。

2004 年 8 月雅典奧運會 5000 公尺冠軍為奎洛伊（摩洛哥）奪得，成績為 13:14.39。埃塞俄比亞的貝科勒獲亞軍（13:14.59）。10000 公尺比賽貝科勒獲得冠軍（27:05.10）。

2004 年 5 月，貝科勒在荷蘭國際田徑比賽中創造 5000 公尺世界紀錄（12:37.35）；2005 年 8 月又在布魯塞爾國際田徑黃金聯賽中創造 10000 公尺世界紀錄（26:17.64）。貝科勒是繼亨‧羅諾和蓋佈雷塞拉西之後，第三位同是 5000 公尺和 10000 公尺兩項紀錄的創造者，這兩項紀錄一直保持到 2010 年。2008 年 8 月在北京奧運會上，貝科勒又獲得 5000 公尺（12:57.82）和 10000 公尺（27:01.17）兩項冠軍。貝科勒是埃塞俄比亞出現的又一顆長跑巨星。

進入 21 世紀，中國長跑在延續過去的訓練方法基礎上，在許多方面有所改進，並注意提高運動員的速度。男子 5000 公尺全國紀錄是夏豐遠於 1987 年創造的（13:25.14），至今已保持 23 年。2005 年第 10 屆全運會 5000 公尺孫文勇獲得冠軍（13:58.02），2009 年第 11 屆全運會林向前奪得冠軍（13:38.77），與全國紀錄差 13.63 秒。男子 10000 公尺全國紀錄是董江民於 1995 年全國第 3 屆城市運動會創造的（28:10.08），至今也保持了 15 年。第 10 屆全運會冠軍是陳明付（28:16.40），第 11 屆全運會冠軍是田夢旭（28:15.06），與全國紀錄差不到 5 秒。相信男子長跑全國紀錄被突破，指日可待。

二、女子長跑發展概況

女子長跑發展概況可劃分為三個階段。

第一階段（1974—1989 年）歐洲運動員處領先地位

女運動員的訓練，基本上參照男運動員的安排，只是在量和強度上小些。由於吸取男運動員的訓練經驗，女運動員的運動水準提高較快。

女子 3000 公尺在第 23 屆奧運會（1984 年）才被列為比賽項目，羅馬尼亞的瑪·普伊科獲得第一個奧運會冠軍，成績為 8:35.96，是第一個奧運會紀錄。此階段，女子長跑項目早已在世界各國開展起來，在世界田徑錦標賽和洲際大賽中已陸續將女子長跑項目（3000 公尺、5000 公尺、10000 公尺）列為比賽項目，國際田聯也早已開始承認各項的世界紀錄。女子 3000 公尺第一個世界紀錄是蘇聯的柳·布拉金娜創造的（8:52.8，1974 年）。蘇聯的塔·卡贊金娜把世界紀錄提高到 8:22.62（1984 年）。

第一個女子 10000 公尺世界紀錄是蘇聯的葉·西帕托娃創造的（32:17.20，1981 年）。挪威的英·克里斯蒂安森兩次打破世界紀錄（30:59.42，1985 年；30:13.74，1986 年）。女子 10000 公尺在第 24 屆奧運會被列為比賽項目，蘇聯的奧·邦達連科奪走金牌，成績為31:05.21。

第一個女子 5000 公尺世界紀錄是挪威的英·克里斯蒂安森創造的（15:28.43，1981年）。1984 年她把世界紀錄提高到 14:58.89，成為第一位突破 15 分的運動員。1986 年再次將世界紀錄提高到 14:37.33。她在 1982 年做了母親後更加煥發了青春，她一人包攬了 5000 公尺、10000 公尺和馬拉松 3 項世界紀錄，是 80 年代最突出的田壇女將。

中國於 1972 年設立女子 3000 公尺比賽項目，第一個 3000 公尺全國紀錄是楊延英創造的（9:55.4）。1984 年設立 5000 公尺和 10000 公尺比賽項目，第一個 5000 公尺和 10000 公尺全國紀錄分別由羅玉秀（16:16.46）和王華碧（34:13.86）創造。

80 年代女子長跑也進步很快。1987 年王秀婷獲得羅馬世界錦標賽 10000 公尺第 8 名，她和侯菊花、王慶懷分別排世界 10000 公尺第 6、7、8 名，中國女子長跑開始走向世界。80 年代女子 3000 公尺、5000 公尺和 10000 公尺全國最高紀錄，都是王秀婷於 1987 年創造的，成績分別為：8:50.68、15:27.44、31:27.0。

第二階段（1990—1998 年）中國運動員走向世界，創造輝煌

中國女運動員僅用十幾年的時間，就在世界大賽中取得較好的成績，尤其是著名教練員馬俊仁培養的一批優秀運動員，在國際賽場摘金奪銀，接連突破女子長跑各項世界紀錄，全國人民為之振奮，世界各國也刮目相看。

1990 年，鐘煥娣在第 11 屆亞運會獲得 3000 公尺和 10000 公尺冠軍；1991 年，她在第 3 屆世界田徑錦標賽獲 10000 公尺銀牌，還在 1992 年第 25 屆奧運會上獲 10000 公尺第 4 名。

1992 年在漢城第 4 屆世界青年錦標賽上，馬俊仁訓練的運動員獲得 3000 公尺和10000 公尺冠軍，表現出雄厚的實力。1993 年 8 月第 4 屆世界田徑錦標賽上，曲云霞、張林麗、張自榮包攬了 3000 公尺前 3 名，曲云霞以 8:28.71 創造世錦賽 3000 公尺紀錄，王軍霞奪得 10000 公尺金牌，並打破世界青年紀錄。1993 年 9 月第 7 屆全運會，她們登上了我國女子長跑運動水準的一個高峰：張林麗以

8:16.50、曲云霞以 8:12.18 和王軍霞以 8:06.11，三破 3000 公尺世界紀錄。王軍霞還以 29:31.78 的優異成績打破 10000 公尺世界紀錄。被譽為「東方神鹿」的王軍霞於 1994 年 2 月獲得傑西・歐文斯國際獎，成為第一位獲此殊榮的中國人和亞洲人。1996 年第 26 屆奧運會，王軍霞奪得 5000 公尺金牌和 10000 公尺銀牌，讓五星紅旗兩次升在運動場的上空。馬俊仁培養的第二批運動員，在 1997 年第 8 屆全運會上，姜波和董豔梅各兩次打破保持 11 年之久的 5000 公尺世界紀錄，姜波創造出 20 世紀最後一個 5000 公尺 14:28.0 的世界紀錄。

這些成績是馬俊仁訓練法取得的重大突破和輝煌成就。馬俊仁訓練法的特點是：進行「三氧」綜合訓練，既抓有氧代謝，又抓有氧——無氧混合代謝和無氧代謝，就是說既抓耐力，又抓速度耐力，更抓速度。所以他培養的運動員從 800 公尺到馬拉松都能跑出好成績。他進行大運動量、大強度的訓練，全年人均訓練總量高達 8000 公里，相當於世界高水準男運動員的運動負荷。

優異運動成績的出現，要靠每次訓練課效果的積累，馬俊仁非常重視每堂訓練課的質量；十分重視營養和恢復；高度重視加強運動隊的嚴格管理。馬俊仁的訓練方法應當進行認真總結，以使我國長跑運動水準更上一層樓。

第三階段（1999—2010 年）地處高原地域國家的運動員表現出強大的實力

2004 年雅典奧運會獲得 5000 公尺冠軍的是埃塞俄比亞的梅・德法爾（14:45.65）。2008 年在世界規模最大、影響最廣的北京奧運會上，埃塞俄比亞的小迪巴巴奪得冠軍（15:41.40），土耳其的阿貝萊蓋塞和梅・德法爾分別獲得第 2、第 3 名。5000 公尺的世界最高紀錄是埃塞俄比亞的蒂・迪巴巴於 2008 年奧斯陸國際黃金聯賽上創造的（14:11.15）。中國運動員邢慧娜在 2004 年雅典奧運會奪得 10000 公尺冠軍（30:24.36），這是中國女運動員在世界大賽上創造的又一個高峰。埃塞俄比亞運動員獲 2、3 名。2008 年北京奧運會，埃塞俄比亞小迪巴巴獲得冠軍（29:54.66），這是繼王軍霞之後第 2 個突破 30 分鐘的運動員。至 2010 年女子 10000 公尺世界紀錄仍為王軍霞於 1993年 8 月創造的 29:31.78，已經保持 17 年之久。

2002 年第 14 屆亞運會，中國運動員孫英傑分別以 14:40.41 和 30:28.27 的優異成績獲得 5000 公尺、10000 公尺冠軍。

中國運動員邢慧娜奪得雅典奧運會冠軍後，又於 2005 年第 10 屆全運會獲得 5000 公尺（15:20.09）和 10000 公尺（31:00.73）兩項冠軍，孫英傑獲亞軍（31:03.90）。

2009 年全國第 11 屆運動會，薛飛奪得 5000 公尺冠軍（15:11.72），10000 公尺冠軍為白雪獲得（31:17.62）。

2010 年第 16 屆廣州亞運會，女子 5000 公尺冠軍由巴林運動員貝勒特奪得（15:15.59），印度運動員斯里德哈蘭和勞特分別獲得第 2、3 名（15:15.89，

田徑運動 高級教程

15:16.54），中國運動員薛飛獲第 7 名。10000 公尺女子冠軍由印度運動員斯里德哈蘭奪得（31:50.47），印度運動員勞特和巴林運動員埃斯特分別獲得第 2、3 名（31:51.44；31:53.27）。

這個階段中國女子長跑的運動水準有所下降，但也培養出邢慧娜、白雪等優秀運動員，相信在不久的將來，中國女子長跑會重振雄風的。

第二節・長跑技術

一、長跑的特點

長跑屬於大強度的運動項目。長跑的有氧代謝占絕對優勢，有氧代謝和無氧代謝的比例，5000 公尺為 80%：20%，10000 公尺為 90%：10%。長跑運動員具有很大的通氣量（每分鐘吸入空氣 120～180 升）和高水準的最大攝氧量（80 毫升/公斤・分），呼吸週期（吸氣、呼氣和間歇）可達 70～110 次/分。長跑運動員必須具有很強的心血管系統和呼吸系統的機能。

長跑是以耐力為主的田徑項目，但隨著運動水準的接近和競爭的激烈，對速度的要求越來越高。男子 5000 公尺、10000 公尺世界紀錄，平均 100 公尺用時 15.2～15.8。王軍霞創造女子 10000 公尺世界紀錄時，100 公尺平均速度為 17.6，最後 3000 公尺加速時，每 100 公尺平均速度為 16.6。誰的平均速度快和衝刺能力強，誰才有可能在比賽中獲得勝利。

長跑的時間和距離都比較長，消耗的能量也比較大。為了取得優異的運動成績，必須儘量減少能量消耗，提高跑的技術的經濟性，以有限的能量來提高跑的速度。因此，長跑運動員必須具備適時放鬆的能力。

二、長跑的技術

對長跑的技術要求基本上與中跑相同，但在用力程度、動作的速度和幅度等方面低於中跑，而在經濟地使用能量和在跑的全程始終保持正確技術等方面的要求又高於中跑。

途中跑時，腳著地緩衝是長跑的重要技術環節。其目的是儘量減小著地時產生的阻力，減少水平速度的損失。因此，腳著地前，大腿要積極下壓，膝關節是彎曲的（圖12④、圖 13⑤），這就為著地緩衝創造了有利條件。腳著地瞬間，要迅速屈踝、屈膝、屈髖進行緩衝，同時大腿和小腿的伸肌要進行積極的退讓收縮。王軍霞在緩衝時，三個關節的角度變化是：踝關節 19°～25°，膝關節 12°～13°，髖關節 12°～17°。以前腳掌或腳掌外緣有彈性地著地，再過渡到全腳掌。

優秀長跑運動員著地緩衝時，損失速度是很小的，一般為 0.3～0.5 公尺/秒。著地點距身體重心投影線，一般為 20～30 公分。腳著地時，腳尖應正對跑進的方向，不應內偏和外偏。如果腳著地時外偏 20°，腳長 28 公分的運動員，則每一步要比不偏者損失 1.68 公分；若運動員的步長為 1.80 公尺，則10000 公尺要多跑 93 公尺多。可見八字腳對長跑運動成績影響是很大的。

積極的蹬擺技術是長跑技術的關鍵環節。它能減小後蹬角，加長後蹬和前擺的工作距離，加快人體前移的速度。後蹬角一般在 60°左右，塞·奧伊塔的後蹬角為 55°（圖 13①），王軍霞的後蹬角為 62°（圖 12⑨）。在支撐時期，當擺動腿大腿稍超過支撐腿時，擺動腿的彎曲程度最大（圖 12⑦、圖 13⑦）。

擺動腿是在對抗肌放鬆的情況下的自然彎曲。後蹬結束後，人體進入騰空階段，腿部肌肉應當適時放鬆。長跑運動員必須具備用力和放鬆的能力，才能保持以較快的速度跑完全程。

圖 12　王軍霞 10000 公尺破紀錄途中跑（第 5 圈 1950 公尺處）技術

圖 13　塞·奧伊塔 5000 公尺途中跑技術

田徑運動 高級教程

運動員的上體保持稍前傾或正直的姿勢。這種姿勢可以更好地發揮蹬擺的效果，為肌肉和內臟器官的工作創造良好的條件。兩臂做前後鐘擺式的擺動，手在前擺時不超過身體的中線，向上約達鎖骨的高度，後擺時手擺到軀幹的後緣線。跑速加快，擺臂的幅度隨之加大。

長跑運動員的步長，女子為 1.50～1.80 公尺，男子 1.70～2.00 公尺。步頻為 3.5～4.3步/秒。每名運動員都應當有較穩定的步長和步頻，形成適宜的跑的節奏。採取加大步長的方法來提高跑速會受到一定的限制，因為過大的步長要消耗更大的體力。提高跑速應在保持穩定的步長前提下以加快步頻為宜，但在最後衝刺時，應在保持步頻或稍加快步頻的情況下，以加大步長來加快衝跑的速度。

王軍霞在 10000 公尺比賽的最後衝刺時，步頻沒有變化，而步長由 1.54 公尺加大到 1.72 公尺。長跑運動員的一個單步，支撐時期和騰空時期之比，大體為 1：1，而支撐時期略大於騰空時期。支撐時期的前支撐階段和後支撐階段之比為 1：1.5～2（王軍霞為 1：1.7）。

長跑運動員的跑法存在個體差異。一種跑法是大步幅的跑法，塞·奧伊塔就採用這種跑法。他跑得自然，面部肌肉放鬆，動作輕快，沒有多餘動作。後蹬動作較為充分，膝關節角度為 165°，擺動腿前擺較高，大腿與地面成 30°（圖 13①），向前擺動大於向上的動作，髖部前送，步幅較大。後蹬時，髖、膝、踝依次伸展，能量傳遞的效果好。腳蹬離地面後大小腿摺疊約為 43°（圖 13⑦）。

另一種跑法是頻率較高的跑法，王軍霞就屬於這種跑法。全程跑的動作輕鬆、自然，步頻穩定在 3.7 步/秒左右。後蹬時膝關節角度為 166°，後蹬的向前性和能量傳遞效果好。擺動腿的大腿抬得不高，膝關節主要是前擺，轉入支撐時期的水平制動力小（圖 12⑥—⑨）。腳蹬離地面後，小腿後抬不高，幾乎與地面平行（圖 12⑦），大小腿摺疊約為 70°（圖 12 ⑫—⑭），步幅較小。

王軍霞創造女子 10000 公尺世界紀錄時，前7000 公尺跑速為 5.5 公尺/秒左右，步長 1.51～1.54 公尺，波動幅度小，只有 0.03 公尺。最後衝刺跑速高達 6.26 公尺/秒，步長加大到 1.72 公尺。她的騰空時間為 0.125 秒，短於支撐時間（0.145 秒），身體重心起伏小，約為 7 公分。這是長跑技術好的重要指標。

呼吸的節奏取決於個人的特點和跑的速度。在正常跑速時，三步一呼，三步一吸；隨著跑速的增加和疲勞的出現，可改為兩步一呼，兩步一吸；在終點衝刺時，有的運動員採用一步一呼，一步一吸。呼吸應與跑的節奏相配合。

長跑的技術特點和發展趨勢：根據運動員的身體條件和身體素質的特點確定個人跑的技術和風格；注意跑的動作的向前性，減少阻力，克服多餘動作，跑的動作自然、放鬆，節省能量消耗；在合理步長的基礎上，加快步頻。

積極的蹬擺是長跑技術的關鍵環節，後蹬時充分伸展三個關節，前擺時以膝領先，主要向前擺，帶動骨盆前送，以減小後蹬角，加大後蹬和擺的效果。腳著地前，大腿積極下壓，著地點距重心投影線近。緩衝效果好，身體重心平穩，保持跑

的節奏，用力與放鬆交替效果好，全程始終保持正確技術。

三、長跑的戰術

隨著長跑運動水準的迅速提高，參賽運動員實力的接近，賽場上競爭十分激烈，因而制定比賽的戰術是十分必要的。長跑的戰術是戰勝對手、奪取冠軍和創造優異成績的比賽方案，也是運動員訓練水準和比賽能力的綜合體現。

制定長跑的戰術方案應考慮的因素很多，最主要的是個人的訓練水準、競技狀態和自我感覺，以及對手的特點、訓練水準與可能採用的戰術，包括對手的特長和弱點。總之，知己知彼方能制定出切合實際的戰術，去奪取勝利。另外，賽制和比賽的輪次、氣候、風向、場地和環境等因素，也在考慮之列。因素不同，採用的戰術方案也應不相同。

參加長跑比賽要達到的目的有二：一是創造優異成績，打破原有紀錄；二是在比賽中奪取冠軍。因此，長跑就應有兩種類型的戰術。當然也存在一次比賽同時達到上述兩個目的的情況，這多是在對手都比較弱時方能實現。

為達到創造優異成績、打破紀錄的目的，可採用匀速跑和領先跑的戰術。

比賽時體力分配方案，以匀速跑最為理想。匀速跑能使跑的節奏和呼吸節奏較為穩定，使需氧量和供氧量基本平衡，使機體始終處於較為良好的工作狀態，是節省能量消耗的最佳跑法。優秀長跑運動員破紀錄時，多是採用匀速跑的戰術。應當制定出速度分配計畫，並在平時訓練中注意培養運動員的速度感覺，按預計達到成績的平均速度進行各種距離的訓練，逐漸達到預計成績的控制速度。制定速度分配方案時，還應當考慮是先快後慢，還是先慢後快。

20 世紀 70 年代以後，破紀錄的運動員多採用先慢後快的跑法，就是說後半程的平均速度要比前半程快。有的科研人員認為這種先慢後快的跑法，是對長跑特點在認識上的昇華（表 26）。

表 26　5000 公尺和 10000 公尺跑前後半程時間比較

姓名	性別	國家	時間	專項成績	分段成績		差
					差前半	段後半段	
弗·庫茲	男	蘇聯	1956	10000 公尺 28:30.4	14:08.0	14:22.4	-14.4
羅·克拉克	男	澳洲	1965	5000 公尺 13:33.6	6:45.5	6:48.1	-2.6
				10000 公尺 27:39.4	13:45.0	13:54.4	-9.4
拉·維倫	男	芬蘭	1972	5000 公尺 13:16.4	6:40.9	6:35.5	+5.4
			1976	10000 公尺 27:40.38	14:08.92	13:30.46	+38.46
薩·基莫布瓦	男	肯亞	1977	10000 公尺 27:30.5	13:48.7	13:41.8	+6.9

亨·羅諾	男	肯亞	1978	5000 公尺 13:08.4	6:35.9	6:32.5	+3.4
				10000 公尺 27:22.5	13:48.2	13:30.3	+13.9
塞·奧伊塔	男	摩洛哥	1987	5000 公尺 12:58.39	6:30.30	6:28.09	+2.21
夏豐遠	男	中國	1999	10000 公尺 28:17.71	14:19.74	13:57.97	+21.77
英·克里斯蒂安森	女	挪威	1986	10000 公尺 30:13.74	15:11.33	15:02.41	+8.92
奧·邦達連科	女	蘇聯	1988	10000 公尺 31:05.21	15:37.89	15:27.32	+10.57
王軍霞	女	中國	1993	3000 公尺 8:06.11	4:05.82	4:00.29	+5.53
				10000 公尺 29:31.78	15:05.69	14:26.09	+39.6
姜波	女	中國	1997	5000 公尺 14:28.09	7:13.49	7:14.60	-1.11
董豔梅	女	中國	1997	10000 公尺 30:38.09	15:37.47	15:00.62	+36.85

　　為創造好成績和破紀錄，多採用領先跑的戰術。起跑後就占據領先的位置，按制定的速度分配計畫，主動控制跑的速度和節奏。每圈都要與終點計時顯示器的時間比較，及時調整跑速，保證預計成績的實現。塞·奧伊塔創造 5000 公尺世界紀錄（12:58.39）時，就是採用領先跑戰術，比計畫成績 12:59.0 快了 0.61。蓋佈雷塞拉西、希索、王軍霞、姜波等都是採用這種戰術打破世界紀錄的。

　　採用領先跑的戰術，應在自己的競技狀態良好和對手相對較弱時運用。如果對手中有衝刺能力很強者，會對自己構成威脅。在跑的中途一定要保持高速度，把對手甩開和迫使其無法進行終點的快速衝跑。

　　長跑比賽時都會有最難跑的一段，原因是疲勞的出現和乳酸的積累，會使運動員感到跑得吃力，5000 公尺在 4 公里左右，10000 公尺在 6～8 公里之間。領先跑的運動員在這一段距離，要加快跑速，把對手甩開。在平時訓練時，要提高運動員在困難的一段距離進行加快跑速的能力，要經常進行認真的準備。

　　為達到奪取冠軍的目的，運動員可採用跟隨跑和領先變速跑的戰術。

　　跟隨跑的戰術，要求運動員緊緊跟在領跑者的後面，較為放鬆和儘量節省能量消耗，最後以快速衝刺奪取勝利。有人將這種戰術稱為「奪取冠軍戰術」。

　　採用跟隨跑時，要保存超越對手的高速度，以便做決定性的衝刺。要密切注意領跑者和其他對手的動向，隨時準備以高速度衝出，並甩開對手。應跟在領跑者的右側稍後方，不要靠近內圈跑，以免被對手包圍，給自己最後衝刺造成困難。有的運動員和對手有一定差距，也採用緊跟對手的節奏跑，以便提高自己的成績。

　　在歷屆奧運會的長跑比賽中，運動員多是以奪取好名次為主要目的，成績放在次要地位，這是奧運會紀錄比世界紀錄低的原因之一。優秀運動員都是運用跟隨跑戰術而奪取勝利的，拉·維倫在第 21 屆奧運會 10000 公尺比賽時，最後一圈以 51 秒的高速度，戰勝所有對手而獲得桂冠；塞·奧伊塔、蓋佈雷塞拉西、薩博等長跑名將也都是採用跟隨跑戰術登上冠軍的領獎台。20 世紀 60 年代澳洲的漢·克拉克，曾 17 次打破世界紀錄，但在奧運會比賽只得過一枚銅牌，原因是除了心理比

較緊張外，他還缺乏最後快速衝刺的能力。

　　長跑最後的衝刺距離，5000 公尺一般在 600 公尺左右，10000 公尺在 1000 公尺左右。但比賽的情況很複雜，運動員應根據個人和對手的情況，決定何時開始衝刺。速度快的運動員衝刺距離可以短些，速度耐力強的運動員往往採用更長距離的衝刺。衝刺時要突然加速，一鼓作氣衝到終點。因此，運動員要選好衝刺的時機，不能過早，更不能過晚。現在運動員最後衝刺的速度越來越快了，王軍霞在創造 10000 公尺世界紀錄時，最後 3000公尺開始加速度，用時 8:17.34，這個成績也打破當時 3000 公尺的世界紀錄（8:22.62），可稱為一大奇蹟。

　　領先變速跑的戰術，是指運動員在比賽時，主動領先跑，不斷改變跑的速度和節奏，一會兒快跑，一會兒慢跑，破壞對手跑的節奏和心理狀態，增加對手的能量消耗和緊張程度，從而達到奪取冠軍的目的。

　　採用這種戰術的運動員多是自己的最後衝刺能力差，如果讓對手跟上自己，最後衝刺時自己將是失敗者。因此，採用變速跑的方法，在中途把對手拖垮、甩開。如果比賽中途甩不開對手，那麼只有最後加長衝刺距離和對手一決雌雄。

　　領先變速跑是較為困難的跑法，在平時訓練中就應經常進行反覆快速衝跑和加長衝刺距離的訓練。如果準備不足，比賽時很可能自己是領先衝跑的犧牲品。在跑的中途，最適宜的衝跑時機是在對手加速結束或對手被拉開的距離已經縮短並趕了上來，此時對手可能再無力加速衝跑。

　　領先變速跑的典型事例，是蘇聯弗・庫茲和英國格・皮里的爭奪戰。在奧運會前一個月比賽中，皮里採用跟隨跑戰術，最後衝刺戰勝庫茲，並創造了 5000 公尺世界紀錄。庫茲吸取這次教訓，在第 16 屆奧運會 10000 公尺比賽中，皮里如法炮製還想利用跟隨跑取勝，庫茲則採用了變速跑的戰術，皮里為了緊跟，跑的節奏被搞亂，被庫茲拖垮。庫茲奪得 10000 公尺冠軍，而皮里卻未在前 6 名之內。幾天後的 5000 公尺比賽，皮里不再故伎重演，不管庫茲如何變速，自己按勻速跑戰術不變，結果庫茲奪得冠軍，皮里獲得亞軍。

　　比賽戰術選擇得合理，運用得當，應變能力強，是運動員創造優異成績和奪取桂冠的重要因素。不論採用哪種戰術，都應當在平時進行有計畫的訓練，養成每次訓練中都要用最快速度跑最後一段距離的習慣，並在各種比賽中進行檢驗，不斷完善戰術方案，這樣才能在重大比賽中顯示戰術的重要作用。

第三節・長跑技術教學法

　　運動員經過中跑的教學、訓練後，轉入長跑訓練，可不必再專門進行長跑的技術教學。可針對運動員在跑的技術上存在的問題，進行個別糾正，使他們的技術符合長跑的特點。

體育院校的田徑教學，是將中長跑作為一個教學單元，可按中跑的教學步驟進行。如果運動員開始訓練就選定長跑為專項，則應進行長跑的技術教學。其教學步驟和方法手段，基本上與中跑相同，但跑的速度要慢些，跑的距離應加長，按長跑的特點進行教學。

還可以從下列的方法手段中，選擇一些補充到長跑的教學過程中。

一、學習和掌握長跑的途中跑技術

方法手段：

① 小步跑 20～30 公尺。

【要求】小步跑的步頻逐漸加快，保持這個步頻轉入跑，跑時注意腳著地技術。

② 沿白線跑 50～60 公尺。

【要求】兩腳落點內緣切在白線的兩側，用前腳掌或腳掌外緣先著地，腳著地要有彈性。

③ 後蹬跑 20～50 公尺。

【要求】後蹬跑時，後蹬腿充分伸展，擺動腿向前擺出，並帶動髖部前送；注意蹬擺技術的協調配合。

④ 高抬腿跑 20～50 公尺。

【要求】高抬腿時，身體重心要高，大腿抬到水平位置，並帶動髖部前送。注意擺蹬技術的協調配合。

⑤ 彈性跑 60～100 公尺。

【要求】在後蹬動作將結束時，充分伸展踝關節，腳趾主動用力蹬伸。

⑥ 加速跑 50 公尺+慣性跑 20 公尺＋慢跑 30 公尺。

【要求】加速跑時注意跑的技術，慣性跑時注意跑得放鬆、自然。

⑦ 放鬆大步跑 100～150 公尺。

【要求】蹬擺充分，送髖明顯。

⑧ 快頻率跑 100～150 公尺。

【要求】步幅小，步頻加快。

⑨ 加速跑 100～200 公尺。

【要求】既要注意下肢蹬擺技術的配合，又要注意上體和擺臂動作。

⑩ 變速跑 100～200 公尺快跑＋50～100 公尺慢跑。

【要求】快跑時注意跑的技術，以慢跑作為調整，但也要注意技術動作。

⑪ 勻速跑 800～1000 公尺。

【要求】注意跑的技術、節奏和呼吸。

教法提示：

① 教師要注意觀察運動員在蹬擺結合和著地緩衝這些重要技術環節上存在的

問題，及時進行糾正。可有針對性地採用跑的專門練習或發展相關的身體素質。

② 注意運動員在騰空和著地緩衝靠慣性向前移動的暫短時機肌肉放鬆的情況，培養他們具有用力和放鬆交替的能力。

③ 根據運動員的個人特點，指導他們確定跑的適宜步長和步頻，掌握跑的良好節奏。途中跑要保持重心平穩，動作放鬆，呼吸自然和肌肉協調用力。

④ 進行練習時，先讓運動員單個跑，這樣既讓他們注意自己跑的技術，又便於教師觀察和指導。當運動員初步掌握了技術時，可採用幾人一組的集體跑，教師應注意在有對手影響的情況下，運動員跑的技術變化的情況。

二、學習和掌握長跑的完整技術

方法手段：

① 節奏跑 1000～2000 公尺。

【要求】運動員都要按自己的節奏跑，注意呼吸與步頻的協調配合。

② 按水準分組，聽槍聲起跑，跑 1000～2000 公尺。

【要求】起跑時要快速起動，途中跑要輕鬆、自然，最後進行快速衝刺，並做撞線動作。

③ 追逐跑 1000～2000 公尺。按水準分組，每組 5～6 人，每人間距 10 公尺，水準較差者排在最前，依次排列。聽槍聲起跑，後面人要追上前面人。

【要求】按自己的速度分配計畫去跑，不能先快後慢；保持跑的正確技術；過人時不要犯規。

④ 突然加速跑 1500～2000 公尺。每組 5～6 人，起跑後速度較慢，跑 100 公尺左右，跑在最後的運動員要突然加速進行衝跑 50 公尺，其他人跟上，輪流進行衝跑。

【要求】衝跑的人跑速要快，其他人要緊緊跟上。

⑤ 變速跑 400 公尺快＋100 公尺慢。

【要求】400 公尺快跑要按教師規定的時間進行，如果跑得快或慢了，要及時調整跑的速度。

⑥ 在公路、森林和起伏的地形進行越野跑。

【要求】體會並掌握各種地形應採用的合理跑法。

⑦ 跑 2000～3000 公尺。

【要求】每名運動員都要確定自己衝刺跑的距離，衝刺時要突然加速，並保持快速通過終點。

⑧ 測驗 3000～5000 公尺。

【要求】在「極點」出現時，用教師講的方法去克服，並堅持跑完全程。

⑨ 參加比賽或測驗 3000～5000 公尺。

【要求】運動員都制定出個人的比賽戰術方案，在比賽中運用。

教法提示：

① 讓運動員用 70%～80%強度去跑，在較輕鬆和協調跑的情況下改進跑的技術會收到更好的效果。

② 注意培養運動員的速度感覺，可讓速度感較好的運動員領跑，教師要計時並報時。

③ 講解有關「極點」和「第二次呼吸」的有關知識，讓運動員瞭解自己「極點」出現的距離和克服「極點」的方法。

④ 要重視培養運動員的反應速度、動作速度和衝跑的速度。在進行各種練習時，最後一段距離或最後一組，都要求運動員用自己最快速度去完成。

⑤ 指導運動員制定戰術時，除了講解速度分配和具體戰術方法外，還要讓運動員根據個人情況制定出自己的戰術方案。在比賽和測驗中運用，發現問題及時改進。

第四節·長跑訓練

長跑是速度耐力體能運動項目，必須經過一個較長的訓練過程，在這個過程中，要嚴格遵循人體運動機能逐步改善和提高的規律，熟練掌握運動技術，才能最大限度和更快地提高人體的運動能力，挖掘人體的運動潛力，以便創造優異的運動成績。

一、多年訓練

長跑的多年訓練分為四個階段：三級運動員（初級）訓練階段、二級運動員訓練階段、一級運動員訓練階段、運動健將訓練階段。每個階段男、女運動員的訓練任務和採用的基本訓練方法、手段都大體和中跑相同，但在負荷量和各種訓練手段的運用上又有較大的差別。

長跑的有氧代謝能力是決定運動水準的重要因素之一。最大需氧量是衡量有氧代謝能力的重要指標。最大需氧量每年可增加 5～6 毫升/公斤·分。這種增長與運動員的跑量呈線性關係。這就要求長跑運動員進行多年的大運動量訓練，負荷量在多年訓練中要有計畫地增長。如芬蘭運動員拉·維倫的跑量，1968 年僅有 1940 公里，經過三年的逐漸加量，1972 年達到 7348 公里。正是在這年他獲得第 20 屆奧運會 5000 公尺和 10000 公尺的冠軍，並打破 10000 公尺世界紀錄。

許多世界水準的運動員，如亨·羅諾、塞·奧伊塔、約翁迪埃基、蓋佈雷塞拉西、塔·卡贊金娜和英·克里斯蒂安森，都是逐年增加訓練負荷，在大運動量訓練

過程中創造出優異的運動成績。

長跑運動員年負荷量可達 7000～8000 公里。週跑量的變化幅度較大，有 70～240 公里，有的運動員可達 300 公里。中國優秀運動員王軍霞一天的跑量可達 40 多公里，年總負荷量達 8000 多公里，相當於優秀男子長跑運動員的負荷量。長跑運動員多年訓練不同訓練階段的負荷量如表 27 所示。

表 27　各訓練階段訓練負荷

項目	負荷＼階段	三級運動員（初級）訓練階段（13～15 歲）	二級運動員訓練階段（16～17 歲）	一級運動員訓練階段（18～22 歲）	運動健將訓練階段（23～27 歲）
訓練時間	一次訓練課時間（小時）	1.5～2	2～2.5	3～3.5	3～3.5
	每次訓練次數	6～8	6～8	10～12	10～12
	全年訓練次數	260～280	280～320	300～400	400～550
	全年比賽次數	2～3	3～4	6～8	8～12
訓練負荷數量	年度總負荷數量	3000～4000	4000～6000	5000～7000	7000～8000
	週最大負荷數量	70～90	100～120	150～180	200～240
	課最大負荷數量	12～15	15～20	20～25	20～30
不同訓練內容比例	年全面身體訓練%	60～65	45～50	25～30	18～20
	年專項身體訓練%	25～22.5	32～30	52～50	59～60
	年專項技術訓練%	15～13	23～20	23～20	23～20

有氧——無氧混合代謝能力和無氧代謝能力是決定長跑運動成績的另外兩個重要因素。

有氧代謝能力是提高混合代謝和無氧代謝能力的基礎。改善和提高混合代謝和無氧代謝能力，既能促進有氧代謝能力的改善，又能有效地促進專項運動水準的提高。

三級運動員初級訓練階段提高有氧代謝能力的跑量占 80%～85%；然後逐漸以增加混合代謝能力跑量為主，無氧代謝能力的跑量也有所增加；運動健將訓練階段，以增加無氧代謝能力的跑量為主，混合代謝能力的跑量增加較少，減少有氧代謝能力的跑量。

在運用方法上，先採用一次課只進行一種代謝能力的訓練；隨著運動水準的提高，可在一次課進行兩種代謝能力的訓練；當運動水準較高時，有的課時應當安排同時進行三種代謝能力的訓練。馬俊仁教練就進行了這種訓練，取得了重大的突破。

田徑運動 高級教程

多年訓練的各個階段，不同代謝訓練負荷數量的比例如表28所示。

表28　各訓練階段不同代謝訓練負荷數量比例

階段 負荷數量（％） 類別	三級運動員 （初級） 訓練階段 （13～15歲）	二級運動員 訓練階段 （16～17歲）	一級運動員 訓練階段 （18～22歲）	運動健將 訓練階段 （23～27歲）
有氧訓練	80～85	75～80	45～55	40～35
有氧—無氧混合訓練訓練	15～12	17～14	35～30	30～40
無氧訓練	5～3	8～6	20～15	30～25

　　長跑的優異成績很大程度上取決於速度的訓練水準，一個運動員的絕對速度水準高，才能以較高的平均速度跑完全程；當平均速度提高到一定程度時，即速度耐力達到世界先進水準時，才具備了與世界強手一爭高低的能力。長跑運動員還應具有中途變速的能力，這樣才能快速超越對手，占據有利位置。最後的衝刺速度，對長跑運動員來說是非常重要的。由於訓練水準的接近，往往在最後幾十公尺，甚至幾公尺才能決定勝負，誰的最後衝刺速度快，誰才是冠軍的獲得者。

　　長跑運動員的速度有兩種：一是短距離的速度；二是在乳酸積累情況下的速度。前者是基礎，後者是在特定條件下表現出來的快跑能力，兩者互相促進，協調發展，才能達到預期的效果。

　　多年訓練中要十分重視對運動員速度的發展。在三級運動員（初級）訓練階段，發展短距離跑的速度占有較大比重；二級和一級運動員訓練階段，逐漸增加乳酸能速度訓練的比重；運動健將訓練階段，主要進行乳酸能速度的訓練。世界優秀長跑運動員100公尺成績為10.8～11.0。

　　發展速度可採用大量組合練習，進行動作速度和跑的速度訓練；在耐力和速度耐力訓練後，機體乳酸尚未完全恢復，進行短距離跑的速度和速度力量練習；在長時間持續跑時，反覆進行短距離快跑等。

　　長跑運動員的專項身體素質水準，將影響跑的技術的完善程度和運動成績提高的速度。三級運動員（初級）和二級運動員訓練階段，主要進行全面身體訓練，逐漸突出專項身體素質的訓練；後兩個階段專項素質和專項成績的指標如表29所示。

　　女子長跑運動員的多年訓練安排，不同訓練階段採用的手段基本上與男運動員相同。但女子的機體和男子有差異，肌肉力量較小而柔韌性較好；心血管和呼吸系統的參數較小，心率較高，最大吸氧量、肺活量和每分鐘吸氧量均比男子小。因此，在多年訓練中，教練員要注意發展女運動員的肌肉力量，特別是腹、背和腿部肌肉力量。為了發展有氧代謝能力，要讓女運動員習慣於長時間的越野跑。

表 29　各訓練階段專項素質、專項成績指標

項目	指標　　性別　階段	一級運動員訓練階段（18～22 歲）		運動健將訓練階段（23～27 歲）	
		男	女	男	女
專項素質	100 公尺（秒）	11.8～11.4	13.2～12.8	11.3～10.9	12.7～12.3
	立定三級跳遠（公尺）	7.70～7.90	7.00～7.30	8.00～8.20	7.30～7.60
	1000 公尺	2:35～2:26	2:50～2:41	2:25～2:20	2:40～2:35
	10000 公尺越野跑	30:40～29:40	32:10～31:10	29:40～29:10	31:10～30:40
專項成績	5000 公尺	14:50～14:00	15:50～15:00	14:00～13:10	15:10～14:30
	10000 公尺	30:10～28:10	32:30～31:00	28:10～27:30	31:00～30:00

　　女運動員的總負荷量比男子少 10%～20%。採用訓練方法和手段多樣化更符合女子的特點。

　　女運動員月經期的訓練：有些研究結果表明，月經期可以進行訓練，在身體狀況良好時也可以參加比賽。但月經期的個體差異較大，有些女運動員要遵醫囑，甚至要停止訓練 1～3 次。

　　做了母親的女運動員，一般應停止訓練一年左右。這種中斷訓練對女子有良好的作用，產後在女子體內產生和積累一定的合成代謝物質，這種代謝物質對運動能力的提高有促進作用。英·克里斯蒂安森做了媽媽後，仍然創造女子 5000 公尺、10000 公尺和馬拉松 3 項世界紀錄。還有的中跑運動員，生了孩子後，改為長跑訓練，也創造出優異的成績。

　　優秀長跑運動員不僅在專項上創造出優異成績，而且在短於和長於專項的距離上，也都跑出好的成績（表 30）。

表 30　長跑運動員的主項、鄰項成績

姓名	性別	國家	主項成績	時間	鄰項成績				
					1500公尺	3000公尺	5000公尺	10000公尺	馬拉松（或半程馬拉松）
奧伊塔	男	摩洛哥	15000 公尺12:58.39	1986	3:29.46	7:32.94		27:26.11	
喬索	男	摩洛哥	5000 公尺12:45.09	1996		7:35.66		26:38.08	

穆西特	男	比利時	5000 公尺 12:49.71	1997	3:36.08	7:32.65			27:45.75	（59:22.0）
蓋佈雷塞拉西	男	埃塞俄比亞	10000 公尺 26:22.75	1998		7:35.9	12:39.36			2:21.06
克里斯蒂安森	女	挪威	10000 公尺 31:13.74	1986			14:37.33			
里貝羅	女	葡萄牙	5000 公尺 14:36.45	1995		8:42.13			30:22.86	
奧麗沙文	女	愛爾蘭	5000 公尺 14:41.40	1996	3:58.85	8:21.14			30:53.77	
薩博	女	羅馬尼亞	5000 公尺 14:40.59	1997	4:00.73	8:25.03				
張國偉	男	中國	5000 公尺 13:31.01	1987	3:47.40				28:24.85	2:12:17.0
王軍霞	女	中國	10000 公尺 29:31.78	1993	3:51.92	8:06.11	14:59.88			2:24:07.0
張林麗	女	中國	3000 公尺 8:16.50	1993	3:57.46				31:16.28	2:24:32.0
董豔梅	女	中國	5000 公尺 14:29.89	1987		8:33.07			30:38.09	

二、全年訓練

長跑全年訓練週期的劃分，應根據年度主要競賽的日程，運動員參加比賽任務、訓練水準和季節氣候等情況來確定。有三種劃分方法：

第一種，全年為一個大訓練週期（單週期），由準備期、競賽期和過渡期組成。每個時期又分為若幹個階段。

第二種，全年訓練分為兩個週期（雙週期），有兩個準備期、兩個競賽期和一個過渡期。

第三種，全年訓練分為多個週期（多週期），大賽前安排許多個小週期，大賽後安排過渡期。

中國優秀長跑教練員蘇文仁就採用 10 週為一個小週期，每個小週期中又分為準備、加量、強化和賽前調整四個階段。他訓練的運動員張國偉，從 20 世紀 80 年代初就包攬男子 5000 公尺和 10000 公尺全國紀錄，長達 15 年之久，將全國紀錄由 14:03.2、29:18.94 提高到 13:31.01、28:24.85。

一級和運動健將訓練階段的全年訓練多採用單週期的安排，將全年分為準備、

競賽和過渡三個時期。

準備期分為適應恢復階段（10—11 月）、第一基礎訓練階段（12—2 月）、冬季比賽階段（3 月），第二基礎訓練階段（4—5 月）。

適應恢復階段：一般 4～6 週。此階段的任務是逐漸增加運動負荷，使運動員身體得到恢復，以便迎接下一階段大運動負荷的訓練。

要重視發展運動員的有氧耐力，在早操和訓練課進行長時間的勻速跑和越野跑，一次課負荷量 10～32 公里，心率為 150～160 次/分。提高心血管系統和呼吸系統的機能。

全面發展運動員的身體素質，每週要進行 1～2 次綜合力量訓練，腰、腹、背肌力量訓練占一定比重，進行小重量（不超過體重的一半）快速力量練習，在軟地上進行各種跳躍練習，增強肌肉系統和支撐器官的功能。

第一基礎訓練階段：

一般為 10～12 週，主要任務是明顯加大訓練負荷的跑量，提高有氧代謝能力，改善有氧無氧混合代謝的能力，發展支撐器官的耐久性力量。

此階段週最大跑量應達到 200～240 公里，其中有氧無氧混合代謝跑量占 15%～20%，無氧代謝的跑量為 5%～3%。

繼續進行長時間的勻速跑或越野跑，逐漸加大跑量，心率 150～160 次/分；進行 1000～2000 公尺為快跑段的間歇跑，快跑段後心率為 170 次/分，間歇 30～60 秒，每組不超過 6～7 次，休息 15～20 分鐘再跑下一組。

為了改善混合代謝的能力，可採用變速跑反覆進行 400～600 公尺的加速跑，逐漸加大快跑段的距離、速度和次數，並逐漸增加慢跑的速度。

進行克服自身體重的各種跳躍練習和以跳躍為主的循環組合練習，運用負重（小重量）練習，發展快速力量和耐久性力量。

冬季比賽階段：一般 3～4 週，其主要任務是檢查前兩個階段的訓練效果，檢查有氧耐力和速度耐力的發展情況，發現問題並提出改進方案。同時也是緩解連續大負荷量訓練所帶來的心理壓力的一種訓練手段。

參加哪些項目的比賽，應當和要檢查的內容一致。一般應參加越野跑和室內短於專項距離的比賽。

此階段訓練的特點是，減少訓練總負荷量，相當於最大跑量週的 50%～60%；適當減少長時間勻速跑和越野跑的跑量；跳躍和負重練習更應大幅度減少；適當增加大強度的跑和短距離快速節奏跑；結合參賽項目進行一定的專項訓練。

第二基礎訓練階段：

一般為 8～10 週，此階段的訓練任務是解決冬季比賽發現的問題，提高專項速度耐力水準，加強技術訓練，提高無氧代謝能力。

此階段是第一基礎訓練階段的繼續，採用的訓練手段基本相似。要逐漸過渡到具有競賽期特點的專項訓練，突出發展運動員的速度耐力。

提高反覆跑、變速跑的強度。進行 1000 公尺反覆跑，強度應為個人最好成績的85%～90%；在加大變速跑快跑段的距離和速度的同時，縮短慢跑段的距離，並加快慢跑段的速度。快跑段的速度應達到或接近有氧無氧混合代謝極限的速度，逐漸突出強度訓練。

堅持長時間的勻速跑和越野跑，在越野跑中增加下坡的加速跑 800～1000 公尺。有氧代謝跑量適當減少，混合代謝跑量增加 10%，無氧代謝跑量增加一倍。

各種跳躍和負重練習前 4 週與 2 月份相同，以後逐漸減少。可採用上坡跑來發展後蹬的力量。

競賽期（6—9 月），其任務是提高專項能力，完善跑的技術和戰術，培養良好的競技狀態，創造優異成績和奪取好名次。

運動員在競賽期要參加多次比賽，其中應以重大比賽（全運會、亞運會和奧運會等）為主，其他比賽應作為準備重大比賽的措施和手段；競賽期還可能有兩次重要比賽，應明確主次；還可能一次是重大比賽的選拔賽，應做好充分準備力爭入選，這樣才能獲得參加重大比賽的資格。

競賽期分為幾個階段，應根據重大比賽來確定。一般可分為訓練比賽階段、重大比賽賽前訓練階段。如果有重大比賽的選拔賽，還應增加準備選拔賽階段，這個階段的訓練安排應參照重大比賽的賽前訓練。

訓練比賽階段：一般為 8～10 週，這個階段實際上是重大比賽賽前訓練的第一階段。總跑量有所減少，有氧代謝跑量減少 20%，混合代謝跑量稍有減少，無氧代謝跑量增加 10%～15%。

加大訓練強度，突出發展運動員的速度耐力。反覆跑、變速跑和節奏跑是此階段的主要訓練手段。進行反覆跑和變速跑時，快跑段的總量應超過專項距離（6～12 公里），快跑段的速度應等於或高於比賽時的計畫指標。

節奏跑可在田徑場進行，也可在公路上進行。如在田徑場地進行，跑的距離略小於比賽距離（4～8 公里）；若在公路上進行，跑的距離大於比賽距離（8、12、15 公里）。節奏跑的速度等於或高於比賽速度，心率 180～190 次/分。應當達到或接近混合代謝的極限速度。

運用發展專項能力的各種手段時，應當將「三氧」內容安排好，一次課只進行「一氧」或「二氧」的訓練內容，或是將「三氧」結合起來進行訓練。我國優秀運動員王軍霞在賽前一段時間裏，一次課跑 24 公里，前 10 公里是有氧訓練；後 10 公里左右加快跑速，進行有氧無氧混合訓練；最後 1～3 公里進行全力衝刺，已接近無氧訓練了。這是馬俊仁教練的創舉，收到明顯的訓練效果。

這個階段，運動員要參加 5～6 次比賽和測驗。透過比賽提高專項能力，提高跑的強度，積累比賽經驗，檢查戰術方案，培養競技狀態。發現問題應及時採取相應的對策。

重大比賽賽前訓練階段：一般 6～8 週，這個階段訓練安排得是否恰當，對運

動員的比賽成績有重大的影響。它對運動員最佳競技狀態的形成和保證在比賽中充分發揮訓練水準或超水準發揮起著關鍵性作用。

這個階段逐漸從大運動負荷向高強度訓練轉化。訓練安排應符合專項需要，多採用運動員熟悉並掌握的訓練內容和手段。以提高專項能力和培養競技狀態為此階段的主要特徵。週跑量是最大量週的 80%左右，混合代謝跑量有所下降，增加無氧代謝的跑量。

此階段的訓練時間要短些，訓練內容也相對減少。應利用好有限的時間，集中訓練對專項成績起關鍵作用的素質，使專項素質達到個人的最高峰。

要特別注意運動員競技狀態的過早出現。因此，減少負荷量不要過早、過快，應當在逐漸降低訓練量的同時，逐漸提高運動強度，讓運動員在承受一定負荷時的情況下，使機體逐漸恢復，在比賽前夕達到超量恢復的狀態。

在進行大負荷訓練課後，應當採用性質不同的中、小負荷訓練進行恢復，這樣會收到較好的效果。注意加強運動員心理訓練和頑強意志品質的培養。

目前大多數優秀運動員在賽前都到高原地帶進行訓練。高原訓練的時間以 1 個月左右為宜。第一週進行高原適應性訓練，然後進行 3 週高原強化訓練，下山前進行幾天的調整恢復。選擇好下山的時間是至關重要的。有人主張下山後 3～7 天參加比賽最好；還有的人認為，回到平原的 19～21 天參加比賽，能獲得好成績。中國女子優秀長跑運動員於 1993 年 8 月 9 日從高原回到平原，8 月 13—22 日參加第 4 屆世界田徑錦標賽，奪得女子 3000 公尺的前三名和 10000 公尺的冠、亞軍，並保持到同年 9 月 4—15 日的第 7 屆全運會，達到本年度的最高峰。

比賽前 10 天進行一次短於比賽距離的檢查跑，造成適度疲勞。要觀察運動員機體恢復情況和速度感覺，如果檢查跑未達到最好成績，說明運動員疲勞未消除，應及時調整訓練負荷。

最後一週運動量明顯下降，而運動強度到比賽前三天仍然要在更短的距離上保持比賽的速度或高於比賽的速度。

比賽前幾天運動員會產生一些緊張心理，這是正常的，但應採取轉移注意力的措施，緩解這種心理狀況。要十分注意運動員的過度興奮，因為較長時間的高度興奮會使能量消耗增加，導致運動成績下降。應當每天進行有助於緩和興奮程度的訓練，每天早晨要進行較長時間的跑。

賽前 24 小時要做與平時相同的準備活動，量不大但要做到出汗為止。

過渡期一般 3～4 週，其任務是消除大賽後的疲勞，消除緊張的心理狀態，治療傷病，並保持一定的身體訓練水準。這個時期主要是進行積極性休息，不能完全停止訓練，因為那樣會導致訓練水準的大幅度下降，體重增加，使再恢復的過程延長，不利於轉入下一個年度的訓練。過渡期在全年訓練中也是不可忽視的。可採用慢跑、球類運動、體操、游泳、爬山、在野外較長時間的騎車等，這樣既可達到恢復的目的，又能保持一定的體力。

第五章

馬拉松跑、越野跑、公路賽跑、山地賽跑

梁田

第一節・馬拉松跑

一、馬拉松跑的發展

公元前 490 年，希臘人和波斯人在希臘的馬拉松鎮進行了一場激烈的戰鬥，結果希臘人取得了勝利。為了把勝利的消息很快送到雅典，派了一名叫菲利比斯的戰士，從馬拉松鎮一直跑到雅典，當他到雅典時已經筋疲力盡，傳達了勝利的消息以後便死去了。1896 年第 1 屆奧運會，為了紀念有歷史意義的馬拉松戰役和壯烈犧牲的菲利比斯，舉行了從馬拉松鎮到雅典的長跑比賽，把這項比賽命名為「馬拉松」。這屆奧運會馬拉松比賽的距離為 40 公里，第 2 屆奧運會為 40.26 公里，第 3 屆奧運會為 40公里，第 4 屆奧運會才把馬拉松距離定為 42.195 公里。這就是馬拉松跑的名稱和距離的由來。

第 1 屆奧運會的冠軍是希臘運動員斯・路易斯，成績為 2:58:50。第一個世界最好成績是美國的約・海斯於 1908 年創造的 2:55:18；20 世紀 30 年代的最好成績是日本人孫基楨創造的 2:26:42；50 年代蘇聯的謝・波波夫把成績提高到 2:15:17；60 年代澳洲的德・克萊頓創造了 2:08:33 的最好成績；80 年代埃塞俄比亞的伯・登西莫用 2:06:50跑完全程；90 年代是摩洛哥的坎努齊 2:05:42 跑完全程；埃塞俄比亞的蓋佈雷塞拉西在 2007 年將世界馬拉松最好成績提高為 2:03:59，他平均每公里跑 2:56，每 5000 公尺14:40，每 10000 公尺 29:20。2011 年 9 月 25 日，在第 38 屆柏林馬拉松跑比賽中，肯亞運動員馬考創造了 2:03:38 的最好成績。

中國早在 1936 年第 11 屆奧運會時就派王正林參加了馬拉松比賽，成績為 3:25:36。20 世紀 50 年代鄭昭信創造出 2:21:29 的全國最好成績；60 年代張雲程把馬拉松最好成績提高到 2:16:57。80—90 年代，中國的馬拉松運動水準提高較快，許亮以 2:13:32 獲得法國埃松馬拉松賽的第五名（1980 年）；張國偉以 2:12:17 奪得

第 6 屆全運會冠軍（1987 年）；1993 年張福奎以 2:11:10 的成績奪得第 7 屆全運會冠軍；1997 年胡剛軍以 2:09:18 的成績奪得第 8 屆全運會冠軍。2007 年北京國際馬拉松賽時，韓剛和任雲龍又將成績分別提高到 2:08:56 和 2:08:15。

女子馬拉松跑，於 20 世紀 60 年代在歐美一些國家開展起來，雖然開展較晚，但成績提高很快。60 年代女子馬拉松的最好成績是西德的安·厄爾德坎普創造的 3:07:27。70 年代女子馬拉松的成績頻頻改寫，挪威人格·瓦伊茨創造出 2:27:33 的好成績。80 年代是女子馬拉松發展的重要時期：

1983 年女子馬拉松被列入世界田徑錦標賽的比賽項目，格·瓦伊茨獲得冠軍，成績是 2:28:09；1984 年第 23 屆奧運會把女子馬拉松列入正式比賽項目，美國的瓊·貝諾瓦獲冠軍，成績為 2:24:52；1985 年挪威的英·克里斯蒂安森創造出 2:21:06 的成績。90 年代肯亞的勞魯佩兩次改寫女子馬拉松的世界最好成績，1998 年是 2:20:47，1999 年是 2:20:43，平均每公里只用 3:20，10 公里用 33:20。

進入 21 世紀，女子馬拉松又有新的躍進，2001 年 9 月 30 日在柏林日本人高橋尚子以 2:19:46 首次突破 2:20:00 大關；僅過去一週，10 月 7 日肯亞的恩德列巴在芝加哥又將成績提高到 2:18:47，平均每 10 公里只跑 32:54，每公里平均是 3:17。2002 年 10 月 13 日舉行芝加哥馬拉松賽時，英國女將拉德克里夫以 2:17:18 創造世界最好成績，且後半程成績為 1:08:17，比前半程的 1:09:01 還快 44 秒。2003 年 4 月 13 日在倫敦舉行的馬拉松賽，拉德克里夫又將成績提高到 2:15:25，前半程是 1:08:02，後半程是 1:07:23，後半程比前半程還快 39 秒。她將女子馬拉松比賽成績提高到一個很高的水準。

中國女子馬拉松是 20 世紀 80 年代開展起來的，1983 年第 5 屆全運會將此項目列為正式比賽項目，吳金美以 2:48:29 奪得冠軍。1984 年溫衍敏以 2:35:50 的成績創造出全國最好成績。1987 年第 6 屆全運會有 9 人超過上述成績，肖紅豔以 2:32:11 的成績奪魁。1988 年趙友鳳以 2:27:56 奪得名古屋馬拉松賽冠軍。

進入 90 年代，1993 年第 7 屆全運會有 6 人超亞洲最好成績，8 人超全國最好成績，王軍霞的成績是 2:24:07，達到世界先進水準。同年參加第 5 屆世界盃馬拉松賽獲女子組團體冠軍。

2001 年 10 月 14 日北京國際馬拉松賽暨第 9 屆全運會馬拉松賽，18 歲新秀劉敏以 2:23:37 奪冠。2002 年 10 月 20 日，北京國際馬拉松賽，魏亞楠以 2:20:22 獲第 1 名。2003 年 10 月 19 日孫英傑在北京國際馬拉松賽中又將成績提高到 2:19:39。2008 年周春秀和朱曉林分別獲得第 29 屆奧運會的第 3 名（成績 2:27:07）和第 4 名。2009 年白雪獲第 12 屆世界田徑錦標賽的冠軍，成績為 2:25:15。

2010 年一年內，中國已經有 18 個省、區、市舉辦了 20 場馬拉松賽事，參賽人數達 27.6 萬人。2011 年全國馬拉松賽事已達 22 項，直接參加人數超過 40 萬。

為了增加參賽運動員的人數，鼓勵地方梯隊的建設，第 12 屆全運會和 2011—2013 年所有全國田徑比賽均增設三個田徑項目，其中一項就是女子馬拉松團體賽。

半程馬拉松跑，從 1992 年起國際田聯每年都舉辦世界半程馬拉松錦標賽，參加國家，第 1 屆 36 個，第 13 屆已增至 64 個。中國運動員曾獲兩屆女子組的冠軍：1996 年第 5 屆是任秀娟，成績為 1:10:39；2004 年第 13 屆是孫英傑，成績是 1:08:40。

世界最好成績：男子是厄爾博里亞的塔德賽，於 2010 年 3 月 21 日在里斯本創造的 58:23；女子是肯亞的凱坦尼，於 2011 年 2 月 19 日在阿聯酋的哈伊馬角創造的 1:05:50。

馬拉松接力賽，將全程 42.195 公里分為六個接力段，分別為 5 公里、10 公里、5 公里、10 公里、5 公里、7.195 公里。最好成績：男子是肯亞隊於 2005 年 11 月 25 日在千葉創造的 1:57:06；女子是中國隊於 1998 年創造的 2:11:41（15:42、31:36、15:16、31:01、15:50、22:16）。

二、馬拉松跑技術

（一）馬拉松跑的特點

馬拉松是在公路上跑很長距離（42.195 公里），消耗能量大的非常艱苦的運動項目。據測試，男子運動員用 2:20:00 跑完馬拉松全程，消耗能量為 2614.3 大卡；優秀運動員進行大強度大運動量訓練，一天要消耗 4000～5000 大卡的能量。因此，馬拉松運動員要注意補充營養和節省能量消耗。

馬拉松跑屬於中等強度的運動項目，有氧代謝和無氧代謝的比例為 95%：5%，有氧代謝占絕對的優勢。優秀運動員的最大吸氧量可達到 70 毫升/公斤·分。對馬拉松跑運動員來說，攝氧量雖然重要，但對氧氣的利用率則更加重要。德·克采頓和弗·肖特對氧的利用率高達 80%～90%。馬拉松運動員必須具有很強的心、肺功能。

環境對馬拉松運動成績的影響是比較大的。研究結果表明，氣溫在 10°C 左右，對創造馬拉松的好成績最有利。但由於所在地區、運動水準和訓練程度的不同，運動員承受氣溫的能力也不一樣。氣溫超過運動員承受的最佳氣溫 1°C，運動成績將下降 1 分鐘左右。風力和風向對馬拉松運動員成績也有影響。因此，馬拉松運動員在平時就應在不同氣溫、風向和地形上進行訓練，以適應比賽的需要。

（二）馬拉松跑的技術

馬拉松跑技術的要求：一是跑的技術的經濟性要高，二是跑的技術適合長時間在公路上跑的特點，三是要掌握各種地形（上坡、下坡、轉彎、折返）上跑的技術和穩定的呼吸節奏。

馬拉松跑的技術動作應當輕鬆、自然，適當縮短步長，加快步頻，減少能量消耗。馬拉松跑的著地緩衝階段的動作有重要意義。正確的著地緩衝技術，可以減小

圖 14　馬拉松跑的技術動作

地面對人體的衝擊，使水平速度損失減少到最低限度，並為有效的後蹬和前擺創造有利條件。在腳著地瞬間，小腿幾乎處於與地面垂直的姿勢（圖 14④⑧），用前腳掌或前腳掌外側由上向下著地，然後過渡到全腳掌。

　　雖然著地點距身體重心投影線較近，但著地動作仍要柔和、放鬆，並注意「扒地」動作和「拉」動身體重心快速前移，儘快使跑動姿勢進入垂直支撐階段，以此來縮短著地緩衝的時間。

　　當身體重心超過支撐點時，開始進行後蹬和前擺。後蹬時注意髖關節要充分伸展，膝關節不必伸直，積極伸展踝關節結束後蹬。後蹬的同時，擺動腿進行前擺，前擺的大腿抬得不高（圖 14②⑥），向前擺動的動作大於向上的動作。

　　後蹬腿蹬離地面後，屈膝向前擺動，膝關節彎曲程度小，小腿與地面幾乎是平行的（圖14④⑧）。後蹬要注意減小後蹬角，以減小身體重心的上下起伏。

　　上體正直或稍前傾（1°～2°），頭在軀幹的延長線上。兩臂做小幅度的前後方向的與步頻同節奏的擺動，兩肘彎曲的角度為 90°±10°。

　　上坡跑時，應稍加大上體的前傾，縮短步長，為了保持跑速可用加快步頻的方法來彌補步長縮短的損失。下坡跑時，步長適當加大，上體正直，可用全腳掌或足跟外側先著地，步頻可適當慢些，以保持正常的跑速。馬拉松運動員還應掌握向左、向右的拐彎跑和折返跑的技術，並且要注意培養運動員在跑進中服用飲料的能力，避免在比賽中因拐彎、折返和服用飲料而破壞了跑和呼吸的節奏。

三、馬拉松跑訓練

　　馬拉松運動員都是經過長跑的訓練和比賽後轉而改練馬拉松跑的，許多運動員在長跑比賽中都取得過較好的成績。因此，本節不再涉及一般運動員訓練，只敘述高水準馬拉松運動員的訓練。

　　馬拉松運動員的運動成績取決於專門的身體訓練、戰術訓練、技術訓練和心理

田徑運動 高級教程

訓練的水準。專門的身體訓練取決於速度、耐力、力量、柔韌和靈敏等素質的發展水準。馬拉松鄰項的成績是耐力和速度水準的重要指標。一般說，鄰項成績好，主項成績就高（表31）。

表 31　優秀馬拉松運動員的主項、鄰項成績

性別	姓名	國籍	5000 公尺	10000 公尺	馬拉松
男子	蓋佈雷塞拉西	埃塞俄比亞	△12:39.36	△26:22.75	△2:03:59
	坎努齊	摩洛哥	13:24.0	27:47	△2:05:42
	達·科斯塔	巴西	13:37.37	28:07.73	△2:06:05
	摩·塔努伊	肯亞	13:22.82	28:07.73	2:06:16
	卡·洛佩斯	葡萄牙	13:16.38	27:17.48	2:07:11
	伊藤國光	日本	13:29.36	27:47.40	2:07:57
	胡剛軍	中國	13:37.29	29:27.17	2:09:18
	宮科	中國	13:46.00	28:51.53	2:10:11
	張福奎	中國	13:34.41	29:04.86	2:11:10
女子	拉德克里夫	英國	14:31.42	30:01.09	2:15:25
	勞魯佩	肯亞	14:57.77	31:17.66	2:20:43
	英·克里斯蒂安森	挪威	14:37.33	30:13.74	2:21:06
	卡·馬玆其亞那尼	愛爾蘭	14:49.40	31:08.41	2:22:23
	英塔	葡萄牙	15:22.97	32:33.51	2:23:29
	王軍霞	中國	14:51.87 △8:06.11 （3000 公尺）	△29:31.78	2:24:07
	任秀娟	中國	15:39.63	31:13.21	2:25:32
	鐘煥娣	中國	15:31.05	30:13.37	2:25:36

註：△為世界紀錄

（一）全年訓練和多年訓練

馬拉松的全年訓練可以是一個訓練週期，也可以分為兩個訓練週期。若一年以一次重要比賽為主，就可將全年作為一個訓練週期；若春秋各有一次重要比賽，就可將全年劃分為兩個週期。無論把全年訓練作為一個訓練週期或分為兩個訓練週期，每個訓練週期都應包括準備期、競賽期和過渡期。

準備期：

準備期的主要任務是為取得優秀運動成績打好基礎。一般分為以下三個階段。

第一階段：適應恢復階段（15 天）。任務：逐漸使運動員的機體適應即將開始的大運動量訓練。基本手段：勻速越野跑 15～20 公里，一般身體訓練和球類運動。

第二階段：第一基礎階段。任務：繼續提高有氧代謝能力和一般身體訓練水

準。基本手段：勻速越野跑 30～35 公里；以 1000～3000 公尺為快跑段的變速跑（混合代謝），總跑量為 12～15 公里；混合代謝的勻速越野跑 18～20 公里，開始階段的跑速男 3:40/公里，女 4:00/公里；一般身體訓練（球類運動和輕鬆的跳躍）。

此階段的周跑量達最大週跑量的 90%～100%，混合代謝的跑量占 25%～30%，不安排無氧代謝的跑量。週訓練課 10～12 次。注意安排好大、中、小運動量週的訓練節奏，小運動量週的總跑量比最大週跑量少 20%～40%。

第三階段：第二基礎階段。任務：在繼續發展有氧代謝的基礎上，提高跑的經濟性和專項能力。基本手段：勻速越野跑 30～40 公里，混合代謝的勻速越野 15～20 公里，每週安排兩次。開始階段的跑速：男 3:40～3:50/公里，女 4:00～4:10/公里，逐漸提高到男 3:35～3:40/公里，女 3:55～4:00/公里；400～600 公尺段落的上坡跑和下坡跑，總量為 7～8 公里（混合代謝和無氧代謝）。

這個階段的勻速越野跑量（有氧）有所減少，增加了混合代謝的的跑量。週總跑量占總跑量的 30%～40%。無氧代謝跑量占 2%～4%。週訓練課為 10 次左右。

競賽期：

競賽期的主要任務是在重要比賽前進入最佳競技狀態，爭取在馬拉松比賽中取得最佳成績。一般分為兩個階段。

賽前階段：任務是逐漸提高訓練強度，進一步完善跑的技術，檢查運動員對比賽準備的情況，把運動員引入較高的競技狀態。基本手段：20～40 公里勻速越野跑（有氧）。勻速越野跑 15～20 公里（混合代謝），開始階段的跑速：男 3:30～3:40/公里，女 3:45～3:55/公里，逐步提高到男 3:15～3:25/公里，女 3:35～3:45/公里；以 400～1000 公尺為快跑段的變速跑（混合代謝和無氧代謝），總跑量 15～18 公里；進行 20～30 公里的檢查跑，參加 5000～20000 公尺或馬拉松比賽。

比賽階段：任務是使運動員進入最佳競技狀態，在比賽中取得最佳成績。基本訓練階段同賽前階段，在選用訓練手段時應從運動員的實際出發。訓練水準高的運動員在混合代謝訓練時，跑速還應提高，要達到或超過預定最高成績的平均速度去參加馬拉松比賽。

比賽前到高原地帶進行一個階段的高原訓練更為有利，並根據運動員的特點確定下山的時間，以保證在高原訓練後的最高競技狀態下參加比賽。

過渡期：任務是進行積極性休息，消除緊張的訓練和比賽產生的疲勞，對運動員進行身體機能的全面檢查；以減少跑量和取消混合代謝、無氧代謝跑的方法降低運動負荷；訓練課要因人而異，一週訓練 5 次左右。基本手段：較長時間的慢跑、球類運動、輕鬆而有趣的運動。

為了迅速提高運動員的水準，不僅要安排好全年訓練，而且要系統地安排好多年訓練。多年訓練是一個系統工程，應精心設計和安排。有的運動員採取每四年作為一個大訓練週期來安排多年訓練；參加奧運會比賽的優秀運動員，以奧運會為週期制定大訓練週期的訓練計畫（表 32）。

田徑運動 高級教程

運動量要逐年增加，逐漸把一年的訓練負荷穩定在 9000 公里左右。在加大跑量的過程中，還必須不斷提高訓練強度。在已達到較大運動量的情況下，應當以加大混合代謝的跑量來改變訓練負荷。在全年訓練週期的準備期和競賽期的主要階段，都必須安排以比賽速度進行訓練的內容。

表 32　優秀運動員四年訓練週期的訓練負荷參數

內容	原有水準	第一年	第二年	第三年	第四年
訓練日數	280～300	300～310	310～320	320～340	340～350
訓練課數	440～480	480～520	520～550	550～600	570～620
總跑量（公里）	8000～8200	8200～8400	8400～8600	8600～8800	8800～9000
有氧代謝跑（公里）	5660～5830	5620～5580	5480～5440	5260～5220	5140～5090
混合代謝跑（公里）	2100～2200	2300～2500	2600～2800	3000～3200	3300～3500
無氧代謝跑（公里）					
200 公尺內短段落跑		15～18	18～20	20～22	22～45
600 公尺內短段落跑	30～40	40～50	40～50	40～50	40～50
3000 公尺內短段落跑	170～180	180～200	220～240	240～260	260～280
力量訓練（公里）					
上坡段落跑	40～50	40～50	40～50	40～50	40～50
比賽次數					
主項	3	3～4	1～2	3～4	1～2
鄰項	1	3～4	4～5	3～4	4～5
越野跑		2～3	2～3	2～3	2～3

在訓練中必須掌握好訓練強度，如果跑的強度變了，跑的性質和作用也隨之發生變化。用心率控制跑的強度是簡單易行的方法。各種類型跑的心率和需氧量：提高有氧能力的跑，心率應在 150 次/分以內，需氧量為最大攝氧的 65%；提高混合代謝能力的跑，心率為 160～170 次/分，需氧量為最大需氧量的 80%；提高無氧代謝能力的跑，心率為 180 次/分以上，需氧量接近最大攝氧量。

（二）參加比賽

馬拉松跑的成績取決於很多因素，其中最主要的因素是身體訓練水準和全程跑中合理分配速度。前者是在長期訓練過程中得到提高，並在比賽中表現出來的；後者是在比賽中起決定性作用的因素。

馬拉松運動員應當把體內儲存的能量，平均消耗於 42.195 公里賽程的跑動中，以平均速度跑完全程是節省能量消耗的最好跑法，如摩洛哥坎努齊跑 2:05:42 時，前半程用 1:03:07，後半程用 1:02:35，前後半程只差 32 秒。英國拉德克里夫跑 2:15:25 時，前半程用 1:08:02，後半程用 1:07:23，前後半程只差 39 秒。但在實際比賽中，受各種因素的影響，每名運動員的跑速都是有變化的，不可能完全一樣。

從歷屆馬拉松大賽優秀運動員的速度分配情況看，大體可分為三種類型：先快後慢型，如日本的高橋尚子；先慢後快型，如中國的王軍霞；平均型，如埃塞俄比亞的蓋布雷塞拉西、登西莫，後加入美國籍的埃努齊和中國的宮科，以及英國的拉德克里夫也是採用此法（圖15）。

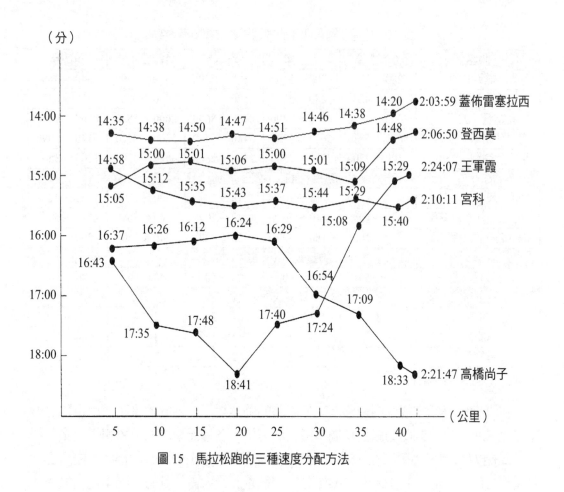

圖 15　馬拉松跑的三種速度分配方法

蓋佈雷塞拉西除最後 5 公里因衝刺跑 14:20 外，其餘 7 個 5 公里速度之差只有16 秒（14:35～14:51），速度是相對均勻，因此創造如此好的成績。

先快後慢型大多是速度較好的運動員，如果他們在比賽中成功，就會創造出很好的成績。但他們當中開始速度過快的情況較多，後程的跑速大幅度下降，跑不完全程的危險程度較大。

先慢後快型的運動員半途棄權的少，一般多是跑完全程仍有餘力，這會影響他們創 造好成績。

平均型運動員的速度也是不一樣的，但其變化的幅度較小。每 5 公里的速度和第一個 5 公里的速度相比，上下波動不超越過 3%。這種類型的運動員用較高的平均速度跑完全程，就能創造出優異的成績，如蓋佈雷塞拉西、登西莫、勞魯佩、宮科、拉德克里夫（如表33）。

142

表 33　優秀馬拉松運動員的分段成績

性別	姓名 （國籍）	5公里	10公里	15公里	20公里	半程	25 里	30 公里	35公里	40公里	全程
男子	坎努齊 （摩洛哥） 1998-10-24 （芝加哥）					1:03:07 1:02:35 +0:32					2:05:42
	達・科斯塔 （巴西） 1998-09-20 （柏林）		30:38		1:01:17 30:39	1:04:42 1:01:23 +3:19		1:30:34 29:17		1:59:45 29:11	2:06:05 6:20
	登西莫 （埃塞俄比亞）1998-04-17（鹿特丹）	15:05	30:05 15:00	45:06 15:01	1:00:12 15:06		1:15:12 15:00	1:30:13 15:01	1:45:22 15:09	2:00:20 14:48	2:06:05 6:30
	卡・洛佩斯 （葡萄牙） 1985-04-20	14:58	30:04 15:06	45:29 15:24	1:00:10 14:41	1:03:24 1:03:47 -0:2	1:14:17 14:17	1:30:01 15:04	1:45:14 15:13	2:00:34 15:20	2:07:11 6:42
	史・瓊斯 （英國） 1985-10-20	14:44	29:28 14:44	43:53 14:25	58:30 14:37		1:13:30 15:00	11:28:40 15:10	1:44:15 15:35	2:00:11 15:56	2:07:13 7:02
	加・科斯凱 （肯亞） 2000-02-13 （東京）	15:06	29:57 14:51	45:02 15:05	1:22:03 15:01	1:03:22 1:03:53 -0:31	1:15:06 15:03	1:30:21 15:15	1:45:32 15:11	2:00:44 15:12	2:07:15 6:31
	胡剛軍 （中國） 1997-10-04 （北京）	15:38	31:42 16:04	46:57 15:15	1:01:56 14:59		1:16:00 14:04	1:31:21 15:21	1:47:44 16:23	2:03:11 15:27	2:09:18 6:07
	宮科 （中國） 2001-10-14 （北京）	14:58	30:10 15:12	45:45 15:35	1:01:28 15:43		1:17:05 15:37	1:32:49 15:44	1:48:18 15:29	2:03:58 15:40	2:10:11 6:13
	張國偉 （中國） 1987-03-29 （天津）	15:31	30:38 15:07	45:35 14:57	1:00:25 14:50	1:04:12 1:08:05 -3:53	1:16:00 15:35	1:32:17 16:17	1:49:28 17:11	2:05:07 15:39	2:12:47 7:10
	蓋布雷塞拉西（埃塞俄比亞）2007-09-30	15:35	29:13 14:38	44:03 14:50	58:50 14:47		1:16:41 14:51	1:28:27 14:46	1:43:05 14:38	1:57:25 14:20	2:03:59 7:34
女子	拉德克里夫 （英國） 2003-04-13 （倫敦）		32:01 32:01		1:04:28 32:27	1:08:02 1:07:23 +39		1:36:36 32:08		2:09:29 32:53	2:15:25 5:56

（接續表）

第五章　馬拉松跑、越野跑、公路賽跑、山地賽跑

性別	姓名（國籍）	5公里	10公里	15公里	20公里	半程	25公里	30公里	35公里	40公里	全程
女子	勞佩魯（肯亞）1999-09-26（柏林）	16:10	32:32 16:12	49:12 16:40	1:06:04 16:52	1:09:47 1:10:56 -1:09	1:23:15 17:11	1:40:38 17:23	1:57:07 16:29	2:13:33 16:26	2:20:43 7:10
	高橋尚子（日本）1998-12-06	16:37	33:03 16:26	49:15 16:12	1:05:39 16:24	1:09:15 1:12:32 -3:17	1:22:08 16:29	1:39:02 16:54	1:56:11 17:09	2:14:44 18:33	2:21:47 7:03
	里·西蒙（羅馬尼亞）2000-01-30（大阪）	16:41	33:13 16:32	50:08 16:55	1:07:00 16:52	1:10:48 1:12:01 -1:18	1:24:17 17:17	1:41:17 17:00	1:58:23 17:06	2:15:41 17:18	2:22:54 7:13
	劉敏（中國）2001-10-14（北京）	16:42	33:30 16:48	51:03 17:33	1:08:37 17:34		1:25:55 17:18	1:43:20 17:25	2:00:05 16:45	2:16:37 16:32	2:23:37 7:00
	王軍霞（中國）1993-04-04（天津）	16:43	34:18 17:35	52:06 17:48	1:10:47 18:41	1:14:58 1:09:09 +5:49	1:28:27 17:40	1:45:51 17:24	2:01:49 15:58	2:17:18 15:29	2:24:07 6:49
	鐘煥娣（中國）1993-04-04（天津）	16:44	34:19 17:35	52:10 17:51	1:10:45 18:35	1:14:56 1:10:40 +3:44	1:28:30 17:45	1:45:51 17:21	2:01:51 16:00	2:18:10 16:19	2:25:36 7:26

　　在馬拉松運動員的速度分配計畫中，首先確定第一個 5 公里的速度是很重要的。因為第一個 5 公里的跑法對以後的跑法影響很大。透過多次統計，第一個 5 公里所用的時間與該運動員 5000 公尺最好成績的比值為 1：1.1。例如，一名運動員的 5000 公尺最好成績為 13:50，那麼他的馬拉松第一個 5 公里的理想速度為 13:50:00×1.1＝15:13:00。在訓練中培養馬拉松運動員的速度感覺是很重要的。

　　馬拉松運動員在比賽前要制定戰術方案，其中主要包括全程的速度分配、根據對手的情況採用的戰術、途中補充營養的時間和內容等。運動員通常制定一個基本方案和一兩個備用方案。

　　馬拉松運動員在一年中參加 2～3 次馬拉松比賽，4～5 次 5000 公尺和 10000 公尺的比賽，2～3 次 20 公里左右的越野跑比賽。最好還參加幾次更短距離的比賽。

（三）女子馬拉松訓練應注意生理特點

女子在進行馬拉松訓練時應考慮其自身的生理特點，包括週期性的月經和生理功能。大多數進行馬拉松訓練的女子感覺良好，月經期間機能也較正常，但也有少數女子在行經期間有乏力、易激動、無精打采、無訓練慾望的情況，還有極少數女子在月經期間身體虛弱、特別易激動、心率加快、動脈壓增高、睡眠不佳等情況。

因此，女子在月經期的訓練應視反應情況而定：如月經正常，無任何不良反應，則可按原計畫執行；如有少許反應，可適當減小運動量；如症狀特別嚴重，則可停訓。

從生理角度看，女子參加馬拉松跑較男子更適宜。第一，機體結構上的適應性：由於女子體內脂肪多於男子，當耐力運動使體內的糖消耗殆盡時，脂肪就成了主要能源。因此，相對來說，距離越長，女子耐受力越強。第二，機能上的適應性：最重要的是氧的利用率，比賽後血乳酸上升值低，即單位速度的平均耗氧量女子較男子少。女子發汗明顯比男子少，有較大的調節範圍。第三，能量消耗和能源的適應性：①血糖濃度的變化小，較比賽前只有少量上升；②血中游離脂肪酸的增加較男子大得多。

近年來的實踐證明，女子參加馬拉松運動的情況不比男子差，且發展和進步也較快（表34）。

王軍霞1993年取得的2:24:07成績，當年是世界歷來的第5位，可是此成績到2000年底已排到世界歷來的第22位。女子馬拉松世界最好成績2001年已提高到2:18:47，2003年則是2:15:25。

表 34　世界男、女子馬拉松成績比較

時間（年份）	女子成績	男子成績	差距
1964	3:19:33	2:12:12	1:07:21
1977	2:34:48	2:08:33.6	26:14.4
1979	2:27:33	2:08:33.6	18:59.4
1981	2:25:42	2:08:18	17:24
1983	2:22:43	2:08:18	14:25
1988	2:21:06	2:06:50	14:16
1998	2:20:47	2:06:05	14:42
1999	2:20:43	2:05:42	15:01
2001	2:18:47	2:05:42	13:05
2003	2:15:25	2:04:55	10:30
2008	2:15:25	2:03:59	11:26
2011	2:15:25	2:03:38	11:47

第二節·越野跑

越野跑是充分利用田野的自然條件，在曠野、田野、草地、沙地、田間或林間小路上進行的練習和比賽。

越野跑是易於開展的群眾性健身項目和競技項目，對發展人的耐久力，培養吃苦耐勞、克服困難和堅毅頑強的意志品質具有重要作用。運動員透過越野跑訓練，可以呼吸新鮮空氣，改變訓練環境，調節情緒，變化訓練節奏，提高訓練效果。越野跑通常在田徑賽季結束後的整個冬季進行。國際田聯設有越野賽跑委員會，每年都舉行世界性越野比賽，比賽距離根據性別、年齡來確定。中國的越野跑比賽尚不規範，基本是有條件的地方自發進行。

國際田聯世界越野賽跑團體錦標賽的距離大約為：

成年男子距離 12 公里；

成年女子距離 8 公里；

青年男子距離 8 公里；

青年女子距離 6 公里；

錄取辦法分個人和團體兩種。

國際田聯建議其他的國際和國家比賽也採用類似的比賽距離。

一、越野跑的路線

越野跑的路線必須設計在空曠的田野或樹林地帶，地面儘可能為草地，帶有自然障礙，可由路線設計者用來建造一條挑戰性的、有趣味的比賽路線。越野跑路線稍有起伏，但要避免很高的障礙物和不安全路線，如深坑、危險的上坡和下坡、茂密的叢林；還應避免穿過公路或任何形式的碎石路面，或將其減少到最小限度。如果不可避免遇到一兩處類似路面，則應在該地段鋪上草皮、土或墊子。越野跑路線應有足夠的寬度，不僅可以安排比賽路線，而且還可以安放必要的設施。比賽中還應派專人或裁判員負責橫穿公路的安全。總之，避免一切給比賽帶來困難而違背比賽宗旨的障礙物。

越野跑不宜設置人工障礙，但為了促進此項運動開展而必須設置時，也可以模擬曠野地面上的自然障礙。若參加比賽人數較多，在起跑後的 1500 公尺內不應有狹窄的地段或其他障礙，以免造成阻滯。出發時，應為各隊提供起跑位置，各隊隊員應在起點處排成一路縱隊。

比賽路線必須設計成環形，其周長在 1750～2000 公尺。如有必要，可增加一個小圈，以便將路線長度調整到不同項目總長的需要，但比賽時應先跑小圈。建議各大圈至少應有總數 10 公尺的落差。除起、終點外，比賽路線不得有任何其他較

長的直道。帶有較圓滑的彎道和較短直道的「自然」起伏路線較為適宜。比賽路線兩邊應用帶子清晰標出。建議在比賽路線的一側，距帶子外側 1 公尺處設置加固柵欄形成走廊，僅供比賽組織人員或媒體使用。起點區和終點區必須設立加固柵欄。只有持有效證件的人員方可通過這些區域。

二、越野跑的技術

越野跑的技術與長跑技術基本相似。越野跑屬有氧耐力項目，跑的技術要求經濟實效，合理有節奏的呼吸方法也是越野跑技術的要求。由於地面、地形的變化，地面品質以及各種複雜環境的因素，跑進中應注意按環境變化而調整技術動作。

（一）起　跑

起跑應採用站立式起跑方法，「各就位」時應走到起跑線處，上體稍前傾，重心落在前腳上，兩臂自然下垂，動作放鬆，注意力集中。當聽到槍聲後，積極向前加速跑進。加速跑的距離要根據跑速、個人戰術和特點而定，當發揮出個人確定的跑速和出於自己適應的戰術位置時，進入有節奏的途中跑。在起跑的整個過程中應注意鄰近運動員的跑進情況，避免碰撞和踩傷。

計團體總分的比賽，如果參賽隊較多，起跑時往往以隊為單位，在起跑線後縱向排列，一般應把最優秀的隊員排在最前面，這樣其他隊員起跑技術才不會受到較大影響。此外，其他隊員聽到槍聲後，必須根據前後左右運動員跑進情況來決定自己的跑進路線和速度，此時最重要的是安全和不犯規。

（二）越野跑途中跑的技術

越野跑途中跑技術與公路跑、長跑技術無大的區別，由於途中地形、地貌不同，跑的技術也要因環境變化而適當調整。越野跑時技術動作應輕鬆自如，富有節奏，重心平穩，呼吸均勻，並與步頻節奏相一致，儘量減少能量消耗，適當控制步長，加快步頻。在一般平坦路面跑時，跑的技術與公路的長跑技術相同。

上體正直或稍前傾，兩眼平視，餘光注意腳下的地面，兩臂前後自然擺動，幅度不大，但應與腿部節奏協調一致。擺動腿前擺著地時，小腿與地面近乎垂直，腳落地距身體重心投影點較近，以利於身體重心快速向前移動，這樣既可減小向前速度的損失，又能有效地積極進行後蹬。腳著地時腳掌或前腳掌外側著地，進入垂直支撐階段，由膝、踝的退讓緩衝過渡到後蹬。腳蹬離地面後，小腿自然屈膝，大腿帶動小腿向前擺動，由後擺進入前擺階段，小腿與地面接近平行。

越野跑在不同條件下跑的技術要適時調整。上坡時身體前傾，前腳掌著地，縮短步長，加快頻率，大腿積極向前擺動。下坡時上體要稍向後，控制著身體和膝關節向前跑進，腳著地以全腳掌為主。在下坡的末端（8～10 公尺）可快速跑向平

地，並形成一般自然跑進。在上、下坡較陡的路段，可採用「之」字形跑法或採用小步快速走的方法。

在草地、鬆軟地和沙地跑時，用全腳掌著地，步子要縮小，頻率要加快，後蹬腿不宜完全伸直，同時注意向前向下方看，以免陷入坑窪內或踩在石頭上。途中遇到小的溝渠、低的障礙、矮的灌木時，可加速大步跨跳過去，落地時要注意觸地動作。在樹林中跑時要防止被樹枝擦破或抽打臉部、頭部及腿部，更要注意勿被樹枝戳傷。

越野跑會遇到轉彎及折返，要以順、逆時針跑的技術通過。逆時針跑時身體向左傾斜，用左腳外側、右腳內側著地，右臂擺幅大於左臂；順時針跑時與逆時針跑時相反。身體動作幅度與跑的速度成正比。由於折返點半徑較小，通過時跑的速度要控制，步幅小，步頻快；外側腿及外側臂擺動幅度大，外側腳後蹬時用前腳掌內側著地。

運動員參加越野跑前應熟悉路線，瞭解情況，以便在比賽中有目的地改換跑的技術和跑的節奏。

呼吸技術是越野跑不可忽視的，要用鼻和半張開的口進行。呼吸要自然，呼吸的節奏要和跑的節奏相一致，呼吸方法不正確將導致疲勞和「極點」的過早出現，破壞跑的技術與跑的節奏。呼吸方法因人而異，一般是兩三步一呼氣，兩三步一吸氣。隨著疲勞和體力的下降，呼吸的頻率有所增快，此時應著重呼氣，只有充分呼出二氧化碳才能吸進大量新鮮空氣。

越野跑所有項目的比賽都可設置飲水/用水站，運動員還應掌握跑進中飲用水的方法。

（三）終點跑

終點跑是指臨近終點的最後一段距離的跑法。此時身體十分疲勞，應以堅強的意志品質全力衝向終點。要加快加大擺臂，注意向前抬腿的效果，加強後蹬力量。終點跑的距離主要是根據個人水準和全程中體力保持的情況與戰術需要來確定。

三、越野跑的訓練

越野跑屬耐力性項目，其運動水準依賴於運動員有氧耐力水準，運動中主要靠糖元、脂肪有氧分解供能，有氧耐力水準的高低，可以從最大攝氧量反映出來。凡是能夠有效提高運動員以上機能的訓練方法，都能提高運動員的越野跑水準。

參加越野跑比賽的運動員一般都是由中長跑運動員兼項，運動員根據訓練時期、任務的不同，在中長跑訓練中，越野跑訓練的比重也不相同。越野跑訓練是中長跑訓練的一個手段，既可對中長跑訓練進行調節，也是對中長跑訓練的補償，它是發展有氧耐力的有效手段，在準備越野跑比賽前的訓練中，要增加越野跑練習的

次數和內容，以適應野外環境及不同地形的跑，提高越野跑的專項能力。

在野外環境進行訓練時，常採用持續性的訓練方法，如勻速跑、變速跑和上、下坡時的衝刺跑等。根據地形和訓練任務的需要，也可採用間歇性訓練，如反覆跑，在能夠循環的小路、湖邊重複訓練。教練員也可在有效實施掌握心率的條件下，進行間歇跑訓練。越野跑的運動成績與運動員身體訓練水準、技術訓練及戰術運用有直接關係。良好的身體訓練水準有助於對技術的掌握。越野跑運動員仍需加強身體全面發展水準的訓練。

有氧耐力的提高需由長時間運動來獲得，越野跑是有效手段之一，其他競技體育運動項目也常透過越野跑來提高水準，一般應以勻速跑和變速跑為主。

越野跑已成為大眾健身的方法的之一，它可以提高心血管和呼吸系統功能，增進健康，提高腿部力量，培養人們的意志品質和克服困難的能力。透過越野跑健身的群體應以勻速跑為主，心率保持在 130 次/分，每週練習 4 次左右。練習後及第二天以不感到過分勞累為宜。

四、越野跑的戰術

戰術安排是越野比賽中影響成績的重要因素，加強戰術訓練、培養戰術意識及臨場的應變能力，也是不容忽視的。

越野跑訓練應當首先瞭解路線，不宜在路況不好、交通繁忙及易發生傷害事故的地段上進行練習。參加越野賽跑之前，應熟悉路線，瞭解比賽路線周圍環境設施，掌握地形變化以適應比賽的需要，合理分配力量及實施戰術。一般情況下應以較均勻的速度參加比賽，以保持呼吸系統、血液循環系統在有利的條件下進行工作。除因地形原因採取變換跑的節奏外，還應根據個人能力，酌情實施必要的領先跑、跟隨跑、變速跑、衝刺跑等戰術。

無論是個人賽或團體賽，運動員多跑比賽路線從而熟悉比賽路線特別重要，多按比賽路線情況合理地安排跑法，是重要的戰術訓練內容和安排戰術的依據。

五、越野跑應注意的問題

越野跑訓練和比賽時，運動服裝及鞋一定要合適，內褲、運動短褲和鞋不要穿新的，以免摩擦損傷皮膚，襪子要穿洗過的，防止途中滑動甚至脫落在腳裏，比賽前應檢查鞋帶是否繫牢，以防途中鬆開，影響跑速和絆倒。

越野跑途中會出現不同程度的「極點」現象，呼吸困難，節奏紊亂。此時應加深呼吸，加大擺臂，調整跑速，盡力保持跑的節奏，更重要的是要以頑強的意志品質堅持跑，緊跟前面的隊友或對手，繼續堅持一段距離，「極點」就會克服，呼吸又均勻了。

良好的生活習慣對從事耐力性訓練的運動員十分重要，防止暴飲暴食，還要注意補充營養。喜愛進行越野跑健身的人需要補充水分和合理的營養補給。在參加越野時，應在賽前 1.5～2 小時前進餐，吃易消化、富有營養的食物，比賽途中可適當飲水，必要時也可適量進食，訓練、比賽後還要注意採用各種恢復措施，加強醫務監督。

2009 年國家體育總局承認了越野跑全國紀錄：男子 6 公里是董建國於 2007 年 3 月10 日在貴州清鎮創造的 18:08；12 公里是李有才於 2003 年 3 月 8 日在貴州清鎮創造的 36:02。女子 4 公里是白雪於 2008 年 3 月 8 日在貴州清鎮創造的 13:09；8 公里是孫偉偉於 2003 年 3 月 8 日在貴州清鎮創造的 26:59。

第三節・公路賽跑

對於公路賽跑《田徑競賽規則（2010—2011）》第 240 條規定如下。

距離：

男女標準比賽距離為 10 公里、15 公里、20 公里、半程馬拉松、25 公里、30 公里、馬拉松（42.195 公里）、100 公里和公路接力賽跑。

路線：

此類賽跑應在有完整標誌的公路上進行。如果交通或類似環境不適宜比賽，賽跑路線可設在路旁的自行車道或人行道上，並加以適當的標誌，但不得通過路旁草地等柔軟地段。比賽起、終點可設在田徑場內。

途中應以公里（km）為單位，向所有運動員顯示賽程的距離。

比賽開始：

比賽可以透過鳴槍、鳴炮、號角或相似設備開始。須使用《規則》第 162 條 3 關於 400 公尺以上項目的口令和程序。當參賽運動員人數眾多時，應在出發前 5 分鐘、3 分鐘、1 分鐘給予時間提示，必要時，可給予多次時間提示。

安全和醫務：

（1）公路比賽的組委會應保證運動員和官員的安全。組委會須保證關閉比賽使用的機動車道路，禁止所有方向的機動車通行。

（2）由組委會指派的佩戴明顯標誌，如佩戴袖標或穿著背心或其他類似易識別服裝的醫務人員進行現場醫務檢查，這些檢查不應被看做是對運動員的幫助。

（3）在比賽中，醫務代表或大會醫務人員命令某運動員退出比賽時，該運動員應立即執行。

飲水／用水和飲料站：

（1）各項賽跑的起點和終點應備有飲水和其他適當飲料。

（2）10 公里及 10 公里以下各項目，應根據天氣情況，以 2～3 公里的間隔距

田徑運動高級教程

離設置飲水/用水站。

（3）10 公里以上所有項目，應從起點開始以大約 5 公里的間隔距離設置飲料站。此外，應在兩個飲料站中間設置只供水的飲水/用水站，並可根據天氣情況多設置一些。

（4）飲料可由大會提供或由運動員自備，自備飲料放在運動員要求的大會飲料站。飲料放置要便於運動員拿取或由經批准的人員遞給運動員。由運動員提供的飲料，自該運動員或其代表上交之時起，應始終處於組委會指派人員的監督之下。

（5）這些經批准的遞水人員不可以進入賽道，也不可以阻擋運動員。他們可以在飲料桌後，或者在桌子前面、旁邊 1 公尺處將飲料遞給運動員。

（6）運動員在飲料站以外的地方拿取飲料，將被取消比賽資格。

比賽進程：

（1）在公路的比賽中，在得到裁判員許可並在一名裁判員的監督下，運動員可以離開比賽路線，但不得因此縮短比賽距離。

（2）如果裁判長認可裁判員、檢查員或其他人的報告，或由其他方式，得知運動員離開了標明的路線而縮短了比賽距離，將取消該運動員繼續參賽的資格。

路接力賽跑：

除執行公路跑的各項規定外，還應注意：

（1）準備接力區。準備接力區長度為 50 公尺，在距離起點較近的接力區分界線後沿向後 50 公尺處畫一條 5 公分寬的白色橫線，以標明準備接力區的位置。

（2）接力帶（簡稱「帶」）。寬 10 公分，長 180～200 公分。運動員必須將「帶」由肩上斜背至異側腋下，進入準備區後方可取下拿在手中。亦可採用其他經批准的傳接器材和方法。

（3）傳接「帶」。接「帶」運動員應在裁判員指揮下，按照同隊傳「帶」運動員跑至準備線時的先後順序，在接力區內自左至右排列在各自的接「帶」位置上。一旦傳「帶」運動員跑進準備區，接「帶」運動員不得改變其原來排列的順序。

傳接「帶」必須在接力區完成，以「帶」為準。交完「帶」的運動員從接力區右側退出比賽路線，退出接力區時不得妨礙其他跑進的運動員。

（4）以各段距離的分界線作為分段計時的終點線。

（5）除計算比賽的團體名次外，還應按成績計算每段距離的個人名次。如果有一名運動員犯規，則取消全隊和犯規運動員的錄取資格。但該隊跑完各段距離的其他運動員的個人成績仍然有效。

國際田聯舉辦的世界公路田徑錦標賽，首屆是 2006 年 10 月 8 日在布達佩斯附近的大學城德佈雷肯舉行，有 45 個國家和地區的 180 多名選手參加。比賽距離為男子 20 公里和女子 20 公里，繞圈長 5 公里的公路跑 4 圈，總獎金 24.5 萬美元。2005 年前公路跑只承認世界最好成績，2005 年後公路跑中符合田徑規則標準的都承認為世界紀錄。2007 年第 2 屆世界公路跑田徑錦標賽中創造了女子半程馬拉松

1:06:25 的世界紀錄。

第四節・山地賽跑

對於山地賽跑，《田徑競賽規則》第 250 條規定如下。

山地賽跑的主要路段應離開公路在山野中進行，其中包括一定數量的上坡（主要是上坡）或上坡/下坡（起終點在同一高度）跑。建議國際比賽的大致距離和上坡總量如下（表35）：

表 35　山地賽跑主要路段的設計要求

項目 類別	主要為上坡跑		起終點設在同一高度	
	比賽距離（公里）	上坡距離（公尺）	比賽距離（公里）	上坡距離（公尺）
成年男子	12	1200	12	750
成年女子	8	800	8	500
青年男子	8	800	8	500
青年女子	4	400	4	250

跑經碎石路面的路線長度不得超過全程的 20%。比賽路線可設計成一個環形。

山地賽跑是個新增的項目，是國際田聯在 2006 年的《田徑競賽規則》中增設的。後來國際田聯在 2008 年的《田徑競賽規則》的第 115 條中，還增加了國際越野、公路跑、山地跑官員，可見近年對這幾個項目的重視。

田徑運動 高級教程

152

第六章

跨欄跑

李相如　倪俊嶸

第一節・跨欄跑的發展與研究概況

一、跨欄跑項目的產生與演變

跨欄跑運動產生於英國，興起於歐洲，發展於美國。在英語中跨欄跑為「Hurdle races」，Hurdle 直譯為柵欄、籬笆的意思。19 世紀初，英國的大學生把圈護羊群的柵欄移植到了大學的運動場。這個顯示勇氣、力量和速度的運動，一進入大學就受到了歡迎並迅速開展。

據歷史資料記載，世界上舉行的首次跨欄跑比賽，是在 1837 年英國的埃通大學。但跨欄跑真正公諸眾人是在 1865 年英國牛津大學與劍橋大學所進行的一場田徑對抗賽。當時跨欄跑比賽的全長為 120 碼（109.68 公尺），在跑道放置了 10個間隔相等的障礙物（結實的木頭羊圈柵欄），欄間距為 10 碼（9.14 公分），每個障礙物高 3 英尺半（106.68 公分）。此次比賽可以說奠定了跨欄跑在田徑運動中的基本地位。1894 年在法國巴黎成立國際奧林匹克委員會的會議上，將跨欄跑確定為現代奧運會的正式比賽項目。

1896 年第 1 屆現代奧運會上，直道跨欄跑作為正式的比賽項目，吸引了大量的運動員和觀眾。美國人特・克爾蒂斯以 17.6 的成績獲得冠軍。當時比賽的全長距離為100 公尺，欄高 1 公尺，設 8 個欄架。現代跨欄跑運動的真正確立是在 1900 年第 2 屆奧運會上。

這屆奧運會規定男子直道跑全程距離為 110 公尺，欄高為 1.067 公尺，欄間距離為9.14 公尺，全程 10 個欄架。這一規定後來作為田徑運動規則的內容永久性地沿用下來。在這屆奧運會上，增添了男子 400 公尺欄作為正式比賽項目，當時的欄高為 76.2 公分，欄間距為 35 公尺。首位奧運會 400 公尺欄的冠軍為美國人德・狄克斯久里，成績為 57.6。1904 年第 3 屆奧運會確定 400 公尺欄的欄高為 91.4 公

分，並作為田徑規則的內容沿用至今。

女子跨欄跑運動的開展相對較晚，大約是 20 世紀 20 年代才開始興起。1926 年國際田聯規定女子直道欄的全程距離為 80 公尺，欄高為 76.2 公分，全程設 8 個欄架。1932年第 10 屆奧運會女子 80 公尺欄被規定為正式比賽項目。美國運動員姆‧迪德里克遜以11.7摘取了首枚女子奧運會跨欄跑金牌。

1968 年國際田聯決定用 100 公尺欄取代 80 公尺欄，規定欄高為 84 公分，欄間距為 8.5 公尺，全程 10 個欄。1972 年在慕尼黑奧運會上首次確定 100 公尺欄為正式比賽項目，首枚女子 100 公尺欄金牌獲得者是東德運動員埃爾哈特，成績為 12.59。女子 400 公尺欄是 1984 年第 23 屆奧運會的正式比賽項目，摩洛哥運動員穆塔瓦凱勒以 54.61 獲得了這項冠軍。女子 400 公尺欄的欄高為 76.2 公分，欄距 35 公尺，全程 10 個欄。

在跨欄跑項目演變的過程中，還曾經出現過 200 公尺欄項目。國際田聯也承認和公佈其世界紀錄。中國在 20 世紀 50 年代也曾舉行過男子 200 公尺低欄項目的比賽，也承認和公佈過其全國紀錄。但 200 公尺欄項目始終未能列為奧運會的正式比賽項目。

二、跨欄跑欄架的演變

跨欄跑欄架的演變，確切地說應該是從羊圈柵欄開始的。據資料記載，當時粗糙的欄架都被牢固地埋在地上，上面是染成斑馬線的齒狀竿子。把羊圈柵欄移動到平地上可以說是創造這一現代田徑項目的至關重要的一步。儘管埋在平地上的一道道柵欄與我們今天所見到的現代化欄架不能比擬，但它卻給人們以新的創造和啟迪。埋在地上的木柵欄很快就演進成為了鋸木頭用的支架。

這一演進使跨欄跑運動得到較快的發展和傳播。因為這種支架移動比較方便，且不破壞場地，具有器材活動性的特徵。但是木頭支架是相對穩定的，並且是通聯在一起的，跨越這種欄架比較危險，也容易造成傷害事故。因此，它很難促使運動員改進過欄技術。

在跨欄跑欄架的演進過程中，真正使跨欄跑運動發生重大的變革事件，是 20 世紀初發明的單個能移動的「⊥」形欄架。這種欄架重量較輕，且從通聯在一起的欄架改革為單個欄架，大大消除了運動員過欄時的恐懼心理，從而使跨欄跑運動和過欄技術進入了初期的快速發展時期。跨欄跑發展史中真正的技術創造和技術發展是在「⊥」欄架出現之後。

1935 年「L」形欄架問世。由於這種欄架，一定的力量碰上後會自行倒下，不再會對運動員產生傷害，所以可以說基本消除了人們對欄架的恐懼心理。國際田聯在允許採用這種欄架之後，便在田徑規則中對欄架規格、重量及受多大力量才能使欄翻倒作了明確規定。

田徑運動 高級教程

「L」形欄架確定之後，跨欄跑運動才進入了全面發展的時期。

三、跨欄跑技術的演變和發展

跨欄跑技術的演變和發展經歷了三個重要的發展階段，即跳欄階段、探索合理的過欄姿勢階段、對跨欄跑技術全面認識階段。

（一）跳欄階段

最早的跨欄跑運動，欄架是由那些令人望而生畏的結實的羊圈柵欄構成，儘管後來由木頭支架構成的欄架取代了羊圈柵欄，但仍給人們沉重的和不安全的感覺。

從跨欄跑的產生到「⊥」形欄架出現之前這一時期，過欄的動作千奇百怪，但基本上都是「跳欄」。當時，運動員能否獲勝，最重要的因素是勇敢，身體素質好，過欄時跳得快。

這一時期過欄技術的主要特徵是前腿彎曲上擺，後腿簡單地摺疊收腿上提跳過「欄」。這一時期的成績和紀錄，由於採用的距離、欄架的高度、重量和欄間距離等都具有不穩定性，所以不具有可比性，也沒有公認的世界紀錄。

（二）探索合理的過欄姿勢階段

20 世紀初期，出現了輕便的「⊥」形欄架，減少了跨欄運動員的畏懼心理和顧慮，進入了探索合理的過欄姿勢階段。這一階段可分為前期和後期兩個時期。前期為「⊥」形欄架出現至「L」形欄架出現為止，後期為「L」形欄架開始廣泛採用至 20 世紀 50 年代中後期。

「⊥」形欄架出現後，美國運動員阿爾文・克雷茲萊思率先對過欄技術進行了探索和改進。由於阿爾文以及與他同時代的許多跨欄跑運動員的艱苦努力，「直線前跨和單臂前導」的過欄技術逐步成熟和完善。也只是在這個時候，「跳欄跑」才真正成為「跨欄跑」。

「直線前跨和單臂前導技術」的技術特徵是擺動腿伸直膝關節向前上方擺動，起跨腿充分後蹬，形成了即將過欄時兩腿之間的較大分腿角，起跨腿離地的同時向欄側屈腿側平拉過欄板，從而構成了較為合理和有效的跨欄步技術。欄上擺動腿異側臂積極前伸，維持身體過欄時的平衡。這個技術在當時可謂是最先進、最合理的跨欄技術，跨欄跑運動員的成績也開始大幅度提高。

1898 年，在業餘運動協會於芝加哥舉行的運動會上，阿爾文・克雷茲萊思採用這種新的過欄技術創造了 110 公尺欄 15.2 的世界紀錄，他在1900 年第 2 屆奧運會上，又以 15.4 獲取了金牌。

1920 年加拿大的運動員厄爾・湯姆森和美國的羅伯特・辛普森創造了一種新的跨欄技術——雙臂前導，並且成為用這種技術第一批突破了 15 秒大關的運動

員。湯姆森還在同年創造了 14.4 的世界紀錄，此紀錄保持了 11 年之後才被美國的珀西‧比爾德以 14.2 打破。「雙臂前導」技術的特點是運動員過欄時雙臂積極前伸，帶動身體重心迅速向前移動，從而加快了過欄的速度。

1935 年，隨著欄架的再次改進，「L」形欄架出現，這一改進為進一步改進和完善過欄技術提供了有利條件。1936 年，福雷斯特‧湯斯，創造了新的過欄技術，即「擺動腿迅速落地的動作」。湯斯採用這種新技術贏得了 1936 年第 11 屆奧運會 110 公尺欄的冠軍，並在 1937 年創下了 13.7 的世界紀錄。

「擺動腿迅速落地動作」的技術特徵是重視即將過欄時擺動腿的動作，在擺動腿越過欄架頂點的瞬間，加大擺動腿下壓落地的動作速度，從而達到減少過欄損耗的時間，提高比賽成績。後來得克薩斯州賴斯學院的弗雷德‧沃爾科特，又創造了「起跨腿迅速前拉」的技術，進一步改進了跨欄步技術。

他的這一新技術使他在 1941 年平了湯斯的紀錄。「起跨腿迅速前拉」的技術特點是在要求擺動腿迅速下欄落地的同時，強調起跨腿積極快速向前提拉，從而加快了下欄後第一步的運動速度。

在弗雷德之後，美國又出現了一名傑出的跨欄運動員——哈里森‧迪拉德。迪拉德是一名具有非凡速度的短跑運動員，他創造了一種與眾不同的跨欄技術，即「特別突出起跨腿式技術」。這種技術的特點是，在要求起跨腿迅速前拉落地的同時，讓擺動腿完成更長的弧形擺動。迪拉德採用這種技術，於 1948 年以 13.6 改寫了 110 公尺欄世界紀錄。

集中地吸取前人技術，並揚長避短形成一個新的跨欄跑技術的運動員是查理德‧艾特萊斯利。他熔多種技術的優點於一爐，如吸取了迪拉德的「特別突出起跨腿式技術」、湯斯的「擺動腿迅速落地動作」和沃爾特的「起跨腿迅速前拉」技術，並於 1950 年創造了 13.5 的世界紀錄。

查理德是一名具有極好跨欄跑先天條件的運動員，但因在 1952 年奧運會前受傷而退出田壇。查理德的引退是對世界跨欄跑運動的一個遺憾，他創下的世界紀錄直到 1956 年才由另一名美國運動員傑克‧戴維斯以 13.4 的成績所刷新。

（三）對跨欄跑技術全面認識階段

20 世紀 50 年代末期，有人提出了「跑欄」的設想，從而揭開了跨欄跑運動的新篇章。1959 年西德運動員勞洛爾採用充分前傾上體的「折刀式」過欄技術與他快速的平跑速度緊密結合，創造了 110 公尺欄 13.2 的世界紀錄。法國運動員德魯特，身高腿長，採用樸實有效的過欄技術，並把過欄與欄間跑技術緊密銜接，使人們看到了「跑欄」的曙光，他把世界紀錄改成了 13.0。

1979 年美國運動員內赫公尺亞以12.93 第一個突破 13 秒大關。他的技術特點是起跨攻欄積極，過欄剪絞速度快，身體重心起伏小，下欄迅速與欄間跑銜接，全程技術連貫，節奏性強，呈現出「跑欄」的概念。

田徑運動 高級教程

進入 80 年代以來，以吸收現代跨欄跑最先進技術，同時又注意發揮和適應運動員個人特點的新的跨欄跑技術，是當今和未來跨欄跑發展的基本方向。

當前，在重視運動員科學選材的同時，在運動訓練中更重視提高運動員平跑速度和跑跨、跨跑相結合的能力，大大縮小了跨與跑在動作外形、速度變化、肌肉用力轉換等方面的差別；不僅從縮短過欄時間上挖潛力，而且更重視下欄後的速度；表現出過欄與欄間跑的技術渾然一體，跨欄週期速度快，節奏性強，體現了從跨欄向跑欄發展的趨勢。

1989 年美國運動員金多姆以 12.92 的成績再創新的世界紀錄，1993 年英國運動員傑克遜又以 12.91 打破世界紀錄，都是從跨欄向跑欄發展的成功佐證。目前的世界紀錄為 12.87，由古巴運動員羅伯斯在 2008 年 6 月 13 日創造。

四、中國跨欄跑運動的發展概況

在世界跨欄跑技術水準和運動成績的提高過程中，中國跨欄運動員的技術水準和運動成績也在不斷提高。舊中國的跨欄跑水準很低，到 20 世紀 40 年代末，黃兩正以 16.0 和 57.9 分別創造了 110 公尺欄和 400 公尺欄全國紀錄，錢行素以 14.3 創造 80 公尺欄全國紀錄。1959 年，新中國第 1 屆全運會上週裕光以 14.4、梁士強以 53.6 分別創造了男子 110 公尺欄和 400 公尺欄全國紀錄；劉正以 11.1 創女子 80 公尺欄全國紀錄。1965 年崔麟以 13.5 再創 110 公尺欄全國紀錄。

從 50 年代後期至 60 年代中期，中國跨欄跑運動員達到或接近世界水準，在國際比賽中為國家爭得過榮譽。70 年代至 80 年代中期，中國跨欄跑水準下降，與世界水準相比有較大差距。90 年代以來，中國優秀 110 公尺欄運動員李彤在重大比賽中多次創造佳績，並以 13.25 進入世界先進水準行列。

進入 21 世紀，中國跨欄跑進入了黃金歲月。上海運動員劉翔在第 21 屆世界大學生運動會上勇奪 110 公尺欄金牌之後，於 2002 年在國際田聯世界田徑大獎賽 110 公尺欄決賽中，以 13.12 的佳績打破該項世界青年紀錄、亞洲紀錄和全國紀錄，獲得銀牌。2003—2004 年，他代表中國先後參加了世界盃田徑賽、世界田徑錦標賽、世界田徑大獎賽和奧運會田徑比賽，並在上述幾個賽事中先後獲得過比賽的第 3 名、第 2 名和第 1 名的優異成績。2004 年 8 月在希臘雅典舉行的奧運會跨欄比賽中，劉翔以 12.91 的成績平了男子 110 公尺欄世界紀錄，獲得了一枚十分珍貴的奧運會金牌，創造了中國運動員在田徑短距離項目上金牌「零」的突破，不僅創造了中國短距離跑的奇蹟，震驚了全世界，而且也徹底打破了流傳多年的中國運動員不適宜短距離跑的「人種論」謬說。

2006 年 7 月 12 日，在國際田聯超級大獎賽洛桑站比賽中，奧運會冠軍劉翔成功衛冕，並以 12.88 的成績打破了塵封 13 年之久的 12.91 的世界紀錄。2010 年 11 月 24 日，重傷方癒的劉翔在第 16 屆亞運會上，以 13.09 打破 110 公尺欄亞運會紀

錄，實現了三連冠。2011 年 5 月，他又在世界大賽中取得 13.00 的好成績。女子 100 公尺欄和男、女 400 公尺欄也都達到了較高的水準。

第二節・跨欄跑技術

一、110 公尺跨欄跑技術

110 公尺跨欄跑全程跑的技術可以分為起跑至第 1 欄技術、途中跑技術、終點衝刺跑技術。

（一）起跑至第 1 欄技術

起跑加速跑至第 1 欄技術的任務是在有限的空間內（11.50 公尺左右）發揮高的跑速，為積極跨過第 1 欄做好準備，為全程跑形成良好的節奏奠定基礎。合理的起跑至第 1 欄技術要符合以下要求：

① 起跑至第 1 欄採用 7 步跑須將擺動腿放在前面，起跑 8 步上欄時須將起跨腿放在前面。起跑器的安裝和起跑技術與短跑相近似，只是「預備」姿勢時臀部較高。

② 起跑後加速跑時，兩腿和兩臂協調一致，積極用力蹬擺；同短跑相比，身體重心升起較快，各步後蹬角略大，軀幹抬起較早，跑到第 6 步後身體姿勢已接近短跑途中跑。

③ 起跑後加速要求步數固定，步長穩定，準確地踏上起跨點。

（二）途中跑技術

110 公尺欄途中跑是由 9 個跨欄週期組成。同短跑週期相比，每一跨欄週期因跨欄需要，在動作外形、結構、時間、空間比例，以及身體重心運行軌跡等方面，都出現非對稱的規律性變化。跨欄跑週期包括一個跨欄步和欄間 3 步跑。

1. 過欄技術

過欄是指從起跨腿的腳接觸到起跨點到過欄後擺動腿的腳接觸地面時的一大步，即跨欄步。它是由起跨攻欄、騰空過欄、下欄著地構成。

⑴ 高效起的跨攻欄

起跨是指從起跨腿的腳接觸到起跨點到後蹬結束離地瞬間的整個支撐時期。任務是保持較高的水平速度，為迅速過欄創造更大的騰起初速度和適宜的騰起角度。正確的起跨攻欄技術是掌握好過欄技術的關鍵。高效的起跨攻欄技術應符合下列要求：

① 現代過欄技術隨著運動員身高增加和身體素質水準的提高，表現出了遠起

跨、近下欄的技術特點。優秀運動員起跨距離為 2.1～2.2 公尺。起跨時支撐時期的時間縮短，為 0.11～0.13 秒。

② 起跨攻欄時要獲得一個較高的身體重心位置，起跨腿膝關節約 140°，身體重心高度相當本人身高 60%左右，這樣有利於身體重心平移，減小過欄時重心波動差，獲得好的蹬地效果。起跨腿的腳落地前，積極向下向後做扒地動作，比前一步短 10～20 公分，腳跟下壓不重，隨身體重心前移，膝關節微屈緩衝，腰部正直。

③ 起跨離地前，身體重心積極前移，起跨結束時身體重心投影點距支點距離相當於本人身高 27%以上（約 50 公分），起跨角為 70°左右。身體重心移過支點後，腳跟提起，上體加速前移，在擺動腿屈膝摺疊積極前擺的配合下完成後蹬，形成積極有利的攻擺姿勢。這樣，身體重心投影點距支點遠，靠欄近。

④ 攻欄時要高擺大腿，加大兩腿夾角。優秀運動員起跨攻欄結束時兩腿夾角可達 121°。兩腿角度增大，一方面使兩腿屈、伸肌群收縮前得到預先拉長，為騰空後快速剪絞動作提供有利條件；另一方面可帶髖積極前移，加大蹬地力量。起跨腿著地時，擺動腿由體後向前擺動，大小腿在體後開始摺疊，足跟靠近臀部，膝部朝下；縮短擺動半徑，快速向前上方擺起。

⑤ 身體各部位動作連貫，配合協調。兩臂配合下肢做前後擺動，不僅有利於身體平衡，抵消身體的旋轉，而且擺動腿異側臂前伸，對協調擺動腿有利的攻擺動作有著重要作用。上體隨後蹬用力逐漸加大前移的幅度，肩軸基本保持與欄架平行。

(2) 合理的騰空過欄

騰空過欄是指從起跨結束身體轉入騰空起，到擺動腿過欄後著地的這段空中的動作。任務是保持身體平衡，快速完成剪絞動作，獲得過欄後繼續跑進的有利姿勢。人體騰空後身體重心運行軌跡不能改變，靠加快擺動腿和起跨腿及其他肢體的相向運動，改變各肢體環節重心與身體重心位置的關係，獲得快速著地支撐。這是提高過欄速度的重要因素。

合理的騰空過欄技術應符合以下要求：

① 身體騰空後，軀幹積極前傾，兩腿分腿角度繼續增大。優秀運動員軀幹前傾角約為 43°，兩腿夾角達 125°以上。加大軀幹前傾，可以改變髖關節的空中方向，有利於起跨提拉動作的完成，同時可以改變軀幹環節重心與身體重心的關係，使軀幹產生了向前下方旋轉，這樣就克服了因起跨時擺動腿大幅度向前上擺而產生的向後方向的旋轉，為擺動腿的快速下壓動作提供了條件。兩腿夾角繼續增大是快速剪絞過欄的預先條件。

當身體進入騰空後，擺動腿大腿由於慣性的作用繼續向前上方高抬，當膝關節超過欄板高度時小腿迅速前擺，待腳掌接近欄板時，擺動腿幾乎伸直。擺動腿異側臂一起伸向欄板上方，與擺動腿基本平行。

② 起跨時獲得較大的水平速度，將垂直速度降低到很小程度，控制身體重心

騰起高度。騰空過欄時，人體重心拋物線是由騰起角決定的。身體重心騰起角小，拋物線趨於平直，有利於保持較高速度過欄。起跨後蹬的支撐反作用力的方向與身體獲得的加速度方向是一致的，身體重心騰起角受到後蹬角度的制約，適當縮小起跨後蹬角度，對於加大水平速度、降低垂直速度和構成最佳的重心騰起角有著決定意義。優秀運動員過欄時，身體重心騰起角為 12°左右，重心騰起高度不超過 15 公分，水平速度與垂直速度比值是 4.9：1 以上。

③ 過欄時兩腿剪絞速度快，下欄動作積極。過欄時兩腿剪絞動作是擺動腿和起跨腿在空中完成的以髖為中軸的超越換位動作。這個動作是在軀幹以及兩臂動作配合下完成的一系列肢體相向運動的結果。剪絞換腿速度取決於肌肉收縮速度、協調配合時機等因素。

根據相向運動原理，擺動腿積極主動下壓能提高起跨腿的提拉速度。因此，擺動腿下壓速度是快速剪絞的關鍵。做剪絞動作時，較大質量的軀幹適當抬起，有助於較小質量的擺動腿下壓和骨盆前移。優秀運動員下欄點近，約 140 公分，與起跨距離的比值約為 2：3。

④ 盡量保持起跨前已獲得的水平速度，減小過欄時水平速度的損失。研究表明，優秀運動員起跨著地緩衝階段水平速度損失了 0.39 公尺/秒，下降率為 4.8%。下欄著地時水平速度降低了 0.65 公尺/秒，這個值顯然大於起跨時支撐腿著地時的損失。其原因是在這個階段身體重心向下移動的垂直速度比起跨著地時大。速度下降率越小，說明跑跨結合越好。要避免水平速度的下降程度，就必須盡量不使身體重心下降，下欄著地時膝踝關節角度不要變小，用直腿著地支撐，以保持較高身體重心位置。

(3) 積極下欄著地

下欄著地是指從身體重心達到騰空最高點開始，到擺動腿著地支撐這一過程的動作。其任務是盡量減少水平速度的損失，使身體平穩、快速地離欄轉入欄間跑。從理論上講，下欄是從身體重心達到騰空最高點開始完成的一系列著地動作，事實上下欄的動作意識要早一些。

一般認為擺動腿的腳掌剛剛接近欄板就開始下壓擺動腿。由於擺動腿下壓加大了它與軀幹的夾角，所以加快了起跨腿以髖為軸向前提拉和髖部前移的速度。擺動腿的腳掌移過欄板的同時，起跨腿屈膝外展，小腿收緊抬平，腳尖鉤起，足跟靠臀，以膝領先經腋下加速向前提拉。當腳掌過欄後，膝關節繼續收緊，向身體中線高抬，腳掌沿最短路線向前擺出，身體成高抬腿跑進姿勢。過欄時，兩腿剪絞換步動作是在兩臂和軀幹協調配合下完成的。基本伸直的擺動腿異側臂和經腋下向前提拉的起跨腿做相向運動。肘、膝幾乎相擦而過，臂向側下方積極有力地擺動，擺過肩軸屈肘內收，後擺過大易引起肩的轉動，破壞身體平衡。

當伸直下壓的擺動腿的腳掌著地時，要用腳掌做由前向後下方的積極「扒地」動作，腳著地後踝關節稍有緩衝，腳跟不要接觸地面。軀幹仍保持一定的前傾，起

跨腿大幅度帶髖向前提拉，兩臂積極用力像短跑那樣前後擺動，形成有利的跑進姿勢。這對縮短下欄後的支撐時間、減少水平速度的損失和迅速地轉入欄間跑具有決定性的意義。合理的下欄技術應符合以下要求：

① 擺動腿積極下壓，起跨腿迅速提拉，兩腿動作協調、積極、連貫，要突出一個快字。

② 著地點距身體重心投影點要近，優秀運動員的距離約為 15 公分。著地角度要大，一般為 78°左右。

③ 下欄支撐時，著地腿膝關節伸直，保持較高的身體姿勢，身體重心高度與起跨結束時同高或稍高。支撐時間短，欄後支撐時間要比欄前支撐時間短，相對水平速度損失少，離欄轉入欄間跑快。

④ 軀幹適當抬起，擺動腿著地時軀幹前傾角度與起跨結束時大體相同。兩臂配合兩腿積極有力地擺動。

2. 欄間跑技術

欄間跑是指從下欄著地點到過下一欄起跨點間的距離。任務是發揮跑速，保持節奏，準備攻欄。由於欄間跑是在固定的距離上，以固定的步數跑過，同時又要為過欄做好準備，所以在技術動作、步長、步頻比例等方面同短跑途中跑相比有所不同。

欄間跑的第 1 步與跨欄步下欄階段緊密相連。為使跨跑動作緊密銜接，由跨欄動作迅速過渡到跑的動作，在下欄著地時，要由支撐腿踝關節及腳掌力量充分後蹬、起跨腿快速帶髖向前提拉和兩臂前後用力擺動來完成。後蹬角度為 60°左右，身體重心前移。優秀運動員第 1 步步長可達 165 公分以上。

欄間跑的第 2 步動作結構大體與短跑途中跑相似，是快速跑進的關鍵步，受第 1 步動作品質的約束，後蹬角為 57°左右，略大於短跑。抬腿高，下壓積極，步長為 2.10 公尺左右。這一步為欄間跑最大的一步。

欄間跑的第 3 步與起跨攻欄階段緊密相連，其任務是繼續快跑的同時，要為起跨攻欄做好充分準備。動作特點是，擺動腿抬得不高，放腳積極迅速，落地點靠近身體重心投影點，步長比第 2 步短 15 公分左右，速度達到最高點。

3. 良好的跨欄週期節奏

由跨欄步和欄間跑 3 步組成的一個跨欄週期，因過欄的需要，構成了與短跑不同的特有節奏。良好的跨欄週期節奏是肌肉緊張與放鬆合理交替工作的結果，也是獲得優異運動成績的必要條件之一。良好的跨欄週期節奏應符合以下要求：

① 過欄時水平速度盡量少下降，優秀運動員欄間跑第 1 步速度略有增長，第 2 步、第 3 步合理遞增，第 3 步達最高速度，3 步步速呈遞增趨勢，過欄著地稍有下降。一般水準運動員欄間跑第 1 步和過欄著地，都有明顯跑速下降現象。

② 合理分配步長。由於過欄需要，客觀造成跨欄週期各步步長不等。差距越小，越接近平跑，越有利於發揮速度。欄間跑第 1 步是承上啟下的樞紐，是奠定欄間跑節奏的關鍵步。優秀運動員實踐證明，在不破壞動作平衡的前提下，儘量縮短下欄距離，加大第 1 步步長，是改善節奏、提高欄間跑速度的發展方向。

③ 跨欄週期各步步速變化同支撐與騰空時間比例有密切關係。優秀運動員表現為跨欄步騰空時間短，欄間各步騰空時間比值大，欄間跑第 2 步的比值接近短跑。合理的技術發展趨勢表現為縮短跨欄步的騰空時間，欄間跑則縮短支撐時間。

④ 保持跨欄跑運動的直線性，儘量減少身體重心軌跡運行的波動差，在跨欄跑中應始終保持高重心跑技術。這對跑跨動作和跨跑動作的緊密銜接十分有利。

（三）全程跑技術

加快過欄速度，提高欄間跑頻率，是提高跨欄週期速度、創造優異成績的根本途徑。優秀運動員跨欄週期時間可突破 1 秒，平均速度在 9 公尺/秒左右，最高速度可達 9.20 公尺/秒以上。起跑至第 1 欄步點要準確，跑速逐漸增加，過第 1 欄並未達到最高速度，前 3 個欄屬加速階段，第 4 至 6 欄達最高速度，而後速度有所下降，最後 2 至 3 欄因體力下降可適當增大騰空的高度，但不要破壞整體動作的平衡性，下最後一欄要用力蹬地和積極地向前後擺動兩臂，像短跑那樣衝向終點和撞線。目前對速度耐力訓練給予普遍重視，在其他條件非常接近的情況下，速度耐力水準往往決定勝負。

前世界紀錄保持者公尺爾本和內赫公尺亞，創紀錄是前半程均在 6.7 秒左右，而公尺爾本跑了 13.10 秒，內赫公尺亞卻跑出了 12.93 秒的好成績。

（四）跨欄技術水準的評定

客觀、準確、全面地評定運動員的技術水準，可以在今後的訓練中得到彌補，求得更大的發展。採用 110 公尺欄成績與 110 公尺平跑成績差來評定運動員技術水準高低，可以從整體上相比較，但是，它很難反映出跨欄技術中某些環節存在的問題。評定方法採用下列三種公式，用公式中所含的各種指標進行計算，便可發現某些技術環節存在的問題：

$$K_1 = 跨欄週期平均速度 \div 平跑速度$$
$$K_2 = 欄間跑第 1 步速度 \div 跨欄步速度$$
$$K_3 = 跨欄步速度 \div 欄間跑第 3 步速度$$

式中：K_1 標誌著跨欄跑與平跑速度差距大小。K_1 越接近 1，表明跨欄跑時平跑速度利用率越高，跨欄技術水準相對越高。優秀運動員可達 90%左右。

K_2 標誌著過欄技術與欄間跑技術結合能力。K_2 大於 1，表明過欄後則立刻轉入欄間跑，跨跑結合好。優秀運動員超過 1。

K_3 標誌著欄間跑第 3 步技術與跨欄步技術結合情況。K_3 越接近 1，表明過欄

時水平速度下降越小，欄間跑技術與跨欄步技術結合越緊密。優秀運動員可達 0.9 以上。

另外，採用前半程與後半程專項成績對比方法，可以判斷專項速度耐力水準的高低。

二、100 公尺跨欄跑技術

女子 100 公尺欄技術階段的劃分與 110 公尺欄相同。全程設 10 個架欄。全程跑時，跑跨銜接緊密，動作協調自然，身體重心波動差小，更接近平跑。

（一）起跑至第 1 欄技術

主要技術特點與 110 公尺欄相同。採有蹲踞式起跑。「預備」時臀部抬得不像男子110 公尺欄那樣高，前五六步身體姿勢和蹬地擺腿動作同 100 公尺起跑基本相同。跑到最後一步上體基本直立準備起跨攻欄，步長比前一步縮短 10～15 公分。

（二）途中跑技術

100 公尺欄途中跑技術也包括過欄技術和欄間跑技術。同 110 公尺欄相比較，無論技術動作、結構、速度變化規律及運行節奏等方面，都大致相同。由於欄高和欄間距離的差異，決定了 100 公尺欄本身固有的特點如下：

① 起跨距離短，為 1.90～2.10 公尺；下欄距離近，為 1.00～1.20 公尺。跨欄步長為3.00～3.10 公尺。

② 起跨時前腳掌積極著地，髖、膝、踝關節緩衝不大，上體積極前傾，保持高重心。積極高擺大腿，兩大腿夾角可達 120°。

③ 當起跨攻欄結束轉入騰空後，立即下壓高擺的擺動腿大腿，小腿順勢前伸，形成明顯快速的「切欄」而下的動作。頭與軀幹成一直線，軀幹適度前傾，角度不大。

④ 騰空過欄時，起跨腿一側的髖關節始終高於膝關節，起跨腿過欄動作不像 110 公尺欄有那樣大的幅度和高度，而是幾乎成水平姿勢提拉過欄。擺動腿異側臂的動作幅度也相應減小，並與起跨腿提拉動作協調配合起來。

⑤ 擺動腿積極下壓，前腳掌扒地支撐後，髖、膝、踝關節充分伸展。起跨腿過欄後雖不像 110 公尺欄那樣強調高抬大腿，但要求膝關節快速擺到接近身體中線，並繼續快速向前提舉，以便接著快速跑出欄間第 1 步。

⑥ 欄間跑 3 步步長約為 1.60、1.95、1.85 公尺，跨欄步約為 3.1 公尺，整個跨欄週期各步步長差距小，分配合理，更近於跑欄。

⑦ 從整體看，動作幅度小，身體重心軌跡上下起伏較小，重心高，率快頻，節奏快。

（三）終點衝刺跑技術

下第 10 欄後，運動員一般用 5 步跑完。終點衝刺跑時不要過分緊張和拘謹，要藉助於加快兩臂和兩腿的擺動，全力衝向終點。撞線動作與短跑相同。

三、400 公尺跨欄跑技術

（一）起跑至第 1 欄技術

400 公尺欄採用蹲踞式起跑，起跑器安裝與起跑技術和 400 公尺短跑相同。起跑後加速跑速度與全程跑的成績相適應，要求加速跑的步速、步長均勻。起跑至第 1 欄步數與欄間跑步數有關，欄間跑用 15 步，起跑至第 1 欄用 22 步；或 14 步與 21 步；或 13 步與 20 步。

（二）途中跑技術

400 公尺欄全程所越過的 10 個欄分別設在兩個直道和兩個彎道上。

1.過欄技術

男、女 400 公尺欄的過欄技術基本相同，與 110 公尺欄相比較，過欄技術無本質性的差異。只是由於欄架高度和欄間距離的不同，所以在動作形式、運動幅度、用力程度和動作細節上也存在著某些差別。

女子 400 公尺欄欄架低，起跨後蹬力量、上體前傾程度、擺臂幅度和起跨腿提拉速度都較其他跨欄項目小，跑跨連貫自然，接近短跑技術。男子 400 公尺欄的過欄技術要求介於 110 公尺欄和女子 400 公尺欄之間。男、女 400 公尺欄運動員不僅要在直道上過欄，而且也要在彎道上過 5 個欄。

跨彎道欄時，在動作結構方面要適當改變，對起跨腿的選擇也有要求。一般地說，用右腿起跨比用左腿有利，它可以利用向心力順利地過欄而不失去平衡。在技術上，用右腿起跨要求用右腳的前腳掌內側蹬地，左腿屈膝攻欄時，膝關節和腳尖稍外轉，向左前方攻擺，騰空後擺動腿從欄架左上角過欄，同時右臂向左傾斜。下欄時左腿用前腳掌外側在靠近左側分道線處落地，右腿提拉過欄時多向左前方用力。由於身體向左傾斜相對提高了右髖的高度，所以起跨腿不須提得太高，但要提拉到身體左前方，沿跑道左側內沿跑進。

由於 400 公尺欄運動員在欄間跑中也常用 14 步、16 步，因此需要具備兩腿均能起跨過欄的能力。運動員用左腿起跨時，為了使起跨腿在欄上過欄而不犯規，就必須靠跑道外側跑進，這就需要多跑一些距離。

左腿起跨時，欄前 3 步應沿跑道中間跑進，最後一步以左腳掌的外側落地起跨，稍向左前方蹬出。右腿屈膝向左前方攻擺，膝關節內扣，腳尖稍內轉，騰空後

小腿前擺過欄時要從欄架右半端欄頂過欄，以免起跨腿或腳由欄架之外越過而造成犯規。過欄時身體向左傾斜，左臂向左前方伸出，右腳稍內轉，以前腳掌內側落地。起跨腿提拉過欄後在左前方落地並迅速向前跑出。

2.欄間跑技術

欄間跑技術和 400 公尺平跑基本相同，但步數固定，步長準確，節奏感非常強。欄間跑步長不但要靠良好的肌肉力量，而且要有目測和空間定向能力才能準確踏入起跨點。欄間跑除去起跨攻欄、下欄落地的距離，實跑距離約為 32.70 公尺，男子一般跑 13～15 步，女子一般跑 15～17 步。後半程身體疲勞，可根據訓練水準的高低，對欄間跑節奏、步數進行適當調整。

400 公尺欄欄間跑有相同節奏和混合節奏兩種。相同節奏是指全程所有欄間跑都用相同的步數跑完，世界優秀運動員大多數均用此種跑法。例如，前男子 400 公尺世界紀錄保持者摩西和男子 400 公尺欄世界紀錄創造者凱文・楊起跑至第 1 欄用 21 步，欄間跑用 13步，最後 40 公尺用 15 步。混合節奏是指前半程或不同段落採用不同的步數跑完。例如，前 5 欄用 13 步、第 5—8 欄用 14 步、第 8—10 欄用 15 步；或者前半程用 13 步，後半程用 14 步等。

3.全程體力分配和終點衝刺

全程跑的體力分配是在保持欄間良好節奏和順利過欄的同時，全程各階段的跑速差別較小。優秀運動員全程跑的速度均勻，節奏感強，前後半程差在 2 秒左右。從最後一欄到終點的 40 公尺，運動員都會感到疲勞，運動能力下降。此時也是爭取比賽最後勝利的重要時刻，要特別注意保持正確跑的技術，加強擺臂、抬腿動作，以頑強的毅力衝向終點。撞線動作同短跑技術。

四、世界優秀運動員技術特點分析

（一）傑克遜

傑克遜，1967 年生，英國人，身高 182 公分，體重 73 公斤。1993 年在第 4 屆世界田徑錦標賽上以 12.91 創造了新的 110 公尺欄世界紀錄。傑克遜的連續技術動作圖（圖 16）是他在第 4 屆世界田徑錦標賽 110 公尺欄預賽第 5—7 欄拍攝的技術情況。這次比賽他以 13.23 獲小組第 1 名。

圖 16①—⑤是傑克遜下第 5 欄後欄間跑的動作。從圖中可以看出，他恰似一個短跑運動員，腿、臂的積極擺動正符合短跑的技術要求，如身體的前傾、動作幅度的減小和落地瞬間的積極「扒地」動作。從遠處看，傑克遜的欄間跑略有點「坐著跑」，這正是他的特點。這種技術使他欄間跑時步長積極縮短，步頻加快，從而提高欄間跑的速度。

圖 16　110 公尺欄世界紀錄創造者傑克遜的技術動作

　　圖 16⑥—⑪ 是傑克遜的跨欄步動作。可以看到他起跨時身體重心位置較高，並減小了身體的前傾角度，擺動腿和異側臂動作積極擺動，膝、肘動作協調，在上欄終了瞬間，起跨腿和軀幹成一直線。

　　傑克遜上欄時，頭部有意識地潛伏，有利於壓低過欄時騰空高度，加速了攻欄的速度。擺動腿在起跨階段積極高抬，以便越過欄架時能積極快速地做「鞭打下壓著地」。傑克遜的起跨腳跟在臀以下的位置，說明他的起跨腿是沿著直線向前提拉的。傑克遜在欄上的動作協調，身體平衡並保持積極的向前「摺疊」姿勢。

田徑運動 高級教程

圖 16 ⑪—⑫ 是下欄落地和跑出第一步的動作。可以看到,他下欄動作積極,下欄時身體重心位置較高,擺動腿抬得很高,保持積極前擺、迅速跑進的姿勢。圖 16 ⑬—⑭是又一過欄週期動作。

(二) 劉翔

劉翔,1983 年 7 月 13 日出生,身高 189 公分,體重 87 公斤。劉翔的技術特點是起跨攻欄意識強,上欄速度快,支撐時間短,後蹬迅速有力,能有效地控制起跨角,身體重心騰起角小,減小了後蹬角度,提高了過欄的加速度,而且速度增加幅度較明顯。

劉翔在騰空過欄階段,身體重心垂直振幅小,擺動腿積極下壓,身體重心迅速前移,減小了過欄騰空時間,並且擺動腿異側臂屈肘向前積極擺出,肘關節達到肩的高度,另一臂屈肘擺至體側,整個身體集中向前用力,平衡舒展(圖 17⑧—⑱)。起跨結束時能夠形成有力的「攻欄姿勢」(圖 17①—⑦)。

下欄著地時,擺動腿直腿下欄著地、直腿支撐時間短,著地角大,下欄支撐點較近,起跨腿積極提拉,過欄與欄間跑技術銜接比較自然、緊湊,形成了良好的「跑欄」技術。劉翔在整個跨欄步中,不論是擺動腿的折、抬、擺、壓、緩,還是起跨腿的收、提、拉、放都經濟、自然,整體動作輕快,富有彈性,過欄意識強,能將注意力集中到下欄後欄間節奏中,由「跨」轉向「跑」的能力強,並能最大限度地發揮水平速度(圖17⑲—⑭)。

劉翔的全程跑技術特點是向前性好,欄間跑速快,尤其是過第 5 欄後,有越跑越快的能力,第 8、9、10 欄往往成為劉翔制勝的法寶。劉翔達到最高速度的能力、保持高速度的能力和速度耐力能力都顯示了極強的專項運動水準。

劉翔與傑克遜相比,110 公尺跨欄跑技術較好,100 公尺跑速度較差。

(三) 羅伯斯

羅伯斯全名戴倫·羅伯斯(Dayron Robles),古巴田徑運動員,1986 年 11 月 19 日出生,身高 192 公分,體重 80 公斤。2008 年 6 月 13 日,羅伯斯在捷克俄斯特拉發田徑大獎賽 110 公尺欄的比賽中,以 12.87 打破了劉翔兩年前創造的 12.88 的世界紀錄。2008年北京奧運會,羅伯斯以 12.93 獲得了冠軍。

羅伯斯身體素質出色,運動天賦驚人。他的速度優勢明顯,爆發力好。羅伯斯從起跑到第 1 個欄跑 7 步,成為獨步天下的「七步上欄」的優秀選手。羅伯斯技術特點是跑速快,過欄動作簡捷、放鬆、經濟,欄前重心高,欄上動作幅度較小,下欄的鞭打動作快捷,為欄間跑創造了十分有利的前進狀態。

2007 年以來,羅伯斯通過對技術的不斷磨鍊,他在起跑、欄間和跨欄技術方面都達到了十分精湛的程度。從羅伯斯全程跑的技術分析來看,由於他的身高和速度優勢,他的跨欄跑技術可謂是當今世界最具跑欄特徵的 110 公尺欄運動員。

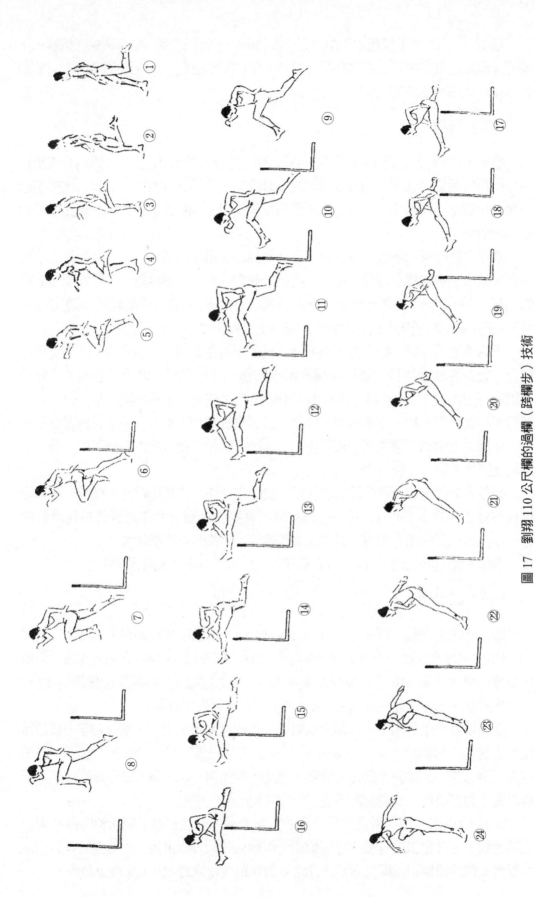

圖 17　劉翔 110 公尺欄的過欄（跨欄步）技術

（四）頓科娃、丹克、扎基維茲和利波

圖 18 是女子 100 公尺欄世界水準運動員的幾種過欄技術類型：

頓科娃　　　　　丹克　　　　　扎基維茲　　　　　利波

圖 18　頓科娃、丹克、扎基維茲和利波過欄技術

1.頓科娃

1962 年生，保加利亞人，身高 175 公分，體重 75 公斤，1988 年 8 月 20 日在斯特拉扎戈跑出了 12.21 的世界紀錄。

她的過欄技術特點是攻欄腿充分伸直，上體明顯向前傾斜，攻欄腿異側臂積極向前下方擺動，兩腿的分腿角相對較小，後腿提拉動作的時機較早、較快，上提動作幅度較小。

2.丹克

過欄技術特點是攻欄腿抬得較高而且基本伸展，上體用力向前傾斜，擺動腿和軀幹保持較小的角度，兩大腿之間夾角較大，擺動腿異側臂前擺動作較小。

3.扎基維茲

過欄技術特點是擺動腿動作未完全伸展，上體稍稍前傾，保持短跑式的擺臂動作，兩腿分腿角介於頓科娃和丹克之間。

4.利波

過欄技術特別，是擺動腿彎曲擺動過欄，上體明顯前傾，擺動腿和軀幹保持較小角度，擺臂動作向前，兩腿分腿角較大。

（五）摩西

埃·摩西，1955 年生，美國人，身高 188 公分，體重 76 公斤，曾以 47.02 創造 400 公尺欄世界紀錄。

圖 19 是摩西比賽時實拍的連續動作。

從圖 19 可以看出，摩西欄間跑的動作和 400 公尺平跑技術相同。欄間跑中，手臂在體側輕鬆擺動，上體正直，擺動腿高抬，後蹬動作充分有力。

169

圖 19　男子 400 公尺欄世界紀錄創造者摩西的技術

圖 19④⑤是摩西起跨前的放腳和開始起跨攻欄的動作。起跨腿快速落地，垂直剎那腿部緩衝較快，身體重心積極前移，起跨腿的腳尖適當提起，擺動腿抬起形成攻跨有利姿勢。這時摩西右臂的抬起高度幾乎與前額同高。

圖 19⑥摩西的身體前傾過欄，其右臂和右肩抬得較高，左臂位於左大腿的正上方，保持著短跑的姿態。

圖 19⑦摩西的右臂擺幅較大，欄上有明顯的低頭動作。從圖 19⑥⑦中可以看到，摩西用低頭動作代替上體前傾，這有利於重心向前快速移動。他的起跨腿膝關節彎曲較大，起跨腿有些過分外展。

圖 19⑧中，摩西起跨腿膝關節屈度更大，並抬起更高。由於這種姿勢，使右側身體的反作用力加大，身體旋轉，這對起跨腿快速前擺落地是不利的。

圖 19⑨⑩是摩西跨欄步動作中下欄著地瞬間的動作。從圖中看，他的右臂動作向前擺幅過大。

圖 19 ⑪是下欄落地跑出的第 1 步。由於他下欄時右臂擺動過大而引起身體微旋，身體有右斜的動作。但他下欄後的第 1 步跑得快速有力，並保持了相當的步長。圖 19 ⑫是摩西欄間跑的動作，與短跑動作一樣。

總的來看，摩西的這組照片，從技術的角度上嚴格分析，也有一些小的錯誤動作。但由於他身高 188 公分，所以要越過 91.4 公分高的欄架輕而易舉。最重要的是他的跨欄步動作和欄間跑動作都十分接近短跑的技術要求。他欄間全部採用 13 步，欄間跑步長可達 2.97 公尺，動作舒展、輕快，節奏鮮明，這正是他久霸世界 400 公尺欄王位的關鍵所在。

田徑運動 高級教程

第三節・跨欄跑技術教學法

當今跨欄跑技術發展的走向是動作快速、實用、簡化；技術特徵是注重跑速和全程節奏；整體技術中突出「跑跨」和「跨跑」的動作銜接；是以跑的概念去完成全程欄的技術動作。以此為依據的跨欄跑教學方法的改革與研究，構成了這一時期的跨欄跑技術教學的中心內容和顯著特徵。

本節跨欄跑教法將力圖反映這些研究成果。

【教法特點】以現代跨欄跑的理論和技術特點為教法設計的基本依據。教學強調現代跨欄跑意識，注意跑速和跨欄跑的正確節奏，教學方法強調整體性和系統性特點，教法順序為「完整法—分解法—完整法」。整個教學過程分為形成輪廓、改進技術細節、整體提高三個教學階段。

一、建立跨欄跑正確的技術概念

【教學目的】建立跨欄跑技術動作的整體概念。

（一）內　容

① 觀看高水準跨欄跑比賽的電影和錄影，講解現代跨欄跑的整體技術特點。

② 透過教師的現場示範和講解，使學生進一步瞭解現代跨欄跑技術的實質，並形成正確的動作表象。

③ 採用啟發式或開放式教學，引導學生積極思考和討論，使學生在頭腦中建立起正確、清晰、牢固的跨欄跑技術概念。

（二）教法提示

使學生通過視覺和聽覺體驗跨欄技術的整體感、高速度的動作感以及節奏感。允許和鼓勵學生思辨，可採用先放開（讓學生暢所欲言）後集中（教師的主導作用）的方式，使教和學良性互動。

二、學習跨欄跑的正確節奏

【教學目的】從跑入手，注意速度，形成正確節奏，初步建立現代跨欄跑意識。

（一）內　容

① 60～80 公尺高重心大步快速跑。

② 6～8 個跨欄架的節奏練習。兩欄架間距離為 8～8.3 公尺，強調擺動腿過

欄時屈膝高抬。

　　③ 跨 6～8 個低欄架（40～60 公分高）或放倒的欄架。欄間距離 8～8.3 公尺。

　　④ 跨 8～10 個低欄練習。欄高 76.2 公分，欄間 8～8.3 公尺。強調擺動腿高抬動作和起跨腿摺疊外翻提拉動作。

　　⑤ 全程欄節奏練習。欄架較低（40～60 公分，或後幾欄放欄板），欄間 8～8.3 公尺，體會全程欄節奏，提高學習自信心。

（二）教法提示

　　上述練習均應具有較高速度，欄間跑 3 步，節奏感強，跑的重心高，下欄後第 1 步要大，過最後一欄後奮力向前跑出 10～15 公尺。

　　及時確定起跑至第 1 欄的步數（開始練習時跑 4 步，然後跑 6 步，再過渡到跑 8 步），起跑至第 1 欄的節奏跑是掌握跨欄跑節奏的前提。

三、改進跨欄步技術

（一）內　容

　　① 原地或走或慢跑中做擺動腿模仿練習。
　　② 走或慢跑中做擺動腿屈膝高抬攻欄和「鞭打」著地動作。
　　③ 慢跑或高抬腿跑中做起跨腿從欄側過欄動作的練習。
　　④ 慢跑或高抬腿跑中做欄側或欄中過欄練習。
　　⑤ 各種跨欄跑的專門性練習或輔助性練習。

（二）教法提示

　　注意擺動腿和起跨腿動作的同步性和骨盆的積極向前運動，尤其是擺動腿下壓時做扒地式落地動作。

　　注意保持欄前和下欄瞬間的高重心起跨與支撐動作。

四、改進跑跨和跨跑相結合技術

（一）內　容

　　① 站立式起跑 6～8 步過第 1 欄（欄高 76.2～91.4 公分）+15 公尺快跑。
　　② 站立式起跑過 3～5 欄+15 公尺快跑。
　　③ 跨不同欄高、欄距的練習。欄高要求前幾欄較高（84～91.4 公分），後幾欄較低（76.2～84 公分）。
　　④ 下坡跑跨欄練習（6～7 個欄架）。
　　⑤ 增減欄高、欄距練習。前幾個欄較低（76.2～84 公分），中間幾個欄升高

（84～91.4 公分），後幾個欄又降低（76.2～84 公分）。欄間距離也採用相同方式增減。

（二）教法提示

跑時重心高，節奏感強，起跨攻欄時重心高、速度快，下欄後高重心地積極支撐，扒地式落地。下欄第 1 步要求向前上方擺動跑出，這一步要求學生有意識加大。欄間跑動作同短跑。

五、學習和掌握蹲踞式起跑過欄技術

（一）內　容

① 站立式和蹲踞式起跑過第 1 欄＋15 公尺快跑。
② 蹲踞式起跑過 1、2、3 或 4 個欄。
③ 聽信號成組起跑過第 1 欄＋15 公尺快跑。
④ 聽信號成組起跑過 3～5 個欄。

（二）教法提示

起跑至第 1 欄跑 8 步，起跨點準確。可在起跨點上做一標記。注意跑的節奏。

六、改進和提高跨欄跑完整技術

（一）內　容

① 蹲踞式起跑 5～6 欄＋10～15 公尺。稍稍縮短欄間距離進行練習，欄高可適當降低。
② 不同欄高、欄距的組合練習，如前 3 個欄較高，中間兩個欄較低，後 2～3 個欄較高；或前兩個欄較低，中間 3 個欄較高，後 2～3 個欄較低。欄間距離亦可作相應調整。
③ 下坡跨欄跑練習（7～8 欄）。
④ 跨低欄架的節奏跑練習（7～8 欄）。欄高 76.2 公分以下，欄間距離 8.3～8.5 公尺。
⑤ 全程欄或超全程欄練習。

（二）教法提示

每節課都堅持做跨欄的專門練習和熟識欄性練習。注意改進技術細節和整體技術節奏，注意學生的個體學習特點。

教學中易犯錯誤及其產生的原因和糾正方法如表 36 所示。

表 36　跨欄跑教學中易犯錯誤及其產生的原因和糾正方法對照表

典型錯誤	錯誤產生的原因	糾正方法
1. 起跨時身體重心低，蹬地不充分，屈腿跳欄。	起跨點太近，怕欄，欄前跑的技術差，速度過慢。	高重心跑，畫出起跨點標誌，適當降低欄架高度，反覆做起跨攻欄練習。
2. 騰空後兩腿動作消極，「剪絞」時機不正確。	起跨腿蹬地不充分，過早提拉；髖、膝關節靈活性差；擺動腿直腿擺動，下壓動作消極，上體過直。	反覆做起跑做欄側過欄練習，適當加長起跨距離，加快跑速，發展髖、膝關節的靈活性和柔韌性。
3. 下欄時身體不平衡，動作停頓。	起跨腿後拖，當擺動腿腳掌著地時，起跨腿提舉不到身體前方，擺動腿下壓消極，身體重心落後，起跨時蹬伸不充分，上下肢配合不協調。	做各種跨欄專門練習，做上下肢協調配合模仿練習，改善髖、膝關節靈活性，發展擺動腿踝關節和腳掌力量，提高下肢支撐能力。
4. 欄間跑第一步過小，影響欄間跑的節奏。	下欄停頓或起跨腿提拉過快，兩腿落地的時差太小，支撐腿屈髖、彎膝，下欄時起跨腿拉不到身體前方。	欄間跑第 1 步著地處放一標誌物，反覆練習，增大下欄第 1 步。在欄側跨過雙重欄架，發展擺動腿支撐力量。
5. 蹲踞式起跑至第 1 欄起跨點不準，加速不及時。	起跑後第一步太小，跑的節奏不穩定，自信心不強。	起跑後第 1 步著地處放一標誌物，反覆練習，降低第 1 欄高度，建立正確的 8 步跑的節奏，增強自信心。
6. 全程跑節奏不穩定，不能用三步一個欄間地跑完全程。	全程跑練習較少，跑速沒有發揮，節奏感不強。	增加全程練習的次數，提高練習強度，尤其是起跑至第 1 欄必須發揮跑速，建立正確的全程跑節奏感。

第四節・跨欄跑訓練

一、直道欄（**110 公尺欄**和 **100 公尺欄**）的訓練

（一）初學者的訓練

訓練特點：

既要求學習和掌握動作，又要求全面發展身體素質，增強體質。

訓練任務：

① 增強體質，培養興趣；

② 全面發展身體素質；

③ 根據練習者身體素質發展的最有效期，著重發展與年齡相適應的身體素質；

④ 教會練習者跨欄跑基本練習方法，初步掌握專項基本運動技能。

這一階段的訓練，採用的方法手段應多樣，而且有趣味。在訓練中主要應採用遊戲的方法，並在練習中適當增加競賽因素和智力反應的練習等。在進行跨欄跑的基本動作練習和訓練時，應把難度降至最低。例如做跨欄板、跨白線或跨畫成的小方格、跨實心球等練習。一些柔韌性練習應注意結合欄架進行，還可利用欄架進行遊戲性練習。這一階段的訓練還應進行跳繩、跳橡皮筋、跳台階、30 公尺跑、接力跑、球類、游泳等。跑的專門練習在這一階段應作為技術訓練的內容，因為跑是跨欄跑的基礎。

這一階段的訓練量相對較小，訓練的負荷應平均分配到全年週期之中。本階段結束，應達到三級運動員標準。

還應進行訓練效果的檢查評定（表 37）。

表 37　直道欄運動員基礎訓練階段效果檢查標準

檢查內容	指標	
	男	女
聲反應時（毫秒）	175～140	180～150
60 公尺跑（秒）	8.6～8.0	8.8～8.2
步頻（步數／秒）	4.2～4.5	4.2～4.5
後拋鉛球（公尺）	8～10	7～8
立定十級跳遠（公尺）	23～27	21～23
專項技術（跨欄與平跑的差值，秒）	4.0～3.5	4.0～3.6
專項成績（男子 100 公尺欄、女子 80 公尺欄，秒）	16.8～16.0	15.0～14.2
教練員評定：1.節奏性、協調性、靈活性；2.接受能力、智力水準；3.專項技術；4.意志品質、比賽和訓練作風	中一優	中一優

（二）二級運動員的訓練

訓練特點：

這一階段的訓練特點是在全面發展身體素質的前提下，著重發展力量、速度和靈敏性；在全面發展運動技能的基礎上著重發展跨欄跑技能，尤其是要初步形成良好的跨欄跑節奏感。

訓練任務：

① 建立正確的跨欄跑技術動作概念和增強對跨欄跑專項興趣的穩定性；

② 提高過欄和欄間跑的基本技術；

③ 發展跑速和快速力量素質；

④ 培養良好的跨欄跑節奏感和欄感；

⑤ 發展靈敏、柔韌、耐力和協調性等身體素質。

這一訓練階段，教練員應注意觀察和控制運動員的身心發展狀況與訓練水準，不斷加大訓練量負荷的承受能力。這一階段訓練的前期，一般身體訓練量占 60%～70%，專項身體訓練量占 15%～20%，技術訓練量占 15%～20%；這一階段後期，一般身體訓練量占 40%～45%，專項身體訓練 40%～30%，技術訓練占 20%～25%。

這一訓練階段的負荷量應呈逐年提高的動態發展趨勢；每年的訓練計畫和成績提高的指標一定要留有適當的餘地。用比賽速度或接近比賽速度所完成的各階段距離段的跑量，作為重要的訓練參數。大強度訓練手段的量，應在訓練過程中逐漸提高。在初期階段的訓練中，這些運動量僅僅是最大量的 35%～60%，每年以 10%的增量提高。

運動負荷量的這種進程，保證了全面身體訓練負荷，進而使之平穩地向專項身體訓練負荷過渡，從而避免「強化」訓練而引起早期神經損傷和早期專門化。這一階段高強度專項訓練的年負荷量參數如下：

第一、二年，100 公尺以下的跑段，以 96%～100%的最高速度進行，年跑量為 7～10 公里。100 公尺以上的跑段，以 90%～100%的最高速度，年跑量為 5～7 公里；以 81%～89%的最高速度，年跑量為 13～15 公里，跨欄跑的過欄數為 2500 架次（其中標準欄距 1500 架次）。第三年，上述指標可根據運動員的訓練水準的提高不失時機地加大。

技術訓練的次數和量在這一階段也逐漸加大。跨欄跑技術訓練的手段應具多樣性，過欄的次數應由前期向後期逐漸增多。例如，這一階段的前期以跑 3～5 個欄為主，後期以 6～8 個欄為主，有時跑全程欄（縮短欄距的 10 個欄）；前期一次訓練課反覆跑 5～7 次，後期逐漸增加到 8～10 次。

技術訓練中，根據運動員的情況，有效地組合欄高和欄距，使其不會產生厭倦心理。一週可安排兩次 3 步節奏的跨欄練習（共跨 30～40 個欄架）和 1 次較短段落的跨欄跑練習。

節奏感和欄感是現代跨欄跑中十分重要的兩個因素。在此階段，應注意發展運動員的節奏感和欄感，注意防止「速度障礙」的形成。以下的訓練手段可以在訓練課中採用：變步長跑（短和長的步長）、變步頻跑；不同地形的練習，如上、下坡跑，順、逆向彎道跑和蛇形跑等。

表 38 是跨欄運動員全年週期訓練手段和總負荷量，表 39 是這一階段結束時運動員的訓練效果檢查指標。

表 38　二級運動員訓練階段全年週期中訓練與競賽負荷量（％）安排示例

訓練手段	月份												全年總計
	10	11	12	1	2	3	4	5	6	7	8	9	
訓練課次數（包括比賽）	7.0	7.8	9.0	7.0	6.5	9.6	10.2	10.0	9.2	8.5	8.0	7.2	320±10
三步跨欄跑（欄架數）	3.0	7.0	8.5	8.5	7.0	8.5	10.5	11.0	9.5	9.5	9.5	7.5	3300±200 欄架
最高速度的91%～100%跑動距離	3.0	5.0	6.0	7.0	6.0	7.0	9.0	12.5	13.5	13.0	11.0	7.0	50±10 公里
身體訓練（小時）	5	10	12	8	7	10	12	12	5	5	6	5	200±10 小時
跨欄比賽次數	-	-	2	4	4～6	-	-	4	6～7	6～7	6	4	37±3
鄰項比賽次數	-	-	2	4	4	-	2	5	3	3	4	2	29

註：表中「跨欄比賽次數」「鄰項比賽次數」兩行數據和「全年總計」列的數據為絕對數，其餘數據均為百分比。

表 39　直道欄運動員專項提高訓練階段效果檢查標準

檢查內容	指標	
	男	女
聲反應時（毫秒）	155～125	155～130
60 公尺跑（秒）	7.4～7.0	7.8～7.4
步頻（步數／秒）	4.4～4.8	4.3～4.6
後拋鉛球（公尺）	13～15	10.5～12.0
立定十級跳遠（公尺）	29～33	26～28
專項技術（跨欄與平跑的差值，秒）	2.8～2.2	2.6～2.0
專項成績（男子100公尺欄、女子80公尺欄，秒）	15.9～14.8	15.5～14.8
教練員評定：1.節奏性、協調性、靈活性；2.接受能力、智力水準；3.專項技術；4.意志品質、比賽和訓練作風	中—優	中—優

（三）一級運動員的訓練

訓練特點：

這一階段訓練目的是全面提高身體和技術訓練水準，發展專項身體素質。特點是著重發展快速力量素質、改進技術、專項成績明顯提高。

訓練任務：

① 提高短跑能力，尤其發展具有跨欄跑特徵的短跑能力；

② 提高快速力量訓練水準；

③ 發展跨欄跑節奏感和欄感，根據個人特點，改進跨欄跑技術；

④ 提高專項能力和專項素質水準，尤其應注意發展專項耐力。

在這個階段，專項身體訓練和技術訓練的量和強度逐漸加大。此階段的訓練前期，一般身體訓練占訓練總量的 30%～40%，後期占 25%～30%。一般身體訓練的方法和手段的選用應具有較強的針對性，尤其應著重發展運動員相對薄弱的某些身體素質，保證運動員各項身體訓練水準協調發展。

這一時期專項身體訓練的重點是快速力量和速度訓練。快速力量是跑速、動作速度以及快速節奏的基礎。各種動力性力量練習、適宜負荷的快速力量練習，以及利用各種現代化輔助快速力量訓練器，都是發展跨欄跑運動員快速力量素質的重要手段和方法。

速度訓練主要包括跑速和動作速度。跨欄跑運動員的平跑技術應具有高重心、有彈性、節奏性強等專項特點。

由於跨欄跑欄間距離是固定的，因此，改進跨欄跑運動員跑速的關鍵，在於能夠保證在適宜步長的前提下重點發展步頻。

動作速度主要指過欄速度，包括跑跨和跨跑的銜接速度。在這一階段，快速力量和速度訓練都是為了提高跑速和把這個跑速轉移到跨欄跑之中（包括提高跑速和提高跑速利用率）。全年訓練週期中，在準備期，力量訓練占 60%，競賽期占 40%；速度訓練分別占 30%和 70%。

在這一階段，發展專項耐力十分重要。在訓練實踐中常採用短程欄（5～7 欄）的反覆跑（8～10 次）和採用全程的超全程（10～12 欄）的反覆跑（3～4 次）等練習，來發展專項耐力。

在這一階段還應發展各關節的柔韌性和靈活性。發展這些素質可以同熟識「欄性」的練習結合起來。例如，圍繞欄架進行各種柔韌性練習，直腿、屈腿繞欄、跳欄等。

跨欄跑的節奏被許多人認為是跨欄跑的靈魂。在技術訓練中尤其要注意對運動員良好節奏感的培養。跨欄跑節奏練習多採用稍縮短的欄間距離的跨欄跑、降低欄高、三步音響節奏的跨欄跑練習等。

從這一階段開始，比賽應成為訓練的重要手段之一。教練員應幫助和鼓勵運動員有計畫地參加較多次數的跨欄跑以及短跑、接力跑等比賽。

大量參加專項和鄰項比賽是提高訓練強度水準和訓練效果、積累比賽經驗、取得優異成績的重要手段。

表 40 和表 41 分別是這一階段全年訓練週期的安排示例和階段訓練結束時的訓練效果的檢查指標。

表 40　110 和 100 公尺欄運動員（一級）訓練比賽負荷量（％）安排示例

訓練手段	月份												全年總計
	10	11	12	1	2	3	4	5	6	7	8	9	
訓練課次數（包括比賽）	6.0	7.0	9.0	9.0	7.0	6.5	10.0	10.1	10.3	9.1	8.0	8.0	340±20
三步跨欄跑（欄架數）	3.0	5.2	8.2	8.2	7.8	7.0	8.0	10.0	12.0	10.5	10.5	9.6	5000±200 欄架
短跑（91%～100%速度，距離）	2.0	4.0	7.5	7.5	7.8	6.2	8.6	11.4	12.0	12.0	11.0	10.0	80±10 公里
身體訓練（小時）	5.2	10.8	10.0	10.0	6.4	5.6	10.3	10.7	10.1	7.9	6.8	6.2	220±20（小時）
比賽次數（跨欄）	-	-	-	-	5	4	-	4	5～6	5～6	2～3	6～8	28～33（次）
鄰項比賽次數	-	-	2	2	1			4	4	4	2	1	20（次）

註：表中「比賽次數（跨欄）」「鄰項比賽次數」兩行數據和「全年總計」列的數據為絕對數，其餘數據均為百分比。

表 41　一級運動員直道欄訓練效果檢查標準指標

檢查內容	指標	
	男	女
聲反應時（毫秒）	155～125	155～130
60 公尺跑（秒）	6.9～6.7	7.5～7.3
100 公尺跑（秒）	11.2～10.7	12.3～11.8
步頻（步數／秒）	4.4～4.8	4.3～4.6
後拋鉛球（公尺）	13.0～15.0	10.5～12.0
立定十級跳遠（公尺）	32～34	25～27
專項技術（跨欄與平跑的差值，秒）	2.6～2.1	2.4～1.9
專項成績（秒）	14.60～13.80	14.0～13.20
教練員評定：1.節奏性、協調性、靈活性；2.接受能力、智力水準；3.專項技術；4.意志品質、比賽和訓練作風	中—優	中—優

（四）健將級運動員的訓練

訓練特點：

這一階段的訓練特點是加大訓練強度和提高訓練質量，完善跨欄跑的技術，提高專項能力。

訓練任務：

① 力爭達到運動健將的標準；

② 增強競賽意識，積累比賽經驗；

③ 提高心理素質；

④ 掌握先進的、適合個人特點的技術。

這一階段訓練計畫的制定應注意下述因素：

① 全年訓練計畫的制定應繼續貫徹多年訓練計畫的設計方案，保持整個訓練過程的系統性，使運動員按預期方案取得最佳成就。

② 隨著訓練過程的縱深發展，對運動員創造優異成績的要求越來越高，運動員參加高水準的田徑比賽的次數越來越多。因此，全年訓練計畫各階段的任務、一般身體和專項身體訓練的比重、技術訓練、心理訓練、參賽能力的培養等，都應根據參加全年比賽的安排進行適宜調整（表 42、表 43）。

表 42　健將級運動員的訓練和比賽負荷量（％）安排示例

訓練手段	月份												全年總計
	10	11	12	1	2	3	4	5	6	7	8	9	
訓練課次數（包括比賽）	6.0	7.0	9.0	9.0	7.0	6.5	10.0	10.1	10.3	9.1	8.0	8.0	340±20
三步跨欄跑（欄架數）	3.0	5.2	8.2	8.2	7.8	7.0	8.0	10.0	12.0	10.5	10.5	9.6	5000±200 欄架
短跑（91％～100％速度，距離）	2.0	4.0	7.5	7.5	7.8	6.2	8.6	11.4	12.0	12.0	11.0	10.0	80±10 公里
身體訓練（小時）	5.2	10.8	10.0	10.0	6.4	5.6	10.3	10.7	10.1	7.9	6.8	6.2	220±20（小時）
比賽次數（跨欄）	-	-	-	-	5	4	-	4	5～6	5～6	2～3	6～8	28～33（次）
鄰項比賽次數	-	-	2	2	1	-	-	4	4	4	2	1	20（次）

註：表中「比賽次數（跨欄）」「鄰項比賽次數」兩行數據和「全年總計」列的數據為絕對數，其餘數據均為百分比。

表 43　健將級運動員的訓練效果檢查標準

檢查內容	指標	
	男	女
聲反應時（毫秒）	155～125	155～130
60 公尺跑（秒）	6.9～6.7	7.5～7.3
100 公尺跑（秒）	10.7～10.5	11.7～11.4
步頻（步數 / 秒）	4.4～4.8	4.3～4.6
後拋鉛球（公尺）	13～15	10.5～12.0
立定十級跳遠（公尺）	33～35	25～27
專項技術（跨欄與平跑的差值，秒）	2.6～2.1	2.4～1.9
專項成績（秒）	14.10～13.80	12.80～12.48
教練員評定：1.節奏性、協調性、靈活性；2.接受能力、智力水準；3.專項技術；4.意志品質、比賽和訓練作風	優	優

健將級運動員的全年訓練週期按雙高峰原則安排，即 5—6 月和 9—10 月為競賽期。各項訓練內容的參考%比例如表 44、表 45 所示。

表 44　健將級跨欄跑運動員的全年訓練週期安排示例

	一般身體訓練	專項身體訓練	技術訓練
準備期	20～25	35～40	35～40
競賽期	15～20	30～35	45～50

表 45　世界優秀 110、100 公尺欄運動員平跑、跨欄對照（秒）

性別	姓名	男子 110 公尺欄成績 女子 100 公尺欄成績	100 公尺跑成績	110 公尺跑成績	跨欄跑與平跑差
男子	傑克遜（英）	12.91	10.29	11.29	1.62
	金多姆（美）	12.92	10.19	11.19	1.73
	福斯特（美）	13.03	10.24	11.24	1.79
	卡薩納斯（古）	13.21	10.44	11.45	1.74
	德律（法）	13.28	10.46	11.47	1.79
女子	頓科娃（保）	12.21	11.23		0.98
	梅利落（美）	12.53	11.45		1.08
	米凱爾（牙）	12.52	11.16		1.36

　　準備期的訓練可分為前後兩個部分。前期主要發展力量和快速力量素質，後期主要發展速率、快速力量素質和提高專項耐力水準。技術訓練主要採用各種條件（如降低或高於標準欄架、縮短欄間距離、上坡和下坡跨欄跑等）的半程（6～7 個欄）、全程或超全程欄（10～13 個欄）的跨欄跑練習。

　　在這個階段，隨著專項水準的提高，訓練量逐漸增大，訓練強度逐漸提高。

二、400 公尺欄的訓練

（一）初學者訓練階段

　　400 公尺欄運動員的初學者階段訓練可參照直道欄的訓練。此訓練階段要求達到三級運動員標準。

（二）二級運動員訓練階段

　　訓練特點、任務與直道欄基本相同。

　　由於 400 公尺欄的全程距離和欄間距離較長，本階段的後期，應在專項訓練手段的選擇上，注意進行較長距離的跑和跨欄的練習。在技術訓練中，應要求運動員具有雙腿都能起跨過欄的能力。

表 46、表 47 是訓練效果檢查指標和全年基本訓練手段量的安排示例。

表 46　二級 400 公尺欄運動員專項訓練效果檢查指標

檢查內容	指標	
	男	女
聲反應時（毫秒）	160～130	165～135
60 公尺跑（秒）	7.8～7.4	8.2～7.6
步頻（步數／秒）	4.30～4.60	4.20～4.50
後拋鉛球（公尺）	11～12	9～10
立定十級跳遠（公尺）	29～32	24～26
400 公尺跑（秒）	50.5～48.5	59.0～56.0
專項技術（跨欄與平跑的差值，秒）	4.2～3.8	4.6～4.2
專項成績（秒）	54.0～52.0	62～59
教練員評定：1.節奏性、協調性、靈活性；2.接受能力、智力水準；3.專項技術；4.意志品質、比賽和訓練作風	中—優	中—優

表 47　二級 400 公尺欄運動員全年基本訓練手段量（％）安排示例

訓練手段	月份												全年總計
	10	11	12	1	2	3	4	5	6	7	8	9	
訓練課次數（包括比賽）	5.6	6.4	8.0	8.1	6.9	8.5	9.0	10.2	10.2	10.0	9.5	7.6	220±20
標準欄距的跨欄跑	-	3.4	5.0	5.6	6.8	8.2	8.4	12.0	15.0	14.6	13.0	8.0	16±3 公里
非標準欄距過欄數	-	4.0	5.6	6.4	8.3	11.7	15.0	16.0	11.4	8.6	8.2	4.8	1000±200 欄架
短跑（91％～100％強度，距離）	-	3.0	5.2	7.5	7.1	8.5	9.8	13.0	14.9	15.0	12.0	4.0	20±3 公里
100 公尺以上段落跑	5.0	6.2	6.8	7.0	7.7	10.3	14.0	12.1	9.9	8.9	7.1	5.0	160±20 小時
身體訓練（小時）	4.6	5.2	8.1	9.5	10.0	14.4	12.0	11.2	7.8	7.0	6.1	3.9	160±10 小時
400 公尺欄比賽次數	-	-	-	1	-	-	1	1～2	2	2～3	2		8～10
鄰項比賽次數	-	-	-	2	2	-	1～2	3	2～3	2	2	2～3	16～20

註：表中「400 公尺欄比賽次數」「鄰項比賽次數」兩行數據和「全年總計」列的數據為絕對數，其餘數據均為百分比。

（三）一級運動員的訓練

訓練特點：著重發展快速力量、專項耐力，改進跨欄跑的技術和節奏。

訓練任務：

① 發展速度，提高 400 公尺跑的水準；

② 發展力量素質，重點是快速力量素質；

③ 發展專項耐力；

田徑運動 高級教程

④ 建立和改進 400 公尺欄的專項技術和節奏。

這一階段中，年訓練週期一般按單週期進行。準備期中，一般身體訓練占訓練總量的 35%～40%（階段後期占 30%），專項身體訓練占 30%～35%（階段後期占 40%），技術訓練占 20%～25%（階段後期占 30%）。競賽期中，上述內容分別為 20%～25%、35%～40%、35%～40%。

一般身體訓練與直道欄的訓練相似，但應注意發展耐力，特別是無氧閾和無氧耐力的發展。200～600 公尺的反覆跑是發展上述耐力的重要訓練手段。

專項身體訓練在這一階段應以發展運動員的快速力量和專項耐力為主。快速力量的訓練手段和方法與直道欄的同類訓練相似，專項耐力訓練的主要手段如下：

① 短（2～3 個欄，100～200 公尺）、中（5 個欄以內，200 公尺）段落的反覆跑。短程反覆跑 5～6 次，中程反覆跑 3～4 次。間歇時間根據運動員訓練水準確定，但應控制在運動員體能尚未充分恢復之前進行下一次練習（一般控制在脈搏 130～150 次/分）。

② 長（8～10 個欄，300～400 公尺）段落的間歇跑，4～5 次，間歇以運動員機體完全恢復為準。400 公尺欄前後半程的成績差，可作為專項耐力水準的檢查指標（一般相差 2 秒左右）。

400 公尺欄運動員的技術訓練，包括運動員雙腿都能過欄的技術和改進跨欄跑節奏訓練。400 公尺欄的欄間距離較長，運動員採用哪種欄間節奏，取決於運動員的形態（如身高、腿長等）和身體素質的水準。因此，這一階段培養運動員雙腿都能熟練過欄的技術，有利於運動員選擇合適的欄間跑技術模式。這一時期，男子一般採用 14～15 步、女子 16～17 步的欄間跑節奏。隨著運動員運動技術水準不斷提高，運動員的身體素質水準不斷提高，其節奏也隨之改進和完善。

表 48 和表 49 分別是全年安排示例和訓練效果檢查指標。

表 48　一級運動員全年訓練與競賽負荷量（%）安排示例

訓練手段	月份												全年總計
	10	11	12	1	2	3	4	5	6	7	8	9	
訓練課次數（包括比賽）	4.0	5.9	7.7	8.0	7.3	10.5	11.0	11.0	10.5	10.2	7.8	6.1	300±10
標準欄距的跨欄跑	-	2.9	5.1	5.6	6.7	7.9	12.0	14.0	12.8	13.0	12.0	8.0	45±3 公里
非標準欄距跨欄跑	-	3.6	5.6	6.7	8.4	10.9	15.2	15.9	11.7	9.0	8.1	4.9	1500±100 欄架
短跑（91%～100%強度，距離）	-	3.2	5.0	8.2	7.4	8.4	9.9	14.0	14.7	14.5	10.0	4.7	40±5 公里
100 公尺以上段落跑距離	6.0	6.2	6.4	6.6	7.5	10.3	13.7	12.4	10.1	8.7	7.0	5.1	300±50 小時
一般身體訓練（小時）	5.2	5.6	7.5	9.1	11.1	13.3	12.2	11.1	7.7	7.2	6.0	4.0	200±20 小時
比賽次數（跨欄跑）	-	-	-	-	-	-	1	3	3～4	3	2～4	2～3	15±3
鄰項比賽次數	-	-	-	3～4	2～3	-	2～3	3～4	3	2～3	2	2	22±3

註：表中「比賽次數（跨欄跑）」「鄰項比賽次數」兩行數據和「全年總計」列的數據為絕對數，
其餘數據均為百分比。

表 49　一級 400 公尺欄運動員訓練階段效果檢查指標

檢查內容	指標	
	男	女
聲反應時（毫秒）	155～125	160～130
60 公尺跑（秒）	6.7～6.9	7.2～7.4
步頻（步數／秒）	4.40～4.80	4.30～4.60
後拋鉛球（公尺）	14～16	12～13
立定十級跳遠（公尺）	32～33	25～27
400 公尺跑（秒）	49.5～47.5	55.5～53.5
專項技術（跨欄與平跑的差值，秒）	3.50～3.0	3.50～3.0
專項成績（秒）	51.5～53.5	62.0～58.0
教練員評定：1.節奏性、協調性、靈活性；2.接受能力、智力水準；3.專項技術；4.意志品質、比賽和訓練作風	中一優	中一優

（四）健將級運動員的訓練

訓練特點：

大強度專項訓練和技術訓練在參照世界優秀運動員的技術模式的基礎上，突出運動員個人特點。

訓練任務：

① 力爭達到高的訓練水準和運動水準；

② 提高專項能力，積累比賽經驗；

③ 提高心理素質；

④ 完善技術，創造優異成績。

這一階段的訓練，專項身體訓練和技術、戰術訓練日顯重要。專項身體訓練是進一步提高快速力量和專項耐力水準。

全年訓練內容安排如表 50 所示，技、戰術訓練主要是改進全程欄技術和節奏。表 51 是訓練效果參考指標。

這一階段的主要訓練特點是根據運動員個人特點進行的大強度專項訓練。訓練的主要手段是 300～600 公尺的大強度反覆跑和間歇跑，200 公尺欄、300 公尺欄、全程欄的節奏跑、反覆跑、間歇跑等。此外，參加 200 公尺、400 公尺甚至 800 公尺跑的比賽和 400 公尺欄的比賽，這既是創造優異成績的需要，又是提高訓練強度的重要手段。

這一階段運動員進入高水準的競技狀態時期。除上述的訓練特點和任務之外，在突出運動員個人技術特點的同時，應參照世界優秀運動員的欄間節奏和全程欄節奏模式安排訓練。

　　表 52 和表 53 是世界最優秀的男、女 400 公尺欄運動員的技術模式，表 54 和

表 55 是男子 110 公尺欄和女子 100 公尺欄各級水準（成績）與分段指標，可供訓練參考。

表 50　運動健將級運動員的訓練和競賽負荷量（％）安排示例

訓練手段	月份												全年總計
	10	11	12	1	2	3	4	5	6	7	8	9	
訓練課次數（包括比賽）	4.0	7.0	8.0	8.2	8.0	8.8	12.0	10.0	10.2	8.0	8.8	7.0	340±15
標準欄距跨欄跑距離	-	-	5.1	6.5	6.8	8.6	12.3	13.6	13.5	12.9	12.1	8.6	70±5 公里
非標準欄距跨欄跑欄架數	-	5.0	5.8	6.2	6.2	8.5	12.6	14.6	15.2	10.0	10.0	5.9	1800±200 欄架
100 公尺以上段落跑跑動距離	5.9	6.3	6.4	6.7	7.4	10.6	13.4	12.4	10.1	8.5	7.2	5.1	600±50 公里
短跑跑動距離（91%～100%速度）	-	-	6.2	9.8	10.0	7.1	11.9	15.0	13.5	10.5	10.1	5.9	70±10 公里
身體訓練（小時）	5.9	7.4	9.1	11.1	12.2	13.3	11.2	7.6	7.0	6.0	5.2	4.0	220±20 小時
400 公尺欄比賽次數	-	-	-	-	-	-	2	3～4	3～4	3～5	4.5	2	17±2
鄰項比賽次數	-	-	-	4～5	3～4	-	-	3～4	2	2	2～3	2	20±3

註：表中「400 公尺欄比賽次數」「鄰項比賽次數」兩行數據和「全年總計」列的數據為絕對數，其餘數據均為百分比。

表 51　運動健將級運動員的訓練效果檢查指標

檢查內容	指標	
	男	女
聲反應時（毫秒）	155～125	155～125
60 公尺跑（秒）	6.9～6.7	7.5～7.3
200 公尺跑（秒）	21.5～21.0	23.6～23.0
步頻（步數／秒）	4.40～4.80	4.30～4.60
後拋鉛球（公尺）	13～15	12～13
立定十級跳遠（公尺）	31～33	25.0～27.0
400 公尺跑（秒）	50.0～48.0	55.0～53.0
專項技術（跨欄與平跑的差值，秒）	3.50～2.50	3.50～2.50
專項成績（秒）	53.0～50.0	59.5～56.0
教練員評定：1.節奏性、協調性、靈活性；2.接受能力、智力水準；3.專項技術；4.意志品質、比賽和訓練作風	中－優	中－優

表 52　男子 400 公尺欄世界優秀選手模式

欄	菲力普斯			摩西		
	累計時間（秒）	分段時間（秒）	步數	累計時間（秒）	分段時間（秒）	步數
起跑至第 1 欄	5.80	5.80	19	5.89	5.89	19
2	9.36	3.56	13	9.56	3.67	13
3	13.13	3.77	13	13.32	3.76	13
4	16.97	3.84	13	17.16	3.84	13
5	20.83	3.86	13	21.00	3.84	13
6	24.88	4.05	13	25.01	4.01	13
7	29.04	4.16	13	29.08	4.07	13
8	33.18	4.14	13	33.26	4.18	13
9	37.45	4.27	13	37.60	4.34	13
10	41.99	4.54	13	42.19	4.59	13
終點	47.19	5.20	17.9	47.56	5.37	16.5

表 53　女子 400 公尺欄世界優秀選手模式

欄	斯捷潘諾娃			布施			澤連托索娃		
	累計時間（秒）	分段時間（秒）	步數	累計時間（秒）	分段時間（秒）	步數	累計時間（秒）	分段時間（秒）	步數
起跑至第 1 欄	6.64	6.64	23	5.56	6.56	22	6.8	6.8	24
2	10.78	4.14	15	10.72	4.16	15	11.3	4.5	17
3	15.01	4.23	15	15.06	4.34	15	15.7	4.4	17
4	19.38	4.37	15	19.42	4.36	15	20.3	4.6	17
5	23.84	4.46	15	23.90	4.48	15	24.9	4.6	17
6	28.39	4.55	15	28.47	4.57	15	29.4	4.5	17
7	33.06	4.67	15	33.11	4.64	15	34.1	4.7	17
8	37.88	4.82	17	37.93	4.82	15	39.8	4.8	17
9	42.75	4.87	17	42.76	4.83	15	43.8	4.9	17
10	47.73	4.98	17	47.76	5.00	15	48.9	5.1	17
終點	53.32	5.59	21	53.60	5.84	19	54.89	60	21

田徑運動 高級教程

表 54　男子 110 公尺欄各級水準（成績）與分段指標

110公尺欄的成績（秒）	12.6~12.8		12.9~13.0		13.2~13.5		13.5~14.0		14.0~14.5		14.5~15.0		15.0~15.5		15.5~16.0	
	累計時間	分段指標	累計時間	分段指標	累計時間	分段指標	累計時間	分段指標	累計時間	分段指標	累計時間	分段指標	累計時間	分段指標	累計時間	分段指標
起跑到第1欄落地	2.3		2.3		2.4		2.4		2.5		2.6		2.6		2.7	
第2欄	3.3	1.0	3.3	1.0	3.4	1.0	3.5	1.1	3.6	1.1	3.7	1.1	3.8	1.2	3.9	1.2
第3欄	4.3	1.0	4.3	1.0	4.4~4.5	1.0	4.6	1.1	4.7~4.8	1.2	4.9	1.2	5.0	1.2	5.1	1.2
第4欄	5.2	0.9	5.3	1.0	5.4~5.5	1.0	5.7	1.1	5.8~5.9	1.1	6.0	1.1	6.2	1.2	6.4	1.3
第5欄	6.2	1.0	6.3	1.0	6.4~6.6	1.1	6.8	1.1	6.9~7.1	1.2	7.2	1.2	7.4	1.2	7.6	1.2
第6欄	7.2	1.0	7.3	1.0	7.4~7.6	1.0	7.9	1.1	8.0~8.3	1.2	8.3	1.1	8.6	1.2	8.8	1.2
第7欄	8.3	1.0	8.4	1.1	8.5~8.7	1.1	9.0	1.1	9.1~9.4	1.1	9.5	1.2	9.8	1.2	10.1	1.3
第8欄	9.3	1.1	9.5	1.1	9.6~9.8	1.1	10.1	1.2	10.2~10.6	1.2	10.7	1.2	11.0	1.2	11.3	1.2
第9欄	10.3	1.0	10.6	1.1	10.7~10.9	1.1	11.2	1.1	11.3~11.8	1.2	11.9	1.2	12.3	1.3	12.6	1.3
第10欄	11.4	1.1	11.7	1.1	10.8~12.1	1.2	12.4	1.2	12.5~13.0	1.2	13.1	1.2	13.6	1.3	14.0	1.4
最後成績	12.7	1.3	13.0	1.3	13.2~13.5	1.4	13.5~14.0	1.6	14.0~14.5	1.5	14.5~15.0	1.9	15.0~15.5	1.9	15.5~16.0	2.0

第六章　跨欄跑

187

表 55　女子 100 公尺欄各級水準（成績）與分段指標

成績（秒）	12.0~12.5		12.5~13.0		13.0~13.5		13.5~14.0		14.0~14.5		14.5~15.0	
	累計時間	分段指標	累計時間	分段指標	累計時間	分段指標	累計時間	分段指標	累計時間	分段指標	累計時間	分段指標
起跑到第1欄落地	2.1		2.1		2.2		2.2		2.3		2.3	
第 2 欄	3.1	1.0	3.2	1.1	3.3	1.1	3.3	1.0	3.5	1.2	3.5	1.2
第 3 欄	4.1	1.0	4.2	1.0	4.4	1.1	4.5	1.2	4.7	1.2	4.8	1.3
第 4 欄	5.1	1.0	5.3	1.1	5.5	1.1	5.6	1.0	5.9	1.2	6.0	1.2
第 5 欄	6.1	1.0	6.3	1.0	6.6	1.1	6.8	1.2	7.1	1.2	7.3	1.3
第 6 欄	7.1	1.0	7.4	1.0	7.7	1.1	7.9	1.1	8.3	1.2	8.5	1.2
第 7 欄	8.1	1.0	8.4	1.0	8.8	1.1	9.1	1.2	9.5	1.2	9.8	1.3
第 8 欄	9.1	1.0	9.5	1.0	9.9	1.1	10.2	1.1	10.7	1.2	11.0	1.2
第 9 欄	10.2	1.1	10.6	1.1	11.0	1.1	11.4	1.2	11.9	1.2	12.3	1.3
第 10 欄	11.3	1.1	11.7	1.1	12.1~12.2	1.2	12.6~12.7	1.2	13.1	1.2	13.5~13.6	1.3
最後成績	12.3	1.0	12.8	1.1	13.2~13.3	1.2	13.7~13.8	1.1	14.3	1.2	14.8~15.0	1.4

田徑運動 高級教程

第七章

3000 公尺障礙跑

田秀東　袁林

第一節・3000 公尺障礙跑的發展與研究概況

一、男子 3000 公尺障礙跑發展概況

障礙跑起源於英國。19 世紀中葉他們已開展了障礙跑的比賽。

男子 3000 公尺障礙跑的發展可分為五個階段：

第一階段（1920 年以前）

那時障礙跑的距離不定，障礙欄架的擺放和距離也是隨意安排。最早的障礙欄架並非特製，是用其他物品代替，比賽的地點是在公路或越野跑的路線上，以後有時也在田徑場地上進行。

第 2 屆奧運會（1900 年）把障礙跑列為比賽項目，設立了 2500 公尺和 4000 公尺兩項。2500 公尺障礙跑冠軍是美國人喬・奧頓，成績為 7:34.4；英國的約・里默獲得了 4000 公尺障礙跑的金牌（12:58.4）。

第 3 屆奧運會（1904 年）取消了 4000 公尺障礙跑，第一次使用了 3000 公尺障礙跑的名稱，但實際比賽距離是 2500 公尺，美國的詹・萊特伯迪以 7:39.8 摘走了桂冠。

第 4 屆奧運會（1908 年）將障礙跑距離增加為 3200 公尺。第 5 屆奧運會（1912 年），東道主沒有設這個項目。

第二階段（1920—1954 年）

第 7 屆奧運會（1920 年），首次舉行了名副其實的 3000 公尺障礙跑比賽，這個距離從此固定下來。英國運動員珀・霍奇以 10:00.4 的成績獲得冠軍，創造了第一個奧運會紀錄。

1924—1936 年共舉行 4 屆奧運會，芬蘭人壟斷了這個項目的金牌：1924 年（第 8 屆）是弗・里托拉（9:33.6），1928 年（第 9 屆）是特・勞科拉（9:21.8），

1932 年（第 10 屆）和 1936 年（第 11 屆）兩屆奧運會的冠軍為弗·伊索霍洛蟬聯（10:33.4、9:03.8），但在 1932 年奧運會時，裁判員將距離丈量錯了，不是 3000 公尺，而是 3460 公尺，弗·伊索霍洛的成績為 10:33.4，按 3000 公尺算，成績應為 9:14.6。

第二次世界大戰後，在倫敦舉行的第 14 屆奧運會（1948 年），瑞典人包攬了 3000 公尺障礙跑的前 3 名，特·肖斯特蘭獲得冠軍，成績為 9:04.6。第 15 屆奧運會（1952 年）3000 公尺障礙跑冠軍為美國人格·阿申菲捷爾奪冠（8:45.4）。

第三階段（1954—1967 年）

1954 年國際田聯決定，障礙跑由公路或越野跑改為在田徑場地進行，並從這一年開始承認世界紀錄。這一決定推動了障礙跑運動的發展和水準的迅速提高。

這一階段，3000 公尺障礙跑的世界紀錄和奧運會冠軍，為歐洲運動員所壟斷。

3000 公尺障礙跑雖然很早就被列入奧運會比賽項目，但它是原設項目中承認世界紀錄最晚的男子項目。1954 年 8 月，匈牙利運動員山·羅日紐伊創造出 8:49.6 的成績，被國際田聯批准為第一個世界紀錄。但在這以前，美國人霍·阿申菲爾特和芬蘭人奧·林騰帕，分別創造的 8:55.4 和 8:44.4 的好成績，國際田聯雖然承認，卻未批准為世界紀錄。

20 世紀 50 年代初到 60 年代末，3000 公尺障礙跑的世界紀錄為歐洲運動員所壟斷。在奧運會比賽中，基本上是歐洲人占絕對優勢。蘇聯、波蘭、芬蘭和比利時的運動員曾多次打破該項目的世界紀錄。其中突出的是波蘭人茲·克希什科維雅克（8:30.4，1961年）、比利時人加·羅蘭茨（8:26.4，1965 年）、芬蘭人約·庫哈（8:24.2，1968 年）和蘇聯運動員弗·杜廷（8:22.2，1969 年）。

中國障礙跑運動開展得很晚，1956 年在第 16 屆奧運會選拔賽上設立了這個項目，田秀東獲得冠軍，並創造了該項第一個全國紀錄，成績為 9:53.6。50 年代末，陳有才將全國紀錄提高到 9:20.6。60 年代先後由孫克宜（9:14.0，1961 年）、朴芳初（9:03.0，1961 年）、冀成文（8:57.7，1966 年）突破全國紀錄，但與世界水準有較大差距。

第四階段（1968—2000 年）

非洲障礙跑運動水準迅速崛起，突破歐洲人壟斷地位，形成肯亞一花獨秀的局面。

1968 年墨西哥城第 19 屆奧運會 3000 公尺障礙跑比賽的冠亞軍分別是肯亞運動員阿·比沃特（8:51.0）和本·科戈。歐洲人被震驚了，有人還認為是偶然現象，認為歐洲人不適應高原地帶的氣候。

1972 年慕尼黑第 20 屆奧運會，許多人都在注視 3000 公尺障礙跑的比賽，並為歐洲人鼓勁加油，比賽結束還是肯亞的運動員吉·凱諾獲勝（8:23.60）和本·吉普齊獲得冠亞軍。可見肯亞在墨西哥城的勝利絕非偶然。

肯亞的本·吉普齊獲奧運會亞軍後，就開始向歐洲人壟斷多年的 3000 公尺障

礙的世界紀錄發起衝擊，1973 年他在赫爾辛基的兩次比賽中，先後以 8:19.80 和 8:14.0 兩次打破世界紀錄。

1976 年蒙特利爾第 21 屆奧運會，非洲集體抵制，肯亞失去爭冠的機會，歐洲人獲得前 5 名，瑞典的安‧格爾德魯德獲得冠軍，成績為 8:08.0，創世界和奧運會紀錄。他曾 4 次打破該項世界紀錄，是破紀錄最多的人。

1980 年莫斯科第 22 屆奧運會，肯亞因故未能派選手參賽，波蘭的布‧馬利諾夫斯基獲得冠軍，成績為 8:09.7。安‧格爾德魯德和布‧馬利諾夫斯基的知名度，均不如肯亞的亨‧羅諾。他在 1978 年連續打破3000 公尺、5000 公尺、10000 公尺和 3000 公尺障礙的世界紀錄，有人把這一年稱為「羅諾年」。他創造的 3000 公尺障礙跑世界紀錄為 8:05.4。

第 23—27 屆奧運會 3000 公尺障礙的冠軍均為肯亞運動員蟬聯：第 23 屆米‧科里爾，8:11.8；第 24 屆朱‧卡里烏基，8:05.51；第 25 屆馬‧伯里爾，8:08.84；第 26 屆凱特，8:07.12；第 27 屆克‧科斯凱，8:21.43。其中第 25 屆奧運會肯亞運動員包攬了前 3 名，第 24、26、27 屆奧運會的冠亞軍也均被肯亞運動員奪走。

從 1978 年到 2000 年末，3000 公尺障礙跑的世界紀錄都是由肯亞運動員保持的。波‧科埃奇打破了保持 11 年之久的世界紀錄（8:05.35，1989 年）；基普塔努伊又將世界紀錄提高到 8:02.08（1992 年）和 7:59.18（1995 年），是第一位突破 8 分大關的人；保‧巴馬塞伊創造出 20 世紀最高的世界紀錄（7:55.72，1997 年）。1999 年 3000 公尺障礙跑的世界排名，前 10 名中肯亞占 8 席。

中國在 70 年代，吸收外國的訓練經驗，結合中國運動員的實際，研究並改進 3000 公尺障礙的訓練方法，有些省市相繼組建了 3000 公尺障礙跑專項訓練隊，運動水準得以較大提高。70 年代李文亮創造了 8:47.1 的全國紀錄。80 年代王占魁以 8:39.86（1981 年）打破全國紀錄；程守國把全國紀錄提高到 8:37.33（1986 年）；90 年代高樹海以 8:34.32（1991 年）打破紀錄；孫日鵬在第 7 屆全運會上又把全國紀錄提高到8:24.87（1993 年）並獲得冠軍；在第 8 屆全運會上，孫日鵬又奪得冠軍，並創造出20 世紀中國的最高紀錄 8:10.46（1997 年），將全國紀錄提高了 14.41 秒，縮短了與世界水準的差距。

3000 公尺障礙跑的訓練，是與長跑訓練同步推進的。所以 3000 公尺障礙的優異成績，也都是長跑運動員創造的。現代 3000 公尺障礙跑的訓練特點，更趨向專項化、科學化。肯亞就組織了一些運動員專門進行 3000 公尺障礙跑的訓練。

第五階段（2000—2010 年）

肯亞運動員在 3000 公尺障礙跑比賽中，仍顯示出強大的實力，但不少國家運動員急起直追，有的國家的運動員成績已超過肯亞。

2000 年雪梨奧運會肯亞獲得前兩名，冠軍是羅‧科斯吉（8:21.43），第 3 名是摩洛哥的阿‧埃金（8:22.15）；2004 年雅典奧運會，肯亞包攬前 3 名，冠軍為坎姆博伊奪得（8:09.19）；2008 年的北京奧運會上，肯亞獲得第 1、第 3 名，冠軍是基

普魯托（8:10.34），亞軍為法國的馬·西貝獲得（8:10.49），兩人齊向終點衝刺，最後幾公尺才決定勝負，僅差 0.15 秒。

2001 年布魯塞爾田徑賽，摩洛哥的保米拉以 7:55.28 的成績，創造新的 3000 公尺障礙世界紀錄。2004 年卡塔爾的沙希恩將世界紀錄提高到 7:53.63，並保持至今。

中國自全國紀錄創造者孫日鵬退役後，3000 公尺障礙跑成績有所回落。

這個階段表現突出的是山東的孿生兄弟——孫文利和孫文勇，孫文利速度較好，主攻 1500 公尺兼 3000 公尺障礙；孫文勇耐力較好，主攻 5000 公尺和 3000 公尺障礙，1995 年兄弟倆開始主攻 3000 公尺障礙跑，經過幾年的訓練，運動水準提高較快。2001 年第 9 屆全運會孫文利獲冠軍（8:36.25）；2005 年第 10 屆全運會孫文利又獲冠軍（8:32.36），孫文勇獲亞軍（8:33.37）；2009 年第 11 屆全運會還是孫文利奪冠（8:25.11），這是這個階段出現的最好成績。

能與山東孿生兄弟相拚爭的是江蘇的林向前和時林忠。林向前獲第 9 屆全運會 3000 公尺障礙跑亞軍（8:36.85）；2009 年第 11 屆全運會獲亞軍（8:27.14）；時林忠於 2005 年第 10 屆全運會獲第 3 名（8:33.94）。1997 年孫日鵬創造的全國紀錄（8:10.46），保持至今。

二、女子 3000 公尺障礙跑發展概況

女子 3000 公尺障礙跑於 2000 年前後在許多國家逐漸開展起來。美國從 1996 年就開始組織女子 3000 公尺障礙跑的比賽，並對女子 3000 公尺障礙跑的障礙欄架的高度和水池長度進行了研究。國際田聯宣佈，2000 年 1 月 1 日起女子 3000 公尺障礙跑為正式世界比賽項目。隨著國際田聯的承認，女子障礙跑在許多國家開展起來。

2001 年 6 月，在國際田聯大獎賽荷亨格洛站，首次進行女子 3000 公尺障礙跑的比賽，羅馬尼亞的卡桑德拉獲得冠軍（9:45.12）。同年 7 月，在尼斯賽站的田徑大獎賽上，波蘭的朱斯蒂娜以 9:25.31 奪魁，並創造了世界最好成績。2002 年國際田聯確定將女子 3000 公尺障礙跑列為承認世界紀錄的項目。2002 年 4 月 13 日，國際田聯在內羅畢宣佈，2005 年世界田徑錦標賽將舉行女子 3000 公尺障礙跑的比賽。

2003 年在歐洲盃田徑賽上，俄羅斯的薩米托娃創造了第一個女子 3000 公尺障礙跑的世界紀錄（9:08.35）。2004 年 7 月，在雅典田徑大獎賽上，她又將世界紀錄提高到 9:01.59。從國際田聯宣佈承認女子 3000 公尺障礙跑世界紀錄開始，俄羅斯運動員就顯示出強大的實力。

2005 年第 10 屆世界田徑錦標賽，將女子 3000 公尺障礙跑列為正式比賽項目。烏干達的東克斯奪冠（9:18.24），創造了第一個世界田徑錦標賽紀錄。俄羅斯的沃爾科娃獲亞軍（9:20.49），第 3 名為肯亞的卡普圖姆（9:26.95）。2006 年上海

世界田徑大獎賽，白俄羅斯選手布拉娃獲冠軍（9:29.69）。

2007 年大阪第 11 屆世界田徑錦標賽，俄羅斯的沃爾科娃奪得金牌（9:06.57）並打破世錦賽紀錄；銀牌為俄羅斯的佩特洛娃（9:09.19）；銅牌獲得者是肯亞的傑普科里爾（9:20.09）。2008 年俄羅斯的古娜拉在全國比賽中奪冠（9:08.21），創造賽季最好成績。同年，雅典大獎賽肯亞的吉普科里創造了賽季第二個好成績（9:11.18）。

2008 年第 29 屆北京奧運會，俄羅斯運動員表現最突出，薩米托娃奪得冠軍，並創造新的世界紀錄（8:58.81），成為突破 9 分的第一人。肯亞的科蒂奇獲亞軍（9:07.41），獲第 3 名的是俄羅斯的沃爾科娃（9:07.64），第 2 和第 3 名的成績僅差 0.23 秒，可見競爭之激烈。

2009 年柏林第 12 屆世界田徑錦標賽，西班牙的多明革斯獲冠軍（9:07.32），俄羅斯的札魯德內娃獲亞軍（9:08.39），肯亞的切瓦獲第 3 名（9:08.57）。2010 年倫敦鑽石聯賽，肯亞的奇埃瓦奪冠（9:22.49），俄羅斯的札魯德內娃獲亞軍（9:22.60），兩人的成績僅差 0.11，終點前幾公尺才決定勝負。

俄羅斯在女子 3000 公尺障礙跑項目上，新手不斷湧現，除薩米托娃（8:58.81）、沃爾科娃（9:07.64）外，還有佩特洛娃（9:09.19）、古拉娜（9:08.21）、北京奧運會第 4 名的彼得羅娃（9:12.33）和 2009 年獲世界田徑錦標賽亞軍的札魯德內娃（9:08.39），由這6個人形成一個高水準團隊，具有強大的實力。

能與俄羅斯對抗的是長跑王國肯亞，有雅典大獎賽冠軍吉普科里（9:11.18）、北京奧運會亞軍科蒂奇（9:07.41），還有切瓦（9:08.57）等。今後女子 3000 公尺障礙跑的比賽會更加激烈。

中國於 2002 年全國田徑冠軍賽才設女子 3000 公尺障礙跑的比賽，鞠英蘭創造了中國第一個全國紀錄（10:01.53）。2003 年在上海舉行的全國田徑錦標賽上，陳小芳以9:50.88 的成績奪冠，打破全國和亞洲紀錄。2004 年李珍珠奪得全國田徑冠軍賽的金牌（9:58.67）。

2007 年 6 月，在全國大獎賽中，內蒙古的李珍珠和陝西的朱豔梅，一齊向終點衝刺，成績均為 9:41.21，並列第 1 名，雙雙打破全國紀錄和亞洲紀錄。同年，在世界田徑錦標賽選拔賽中，李珍珠奪冠（9:32.35），朱豔梅獲亞軍（9:32.36），兩人競爭十分激烈，在撞線的瞬間才決定勝負，兩人均打破全國和亞洲紀錄。

2007 年 9 月，在全國冠軍賽中，朱豔梅獲冠軍（9:52.07），李珍珠獲亞軍（9:55.57）。2007 年 11 月，全國第 6 屆城市運動會，瀋陽的劉念奪魁（9:26.25），打破全國和亞洲紀錄，是這個階段的最好成績。

2008 年墨爾本世界大獎賽，朱豔梅獲第 3 名（9:57.24）。2009 年第 11 屆全運會，山東的趙豔妮獲冠軍（10:14.60）。上海的金源在 2009 年（9:53.16）和 2010 年（9:52.92）兩屆全國田徑錦標賽奪冠。

第二節・3000公尺障礙跑的技術

一、3000公尺障礙跑的特點

3000公尺障礙跑是中距離跑和越過障礙技術相結合的田徑運動項目。它要求運動員不但要具有中跑運動員的速度，不斷提高速度耐力和專項耐力水準，掌握合理的節奏，而且還要具備良好的協調性、柔韌性和關節靈活性，熟練地掌握越過障礙欄架和水池的技術。所以，障礙跑是難度較大的田徑項目之一。

男子3000公尺障礙跑運動員不僅要在1500公尺、3000公尺、5000公尺和10000公尺跑中取得優異成績（表56），而且還要具有越過障礙欄架和水池的正確技術和頑強拚搏的意志品質。

表56　3000公尺障礙跑男子優秀運動員的鄰項成績

姓名	國家	主項		鄰項			
		成績	時間	1500公尺	3000公尺	5000公尺	10000公尺
弗・杜廷	蘇聯	8:22.20	1969	3:50.00	8:01.20	14:2.0	
安・格爾德魯德	瑞典	8:08.02	1976	3:36.70	7:47.80	13:70	28:38.0
亨・羅諾	肯亞	8:05.40	1978	3:36.00	7:32.10	13.6.20	27:22.50
布・馬利諾夫斯基	波蘭	8:09.11	1980	3:37.40	7:42.40	13.7.70	28:25.20
科斯凱	肯亞	8:05.43	1996	3:35.66		13.04.30	馬拉松 2:07.15
基普塔努伊	肯亞	7:59.18	1996	3:34.44	7:27.18	12:55.30	
基普凱特	肯亞	8:07.10	1999			12:58.10	
高樹海	中國	8:33.60	1990	3:48.55		14:09.00	
孫日鵬	中國	8:10.46	1997			14:00.57	28:41.22
孫文利	中國	8:41.15	1999	3:45.80			
孫文勇	中國	8:44.17	1999			14:08.86	29:36.93

男子3000公尺障礙跑屬於大強度運動項目。它的有氧代謝和無氧代謝的比例為70%：30%。要求運動員必須具備較高的有氧代謝和無氧代謝的能力。3000公尺障礙跑與3000公尺平跑的成績差為20～30秒，越過一個障礙平均消耗0.6～0.9秒的時間，跳過水池速度下降25%左右。可見縮短越過障礙架和水池的時間，是提高障礙跑成績的重要環節。

二、男子3000公尺障礙跑的技術

3000公尺障礙跑的起跑、起跑後的加速跑、障礙欄架間的平跑技術和終點跑技術與中長跑基本相同。本節主要闡述越過障礙架和水池的技術。

（一）跨越障礙欄架的技術

競賽規則允許運動員在越障礙欄架時藉助手、腳支撐或直接越過。因此，運動員可採用「跨欄法」和「踏上跳下法」兩種方法越過障礙欄架。優秀運動員都採用「跨欄法」。

障礙欄架的高度和 400 公尺欄相同，用「跨欄法」越過障礙架的技術也和 400 公尺欄技術相似。確定合理的起跨點對跨越障礙欄架有重要意義。障礙跑比賽不分跑道，障礙架間的距離較長，這就決定了起跑到第一個障礙欄架和障礙欄架間，運動員不可能用固定的步數去跑。因此，培養運動員的目測能力，是準確踏上起跨點的必備條件；運動員具有左、右腿都能正確地起跨，是保持跑的節奏和快速跨越欄架的基本保證。3000 公尺障礙跑的速度不是很快，起跨點距障礙欄架為 1.50～1.80 公尺。

起跨前應適當加速，最後一步的步長應適當縮短，以減小著地時支撐反作用力的制動作用。起跨時，軀幹稍前傾，擺動腿以膝領先向前上方擺出。在骨盆前移的同時，開始蹬伸起跨腿。在起跨結束的瞬間，軀幹與起跨腿幾乎成一直線。

擺動腿的膝部達到障礙欄架的高度時，即停止上擺。為了避免腿部碰撞欄架，起跨角較大，過欄架時運動員臀部與欄頂之間留有 8～12 公分的空餘，在較好地掌握跨越障礙欄架技術時，逐漸縮小這個空間。擺動腿在無支撐狀態下伸直，軀幹更加前傾，起跨腿屈膝從體側向軀幹提拉。

過障礙欄架時，擺動腿積極下壓，下壓後軀幹前傾角度逐漸減小，擺動腿以前腳掌著地。下欄後運動員身體姿勢與起跨攻欄時相似，這是保持跑速和節奏的正確技術指標之一。

障礙跑比賽中，可能有幾名運動員同時跨越障礙欄架，也可能被其他選手包圍在中間，影響目測起跨點和跨越障礙欄架的技術。因此，比賽中運動員要選好自己的跑位，並在訓練中加強心理和戰術訓練，排除這些干擾。

「踏上跳下法」是常用的過障礙欄架的方法，但效果較差。由於有單腿在障礙欄架上的支撐過程，所以身體重心較高，對人體前進的速度產生一定的阻力。因此，優秀運動員都不採用這種方法，可在障礙跑教學時採用。在賽程的後半程，由於疲勞的積累或幾名運動員密集在一起，沒有把握用跨欄法越過障礙欄架時，也採用這種方法。

在踏上障礙欄架前，要目測起跨點，適當加快跑速。在起跨腿踏上起跨點後，擺動腿要屈膝向前上方擺出，同時蹬伸起跨腿。擺動腿的腳應由上向下柔和地落在障礙欄架的橫木上，接著擺動腿要迅速屈膝緩衝。這些動作是緊密相連的，其目的是儘量減小踏上障礙欄架產生的阻力。

當擺動腿踏上障礙欄架時，起跨腿要藉助起跨蹬地的力量，順勢屈膝上擺向擺動腿靠攏，同時上體加大前傾，兩肩前壓，形成一個團身的姿勢。支撐在障礙欄架

上的腿，在蹬離障礙欄架時，不需要做特別的用力。這些動作是為了降低起跨和著地間的身體重心拋物線的高度，縮短過障礙欄架的時間，節省能量的消耗。

有些運動員不重視掌握跨越障礙欄架的技術，在起跨時跳得過高，起跨腿在身體下方屈膝過欄。由於跳得過高，起跨腿用力過大，落地時受地面衝擊也大，這樣一起一落就多消耗了能量。全程要跨過 28 次障礙欄架和 7 次水池，消耗過多的能量，對成績的影響是很大的。

（二）越過水池的技術

水池是最難、消耗體力最大的障礙。因為運動員既要越過障礙欄架，又要越過長 3.66 公尺的水池，比賽的後程又要在疲勞的情況下去完成。運動員越過水池，速度將下降 25%左右，因此，掌握正確越過水池的技術是十分重要的。

越過水池的方法有兩種：第一種是先踏上水池邊的障礙欄架，再由障礙欄架上跳過 水池，叫「踏上跳下法」（圖 20）；第二種叫「跨欄法」，即一次性地跨越過水池邊的 障礙欄架和水池。20 世紀許多優秀運動員採用第一種方法，有少數世界級運動員選用 第二種方法也創造出優異的成績。近年來多數世界水準運動員採用第二種方法。

用「踏上跳下法」越過水池：

運動員跑到距水池 15～20 公尺時，加快跑速，將跑速提高到能輕鬆地踏上水池邊障礙欄架的程度。踏上欄架之前的最後一步，適當地縮短步長，起跨點距欄架1.50～1.80 公尺。正確踏上障礙欄架的動作應和跑上欄架一樣。

運動員踏上起跨點，應不停頓地轉入起跨。在起跨腿充分伸展的同時，擺動腿大腿迅速擺到水平部位（見圖 20②），帶動身體快速向前上方騰起。軀幹加大前傾，使身體重心處於較低的位置。踏上欄架的腳，從上向下柔和地踏在障礙架的橫木上，這時膝關節彎曲成直角（見圖 20⑤），使身體重心以較低的拋物線越過欄架，並減小踏上欄架產生的阻力。腳踏上橫木後，隨著身體向前移動，以腳掌前排兩顆鞋釘扒住橫木的前沿（見圖 20⑥）。

當軀幹移過欄架時，彎曲的支撐腿開始有力地向後蹬伸，軀幹前傾適度減少，以雙臂動作維持身體平衡。這時身體進入第二次騰起，形成一個向前、向下的跨步姿勢。接著前腿自然下放，後腿放鬆摺疊向軀幹靠攏，前腿的小腿指向落點，膝關節幾乎伸直（見圖 20⑧—⑩）。

落地時身體重心落在落地腿上或稍前方，以承受身體的重量。在落地腳尚未接觸水池前，後腿應超過落地腿（見圖 20 ⑪），這樣落地支撐後能迅速向前跑出。落點約在離水池前沿 30～40 公分的水中。

用哪隻腿踏上障礙欄架更好？有人主張用有力的腿踏上欄架，這樣跳越水池時能用上力，可以跳得更遠些；也有人認為用不踏起跨點的另一隻腿踏上欄架最理想，這樣能更好地保持跑的節奏和越過水池的速度。

圖 20　用踏上跳下法越過水池

用「跨欄法」越過水池：

當運動員跑近水池 15～20 公尺時，加快跑速，力爭跨越障礙欄架的一步（跨欄步）能跨得更遠些。

特點是：起跨點距障礙欄架相對較近，而跨過障礙欄架後的落點距離欄架要遠，這樣才能落在水池較淺的水中（圖 21）。

起跨點距離障礙欄架 1.60～1.80 公尺，踏上起跨點後，擺動腿屈膝向前上方擺起，同時兩臂上擺提肩，提高身體重心，加速起跨速度（見圖 21④⑤）。起跨的方向，不是朝著障礙欄架，而是水池的上方。過障礙欄架後，起跨腿向擺動腿靠攏，擺動腿不做明顯的下壓動作，而是逐漸伸直，指向落點（見圖 21 ⑪⑫）。起跨腿要在擺動腿落於水池之前，超過擺動腿（見圖 21 ⑫⑬），並落在水池邊沿淺水的地方。

20 世紀最後一位 3000 公尺障礙跑世界紀錄（7:55.72）創造者，肯亞運動員保‧巴馬賽伊就是用這種「跨欄法」越過水池的。他跨越水池的速度明顯比其他運動員快。起跨時，他落後旁邊的運動員將近一步，越過障礙欄架後，在水池中的落點幾乎和他旁邊的運動員同時落在距水池邊沿不到 1 公尺處，邁出第一步時他已趕上身旁運動員。

用「跨欄法」越過水池有較大的優越性。雖然起跨前要加快跑速，起跨時用力大，消耗能量較多，但身體重心的拋物線比「踏上跳下法」低得多，跨越水池的速度也快得多，近年來越來越多的運動員採用這種方法。

圖 21　保・巴馬塞伊用跨欄法越過水池的技術

三、女子 3000 公尺障礙跑的技術

　　女子障礙欄架的高度和女子 400 公尺欄相同，都是 0.762 公尺，跨越障礙欄架的動作和男子一樣有「跨欄法」和「踏上跳下法」兩種方法。

用「跨欄法」跨越障礙欄架的技術動作，和女子 400 公尺欄相似。但是起跨的後蹬力量、上體前傾的程度、擺動腿和兩臂的擺動幅度和起跨腿提拉的速度都比 400 公尺欄小。由於障礙欄架很牢固，為避免碰撞欄架，過欄時臀部與欄頂的空間比 400 公尺欄大。

起跨點距障礙欄架為 1.40～1.70 公尺。跨過障礙欄架時身體重心的移動軌跡，與男子相比，具有低而平的特點。女運動員也必須具有目測起跨點和兩隻腿都能正確起跨的能力。

用「踏上跳下法」越過障礙欄架的技術動作，基本要求和男運動員大體相同。起跨的用力程度、身體騰起的高度和身體重心通過欄架時的移動軌跡都比男子小而低。

當運動員踏上起跨點時，擺動腿不要擺得過高，只要超過欄架即可，尤其身材較高的女運動員，只要身體重心平穩越過欄架即可，不必過大地降低身體重心。

跳過水池的方法也和男運動員一樣，有「踏上跳下法」和「跨欄法」兩種。

第一種方法，也是先踏上池邊的障礙欄架，再由欄架上跳過水池。運動員跑到接近水池 15～20公尺時，應逐漸加快跑速。當踏上起跨點時，擺動腿大腿要迅速擺到接近水平的位置。踏在欄架上的動作要柔和，接著膝關節彎曲和上體前傾的程度都比男子要小。

跳過水池的第二種方法，也和男子一樣用跨欄法既越過障礙欄架，又越過水池。對女運動員跨越水池動作的技術要求，和男子基本相同。跑到接近水池 15～20 公尺時，要加快跑的速度，使跨越障礙欄架和水池的一大步，能跳得更遠。起跨點距欄架1.50～1.80 公尺，當踏上起跨點時，擺動腿屈膝上擺和上體前傾的程度都比男子小，向水池的上方跨起。這時身體重心拋物線和男子相比，既低又平，更有利於保持跑的速度。尤其身材較高、腿部力量較強的女運動員，經過系統訓練，運用跨欄法跳越水池，會取得更好的效果，既能保持跑的節奏，又能減少越過水池的速度損失。

四、越過水池的最佳方案和動作品質的評價

（一）越過水池的最佳方案

根據科研人員研究，越過水池後，運動員前進的速度將下降 26%～28%；在越過水池後的 7～10 公尺，才能恢復到跨越水池前的速度。教練員和科研人員都在研究越過水池的最佳方案。

目前越過水池的方法有以下幾種：

① 有些運動員習慣用有力的腿起跨，以力量較弱的腿踏上欄架，為了跳到距水池邊沿較近的地方（30～40 公分），需要消耗較多的能量。這是較差的一種方法。

② 有些優秀運動員用有力的腿踏上欄架，以更快的速度越過水池，並落在離

水池邊沿 30～40 公分處的水中。採用這種方法仍然使跑速下降很大。

③ 有些教練員認為較好的方法是兩條腿都能成功地起跨，過水池仍然用踏上跳下法，蹬離障礙欄架時不必用很大的力量，落在距水池邊沿 60～70 公分處，第一步較小，快速過渡到雙腳支撐狀態，這樣才能保持較高的跑速，在水平速度損失較少的情況下越過水池。

④ 近年來有些運動員採用跨欄法，直接越過水池。保・巴馬塞伊在全程 7 次水池都是直接跨越的，創造了新的世界紀錄，引起科研人員和教練員的廣泛重視。保・巴馬塞伊在臨近水池時的跑速比其他運動員稍快，起跨用力大，落點在離水池邊沿 70～80 公分處的水中。雖然消耗的能量大些，但越過水池的速度要快得多，而且大大減少了越過水池後速度的下降，許多教練認為這是越過水池的最佳方案。有越來越多的運動員採用這種方法越過水池。

（二）越過水池動作品質的評價

通常根據下列特徵評價越過水池的動作品質：

① 越過水池邊障礙欄架的起跨距離和跑的速度，要確保能夠「跑上」障礙欄架，或確保跨越障礙欄架後的遠度；

② 身體重心移動的軌跡應當是平穩的，儘可能低地從欄架上越過；

③ 髖部的額狀軸和肩軸橫對跑的方向；

④ 在落地腿接觸水面前，另一條腿要擺到著地腿之前，身體重心落在著地腿上或稍前方，使出水池的第一步能快速邁出。

五、3000 公尺障礙跑技術的發展趨勢

3000 公尺障礙跑是跑、跨（障礙欄架）、跳（水池）相結合的項目，必須掌握跑、跨、跳的技術，並將三者更好地結合起來，才能創造優異的成績。

① 障礙跑運動員既要遵循中長跑的技術要求，又要依據在跨越障礙欄架和水池前都要加快跑速，將正常跑速與反覆在定點加速跑相結合的特點，來改進跑的技術，在加快跑速時要保持正確技術，並要加強運動員不斷變速能力的訓練。

② 跨越障礙欄架的技術，除繼續培養運動員的目測能力、準確踏上起跨點和改善兩隻腿都能起跨的技術外，還應注意改善跨越欄架技術。有些運動員習慣用有力腿起跨，過欄技術較好，而用力量較弱腿起跨，過欄技術就差多了。因此，在改善有力腿起跨過欄技術的同時，要著力提高弱腿起跨的過欄技術，還應使兩隻腿的速度性力量得到均衡的發展。

③ 3000 公尺障礙欄架是牢固的，跨越時為了避免腿部碰到欄架，運動員臀部到欄頂留有 8～12 公分的空間是必要的。應當改進過欄技術，縮小這個空間，加快過欄速度。

④ 用「跨欄法」跳越障礙欄架和水池是較好的方法，運動水準較高的運動員都應掌握這種方法，其優點是跳躍水池的速度快。運動水準較差的運動員還應以踏上跳下法為主。用「跨欄法」跳過水池的運動員，多是用有力腿起跨，力爭跳得遠些。還應掌握用另一隻腿起跨的技術，這樣才能更好地保持跑的節奏。

第三節・3000 公尺障礙跑技術教學法

在運動員具備了良好的身體訓練水準，並取得中長跑的較好成績後，就可以進行障礙跑的教學和訓練。在體育院校的田徑教學中，障礙跑的教學應安排在中長跑和跨欄跑的技術教學之後。

本節只闡述跨越障礙欄架和水池的技術教學法，其他部分的教學與中長跑相同，不再重複。

一、使學生瞭解障礙跑的知識，建立 3000 公尺障礙跑正確的技術概念

內容：

① 講解 3000 公尺障礙跑的特點和規則；

② 介紹 3000 公尺障礙跑比賽場地和障礙設置；

③ 利用技術圖片、錄影等直觀教具，講解跨越障礙欄架和水池的基本方法。

二、學習用踏上跳下法過障礙欄架的技術

內容：

① 慢跑到中速跑利用跳箱做踏上跳下練習。跳箱的高度由低逐漸升到男子 85～90 公分，女子 65～70 公分。

② 中速跑踏上障礙欄架，跳下並繼續向前跑 10～15 公尺。

③ 中速跑用踏上跳下法過 3～4 個障礙欄架。欄間 30～40 公尺，用不習慣的一隻腳踏上。

教法提示：

① 在進行上述練習時，都讓學生輪流用兩隻腳踏上障礙欄架。

② 踏上障礙欄架的腿要及時屈膝並團身，使身體重心儘可能低地由欄上通過。

③ 在練習過障礙欄架時，可先在障礙欄架前放在一塊薄海綿墊或利用沙坑，腳著地時落在較軟的地方，並繼續向前跑 10～15 公尺。

三、學習用跨欄法跨越障礙欄架的技術

內容：

① 複習跨欄跑的專門練習，兩隻腿輪流起跨攻欄。

② 慢跑到中速跑跨過 4～6 個欄架。欄高：男子 91.4 公分，女子 76.2 公分。欄間距離：男子 9.50～10.00 公尺，女子 9.00～9.50 公尺。欄間跑 4 步。學習、掌握兩隻腿輪流起跨技術。

③ 反覆用中速跑跨過障礙欄架，要求用左右腿輪流起跨。

④ 中速跑跨過 3～4 個障礙欄架，欄間 30～40 公尺。要求哪隻腳能踏上起跨點就用哪隻腳起跨。

① 注意培養學生目測起跨點和哪隻腳踏上起跨點就用哪隻腳起跨的能力。

② 強調欄前和欄後的高重心，欄上的低重心。開始跨越障礙欄架時，身體重心在欄上可稍微高些，逐漸減小這個高度。

③ 先讓學生一個人單獨跨越障礙欄架，隨著跨越技術的提高，應以小組同時起跑並跨越障礙欄架。小組人數由 3～4 人逐漸增加到 7～8 人。

四、學習跳越水池的技術

（一）用踏上跳下法踏上障礙欄架並跳過水池

① 在沙坑前或者在跑道上，慢跑踏上障礙欄架，然後向前跳出成騰空步姿勢，腳著地繼續向前跑 10～15 公尺。逐漸增加跳下的遠度。

② 中速跑踏上障礙欄架，跳過假定的水池。用沙坑或海綿墊作為假定的水池，畫出一條白線為標記，開始時較標準水池近些，逐漸達到標準遠度。

③ 將低跳箱放在靠近水池處，中速跑踏上跳箱跳過無水的水池；

④ 中速跑 10～15 公尺，踏上障礙欄架，跳過無水的水池；

⑤ 同上，跳過標準的水池。

（二）用跨欄法越過障礙欄架和水池

內容：

與（一）基本相同。用跨欄法跨過障礙欄架，過欄後的落點距障礙欄架要遠，逐漸加大這個遠度，越過假定的水池，越過標準障礙欄架和水池。

教法提示：

① 從障礙欄架上跳過水池時，要求學生向前跳，不要向上跳。避免身體騰空過高，加大著地腿的負擔，降低前進的速度。跳過水池後，應繼續向前跑 10～15 公尺。

② 用跨欄法越過障礙欄架和水池難度較大，達到較好水準的學生方可進行練

習。障礙跑在體育院校田徑教學中，一般是介紹教材，也可不採用這項教學內容。

③ 注意消除學生的恐懼心理，培養勇敢頑強的意志品質。注意安全。

五、掌握跨越障礙欄架和水池的技術

內容：

① 縮小場地，越過 1～2 個障礙欄架和水池（圖 22）。

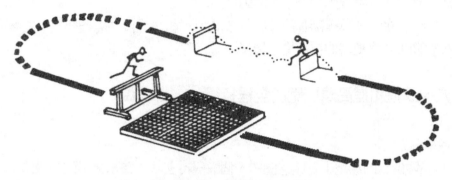

圖 22　縮小場地過欄架和水池示意

② 在水池的前後 30～40 公尺處，各放置一個障礙欄架。反覆進行越過障礙欄架＋水池＋障礙欄架的練習。跑的速度由中速逐漸提高到個人障礙跑的比賽的平均速度。

③ 距離 200 公尺，反覆做越過 3 個障礙欄架和水池的練習。障礙欄架和水池間的距離縮短並不等。

④ 根據學生在技術動作上存在的問題，要個別對待，選擇有效手段糾正學生的錯誤（表 57），使學生能較正確地掌握技術。

表 57　障礙跑常見的錯誤及其糾正方法

錯誤動作	產生原因	糾正方法
跑到障礙欄架前停頓或降低跑速。	目測能力差，只能用一隻腿起跨。	加強目測能力的培養，學習並掌握兩隻腿都能起跨的技術。
身體重心距欄頂過高，形成跳欄。	起跨點近。	後移起跨點，讓學生按畫好的標誌線跑。
過欄著地時上體後仰。	過欄時上體前傾不夠。	讓學生反覆體會起跨後上欄，加大前傾的動作。
上欄時伸小腿，用足弓蹬欄架橫木的後沿。	起跨點過遠，踏上欄架的動作不對。	前移起跨點，讓學生反覆踏上跳箱，體會腳從上向下踏在跳箱上的動作。
跳水池時跳得過高。	蹬離橫木時機過早，後蹬角大，用力方向向上。	在沙坑反覆練習過水池技術，要求學生蹬離橫木晚一些，主要是向前跳。

教法提示：

① 注意改進學生雙腿都能起跨和踏上障礙欄架的技術，在不改變跑的節奏的情況下快速越過障礙。

② 縮小場地的方法：在場內距水池 30 公尺處放一個障礙欄架或普通欄架。學生按畫的線跑，虛線處慢跑。

然後將場地適當擴大，放兩個障礙欄架或普通欄架。這個練習也可在室內結合沙坑進行練習，以便教師觀察學生的動作。

③ 進行 200 公尺障礙跑時，以 3～5 人為一組，教師注意觀察學生在多人同時越過障礙欄架和水池時的技術變化情況。

六、改進和提高障礙跑的全程技術

內容：

① 在障礙跑的場地上，跑一圈過 5 個障礙（包括 1 個水池）的分段跑。

② 同上，進行 3～4 圈的分段跑。

③ 進行障礙跑的測驗或參加比賽。

教法提示：

① 進行上述練習時，每組 5～6 人，教師注意觀察學生在對手較多時技術上發生的變化或戰術上出現的問題。

② 在分段跑時，教師應計時，培養學生的速度感覺。

③ 加強戰術訓練。教師可根據學生的不同類型和特點，給學生制定不同的戰術方案，在測驗時靈活運用。

第四節·3000 公尺障礙跑訓練

3000 公尺障礙跑運動員，需要有很好的耐力素質，而且必須具備較好的速度和力量素質；要具有協調自己動作和目測起跨點的能力，還要有很好的速度感覺，還必須掌握完善的平跑和跨越障礙的技術。這些都需要經過多年訓練來逐步實現，進而創造出 3000 公尺障礙跑的優異成績。

過去參加 3000 公尺障礙跑比賽的都是中長跑運動員，尤其是長跑運動員的運動水準較高，再進行跨越障礙欄架和水池的訓練，就可以參加比賽了。近年來 3000 公尺障礙跑已達到相當高的水準，世界紀錄為 7:53.63，因此組建 3000 公尺障礙跑訓練隊，專門進行多年系統的障礙跑訓練，就顯得更為重要。

一、多年訓練

障礙跑的訓練，既要提高運動員的平跑能力，又要改善跨越障礙欄架和水池的技術。既要發展運動員的有氧代謝能力，又要提高有氧無氧混合代謝和無氧代謝的水準。障礙跑的多年訓練分四個階段。

（一）三級運動員（初級）訓練階段

這個階段是多年訓練的開始，應完成的訓練任務有：培養中長跑和障礙跑的興趣，培養道德意志品質；進行全面身體訓練，提高健康水準；著重發展速度和提高一般耐力水準；初步掌握中長跑和跨欄的技術。

訓練內容：

主要進行身體全面訓練，可以採用體育遊戲的方法和其他體育項目，以及部分跑、跳、投等多項訓練手段，這樣既可達到訓練的目的，又可引起青少年運動員的興趣。

採用長時間的勻速跑、變速跑的辦法，提高機體的有氧代謝能力。開始時心率控制在 130～150 次/分。後期增加變速跑的次數和加速跑階段的強度，心率控制在 140～160 次/分。

12～14 歲是發展速度的敏感期，應不失時機地發展少年運動員的動作速度和跑的速度，提高 30 公尺、60 公尺、100 公尺的成績。進行跑和跨欄專門練習的訓練，初步掌握和改善跑和跨欄的技術。

此階段後期應進行較全面的考評，對不適合從事障礙跑訓練的運動員安排轉項。全年跑量從 1500～2000 公里逐漸達到 3000～4000 公里。

此階段的訓練負荷如表 58 所示。

表 58　三級運動員（初級）訓練階段訓練負荷

一次課訓練時間（小時）			1.5～2
每週訓練次數			5～6
全年訓練次數			240～260
全年比賽次數		主項	
		副項	2～3
全年訓練負荷總量（公里）			3000～4000
不同代謝負荷數量比例%	準備期	有氧代謝	80～85
		有氧無氧混合代謝	15～12
		無氧代謝	5～3
	競賽期	有氧代謝	75～80
		有氧無氧混合代謝	18～15
		無氧代謝	7～5

（二）二級運動員訓練階段

訓練任務：

繼續提高身體全面訓練水準，著重提高速度和有氧耐力的水準；開始進行專項訓練，發展專項素質；掌握跑、跨越障礙欄架和水池的技術；學習障礙跑有關知識；繼續培養專業事業心和堅強的意志品質。

這個階段開始時仍以全面訓練為主，逐漸轉向以專項訓練為主；逐漸發展專項身體素質，採用大量組合練習發展速度，繼續提高絕對速度的水準；仍採用長時間持續跑、變速跑繼續提高有氧耐力的水準，心率控制在 150～160 次/分；增加有氧無氧混合代謝能力的訓練比重。運動員比賽時，跨越障礙欄架和臨近水池時要適當加快跑速，途中還要快速超越對手，因此要加強變速能力的訓練。

進行跨越障礙欄架和水池的訓練，要求運動員兩隻腿都能起跨，培養目測起跨點的能力；參加障礙跑的比賽，熟悉比賽的情況；對不適合障礙跑訓練的運動員安排轉項。此階段的訓練負荷如表 59 所示。

表 59　二級運動員訓練階段訓練負荷

一次課訓練時間（小時）			2～2.5
每週訓練次數			6～8
全年訓練次數			280～310
全年比賽次數		主項	1～2
		副項	3～4
全年訓練負荷總量（公里）			4000～6000
不同代謝負荷數量比例%	準備期	有氧代謝	70～80
		有氧無氧混合代謝	25～17
		無氧代謝	5～3
	競賽期	有氧代謝	65～70
		有氧無氧混合代謝	25～22
		無氧代謝	10～8

（三）一級運動員訓練階段

這個階段的運動員正處於青年時期，從身體到訓練都趨於成熟，正是決定能否創造出好成績的關鍵階段。

訓練任務：

不斷提高專項能力，進一步發展專項身體素質；逐步完善跨越障礙的技術，加強戰術和心理訓練；培養頑強的意志品質和勇攀高峰的拚搏精神；培養獨立進行訓練和參加比賽的能力。

這個階段訓練的目的是提高專項能力，在比賽中創造出較好的運動成績。在專

項強化訓練中，仍要注意安排全面身體訓練。

在繼續發展有氧耐力的同時，加強有氧無氧混合代謝能力的提高，並要採用發展無氧代謝能力的訓練手段。主要採用跨越障礙或不跨越障礙的反覆跑和間歇跑，以及長時間的匀速越野跑，並注意掌握好跑的速度。

進行短段落的反覆跑和間歇跑時，每個段落的速度都要高於本人 3000 公尺障礙跑的平均速度；採用長段落的反覆跑時，跑的速度要稍低於平均速度，心率控制在 160～180 次/分，隨著專項能力的提高，縮短間歇時間或增加快跑段落的距離。長時間匀速越野跑的持續時間由 40 分鐘到 1 小時。跑的速度為 3 分 30 秒～4 分鐘/公里。加強醫務監督和恢復措施，以適應高強度訓練和參加大型比賽。在反覆跑最後一次和匀速越野跑最後 400～1000 公尺時，要求運動員進行全力衝跑，培養最後衝刺的能力。

進一步加強戰術訓練，改進和提高跨越障礙欄架和水池的技術，要特別注意跨越水池技術的經濟性和實效性。在訓練中，要進行大量的跨越障礙的專門練習，提高兩隻腿都能起跨的能力，不僅能夠較好地越過多個障礙，而且要具備成功地越過 35 次（包括 7 次水池）的能力。有針對性地進行戰術訓練。

此階段的訓練負荷如表 60 所示，專項素質和專項成績如表 61 所示。

表 60　一級運動員訓練階段訓練負荷

一次課訓練時間（小時）			2.5～3.0
每週訓練次數			10～12
全年訓練次數			300～400
全年比賽次數		主項	4～5
		副項	3～4
全年訓練負荷總量（公里）			5000～7000
不同代謝負荷數量比例%	準備期	有氧代謝	50～60
		有氧無氧混合代謝	43～35
		無氧代謝	7～5
	競賽期	有氧代謝	45～55
		有氧無氧混合代謝	43～35
		無氧代謝	12～10

表 61　一級運動員訓練階段專項素質、專項成績指標不同代謝負荷數量

類別	項目	成績
專項素質	100 公尺（秒）	11.8～11.4
	立定三級跳遠（公尺）	7.70～7.90
	800 公尺障礙跑	2:30～2:10
	10000 公尺越野跑	30:40～29:40
專項成績	3000 公尺障礙跑	9:30～8:30

（四）運動健將訓練階段

這個階段運動員已經較為成熟，應根據他們的成績指標和特點，進行因人而異的訓練。訓練的目的性和專項性更強。

訓練任務：

確定個人的成績指標，進一步提高專項訓練的強度和密度，使專項身體訓練達到最高水準；經濟而實效地掌握跨越障礙的技術，熟練地運用戰術；養成自己的技術風格，積累比賽經驗，掌握個人競技狀態形成的規律，在重大比賽中獲得較好的名次和成績。

這個階段的訓練要更加突出專項訓練，提高專項能力。全年總負荷量繼續增長，逐漸將總量穩定到 7000 公里左右。增加訓練負荷的方法是增加混合代謝和無氧代謝的跑量，提高跑的強度和加大訓練密度。加強變速能力和衝刺能力的訓練，提高絕對速度的水準。

技術訓練的主要任務是儘可能地減少跨越障礙的速度損失，尤其要著重改進跳越水池的技術。大強度和大量的技術課主要安排在準備期，改進技術的練習可以和其他訓練手段組合起來進行。短段落跨越障礙的分段跑應在競賽期安排，逐漸加長分段跑的距離。

在全年訓練中要跨越 10000 次左右的障礙，並應跨越不同欄間距離的障礙欄架，以利於提高目測起跨點的能力和空間感覺。要特別注意提高在疲勞狀態下保持正確技術和保持快速越過障礙的能力。

技術訓練應與身體訓練同步進行，不能僅限於跨越障礙這個主要手段，還應配合採用發展柔韌性、彈跳力和協調性的綜合性的專門練習。

針對運動員的特點和可能遇到的不同對手，制定不同的戰術方案進行戰術訓練，培養運動員的戰術意識。

速度儲備和變速能力是靈活運用戰術的基礎。

為有效地控制運動員的訓練，教練員必須掌握有關運動員身體狀態的訊息。要進行例行的和階段的測驗檢查，由教練員、科研人員和醫生共同分析檢查的結果，及時調整訓練。

教練員要認真記錄和統計每名運動員的訓練負荷，其中包括全年總負荷量、有氧代謝、混合代謝和無氧代謝的跑量、跑和其他練習所用的時間，以及專項素質和技術訓練的準確數量（時間、公里數、過障礙等次數）。只有把訓練負荷與檢查指標相對照，才能有目的、有效地控制訓練過程。

運動健將訓練階段的訓練負荷如表 62 所示，專項素質和專項成績的指標如表 63 所示。

表 62　運動健將訓練階段負荷

一次課訓練時間（小時）			3～3.5
每週訓練次數			10～12
全年訓練次數			400～550
全年比賽次數		主項	6～8
		副項	5～6
全年訓練負荷總量（公里）			5000～7000
不同代謝負荷數量比例%	準備期	有氧代謝	40～45
		有氧無氧混合代謝	53～50
		無氧代謝	7～5
	競賽期	有氧代謝	35～45
		有氧無氧混合代謝	50～48
		無氧代謝	15～12

表 63　運動健將訓練階段專項素質、專項成績指標

類別	項目	成績
專項素質	100 公尺（秒）	11.3～10.9
	立定三級跳遠（公尺）	7.90～8.10
	800 公尺障礙跑	2:10～2:00
	10000公尺越野跑	31:00～29:30
專項成績	3000 公尺障礙跑	9:10～8:20

二、全年訓練

障礙跑的全年訓練分為準備期、競賽期和過渡期三個時期。

準備期 28～32 週，可分為 4～5 個階段：適應階段 4～5 週（11—12 月），逐漸增加跑量，以適應即將進行的大負荷的訓練；第一基礎訓練階段 10～12 週（12—2 月），提高有氧代謝和混合代謝的能力，加強身體訓練；冬季比賽階段 5～6 週（2—3 月），作為訓練的檢查手段，降低訓練負荷，是大量週的 60%～70%；第二基礎訓練階段 5～6 週（3—4 月），跑量較穩定，主要加強專項能力的提高。賽前階段 4～5 週（4—5 月），進行大強度的段落跑，進一步提高障礙跑的專項能力，為競賽期的比賽做好準備。

競賽期 14～18 週（6—9 月），主要任務是在幾次主要比賽中取得好成績。競賽期的階段劃分，應根據國際和國內的主要比賽日期來確定，大體可分為以下幾個階段：臨賽和賽間階段、準備主要選拔賽階段（國際比賽的選拔賽和全國運動會的預賽）、準備重大比賽階段（奧運會、亞運會和全國運動會等）。

過渡期 3～4 週（10 月），進行積極性休息，消除疲勞，醫治傷病。訓練負荷因人而異，一週訓練 4～6 次，訓練手段主要是慢跑和球類運動等。

全年訓練的各階段都是由數個小週期組成，每個小週期的時間為一週。根據訓練目的和特點可分為以下幾種小週期：

「適應小週期」的任務是使運動員身體得到恢復。在準備期開始時或傷病後採用，也可用於間斷訓練或緊張比賽後。主要進行提高有氧代謝能力的長時間跑，心率控制在 150 次/分以下。

「發展小週期」的任務是發展有機體的機能，提高訓練水準和運動員身體的潛在能力，加強意志品質的訓練。主要在準備期使用，總跑量相當於最大量週的90%～100%，混合代謝跑量占 40%～50%。每週訓練 12～15 次，心率控制在160～180 次/分。

「力量小週期」的任務是發展耐久性力量和支撐器官的能力。在第二基礎訓練階段後期採用。跑量為最大量週的 80%～90%，混合代謝跑量占 20%～30%，無氧代謝跑量占 6%～8%，增加跨越障礙次數。每週訓練 12～14 次。

「強度小週期」的任務是提高跑和跨越障礙分段跑的強度和專項能力。在冬季比賽階段和競賽期使用。總跑量為最大量週的 70%～90%，混合代謝跑量占 40%～50%，其中混合代謝的極限強度占有較大的比重，無氧代謝跑量占 12%～15%。

「發展」「力量」和「強度」三個小週期的訓練負荷都較大。障礙跑運動員易出現下肢肌肉、跟腱和韌帶的拉傷，應當加強醫務監督和採用電刺激、按摩等措施，使之得到迅速恢復。如果有的運動員已拉傷，應及時調整運動負荷和訓練手段，並進行治療。

「賽前小週期」的任務是調整訓練負荷，使運動員進入比賽狀態，在冬季和夏季比賽前一週採用。總跑量為最大量週的 50%～60%，以無氧代謝量為主，占15%～20%。要保持越過全部障礙和其他練習的速度。在賽前 5～6 天可進行一次大強度的訓練。

「減量小週期」的任務是消除精神的緊張和身體的疲勞。在準備期緊張訓練後和重大比賽後採用。總跑量下降 50%，只安排有氧代謝的跑，心率在 150 次/分以下。

「過渡小週期」進行積極性休息。

在準備期的第一個月小週期的安排方法是：三週「適應小週期」和一週「減量小週期」。基礎訓練階段，採用 2～3 週「發展小週期」和一個「減量小週期」。前2～3個小週期的總跑量逐漸增加，而「減量小週期」的跑量明顯減小，降至最大週期的60%～70%，如果運動員訓練未達到最高值，則採用三週「發展小週期」和一個「減量小週期」。

春季訓練的安排是三週「力量小週期」和一個「減量小週期」。

冬季比賽前的安排：一週「發展小週期」加一週「強度小週期」和一週「減量小周期」，如果賽前採用四周的安排結構，則應再增加一個「強度小週期」。

運動員在競賽期將參加多次比賽，賽前的安排結構取決於賽前時間的長短。如果兩次比賽之間只間隔一週，則安排「賽前小週期」；間隔兩週的賽前安排，應由

「強度小週期」和「賽前小週期」組成。若比賽很緊張，則賽後三天進行減量訓練。三週的賽前訓練安排：兩個「強度小週期」加一個「賽前小週期」。四週的賽前安排：一個「適應小週期」或「發展小週期」加兩個「強度小週期」，再加一個「賽前小週期」。

迎接重大比賽前訓練安排是障礙訓練的最重要的階段。這個階段安排得是否恰當，將直接影響運動員訓練水準的發揮。此階段的任務是進一步提高訓練水準，完善跨越障礙的技術和戰術，加強賽前的心理準備，培養競技狀態，為創造優異成績做好準備。

在主要選拔賽後安排一個「減量小週期」和一個「發展小週期」，逐漸增加跑量，在週末跑量達到此階段的最大值。接著進行衝擊訓練，開始是以量大而強度中等的「加量小週期」，再進行一個高強度中等量的「強度小週期」。這種衝擊訓練是在高原（海拔 1600～2000 公尺）條件下進行的，由於高原訓練的雙重缺氧，使運動員機體產生深刻的變化，其作用，在平原是難以做到的。再進行 1～3 個「強度小週期」。在這個小週期中進行檢查性的比賽和測驗。最後安排一個「賽前小週期」，結束迎接重大比賽的賽前訓練。

第八章

競　走

王君俠

第一節・競走的發展與訓練法演變概況

一、競走發展概述

（一）世界競走發展概述

競走起源於英國，19 世紀流行於少數西歐國家，主要是在公路上進行運動和比賽。這一時期競走運動遍於歐洲和北美。

1908 年競走正式作為奧林匹克運動會的項目。當年舉行的第 4 屆奧運會只設男子項目，比賽距離為 3500 公尺和 10 英里，英國選手喬・拉爾納獲得這兩個競走項目的第一個奧運會冠軍，成績分別為 14:55.0 和 1:15:57.4。

1912 年在斯德哥爾摩第 5 屆奧運會上首次設置男子 10 公里競走項目，加拿大的喬・古爾丁奪得金牌，並首創世界紀錄，成績為 46:28:10.0。

1932 年第 10 屆洛杉磯奧運會上，男子 50 公里首次列為正式比賽項目。美國選手托・格林奪取金牌，並首創 50 公里世界紀錄，成績為 4:50:10.0。

當時的競走訓練，在奧運會賽前 8～10 個月即開始練習，練習內容增加了，透過各種跑、滑雪、遊戲等來發展耐力水準、身體素質水準和提高訓練的效果。在 1936 年柏林奧運會上，英國運動員哈・惠特洛克就將 50 公里世界紀錄提高到 4:30:41.4。

1956 年在墨爾本第 16 屆奧運會上，20 公里首次設為奧運會比賽項目，蘇聯的列・斯皮林獲得金牌，成績為 1:31:27.40。

上世紀 50 年代，蘇聯競走項目的訓練已逐步系統化、科學化。間歇訓練法、重複訓練法、身體全面發展的訓練方法和手段得以科學系統地運用，訓練負荷量大幅度提升。

1964 年至 1976 年間，競走運動在世界各國逐步開展，訓練特點主要是綜合採用一些方法和手段，表現在一定強度下的變速競走，而且更加重視了選材和恢復，並加大了負荷量。

1976 年以後，隨著競走運動在世界各地的廣泛開展，女子競走發展很快，比較突出的是蘇聯、中國、義大利、荷蘭、瑞典、奧地利、澳洲等國家。

1980 年國際田徑聯合會批准將女子 5 公里和 10 公里作為正式比賽項目，各國女子競走迅猛發展，由於中國女子競走起步較早，中國運動員多次打破女子該兩項世界紀錄，並奪取世界盃團體冠軍。1987 年第 2 屆世界田徑錦標賽首次設立女子 10 公里競走項目，蘇聯的斯特拉霍娃以 44:12 奪取冠軍。

上世紀 90 年代，競走訓練理念有了新的發展和提高，表現在重視選材、恢復訓練、訓練負荷以及生理、生化對於競走項目效益的研究與實踐上，而且高原條件下的訓練也在積極應用與推廣。

1992 年巴塞隆那第 25 屆奧運會首次設立女子 10 公里競走項目，中國優秀運動員陳躍玲成為奧運會歷史上第一枚女子競走金牌得主，成績是 44:32.0。

2000 年雪梨奧運會上女子 20 公里競走替代了女子 10 公里競走，中國優秀運動員王麗萍又成為首枚奧運會女子 20 公里金牌獲得者，成績為 1:29:05。波蘭名將科熱尼奧夫斯基在雪梨奧運會上包攬了兩個男子項目的金牌。

2004 年雅典奧運會上，義大利的伊·布魯涅蒂以 1:19:40 獲得 20 公里金牌；波蘭老將科熱尼奧夫斯基以 3:38:46 奪得 50 公里競走冠軍；希臘優秀女選手特索梅利卡以 1:29:12 奪取女子 20 公里金牌。

2008 年北京奧運會三個項目的金牌得主分別是:男子 20 公里為俄羅斯選手博爾欽，成績 1:19:01；男子 50 公里為義大利選手施瓦策，成績 3:37:09；女子 20 公里為俄羅斯選手卡尼斯金娜，成績為 1:26:31。

進入 21 世紀，世界競走運動成績仍然不斷提高，主要有賴於競走訓練科研的進一步深化，訓練更切合競走項目特性。各個國家都形成了適合本國運動員實際的訓練方法和理念。總體上仍然強調發展有氧代謝能力，突出以無氧閾值強度為主的訓練，在發展專項能力的方法上，提高運動員無氧閾值上的耐乳酸能力的訓練。

（二）中國競走發展概述

20 世紀初，競走運動由歐洲傳入中國。新中國成立後，競走運動發展較快，1956 年 5 月 14 日在北京舉行了全國越野、競走冠軍賽，男子比賽路線約 10 公里，西安體育學院中專學生唐兆銓以 52:52.4 的成績奪得新中國第一個競走冠軍。

1956 年 10 月 15 日在北京舉行了第 16 屆奧運會選拔賽競走比賽，此次只有 10000 公尺的場地比賽，關紹英以 52:11.6 的成績創造了第一個全國場地競走紀錄。

1959 年第 1 屆全運會男子 10 公里列為正式比賽項目，黑龍江運動員李福德以 48:56.60 的成績奪得冠軍，創造了新的全國紀錄。1965 年第 2 屆全運會男子 20 公

里競 走設為正式比賽項目，冠軍是北京的楊其勝，成績為 1:35:29.40。

1949 年至 1979 年這一時期，本是中國競走發展的起始階段，但新中國剛剛建立，百業待興，特別是受到自然災害和「文革」的影響，使這一時期成為中國競走最艱難、起伏最大、發展最緩慢的時期。

這一時期，中國競走在訓練理論、訓練方法、競走技術和裁判方法上，主要是學習蘇聯的體系與模式，為中國競走的後期發展打下了基礎。中國諸多優秀的競走運動員退役後又成為眾多優秀教練員，延續著蘇聯的方法和經驗，為改革開放後競走項目的發展和提高創造了較好的條件。

1980 年後已顯現出中國競走項目的發展勢頭和潛力，中國女子項目更顯強勁勢頭。1983 年第 5 屆全運會，中國競走項目與世界接軌，設置了男子 20 公里和男子 50 公里兩個項目。從戰略角度出發，女子項目也成為全運會正式比賽項目。遼寧優秀運動員張阜新，勇奪兩項男子競走金牌，成績為 1:27:38.0 和 4:03:02。女子 5000 公尺遼寧閻紅以22:51.60 奪冠，女子 10 公里遼寧徐永久以 49:39.5 摘金。

1984 年國際田徑聯合會首次公佈女子競走 5000 公尺和 10000 公尺的世界紀錄，中國運動員閻紅以 45:39.5 的成績成為第一個女子 10000 公尺世界紀錄創造者。此時，中國有多名女運動員打破女子 5000 公尺、10000 公尺世界紀錄，數人次獲世界盃競走賽團體和個人冠軍，標誌著中國女子競走項目開始進入世界先進水準行列。

此後，在 1992 年第 25 屆巴塞隆那奧運會上陳躍玲奪得女子 10 公里金牌，李春秀獲得銅牌；1996 年亞特蘭大第 26 屆奧運會，王妍又獲得了女子 10 公里銅牌；1997－1999 年，王妍、劉宏宇先後奪取世界盃和世錦賽女子 20 公里金牌；2000 年第 27 屆雪梨奧運會，王麗萍為中國再次奪取女子 20 公里金牌，此時期，中國女子競走處於世界領先地位。

中國競走在女子項目進入世界水準行列的過程中，激勵著男子項目的發展與提高。中國男子優秀運動員李明才在 1991 年 8 月世錦賽上獲 20 公里第 8 名，這是中國男子運動員首次在世界大賽上進入前 8 名；在 1992 年第 25 屆奧運會上，陳紹果獲得男子 20公里的第 5 名，是中國男子競走項目首次進入奧運會的前 8 名。1995 年 5 月在北京舉行的世界盃競走比賽，中國運動員囊括了三個個人項目的金牌和兩塊團體金牌，創造了中國競走項目歷史上的輝煌。

中國競走運動在發展過程中創造過輝煌，但也出現過多次反覆。自王麗萍 2000 年奪取奧運金牌後，一直與金牌無緣，這些反覆現象，在本世紀以前主要是技術問題，但本世紀以來有技術問題，也有訓練理念問題，還有後備人才不足的問題，中國在世界大賽中，競走運動員的實力不強。

2009 年在柏林舉行的第 12 屆田徑世錦賽上，中國優秀運動員王浩獲男子 20 公里銀牌，劉虹獲女子 20 公里銅牌；2010 年 5 月在墨西哥舉行的第 24 屆世界盃競走比賽中王浩奪得 20 公里金牌，同時奪取了三個團體項目的金牌。

田徑運動 高級教程

這是田徑管理部門改變訓練理念，改換訓練思路、走出去、請進來，與世界競走強國俄羅斯和義大利不斷交流學習的結果，這是一個好的跡象，也是中國競走正從低迷向上攀升。

二、競走技術與訓練的發展

（一）競走技術的發展

競走是從普通走發展起來的，競走技術是在競走比賽的過程中，根據規則的不斷改進、演變和完善而形成。

早期的競走技術主要強調不得有跑的意識和跑的技術結構，隨著競走成績的不斷提高，雙腳不得同時離地（即不得騰空）作為裁判員判罰的主要依據。1992年國際田徑聯合會對競走定義又作了修改，「競走是與地面保持不間斷地向前跨步走。」「每步中，在後腳離地前，前腳必須與地面保持接觸。」「支撐腿在垂直部位是至少有一瞬間是伸直的（即膝部不得彎曲）。」

中國部分競走教練員和運動員利用這一競走定義，創造了符合中國人特點的競走技術「只要保證支撐腿在垂直部位伸直就行，前腳落地可以自然伸直過渡。」這樣的技術符合競走定義，又可加快落地到垂直階段的時間，甚至落地時腳已在身體重心投影點下方，不少運動員足跟著地點與身體重心投影點距離不足5公分。這就是在中國持續較長時間的「小步幅、快頻率」技術，也稱為「高頻走」技術，並快速地在全國流行，加快了中我國成績提高的速度，男、女競走項目迅速進入世界先進行列。這樣的技術在當時雖符合競走定義，但「高頻走」技術風險太大。

上世紀80年代中期，諸多國家的科研人員發現，運動員比賽和訓練中快速走時，都會有短暫的騰空。這個短暫的騰空瞬間，研究認為在50～60毫秒。

1996年田徑規則作了重要修改：「競走是運動員與地面保持接觸、連續向前邁進的過程，沒有人眼可見的騰空。前腳從觸地瞬間至垂直部位應該伸直（即膝關節不得彎曲）。」這一規則將「向前跨步走」，改為「邁進的過程」，以避免騰空。同時要求「前腳從觸地瞬間至垂直部位應該伸直」，而不是原定義的「支撐腿在垂直部位是至少有一瞬間是伸直的」；也就是說，伸直有了過程，如果沒有伸直這個「過程」，即有可能違背競走定義。

「小步幅、快頻率」技術，由於步幅小頻率快，雙支撐不明顯，外觀上像跑。這樣技術的運動員，足跟著地不明顯，快走時易屈腿、易騰空。另外，由於雙支撐不明顯，小腿與腳又上撩，容易改變競走技術結構，常被判罰騰空。

「技術是競走項目的生命線」，近年來中國加大了對競走技術的改進與訓練，聘請世界優秀教練員、運動員來華執教，進行示範；聘請國內有關專家、教練員指導技術訓練；科研人員分析技術，提出改進技術的建議，近兩年來中國「小步幅、快頻率」的技術大有改觀，步幅在增大。特別是中國高水準後備人才競走基地的兒

少運動員，強化以技術訓練為主，已取得明顯的效果。

但大步幅競走技術並不是一味地追求大，只有根據運動員身體形態（身高、腿長）、身體素質和個體特點，將步頻和步長有機結合起來的大步幅，才是規範競走技術所提倡的。

只有抓好競走技術，才有可能將訓練中所獲得的專項能力充分展現出來。

（二）競走訓練的發展與趨向

競走是技術與專項能力相結合的耐力性項目，競走的訓練必須遵循競走項目的特性。在競走運動發展的過程中，技術不斷完善，運動水準不斷提高，促使著競走項目訓練的理念也在不斷改變。

現代競走項目的訓練仍然以發展有氧代謝能力為主，在提高耐力的基礎上，不斷提高專項能力。中國培養過奧運冠軍和世界冠軍的著名教練員王魁、劉旭昶、沙應正、楊文科都是這一理論的實踐者。

競走是耐力性項目，負荷量大、運動時間長，項目性質和距離決定了這是一個艱苦的運動項目，運動員必須經由大負荷的運動量來提高耐力水準。

除對心血管和呼吸系統功能要求高之外，對競走運動員身體綜合素質要求也很高，要注意發展與競走項目性質一致的素質和體能，否則綜合素質低下就會制約專項能力的發展。

現代競走項目的訓練理念，首先是掌握好規範的競走技術，在打好耐力能力的基礎上，發展適合競走特性的速度、柔韌、靈敏、力量、專項耐力、心理和運動智能。因此，世界競走強國都致力運動員競走技術與運動員綜合能力的培養與訓練，世界競走強國和中國奧運會及世界大賽冠軍獲得者都是技術與運動能力完美結合的典範。

就專項能力的訓練而言，當代競走訓練仍以無氧閾值下的有氧代謝能力訓練為主；在提高專項能力和速度耐力的訓練中，則應表現出高於無氧閾值的耐乳酸能力的訓練。

因此，競走訓練在大負荷量發展一般耐力的同時，注重了與大強度訓練的結合。在專項訓練耐力時，心率一般保持在 140～160 次/分，發展速度耐力訓練可達 170～186次/分，這樣的強度可有效提高競走所需要的速度耐力能力。但片面強調高於乳酸閾值的強度訓練必然會違背競走項目的特性。

競走運動員的身體訓練，是防止傷病、抵禦疲勞、承受大負荷訓練的保證。上世紀80年代以前，透過大量走可以獲得好的成績或名次，但在現代，只會「走」的競走運動員是不可能成為國家乃至世界級優秀競走運動員的。世界各競走強國都在不斷強化身體訓練，他們不僅外觀強健，而且在運動時更表現出強勁的體能。

競走項目的身體訓練是多元化的，不是單一的利用耐力素質訓練，各種發展速度、力量、耐力、靈敏運動項目的廣泛應用，結合競走項目特性進行身體訓練才會

有實際的效果。

高原訓練已被教練員、運動員所接受，這種訓練是有個體差異的，不一定適應每一個人，有的國家採用較多，有的採用較少。選擇高原訓練，要考慮上高原的時間與訓練的適應，下到平原時要考慮下高原的時機、適應與能力的延續，這些因素是需要區別對待的。

競走項目是一項運動負荷大、運動時間長的項目，恢復訓練對競走項目至關重要。競走項目的恢復不應侷限在一般的手段上，首先從訓練週期上要有恢復的訓練安排。大週期、年度訓練週期、階段訓練週期以及月、週、課時訓練計畫，都要有恢復訓練的計畫、手段和方法。

常用的是在年度以上週期性訓練計畫中安排休整期（過渡期）、調整期；在階段訓練和課時訓練中，則常安排調整訓練（課）或積極性休息等，這是科學訓練的體現，是完成現時訓練和後繼訓練的保證。

不同訓練內容負荷需要的恢復時間不同，注意科學控制訓練節奏、合理安排訓練計畫是取得訓練成果的保證。

第二節・競走技術

一、競走技術特點

競走技術表現為步幅大、節奏快。競走時髖關節圍繞著身體垂直軸前後轉動，同時又圍繞著矢狀軸上下和額狀軸左右轉動。

二、競走技術的多學科特性

（一）競走技術運動學特徵

雖然競走定義反映出「沒有（人眼）可見的騰空」，但競走是單腿支撐與雙腿支撐交替進行的週期性運動的理論沒有改變。

在這一週期性運動學理論中，競走技術可以分為前支撐（前擺著地）、垂直支撐、後支撐（後蹬）、前擺、後擺五個階段。

雙支撐階段是由前擺著地瞬間與後蹬離地瞬間同時接觸地面的技術現象，不應視為一個技術階段。

但從競走技術表象的實際運動學特徵分析，競走技術可分為四個階段，即向前擺腿、前擺著地（前支撐）、垂直支撐、後蹬（後支撐）。

四個階段主要從競走訓練與比賽過程的實際來分析和應用的，這樣認識和應用有利於競走時擺動腿積極向前擺，避免小腿向後上方擺和向後上方撩，以防競走技

術結構的改變，而被裁判員判為騰空。

「向前擺腿」涵蓋了後蹬離地至垂直支撐階段腿部的位置（即五階段的後擺）。這一概念緣於競走後蹬結束後，擺動腿膝帶動小腿是向前擺動，形成自然摺疊積極前擺著地的態勢，避免後蹬離地後小腿向上擺動，出現犯規現象。

兩個技術階段的劃分並不矛盾，五個階段的劃分主要運用於競走技術教學和研究，以及對競走過程中技術的解析。四個階段主要是運用於實踐和適應競走裁判員判別的理念，以有效地參加比賽。

（二）競走技術分析

規範的競走技術表現在兩臂前後擺動，擺動腿前擺著地必須伸直，足跟著地明顯（圖23①②③），後蹬充分（圖23 ⑪⑫⑬），步幅開闊，重心平穩，與髖關節協同配合，形成良好的競走姿態。

圖23　2010年世界杯冠軍王浩的競走技術（王林拍攝製）

1.上體與擺臂技術

兩臂前後擺動，肘屈約為90°，半握拳，前擺至下顎與乳頭間，肘屈略小於90°（圖23 ⑪⑫⑬）。前擺時支撐腿一側的髖高於擺動腿一側的髖（圖24③），支撐腿一側的肩低於擺動腿一側的肩（圖24①②③）。後擺時上臂與地面接近水平（圖23①②⑫⑬）。

競走時軀幹正直或稍前傾，眼睛平視，頸、肩部放鬆，兩肩連線與髖關節連線橫軸形成交叉狀前後運動（圖24④）。

2.髖部的轉動技術與步幅

競走時以髖關節圍繞身體垂直軸前後轉動為主，同時圍繞矢狀軸和額狀軸轉

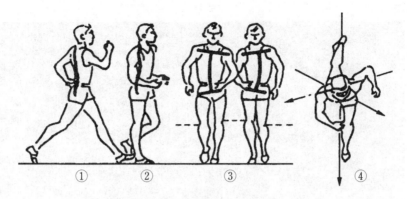

圖 24 競走上體與髖、肩關係

動，以補償身體的平衡。當雙腳支撐時，兩腿夾角大，步幅開闊（見圖 23①②），形成了競走技術特徵。

3.後蹬、前擺與雙支撐技術

後蹬時由髖部發力，傳導致膝關節、踝關節、趾關節產生後蹬的伸屈力；後蹬的用力是由足跟著地滾動到前腳掌，由腳趾蹬離地面，此時的後蹬勢能最為有力。

當膝擺過身體垂直支撐面之後，此時腳踝積極迅速地超越膝關節向前擺，同時要求腳部應貼近地面向前擺動（見圖 23 ⑪、⑫　⑬），形成以足跟明顯著地的前擺技術。

後蹬離地瞬間，正值前擺腳著地瞬間，形成了競走週期中的雙支撐技術現象（見圖 23①⑬）。

4.前擺著地與垂直支撐技術

前擺著地至垂直支撐階段，腿必須伸直，這是規則限定的。垂直階段，左右兩腳近乎重疊，擺動腿膝放鬆（見圖 23⑦—⑨）。

當腳擺過垂直支撐點後，擺動腿腳踝快速超越膝部（見圖 23⑩—⑫）至擺動腿前擺伸直落地（見圖 23 ⑬⑭）。

前擺腿足跟著地，腳尖自然翹起，滾動到前腳掌（見圖 23②③⑬⑭），不必刻意勾腳尖，以免造成膝關節、脛骨前肌和腳踝部緊張。

5.身體重心運動軌跡特徵

競走過程中，身體重心是影響技術和裁判員判定的重要因素之一，身體重心直線性向前，避免左右偏移，運動中重心向上向下呈波浪式曲線運動，速度越快，上下波動越小，身體重心最高點在雙支撐階段，垂直支撐階段重心最低（圖25）。

根據上述技術分析，規範競走運動員的技術，教練員可根據運動員的身體形態和身體素質特點，實施競走技術要求的訓練和改進技術。

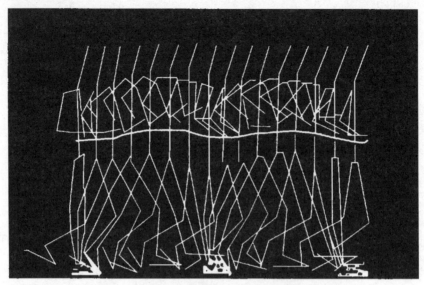

圖 25　第 24 屆奧運冠軍王麗萍身體重心曲線圖

（三）影響競走定義的成因分析

1.騰空的產生因素

競走定義對騰空現象是這樣描述的：「沒有（人眼）可見的騰空。」反映出現代競走技術騰空現象的存在，但前提條件是人眼看不出騰空。那麼在什麼樣的技術現象下人眼看不出呢？應當由造成騰空的成因進行分析。

垂直支撐階段過後即進入後支撐階段，後支撐腳離地瞬間與另一腿的腳前擺著地瞬間，構成了雙支撐階段。現代競走技術的雙支撐階段出現了短暫的騰空，規則也確認這種騰空必須是人眼不可見的。

有關醫學研究表明：技術動作反映到眼睛，經視網膜傳到大腦，再返回到視網膜至技術動作，這一過程大約有 0.05 秒左右的短暫時間。有關研究對優秀競走運動員競走技術解析分析看出，一個單步擺動時間為 0.33 秒，支撐時間為 0.28 秒，這之間的時間差，即是出現騰空的 0.05 秒，與上述研究吻合。

短暫的騰空是在競走運動水準不斷發展過程中出現的，0.05 秒的騰空是影片解析定格後的數據參數。競走實踐中騰空的臨界值是無法確定的，運動員在訓練與比賽中不可能控制其騰空臨界值，練就規範的競走技術才是最實效的。

涉及騰空的因素還有很多，如：運動員往往用小步幅加快頻率來提高競走速度，但步幅小到一定程度，受最快頻率的制約，就會用騰空來彌補步頻的不足，進而達到提高競走速度的目的。如果要加大步幅，又要保證速度不下降，那麼騰空必然會出現。

後蹬結束瞬間，膝關節角度過小會造成小腿向上擺動，外觀像跑的後擺技術，

裁判員自然就會判騰空了。如果擔心小腿上撩被判騰空，而增加大小腿間的角度，會使擺動腿半徑加大，那麼不僅會影響擺速，還會使擺動腿緊張。因此，後蹬結束後，大腿帶動小腿積極向前擺，大小腿自然摺疊，其角度保持150°左右比較合理。

身體重心在競走技術中有著特殊意義，在技術規範情況下，速度越快，重心越平穩，起伏就越小。重心起伏的高低，是競走裁判員判斷是否符合競走定義的依據之一。

後蹬角度大，髖關節圍繞身體垂直軸轉動不明顯，前擺落地不積極，動作飄，聳肩擺臂，都會造成重心起伏大，或給裁判員造成外觀有騰空之感。因此，改進後蹬角度，注意髖的轉動，前擺腿的腳積極落地，注意前後有力擺臂，都會使身體保持平穩的狀態，騰空的可能性就小。

由於雙支撐階段存在人眼不可見的騰空，雙支撐技術易發生改變，當前擺腿尚未著地時，後蹬腿膝已靠近前擺腿，使競走技術結構發生了變化，趨於跑的技術結構，所以自然容易出現騰空現象。

競走比賽時也會因主客觀因素而出現騰空，如：加速時、超越時、拼爭和最後階段衝刺時，都有出現騰空的可能。

客觀環境也可造成騰空，如：上、下坡時、折返點繞半徑走時、路過飲用水站時。當然，因體育道德缺失，想利用客觀環境投機者也難以避免。

磨鍊競走技術使之規範化是最為實際的，規範的技術可能超過 0.05 秒沒有被判罰，不規範的技術可能不足 0.05 秒而遭判罰的大有人在，加強競走技術的規範化訓練是教練員和運動員必須遵循的原則。

2.出現屈腿的成因

競走定義對競走過程的屈腿是這樣確認的，「前腿從觸地瞬間至垂直部位應該伸直（即膝關節不得彎曲）」。裁判員依據定義進行判斷，但是，產生屈腿現象是有主客觀因素的。主要表現在：

競走運動員膝關節的形態十分重要，但膝關節本身不直，比賽中就會常常被判罰。因此，教練員在選材時必須考慮腿型和膝能否伸直這一重要因素。

運動員競走技術的好壞，與運動員狀態非常相關。狀態不佳時，動作就會彆扭、不協調，後程體能下降就常會出現屈腿。因此，賽前培養競技狀態，加強運動員體能訓練和提高耐乳酸能力的訓練是不能忽視的。

競走比賽時的地形與環境中有可能出現上、下坡的路段，如果上、下坡技術運用不當，都有可能出現屈腿。因此，平時要加強上、下坡的訓練，體會上、下坡時腿部的用力，體驗身體傾斜的角度。比賽前熟悉路線也是十分必要的。

因傷痛，運動員會有自我保護、控制傷痛部位活動的意識，特別是坐骨神經以下的傷痛會使競走技術發生改變，主要是會造成屈腿現象。教練員平時訓練時加強運動員核心部位的力量練習，提高身體全面發展水準，是防止因傷改變技術的有效

方法。

足跟著地不明顯，腳落地點距身體重心投影點近，是易於屈腿的重要因素。足跟著地時，身體重心在足跟著地點之後，如果足觸地角度小或全腳掌著地，腳很快與地面踩實，難以直腿使重心移過支撐點，這樣就只好由屈膝來前移重心。中國有些運動員常被判屈膝，其顯著特點就是腳觸地角度小。

3.競走技術結構的改變

雙支撐是由前支撐和後支撐構成的。後支撐體現的是後蹬與後蹬過程。

競走過程，當身體重心移過投影點後即進入後蹬。後蹬應充分、有力，髖關節圍繞垂直軸前後轉動；擺動腿前擺時，大腿要帶動小腿積極前擺，在擺動腿向前擺過程中，腳部應貼近地面向前擺動著地。此時正值後蹬結束與前擺著地瞬間，形成雙支撐技術現象。

雙支撐時，如果大腿夾角小，雙支撐尚未形成，後支撐腳已經離地，大腿過早地向前腿靠，則極易使競走技術結構改變，外觀像跑。

競走雙支撐技術結構不明顯或已消失，近乎跑的技術結構，則屬於騰空犯規。

4.高頻走技術

上世紀 90 年代，中國競走運動員形成的「小步幅、快頻率」，也稱為「高頻走」技術，這種小步幅、快頻率技術產生的主要因素是轉髖幅度小、後蹬不充分，影響了擺動腿向前擺動的距離，形成落地點距身體投影點近。另外，在重視前擺的同時，忽視了後蹬的作用，造成後蹬過程用力不足，效果不好。

這樣的技術，在一般情況下雖未違背競走定義，但卻最容易違背競走定義。這種技術在上世紀 90 年代國內較為普遍，尚有生存的空間，可是到了世界大賽，特別是 1996年執行新的競走定義和規則以後，卻時常不被國際裁判認可。

競走定義規定「前腿從觸地瞬間至垂直部位應該伸直」，這樣就有了一個直腿落地與用力的過程，由於運動員步幅小，小腿前擺不夠，腳觸地角度小，腳落地距身體重心投影點太近，這一過程很短暫，甚至有的技術沒有這個過程，落地時就已到了垂直階段，裁判員判騰空或屈腿都是有道理的。也是因為步幅小，腳後跟著地不明顯，加之步頻快，常常會被裁判員給予騰空警告和判罰。

在同樣距離的訓練與比賽中，步幅小的運動員兩腿交換頻次多於步幅大的，身體能量消耗大於步幅大的。大步幅技術有實效性，外觀像競走；小步幅技術實效性差且外觀像跑，愈快愈像跑（或已是在跑）。

（四）競走技術解剖學分析

在競走技術的一定週期中，參與工作的肌肉不同，用力的強度不同。改進競走技術必須瞭解在運動過程中，有哪些肌肉參與工作，以便有的放矢地發展所涉及肌

肉的力量、肌肉柔韌性和肌肉能力。

1.腿部主要參與競走的肌群（圖26）

擺動階段 A：腹直肌、臀大肌、股四頭肌、脛骨前肌、腓骨長肌、比目魚肌等。

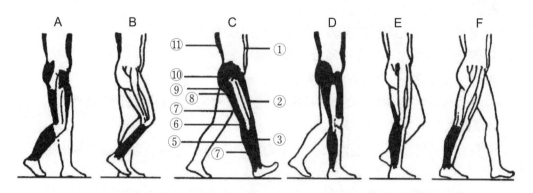

①腹直肌 ②股四頭肌 ③脛骨前肌 ④小腿三頭肌 ⑤腓骨長肌 ⑥ 股二頭肌肌腱
⑦ 半腱半膜肌 ⑧股二頭肌 ⑨擴筋膜張肌 ⑩臀大肌 ⑪伸脊肌群

圖26　不同階段下肢肌肉用力過程

前擺階段 B：股四頭肌、脛骨前肌、腓骨長肌、半腱半膜肌、股二頭肌、臀大肌、伸脊肌群。

垂直支撐階段 D、E：腹直肌、臀大肌、股二頭肌、股四頭肌、脛骨前肌、腓骨長肌、伸脊肌群、小腿三頭肌、半腱半膜肌、擴筋膜張肌。

雙支撐階段 C、F（前後支撐）的前支撐：腹直肌、臀大肌、小腿三角肌、股二頭肌、股四頭肌、伸肌肌群、擴筋膜張肌等。

後支撐 F：小腿三頭肌、踝、趾關節與足部小肌群。

2.擺動與支撐機理

後支撐與向前擺動是兩腿同一時相的動作，是身體重心向前移動的主要技術階段。可以看出，前擺階段參與的肌群最多，反映出在競走技術中的重要作用。

提高這些肌群的力量，發展這些肌群的運動能力，對改進競走技術的效果是顯而易見的。

3.支撐與伸屈力

髖關節、踝關節、趾關節的伸屈力是提高步頻和增大步幅的重要因素之一。由於許多運動員伸屈力薄弱，雖然頻率很快，但實際效果並不好；有的則因為肌肉韌帶柔韌性差，無法增大步長，還容易產生「騰空」。提高後蹬技術和肌肉用力，有利於髖、膝、踝三個關節的伸屈力和步長的增加。

第三節・競走技術教學法

一、教學步驟

（一）建立正確的競走技術概念

內容：

① 講解學習競走的目的意義、競走規則與技術要點。

② 競走技術示範（學生從側面、正面觀看）。

③ 學生試走 2～3 次（60～100 公尺）。

④ 播放優秀競走運動員的技術錄影、電影碟片、觀看有關技術圖片等。

教學提示：

① 使學生明白：學好競走技術，走得好、走得快並非易事，必須付出艱苦努力。

② 在教學過程中要防止求快，必須一步一個腳印，踏踏實實地按競走技術要點學習，掌握動作後再求快速提高。

（二）學習競走的上肢與擺臂技術

內容：

① 上體姿勢。上體正直稍前傾，挺胸抬頭，收腹，屈肘約 90°，前擺時略小於 90°，後擺時肘略大於 90°，上臂幾乎與地面平行。

② 原地擺臂。原地站立，兩腳併攏，兩臂屈肘前後擺動，前擺稍向內，手不超過身體中線，後擺稍向外。

③ 原地擺臂轉髖。原地站立，兩腳併攏，兩臂屈肘前後擺動，腰髖配合向前後轉動，兩膝交換前送。

教學提示：

動作放鬆、自然，節奏明快，與下肢動作協調配合。

（三）學習轉髖動作

競走時，髖圍繞身體垂直軸前後轉動，此時髖圍繞身體前進方向的矢狀軸呈上下轉動，髖圍繞身體的額狀軸呈左右轉動；只要競走時在向前運動，三個軸必然都會以不同方向和用力方式轉動。學習髖部技術是競走教學的核心。

內容：

① 圍繞垂直軸前後轉動。手支撐肋木做向前送膝，同時髖前後轉動。

② 原地站立送膝。前後擺臂，隨膝的前送，髖前後轉動。

③ 行進間大步走。直臂前後大幅擺動，雙腿大步向前走；注意用髖同步前後轉動向前走。

田徑運動 高級教程

④ 沿直線走的過程。體會髖向前與同側擺動腿前擺時，圍繞垂直軸轉動的技術。

教學提示：

髖部轉動的幅度至關重要，在加強髖前後轉動的同時，還應注意髖部左右和上下轉動的練習。

做髖部轉動的練習時，必須與發展柔韌、力量和上下肢動作協調進行。

（四）學習競走腿部動作

內容：

① 前擺過程技術。後蹬離地後膝帶動大小腿向前擺動，當膝擺過垂直支撐面後，踝與腳部加速超越膝關節的位置，形成直腿著地狀。

② 後蹬與前擺技術。後蹬結束離地瞬間，膝與小腿角度控制在 150°左右，以防小腿和腳向上撩造成騰空；同時要防止踝與腳部加速超越膝關節時小腿打開過早，形成直腿擺，影響擺速；擺動腿的腳應貼近地面前擺，著地時足跟落地要明顯，以防屈腿。

③ 垂直支撐與後蹬。當身體重心移過垂直支撐點時即開始後蹬，要注意充分後蹬技術，由大步送髖走培養後蹬意識。

④ 前擺著地與垂直支撐。前擺著地至垂直階段腿必須伸直，此階段成為競走技術的一個過程，因此著地時注意足跟著地和足尖自然上翹。腳落地時不能距投影點過近，根據身高和走的速度情況，一般在 25～35 公分較為合適。

教學提示：

要學好腿部所涉及的技術，首要的是發展髖關節部位的轉動技術和發展核心力量。

（五）學習競走的完整技術

內容：

① 50～60 公尺普通走過渡到大步走，大步走過渡到競走。

② 80～100 公尺段落慢、中速度競走，學習和體會競走技術。

③ 400～800 公尺中速競走。

④ 利用上、下坡走，逆時針、順時針彎道走，公路走改進技術。

教學提示：

嚴格按照競走定義不得屈腿、不得騰空的規定進行競走練習，並以規範的競走技術進行完整技術練習。

練習過程中注意身體正直，眼睛平視。做完整技術練習時，注意身體和上下肢的協同配合。

（六）競走專項技術練習方法

根據年齡、形體和個人狀況，選擇適宜的競走技術進行學習和練習。

1.上肢技術練習法

① 原地擺臂：原地站立，兩腳併攏或前後站立，兩臂屈肘前後擺動，前擺稍向內，手不超過身體中線，後擺稍向外。

② 原地擺臂轉髖：原地站立，兩腳併攏，兩臂屈肘前後擺動，腰髖配合做前後轉動，兩膝交換前送。

2.髖部技術練習法

① 支撐原地轉髖交叉競走：手扶肋木或支撐物，原地站立，兩腳開立約 1 公尺寬，左腿向右擺動，以腳跟領先著地；右腿向左擺動，以腳跟領先著地，交互進行。

② 行進間轉髖交叉競走：左腿向右前方擺動，以腳跟領先著地；右腿向左前方擺動，以腳跟領先著地，交互前進。

③ 原地轉髖跳：手扶支撐物，原地站立，兩腳分開約 1 公尺寬，左腿以足跟著地，右腿以足尖著地，利用髖關節轉動，交換成左腿以足尖著地，右腿以足跟著地，反覆進行。

④ 仰臥交叉擺腿轉髖：仰臥墊子上，兩手側平舉撐地，左腿擺動至右手方向，髖隨腿的方向轉動，然後還原；右腿擺動至左手方向，髖隨腿的方向轉動，反覆進行。

3.下肢技術練習法

① 直臂擺大步走：兩臂在體側大幅度擺動，配合兩腿做大步競走。

② 足跟著地直腿走：以足跟著地競走，步子小，腿伸直。

③ 體前屈競走：上體前屈與地面平行，兩臂自然下垂，前擺腿以足跟領先著地，並滾動至全腳，在後蹬結束瞬間，交換腿向前邁步。

④ 繞「8」字或彎道競走：沿著兩個相連的直徑 5～8 公尺的圓圈競走，或沿著彎道線做順時針和逆時針方向的競走。走時隨著身體重心的變化，調整動作的幅度和轉髖的方向。

⑤ 沿直線競走：兩腳沿跑道線競走。

⑥ 「S」形競走：每隔 35 公尺設一標誌物，做左右兩側繞標誌物競走。

⑦ 上下坡競走：沿著 20°～30°的坡道，進行上下坡的競走。上坡時，注意身體的前傾，步長適當縮小並加強後蹬；下坡時，注意身體的後傾，步幅適當加大並防止騰空。

⑧ 腳趾站於稍高處做起踵練習：提高踝和腳部技術與蹬伸力量。

二、競走教學中易犯錯誤及其糾正方法

在競走技術教學中，常會出現違背競走定義的錯誤，有的技術雖不屬於競走定義的範疇，但會誘發違背競走定義的技術錯誤，或使觀眾及競走裁判產生誤解，因此加強對競走技術易犯錯誤的糾正（表 64），是競走技術教學不可缺失的。

表 64　競走技術易犯錯誤及其糾正方法

常見與易犯錯誤	產生原因與技術現象	糾正方法與改進意見
騰空	1. 步幅過大或過小 2. 全腳掌著地 3. 後蹬離地後拋撩小腿 4. 膝前擺角度過小 5. 拼爭激烈，速度過快	1. 確立適合個體的步幅 2. 注意足跟著地 3. 後蹬離地後注意合理的膝角 4. 控制與對手拼爭和最後階段的速度
屈腿	1.膝本身不直 2. 重心過低 3. 落地全腳掌著地 4. 彎道技術變形 5. 後程體力下降	1. 選材時注意腿型 2. 足跟著地要明顯 3. 加強雙腿支撐力量 4. 多做逆時針、順時針及「S」形走
競走技術結構改變	1. 雙支撐不明顯 2. 後蹬不充分 3. 後蹬離地過早 4. 前擺落地距身體重心投影點近	1. 充分後蹬及注意後蹬角度 2. 髖前後轉動要有幅度 3. 後蹬後不要過早離地 4. 前腳落地至垂直部位要有過程
髖轉動不協調、幅度小	1. 髖繞三軸轉動浮動小 2. 柔韌性、靈活性差 3. 兩大腿間夾角小 4. 注意擺腿而忽視轉髖	1. 加強轉髖練習 2. 發展髖部柔韌與靈敏 3. 加強後蹬 4. 重視擺臂與轉髖的協調關係
上體上肢搖擺過大	1. 左右橫擺擺臂 2. 腳落地沒有沿直線 3. 肩部緊張，用力不當	1. 重視前後擺臂的練習 2. 上肢與肩部放鬆 3. 沿直線走
足跟著地不明顯	1. 腳落地距身體重心投影點近 2. 有屈腿嫌疑	1. 前擺著地腿伸直 2. 足跟著地要明顯

第四節・競走訓練

競走訓練要根據運動員的年齡、基礎、成績和所確定的訓練任務進行，各年齡和訓練階段目的不同，所承擔的任務不同，訓練方法和手段有差異。

一、不同等級運動員的訓練

（一）初學者三級、二級運動員訓練階段

1.訓練任務

① 學習掌握合理、規範的競走技術。
② 提高身體素質和全面發展水準。
③ 提高心血管系統和呼吸系統的機能，注意有氧代謝能力的發展。
④ 提高靈敏協調和運動智能。

2.訓練要求

① 由各種專門性和輔助性競走技術練習，學習掌握符合競走定義的規範技術。
② 以身體全面訓練為主，在發展耐力素質的過程中，不要忽視少兒靈敏、協調和速度發展的最佳時段。

3.訓練負荷要求

初學者主要是中小學的少年兒童，此時要重視他們的文化學習。

每週訓練 4～6 次，每次課在 1.5～2 小時，每月 20～25 次課，全年 200～280 次。每年參加比賽 3～4 次。

週訓練量 30～50 公里，月訓練量 150～240 公里，年訓練量 1600～2500 公里。

全年訓練內容的比例：競走技術訓練 20%，專項身體與全面訓練 70%，專項訓練 10%。此階段訓練指標如表 65 所示。

（二）一級運動員的訓練

1.訓練任務

① 進一步改進和完善技術，培養適應公路競走和比賽的能力。
② 繼續提高有氧代謝水準，逐步提高耐乳酸能力的訓練。

表 65　初學者三級、二級運動員訓練階段身體素質的指標

內容	初學者	
性別	男	女
100 公尺（秒）	13.4	14.2
立定三級跳遠（公尺）	7.30	6.50
俯臥撐（次）	20～30	15～25
收腹舉腿（兩頭起，次）	30	20
背拋 4 公斤鉛球（公尺）	10.50	8.50
400 公尺競走技評強度區間	2:15±5	2:30±5
800 公尺		2:35
1500 公尺	4:25	
5000 公尺競走（專項）	26:30	28:30
柔韌評價 體前屈手觸地	優秀：手掌全觸地 良好：手指觸地 及格：手指尖觸地	
柔韌評價 前後分腿手觸地	優秀：手掌全觸地 良好：手指觸地 及格：手指尖觸地	
柔韌評價 全蹲（腳掌全著地）	優秀：臀貼足跟全蹲抱膝 良好：大小腿摺疊全蹲不後坐 及格：全蹲腳腿角度大於 45°	

③ 加強專項能力的訓練，有計畫地參加國內各級比賽。

④ 培養戰術意識和心理素質。

2.訓練要求

① 改進技術中的細節問題，完善競走技術，要求儘量減少能量消耗，技術更加規範。

② 發展無氧閾值下的有氧代謝能力，有計畫地增加專項訓練的比重，向專項化轉化。

③ 加強身體全面發展訓練，重視身體訓練與專項訓練的結合。

訓練次數與負荷：每週訓練 8～12 次，每次課 2～2.5 小時，全年訓練 450～560 次，專項比賽 8～10 次。

訓練內容比例：全年身體全面訓練占 40%，專項身體訓練占 30%，技術訓練占 30%。

3.訓練負荷

全年總負荷量（公里），男4500～5000，女3500～4500。

大強度訓練負荷量（公里，心率170次/分以上），男800～1000，女600～800。

中等強度訓練負荷量（公里，心率140～170次/分）男2000～2200，女1400～1800。

小強度訓練負荷量（公里，心率140次/分以下），男1700～2300，女1500～1900。

一級運動員身體素質與專項能力指標如表66所示。

表66　一級運動員身體素質與專項能力指標

內容	男	女
100公尺（秒）	12.80	13.60
立定三級跳遠（公尺）	7.90～8.10	7.00～7.30
3000公尺跑	9:50.00	10:30.00
5000公尺競走	22:00.00	24:40.00
10000公尺競走	43:30.00	50:30.00
20公里競走	1:35:20	1:45:30
400公尺競走技評強度區間	1:45.00±5	1:50.00±5

（三）健將級運動員的訓練

1.訓練任務

① 樹立奪取競走奧運會和世界大賽獎牌的決心和為國爭光的信心。

② 不斷完善競走技術，使技術更經濟適用和流暢。

③ 不斷提高專項身體訓練水準，促進專項成績的再提高。

④ 發展無氧閾值下的有氧代謝能力和加強專項耐乳酸能力的訓練，促進專項能力和專項成績的提高。

2.訓練要求

① 重大比賽任務前，突出和強化專項訓練。

② 科學安排訓練計畫和心理訓練方法與手段。

③ 繼續完善競走技術，使競走技術自如熟練、更加流暢。

④ 不斷挖掘潛力，勇創優異成績。

訓練次數負荷與次數：每週訓練10～12次；每次課訓練男2～4.5（50公里運動員）小時；女2～2.5小時；全年訓練500～600次，全年比賽10～12次。

田徑運動高級教程

訓練內容比例：全面身體訓練占 20%，專項身體訓練占 60%，技術訓練占 20%。

3.訓練負荷

要求全年總負荷量（公里），男 6000～8000 公里，女 4500～6000 公里。

大強度負荷量（公里，心率 170 次/分以上），男 1500～1900、女 1100～1500。

中等強度負荷量（公里，心率 140～170 次/分），男 3000～3700，女 2400～3000。

小強度負荷量（公里，心率 140 次/以下），男 1000～1500，女 800～1200。

運動健將身體素質與專項能力指標及技術評定指標如表 67 和表 68 所示。

表 67　運動健將身體素質與專項能力指標

內容	男	女
100 公尺（秒）	12.60	13.30
立定三級跳遠（公尺）	8.00～8.10	7.30～7.50
3000 公尺跑	9:35.00	10:15.00
20 公里競走	1:24:00.0	1:32:00
50 公里競走	4:05:00	
400 公尺競走技評強度區間	1:38.00±5～1：40：00±5	

表 68　運動健將競走技術評定指標

等級	優秀	良好	及格
評價內容	無騰空和屈膝	無騰空和屈膝，不夠穩定	無明顯騰空或屈膝，不穩定
	節奏好、幅度大、速率快	節奏較好、幅度較大、速率較快	節奏稍差、小步頻、速率波動
	技術穩定，動作放鬆、自然、協調	動作技術較為穩定、放鬆、自然，但局部較緊張	技術動作緊張、僵硬，技術不穩定，但動作毛糙
	技術保持能力好、無變形	技術保持較好，基本無變形	技術常有變形現象
得分	90～100 分	76～89 分	60～75 分

註：各級運動員均可使用此評定指標

二、競走專項訓練與專項身體訓練的內容

（一）競走專項能力訓練

1.一般耐力訓練

① 長跑、越野跑，發展一般耐力。

② 長時間登山、騎自行車、游泳、滑冰（雪）、各項球類練習，發展一般耐力。心率控制區間為 100～140 次/分。

③ 保持有氧狀態下的勻速走 3000～20000 公尺，提高走的能力。心率 120～140 次/分。

一般耐力訓練負荷控制在乳酸值 2～4mmol/l，隨訓練水準的提高和個體差異也可控制在 3～6mmol/l。

2.競走速度與速率訓練

競走速度與速率訓練要在技術不變形條件下，透過競走專門性練習和短段落的加速走、快速走進行練習，如：足跟過渡到腳尖的快速競走 30～50 公尺×3～5組；60～100公尺加速競走；300～800 公尺段落的快速反覆走；200 公尺快速走＋200 公尺放鬆大步的變速走等來發展速度。

強度控制：心率 160～192 次/分，乳酸值 8～12mmol/l。

3.專項能力與節奏訓練

① 專項能力反覆走。根據年齡和項目的不同，可選用 800～18000 公尺的不同段落，也可考慮段落與距離倒置的辦法，即距離短，組次多；組間間歇 5 分鐘左右。或者以心率控制：130～150 次/分，乳酸值 4～8mmol/l。

② 進行速度與節奏訓練時，速度要求：在準備期訓練應以比賽速度或接近比賽平均速度為主，競賽期訓練則應以高於比賽時的平均速度進行。

③ 遞增速度練習時，在選擇短於 800 公尺的勻速走訓練過程中，要求強度一組高於一組，如：400 公尺×5～10 組，每組強度分別為：2:40±5；2:38±5；2:32±5；2:25±5；2:15±5。

強度控制：心率 170～186 次/分；乳酸值 10～12mmol／l。

④ 做等距離變速走或不等距離變速走練習時，要在保證技術不變形的前提下進行，如：1000 公尺快速走＋200 公尺慢走；600 公尺快速走＋200 公尺慢走；400公尺快速走＋200 公尺慢走；300 公尺快速走＋100 公尺慢走；200 公尺快速走＋200 公尺慢走等段落組合。教練員應根據練習目的和運動員訓練年齡與水準，確定練習距離以及強度要求和組次。

快段強度控制：心率 160～180 次/分，乳酸值 6～12mmol／l。

慢段強度心率不低於 130 次/分，乳酸值 2～4mmol／1。

上述手段可有效發展競走運動員的專項能力，使內臟器官、運動器官有一個逐漸適應和漸進加快過程，培養後程不減速、最後能加速的能力，還可培養良好的參賽心理以及培養堅毅頑強勇於拚搏的精神。

⑤ 競走運動員每年都要有計畫地參加各級運動會比賽，進行專項和副項的測驗、熱身賽、挑戰賽、大獎賽等比賽，以提高訓練強度和訓練質量，同時可培養比賽能力、心理和戰術的運用能力，以增強參加重大比賽（全運會、世錦賽、奧運會）的實戰能力。

（二）競走身體素質訓練

1.競走一般身體素質訓練

提高運動員的專項身體水準和專項需要的體能，尤其是青少年運動員應本著打好基礎、全面發展的原則，提高和改善綜合競技能力和實力，為未來創造高水準成績創造條件。

① 徒手或克服自身力量的練習：常採用轉髖、各種跳躍、支撐練習、徒手體操、墊上運動、健身遊戲、拉伸練習，利用草地、沙灘做各種克服自身體重的練習。

② 藉助器械的練習：透過各種健身器械、平衡球、平衡墊、槓鈴、啞鈴、壺鈴、沙袋、膠帶髮展力量和專項一般身體素質。

③ 多項運動訓練：透過體育運動各個項目的練習，發展一般身體素質，如：各種球類、田徑各單項、體操、游泳、自行車等，促進速度、力量、靈敏、協調和身體素質的全面發展。

上述各種練習的目的與作用不是單一的，各種練習與專項素質練習中還應具有改進競走技術的因素。

2.競走專項身體素質訓練

在一般身體訓練中大都含有專項身體訓練的因素，只是專項身體訓練更注重與競走技術的結合，並圍繞核心力量進行身體訓練。由於競走項目的特殊性，各種專項身體素質練習應該具有改進競走技術的效果。

⑴ 發展膝關節、踝關節、小腿及腳部肌肉力量

① 支撐前傾提踵，腳尖站立在台階上提踵，身體負輕器械立踵。

② 連續跳繩（包括花樣跳繩），發展力量和靈敏協調性。

③ 多級跳、跨步跳、蛙跳，發展髖部、大腿和踝部蹬伸力量。

④ 做綜合器械練習，發展膝、踝、足小肌群力量及肌肉靈敏反應。

⑤ 腳踝縛膠帶向前擺腿呈足跟著地狀，以發展髖、膝、踝力量和改進競走擺

動技術。

(2) 競走專項力量訓練方法與手段

① 仰臥或俯臥擺腿練習（負重）：仰或俯臥在鞍馬上，兩手支撐，兩腿交互上下直腿擺動，兩腳的最大距離在 1～1.2 公尺。

② 仰臥側向擺腿練習：仰臥在墊子上，兩手側平舉撐地，兩腿舉起直立，擺動至右側地面，髖關節隨腿轉動，然後還原，兩腿再擺動至左側地面，反覆進行。

③ 仰臥交叉擺腿練習：仰臥在墊子上，兩手側平舉支撐地面，左腿擺動至右手方向，髖關節隨腿轉動，然後還原，右腿擺動至左手方向，反覆進行。

④ 前傾提踵練習：身體向前傾斜 60°左右，兩手支撐固定物體，兩膝伸直（雙腳可站立在稍高物體上），做提踵練習。

⑤ 跑台競走練習：從 6.0～8.0 公里/小時的速度開始，每 3～5 分鐘或每 1～2 公里逐漸增加速度（0.5 公里/3 小時）。應根據練習者的水準設定練習時間和速度，根據力量和技術訓練需要設定跑台傾斜度。

⑥ 利用平衡球、平衡墊發展核心力量，採用徒手和負重做發展腹肌、背肌、體側肌的練習，發展核心部位力量。

3.專項力量耐力循環訓練

① 專項力量耐力循環訓練是將多個單一練習力量的方法組合起來，視為一組練習循環進行，是當前競走及其他耐力性項目發展身體素質最接近專項特點的練習方法，可以有效促進專項力量、專項速度和專項耐力的提高。

② 根據運動員的個人情況，可按照髖關節周圍核心力量、上下肢力量兩部分，安排訓練內容，以促進專項身體素質的協調與平衡發展。

③ 競走項目應以發展髖部周圍的核心力量和腿部力量為主，以提高髖關節轉動幅度。還應兼顧上肢、下肢、腰和腹肌群及各關節周圍肌群的協調發展，以負輕重量或克服自身體重的練習為主。

第九章

跳　遠

王保成　許樹海　文超

第一節·跳遠的發展與研究概況

　　古希臘奧運會上就有跳遠項目的比賽，在 1896 年舉行的第 1 屆現代奧運會上，跳遠選手採用的是最簡單的蹲踞式。1898 年美國運動員普林斯坦首先採用了「兩步半」的走步式，成績為 7.24 公尺。1920 年芬蘭運動員 B.圖洛斯以挺身式，跳出 7.56 公尺的成績。

　　美國運動員歐文斯於 1935 年創造的世界紀錄 8.13 公尺（蹲踞式）曾保持 25 年之久。

　　繼 1960 年美國運動員波士頓打破歐文斯的世界紀錄後，蘇聯運動員捷爾·奧瓦涅相等人不斷刷新世界紀錄。在 1968 年第 19 屆奧運會上，美國運動員比蒙以助跑速度快、騰空高的特點，創造了 8.90 公尺新紀錄，輿論界曾稱它是 21 世紀的紀錄。此後，許多優秀運動員距這一成績都有較大差距。直到 80 年代，東德的董布羅夫斯基、美國的劉易斯等運動員的成績才接近這一紀錄。

　　1991 年在東京舉行的第 3 屆世界田徑錦標賽上，美國運動員鮑威爾用助跑最後幾步加速上板，以較高的助跑速度和較大的騰起角度的起跳技術，把比蒙保持 23 年的跳遠世界紀錄改寫為 8.95 公尺。

　　女子跳遠的第一個世界紀錄為 5.98 公尺，是日本運動員人見娟枝於 1928 年創造的。1939 年德國選手舒爾茨以 6.12 公尺的成績首先突破 6 公尺大關。此後，世界紀錄多次被蘇聯運動員刷新。1978 年蘇聯運動員巴爾道斯基涅以 7.09 公尺的成績成為第一個越過 7 公尺的女運動員。1988 年，契斯佳柯娃把世界紀錄提高到 7.52 公尺。

　　跳遠成績不斷提高與跳遠技術的發展有著密切的關係。蹲踞式跳遠的簡單技術曾廣泛採用。為使運動員在空中能保持穩定的姿勢和有利於落地，19 世紀末開始出現了挺身式、走步式技術。現在，世界大多數男子優秀運動員均採用三步半的走

步式技術。

現在世界女子跳遠紀錄保持者契斯佳柯娃和第 3 屆世界田徑錦標賽第一名喬伊娜（7.32 公尺）、第 25 屆奧運會女子跳遠冠軍德雷克斯勒（7.14 公尺）均採用挺身式跳遠技術。

還有些運動員採用挺身式和走步式相結合的技術。這種跳法，運動員在空中換腿瞬間用力挺髖，為落地時前伸雙腿創造有利條件。

隨著跳遠技術的發展和人們認識水準的提高，跳遠的訓練方法也隨之改進。可以認為，跳遠成績的提高與訓練方法、手段的不斷改進是密不可分的。都是由於運動員的速度、技術和訓練水準得到合理又充分的發揮所取得的。

縱觀現代跳遠技術的發展過程，大體經歷了「力量型」和「速度型」兩個不同類型的發展階段。

20 世紀 60 年代前，形成以蘇聯以及東歐國家為代表的「力量型」技術發展階段。這一階段，注重和強調對運動員進行最大力量訓練。在完成起跳技術時，以「打擊式」技術著地，以產生較大的制動力量。這種起跳技術，雖然能夠獲得較大的垂直速度，但水平速度損失較多，優秀運動員捷爾‧奧瓦涅相是這種技術的典型代表。

60 年代後期，跳遠的速度越來越被人們所重視，因此，「速度型」為主的現代技術也隨之發展起來。以往，人們較多地強調助跑應採用最適宜的速度，即「可控速度」。隨著訓練水準的不斷提高和人們認識的不斷深化，近年來則較多地強調保持較高的助跑速度進入起跳。

90 年代，世界優秀運動員的助跑速度，尤其是最後幾步（10 公尺左右）則表現為不斷加速，至起跳前達到最高跑速進入起跳。

例如著名美國運動員劉易斯和鮑威爾，他們在助跑最後幾步仍採取繼續積極加速並形成強有力的起跳，因此，對助跑的最後幾步採用「可控速度」的理論及保持較高的速度進入起跳的觀點應有正確、積極的理解。

在跳遠技術和訓練方法不斷改進和提高的同時，對跳遠技術及理論的研究工作也隨之深入。如科研工作者採用高速攝影、錄影以及與之同步的測力、測速系統配套方法，研究分析優秀運動員的技術特徵；對優秀運動員與一般運動員的技術進行比較研究；對優秀運動員的技術進行技術診斷；透過電子計算機（電腦）等模擬系統得出各種技術模型及理想技術；還透過對優秀運動員的身體機能、素質、形態、心理及醫學的各種測試，建立各種模型，為跳遠的訓練以及選材提供科學依據。這些科研成果，對指導跳遠訓練有著十分重要的作用。

隨著科學研究的不斷深入和訓練科學化程度的提高，男子 100 公尺世界紀錄不斷刷新，並提高到一個很高的水準。

人們渴望世界男子跳遠早日突破 9 公尺大關是很自然的事情。但是，男、女跳遠世界紀錄 8.95 公尺和 7.52 公尺又已分別保持了 20 年、23 年（截至 2011 年 12

月）。2008 年北京奧運會上男、女跳遠冠軍分別是 8.34 公尺和 7.14 公尺，與世界紀錄尚有半公尺之差呢！並且，這也是近些年來世界田徑大賽中跳遠金牌得主的水準。

世界跳遠水準處於低谷已很長時間了，中國跳遠發展水準也有類似狀況。縱觀近些年來的世界跳遠比賽，提高跳遠運動員的身高、助跑速度和適當加大起跳騰起角度是走出世界跳遠低谷的重要途徑之一。

第二節·跳遠技術

跳遠的完整技術是由助跑、起跳、空中動作和落地四個部分組成的。它們對跳遠距離的影響雖有不同，但卻是相互聯繫的統一體。因此，正確完成跳遠技術的各部分動作，以及實現各部分動作的有機結合是完善跳遠技術的關鍵。

一、助　跑

跳遠的助跑速度和技術對跳遠成績具有決定意義。跳遠助跑的任務就是獲得更快的水平速度，並為準確踏板和快而有力的起跳做準備。

（一）助跑的方法

優秀跳遠運動員的助跑加速方式有兩種，即平穩加速和積極加速方式。

1.平穩加速方式

平穩加速的跑法與加速跑基本相同，特點是開始階段步頻較慢，然後在逐漸加大步長和保持步長的基礎上提高步頻。助跑最後幾步保持步長，提高步頻。平穩加速方式的加速時間較長，加速過程是逐漸、均勻而平穩地進行，因此，跑的動作輕鬆、自然。劉易斯等優秀運動員大都採用這種方式。

2.積極加速方式

積極加速助跑的特點是步頻始終保持在較高水準，能夠較早地擺脫靜止狀態並獲得較高的助跑速度。

積極加速的跑法是助跑開始幾步的步長較短，上體前傾度較大。這種助跑方式適合於絕對速度較快的運動員。

掌握正確的助跑方法是準確踏板的基礎。助跑的準確性取決於整個助跑和最後幾步的穩定性。而這種穩定性與運動員對變化的外界條件和個體心理機能狀態的正確估量與判斷有直接關係。

助跑時，為給準確的踏板創造條件，應注意以下幾個方面：

① 固定起跑姿勢、加速方式和助跑的節奏。起跑後第 1 步的步幅和節奏對助跑的穩定性和準確性至關重要，應準確把握。

② 正確設置助跑標誌。為了使助跑更加穩定和準確，可在助跑途中設置標誌。標誌不宜設置過多，以免分散助跑時的注意力和影響助跑的連貫性。設置標誌為的是提高助跑的準確性和起跳的信心，提高助跑速度，或是在維持速度中進入起跳。

③ 對已確定的助跑距離，要根據變化的外界條件，如風力、風向、氣溫、助跑道的質地、比賽時間並結合自身狀態，反覆進行檢查和調整，保證在比賽時準確地踏板。

（二）助跑的距離

助跑距離的長短，與運動員的能力有關。運動員跑的能力強，其助跑距離較長，因為他們的最高速度出現較晚。據研究統計，100 公尺成績為 12 秒的女運動員的最高速度約在 35.5 公尺處出現，而優秀男運動員 100 公尺最高速度則約在 50 公尺處出現。

跳遠運動員的助跑最高速度，由於受起跳板等條件影響，很難達到本人 100 公尺的最高速度，一般為本人最高速度的 95%左右。因此，100 公尺跑 12 秒的女運動員，助跑距離約為 35 公尺，優秀男運動員的助跑距離為 40～50 公尺。鮑威爾的助跑距離為 50.64 公尺（22 步），劉易斯的助跑距離為 51.3 公尺（23 步）。

跳遠的助跑距離並不是固定不變的，它會因比賽時外界條件的變化及身體狀態的不同等而有所改變。

（三）最後幾步的助跑技術

1.最後幾步的助跑技術

跳遠最後幾步的助跑是整個助跑技術的關鍵。在最後幾步助跑時，既要保持和發揮最高速度，又要為起跳做好準備。因此，在最後幾步的助跑中，優秀運動員都具有各自的技術特點。

最後幾步的助跑技術，優秀運動員主要表現為兩種技術特徵：

一種是最後幾步的步長相對縮短，步頻明顯加快，形成一種快速進入起跳的助跑技術節奏；

另一種是在步長相對穩定的情況下，加快步頻，形成快速上板的技術特徵。

目前，世界優秀運動員大多採用後一種跑法。這種助跑技術有利於保持和發揮最高助跑速度，最後幾步呈加速狀態，使助跑和起跳的銜接更加緊密。鮑威爾和劉易斯在 1991 年東京第 3 屆世界錦標賽上創造世界紀錄和最高成績時，都表現出最後幾步加速上板的特點（表69）。

表 69　最後 10 公尺助跑速度變化（公尺 / 秒）

姓名	成績	起跳前 1～6 公尺	起跳前 6～10 公尺	風速
鮑威爾	8.95	10.94	10.79	0.3
	8.54	10.70	10.57	0.4
劉易斯	8.91	11.26	11.23	2.6
	8.81	11.21	11.18	-0.2

2.最後幾步和步長

傳統理論認為，助跑最後幾步的步長應為中、大、小，即最後第 3 步的步長為中，最後第 2 步的步長為大，最後 1 步的步長為小。例如鮑威爾跳 8.95 公尺時，最後第4 步到最後 1 步的步長分別為 2.36 公尺、2.42 公尺、2.52 公尺和 2.25 公尺；劉易斯跳 8.91 公尺時，最後 4 步步長分別為 2.63 公尺、2.50 公尺、2.67 公尺和 2.39 公尺。

實踐表明，優秀運動員助跑最後幾步的步長，與運動員的身體機能特點和助跑技術特點有密切關係，並存在明顯的個體差異。例如比蒙在創造 8.90 公尺世界紀錄時，其最後兩步的步長分別為2.40 公尺和 2.57 公尺，最後 1 步的步長最大，而有些運動員的最後幾步的步長幾乎沒有變化。因此，最後幾步的步長體現運動員的特點，不能強求用統一的模式去完成最後幾步助跑。

3.起跳的準備

助跑的最後幾步為起跳的準備階段，是進行快速起跳非常重要的階段。為了完成理想的起跳技術，此時身體重心應適度地下降，以便為起跳做充分準備。如果把助跑最後第 3 步離地時身體重心高度作為 100 的話，那麼最後第 2 步下降約為 7%，最後 1 步起跳腳著地時則下降為 10%（圖 27）。

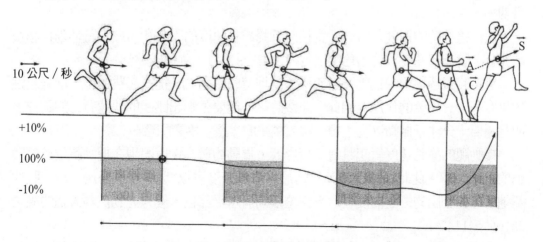

圖 27　助跑最後兩步身體重心下降程度

二、起　跳

起跳時，應充分利用助跑所獲得的速度，在較短的時間內，創造儘可能大的騰起初速度和適宜的騰起角。

起跳技術分為起跳腳的著地、緩衝和蹬伸三個動作階段。

（一）起跳腳的著地（著板）、緩衝

起跳腳應積極、主動地著地，這既可減小著地時的衝撞力，又可為著地後快速前移身體做準備。

起跳腳著地時，足跟與足掌幾乎同時接觸地面。著地瞬間，上體角度為 90°～107°，小腿與地面夾角約為 65°，膝關節為 175°～178°。

起跳腳著地至膝關節的彎曲程度達最大時，這一動作過程為緩衝階段。緩衝的作用主要在於減緩起跳的制動力，減少助跑速度的損失，積極前移身體，為蹬伸創造有利條件。

優秀運動員起跳緩衝時的膝關節角度為 138°～145°。研究結果表明，隨著訓練水準的提高和起跳技術的完善，起跳緩衝時，膝關節的彎曲程度趨於減小。起跳時，膝關節的彎曲度越大，起跳時間也就越大，這不利於完成爆發式的蹬伸動作。因此，要提高起跳技術效果，增大騰起初速度，首先要提高緩衝效果。

（二）蹬伸、擺動

蹬伸階段是由起跳腿膝關節最大彎曲時開始，至起跳腿蹬離地面瞬間止。

起跳蹬伸時，整個身體快速向前伸展，起跳腿的髖、膝、踝關節要充分伸展。上體和頭部保持正直，稍後仰，擺動腿大腿擺至水平或高於水平位置，小腿自然下垂。雙臂前後用力擺起，肩、腰向上提起。優秀運動員的蹬地角為 75°左右。

起跳蹬伸時，要充分利用肌肉的彈性，發揮肌肉的收縮力，創造最大的起跳爆發功率。

起跳蹬伸時的速度和方向，直接影響騰起初速度的大小和方向。蹬伸動作越快越充分，騰起初速度和騰起角度則越大（22°～25°），跳遠成績越好。

跳遠起跳過程中的擺動，對於減小著地時的制動力、提高起跳速度、增強起跳效果有著十分重要的作用。因此，起跳時，不僅要強調起跳腿的快速有力的蹬伸，而且還要十分注意擺動以及「擺」與起跳腿的「蹬」協調配合。

擺動腿的擺動速度對起跳有直接影響。擺動的最高速度表現在擺動腿位於髖關節的正下方時。此時，優秀運動員的最大擺動速度可以達到 13.5 公尺／秒。蹬伸離地時，擺動腿的擺動高度在水平部位或高於水平部位。優秀運動員兩大腿的夾角為 106°～114°。

在完成「蹬」和「伸」的動作過程中，存在一定的「時間差」。即在起跳過程

田徑運動高級教程

中，起跳腿的伸展是在著地後約 0.08 秒（起跳過程的三分之一處）開始的。此時，擺動腿已完成近一半的擺動。

當起跳腿伸展時，臂向上方擺動的動作已開始減速。這樣，起跳腿屈曲時由於擺動動作的作用而減小了起跳時的制動力。在起跳伸展時，擺動動作的反作用效果增大了對地面的壓力。在起跳伸展時，擺動動作的制動可使起跳腿更快地蹬伸，整個身體快速向上伸展。

三、空中動作

起跳離地時，人體向空中騰起，並在空中完成各種動作的過程為空中動作階段。

由於跳遠起跳時產生使身體向前的旋轉力，空中動作就是要減少身體向前旋轉，保持身體在空中的平衡，最大限度地利用身體重心拋物線軌跡，把兩腿充分地向前伸出，為合理地落地做好準備。

起跳後產生的身體向前的旋轉力，不僅與起跳腳著地的制動力大小有密切關係，而且還因起跳騰空後不同的空中動作而有所差異。據研究計算，蹲踞式姿勢旋轉力矩為 0.44 公斤米，挺身式為 1.2 公斤米，走步式為 1.8 公斤米。因此，優秀男子運動員大都採用走步式，優秀女子運動員大多採用挺身式的空中動作。

（一）挺身式

起跳騰空後，擺動腿的大腿積極下放（圖 28④），小腿隨之向下、向後方擺動，留在體後的起跳腿與向前的擺動腿靠攏。當達到騰空最高點時，身體充分伸展，形成「挺胸展髖」姿勢。兩臂上舉或後擺（圖 28⑤）。然後收腹舉腿，雙腿前伸，完成落地動作。

　　　①　　　②　　　③　　　④　　　⑤　　　⑥　　　⑦　　　⑧　　　⑨

圖 28　喬伊娜挺身式跳遠技術

挺身式跳遠能較充分地拉長體前肌群，有利於完成收腹舉腿和落地時前伸雙腿的動作。在騰空後，旋轉力矩也較大，易於保持身體的平衡。但空中動作的形式和用力特點與助跑起跳動作之間的銜接不緊密。

（二）走步式

走步式跳遠的空中動作有兩步半和三步半兩種。優秀男運動員大都採用三步半的空中動作（圖29、圖30）。

圖 29　劉易斯走步式跳遠技術

圖 30　鮑威爾走步式跳遠技術

起跳騰空後，擺動腿下落並向後擺動，同時，起跳腿屈膝前擺，在空中完成一個自然的換步動作，成為起跳腿在前、擺動腿在後的空中動作（圖 29⑥、圖 30⑦）。

空中換步時，要注意保持跑的自然動作，以大腿帶動小腿走動，擺動的動作幅度要大。

空中完成一個換步動作，稱為兩步半走步式。空中完成兩次換步動作的為三步半走步式。

走步式的擺臂動作有兩種：一種是與下肢動作配合的自然前後擺動，另一種是與下肢協調配合的直臂繞環動作。

走步式空中動作的特點是：助跑起跳、空中動作各技術部分銜接緊密，動作自然連貫，便於發揮助跑速度和保持身體在空中的平衡。

四、落　地

從起跳腳離地後，運動員身體重心拋物線的移動軌跡就已被決定。良好的空中動作是合理落地的基礎。落地前，雙臂快速向後方擺動，這有利於雙腿向上抬起並向前方伸出。

著地前儘量減小雙腿與地面的夾角，以便於足的著地點更靠近身體重心軌跡的落點，增加跳躍的距離。有些優秀運動員（如鮑威爾）為了更好地前伸雙腿，甚至採取了上體稍後仰的動作（圖 30 ⑮）。

雙足著地以後，應及時屈膝緩衝，髖部迅速向前移動，雙臂快速前擺，使身體，特別是將臀部迅速移過落地點。

五、對著名運動員鮑威爾（**8.95** 公尺）和劉易斯（**8.91** 公尺）　的技術分析

（一）助跑的起動姿勢

劉易斯為原地站立式起跑，而鮑威爾是先走動幾步而後開始起跑。因此，在助跑的開始階段，鮑威爾的助跑速度比劉易斯的快些。當助跑到最後 4 步時，劉易斯已達到了較高的速度，而鮑威爾還在繼續加速。

從最後第 2 步至上板，兩人都是加速進入起跳，上板時兩人的助跑速度達到最高水準，且速度幾乎相同。起跳腳著板瞬間，鮑威爾的助跑速度為 11 公尺／秒，劉易斯為 11.06 公尺／秒。

應強調指出，鮑威爾的最後 4 步仍是不斷加速直至上板達到了最高速度，這是他打破世界紀錄所表現的助跑技術特徵（表 70）。

表 70　優秀跳遠運動員起跳技術參數

姓名	成績	助跑速度（公尺/秒）	水平初速度（公尺/秒）	垂直初速度（公尺/秒）	跳遠中水平速度減少（公尺/秒）	騰起角(x、z)（度）	移動角(x、y)（度）	起跳時間（秒）	風速（公尺/秒）
鮑威爾	8.95	11.00	9.09	3.70	1.91	23.1	-1.39	0.12	0.3
劉易斯	8.91	11.06	9.72	3.22	1.34	18.3	3.34	0.12	2.6

註：移動角（x、y），起跳時上體向右側移動為正值，向左側移動為負值。

從助跑的步長和步頻關係的材料觀察，兩人各有特點。鮑威爾在助跑的最後 6 步處，步長開始減小，而步頻開始逐漸加快。自最後第 4 步起，步頻明顯加快，快速進入起跳。由此可見，鮑威爾與劉易斯雖然在起跳腳著板時的助跑速度幾乎相同，可是進入起跳時的加速卻風格各異。鮑威爾表現為起跳前適當縮短步長，加快步頻進入起跳；劉易斯則是在保持步長的同時，加快步頻進入起跳。但他們都是在積極加速狀態下完成最後幾步助跑的。

（二）起跳技術特徵

從表 70 中可看出他們起跳技術的特徵。起跳時的速度變化反映了不同的起跳風格。鮑威爾起跳時水準速度減少了 1.91 公尺/秒，表明他起跳腳著地時的制動力較大，但卻因此而獲得了較大的垂直初速度（3.70 公尺/秒）和較大的騰起角（23.1°）。他身體重心在空中的最高點達到 1.94 公尺。而劉易斯的水平速度減少雖小（1.34 公尺/秒），但垂直速度（3.22 公尺/秒）和騰起角（18.3°）也都較小。

從兩人不同的起跳特徵看，可以說，鮑威爾是「高跳躍」型的典型代表，而劉易斯則是「低跳躍型」或「跑步型」的代表。

一般認為，優秀跳遠運動員的騰起角在 18°～25°範圍內為宜，鮑威爾和劉易斯處於這一騰起角的兩極位置。而兩個都是以 11 公尺/秒的助跑速度進入起跳，起跳動作則明顯分為高跳躍和低跳躍。

1.起跳時膝關節的角度

從起跳腿膝關節的彎曲程度看，著地時，鮑威爾為 171°，緩衝最大彎曲時為 148°，離地時為 171°，膝關節屈曲幅度近 23°。劉易斯著地、緩衝最大彎曲、離地時膝關節角度分別為 165°、140°、171°，膝關節屈曲幅度為 25°。

世界優秀運動員的有關材料表明，起跳中，緩衝幅度對垂直速度和騰起角度有重要影響。

2.肩的轉動動作

跳遠運動員在起跳時（以右腿起跳為例），由於起跳腳積極上板，著地瞬間右

肩有後「撤」（留在體後）的現象。著地後隨之向前移，直至起跳腳離地，這樣就產生了肩的轉動動作。

劉易斯肩的轉動很明顯，在起跳過程中，肩部從體後向前移動的速度和幅度比較大，為 40°。鮑威爾的肩雖然也向前移動，但幅度很小，而向上移動的幅度卻很明顯，即使在起跳腳離地瞬間，他的肩部也還是留在體後。肩部的轉動角度僅為 21°。

從肩的轉動角度和其他變量的相關分析來看，離地時肩的角度和騰起角（r ＝ －0.76）、起跳時肩的轉動角度和騰起角（r ＝ －0.89）和肩的轉動垂直初速度（r ＝ －0.83）都有密切的相關關係。因此，在起跳時，肩的轉動幅度小，並且在起跳離地時肩部不過分向前，都可獲得較大的垂直初速度和騰起角。鮑威爾比劉易斯能獲得較大的垂直初速度和騰起角，也表明這點。

3.肩和髖的扭轉

起跳時，肩與髖的角度形成了上體的扭轉。通常，運動員在起跳腳著地時，上體扭轉約 30°，離地時反向扭轉約 30°，起跳過程中上體轉動幅度為 60°左右。

鮑威爾和劉易斯在起跳中上體扭轉的幅度分別為 74°和 70°，比其他優秀運動員的幅度大。兩人的扭轉幅度雖然相差無幾，但其構成卻大不相同。

表現在肩和髖的扭轉分別有所不同。從肩的轉動幅度看，鮑威爾為 21°，而劉易斯卻為 42°，兩人相差為倍數。但髖的轉動恰恰相反，鮑威爾為 53°，劉易斯卻是 28°，兩人也有倍數之差。因此，可以看出鮑威爾是以髖、劉易斯是以肩為主轉動的不同技術特徵。在起跳過程中，鮑威爾注重送髖，使髖部充分前移；劉易斯則注重向前送肩，上體快速前移。

4.軀幹角度

起跳腳著地瞬間，軀幹的角度兩人有明顯差別，鮑威爾軀幹後傾角，為 13°；劉易斯上體幾乎正直，為 0°。離地時，兩人的軀幹角度相同，為前傾 10°。

離地時軀幹角度和跳躍距離之間的相關關係為 r ＝ －0.76。起跳中軀幹角度的變化還與起跳水平速度的損失相關（r ＝ －0.77），與髖的扭轉也有密切的相關關係（r ＝ －0.93）。其結果，起跳時髖的轉動角度大者，軀幹的角度變化也大。可以引申為運用髖的轉動和軀幹的前後移動，能獲得垂直速度，而控制髖和軀幹的動作則可保持水平速度。

（三）空中動作和落地

起跳離地瞬間，鮑威爾起跳腿的髖、膝、踝充分伸展，髖部的充分前移使上體與地面幾乎垂直（圖 30②），雙臂高高擺起，擺動腿的擺動幅度較大，高於水平部位，這對增大垂直速度和騰空高度有利。劉易斯則在離地瞬間上體和起跳腿幾乎成

一直線，即肩、髖、膝、踝各關節在同一直線上（圖29②），上體稍前傾，擺動腿和雙臂不像鮑威爾那樣高擺，整個動作幅度比鮑威爾的小。

騰空後，兩人均採用三步半的空中動作。

落地的準備動作兩人有各自的特點。劉易斯上體稍正直，雙腿高抬前伸；而鮑威爾落地前，上體後傾，這種落地準備動作更有利於著地前雙腿高抬前伸，爭取理想的落地距離。

鮑威爾和劉易斯代表了兩種不同風格的跳遠技術，表明高水準運動員應有符合自身特點的運動技術。他們的優異成績也引發了人們對當代跳遠技術的許多思考：跳遠技術的路子怎樣走才能發展得更快？助跑的「可控速度」理論如何理解？起跳上板的最後幾步助跑是繼續加強，還是保持速度？起跳時是損失一些水平速度、增大垂直速度還是以儘量保持水平速度為好？起跳的騰起角度多大為宜？起跳離地瞬間，鮑威爾和劉易斯的技術哪個更為合理？鮑威爾落地前的後傾動作是否值得參考？鮑威爾的100公尺速度（10.45）不如劉易斯（9.86），其跳遠成績為何能勝劉易斯，並且創造了新的世界紀錄？這些都值得進一步思考與深入探討。

第三節・跳遠技術教學法

跳遠技術教學應遵循不斷提高助跑速度和助跑準確性、努力減小起跳制動、完善助跑與起跳相結合技術的原則，著重掌握在高速助跑中的快速起跳技術，為進一步提高跳遠技術水準奠定堅實的基礎。

一、教學步驟

（一）建立正確的跳遠技術概念

運用跳遠技術電影、錄影、圖片等直觀方法和完整的跳遠技術示範，簡要講述跳遠技術理論與技術特點。

（二）學習和掌握快速助跑與正確起跳相結合的技術

內容：

① 原地模仿起跳。體會蹬與擺、上下肢的協調配合。要求起跳腳快落、擺動腿向前上方擺出，隨著加大擺動的速度和幅度，由不離地起跳過渡到起跳蹬離地面跳起。

② 在20～30公尺距離行走中連續完成起跳技術模仿練習。注意力集中在上、下肢的配合和蹬擺動作的配合上。

③ 在40～50公尺距離內連續3步助跑起跳成騰空步練習。

④ 短、中距離助跑起跳成騰空步練習。

⑤ 利用俯角跳板或斜坡跑道進行短、中距離助跑起跳練習。

教法提示：

① 練習速度由慢到快，動作幅度由小到大。

② 向前上方起跳，上體保持正直。

③ 起跳時要求加速助跑，快速起跳。

④ 隨著擺動速度、幅度和力量的加大，相應加大騰空步的高度和遠度。

⑤ 助跑時要求起動與加速方式固定，並發揮較高速度。

⑥ 上板起跳時，強調速度，不強調力量；強調向前跳，不強調向上跳；強調擺動速度，不強調踏蹬力量；強調騰空速度，不強調騰空高度。

⑦ 為了使學生有一個準確踏板的概念，但又不過於拘束，可在起跳的地方畫個起跳區。隨著助跑的穩定和動作的熟練，逐漸縮小起跳區，使之接近起跳板的寬度。

⑧ 起跳前努力保持跑的正確動作結構。要求以加快步頻的方法達到最高助跑速度。

（三）學習和掌握空中動作與落地動作

1.學習挺身式跳遠空中和落地動作

內容：

① 行進間挺身式空中動作模仿練習。

② 從高處跳下，完成挺身式空中模仿動作。

③ 短、中距離助跑，挺身式完整跳遠練習。

教法提示：

① 空中動作注意擺動腿的下放、挺胸展髖、下肢放鬆，防止仰頭挺腹。

② 落地動作注意收腹、舉大腿、送髖、伸小腿、身體重心移過支撐點的協調配合與完成各技術環節的正確時機。

2.學習走步式跳遠空中動作和落地動作

內容：

① 原地跳起或行進間模仿走步式空中換步動作。

② 從高處跳下，完成走步式的空中換步動作。落地時起跳腿在前，擺動腿在後。

③ 短助跑起跳的走步式換步。

④ 短、中距離助跑的完整走步式跳遠練習。

教法提示：

① 起跳騰空後，擺動腿的大腿要積極後擺。

② 換步時，上體要保持正直，不能前傾。

③ 做換步動作時，注意力集中在擺動腿，教學初期不宜考慮手臂動作。

④ 在基本掌握下肢動作基礎上，注意上肢動作的擺動配合。

（四）改進和提高完整跳遠技術

在這一教學階段，對動作質量提出較高的要求。注意結合個人特點改進技術，做到助跑與起跳連貫，跑得快，跑得準，跳得起。

內容：

① 改進全程助跑和起跳技術。

② 在全程助跑中，改進騰空和落地技術。

③ 利用技評和教學比賽，檢查教學效果，提高運動成績。

教法提示：

① 確定適合各自特點的全程助跑節奏和助跑與起跳相結合的方式，初步形成具有個人特點的跳遠技術。

② 空中動作以維持平衡為目的，不宜追求動作形式，要利於創造合理的落地姿勢。落地時要既能把雙腿遠遠地伸出去，又不至於坐在沙坑裏。

二、教學中常見的錯誤及其產生原因和糾正方法

（一）助跑步點不準

1.產生原因

① 助跑起動方法不固定。

② 助跑節奏不穩定。

③ 最後 1 步起跳腳著板技術不正確。

④ 氣候、場地、身體機能狀況和心理因素的影響。

2.糾正方法

① 固定助跑的起動方式，正確使用助跑標誌。

② 固定加速方式，確定和掌握助跑節奏。

③ 反覆進行起跳練習，著重改進和掌握起跳時的攻板放腳技術。

④ 注意在各種環境下進行練習，培養適應能力，提高助跑的穩定性。

（二）起跳制動過大

1.產生原因

① 最後 1 步起跳腿上板不積極。

② 盲目追求過高的騰空高度。

2.糾正方法

① 強調助跑的高速度、高頻率，保持跑的正確動作結構，注意加快起跳腿上板時的速度。

② 在斜坡（下坡）跑道或俯角跳板上進行起跳練習，注意起跳過程中身體重心的積極前移。

（三）起跳腿蹬伸不充分

1.產生原因

① 擺動腿擺動的速度慢，幅度較小。
② 起跳蹬伸時機掌握不好，起跳腿的力量不夠。

2.糾正方法

① 起跳中加大擺腿的速度和幅度。
② 進行各種起跳的專門練習。
③ 發展腿部力量。

（四）起跳後身體前旋，失去平衡

1.產生原因

① 起跳時身體過於前傾。
② 過早地向前收起跳腿。
③ 急於做落地動作。

2.糾正方法

反覆進行起跳成騰空步的練習，注意起跳時頭和上體的正確姿勢。

（五）著地時，小腿前伸不夠

1.產生原因

① 上體過分前傾。
② 腰腹力量和下肢柔韌性差。

2.糾正方法

① 立定跳遠，要求著地前小腿向前伸出。
② 跳遠落地階段，強調大腿高抬。

第四節・跳遠訓練

跳遠是運動員由高速助跑和快速起跳創造儘可能遠距離的水平跳躍項目。它對運動員的絕對速度、快速力量和運動協調性有很高的要求。以速度為核心完善專項技術和發展專項素質是跳遠訓練的基本任務。

現代優秀跳遠運動員的模式特徵可歸納為身材較高、體型勻稱、絕對速度和爆發力強、運動協調性好，並具有良好的專項運動心理素質。

一、初級訓練階段

初級訓練階段要發展跳遠運動員先天的運動優勢，進行全面的身體訓練和運動技能訓練，為將要開始的跳遠項目訓練做好身體、技術和心理方面的準備。

（一）訓練任務

① 全面發展身體素質，促進身心發育和增強體質。
② 學習各項田徑運動基本技術和各種運動技能。
③ 培養對田徑運動（尤其是跳遠）的興趣，養成良好的訓練習慣和作風。

（二）訓練的基本特點與要求

訓練中要儘量利用自然條件和遊戲方式提高體能和協調能力，在全年週期中應平均分配訓練負荷。全面發展身體素質，避免過早突出專項，應著重發展動作速度及跑的步頻。

在學習田徑運動基本技術（以跳躍、短跑和跨欄為主）的同時，應著重進行對快速起跳技能有良好作用的各種跳躍練習，提高上肢與下肢、蹬與擺的配合，以及爆發性全身協調一致用力的技能。

此階段全面身體訓練占 70%～80%，其中要加強跑的練習。基本技術訓練占 20%～30%，以短、中程助跑跳遠為主要手段，重點練習起跳技術，初步掌握挺身式跳遠技術。

學習跨欄、跳高等項目的基本技術。學習各種體操技巧，提高運動員的靈活性和協調性。

（三）訓練時間與負荷特徵

1.訓練時間

每週訓練 4～6 次，每次訓練課的時間 80～120 分鐘，全年訓練總次數 160～240 次。全年測驗比賽次數：主項 4～5 次，副項 5～6 次。

2.訓練負荷要求

（1）**速度訓練**：占全年總負荷的 50%左右，全年總跑量為 24000～32000 公尺（指100 公尺以下的快跑距離的總量）。

（2）**力量訓練**：占全年總負荷量的 5%左右。只進行小負荷力量練習。

（3）**跳躍爆發力訓練**：主要指助跑起跳和十級跳以內的跳躍練習手段，占全年總負荷量的 15%左右，全年總量為 3200～5200 跳次。

（4）**靈敏、協調與柔韌性訓練**：重視少年運動員多種運動技能的學習和培訓，注意靈敏、協調與柔韌素質的發展。

訓練量占全年總負荷量的 15%左右。

（5）**技術訓練**：占全年總負荷量的 20%左右。全年短、中程助跑跳遠 570～760 次，全程助跑跳遠 50～70 次，全程助跑練習 60～80 次。

（四）身體素質與專項成績標準

初期訓練階段結束時，運動員的身體素質應達到的標準如表 71、表 72 所示。

表 71　男子跳遠運動員各訓練階段身體素質評定標準

項目 ＼ 年齡（歲） ＼ 階段	初級訓練階段		二級運動員訓練階段		一級運動員訓練階段	
	13	14	15	16	17	19
立定跳遠±0.2 公尺	2.30	2.60	2.80	2.80	2.90	3.00
後拋鉛球±2 公尺	11	10	11	12	13	12
1500 公尺跑±5 秒	5:45	5:25	5:20	5:0.5	5:00	4:50.0
30 公尺跑±0.1 秒	4.5	4.4	4.3	4.2	4.1	4.0
100 公尺跑±0.3 秒	12.9	12.4	12	11.6	11.4	11.0
4～5 步助跑五級單足跳±2 公尺	14	16	17	18	19	21
行進間 8～10 公尺助跑跳遠±0.5 公尺	5.00	5.50	5.90	6.40	6.60	6.90

註：①30 公尺和 100 公尺跑均應以比賽、測驗成績為準。
　　②鉛球重量：13 歲為 3 公斤，14 歲以上為 4 公斤，18 歲以上為 7.26 公斤。

表 72　女子跳遠運動員各訓練階段身體素質評定標準

項目　　　年齡　　　（歲）　　　階段	初級訓練階段		二級運動員訓練階段		一級運動員訓練階段	
	13	14	15	16	17	19
立定跳遠±0.2 公尺	2.20	2.40	2.50	2.60	2.70	2.80
後拋鉛球±2 公尺	10	9	10	11	12	13
800 公尺跑±5 秒	2:55.0	2:50.0	2:45.0	2:45.0	2:40.0	2:35.0
30 公尺跑±0.1 秒	4.7	4.6	4.5	4.5	4.4	4.3
100 公尺跑±0.3 秒	13.3	12.8	12.6	12.4	12.2	12
4～5 步助跑五級單足跳±2 公尺	12	13	14	15	15	16
行進間 8～10 公尺助跑跳遠±0.5 公尺	4.50	4.90	5.20	5.50	5.80	5.90

註：①30 公尺和 100 公尺跑均應以比賽、測驗成績為準。
　　②鉛球重量：13 歲為 3 公斤，14 以上為 4 公斤。

此階段跳遠成績應達到：男子為 5.50 公尺±0.5 公尺，女子為 4.50 公尺±0.5 公尺。對跳遠成績應結合身體素質的相應發展作出客觀評價。

（五）跳遠技術要求

以短中程助跑跳遠技術訓練為主，訓練手段多樣化。

（1）**助跑**：要求能用 12～14 步助跑起跳，跑的動作協調放鬆，助跑與起跳的結合連貫自然。

（2）**起跳**：基本掌握起跳技術。起跳著地緩衝和蹬伸動作快速連貫，蹬擺協調，方向正確，起跳腿能蹬直。

（3）**空中動作**：初步學習挺身式和走步式跳遠技術動作，為形成具有個人特點的跳遠技術奠定基礎。

（4）**落地**：能做到平穩落地，在雙腿接觸沙面的瞬間，及時屈膝緩衝，使身體迅速移過落地點。

二、二級運動員訓練階段

二級運動員訓練階段要為進行大強度的專項訓練在技術和身體素質方面做好充分準備。在專項素質訓練中突出速度和快速起跳能力的訓練。

（一）訓練任務

① 在繼續全面發展身體素質的基礎上，提高專項素質。
② 提高跳遠基本技術和專項運動能力。

③ 學習專業理論知識，建立正確的跳遠技術概念和對技術的理解，初步瞭解跳遠的訓練規律。

④ 提高跳遠比賽時的心理素質，積累和總結比賽經驗，注意參賽能力的培養。

⑤ 在本階段結束時，跳遠專項成績應達到二級運動員標準（男子 6.50 公尺，女子 5.20 公尺），副項接近或達到二級水準。

（二）訓練基本特點與要求

此階段的教學與訓練要特別注意區別對待。必須注意訓練負荷應與少年運動員的能力相適應。應儘量減少類似跳深、大重量的槓鈴練習等強刺激的訓練手段。學習和掌握田徑運動多項技術是提高運動協調能力和身體訓練水準的良好手段。

身體訓練應以發展速度為核心，同時要重視提高運動員的快速起跳能力和改進跳遠基本技術，儲備跳遠比賽所需的專項技能與經驗。

全面身體訓練約占 60%，技術和專項能力訓練占 40%。改進跑的技術。多參加速度項目的練習和比賽，加強短、中程助跑跳遠練習，改進跳遠技術。女運動員應參加全能項目的比賽。

（三）訓練負荷特徵

身體素質訓練（尤其是速度和力量）和專項技術的訓練量和強度，都明顯高於基礎階段的訓練。此階段基本訓練手段占年訓練總量的比例參看表 73。

表 73　二級運動員訓練手段占年訓練總量的比例（%）

訓練手段		月份											
		10	11	12	1	2	3	4	5	6	7	8	9
1. 跳遠	12 步以內助跑	6	12	10	8	6	12	10	8	8	12	5	3
	12 步以上助跑	6	10	12	8	6	10	12	8	8	5	12	3
2. 跳躍專門訓練		8	12	10	6	8	12	10	6	5	11	9	3
3. 負重練習		8	12	10	6	8	12	10	6	5	11	9	3
4. 助跑		6	10	12	8	6	10	12	8	8	5	11	3
5. 短跑		8	12	10	6	8	12	10	6	5	11	9	3
6. 3 / 4 力量跑		13	10	7	6	13	11	7	5	4	12	8	4
7. 一般身體訓練練習和遊戲		15	10	5	4	4	15	10	4	4	15	10	4

1.訓練時間

每週訓練 5～6 次。每次訓練 90～120 分鐘。全年訓練總次數 240～280 次。全年比賽次數為專項 8～12 次，副項 6～8 次。

2.訓練負荷要求

（1）**速度訓練**：占全年總負荷量的 40%，全年總跑量比初級階段大有提高，為 40000～50000 公尺（指 100 公尺以下的快跑距離的總量）。

（2）**力量訓練**：力量訓練量比初級訓練階段顯著增大，占全年總負荷量的 10% 左右。

（3）**跳躍爆發力訓練**：占全年總負荷量的 20%左右，全年總量約為 5000～7000 跳次（指助跑起跳和 10 級以內的跳次）。

（4）**靈敏、協調與柔韌訓練**：比初級訓練階段有所下降，占全年總量的 10%左右，全年總訓練時間為 4800～6000 分鐘。

（5）**技術訓練**：占全年總負荷量的 25%左右。全年短、中程助跑跳遠 740～1100次，全程助跑跳遠 130～180 次，全程助跑練習 500～600 次。

（四）身體素質與專項成績標準

在身體素質訓練中，應突出速度素質訓練，改進短跑技術，提高跑的速度和能力。

身體素質標準：見表 71、72。

專項成績標準：達到二級運動員標準。

在分析專項運動成績時，要正確分析和對待那些因發育較晚而沒有達到標準，但具有培養前途的運動員。

（五）跳遠的技術要求與訓練

加大專項素質訓練成分，逐漸增加全程助跑跳遠的技術訓練，提高比賽能力。

1.跳遠的技術要求

初級訓練階段結束時，要求運動員在建立正確的跳遠技術概念的基礎上，對跳遠技術有較深刻的理性認識和體會，基本掌握跳遠技術。

（1）**助跑**：用 16～18 步助跑跳遠。助跑動作正確放鬆，有一定節奏，最後幾步頻率較快，起跳腳上板積極主動。

（2）**起跳**：起跳基本技術正確，助跑與起跳連貫，整體用力協調，起跳迅速有力，爆發性好，頭和上體姿勢正確。

（3）**空中動作**：在掌握和完善空中動作的基礎上，掌握與改進挺身式跳遠或兩步半走步式跳遠空中動作。

2.跳遠的技術訓練

跳遠的技術訓練應貫穿整個訓練階段和全年週期訓練的始終。

（1）**助跑技術訓練**：提高助跑速度，培養和穩定正確的助跑節奏；培養運動員的速度感和調整控制步長與頻率的能力；加強起跳時的攻板意識，形成正確的助跑心理定式。可採用以下方法：

① 固定起動方式，使助跑開始段的步長和加速過程定型，保證最初幾步助跑步長的穩定性。

② 在不同品質的跑道（或在斜坡）上進行超全程距離的助跑（多跑2～4步），利用助跑標誌，穩定最後6～8步助跑的步長。

③ 進行變換節奏的加速跑和跑的練習，培養對跑速和動作的控制能力。

④ 8～12步助跑後，按標誌進行加大步長或縮短步長的助跑練習，培養調整步長和步頻的能力。

【訓練提示】

① 助跑技術訓練要在體力充沛的情況下進行。

② 無論何種助跑節奏，起跳前都應達到本人最高助跑速度。

③ 要教會運動員在高速助跑中的放鬆能力，這是完成有效起跳的重要條件。

④ 重視對運動員助跑時的本體感覺的培養和對起跳前助跑的時空感覺的提高，這是提高助跑速度和準確性的決定因素之一。要注意總結不同情況下（體力、環境、情緒、場地等）調整助跑距離的方法和經驗。

（2）**起跳技術訓練**：採用起跳蹬擺協調配合和短、中程助跑起跳成騰空步的各種專門練習等。

【訓練提示】做助跑起跳練習時，要強調助跑和起跳速度，注意擺動動作的方向、幅度和速度；起跳技術訓練要與快速助跑緊密結合，在基本掌握短、中距離助跑起跳技術後，及時進行全程助跑起跳的技術訓練；訓練中要注意培養運動員的攻板意識，力求做到起跳前助跑節奏快、上板快和起跳快，形成用最高跑速完成起跳的意識與技能。

（3）**空中動作與落地技術訓練**：最大限度地利用起跳所獲得的騰空高度和時間，掌握先進的空中動作，最大限度地爭取跳躍遠度。主要方法是：採用各種輔助器械、模仿練習和改進落地動作；在短、中距離助跑的跳遠中，改進空中和落地動作。

三、一級運動員訓練階段

（一）訓練任務

① 努力提高專項素質，尤其是專項力量訓練水準和快速起跳能力。

② 掌握完善的跳遠技術，提高助跑的節奏性、準確性和速度利用率。

③ 培養良好的跳躍心理定向，提高比賽能力。

④ 跳遠成績應達到一級運動員標準水準（即男子7.30公尺，女子5.80公尺）。

（二）訓練特點與要求

此階段訓練的負荷量和強度都有明顯增長，但應有計畫地逐步提高。

注意運用教育學、醫學、物理學和心理學的恢復措施，預防傷病，保證訓練過程。

全面身體訓練占 40%，技術和專項能力訓練約占 60%。結合個人特點改進和完善跳遠技術。積累比賽經驗，提高參賽能力。加深專業理論知識的學習和理解。

（三）訓練負荷特徵

訓練負荷量和強度都有顯著增長。專項力量和快速起跳能力達到較高水準。此階段基本訓練手段占年訓練總量的比例參看表 74。

表 74　訓練總量的比例（%）

訓練手段		月份										
		10	11	12	1	2	3	4	5	6	7	8	9
1. 跳遠	12 步以內助跑	5	10	16	13	6	8	11	13	8	5	3	2
	12 步以上助跑	-	4	13	18	13	3	10	17	8	6	4	4
2. 跳躍專門訓練		14	10	12	6	4	15	13	7	4	3	2	2
3. 負重練習		7	15	18	7	5	15	17	6	4	3	2	1
4. 助跑		-	6	15	20	12	4	5	15	13	5	3	2
5. 短跑		2	10	17	14	7	5	10	15	8	5	3	2
6. 3 / 4 力量跑		16	15	9	6	5	13	14	8	5	3	3	3
7. 一般身體訓練練習和遊戲		20	10	5	5	5	20	10	5	5	5	5	5

1.訓練時間

通常每週訓練 7～8 次，每次訓練 90～150 分鐘。全年訓練總次數 280～320次，全年比賽次數為跳遠專項 15～20 次，副項 5～6 次。

2.訓練負荷要求

①速度訓練約占全年總負荷量的 30%，全年總跑量約為 42000～48000 公尺（指 100 公尺以下的快跑距離的總量）。

②力量訓練約占全年總負荷量的 20%，全年總量為 150～320 噸。速度力量水準要 有顯著提高。

③跳躍爆發力訓練占全年總負荷量的 20%左右，全年總量為 7500～9500 跳次（指 助跑起跳和十級以內的跳次）。

④ 技術訓練占全年總負荷的 35%左右。全年短、中程助跑跳遠 900～1300 次，全程助跑跳遠 280～320 次，全程助跑 700～800 次。

（四）身體素質與專項成績標準

此階段注重速度和力量素質（尤其是速度力量）的發展，旨在有效地提高運動員的快速起跳能力和專項訓練水準。

1.跳遠運動員速度訓練的特點

跳遠比賽中，由於起跳板的限制，不但要跑得快，而且還要跑得準。跳遠比賽時運動員一般要跑跳 6 次，這就要求運動員必須具備在較短時間內反覆發揮最高速度跑的持續能力。在高速助跑的過程中，運動員要爆發式地完成起跳，所以需要具備在高速跑進中的放鬆與整體集中用力的能力。因此，跳遠運動員的速度訓練，除採用發展速度的一般訓練手段外，還必須採用具備上述特點的特殊手段。

跳遠的助跑距離一般在 45 公尺以內，這就要求運動員在 30～45 公尺內迅速而放鬆地達到本人的最高跑速。跳遠的速度訓練要以提高短跑能力為主，並同跳遠助跑技術結合起來。

跳遠運動員發展速度的主要方法是短距離反覆跑、行進間跑、短距離變速跑、踏標誌跑、全程助跑及超全程距離的計時跑等等。

【訓練提示】快跑時要放鬆、自然，加快步頻，尤其要注意由快到慢的銜接處，體會慣性跑—加快頻率—放鬆；將快跑途中跑的步長增加或縮小 5 公分，在 12～14 步正常助跑後，用增大或縮小步長跑 10～15 步，體會高速助跑中步長與步頻的統一，掌握調整助跑步長的技能；對助跑速度和踏板準確性要有明確要求；改進和完善助跑節奏，形成正確的助跑本體感覺和心理定向；全程助跑距離增加 2～4 步的計時跑；在跑道或助跑道上進行，注意起跳前最後 4～6 公尺跑的技術特徵和本體感覺；120～150公尺的反覆跑（主要是準備期進行大量的 120～150 公尺，甚至 200 公尺的反覆跑），提高跑的專門能力。

2.跳遠運動員力量訓練的特點

跳遠運動員的最大力量訓練主要採用槓鈴的高翻、深蹲、半蹲、挺舉、硬拉等手段，採用與專項起跳動作結構近似的靜力性練習等，提高肌肉的最大力量。

跳遠運動員發展速度力量主要採用負中等或大強度進行有關起跳等各種動作的負荷練習，例如負重提踵、負重弓箭步走、肩負槓鈴克制性半蹲跳和退讓性半蹲跳、肩負槓鈴深蹲起、弓箭步連續快速抓舉和挺舉，以及各種形式的跳深和組合練習等。

【訓練提示】各種力量練習都要注意力集中。動作結構和用力特點要儘可能地符合跳遠起跳的要求。

257

3.跳遠運動員發展速度力量的跳躍練習

主要是採用快速而強度較大的運動性負荷，由牽張反射引起下肢跳躍肌群的離心一向心收縮，提高肌肉的爆發力和超等長收縮能力。

（1）**擺動性跨步跳、單足跳和力量性跨步跳、單足跳**：「擺動性」是指由加大擺動效果增加跳躍遠度，「力量性」是指用加大蹬地力量增加跳遠遠度。著重體會起跳中擺動的作用和擺動技術，體會著地技巧和上、下肢的配合。

（2）**速度性跨步跳、單足跳和幅度性跨步跳、單足跳**：「速度性」要求跳躍速度，可採用計時跨步跳的方法；「幅度性」要求加大每一跳的遠度。體會和完善著地蹬伸技，以及上、下肢的協調配合，提高整體用力效果。

（3）**各種方式的一般跳躍**：如蹲跳、蛙跳、直腿跳、台階跳等。注意跳躍的爆發性用力特點及跳躍的連貫性和動作的正確性。當每一跳的遠度或高度有明顯下降時，要縮短跳躍距離及減少跳躍次數。

（4）**各種形式的跳深練習**：如跳深跳遠、跳深縱跳、跳上跳下等練習。跳深的高度要根據練習者的水準確定，注意著地和跳起速度。落地方式可分單、雙足兩種，落地區要鬆軟。有一定訓練水準者可負重跳深。

（5）**專項彈跳力訓練**：此類跳躍在動作形式和用力特點上與專項動作接近，並有一定的水平速度要求，例如帶助跑的各種起跳和跳躍練習等。專項技術練習也是發展專項彈跳力的重要手段。要體會利用助跑速度增強起跳效果的技巧，體會起跳中發力的時機以及蹬與擺的協調配合，強調起跳速度。

（6）**負重跳躍練習**：負重專項技術練習，是提高專項工作肌群速度力量的有效手段。負重的重量和方式不能影響跳躍動作的正確性，負重跳躍應與徒手跳躍結合進行。

此階段結束時，運動員已正確熟練地掌握了適合自己特點的先進的跳遠技術，對跳遠技術和訓練已有較全面深刻的認識。跳遠專項運動成績應達到一級運動員的標準。

四、健將級運動員訓練階段

健將級跳遠運動員跳遠技術趨於完善，專項力量和速度訓練水準均達到高水準。訓練的主要目的是使專項身體素質達到最高水準；進一步完善專項技術，形成個人技術風格；掌握個人競技狀態的形成規律，積累大賽經驗；創造優異的運動成績。

（一）訓練任務

① 在身體素質高度發展的基礎上，承受更大訓練負荷量，使專項素質（尤其

田徑運動 高級教程

是專項力量），達到最高水準。

② 結合個人特點，完善跳遠技術，發揮和挖掘運動潛力。

③ 熟練掌握自我調整的心理學方法與手段，提高參賽能力，保證運動水準的正常發揮。

④ 準確地控制最佳競技狀態的形成，在重大比賽中創造優異成績。

⑤ 跳遠成績應達到健將級標準，即男子 7.80 公尺，女子 6.30 公尺。

（二）訓練基本特點與要求

訓練的方法與手段更要注意因人而異。訓練負荷的量和強度都接近或達到最高值。可使用特殊的強化手段提高機能能力，例如各種醫學、生理學、營養學等強化手段以及專門的恢復措施等。

全面身體訓練約占 45%，技術和專項能力訓練約占 55%。在結合個人特點完善跳遠技術的基礎上，使助跑節奏定型並形成自動化，在最高助跑速度的情況下，能準確地踏板起跳。

（三）訓練負荷特徵

訓練負荷的量和強度都達到最高限度，專項力量達到最高水準，為創造最高運動成績做好了技術、素質和心理準備。

此階段基本訓練手段占年訓練總量的比例如表 75 所示。

表 75　健將級階段基本訓練手段占年訓練總量的比例（％）

訓練手段		月份										
		10	11	12	1	2	3	4	5	6	7	8	9
1. 跳遠	12 步以內助跑	3	9	12	10	8	9	12	10	8	8	7	4
	12 步以上助跑	-	2	7	15	11	6	10	15	10	10	9	5
2. 跳躍專門訓練		12	14	14	8	6	10	14	9	6	5	4	5
3. 負重練習		8	12	14	9	6	14	11	8	5	5	4	4
4. 助跑		-	5	10	15	8	8	10	15	10	7	7	4
5. 短跑		1	6	10	13	8	7	11	13	11	8	7	7
6. 3／4 力量跑		9	13	12	8	4	10	13	9	7	5	5	5
7. 一般身體訓練練習和遊戲		20	10	5	5	3	20	10	5	5	5	5	5

1.訓練時間

一般每週訓練 6～8 次，每次訓練 90～150 分鐘，全年訓練總次數 240～280 次。

2.訓練負荷要求

① 速度訓練占年訓練總負荷量的 25%，全年總跑量為 20000～34000 公尺（指100 公尺以下的快跑距離的總量）。

② 力量訓練的比例比前一階段增大，訓練量約占全年總負荷量的 20%，全年總量為200～400 噸。專項力量達到最高水準。

③ 跳躍爆發力訓練占全年訓練總負荷量的 25%左右，全年總量為 8000～10000 跳次（助跑起跳和十級以內的跳次）。

④ 技術訓練主要應結合個體特點完善和改進專項技術，形成與鞏固具有個人特點的先進技術，為表現最高專項運動成績創造條件。專項技術訓練占全年總負荷量的 30%左右。全年短、中程跳遠 1000～1300 次，全程跳遠 240～300 次，全程助跑練習 800～900 次。

（四）身體素質與專項成績標準

跳遠成績應達到運動健將的標準。

在健將級訓練階段，運動員的速度訓練已經達到很高水準，若使速度再上一個台階，則要克服速度障礙，還要經過一個較長的訓練過程。因此，要努力提高運動器官的支撐緩衝能力、緩衝技巧和專項力量，減少速度損耗，提高助跑速度的使用率，這是繼續提高成績的重要途徑。

第十章

三級跳遠

郭元奇

第一節·三級跳遠的發展與研究概況

一、三級跳遠運動的發展概況

三級跳遠項目最初起源於愛爾蘭，當時的跳法是兩次單足跳加一次跳躍的形式，現在這種形式的跳法是 19 世紀後期從英國發展起來的。第一個有資料記載的成績是愛爾蘭人霍斯萊因於 1794 年創造的，當時的成績是 13.26 公尺。1834 年，蘇格蘭運動員 T.賴登以 14.02 公尺的成績首次突破 14 公尺。1882 年，美國運動員巴魯茲以 15.09 公尺的成績第一個跳過 15 公尺大關。美國運動員康諾利在 1896 年第 1 屆奧運會上以 13.71 公尺的成績獲得金牌。20 世紀，三級跳遠運動技術和成績都提高很快。在 1995 年第 5 屆世界田徑錦標賽上，英國的優秀運動員愛德華茲以 18.29 公尺的優異成績創造了新的世界紀錄。

女子三級跳遠項目於上個世紀 80 年代已經開始發展，1990 年被國際田聯列為正式比賽項目。1991 年中國運動員李惠榮曾以 14.54 公尺成績創造了當時的世界紀錄，1992 年她又跳出了 14.55 公尺的成績。雖然開展時間不長，但由於借鑑男子訓練經驗，成績提高較快。世界紀錄不斷刷新。

1993 年俄羅斯運動員安娜·比留科娃以 15.09 公尺的成績突破了 15 公尺大關。在 1995 年哥德堡世界錦標賽上，烏克蘭運動員艾·克拉維茨以 15.50公尺的成績刷新了世界紀錄，這個紀錄一直保持至今。

中國是從 1932 年才開始進行三級跳遠比賽的，王士林在 1936 年以 14.36 公尺的成績創造了舊中國的三級跳遠紀錄。新中國成立以後，李榮國以 14.66 公尺的成績創造了當時的國家紀錄。1964 年，田兆鐘跳出了 16.58 公尺的成績，這個成績達到了當時的世界水準。1981 年，鄒振先以 17.34 公尺的優異成績創造了新的亞洲紀錄，這個紀錄一直保持了 28 年。雖然在 1990 年第 11 屆亞運會上，中國運動員陳

燕平和鄒四新分別以 17.51 公尺和 17.36 公尺的成績獲得冠、亞軍,但由於當時超風速,未被承認新的亞洲紀錄。

近些年來,中國男子三級跳遠的成績有了新的突破。在 2009 年李延熙和朱書靖分別以 17.59 公尺和17.41 公尺的成績打破了鄒振先保持了 28 年的亞洲紀錄。目前,雖然我國三級跳遠的整體水準有所提高,擁有一批達到 17 公尺以上的運動員,但是在國際大賽上均沒有良好的表現,每個人的最佳成績幾乎都是在國內創造的,這種缺乏國際大賽競爭力的現狀值得研究。

中國女子三級跳遠的技術水準與成績的發展不是很快。2007 年 6 月和 9 月謝荔梅又分別以 14.73 公尺和 14.90 公尺的成績創造了新的亞洲紀錄。

二、三級跳遠技術的發展階段

三級跳遠是一個對身體素質要求較高、技術比較複雜、身體素質與技術高度統一的項目。正是由於它的這一特殊性,所以自二百多年前出現以來,技術一直在不斷發生著變化,大體經歷了由最初的自由式跳法逐漸發展為高跳型和平跳型技術,現在又出現了速度型技術等幾個階段。

從目前情況看,速度型技術是現在和未來三級跳遠技術發展的趨勢。

(一)自由式跳法

三級跳遠項目從最初的出現,一直到 20 世紀 40 年代,可以說運動員都是用隨意的跳法,沒有形成固定的技術模式。那時人們對技術和訓練方法的研究很少,運動員也很少接受正規系統的訓練。因此,任其技術自由發展,運動員所採用的訓練方法也五花八門,沒有形成固定的體系。

(二)高跳型技術

從 20 世紀 50 年代開始,蘇聯出現了像謝爾巴科夫、里亞霍夫斯基、克列耶爾等一批高跳型跳法的三級跳遠運動員。後來到 60 年代末 70 年代初,逐漸形成了以薩涅耶夫為典型代表的高跳型技術,他採用這種技術連續 3 次獲得奧運會冠軍,並多次創造世界紀錄(表 76)。

高跳型技術第一跳騰空的抛物線軌跡高而遠,從三跳的遠度來看,第一跳所占的比例最大。這類運動員多屬於力量型,動作幅度較大,強調高抬大腿積極刨地,這就對運動員的力量素質和跳躍能力提出了較高的要求。

這種技術訓練的特點,是採用各種形式的負重練習來全面發展運動員的力量素質,尤其是下肢力量。用負重或不負重的各種跳躍練習發展運動員的跳躍能力。在技術練習中採用分解練習、中程助跑技術和全程完整技術相結合的方式。強調技術動作的幅度和節奏。正是因為過分強調了高抬大腿積極刨地動作,過多地採用了分

田徑運動高級教程

解技術和中短程助跑技術練習，以及在進行各種跳躍練習時沒有注意快速節奏，而只突出了第一跳的作用，久而久之形成了高跳型的技術。

表 76　蘇聯高跳型優秀三級跳遠運動員的三跳遠度和比例

三跳成績（公尺）和比例（%）\ 姓名 \ 項目	第一跳	第二跳	第三跳	成績
薩涅耶夫	6.63（38.01）	4.88（27.98）	5.93（34.01）	17.44
謝爾巴科夫	6.07（36.90）	5.15（31.20）	5.24（31.90）	16.46
里亞霍夫斯基	6.46（38.30）	4.97（29.90）	5.16（31.80）	16.59
克列耶爾	6.50（38.90）	5.07（30.30）	5.14（30.80）	16.71

（三）平跳型技術

平跳型技術在 20 世紀 60 年代出現，當時以波蘭運動員施密特為典型代表。他採用這種技術以 17.03 公尺的成績打破了當時的世界紀錄，並成為世界上第一個突破 17 公尺大關的運動員。從此平跳型技術風靡一時（表 77）。

表 77　平跳型世界優秀三級跳遠運動員的三跳遠度和比例

三跳成績（公尺）和比例（%）\ 姓名 \ 項目	第一跳	第二跳	第三跳	成績
施密特	6.00（35.20）	5.02（29.50）	6.01（35.30）	17.03
科瓦連科	6.00（34.3）	5.40（31.0）	6.04（34.7）	17.44
薩克爾金	6.11（35.1）	5.22（29.9）	6.10（35.0）	17.43

顧名思義，平跳型技術第一跳的拋物線軌跡低而平，第一跳和第三跳的比例相差不大。強調發揮和保持水平速度，注重向前擺腿。這種技術吸取了高跳型技術的教訓，因為人們逐漸認識到了水平速度在三級跳遠中的重要作用，在三跳比例上縮短第一跳的遠度，使水平速度較好地得到保持，可以加大第三跳的遠度，最終使得第一跳和第三跳的遠度比較接近。這種技術的優點是能夠較少地減少水平速度的損失，而且可以避免運動員受傷。

平跳型技術要求整個技術的自然連貫和向前性，注重發展運動員的速度和三跳的快速節奏，在技術練習中多採用完整技術和較長距離助跑技術練習。正是由於大量地採用完整技術和較長距離助跑技術練習，才使得運動員建立了完整技術的概念。而不是將注意力過多地集中在第一跳上，更好地利用和保持了水平速度，從而

形成了快速平跳的技術。

（四）速度型技術

三級跳遠技術水準近 20 年來有了較大的發展，世界紀錄多次被打破，在 1995年第5 屆世界田徑錦標賽上，英國的優秀運動員愛德華茲以 18.29 公尺的優異成績創造了新的世界紀錄。向世人展示，三級跳遠技術過去由高跳型發展為平跳型，而現在又出現了由平跳型向速度型方向發展的趨勢。

速度型三級跳遠技術是在平跳型基礎上發展起來的，它繼承了平跳型技術的優點，更加強調發揮和保持水平速度。與平跳型技術相比，最突出的特點是第三跳的遠度明顯加大（表 78）。這種技術實際上在 1975 年巴西著名運動員奧利維拉跳17.89 公尺時就已出現。1985 年美國運動員班克斯採用這種技術跳了 17.97 公尺。繼之而來的是美國著名三級跳遠運動員康利，他在 1992 年第 25 屆奧運會上以18.17 公尺的優異成績奪冠。雖然由於超風速（2.1 公尺/秒）而未被承認為新的世界紀錄，但康利是第一個突破 18 公尺大關的三級跳遠運動員。

表 78　速度型世界優秀三級跳遠運動員的三跳遠度和比例

三跳成績（公尺）和比例（％）　姓名　項目	第一跳	第二跳	第三跳	成績
奧利維拉	6.10（34.0）	5.40（30.0）	6.39（36.0）	17.89
班克斯	6.32（35.1）	4.96（27.6）	6.69（37.3）	17.97
康利	5.70（31.3）	5.50（30.2）	7.00（38.5）	18.20
愛德華茲	6.22（34.0）	5.48（30.0）	6.59（36.0）	18.29

速度型技術突出一個「快」字，即助跑快，三跳節奏快；強調在力量練習和跳躍練習中的快速用力。同時均衡發展兩腿的跳躍能力，尤其是弱腿的跳躍能力。人們注意到，這類運動員不僅在第三跳中表現出很強的實力，而且絕大部分運動員在空中動作中採用挺身式或走步式，說明他們在第三跳中的弱腿跳遠能力很強。當然，第三跳的遠度與助跑中發揮水平速度、在第一跳和第三跳中保持水平速度有直接關係。速度型的運動員更加注重速度訓練，他們都具有較高的速度素質。

如奧利維拉的 100 公尺成績為 10.4 秒，班克斯的 100 公尺成績為 10.3 秒。同時他們還具備很強的跳躍能力。班克斯的跳遠成績為 8.28 公尺，康利的跳遠成績為 8.43 公尺，奧利維拉的跳遠成績為 8.20 公尺（有關資料記載，他的弱腿也可跳過 8 公尺）。此外，在技術練習中一般以全程助跑完整技術練習為主。值得注意的是，速度型的三級跳遠運動員在技術練習時，更加注重發揮和利用水平速度，盡量減少水平速度的損失。

三、三級跳遠技術未來的發展趨勢

在 1995 年第 5 屆世界錦標賽上，英國運動員愛德華茲以 18.29 公尺的優異成績打破了世界紀錄。他的三級跳遠技術給人以完美無缺、耳目一新的感覺。愛德華茲這驚人的一跳，不僅標誌著三級跳遠成績達到了一個前所未有的水準，而且還向人們展示出三級跳遠技術也達到了一個嶄新的階段。毫無疑問，速度型技術是當今世界三級跳遠技術發展的必然趨勢。

根據目前三級跳遠技術的發展狀況，分析認為，未來三級跳遠技術的發展應該具備以下幾點。

第一，為了獲得更大的水平速度，助跑步數會有所增加，距離會有所加長。助跑最後幾步更加積極向前，與第一跳結合更加自然。整個助跑快速輕鬆，與平跑技術十分接近。

從奧運會以及世界大賽的統計資料來分析，三級跳遠運動員的助跑距離有加長的趨勢。其主要原因在於，運動員為了在起跳前獲得更大的助跑速度。

第二，過去一貫強調的扒地或刨地技術動作將不再成為技術重點。運動員的注意力主要集中在快速用力上，即助跑快、在完成正確技術動作前提下的三跳節奏快，以及完整技術各環節的快速自然銜接。

第三，單足跳和跨步跳時的著地動作更加自然，接近跑的著地動作。著地點恰到好處，最大限度地減少了水平速度的損失。並且身體重心正好壓在支撐腿上，支撐和用力蹬伸程度加大，使得著地動作更加集中用力。因而，三級跳遠的著地技術應該重點強調集中用力，也就是要集運動員的意志、著地時的擺動和蹬伸動作，以及身體各部位的協調配合為一點，並作用於身體重心。如果過分強調扒地或刨地技術動作，則容易造成著地制動和過早或過晚發力，使力量不能很好地集中作用於身體重心。結果是往往打擊地面的聲音很響，而實際效果卻差。

第四，重視加強弱腿的跳遠技術，在第三跳中用弱腿起跳採用挺身式或走步式動作，充分發揮弱腿的跳遠能力，以利獲得最大的遠度。

第二節・三級跳遠技術

在三級跳遠中，助跑水平速度對整個成績有很大的影響。然而，在每一跳的起跳和緩衝階段，水平速度都要有所損失。因此，從生物力學的角度來看，運動員應該通過助跑獲得儘可能大的水平速度，並在接下來的三跳中儘可能地保持水平速度。起跳角度小使得騰空的拋物線軌跡低而平，這將落地時所產生的制動減少到最小的程度，有利於保持水平速度。但是，就任何一個跳躍來說，如果其他因素一樣，起跳角度大將有助於增加跳躍的遠度。

三級跳遠的目的是通過連續的三次跳躍達到儘可能遠的水平距離。比賽規則規定，三級跳遠的前兩跳（單足跳和跨步跳）必須由同一隻腿來完成起跳，而第三跳（跳躍）則由另一隻腿來完成起跳。

水平速度是決定三級跳遠成績的關鍵因素。助跑速度和在三跳中保持速度是很重要的。可見三級跳遠運動員的速度最為重要，尤其是跑的速度。

影響三級跳遠成績的第二個因素是運動員的跳躍能力，跳躍能力還對運動員的速度有一定的影響。三級跳遠第三跳動作的協調性、節奏以及平衡能力對運動成績也都有一定的影響。

雖然跳遠和三級跳遠在技術動作上有一些相似的地方，但三級跳遠的技術更為複雜，需要更高的技巧。因此，跳遠和三級跳遠技術在本質上是有區別的。

三級跳遠技術包括助跑、第一跳（單足跳）、第二跳（跨步跳）和第三跳（跳躍）。三跳中的每一跳均可以進一步分為起跳、騰空和落地階段。

一、助　跑

助跑是運動員由起動開始，經過一段距離的跑動，然後準確地踏上起跳板。助跑的目的是為了獲得儘可能快的水平速度，以及為起跳做好準備。助跑的距離取決於運動員的加速能力，加速能力強的運動員一般助跑的距離較短，反之助跑的距離則長。優秀三級跳遠運動員（男、女）的助跑距離一般在 35～50 公尺之間（跑 18～23 步）。技術水準低的三級跳遠運動員一般都採用較短的助跑距離。

在助跑的最後幾步，隨著運動員在助跑道上的向前跑進，要加快步頻和加大步長，注意保持上體接近正直的姿勢。初學者在助跑中應該採用可控速度，而不是最大速度，以便能夠較好地完成接下來的一系列技術動作。運動員在最後 3～6 步的助跑中，應該適當地減小步長，加快步頻，從而為起跳做好準備。

（一）助跑的起動方式

1.靜止狀態開始起動

一般採用「半蹲式」或「站立式」姿勢開始助跑。這種起動方式的特點是有利於固定第一步的步長，從而提高全程助跑的準確性。

2.行進間起動

先走幾步，或慢跑幾步，或用墊步等方法起動，踏上助跑標記後開始助跑。這種起動方式的特點是運動員開始助跑時比較自然放鬆，有利於發揮速度。

運動員究竟採用哪種起動方式開始助跑，須根據個人情況而定。在優秀運動員中，採用兩種起動方式開始助跑的人都有。一般來說，助跑準確性差者多採用靜止

狀態開始起動的方式，而助跑準確性高者多採用行進間起動的方式。在教學與訓練過程中，還要考慮到運動員的個人習慣。

（二）助跑步點的測定

助跑步點的測定，可採用走步丈量的方法和跑步丈量的方法。

走步丈量的方法是，根據全程助跑的步數，每走兩步算作一步，比如採用 12 步助跑的運動員，丈量步點時就走 24 步。當丈量完步點後反覆試跑幾次，並進行適當調整。

跑步丈量的方法是，在跑道上起跑反覆做加速跑，找出從起跑線到自己所確定的助跑步數腳印的相對集中點，用皮尺丈量下這段距離，然後移到助跑道上反覆練習，並進行適當調整。

已經測量好的助跑步點，在不同的時間和場合不是固定不變的。運動員在訓練和比賽時應根據跑道的軟硬程度、彈性、氣溫、風向以及自己的體力狀態等進行適當的調整。一般來說，助跑道鬆軟、彈性差、氣溫低、逆風、體力狀態較差時，助跑的距離會適當縮短。在相反的情況時，助跑的距離會適當加長。

運動員無論採用哪種方式丈量步點，在確定步點的距離時，都要結合起跳反覆助跑，進行適當調整。

（三）助跑的距離和步數

助跑距離和步數取決於運動員的訓練水準、個體差異、速度水準、加速能力、助跑的起動姿勢以及起跳能力等。助跑距離過短，不利於發揮速度，在起跳前不能達到最大速度，又容易造成起跳緊張；助跑距離過長，在起跳前過早達到最大速度，消耗體力。在這兩種情況下都不可能做到以快速助跑完成起跳動作。

目前，世界優秀男子三級跳遠運動員的助跑距離一般在 35～50 公尺，跑 18～24 步；優秀女子三級跳遠運動員的助跑距離一般在 30～45 公尺，跑 16～22 步。有些運動員還預跑幾步踏上助跑起動標誌而後開始助跑。

對於青少年運動員來說，究竟採用多長的助跑距離為好，要根據具體情況因人而異。青少年運動員正處於生長發育時期，各項身體素質及專項技術尚不完善，因此，其助跑距離還不穩定，易受各種主客觀因素的影響。一般說相當於二級水準的三級跳遠運動員，其助跑步數以 12～14 為宜；相當於一級水準的運動員，則以 16～18 步為宜。這只是就大多數人而言，在具體訓練過程中還應根據個人的特點來確定助跑的步數。

（四）助跑的節奏

三級跳遠運動員的整個助跑節奏，大致可分為逐漸加速和積極加速兩種類型。

逐漸加速：開始助跑後逐漸地加快步頻和加大步長，整個助跑的加速過程比較

均勻平穩，在助跑的最後幾步達到最大跑速。

積極加速：助跑開始幾步步長較小，步頻較快，積極加快助跑速度，在短時間內獲得較快的速度。

一般來說，初學者和訓練基礎比較差的運動員，助跑時多採用逐漸加速的方式；訓練水準高的運動員多採用積極加速的方式。

運動員在助跑中無論採用哪種加速方式，都應做到輕鬆自然、準確、有節奏、在助跑的最後幾步達到最大跑速。

通常身高較矮、爆發力強、具有短跑氣質的人善於發揮助跑速度，他們在助跑一開始多以較小的步幅、較快步頻的方式積極加速，在助跑 6～8 步時就達到較高的步頻，能迅速獲得較快的速度；而個子較高的三級跳遠運動員，一般發揮速度較慢，多數在助跑中採用逐漸加速的方式，其步幅前後差別相對不大。雖然每個運動員的助跑節奏有所不同，但都必須在助跑的最後 2～4 步達到最大速度。

（五）助跑的標誌

在三級跳遠助跑中，有些運動員往往在助跑過程中設有兩個標誌點：

第一個標誌點為助跑開始的標誌，以靜止狀態用「站立式」或「半蹲式」姿勢開始助跑的人，從此標誌開始助跑。還有些行進中起動開始助跑的運動員，採用先走幾步、跑幾步或墊步等方式踏上這一標誌後開始助跑。

第二個標誌點為檢查標誌，以此為依據來檢查助跑節奏和助跑的完成情況，一般設在起跳前 6 步的地方。這個檢查標誌在運動員形成助跑節奏階段可以設置，一旦達到目的，檢查標誌也只是起到一點心理上的作用了。

一個成熟的三級跳遠運動員，應該在沒有任何參照物和標誌的情況下，反覆練習助跑，使自己的助跑達到自動化程度。只有這樣才能集中全部精力，充滿信心地進行助跑。

運動員助跑的準確性主要取決於助跑開始時是否準確地踏上起動標誌，助跑開始的幾步、助跑過程中和最後幾步的節奏變化，對外界環境的適應能力，情緒的穩定性以及自信心等。

（六）助跑最後幾步的步幅變化

三級跳遠運動員在助跑的最後階段為了準備起跳，助跑的步幅會稍有變化，這是運動員起跳前的一種自然現象。

一般來說，運動員在助跑中倒數第 2 步的步幅稍長，身體重心略有降低，而助跑最後 1 步的步長則相對稍短。這是為了加快起跳腿的放腳動作，使重心升高，便於運動員以適宜的騰起角起跳。這樣做也縮短了緩衝階段的時間，增加了起跳的效果。只要技術合理不影響起跳效果，就應順其自然。

起跳前的助跑步如圖 31①—⑥所示。

註：①─⑥起跳前助跑跑步；⑦─⑯第一跳（單足跳）；⑰─⑱第二跳（跨步跳）；㉙─㊴第三跳（跳躍）
圖 31　班克斯創三級跳遠 17.79 公尺世界紀錄時的技術動作

二、第一跳（單足跳）

第一跳（單足跳，見圖 3⑦—⑯）的起跳是從助跑最後 1 步擺動腿蹬離地面，起跳腿快速積極地踏板開始的。助跑最後 1 步時，擺動腿積極有力地蹬地，起跳腿以積極、自然的動作快速踏上起跳板，起跳腿在前邁時大腿抬得要比平時跑時稍低一些。此時，上體保持垂直或適當前傾，起跳腳的著地點離身體重心的投影點較近，一般優秀運動員的著地角度為 69°±3°。

起跳腳著地後，膝關節彎曲緩衝，隨著身體的前移，上體和骨盆應快速前移，同時擺動腿大小腿摺疊積極前擺，整個身體像一個壓緊的彈簧，處於蹬伸前的最有利的姿勢（見圖 31⑧）。

隨著身體的快速前移，起跳腿要及時進行快速的蹬伸動作，與此同時，擺動腿和兩臂迅速向前上方做大幅度的擺動。起跳結束時，上體正直，起跳腿的髖、膝、踝三個關節充分伸直，擺動腿屈膝高抬，同時抬頭、挺胸、兩臂擺起（見圖 31⑩）。一般優秀運動員的起跳角度為 62°±2°，身體重心的騰起角度為 17°±1°。

起跳結束後運動員進入騰空階段，在保持一段「騰空步」後（約三分之一的距離）擺動腿開始向下、向後擺動，同時起跳腿屈膝，大、小腿收緊，腳跟貼近臀部，積極前擺（見圖 31 ⑫）。接著擺動腿後擺，起跳腿向前高抬，小腿自然下垂，完成換步動作（見圖 31⑮）。換步動作結束後，起跳腿繼續向前上方提拉，髖部積極前送，擺動腿和兩臂向後擺至最大幅度。

單足跳的起跳應將助跑和騰空階段有機地聯繫在一起，跳躍的拋物線軌跡應該相對平而向前。

三、第二跳（跨步跳）

第二跳（跨步跳，見圖 31 ⑰—⑱）的起跳實際上是從第一跳騰空後開始的。在第一跳騰空的後三分之一段時，運動員的身體開始下降。此時，起跳腿繼續高抬（見圖 31 ⑭），擺動腿充分後擺，以加大兩大腿之間的夾角。同時兩臂擺到身體的側後方（見圖 31⑮），接下來起跳腿積極下壓，做有力的扒地動作，同時擺動腿和兩臂用力地向前擺動（見圖 31⑯）。著地時，髖、膝、踝部有關肌肉要保持緊張，使著地動作富有彈性，身體重心保持在較高的位置，身體要儘量保持正直。優秀運動員的著地角為 68°±2°。

起跳腳著地後要及時屈膝、屈踝，進行適當的緩衝，以使身體快速前移。當身體重心接近支撐點上方時（見圖 31⑱），擺動腿和兩臂快速有力地向前上方擺動，身體向上伸展，起跳腿進行快速有力的蹬伸動作（見圖 31 ㉑）。在蹬離地面的瞬間，起跳腿的髖、膝、踝三關節應充分蹬直。第二跳的起跳角比第一跳要小，優秀運動員的起跳角為 60°±2°，騰空高度也相對較低，一般騰起角度為 14°±1°。

田徑運動 高級教程

運動員騰空後要保持較長時間的跨步姿勢。擺動腿積極上提，上體前傾，起跳腿屈小腿向後擺動，使兩大腿的夾角達到最大（見圖 31㉑）。在騰空的後半段，有一些運動員的前腿向上擺動，後腿向後擺動，做著地前的預擺動作。這不僅有利於維持身體的平衡，同時更重要的是有助於下一跳的積極起跳。

在跨步跳的起跳過程中，兩臂的動作是為了配合起跳。究竟是採用單臂擺還是雙臂擺動作，取決於騰空階段的持續時間。高水準運動員採用所謂雙臂交換擺的方式，一般初學者應該採用他們原來自然擺臂的動作。起跳角度應該小一些，接近第一跳。在起跳時，擺動腿的膝部應該擺至身體重心的上方，大小腿成 90°角。

在跨步跳的騰空階段，起跳腿擺至身體軀幹的後下方，上體保持正直。兩臂在開始時是增加起跳腿的蹬地力量，接著是維持身體的平衡，然後向後擺（見圖 31㉔）。擺動腿的小腿前伸準備著地。

扒地動作應該在著地前就開始，像單足跳著地那樣積極有力。著地點應該在身體重心投影點前適當的地方（見圖 31㉗），以避免身體的前旋。著地點不可過遠，否則將會產生制動。這時應以全腳掌著地，腳掌緊蹦，向前滾動至前腳掌。上體伸直。

跨步跳的起跳對運動員來說所承受的負荷最大。起跳的騰起角度幾乎與單足跳相同，一般在 12°～14°之間。在起跳時軀幹前傾的姿勢有利於保持向前性。在此時，擺動腿向後的有力擺動也有助於運動員向前跳出。

四、第三跳（跳躍）

經過前兩跳後水平速度已有明顯下降。因此在第三跳（跳躍，見圖 31㉙—㊴）中要充分利用剩餘的水平速度，儘可能提高垂直速度，以獲得一個較高、較遠的騰空軌跡，從而取得最大的遠度。

第三跳起跳腳的著地角度稍小於前兩跳，約為 66°±2°，這有利於運動員獲得較大的垂直速度。起跳腳著地後，起跳腿要屈膝積極緩衝，身體快速前移，擺動腿和兩臂快速有力地向前上方擺出（見圖 31㉚）。起跳時要伸髖、伸背，上體保持正直。

在起跳結束的瞬間，起跳腿的髖、膝、踝三關節充分蹬直，擺動腿和兩臂高擺（見圖 31㉛），以增加身體重心向上移動的距離。第三跳的起跳角和騰起角都稍大於前兩跳，分別為 63°±3°和 18°±2°。

跳躍階段的動作形式和所要達到的目的與跳遠相同。運動員為了獲得最大的遠度，儘可能地快速向前跳出，以減少水平速度的損失。起跳的角度與單足跳和跨步跳相比應該相對大一些，兩臂向前上擺，擺動腿的膝部向前高抬至少成 90°角。

在跳躍階段，運動員可以採用在跳遠中所用的蹲踞式、挺身式或走步式動作技術。一般人都採用蹲踞式動作技術，這種動作比較適合騰空時間相對短的運動員。

而採用走步式動作技術的運動員較少，這種技術適合騰空時間相對長的運動員。一般優秀運動員採用挺身式或走步式的姿勢。

在開始做落地動作的時候，要屈膝向前抬腿，同時兩臂擺向前方，成團身姿勢。

落地前瞬間，收腹舉腿，小腿儘量前伸（見圖 31 ㊴），以求達到最大的遠度。落地動作的目的是為了爭取儘可能大的遠度，當運動員的腳接觸沙面的瞬間，上體稍微抬起，兩臂向前擺，膝和髖部順勢向前。然後，身體向側方倒下，這一動作會防止運動員落地時後坐。

三級跳遠的擺臂動作有單臂擺、雙臂擺和單、雙臂混合等幾種方式。單臂擺有利於保持水準速度，雙臂擺有利於維持身體的平衡，而單、雙臂混合擺的方式則兼有兩者的優點。運動員究竟採用哪種擺臂方式，應該根據個人的技術特點和習慣而定。

第三節・三級跳遠技術教學法

一、教學步驟

（一）簡介三級跳遠技術和發展概況，掌握三級跳遠技術的正確概念

內容：
理論講解；看技術圖片；看技術錄影。

教學提示：
使學生認識到三級跳遠是各跳自然銜接的完整技術。

（二）學習三級跳遠著地技術

內容：
①原地上一步著地動作模仿；②走動著地動作模仿；③行進間著地動作模仿；④跨步跳著地動作模仿。

教學提示：
先以腳後跟接觸地面，滾動至全腳掌著地。身體重心順勢向前移動，著地動作自然，接近走和跑的著地動作。

（三）學習單足跳與跨步跳相結合的技術

內容：
①2～4 步助跑跨步跳 40 公尺；②2～4 步助跑單足跳 40 公尺；③2～4 步助跑，單足跳連接跨步跳；④4～6 步助跑，單足跳連接跨步跳連續做 60 公尺。

教學提示：

可採用單臂和雙臂擺動，兩臂和擺動腿注意前後擺動，起跳腿蹬地後屈膝摺疊向前擺出。在單足跳與跨步跳的起跳過程中，兩臂和擺動腿以及起跳腿的交換動作速度要快。重視個人擺臂的特點和習慣，不必強求一致。

（四）學習和掌握第二、三跳結合的技術

內容：

①4～6 步助跑起跳跨進沙坑，擺動腿著地向前跑出；②4～6 步助跑跨步跳，動腿著地起跳，兩腳落入沙坑。

教學提示：

第二跳在騰空的後三分之一時，開始做著地動作和第三跳的動作。第二跳落地後，支撐腿緩衝迅速蹬伸，擺動腿和兩臂配合積極向前上方擺動。

（五）學習短中程助跑三級跳遠技術

內容：

①4 步助跑三級跳遠；②6～8 步助跑三級跳遠；③8～10 步助跑三級跳遠。

教學提示：

起跳時上體稍前傾，起跳腳積級著地。擺動腿大腿儘量擺至水平位，向前上方跳起。交換腿的時機適宜。蹬擺配合協調，擺動幅度大，積極送髖。保持騰空步姿勢時間較長。

（六）學習全程助跑三級跳遠技術

內容：

①12～14 步助跑三級跳遠；②16～18 步助跑三級跳遠。

教學提示：

起跳腳積極著地，換腿的時機適宜，技術完整，節奏快，三跳遠度比例合適。

（七）熟練掌握三級跳遠完整技術

內容：

全程助跑三級跳遠。

教學提示：

充分發揮每個學生的學習積極性，同學間互相幫助，教師指導、鼓勵。

以上各項教學內容的練習次數、活動量等，教師在教案中要有所預計，在實踐中靈活調整地完成。

二、教學中常見的錯誤動作及其產生的原因和糾正方法

（一）助跑步點不準

產生原因：

① 助跑開始加速的方式不一樣。

② 助跑開始的前幾步的步長不固定。

③ 助跑的節奏不一致。

糾正方法：

① 固定助跑開始後的加速方式。一般初學者最好選擇逐漸加速的方式，具備一定水準的運動員可以選擇積極加速的方式。

② 固定助跑開始的前幾步的步長。可以採用在助跑的前幾步畫標記的方法，反覆進行練習。

③ 反覆進行全程助跑練習，每次助跑開始的前幾步的步長、加速的方式，以及助跑中程和助跑最後階段的節奏都一致。

（二）第一跳騰空過高

產生原因：

① 助跑最後一步拉大步。

② 起跳時小腿伸得過遠，上體後仰。

③ 起跳時擺動腿和兩臂的擺動動作向上不向前。

糾正方法：

① 固定助跑開始後的加速1　　採用標記跑的方法。為助跑的後幾步的每一步做標記，在進行助跑練習時按標記快速跑過起跳板。

② 反覆進行助跑結合起跳的練習。要求運動員在起跳時上體正直，小腿不要前伸，有跑過起跳板的感覺。

③ 反覆進行助跑結合起跳的練習。在助跑的最後幾步，兩臂積極前後擺動，在起跳時兩臂和擺動腿也要前後擺動。

（三）三跳節奏不好

產生原因：

① 第一跳過大，第二跳跳不出去。

② 最後一跳的起跳腿無力。

③ 助跑時沒有充分發揮水平速度，在前兩跳的著地過程中沒有很好地保持水平速度，使水平速度損失過多，造成第三跳過近。

糾正方法：

① 做中短程助跑完整的三級跳遠。可以在前兩跳的著地點放置標記，控制第

一跳的遠度。要求運動員第一跳向前跳，而不是向上跳。

② 加強弱腿的力量練習。可以採用單足跳和 6～8 步助跑跳遠練習。

③ 加快助跑速度，注意前兩跳的向前性和著地動作的合理性，儘量減少水平速度的損失，以求獲得第三跳儘可能大的遠度。

（四）空中動作不平衡

產生原因：

① 在跳躍中兩臂和兩腿的擺動動作配合不協調。

② 在做擺動動作時向左右方向用力的成分過大，從而造成身體過分的扭轉。

③ 兩臂在前後擺動時夾得太緊。

糾正方法：

① 短程助跑單足跳、跨步跳、兩單一跨以及完整的三級跳遠練習，注意上下肢的協調配合。

② 短程助跑單足跳、跨步跳、兩單一跨以及完整的三級跳遠練習，注意上下肢的前後擺動動作。

③ 短程助跑單足跳、跨步跳、兩單一跨以及完整的三級跳遠練習，注意在擺動時兩臂要適當打開，以利於維持身體的平衡。

第四節・三級跳遠訓練

一、三級跳遠運動員不同訓練階段的任務、要求、負荷及專項身體素質指標

三級跳遠運動員不同訓練階段的訓練任務、訓練要求、訓練負荷、專項身體素質指標如表 79—表 82 所示。

表 79　三級跳遠運動員不同訓練階段的訓練任務

階段	訓練任務
初學者的基礎訓練	1.全面訓練，促進身體發育和增強體質 2.全面發展身體素質，利用身體素質發展敏感期的有利時機，著重發展速度、快速力量以及靈敏協調等素質 3.學習基本的跑、跳技術，學習三級跳遠的基本技術 4.引導運動員對三級跳遠訓練的興趣，培養良好的訓練作風和習慣，增強自信心，鍛鍊頑強的意志品質

二級運動員的訓練	1.全面發展身體素質，促進專項素質的提高，突出速度和快速跳躍能力
	2.改進三級跳遠的基本技術，形成快速的助跑和三跳的快速跳躍節奏
	3.參加多項訓練和比賽，提高心理適應能力和參賽能力
	4.透過對專項技術和訓練規律的理解，增強訓練的自覺性和積極性
一級運動員的訓練	1.提高專項素質和訓練水準
	2.完善三級跳遠技術，尤其是快速的助跑和三跳的快速跳躍節奏，以及準確的助跑技術
	3.參加專項比賽，積累比賽經驗，提高心理穩定性
	4.培養和樹立遠大的目標，為今後的艱苦訓練做好心理上的準備
健將級運動員的訓練	1.保持全面身體訓練水準，突出專項身體訓練
	2.形成自己的三級跳遠技術風格，充分發揮潛力
	3.積極參加比賽，積累大型比賽的經驗，掌握個人競技狀態形成的規律，力爭在大型比賽中創造優異的成績
	4.提高自我管理和自我訓練能力

表 80　三級跳遠運動員不同訓練階段的訓練要求

階段	訓練的要求
初學者的基礎訓練	1.在素質訓練過程中，強調速度、快速力量和靈敏協調性的發展
	2.掌握跑、跳以及三級跳遠的基本技術和基本概念
	3.專項技術訓練著重基本技術，以中、短程助跑三級跳遠技術訓練為主
	4.練習手段多樣化，適當參加多樣訓練和比賽，促進身體素質和技能的全面發展
二級運動員的訓練	1.全面身體訓練與專項素質訓練相結合，注重發展快跑能力和快速跳躍能力
	2.加強中、短程助跑三級跳遠技術訓練，逐步增加全程助跑的三級跳遠技術練習
	3.通過多項比賽來積累比賽經驗
	4.注重培養訓練熱情和自覺性
一級運動員的訓練	1.逐漸加大專項素質訓練的比重，提高專項素質訓練的水準
	2.在保證訓練量的前提下，提高訓練的強度
	3.加大全程助跑的三級跳遠技術練習的比重，在較大強度的練習中提高技術的穩定性
	4.透過大型比賽，瞭解運動員的比賽心理特點，培養運動員的心理調節能力。在各種困難的條件下，鍛鍊運動員的心理承受能力和拚搏精神
健將級運動員的訓練	1.突出訓練強度，提高訓練質量
	2.努力提高專項能力和專項技術水準
	3.比賽與訓練有機結合，透過比賽來提高參賽能力和訓練強度
	4.加強運動員的文化修養，提高自我管理能力

表 81 三級跳遠運動員不同訓練階段的訓練負荷

項目 \ 負荷 \ 階段	初學者的基礎訓練	二級運動員的訓練	一級運動員的訓練	健將級運動員的訓練
一次訓練課（小時）	2	2～2.5	2.5～3	2.5～3
每週訓練次數	5～6	6～10	8～12	8～12
全年訓練次數	220～240	250～400	350～500	300～400
全年比賽次數	4～6	10～12	10～20	10～20
全面身體訓練（％）	60	40	30	20
專項身體訓練（％）	30	30	40	40
專項技術訓練（％）	10	30	30	40

表 82 三級跳遠運動員不同訓練階段的專項素質指標

訓練階段	初學者的基礎訓練	二級運動員的訓練		一級運動員的訓練		健將級運動員的訓練	
性別		男	女	男	女	男	女
100公尺（秒，站立式）		11.4～11.1	12.4～12.1	11.1～10.8	12.1～11.8	10.8～10.5	11.8～11.5
立定十級跳（公尺）		32.5～34.0	27.5～29.0	34.0～35.5	29.0～30.5	35.5～37.0	30.5～32.0
6步助跑起跳腿單足跳（公尺）		18.0～21.0	14.0～16.0	21.0～23.0	16.0～18.0	23.0～25.0	18.0～20.0
6步助跑擺動腿單足跳（公尺）		17.5～20.5	13.5～15.5	20.5～22.5	15.5～17.5	22.5～24.5	17.5～19.5

二、三級跳遠的訓練手段

（一）速度訓練手段

① 跑的專門性練習。小步跑、高抬腿跑、後蹬跑、車輪跑等。

② 20～30 公尺蹲踞式起跑（發令）。

③ 30～60 公尺站立式起跑。

④ 100～150 公尺加速跑。

⑤ 120～200 公尺放鬆大步跑。快速起動，然後做順慣性放鬆大步跑。注意跑的技術動作，保持向前性和儘可能大的步長，使運動員感到跑得既快又省力。

⑥ 行進間跑。可用最快的步頻，或最大的步長跑完該段距離。也可用最快的速度來跑，所跑的距離應限制在 60 公尺以內。

⑦ 在斜坡跑道上進行各種跑的練習。運動員可由平地跑轉入上坡跑，也可由下坡跑轉入平地跑。

⑧ 跨欄跑練習。要求欄間步的節奏要快。

⑨ 彎道跑、直道轉彎道或彎道轉直道的加速跑。

⑩ 順風跑。

⑪ 牽引跑。

⑫ 拖重物跑。

⑬ 追逐跑。

⑭ 30～60 公尺單足跑。

⑮ 集體進行起跑後加速跑。可按性別、速度能力編組，讓速度快的人帶速度慢的人。還可讓速度快的人在後面一段距離，然後兩人同時起跑。

⑯ 標記跑。在跑道上放置若干個標記，運動員跑時踏在兩個標記之間。每個標記之間的距離可與運動員的步長相當，也可縮短標記之間的距離以加快步頻，或加大標記之間的距離以增加步長。跑的距離應在 60 公尺以內，或與助跑距離相同。

⑰ 按音響信號的節奏跑。

⑱ 接力跑。

⑲ 各種距離的變速跑、重複跑、間歇跑。

⑳ 全程助跑練習。

㉑ 參加各種短跑比賽。

（二）力量訓練手段

① 輕槓鈴連續快挺。

② 抓舉。

③ 提鈴至胸。

④ 槓鈴高翻。

⑤ 爬繩、俯臥撐、雙槓臂屈伸、單槓引體向上、倒立。

⑥ 負輕重量快速蹲起。

⑦ 負輕重量半蹲跳或深蹲跳。

⑧ 負重半蹲、深蹲。

⑨ 負重坐蹲。

⑩ 負重前傾斜蹲。

⑪ 負重提踵。

⑫ 負重弓步走。

⑬ 負重弓步跳。

⑭ 負輕重量彈跳。屈膝角度為 140°左右。

⑮ 負重上下交換腿跳。

⑯ 壺鈴蹲跳。

⑰ 仰臥雙腳向上蹬槓鈴片。

⑱ 負重體前屈、體側屈，負重仰臥挺髖。

⑲ 拋重物（實心球或鉛球）。包括前拋、後拋、雙手頭上向前拋，坐姿或仰臥由頭上、胸前雙手拋球。

⑳ 仰臥起坐、仰臥舉腿、仰臥或俯臥「兩頭起」、懸垂舉腿、俯臥屈伸上體等。這些練習可逐漸由徒手過渡到負重。

（三）彈跳訓練手段

① 各種立定跳遠。包括立定跳遠、立定三級跳遠、立定五級跳遠、立定十級跳遠。

② 跨步跳。

② 單足跳。

④ 兩單一跨，即兩個單足跳接一個跨步跳。

⑤ 蛙跳。

⑥ 跳欄架。

⑦ 跳深。

⑧ 4～6 步助跑五級跨跳、十級跨跳。

⑨ 4～6 步助跑五級單足跳、十級單足跳。

⑩ 從 30～100 公分高處跳下，接跳遠或三級跳遠。

⑪ 助跑摸高。

⑫ 單腳或雙腳跳台階。

⑬ 沙坑做團身跳。

⑭ 立臥撐跳。

⑮ 沙坑中提踵跳。

⑯ 前後分腿跳。

⑰ 原地跳起挺身成反弓形。

⑱ 原地雙腿跳起空中轉體 360°。

⑲ 負沙背心做各種跳躍練習。

⑳ 沙坑中或草坪上小幅度跨步跳。要求大腿抬平，提踵向上跳。每次練習時間可持續 1 分鐘。

三、速度型三級跳遠運動員的訓練

三級跳遠技術已經出現了向速度型發展的趨勢，訓練指導思想也應隨之改變。

為了適應速度型三級跳遠技術的發展，應該從提高運動員的助跑速度、儘量減少前兩跳中水平速度的損失，以及改進、加強弱腿的跳遠技術和能力三個方面來設計三級跳遠的訓練框架（圖32）。

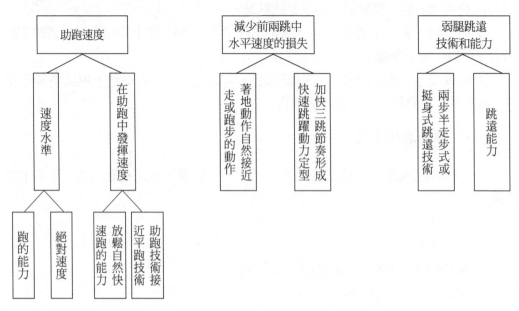

圖32　速度型三級跳遠運動員的訓練參考框架

　　三級跳遠運動員要具備較高的速度水準，應該從提高跑的能力、發展絕對速度入手。為了在助跑中很好地發揮水平速度，應培養運動員放鬆自然快速跑的能力並使助跑技術更加接近平跑技術。

　　減少前兩跳中水平速度的損失，單足跳和跨步跳的著地動作應更加自然，接近走或跑步的動作，並加快三跳節奏，形成快速跳躍的動力定型。

　　改進、加強弱腿的跳遠技術和能力，透過學習和掌握弱腿兩步半走步式或挺身式跳遠技術提高三級跳遠能力。

（一）提高助跑速度

　　要想提高助跑速度，必須具備較高的速度水準，並在助跑中很好地發揮水準速度。

1.使三級跳遠運動員具備較高的速度水準

　　三級跳遠運動員要具備較高的速度水準，應該從提高跑的能力、發展絕對速度入手。

⑴ 提高跑的能力

　　提高跑的能力是發展速度的基礎，只有具備了較強的跑的能力，才能夠談到發展速度的問題。因此，在發展三級跳遠運動員絕對速度的過程中，首先應該考慮提

高運動員跑的能力。

在提高運動員跑的能力的訓練過程中，應注意以下幾個問題：

① 合理控制練習的間歇時間。在練習時一般間歇時間為 3 分鐘，當運動員的脈搏恢復到 120 次/分鐘左右時，再進行下一次練習。如果間歇時間過短，則運動員恢復不過來；間歇時間過長，則達不到訓練效果。

② 安排適宜的練習強度。在提高運動員跑的能力的訓練過程中，一般以 80% 的平均強度為宜。運動員每次練習都應達到 80%的用力程度，這樣才能達到提高跑的能力的目的。

③ 注意變換練習方式提高練習效果。在訓練過程中，可讓運動員穿膠鞋或釘鞋，交替在普通跑道、平整的草坪進行練習。這樣不僅有利於防止運動員受傷，而且可以增加練習的興趣，從而達到提高練習效果的目的。

④ 注意提高能力和改進技術相結合。由於運動員在練習時採用的是 80%的用力程度，對改進跑的技術有很好的幫助，因此，教練員要注意在提高運動員跑的能力的同時，應該不斷地提醒運動員注意跑的基本技術，並逐漸改進跑的技術。

(2) 發展絕對速度

隨著三級跳遠技術的發展，速度型三級跳遠運動員的出現，三級跳遠運動對跑的絕對速度的要求也越來越高。為此，世界各國的教練員和運動員都非常重視發展三級跳遠運動員的速度。世界一流水準的三級跳遠運動員都具有很高的速度水準，他們不僅是一流的三級跳遠運動員，而且還是一流的短跑運動員。因此，可以得出這樣的結論：當今世界三級跳遠訓練發展的趨勢應該是，三級跳遠運動員同時能夠兼項短跑。

應該從現在開始著手培養具有短跑氣質的三級跳遠運動員。所以說，絕對速度訓練對於三級跳遠運動員，尤其是對青少年三級跳遠運動員是至關重要的。

在發展三級跳遠運動員的絕對速度的訓練過程中，應注意以下幾個問題：

① 確定最佳的速度訓練距離。在發展絕對速度時，首先應該確定最佳的速度訓練距離，它既不能太短，也不能太長。太短只能提高加速度，不能解決保持最高速度的問題；太長就是發展速度耐力了，對發展速度不會產生最佳影響。

可以把 100 公尺速度的曲線變化分為三個階段：第一個階段是加速階段，第二個階段是保持速度階段，第三個階段是速度降低階段。

最佳速度訓練距離的確定，應以運動員的加速能力以及能夠保持最大速度的時間為依據。現在的研究表明，短跑運動員一般在起跑後 5～6 秒，也就是在跑到 50～60 公尺距離時才能達到最高速度。訓練水準高的運動員在途中跑中能夠保持最高速度的距離也只有 10～20 公尺。因此，發展三級跳遠運動員絕對速度的最佳距離一般應在 50～60 公尺。

② 避免產生速度障礙。在進行速度訓練時，最忌諱的就是產生速度障礙。速度障礙產生的主要原因是訓練方法單調，運動員長期在一種相對穩定的步頻、步幅

和節奏狀態下進行訓練,使神經——肌肉系統的發展受到限制,以致出現速度的發展暫時停止。因此,在對青少年三級跳遠運動員進行速度訓練時,所採用的訓練手段要多樣化。此外,還要重視全面身體訓練和基本技術訓練,避免簡單地過多採用那種大強度的計時跑。

2.培養運動員在助跑中充分發揮水平速度的能力

快速的助跑是速度型三級跳遠技術訓練的目標之一。運動員要想達到快速助跑的要求,則必須將改進助跑技術和加快助跑速度結合起來,並且把加快助跑速度與快速過渡到起跳結合起來。

在具體的助跑訓練過程中,應該從以下兩個方面入手。

(1) 培養運動員放鬆自然快速跑的能力

有的三級跳遠運動員在助跑時由於跑的動作太緊張,雖然達到了一定的速度,但無法完成起跳,不得已只好降低助跑速度來完成起跳。在三級跳遠助跑中不僅要求運動員在短時間內發揮最高速度,而且要同時做好起跳的準備,並在瞬間完成起跳以及連續的幾次跳躍。三級跳遠的助跑技術要比短跑技術複雜,不僅要求運動員跑得快,而且要放鬆、自然、有節奏,還要跑得準確。總之,三級跳遠運動員助跑時要求步幅開闊、快速流暢、連貫協調而富有節奏,與短跑是有很大區別的,這是由三級跳遠項目的特點所決定的。因此,在三級跳遠運動員進行助跑速度訓練時要區別於短跑,應重視培養運動員的放鬆自然快速跑的能力。

在發展運動員放鬆、自然快速跑的能力時應注意以下問題:

① 要控制好練習的間歇時間。一般休息 3～5 分鐘,以脈搏恢復到 120 次/分左右為宜。

② 注意跑的正確技術,一般強度控制在最大速度的 80%～95%,要求運動員跑得既放鬆省力,速度又快。

(2) 使助跑技術更加接近平跑

有的三級跳遠運動員平時跑的速度很快,但到三級跳遠助跑時速度卻不快。也就是說,他的速度在助跑中用不上,水平速度利用率低。也有的運動員在助跑的後幾步由於過分強調起跳而使動作緊張,從而使助跑最後幾步的速度明顯減慢。為了加快助跑的速度,運動員助跑的技術應該接近平跑的技術。也就是說,運動員在助跑時,尤其是助跑的最後幾步,不要受起跳的限制,應該像平跑一樣快速自然,將自己應有的水平速度在助跑中充分發揮出來,以使助跑的速度接近平跑速度。這應該是三級跳遠運動員努力的方向。

在訓練中要注意以下幾點:

① 標記最好用海綿塊製作,這樣運動員如果踩上也不會受傷。

② 採用原地起動方式開始助跑時,先將全程助跑的每步距離測定出來,然後在每兩步之間放置標記進行助跑練習。

③ 採用行進間起動方式開始助跑時，一般青少年男運動員從步點開始標誌至第一個標記的距離為 0.80～1.00 公尺，女運動員則為 0.70～0.90 公尺。男運動員其餘標記之間的間隔為 2.10 公尺左右，女運動員為 2.00 公尺左右，即與自己的實際步長大致相同。在訓練過程中還應根據自己的實際情況作適當的調整。

④ 在練習過程中，為了提高步頻，可將助跑標記的間距縮短。為了增加步長，也可將標記的間距加長。

⑤ 跑的節奏要與三級跳遠助跑相同，並在最後幾步達到最高速度。運動員跑過最後一個標記還應向前再衝幾步，不要立即減速。

（二）在單足跳和跨步跳中儘量減少水平速度的損失

速度型三級跳遠技術要求運動員在單足跳和跨步跳中儘量減少水平速度的損失，目的是為了能以較高的速度完成第三跳，從而使第三跳獲得更大的遠度。單足跳和跨步跳的著地動作應更加自然，接近走或跑的動作，並加快三跳節奏，形成快速跳躍的動力定型。

1.著地動作更加自然接近走或跑的動作

在單足跳和跨步跳時以全腳掌快速著地，即接近走或跑的著地動作，著地點接近身體重心投影點。這樣不僅能最大限度地減少水平速度的損失，而且可使身體重心更好地壓在支撐腿上，使支撐和用力蹬伸程度加大，著地動作更加集中用力，從而加快了著地動作的完成。

現代三級跳遠的著地技術是強調快速集中用力蹬伸，也就是要集中運動員的意志、著地時蹬和擺的動作，以及身體各部位的協調配合為一點，並作用於身體重心，快速完成蹬伸動作。如果過分強調過去提倡的扒地或刨地動作，則容易造成著地動作制動和過早或過晚發力，使力量不能很好地集中作用於身體重心，效果不好。為了使著地動作更加自然，接近走或跑的著地動作，在平時的訓練過程中，跳躍練習應該在快速助跑情況下完成，強調快速跳躍的意識。

在練習過程中應該注意以下問題：

① 在訓練的開始階段應該先在鬆軟的地面，比如鋸末跑道或草坪上進行各種跳躍練習，有條件的地方最好在沙灘上進行練習。經過一段時間的適應性訓練之後，再到跑道上進行練習。

② 按照循序漸進的原則，在進行各種跳躍練習時，都要先強調練習的數量，也就是練習的重複次數，然後再要求練習的強度。如先讓運動員完成一定次數的單足跳或跨步跳練習，然後再要求每次跳躍有一定的遠度，以增加難度。

③ 在進行任何一種跳躍練習時，先要求動作的幅度；當運動員能夠大幅度地正確完成動作時，就要要求動作速度。如單足跳或跨步跳練習，先要求能夠大幅度地完成動作，然後再考慮用計時的方法來完成練習。

283

2.加快三跳節奏形成快速跳躍的動力定型

速度型三級跳遠技術的特點是，第三跳在三跳中所占的比例最大，也就是說第三跳最遠。說明運動員到第三跳時還具有很高的水平速度。這不僅與運動員在助跑中儘量發揮水平速度有關，並且與在前兩跳中較好地保持了水平速度有關，可以說與快速的三跳節奏也有直接關係。因此，速度型三級跳遠技術要求助跑快、助跑與起跳結合快，以及在正確完成技術動作前提下的三跳節奏快。要求運動員在快速助跑的基礎上加快三跳的節奏。只有助跑速度快，三跳的節奏才能快。要想助跑速度快，必須加長助跑距離。所以，在三級跳遠的技術訓練中，要強調儘量採用全程助跑進行練習。只有這樣才可能形成快速的三跳節奏。

衡量三級跳遠運動員技術的好壞不在於跳的動作多麼優美，而在於完成正確動作時三跳節奏的快慢。在快速助跑基礎上，能夠正確完成動作的快速的三跳節奏，是當今三級跳遠技術訓練應該追尋的目標。因此，三級跳遠運動員應該儘量採用全程快速助跑來進行技術練習。

（三）改進與加強弱腿的跳遠技術和能力

速度型三級跳遠技術的第三跳相對較遠，其效果除了與運動員在助跑中獲得了較高的速度和在前兩跳中較好地保持了水平速度有關外，還與運動員弱腿的跳遠技術和能力有一定的關係，訓練中應予注意。

1.學習和掌握走步式或挺身式跳遠技術

從技術圖片上看到，優秀的速度型三級跳遠運動員在第三跳中幾乎都採用兩步半走步式或挺身式跳遠技術，這一點應該引起足夠重視。

在學習兩步半走步式或挺身式跳遠技術過程中應注意的問題：

① 起跳動作要符合跳遠的技術要求。跳遠運動員經常做起跳練習，但如果從走步式或挺身式跳遠技術的角度來看，我們平常所做的起跳練習就不適宜了。也就是說，起跳後保持騰空步姿勢向前飛越這種動作並不適合走步式或挺身式跳遠技術。走步式或挺身式跳遠技術要求運動員起跳後沒有停頓，接著完成空中走步動作。因此，在做起跳練習時，運動員要及時放下擺動腿。建議多做助跑起跳摸高練習，起跳後擺動腿迅速放下。

② 教練員在講解時要注意語言簡練、形象。運動員用弱腿初學走步式或挺身式跳遠時，由於不習慣，比較緊張，容易表現出技術概念不清楚，在練習時不知所措。這時，教練員應該用簡練形象的語言予以提示。

③ 從模仿動作到完整技術都要強調動作的幅度。挺身式或走步式跳遠最易出現的問題是動作幅度小，因此，從一開始就要強調大幅度地完成各種動作。要求運動員在空中擺動時，兩臂儘量向上伸展，兩腿儘量向下伸展，使身體充分展開。

2.提高弱腿的跳遠能力

速度型三級跳遠運動員在訓練過程中,應該專門安排一定的弱腿跳躍練習和跳遠練習,跳躍能力提高了,跳遠能力才能提高。

在進行弱腿跳躍練習和跳遠練習時應注意以下問題:

① 三級跳遠技術在第三跳時仍應具有較高的速度,根據這一要求,應該在快速助跑的情況下進行弱腿跳躍練習和跳遠練習,以適應專項的需要。

② 跳躍練習是跳遠練習的基礎,因此,應該在開始階段先進行跳躍練習,當運動員有了一定的基礎之後,再進行跳遠練習。

③ 一般來說,運動員用於第三跳的腿相對比較薄弱,在練習時要注意循序漸進,避免急於求成,造成局部負擔量過重,以及產生傷害事故。

④ 在進行弱腿跳躍練習和跳遠練習時,一定要注意強調兩臂和擺動腿的大幅度擺動動作。因為在第三跳時運動員兩臂和擺動腿的擺動動作是非常重要的。

四、目前三級跳遠訓練的動態

(一)速度是專項素質的核心

三級跳遠的成績主要取決於速度,這一點已經越來越被人們所認識。值得注意的是,在這裏所講的速度,不光是指跑的速度。這個速度的含義包括助跑快、助跑與起跳結合快(即上板快),以及在完成正確技術前提下的空中動作速度快。因此,所有的訓練內容,包括跑、跳躍、力量以及技術的練習等,都應該有速度要求,只有這樣才能培養出高水準的三級跳遠運動員。

(二)主副項相互促進

優秀三級跳遠運動員都具有很全面的身體素質,在速度和跳躍能力方面尤為突出。這一點集中體現在 100 公尺和跳遠上,運動員所有的這些能力都是在長期的訓練過程中自然形成的,也是尤其專項特點所決定的。

現代訓練的發展趨勢要求在平時的訓練過程中有意識、有目的地去發展這些副項成績,從而促進三級跳遠專項成績的提高。

(三)由完整技術到分解技術,以全程助跑完整技術為主的訓練

在掌握技術的過程中,傳統的訓練原則要求由易到難,由簡到繁,由分解到完整。但最近國外有人提出由完整技術到分解技術的觀點,就是讓運動員剛開始就學習掌握完整技術,然後採用分解技術去改進技術。讓運動員從一開始就接觸完整技術的練習,有利於自然、連貫、完整地掌握技術。

像劉易斯、鮑威爾這樣優秀的跳遠運動員,最初只是短跑運動員。當他們發現

自己具有跳遠方面的天才後，就直接參加了跳遠比賽，也並沒有經過由分解技術到完整技術的過程。這說明完整技術本身就來自於自然協調的動作之中，有一定身體素質基礎的運動員完全有可能在完整技術的練習過程中學習和體會技術，並針對某些技術環節方面的不足而進行分解技術的練習。以全程助跑完整技術為主的訓練利於參加比賽。

（四）培養短跑型的三級跳遠運動員

速度在三級跳遠中起著決定性作用，三級跳遠技術已經形成速度型的趨勢。因此，應該從現在開始注意培養具有短跑氣質的三級跳遠運動員，並且大量地引進短跑訓練方法，從根本上提高三級跳遠運動員的速度能力。

目前，在跳遠項目上已出現了雙料冠軍，如劉易斯、鮑威爾、德雷克斯勒等，他們不僅是世界上第一流的跳遠運動員，而且還是第一流的短跑運動員。可以相信，在不久的將來，三級跳遠也會出現雙料冠軍，這必定是三級跳遠訓練的發展趨勢。助跑的最後幾步更加積極向前，助跑與起跳結合更加自然；整個助跑快速、輕鬆，與平跑技術十分接近。

第十一章

跳　高

朱詠賢　成萬祥

第一節・跳高的發展與研究概況

一、世界跳高運動發展概況

　　跳高作為一項競技運動項目，至今有一百多年的歷史。1864 年在英國被列為田徑比賽項目。男女跳高被列為現代奧運會正式比賽項目分別是在第 1 屆和第 9 屆。世界跳高運動的發展可以分為兩個時期。

（一）跳高運動發展前期（19 世紀 20 年代—20 世紀 50 年代）

　　人們或許認為跳高是運動員自然彈跳力的一種表現，運動成績取決於過桿方式的合理性。因此，在相當長的一段時間裏，人們把創新跳高方法作為發展跳高運動水準的主要途徑。

　　據記載，最早的跳高紀錄是英國運動員用跨越式創造的，當時成績是 1.67 公尺。1867 年英國運動員布魯克斯用這種跳法跳過 1.89 公尺。1895 年美國運動員斯維尼改用剪式跳過 1.97 公尺的橫桿。以後又出現了滾式跳法，1912 年美國運動員霍列因首次突破 2 公尺大關，被國際田聯確認為第一個正式的跳高世界紀錄。1923 年開始又有運動員嘗試一種腹對橫桿過桿新跳法，即俯臥式跳法。1935 年美國運動員約翰遜和阿爾布烈頓用這種跳法跳過了 2.07 公尺。從此，俯臥式跳法逐漸地取得了優勢。1956 年美國運動員杜馬斯和蘇聯運動員斯捷潘諾夫先後創造了 2.15 公尺和 2.16 公尺新的世界紀錄。

　　一種傳統的跳高方法不斷地被新的方法所取代，是跳高運動發展前期的一個顯著特點。愛涅華州大學生物力學實驗室的研究表明，俯臥式與它之前的各種跳法相比，過桿效率約相差 24～33 公分。

　　這就是說，在長達一個多世紀時間裏，運動員的跳躍能力的提高並不明顯，其

運動成績的增長主要靠跳高方法的變革，更確切地說是由提高過桿的效率，縮小身體重心與橫桿之間的距離來實現的。

（二）跳高運動發展後期（20世紀 50 年代至今）

20 世紀 50 年代以後，人們開始重視對人體極限運動能力的開發，目標是提高跳高起跳的功率。表現在運動員助跑的速度有所加快，並採用了直腿擺動的俯臥式技術，對運動員的力量素質提出了更高的要求。與此相適應，在訓練中形成了較為完整的力量訓練體系。

1961—1963 年，蘇聯運動員布魯梅爾 6 創世界紀錄，把紀錄從 2.23 公尺提高到 2.28 公尺。1970 年中國運動員倪志欽又跳過 2.29 公尺。

跳高技術這一發展趨勢，在背越式跳高出現以後更加明顯。1968 年美國運動員福斯貝里採用背越式技術，並以 2.24 公尺奪得墨西哥城奧運會金牌而引起人們重視。由實踐和研究證實，背越式跳高這種技術結構，提供了從速度上挖掘運動能力的可能性。

從此各國運動員競相學習和掌握這種技術，使運動水準不斷有新的突破。1973 年美國運動員斯通斯以 2.30 公尺的成績，首次打破由俯臥式保持的世界紀錄。在這以後，除蘇聯運動員雅辛科曾用俯臥式創造過 2.33 公尺和 2.34 公尺的世界紀錄以外，全部紀錄都是由背越式跳高運動員創造的。其中中國優秀跳高運動員朱建華連破 3 次世界紀錄，把世界紀錄從 2.37 公尺提高到 2.39 公尺。

背越式作為現代最先進的跳高技術終於得到了世界的公認，至 80 年代末，男女跳高世界紀錄分別達到了 2.44 公尺和 2.09 公尺，分別是由古巴運動員索托馬約爾和保加利亞運動員科斯塔迪諾娃創造的。

研究表明：優秀的男子跳高運動員在起跳以後，身體重心能夠達到 2.50 公尺的高度，這是歷史上最傑出的運動員所達不到的。可見，20 世紀 50 年代以後，世界跳高運動水準的提高是由增大起跳功率、加大騰起高度實現的，其途徑是對人體極限運動能力的不斷開發。先是力量，後是速度，還包括對心理潛力的挖掘。就此而言，這與跳高運動發展前期的特徵有著根本性的區別。

20 世紀 90 年代至今，背越式跳高技術進入了一個穩定的發展期，在這期間，除索托馬約爾再一次將跳高世界紀錄提高 1 公分外，女子跳高世界紀錄沒有新的突破。歷年最好成績男子保持在 2.37～2.45 公尺，前 10 名平均成績在 2.34 公尺與 2.37 公尺之間；女子最好成績保持在 2.02～2.07 公尺，前 10 名平均成績在 1.97 公尺與 2.00 公尺之間。

在進入 21 世紀以後，跳高技術並沒有出現新的大的變革。這期間，在國際大賽中，背越式跳高技術幾乎淘汰了一切跳高技術而得到了更廣泛的採用，第 28、29 屆奧運會男、女跳高第一名的成績分別是 2.36 公尺和 2.06 公尺。男、女前 3 名成績在2.34～2.36 公尺和 2.02～2.06 公尺之間，這也反映出當前世界跳高的實際水

田徑運動 高級教程

準和跳高技術穩定發展的這一特點。

今後跳高運動將如何發展，人們比較一致的看法是會更廣泛地從各個領域挖掘人體的極限運動能力，表現在：

第一，目前即使是最高水準的運動員，也並非採用最高的助跑速度，因此，為了更充分地發揮運動員的潛在能力，將會從助跑速度上作進一步的突破；

第二，未來的跳高技術將朝著速度和力量更加完善結合的方向發展，也就是要使身體各部分發揮出更大的爆發力量，在力的作用下，使身體各環節獲得更大的垂直加速度；

第三，今後選材將更強調運動員先天遺傳因素中的反應速度和爆發性用力的能力，以及預測他們在後天訓練中可能達到的程度；

第四，建立新的專項力量訓練體系和選擇有效的訓練手段，來提高運動員在瞬間發揮出更大力量的能力，與具有快速特點的背越式跳高技術要求相適應；

第五，將更加重視心理因素，包括心理選材、心理訓練、大賽前的心理準備和臨場時自我調節能力的提高等。

二、中國跳高運動發展概況

中國跳高運動雖然開展於 20 世紀前葉，但是發展緩慢。舊中國男子跳高紀錄只有 1.87 公尺，女子僅 1.40 公尺。新中國成立後，跳高運動才獲得迅速的發展。其過程大體分為四個階段：

（一）起步和初獲成就階段（20 世紀 50 年代）

新中國成立以後，在群眾性體育運動蓬勃開展的基礎上，很快刷新了舊中國的跳高紀錄。至 1956 年，男女跳高紀錄分別達到 1.95 公尺和 1.61 公尺。1957 年，中國優秀女運動員鄭鳳榮以 1.77 公尺的成績打破了 1.76 公尺的女子跳高世界紀錄，成為中國田徑史上第一個創造世界紀錄的運動員。

在這一階段裏，不僅造就了一代女子剪式跳高優秀選手，而且中國男子跳高也突破了 2 公尺大關。

（二）發展和步入世界先進水準階段（20 世紀 60 年代）

1958 年以後，中國跳高出現了一個穩定發展時期。由於中國在發展俯臥式跳高技術上取得了成功，跳高運動水準有了較大幅度的提高。1960 年史鴻範和康駒培先後跳過 2.08 公尺和 2.09 公尺，接著倪志欽連續跳過 2.10 公尺和 2.12 公尺，1970 年他終於以 2.29 公尺的成績打破了男子跳高世界紀錄，使中國跳高運動的發展又一次出現了飛躍。在這段時間裏，女子跳高也取得了可喜的進展，尤其在1965 年，中國有 5 名運動員進入了世界前 10 名。

（三）恢復和登峰階段（**20 世紀 70 年代後期和 80 年代前期**）

「文化大革命」十年動亂破壞了中國跳高運動發展的大好局面，直到 70 年代後期才有所改變。隨著背越式跳高技術的引進，很快湧現出一批優秀的背越式跳高運動員，運動水準逐步回升，其中最傑出的代表是朱建華，他在 18 歲那年，飛身越過 2.30 公尺的高度，打破了保持 11 年之久的亞洲紀錄，繼而在 1983 年和 1984 年，又分別以 2.37 公尺、2.38 公尺和 2.39 公尺的成績三破世界紀錄。在這期間，中國跳高運動的總體水準也有進一步提高，男子除朱建華以外，蔡舒和劉雲鵬的最好成績也達到了 2.29 公尺，女子也有一批選手的成績在 1.90 公尺以上。

（四）暫時停滯階段（**20 世紀 80 年代後期至今**）

從 1986 年開始，由於朱建華等一批優秀運動員成績的下降和部分運動員相繼退役，加之後備力量不足，中國跳高運動失去了優勢。1990 年前後，雖然又湧現出一批年輕的選手，如周忠革、畢宏勇、徐揚、牛健等成績也達到了 2.30～2.33 公尺，女選手金鈴、王薇、張李文、景雪竹等成績也在 1.90～1.97 公尺之間，但總體水準仍沒有走出停滯的局面。尤其是世紀之交的兩年時間裏，男女最高水準運動員的成績甚至沒有超過 2.30 公尺和 1.90 公尺，從而再次與世界先進水準拉開了距離，給人造成了嚴重滑坡的感覺。

進入新世紀以後，中國的男、女跳高最高運動水準僅分別達到 2.32 公尺和 1.95 公尺，與現今的全國最高紀錄還相差幾公分，期間雖也湧現出天才少年黃海強，2005 年曾以2.27 公尺的優異成績，打破過朱建華保持 25 年之久的全國少年紀錄，女運動員鄭幸娟 15 歲時就跳過 1.88 公尺，最好成績也達到過 1.95 公尺，但就總體運動水準，與世界先進水準相比，尚有較大的差距，第 10 屆和第 11 屆全運會男、女跳高冠軍成績分別只達到2.24 公尺、1.92 公尺和 2.28 公尺、1.95 公尺，由此可以看出，至今不僅運動成績不盡如人意，且沒有形成優秀運動員的群體。因此，人們期待今後能夠有新的突破，使跳高重新成為田徑的優勢項目。

第二節·背越式跳高技術

背越式跳高技術的優越性在於能夠利用助跑速度提高跳躍的效果。這種技術，在其發展過程中，逐步形成了不同的類型：速度型、幅度型（力量型）和介於兩者之間的中間型。

但從技術發展趨勢來看，已趨於速度與幅度、速度與力量的統一。具體表現在助跑速度的進一步加快，起跳前身體重心有所降低，過渡到起跳時擺動腿蹬伸幅度加大，以及快速地完成起跳和過桿動作，使背越式成為一種獨特結構的跳高技術。

一、背越式跳高技術分析

（一）助跑技術

助跑的任務是獲得必要的水平速度，在起跳前及時地調整動作結構和節奏，並取得合理的身體內傾姿勢，為起跳和順利地越過橫桿創造條件。

背越式跳高採用弧線助跑，由於沿著弧線跑進，必須使身體內傾，這對背越式跳高有著十分重要的意義：

第一，由助跑過渡到起跳階段，如果運動員擺動腿支撐時的屈膝程度相同，那麼，內傾狀態下身體重心下降的程度，要比豎直狀態時大。可以認為，在運動員用力相同的情況下，這有助於獲得較大的工作距離。反言之，如工作距離相等，則在內傾狀態下膝關節彎曲的程度就相對減小，它為縮短起跳時間創造了條件。

第二，從內傾狀態進入起跳腿著地支撐，所形成的線運動制動和弧線助跑的慣性作用，能使身體自然豎直，這樣可以把起跳的偏心推力控制在最小的範圍內，有利於提高垂直起跳的效果。

第三，弧線助跑時，運動員身體逐漸轉向側對橫桿，最後從內傾姿勢進入起跳，形成肩軸和髖軸的反向扭轉，不但充分伸展屈髖肌群，使擺動腿的擺動更加有力，而且有利於人體圍繞縱軸旋轉。這樣，在騰空後，能使身體自然地轉向背對橫桿。

可見，弧線助跑是形成背向越桿的需要，也是產生高效率起跳的重要條件。然而，為了更好地發揮弧線助跑的作用，還要注意助跑曲線的合理性。

背越式跳高的助跑路線大多採用「J」形曲線（圖 33）。這種助跑的全過程，或者是一條近似於拋物線的曲線，或者是一條直線接拋物線的曲線。

「J」形曲線的優點是：助跑前段是一條直線或曲率很小的曲線，它便於加速和發揮速度，向弧線段過渡較為平滑自然，可以避免減速。

而後，隨著弧線曲率由小變大，半徑逐漸縮短，每一步轉折逐步加大，使身體內傾逐漸加大。助跑最後一步，兩腳的連線與橫桿投影線成 20～30°角（圖 33），這保證了運動員越過橫桿有足夠的垂直位移（相對於橫桿）的距離。

在具體確定某一運動員的助跑曲線時，要考慮到個人的技術特點和助跑速度。助跑速度快的運動員，弧線曲率要小，反之曲率可大些。如果再加上步長和步數等因素，每一名運動員都應該有各自合適的助跑曲線。

目前，背越式跳高的助跑大多採用 8～12 步或 9～11 步。助跑距離視運動員訓練水準而定，距離最長的，可達 30 公尺左右。目的是為了獲得較大的水平速度。起動方式有行進和原地起動兩種。無論採用哪種起動方式，都要注意動作放鬆、速度與節奏穩定。助跑時，動作近似於短跑的途中跑。但也有自身的特點：跑進時身體重心高而平穩，上體適當前傾，後蹬充分有力，前擺積極抬腿，腳著地時應靠近身體重心投影點，兩臂配合做大幅度的擺動。

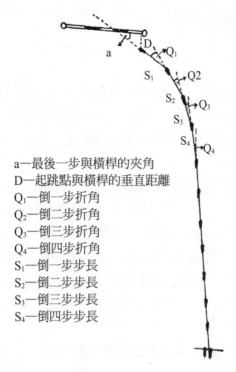

a—最後一步與橫桿的夾角
D—起跳點與橫桿的垂直距離
Q_1—倒一步折角
Q_2—倒二步折角
Q_3—倒三步折角
Q_4—倒四步折角
S_1—倒一步步長
S_2—倒二步步長
S_3—倒三步步長
S_4—倒四步步長

圖33　「J」形助跑曲線

在弧線段跑進時，身體逐漸向內傾斜，加大外側臂和腿的擺動幅度，頭、軀幹與腳的支撐點應力求在力的作用線上（圖34①～③）。助跑整個過程應具有明顯的加速和節奏感。

最後3步或5步的節奏應自然加快，最後1步最快。同時，要特別注意每一步支撐階段身體重心前移的幅度和速度，以及上體位置的相對穩定，以便能夠順利地過渡到起跳，並在起跳時使身體重心迅速地移向起跳點的上方。

（二）助跑與起跳結合技術

助跑與起跳結合技術是跳高完整技術中十分重要的環節，在背越式跳高技術中尤為重要。助跑與起跳結合技術一般是指助跑的最後第2步擺動腿支撐過渡技術，它起著承上啟下的作用，同時對正確地完成起跳動作、提高跳躍效果有直接的影響。

背越式跳高應該從助跑的最後第3步，甚至從進入弧線段開始，就要有準備起跳的意識，這體現在助跑的積極加速和向起跳點迅速跑進。為了由助跑快速、連貫地過渡到起跳，要求最後這幾步助跑在保持積極加速的情況下，動作結構無明顯的變化，上體稍有前傾，擺動腿積極前擺，並使著地點接近身體重心的投影點（見圖34④—⑦）。到最後第2步，擺動腿積極下壓以腳的內側或內側跟部著地，接著很快過渡到全腳掌和前腳掌，並在腳內側的牢固支撐下，迅速前移身體重心。到支撐垂直部位時，身體內傾和膝關節彎曲達到最大程度（見圖34⑧），也就是使身體重心處於較低的部位。

圖 34　海克・亨克爾的跳高技術

　　為了進一步加速前移身體重心，應有力地蹬伸擺動腿，並充分地伸展踝關節，推動髖部和軀幹大幅度快速前移。在擺動腿蹬離地面瞬間，膝關節成 150°～160° 角，使擺動腿蹬伸的幅度達到 50°～60°（見圖 34⑨）。擺動腿這一積極主動的動作，或者說主動發力，對起跳腳迅速地踏上起跳點和使擺動腿的蹬擺與起跳腿的緩衝蹬伸用力緊密結合起來，都有著十分重要的意義。

　　總之，為了使助跑與起跳緊密地銜接起來，應特別強調保持倒數第 2 步跑進的積極性和發揮擺動腿在推動身體重心快速前移過程中的積極作用。有專家形象地稱它為「雙動力」起跳，這是背越式跳高技術，由助跑過渡到起跳這一關健技術環節的重要特徵。

　　許多有經驗的教練員，還對倒數第 2 步擺動腿支撐階段的動作，用「牢固支撐」的這一技術概念來要求運動員，這無疑也是正確的。它包含有兩個十分重要的技術要點：依靠擺動腿的牢固支撐，能使身體在保持內傾狀態下進入起跳，防止身體過早地豎直和倒向橫桿；要依靠擺動腿積極主動的蹬伸，使身體重心快速大幅度前移，防止出現臀部下坐和擺動腿支撐無力的現象。

　　為此，正確地完成擺動腿支撐階段的動作，使助跑與起跳緊密地銜接起來，即可為起跳創造良好的條件。

（三）起跳技術

　　起跳是跳高技術的關鍵環節。起跳的任務是迅速地改變人體的運動方向，並獲

第十一章　跳　高

293

得儘可能大的垂直速度，同時還要產生一定的旋轉動力，保證過桿動作的順利完成。由於助跑最後 1 步有一個騰空過程（是十分短暫的），起跳腳著地支撐才產生力的作用，因此從起跳腳著地至蹬伸離地，可視為是整個起跳過程。

助跑最後 1 步擺動腿支撐過垂直部位後，起跳腿積極踏向起跳點，此時要依靠擺動腿的有力蹬伸，保持身體內傾姿勢向前送髖和前移軀幹，並使起跳腿一側的髖超越擺動腿一側的髖，以及保持肩軸幾乎與橫桿垂直的位置，形成肩軸與髖軸的扭緊狀態。接著，起跳腿以大腿帶動小腿積極下壓著地。

著地時以起跳腳的外側跟部接觸地面，繼而由腳外側滾動至全腳掌，腳尖朝向弧線的切線方向，隨著身體由內傾轉為垂直，迅速地完成緩衝和蹬伸動作。蹬伸動作依次由髖、膝、踝順序用力。

蹬伸結束時，三關節充分蹬直（見圖 34⑩）。在這過程中，運動員有一種順勢起跳的感覺，即藉助於弧線助跑和身體由內傾轉為豎直的作用，提高起跳的向上效果和身體攻向橫桿。

在起跳過程中，擺動腿和兩臂應協調配合擺動。腿臂擺動相對於支撐點（起跳腳）的位置是不斷地發生變化的：加速靠近支撐點、加速離開支撐點和減速離開支撐點。它們分別產生減壓、加壓和減壓的動作效應，這一效應，可以使身體重心獲得更大的垂直速度。因此，在起跳過程中，應該根據這一規律，正確地完成腿臂的擺動。

目前，國內外大多數運動員採用屈腿或摺疊式的擺腿方法。在擺動腿蹬離地面以後，藉助已充分伸展的屈髖肌群有力收縮，以髖帶大腿加速前擺，同時小腿隨著慣性自然地向後上方彎曲或摺疊。

當起跳腳著地瞬間，擺動腿應靠近起跳腿（見圖 34⑩），膝關節的彎曲已接近最大程度（摺疊式擺腿，此時小腿幾乎完全緊靠大腿）。擺動腿加速前擺，在起跳腳著地瞬間快速靠向起跳腿，有助於減小著地時的衝擊，即通常所說的制動。隨後大小腿稍有展開，加速上擺，並帶動軀幹圍繞縱軸旋轉，直至突然制動。此時大小腿成 90°～120°角，大腿已擺過水平部位（見圖 34⑪—⑫）。

在整個擺動過程中，膝關節角度呈大—小—大的變化，使擺動動作的減速、加速和節奏變化更加明顯，從而提高擺動的效果。生物力學研究表明，擺動效應的大小取決於擺動半徑的大小和減速、加速度的變化。

擺臂的方法有交叉雙臂擺動和交叉單臂擺動兩種。前者有助於加大擺動力量；後者著眼於積極快速，有利於迅速完成起跳動作。

交叉雙臂擺動方法：

在起跳放腿階段，隨著起跳腿的前伸，同側臂交叉後引，而異側臂像自然跑進一樣向前擺出，但保持在相對較低的位置。當起跳腿同側臂屈肘前擺時，雙臂同時向前上方擺起，帶動軀幹伸展。為了加速身體圍繞縱軸旋轉和防止上體過早倒向橫桿，擺動腿同側臂最後應擺至略高於另一臂，並帶動肩部超越橫桿。

交叉單臂擺動方法：

當起跳腿踏向起跳點時，兩臂仍自然地做前後擺動，隨著擺動腿的擺動，起跳腿同側臂由後向前上方積極上擺，擺動腿同側臂順勢迅速上舉。中國著名運動員朱建華曾採用這種擺臂方法。

（四）過桿與落地技術

過桿是最終決定跳躍成敗的重要環節。為了提高過桿的效果，必須形成合理的桿上姿勢，縮短身體重心與橫桿之間的距離，利用補償動作，使身體各部分依次順利地越過橫桿。

過桿應連貫和富有節奏感。起跳離地之後，保持住較伸展的姿勢向上騰起，並在擺動腿和同側臂的帶動下，加速圍繞身體縱軸旋轉。這時採取較伸展的身體姿勢，有助於減慢圍繞身體矢狀軸旋轉的速度，防止上體過早地傾向橫桿，隨後以擺動腿的同側臂和肩為先導，順著身體重心的運動方向攻上橫桿（見圖 34⑫—⑬）。同時藉助於擺動腿上擺的力量，提高髖部的位置。

當頭和肩越過橫桿後，及時仰頭、倒肩和展體，並利用身體重心向上的速度，積極挺髖，兩小腿稍後收，形成身體背弓姿勢（見圖 34⑭—⑰）。

這時兩臂置於體側，有助於縮短圍繞身體額狀軸的旋轉半徑，加快身體在桿上的旋轉。當身體重心移過橫桿時，及時地含胸收腹，控制上體繼續下旋，運用相向運動原理，以髖部發力，帶動大腿和小腿，加速向後上方甩腿，使整個身體脫離橫桿（見圖 34 ⑱—⑲）。

過桿的全過程，應使軀幹和肢體儘可能靠近身體重心的運動軌跡。根據身體各環節與橫桿相對位置的變化，依次順勢和快速地越過橫桿。此時，任何多餘動作都會增加碰桿機會，導致過桿失敗。

此外，運動員應根據自己助跑速度的快慢和起跳後相對於橫桿位移的速度，確定適宜的背弓程度。通常背弓越大，完成動作的時間越長。因此，過桿速度較快的運動員，不宜採用過大背弓的過桿方法，而應採用高擺腿和積極倒肩的方法，這樣能取得更好的過桿效果。

落地技術比較簡單，在向後上方甩腿之後，保持著屈髖伸膝的姿勢下落，最後以背部或上背部先著墊，並做好緩衝（見圖 34⑳）。為了防止損傷，不能做過大的屈膝屈髖，兩腿應適當分開，避免兩腿撞擊臉部。

二、對索托馬約爾和朱建華技術特點的分析

索托馬約爾和朱建華是現代傑出的兩名跳高運動員。

索托馬約爾（古巴）是目前室內世界紀錄（2.43 公尺）和室外世界紀錄（2.45 公尺）的保持者。索托馬約爾的跳高技術表現出速度和力量的高度統一。有人在評

論他的技術時認為，「這是非常了不起的，因為他是一個既有力量又有速度的運動員」。他在跳 2 公尺高度時，在起跳點上的力可以達到 600 公斤；跳 2.40 公尺時，就可以達到 800 公斤。他在起跳前身體重心明顯下降，雙臂拉向身後，起跳時雙臂同時向上用力擺起，擺動腿的擺動動作幅度大。

朱建華曾連續 3 次打破男子跳高世界紀錄，最高成績為 2.39 公尺。他的跳高技術具有快速助跑和快速起跳的技術風格。對他跳過 2.37 公尺時的技術影片作解析後可以看出：

第一，助跑速度快。最後 6 步助跑速度為 8.73 公尺／秒。

第二，助跑步幅小。最後幾步平均步幅為 1.825 公尺。

第三，起跳支撐時間短。為 0.173 秒。

第四，起跳結束時，身體重心向上騰起的垂直速度快。達到 5.217 公尺／秒。

第五，能快速完成過桿動作。過桿時身體重心水準位移速度達到 2.40 公尺／秒。

從上述分析可見，索托馬約爾和朱建華分屬兩種技術類型，前者見長於力量（爆發力）素質，後者見長於速度素質。因此，人們習慣於把他們視做幅度型（力量型）和速度型的典型代表。然而，他們在利用助跑速度提高起跳效果和騰起高度這一關鍵環節上是相同的，具體表現在以下幾個方面：

（一）助跑加速積極，速度快

索托馬約爾的助跑是以 5 步小跑做準備，隨後分為兩個階段進行加速：前 4 步和後 5 步。國際田聯生物力學研究報告提供的材料表明，他在最後第 2 步時，身體重心的水平速度達到 8.93 公尺/秒。

朱建華創造 2.37 公尺世界紀錄時，從助跑跨上第一標誌點後，僅用了 5 步就達到了全程最高速度（8.73 公尺/秒）。

表明他的助跑加速非常積極主動。雖然他最後 4 步助跑速度略有下降，但是平均速度仍接近於 8.50 公尺/秒。可見，無論是力量型還是速度型，快速助跑是他們共同的技術特徵，也是他們成功的必備條件。

（二）助跑與起跳銜接緊密，結構合理

助跑的最後幾步，兩名運動員都保持了積極的跑進姿勢，上體繼續保持適度的前傾，腿的前擺著地和後蹬仍然十分充分，從而保證了身體重心積極向前移動，直至最後第 2 步擺動腿著地支撐。

在倒數第 2 步擺動腿垂直支撐階段，索托馬約爾與朱建華都降低了身體重心，膝關節的彎曲都達到相當的程度（圖 35③和圖 36④），並藉助於擺動腿的牢固支撐，使身體保持適度的內傾，這一動作結構為起跳階段加大垂直用力的工作距離創造了良好的條件。

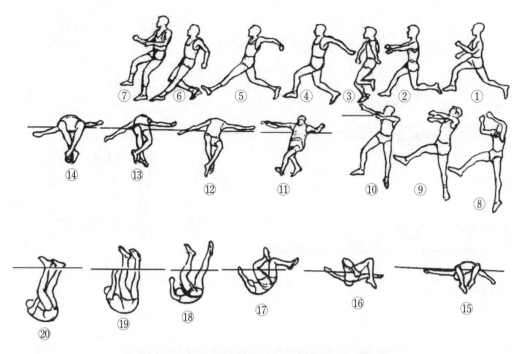

圖 35　男子跳高世界紀錄創造者索托馬約爾的技術

　　這裏必須指出，俯臥式運動員的起跳動作與背越式運動員有著很大的差別。俯臥式運動員幾乎是保持了與支撐垂直階段相同的屈膝角度前移身體重心，而且上體後仰明顯；而背越式運動員在更大程度上發揮擺動腿蹬伸的積極作用，當蹬離地面時，膝關節角度增大的幅度達到 50°～60°。技術結構上的這一差異，充分體現出背越式跳高的助跑與起跳結合技術，更注重於身體重心前移的速度和幅度。測定索托馬約爾和朱建華最後 1 步助跑的速度分別為 8.51 公尺/秒和 8.19 公尺/秒，充分說明他們都是以很快的速度踏上起跳點的。

（三）腿臂擺動動作充分，擺動節奏明顯

　　兩名運動員在腿臂擺動技術上有明顯差別。索托馬約爾採用的是交叉雙臂擺動和摺疊不緊的屈腿擺腿技術；而朱建華採用了短半徑，快速的交叉單臂擺動和摺疊式擺腿技術。

　　從圖 35⑧和 36⑨中可以看出，索托馬約爾在起跳結束瞬間，兩臂肘關節都超過了肩部的位置，擺動腿的大腿超過水平部位，且腿臂擺動速度都較快。朱建華在起跳結束瞬間，左右臂環節重心距地面高度分別為 1.90 公尺和 2.01 公尺，提肩拔腰動作比較充分，擺動腿擺動幅度達 102°，大腿擺至水平以上約 12°。他的腿臂擺動加速節奏變化十分明顯，這有助於增大起跳腿支撐各階段的減壓和加壓效應。

　　由上述分析可知，雖然他們的腿臂擺動在動作外形上有著較大的差別，但是他們腿臂擺動幅度大，擺動時加速節奏變化明顯，都能充分發揮腿臂擺動的積極作

圖 36　男子跳高世界紀錄創造者朱建華的技術

用，從而取得較好的起跳效果。

（四）在騰空過程中較好地發揮擺動腿的主導作用

圖 35⑨和 36⑩是索托馬約爾和朱建華起跳離地後的動作。可以看到，他們在離地騰空之後，都繼續保持擺動腿高擺的姿勢，並在它的帶動下幫助身體圍繞著縱軸旋轉。

這一動作有利於充分地向上騰起和避免過早地倒向橫桿。擺動腿處於相對較高的位置，同時還有助於過桿階段挺髖和收腿動作的順利完成。

從索托馬約爾和朱建華的過桿技術中可以看出，他們在做挺髖和形成背弓動作時，是在擺動腿積極帶動下完成的，並配合積極的倒肩和展體動作，使髖部直接處於桿上最高部位，這樣可以降低向後收腿和擺脫橫桿的難度，使他們能夠快速連貫地完成過桿動作。

索托馬約爾和朱建華這兩位世界優秀跳高選手，由於他們自身的條件不同，形成了各自的技術風格。然而，從他們兩人共同表現的技術特點來看，充分反映了當代背越式跳高技術以「速度」為核心的基本要素和速度與力量完美結合的發展方向。

實踐證明，高水準的跳高運動員的技術都帶有個人的特點，都是根據自己的身體條件和身體訓練的發展水準選擇適合於自身特點的技術和風格的，沒有必要要求運動員採用與別人完全一樣的技術，但其主要的技術環節，顯然都應該遵循跳高技術的生物力學原理。

第三節・跳高技術教學法

「以速度為中心」必須貫穿於跳高技術教學的全過程，使跳高技術教學與現代跳高技術發展特點相適應。

跳高技術是由銜接緊密的幾個技術環節所組成的，其中最重要、起決定作用的是起跳技術，其他部分可以看做是它的準備和延續。因此，在教學中應把學習和掌握起跳技術作為教學的起點，然後按照技術過程向前、後延伸，直至完成完整技術教學的任務。

一、學習和掌握起跳技術

內容：

① 原地擺腿和擺臂練習。

② 原地和行進間起跳練習。

③ 上 1 步和 2 步助跑起跳練習。

④ 沿圓圈或弧線做上 1 步和 2 步助跑起跳練習。

教法提示：

① 在做擺腿練習時，要求擺動腿有明顯的摺疊擺動動作。加速上擺時，要注意帶動髖部向上。

② 對初學者，不宜過分強調起跳前降低身體重心，僅要求在自然用力的情況下完成動作。但對於完成起跳動作的速度，要提出較高要求，以便形成快速起跳的動作節奏。

二、學習和掌握助跑與起跳結合技術

內容：

① 2～4 步弧線助跑起跳練習。

② 2～4 步助跑起跳跳上海綿台。

③ 對著高橫桿（或不架橫桿）做 2～4 步助跑起跳練習。

④ 2～4 步助跑起跳，用頭、手、擺動腿的膝做「觸高」練習。

⑤ 短程助跑起跳，做坐上高架或海綿台練習。

教法提示：

① 助跑與起跳結合技術練習，要儘量避免出現減速和停頓現象。即使是助跑速度較快，也應保證起跳技術的正確完成。

② 助跑距離可由短到長，助跑速度由慢到快。但那些短距離、速度不快的助

跑與起跳練習不宜太多，應在較快的助跑速度下完成大部分練習。

③ 掌握弧線助跑技術和在身體內傾情況下進入起跳，是此階段教學的一項重要任務。開始時，可以設置標誌進行練習，以後逐步減少標誌，直至能夠準確和正確地完成助跑與起跳動作。

④ 由於倒數第 2 步擺動腿著地支撐過渡技術正確與否，會直接影響助跑與起跳的銜接和起跳動作的正確完成，因此，在教學中應作為重點，仔細觀察，發現問題，立即糾正。

三、學習和掌握過桿技術

內容：

① 原地起跳模仿動作結合轉體做倒肩挺髖練習。
② 原地跳起騰空後做倒肩挺髖模仿練習。
③ 原地跳起挺髖後做向上、向後甩腿練習。
④ 4～6 步助跑起跳，背臥上高台（架）練習。
⑤ 4～6 步助跑，藉助於助跳板或低跳箱起跳做過桿練習。
⑥ 4～6 步助跑過桿練習。

教法提示：

① 跳起後進行的各種過桿練習，都要求利用身體重心向上的趨勢，順勢、依次、連貫地完成過桿動作。

同時注意身體各部位與橫桿相對位置的變化。

② 過桿時，要正確掌握動作的加速變化，使過桿動作有明顯的節奏感。

③ 原地跳起的過桿練習，有助於體會過桿時的身體姿勢和動作過程。但是由於雙腳起跳，對形成過桿技術沒有直接的效果，因此，一旦學生對動作有體會，應及時地過渡到單腿起跳的過桿練習。

④ 片面地追求形成身體大背弓，而出現仰頭、挺腹、下放擺動腿和伸膝等錯誤動作，都是由於技術概念不清楚造成的，在教學中應多加提示，並及時糾正。

四、學習和掌握背越式跳高完整技術

內容：

① 全程節奏跑練習。
② 全程助跑起跳跳上海綿台練習。
② 全程助跑過桿練習。
④ 中等或中上強度的完整技術練習。
⑤ 對完整技術進行技術評定。

教法提示：

① 在教學中，應教會學生掌握丈量全程助跑步點的方法，並透過全程節奏跑和全程助跑起跳練習，檢查助跑步點的準確性。

② 逐步加快助跑速度和提高練習強度。

③ 在學習階段結束以後，應及時進行技術評定。透過技術評定，教師對學生掌握技術的情況作出客觀的評價，使學生瞭解自己掌握技術的進程和下一階段教學中技術改進的方向。

第四節・跳高訓練

跳高是速度力量性項目，具有「快速」的技術特點，要求快速助跑、快速起跳、快速過桿。發展力量的目的也是為了提高助跑速度和起跳速度。

現代跳高訓練的趨勢是以力量、幅度與速度有效地結合為基礎，更加突出速度的作用，充分挖掘運動員速度素質的潛力。因此，在跳高訓練中應始終貫徹重視速度訓練的指導思想，並體現在多年訓練的不同訓練階段中。

一、三級和二級運動員的訓練

三級和二級運動員基本都是青少年，與他們的生長發育相適應的訓練是本階段的最重要原則，也是培養優秀運動員的重要條件。表 83 和表 84 是部分世界著名女子、男子跳高優秀運動員的年齡與運動成績記錄。

表 83　部分世界著名女子跳高優秀運動員的年齡與運動成績記錄表

年齡	跳高成績（公尺）			
	科斯塔迪諾娃	弗拉西茨	坎勒博	斯列薩倫卡
12	1.45			
13	1.66			
14	1.75		1.56	
15	1.84	1.68	1.70	
16	1.86	1.80	1.73	1.82
17	1.90	1.93	1.76	1.82
18	1.83	1.95	1.78	1.86
19	2.00	1.96	1.75	1.93
20	2.06	2.01	1.81	1.97
21	2.08	2.03	1.87	1.98

22	2.09	1.95	1.89	2.06
23	2.07	2.05	1.89	2.00
24	2.04	2.07	1.85	2.02
25		2.06	1.91	2.02
26	2.03	2.08	1.95	2.03
27	2.05	2.05	1.93	1.96
28	2.05		2.03	
29	2.00		2.05	
30	2.01		2.05	
31	2.05			
32	2.00		1.97	

表 84　部分世界著名男子跳高優秀運動員的年齡與運動成績記錄表

年齡	跳高成績（公尺）				
	朱建華	索托馬約爾	沃羅寧	霍爾姆	希洛吏
10	1.10			1.27	
11	1.34			1.40	
12	1.51			1.51	
13	1.69	1.65		1.61	
14	1.83	1.84		1.83	
15	1.95	2.00		1.94	
16	2.13	2.17	1.85	2.09	
17	2.25	2.33	2.07	2.14	2.10
18	2.30	2.34	2.11	2.18	2.10
19	2.33	2.36	2.18	2.21	2.15
20	2.38	2.37	2.17	2.26	2.15
21	2.39	2.43	2.18	2.30	2.28
22	2.35	2.44	2.29	2.33	2.37
23		2.36	2.26	2.32	2.36
24		2.40	2.32	2.34	2.38
25		2.36	2.37	2.34	
26		2.45	2.40	2.35	2.33
27		2.42	2.37	2.36	
28		2.40	2.26	2.37	
29		2.38	2.24	2.40	
30		2.37	2.32	2.34	
31		2.37	2.33	2.35	
32			2.28	2.37	

（一）訓練任務

① 在提高全面身體訓練水準的基礎上，發展和提高專項素質和專項能力。

② 進一步發展和提高速度、力量、耐力及協調、靈敏和柔韌素質，注重培養快速助跑和快速起跳能力。

③ 鞏固和熟練掌握背越式跳高基本技術，特別是弧線助跑與起跳相結合技術，逐步改進和完善完整技術。

④ 彌補運動員個人不足之處，逐步增加適應個性和有利於個性發展的特殊訓練的比例。

⑤ 培養穩重、沉著、自我控制能力和應變能力。

⑥ 參加各級比賽，逐步積累比賽經驗。

（二）訓練內容與方法

1.身體訓練

此階段應進一步提高全面身體訓練水準，還要增加和採用與跳高專項關係密切、能直接改進和改善跳高專項技術，並對提高跳高成績起主要作用的練習。這些練習，應明顯體現在肌肉用力特點和性質及在用力結構上與跳高技術十分接近。

⑴ 進一步發展和提高速度素質

這一階段應繼續發展和提高一般速度素質，更要重視發展跳高的專項速度。跳高的專項速度包括助跑速度、起跳速度和過桿速度。發展助跑速度在於提高運動員在助跑距離內發揮最大速度的能力，同時又能與快速起跳緊密結合起來；發展起跳速度，在於充分利用助跑速度，加快起跳腿肌肉由退讓轉換為克制工作的速度，從而加快起跳腿的蹬伸速度，同時加快腿臂的擺動速度；發展過桿速度在於及時形成桿上背弓動作及加快兩腿上甩使身體離開橫桿的速度。

常用的練習有：

① 短距離（20～60公尺）的加速跑和衝跑練習。

② 不同半徑（5～7.5公尺）的圓圈跑練習。

③ 不同弧度的弧線助跑練習。

④ 直線進入弧線跑練習。

⑤ 全程助跑練習及全程助跑結合起跳的練習。

⑥ 徒手或負輕器械的擺腿的練習。

⑦ 仰臥快速挺髖練習。

⑧ 收腹舉腿練習。

⑨ 過桿模仿練習，短、中程助跑起跳的過桿練習。

在發展跑的速度時，既要掌握正確的快速跑技術，又要與提高助跑速度結合起

來。三級和二級運動員一週的快跑量，男子為 600～800 公尺，女子為 500～600公尺。短段落速度訓練的強度為 90%～100%，長段落跑的練習強度為 70%～80%。

(2) 進一步發展和提高速度──力量

根據三級和二級運動員的生長發育特點，力量訓練以大量的跳躍和輕器械練習為主。發展和提高肌肉力量和肌肉收縮速度，尤其是完成起跳動作的速度。此階段可以進行一些槓鈴練習，但是要注意因人制宜，負荷重量應慎重。

常用的練習有：

① 槓鈴練習，如半蹲、半蹲跳、直膝跳、壺鈴蹲跳、提鈴、弓箭步走或跳、挺舉、抓舉、提鈴至胸等。

② 利用綜合力量練習器發展身體各部位肌肉力量的各種練習。

③ 跳躍練習，如徒手或負輕器械的單腿跳或雙腿跳、短距離的向前跳、定時向上跳等各種練習。結合跳高專項特點的各種專門性練習，如各種跳深練習、連續上 1 步起跳練習、3 步起跳練習、5 步起跳練習、助跑起跳手摸高練習、助跑起跳跳上高台的練習等。

在進行上述練習時，還可提出時間的要求，如在最短的時間內完成規定的數量、 10 公尺蛙跳計時、20 公尺單腳跳計時、雙腳跳過 5 個欄架計時等，要求在一定的時間裏完成儘量多的數量，如 10 秒鐘雙腳起跳手摸高、7 秒鐘負槓鈴半蹲起、10 秒鐘高抬腿等。

隨著運動員年齡的增長，力量訓練的負荷量逐漸增加，但負荷強度不宜過大。一般情況下，下肢力量訓練的負荷量，男子一週為 2～3 噸，女子為 2 噸左右，負荷強度控制在 60%～70%。跳躍練習的負荷量，級跳練習一週男子為 80～100 次，女子為 80 次左右。公尺跳練習，男子和女子都為 400 公尺左右。專項跳躍負荷量，一週都為 35～50 次，強度為 70%～85%。

(3) 進一步提高靈敏、協調和柔韌素質

著重提高三級和二級運動員對跳高運動結構和運動節奏快速變化的控制能力，以及對各種複雜環境和環境變化的應變能力。

常用的練習有：

① 變換速度的各種練習，如快慢交替的變速跑、在一定距離的跑程中分段提出不同速度的要求等。

② 變換方向的練習，如聽信號或看信號完成各種動作的練習；各種練習組成的綜合性練習；變換方向的各種跑的練習，如圓圈跑、「8」字跑、追逐跑遊戲、球類活動等。

③ 變換節奏的各種練習，如不同欄間距離的跨欄跑練習、全程助跑距離的節奏跑練習、快速大步跑轉換成快頻率跑的練習等。

④ 在不同條件和環境中進行練習訓練，如在氣候條件不好的情況下（下雨、頂風）完成各種練習、經常在更新的環境中進行練習、模擬比賽環境進行練習等。

發展柔韌素質，應加強髖關節靈活性和背腹肌柔韌訓練，如大幅度的擺腿和擺臂練習、各種踢腿和壓腿練習、左右交替的跨欄坐練習、劈腿練習、下橋練習、甩腰練習、體前屈和體後屈練習等。

(4) **進一步發展耐力**

在發展一般耐力的基礎上，重視發展跳高所需的專項耐力。在逐漸增加訓練負荷量的基礎上，適當增加負荷強度，進一步提高內臟器官的功能。

透過大量的專項跳躍練習，強度不大的中、短程助跑的過桿練習，全程助跑的跳高練習和連續參加測驗和比賽等，使其適應跳高比賽情況的變化，進而不斷提高專項耐力。

2.技術訓練

這一階段要在鞏固和熟練掌握背越式跳高基本技術基礎上，注重改進和完善完整技術。隨著力量訓練水準的提高，進一步掌握跳高完整技術的正確用力，在不斷提高用力程度的基礎上，提高完成跳高技術動作的速度和幅度及效率。

在逐漸提高助跑速度的前提下改進和完善助跑節奏，並使快速助跑與快速起跳緊密地銜接起來。

改進和完善完整技術時，要逐步延長助跑距離、加快助跑速度、加大弧線助跑身體內傾，全程表現出明顯的加速性，提高最後 2～3 步的步頻。

常用的練習有：

(1) **模仿性練習**

模仿性練習多種多樣，如擺腿擺臂練習、邁步放腿練習、起跳模仿練習和過桿模仿練習等。

(2) **專門性練習**

跳高的專門性練習是指掌握助跑起跳、過桿等各種練習手段，例如全程節奏跑、各種距離的助跑起跳和起跳後用頭、擺動腿的膝或手摸高，以及跳上萬能架或高台等。

(3) **完整技術練習**

完整技術練習包括短程、中程、全程助跑過桿練習和對比賽的適應性技術練習。重點要讓運動員體會整個技術的動作節奏，以及在快速情況下完成。技術訓練的過桿量，一週增加 30～40 次，訓練強度一般在 70%～85%。

3.心理訓練

增強運動員的自信心，提高自我控制能力和應變能力。

常用練習有：

① 鼓勵運動員自己制定出切合實際、經過努力可以達到的各項素質指標和成績指標，使運動員有明確的奮鬥目標，增強衝擊新高度的信心。

② 對三級和二級運動員採用正面教育手段。透過啟發和誘導培養他們刻苦、自覺訓練的精神和為國爭光的雄心壯志。

③ 注意運動員意志力的培養。嚴格訓練、嚴格要求，有時要有意識地安排運動員在條件差的情況下進行練習和比賽，培養他們不怕困難、不計條件、不受外界干擾，而能讓注意力集中於技術的習慣。

④ 做好賽前的充分準備。賽前準備是多方面的，包括心理、體能和技術等多種因素。在賽前要合理安排運動量和強度，對運動員的不足之處，要恰如其分地分析，對他們的長處和有利條件要給予鼓勵，減少精神壓力，樹立創造新高度的信心。

心理訓練必須與身體訓練和技術訓練緊密地結合起來，使運動員在這個階段內，逐漸養成良好的心理素質。

（三）比　賽

隨著訓練水準的提高，應積極參加各級比賽。比賽既可作為訓練的手段，提高技術訓練強度，又是對三級和二級運動員的一種培養和鍛鍊，使他們在實踐中取得經驗，不斷提高比賽心理水準。三級和二級運動員每年可參加8～10次比賽。

（四）訓練負荷的安排

三級和二級運動員的訓練，因在逐漸增加負荷量的基礎上提高負荷強度，故一般身體訓練的內容相對減少，專項訓練內容相應增加。採用的練習更適應跳高專項需要，符合跳高專項技術特點。每週訓練5～7次，每次課訓練時間為1.5～2小時。一般身體訓練占30%，專項訓練占40%，技術訓練占30%。一週訓練負荷的安排如表85所示。

表85　三級和二級跳高運動員專項訓練階段訓練負荷安排

訓練負荷類別		每週訓練課時間	每次訓練課時間	全年訓練總次數	全年比賽總次數	速度練習（公尺）	力量練習（噸）	彈跳		過桿量（次）	專項跳躍量（次）
								級跳（次）	公尺跳（公尺）		
負荷量	男	5～7	1.5～2	200～260	8～10	600～800	2～3	80～100	400	30～40	35～50
	女					500～600	2左右	80左右	300		
負荷強度						75%～85%	60%～75%	60%～75%	65%～75%	70%～85%	70%～85%

（五）訓練的檢查標準

這一階段訓練仍以打好基礎為主。因此，訓練的檢查仍採用「全面考核，綜合評價」的方法。除身體形態和技能外，檢查與評定應側重於少年運動員的專項素質和專項能力發展水準。

田徑運動 高級教程

表 86　三級和二級跳高運動員專項成績和身體素質分級標準（男）

項目	跳高專項成績（公尺）			30 公尺跑（秒）			100 公尺（秒）			立定三級跳遠（公尺）		
分級	優	良	及	優	良	及	優	良	及	優	良	及
三級	2.00	1.90	1.83	4.1	4.2	4.3	11.7	12.0	12.4	8.30	8.05	7.80
二級	2.14	2.04	1.90	4.0	4.1	4.2	11.6	11.8	12.0	8.50	8.30	8.05

項目	鉛球後拋（公尺）			1500 公尺（分：秒）			助跑手摸高（公尺）			短程助跑過桿（公尺）		
分級	優	良	及	優	良	及	優	良	及	優	良	及
三級	9.00	8.00	7.00	5:20	5:30	5:40	0.95	0.90	0.80	1.92	1.83	1.74
二級	10.00	9.00	8.00	5:10	5:20	5:30	1.00	0.95	0.90	2.04	1.92	1.83

表 87　三級和二級跳高運動員專項成績和身體素質分級標準（女）

項目	跳高專項成績（公尺）			30 公尺跑（秒）			100 公尺（秒）			立定三級跳遠（公尺）		
分級	優	良	及	優	良	及	優	良	及	優	良	及
三級	1.75	1.68	1.56	4.5	4.6	4.7	13.1	13.5	13.9	7.20	7.00	6.80
二級	1.84	1.75	1.68	4.4	4.5	4.6	12.9	13.2	13.6	7.60	7.40	7.20

項目	鉛球後拋（公尺）			800 公尺（分：秒）			助跑手摸高（公尺）			短程助跑過桿（公尺）		
分級	優	良	及	優	良	及	優	良	及	優	良	及
三級	9.00	8.00	7.00	3:05	3:10	3:15	0.70	0.68	0.65	1.66	1.59	1.52
二級	10.00	9.00	8.00	3:00	3:05	3:10	0.75	0.73	0.70	1.71	1.65	1.58

表 88　跳高運動員的模式（16～19 歲）

項目	男子跳高	女子跳高
身高（公分）	190～200	177～185
體重（公斤）	75～80	60～65
跳高成績（公分）	206～216	172～182
站立式起跑 40 公尺（秒）	5.1～4.8	5.3～5.0
站立式起跑 80 公尺（秒）	9.3～9.0	10.7～10.2
縱跳（公分）	85～95	65～75
6 步助跑五級跳（公尺）	19.5～22.0	16.5～18.0
立定三級跳（公尺）	9.00～9.50	7.20～6.20
負體重的 75%重量快速半蹲起計時（秒）	6.0～5.2	7.0～5.2
12 步助跑跳遠（公尺）	6.40～6.70	5.10～5.40
雙手後拋鉛球（男子 6 公斤，女子 4 公斤，公尺）	15.0～16.5	11.0～13.0

（引自波波夫資料）

對跳高成績應有一定要求，優秀的三級和二級跳高運動員，在這一階段結束時，跳高成績應達到一級和運動健將的水準。參見表 86—表 90。

表 89　在俄羅斯實施的跳高運動員身體素質測驗指標

測試項目	男子跳高	女子跳高
1.跳高成績（公尺）	2.12	1.78
2.跳遠成績（公尺）	6.76	5.42
3.立定三級跳遠（公尺）	9.17	7.30
4.原地縱跳（公分）	82.8	70.8
5.無擺臂縱跳（公分）	59.6	47.1
6.後拋鉛球（4 公斤）	16.87	11.91
7.前拋鉛球（4 公斤）	16.14	11.34
8.站立式起跑 100 公尺（秒）	11.0	11.9
9.站立式起跑 60 公尺（秒）	6.75	8.23

表 90　日本實施的跳高運動員身體素質測驗指標的平均值和標準誤差的比較（n=18）

	測試項目	x±S
1	跳高成績（公尺）	2.08±0.09
2	立定跳遠成績（公尺）	2.09±0.10
3	立定三級跳（公尺）	10.0±0.70
4	立定五級跳（公尺）	15.43±0.70
5	五級單足跳（右腳，公尺）	14.83±0.77
6	五級單足跳（左腳，公尺）	14.90±0.65
7	後拋鉛球（4 公斤）	12.70±1.82
8	前拋鉛球（4 公斤）	12.02±1.26
9	站立式起跑 30 公尺（秒）	4.18±0.13
10	站立式起跑 60 公尺（秒）	7.42±0.18
11	10公尺行進間跑（秒）	1.13±0.03
12	30 公尺行進間跑（秒）	3.09±0.13

（根據日本筑波大學村木征人的研究）

二、一級和健將級運動員的訓練

一級和健將級運動員經過多年的系統訓練，身體形態機能、身體素質、技術和心理等指標都處於優良狀態。

對他們的訓練，要加大專項素質訓練的比重，提高訓練強度和培養拚搏精神，透過訓練，培養出更多的運動健將。

（一）訓練任務

① 在進一步提高身體訓練水準的基礎上，注重發展跳高專項素質和跑跳相結合的快速起跳能力。

② 進一步發展力量素質，促進專項速度和速度——力量素質的發展和提高。

③ 完善助跑技術，特別是弧線助跑和跑跳相結合的自然連貫性，力求達到熟練和鞏固，並透過比賽檢驗技術水準。

④ 進一步提高自我控制能力和應變能力，提高心理穩定性。

⑤ 參加國內外各級比賽，取得較高運動成績，並積累和豐富大型比賽的經驗。

⑥ 培養運動員的職業道德，正確對待個人與國家的關係。

（二）訓練內容和方法

1.身體訓練

此時運動員已進入成年高水準訓練階段，他們的訓練應具有明顯的個人特點。在進行身體訓練、開發運動員的極限運動能力和提高專項運動成績方面，不同的運動員應予不同的對待，這在中國 3 人 5 次打破男女跳高世界紀錄的選手和一些優秀跳高運動員的訓練中，充分得到體現。

20 世紀 50 年代，鄭鳳榮打破女子跳高世界紀錄，她走的是一條「全面訓練，大運動量訓練和技術訓練」的發展道路。鄭鳳榮成為一名身體全面發展的優秀運動員，在此基礎上，又熟練地掌握了正面直腿擺動的剪式技術，使她的全面身體訓練水準和較強的運動能力，由合理的剪式跳高技術充分地發揮出來，終於取得成功。

20 世紀 60—70 年代，倪志欽打破男子跳高世界紀錄，他走的卻是一條「專項身體訓練、技術訓練和大強度訓練」的發展道路。在倪志欽的身體訓練中，側重於專項素質和專項能力的發展。大大地提高了他的專項素質和專項能力，終於使他取得成功。

20 世紀 80 年代，朱建華三破男子跳高世界紀錄，他走的是「從專項需要出發提高全面身體訓練水準」的發展道路。朱建華少年時期就十分重視選擇具有跳高用力特點的爆發性練習，如短跑、跨欄、推鉛球，以及球類和體操練習等。同時還大量採用跳高專門性練習，發展和提高專項速度和專項力量。如在速度訓練中，採用30公尺距離的各種跑的練習；在彈跳力訓練中，採用克服自身體重的、加阻力的和負輕器械的一些跳高專門性練習；在力量訓練中，大量採用負槓鈴半蹲、負重40～50公斤槓鈴快速深蹲×5 次計時（分別要求在 6.5 秒和 7.5 秒內完成）。

朱建華等高水準運動員的身體訓練都具有個人特點，所以必須根據運動員的實際情況，來確定其發展道路。

儘管優秀運動員採用的練習和方法各有不同，但可以借鑑的，是在全面身體訓

練的基礎上，盡力提高跳高項目所需要的專項素質和專項能力，是提高跳高專項成績的重要因素。

這一階段，跳高運動員也可採用大重量的槓鈴練習發展基礎力量，但目的在於促進專項速度和專項力量（尤其是彈跳力）的不斷提高。槓鈴練習的負重量並不是越大越好，必須與運動員技術發展程度平衡。槓鈴練習的方法，大多採用半蹲、快速半蹲和半蹲跳等。

2.技術訓練

這一階段的技術訓練，應注重於完善跳高的完整技術，形成運動員獨特的技術風格。即根據個人情況，揚長避短，充分發揮運動員專項能力的優勢和技術上的特長，克服本人的弱點，獲得最佳的技術效果。

綜合高水準運動員的技術訓練具有以下特點：

第一，堅持多年和全年技術訓練，不斷提出新的目標，促進技術訓練逐步深化。多練多跳才能建立精確的分化，區別正誤。中國幾位優秀跳高運動員由於堅持全年、多年技術訓練，保證了他們掌握正確和熟練的跳高技術。然而，在技術訓練過程中，不應是進行簡單的重複，而是在有針對性地克服一個技術難點之後，又及時提出新的技術訓練目標，使運動員的技術逐步深化，日臻完善，形成特色，達到高水準。

第二，十分重視基本技術訓練，並把基本技術訓練與完整技術訓練緊密地結合起來。高水準跳高選手，仍須重視基本技術訓練，它是透過大量的分解技術練習、專門性練習和模仿性練習來實現的。然而，這些熟練的基本技術，又必須在完整技術中得到合理的體現，使之發揮最佳的技術效果。

第三，在技術訓練中，不斷提高難度（主要是強度）。在跳高技術訓練中，提高難度主要是指提高橫桿或過桿練習輔助器械的高度，提高助跑速度和提高練習的複雜程度。

倪志欽平時技術訓練的強度大，難度高，比賽時成績也好。他訓練時過桿的平均強度與比賽最高成績之間有非常密切的相關性。

因此，高難度、高質量的技術訓練，是一級和健將級跳高運動員提高專項能力、熟練掌握先進技術的有效方法，也是鍛鍊意志品質、提高比賽心理水準、保證在比賽中獲得優異成績的重要途徑。

一級和健將級跳高運動員技術訓練經常採用的練習有：

① 模仿性練習：是以跳高分解技術為基本模式的專門性練習，有助於運動員鞏固和熟練基本技術、改進和完善技術主要環節和改進技術薄弱環節等，完成動作質量比三級、二級運動員更高。

② 專門性練習：與三級、二級運動員的訓練基本相同，但要求在一定速度下完成技術，著重讓運動員體會加速的重點。

③ 完整技術練習：一級和健將級跳高運動員的完整技術訓練，仍可採用短、中程和全程助跑過桿練習、模擬比賽的適應性技術練習等。重點是完善和熟練跳高技術，使之達到自動化程度。

3.心理訓練

這一階段，隨著運動水準的不斷提高，在訓練和比賽中，應著重培養和提高運動員的自我控制能力和應變能力，進一步提高比賽心理水準。

在平時訓練中，使運動員樹立起為跳高項目而奮鬥的遠大目標，培養勇攀世界高峰、為國爭光的拚搏精神。應不斷地提出新的目標，使運動員在訓練和比賽中建立奪取勝利和創造優異成績的堅定信念。

同時，必須使運動員增強戰術意識，掌握知識，學會根據競賽規則進行比賽和合理競爭的能力。能夠充分利用自己的身體素質和運動技術，獨立地、創造性地排除所遇到的各種干擾，適應千變萬化的賽場情況。透過參加各級比賽，特別是較重大的比賽，不斷提高比賽心理水準。

（三）比　賽

這一階段，隨著運動員水準的提高，每年參加比賽的次數增多，一般為 15～20 次。參加重大比賽的次數，一般為 2～3 次。

運動員參加每次重大比賽，都應有自己新的目標，爭取創造新的成績。為了參加重大賽事，賽前必須安排一定數量的適應性比賽（各種訓練性的、測驗性的及中、小型的比賽等），用以提高訓練強度，熟練跳高技術，豐富比賽經驗，並使運動員在重大比賽之前逐步達到較高的競技狀態。

參加重大賽事，賽前的訓練安排具有十分重要的意義。首先是賽前的心理訓練，旨在能夠形成最佳競技狀態，在比賽中取得優異的成績。賽前心理訓練，可以從賽前 2～3 週開始，具體內容有：

① 開始時，適當降低訓練負荷量和負荷強度，逐步消除運動員體力和神經系統的疲勞，使其感到體力充沛，技術穩定，對比賽表現出高度的熱情和渴望。

② 賽前 10 天左右，應控制運動員衝擊強度的慾望，儘量避免出現技術訓練的失敗。採用一些有效的手段，進一步激發運動員參加比賽的積極性和主動性。

③ 賽前分析比賽及對手情況，制定比賽計畫和戰術。突出分析運動員自身的長處和有利條件，客觀地分析存在的不足，並提出必要的臨場措施，使運動員減少心理壓力，增加戰勝對手和創造優良成績的信心。

其次要合理安排賽前訓練節奏。重大比賽前的準備時間一般需要 6 週或 8 週，主要任務是合理安排訓練節奏，規定出訓練的主要手段和負荷安排，進行適應性比賽，採取各種恢復手段，保證運動員在比賽時能獲得最佳競技狀態。6 週或 8 週的賽前訓練安排如表 91 所示。

表 91　一級和健將級跳高運動員賽前訓練安排

6週安排	第 1 中週期			第 2 中週期		
	第 1 週訓練週大負荷	第 2 週減量週小負荷	第 3 週模擬比賽	第 1 週訓練週中負荷	第 2 週減量週小負荷	第 3 週比賽
8週安排	第 1 中週期				第 2 中週期			
	第 1 週訓練週中負荷	第 2 週訓練週大負荷	第 3 週減量週小負荷	第 4 週模擬比賽	第 1 週訓練週小負荷	第 2 週訓練週中負荷	第 3 週減量週小負荷	第 4 週比賽

　　訓練負荷的安排呈波浪式變化。第 1 個中週期，訓練負荷要達到較高水準，而第 2 個中週期的負荷量要大大減少，在賽前的最後幾天，要顯著地減少專項訓練量，但仍須進行保持一般能力的練習，維持積極性休息，保證以最充沛的體力參加比賽。

（四）訓練負荷的安排

　　這一階段要進一步增加訓練負荷量和負荷強度，特別是逐年提高訓練的平均強度。採用的練習手段相應集中，減少一般身體訓練的手段，增加專項訓練（包括專項素質、專項能力和技術訓練）的比重。

　　每週訓練次數增加到 7～9 次，每次訓練時間為 2.5～3 小時，一般身體訓練占 20%，專項身體訓練占 40%，技術訓練占 40%。一週訓練負荷的安排如表 92 所示。

（五）訓練的檢查標準

　　一級和健將級運動員的檢查與評定，主要是跳高專項成績的水準及相應的身體素質，尤其是專項素質和專項能力的發展水準。這一訓練階段結束時，運動員在跳高專項成績上應當進入全國一流水準，甚至創造更優異的成績。各項檢查性指標的分級標準如表 93 和表 94 所示。

表 92　一級和健將級跳高運動員訓練負荷安排

訓練負荷類別		每週訓練課時間	每次訓練課時間	全年訓練總次數	全年比賽總次數	速度練習（公尺）	力量練習（噸）	彈跳		過桿量（次）	專項跳躍量（次）
								級跳（次）	公尺跳（公尺）		
負荷量	男	7～9	2.5～3	280～320	15～20	800 左右	6～8	120～150	600～800	40～50	45～60
	女					700 左右	4～5	100～120	500～600		
負荷強度						75%～90%	75%～90%	70%～85%	65%～80%	75%～90%	80%～90%

註：負荷量為 1 週最大量。

312

表 93　一級和健將級跳高運動員專項成績和身體素質分級標準（男）

項目	跳高專項成績（公尺）			30 公尺跑（秒）			100 公尺（秒）			立定三級跳遠（公尺）		
分級	優	良	及	優	良	及	優	良	及	優	良	及
三級	2.26	2.17	2.05	3.9	4.0	4.1	11.4	11.6	11.8	9.20	8.95	8.70
二級	2.32	2.21	2.10	3.9	4.0	4.1	11.4	11.6	11.8	9.40	9.15	8.90
項目	鉛球後拋（公尺）			助跑手摸高（公尺）			短程助跑過桿（公尺）					
分級	優	良	及	優	良	及	優	良	及			
三級	10.10	9.10	8.10	1.10	1.05	1.00	2.12	2.06	1.98			
二級	11.10	10.10	9.10	1.15	1.10	1.05	2.17	2.10	2.03			

註：鉛球重量 7.26 公斤。

表 94　一級和健將級跳高運動員專項成績和身體素質分級標準（女）

項目	跳高專項成績（公尺）			30 公尺跑（秒）			100 公尺（秒）			立定三級跳遠（公尺）		
分級	優	良	及	優	良	及	優	良	及	優	良	及
三級	1.90	1.80	1.75	4.3	4.4	4.5	12.7	12.9	13.2	8.10	7.90	7.70
二級	1.97	1.87	1.80	4.3	4.4	4.5	12.6	12.8	13.1	8.20	8.00	7.80
項目	鉛球後拋（公尺）			助跑手摸高（公尺）			短程助跑過桿（公尺）					
分級	優	良	及	優	良	及	優	良	及			
三級	10.50	10.00	9.50	0.82	0.80	0.77	1.82	1.76	1.70			
二級	11.50	11.00	10.50	0.85	0.83	0.80	1.81	1.76	1.70			

註：鉛球重量 4 公斤。

第十二章

撐竿跳高

孫南　史美創　徐政

第一節・撐竿跳高的發展與研究概況

一、撐竿跳高運動的發展概況

據國際田聯《世界最好成績與正式世界紀錄》一書記載，第一個男子撐竿跳高的世界最好成績為 2.44 公尺，由英國人約翰‧羅伯在 1843 年 4 月 17 日創造，首項男子撐竿跳高的正式世界紀錄誕生於 1912 年 6 月 8 日，由美國人馬科斯‧萊特創造，成績為 4.02 公尺。

作為競技運動項目的撐竿跳高已經歷了一個多世紀的發展歷程，由於撐竿的演變直接促進了跳躍技術的改進和運動成績的提高，所以根據撐竿跳高的變化，可以把撐竿跳高運動的發展過程分為以下幾個歷史時期：

（一）木質竿

早期撐竿跳高所用的撐竿是木質的，這種竿子重且彈性低，運動員的握竿高度受到了限制，所以這一時期曾出現了「爬竿跳」技術，採用「爬竿跳」技術的最好成績為 3.58 公尺，美國於 1889 年、英國於 1922 年分別廢止了這一技術。

（二）竹竿

20 世紀初，開始有人使用竹竿進行撐竿跳高。竹竿質輕且具有較大的彈性。這一時期相繼出現了懸垂擺體、後仰舉腿、弓身過桿等技術。另外，運動員在插竿過程中普遍使用下手向上的滑竿動作，以使擺體動作更加快速有力，同時也增強了引體過程的力度與幅度。由於這些技術動作的採用，使運動員的握竿高度與騰越高度均得以提高。1942 年美國選手沃邁達姆以 4.77 公尺創造了竹竿時期的最高紀

錄。竹竿的使用，對撐竿跳高技術的發展與運動成績的提高均起到了重要的作用。

由於撐竿跳高是在竹竿時期傳入中國的，所以將這一運動取名為「撐竿跳高」而非「撐桿跳高」，並沿用至今。

（三）金屬竿

隨著運動員動作幅度的加大，竹竿易斷裂的弱點就顯現了出來。在 20 世紀 40 年代中期，質地結實的金屬竿（鋁合金竿和輕質鋼竿）逐漸取代了竹竿。

這一時期技術上的最大變化是運動員明顯地加大了擺體的幅度。然而，由於金屬竿的彈性不及竹竿，所以技術的發展和成績的提高都受到了限制，金屬竿時期的世界最好成績為 4.82 公尺，僅比竹竿時期高出 5 公分。

（四）玻璃纖維竿

第一個玻璃纖維撐竿的世界紀錄是 4.83 公尺，由美國運動員戴維斯在 1961 年 5 月 20 日所創造。玻璃纖維撐竿的使用，是現代工業發展成果向體育滲透的成功範例，這種撐竿是一種玻璃鋼製品，它是利用複雜的工藝將玻璃纖維布黏合捲製而成的橫截面有變化的空芯竿件，具有重量輕、彎曲大、反彈快等優點，其綜合性能明顯優於竹竿和金屬竿。

玻璃纖維撐竿的使用為運動員提高運動成績展現了更大的空間，這一時期跳躍技術的改進方向主要集中在如何更有效地發展和利用撐竿的彈性作用方面，與竹竿和金屬竿相比，技術結構外形上的明顯變化是在起跳時下手要有所支撐。另外，在撐竿反彈過程中，身體有一個相對較長的伸展階段。玻璃纖維撐竿時期是撐竿跳高歷史過程中運動成績提高最快的時期，在這個時期，世界紀錄被改寫了 51 次。

目前撐竿最新製作材料是碳素，這種撐竿是用碳素纖維作基質，以環氧樹脂為黏結劑，經過多道工序製成，特點是重量較輕，彈性更好。1994 年烏克蘭著名運動員布勃卡創造 6.14 公尺的世界紀錄，至今未被打破。

中國撐竿跳高運動水準與世界水準相比具有較大的差距，金屬竿後期這種差距曾一度縮小，但由於中國引進玻璃纖維撐竿較晚，在這種新型器械已主導了世界潮流的 1964 年，中國還在普遍使用金屬竿，這無疑又拉開了本已縮小的差距。所以有理由認為，在玻璃纖維撐竿跳高時期，中國與國外的發展是不同步的，這就影響了我們對於玻璃纖維撐竿跳高運動規律的認識和技術的掌握。

當然，近年來所暴露出普及的程度不夠、後備人才匱乏等也是影響中國撐竿跳高運動水準提高的重要因素。

第 1 屆現代奧運會就設有撐竿跳高，但它一直僅是男子的正式競賽項目，直到 1995 年國際田聯才設立了第一個女子撐竿跳高世界紀錄：4.05 公尺——中國運動員孫彩雲在 1992 年所創造的。1997 年巴黎世界室內田徑錦標賽首次把女子撐竿跳高列為世界大賽的正式項目。除了在訓練中要重視女子的生理和心理特點外，在技

術規格和技術要求方面，男、女並無明顯差異。

目前，世界女子撐竿跳高運動水準提高較快，2008 年北京奧運會上，俄羅斯選手伊辛巴耶娃跳出了 5.05 公尺的新世界紀錄，遠遠地將其他選手甩在後面；2009 年，她在國際田聯黃金聯賽第 5 站瑞士蘇黎世站的比賽中，以 5.06公尺的成績再次刷新了女子撐竿跳高的世界紀錄。

中國優秀女子撐竿跳高運動員高淑英，在 2007 年 6 月 3 日在紐約舉行的銳步田徑大獎賽上創 4.64 公尺的亞洲、中國紀錄。

二、現代撐竿跳高技術的形成依據及發展方向

現代撐竿跳高運動是以使用玻璃纖維撐竿為標誌的。

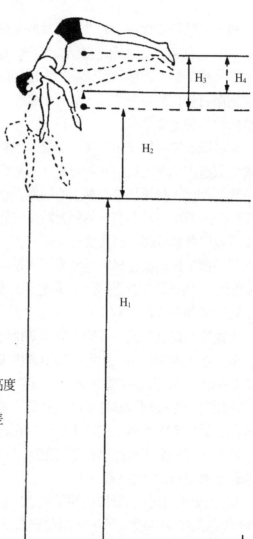

H_1：推離撐竿瞬間上握點距地面的高度
H_2：推離撐竿瞬間上握點與身體重心之間的高度
H_3：推離撐竿後身體重心升起的高度
H_4：身體重心升起的最大高度與橫桿高度之差
即：跳躍總高度＝$H_1+H_2+H_3-H_4$

圖 37　撐竿跳高跳躍高度構成示意

撐竿跳高是田徑運動中技術最為複雜的項目，究其原因在於其運動過程長，運動形式多變，尤其是運動員要藉助於一根撐竿來完成跳躍，不僅人體的用力會影響彈性竿子，而且竿子的彈性變化又制約著運動員的動作。

最大限度地挖掘、發揮、利用人體的運動能力和玻璃纖維撐竿的優越性，使人體的運動與撐竿的運動協調融合，從而提高人體的運動效果，是現代撐竿跳高實踐和研究工280第十二章撐竿跳高作者的注意所在。然而，由於撐竿提高技術的複雜性決定了在撐竿跳高制勝因素中技能成分所占的比重較大（與其他田徑項目相比），所以，目前大量的研究內容主要集中在對撐竿跳高技術的探討方面，先進方法的採用（光電、高速攝影、測力等）也使得這些工作更加客觀、深入和細化。當然，在闡述撐竿跳高科學研究活動的這一特點時，我們不可忽視其他科研成果（尤其是教學、訓練方面）對提高撐竿跳高運動水準所起到的積極作用。

撐竿跳高時，運動員的跳躍高度實際上由四個分量所構成，從圖 37 可看出，H_1 基本代表通常所講的握竿高度，騰躍高度則是其他三個分量的組合（$H_2+H_3-H_4$）。大量的實踐經驗與研究成果表明，以使用玻璃纖維撐竿為標誌的現代撐竿跳高技術，其形成與發展的基本依據依舊是儘可能地增加運動員的握竿高度和騰越高度。

使用玻璃纖維撐竿以來，運動員在握竿高度和騰越高度方面均得到大幅度的提高（表 95），玻璃纖維撐竿最重要的物理特性是運動員在跳躍時撐竿可以產生較大的彎曲，並在最大彎曲後以較快的速度反彈，這種物理特性對於撐竿跳高而言具有以下優越性：

其一，可以有效地提高握竿高度。撐竿彎曲後，「人—竿」轉動半徑得以縮短。有關研究表明，世界優秀選手的彎竿量（竿弦縮短量）可達 1.50 公尺，甚至更多，即竿弦長度可縮短 30%左右，在其他條件相同時，這無疑有益於豎竿。所以玻璃纖維撐竿較之金屬竿時期，運動員的握竿高度普遍得以提高。

其二，撐竿的大幅度彎曲可以儲存大量的彈性勢能，從而在撐竿反彈時提供給人體較大的重力勢能和動能，使騰越高度的增加成為可能。

表 95　金屬竿和玻璃纖維竿時期有關數據比較表

時期	運動員	成績（公尺）	握竿高度（H_1+插斗深 20 公分）	騰躍高度（$H_2+H_3-H_4$）
金屬竿時期	美國最優秀的 4 人	4.72～4.82	4.30 公尺	0.62～0.72 公尺
玻璃纖維竿時期	加陶林	6.02	4.95 公尺	1.27 公尺
	布勃卡	6.01	5.13 公尺	1.08 公尺
	塔拉索夫	5.80	5.10 公尺	0.90 公尺
	維涅隆	5.91	4.95 公尺	1.15 公尺
	梁學仁	5.62	4.92 公尺	0.90 公尺
	楊雁勝	5.75	4.95 公尺	1.00 公尺

由此可見，正確掌握並利用跳躍時玻璃纖維撐竿的彎曲規律和反彈規律，使人體的運動與撐竿的運動有機結合，最大限度地發揮撐竿的物理性能和人體的運動能力，是繼續提高握竿高度和騰越高度的努力方向。

事實上，現在撐竿跳高技術的諸多變革以及科學研究的中心工作，也基本上是圍繞這一方向而展開的。

三、現代撐竿跳高技術的若干基礎理論問題

儘管撐竿跳高與跳高、跳遠、三級跳遠同屬田徑運動中的跳躍項目，但由於撐竿跳高在起跳後人體並未真正騰空，而是要藉助於彈性撐竿來完成一系列動作，所以在撐竿跳高中人體和撐竿的運動存在著某些特殊的規律與現象，而對這些基礎理論問題的認識，有助於對現代撐竿跳高技術的全面和準確的理解。

（一）人—竿系統的轉動

在撐竿跳高中，人與竿是作為一個系統的兩個構成因素而交互作用的，在這一系統中，有兩個主要的轉動現象，它們構成了撐竿跳高的基本運動形式：起跳後，撐竿和人體作為一個整體，以插斗為支點進行轉動（簡稱人竿轉），這是一種定軸轉動；第二個轉動是人體圍繞上握點進行的擺動（簡稱人擺），人擺時上握點是運動著的，所以它是一種動軸轉動。

人—竿系統的這兩個轉動有一共同特點，即轉動半徑是變化的，而每一轉動的角速度在一定程度上受身體重心到轉動軸之間的距離影響。「人竿轉」的目的是在一定握竿高度的情況下，使撐竿豎直，以便人體順利過桿。如其他條件相同，人體重心越低，人竿合重心到插斗之間的半徑越短，這無疑有利於豎竿，然而，撐竿跳高的目的是越過儘可能高的橫桿，所以人體必須向上運動，縮短人擺的半徑（身體重心向握點靠近）是加快身體上移的重要途徑，而這在一定程度上又加大了「人竿轉」的半徑，進而影響人竿的轉動。所以，適時合理地變化身體重心到轉動軸之間的距離，是撐竿跳高技術動作的基本要領之一。

（二）人—竿系統能量的分佈與變化規律

離地前，系統的能量主要表現為人體在助跑時所獲得的動能，相對於個人而言，它由助跑的速度所決定；起跳後，動能減少，一部分轉化為撐竿的彈性勢能，另一部分在起跳過程中受到損失，所以系統的總能量有所下降；在擺體時，身體內力做功，撐竿的彈性勢能加大，系統的總能量有所回升；撐竿達到最大彎曲時，其彈性勢能最大，隨後逐漸釋放，轉化為人體的重力勢能和動能。

由此可見，玻璃纖維撐竿的顯著特性之一，在於它可以儲存並釋放較大的彈性勢能，而加大助跑速度和擺動力量是提高系統總能量的基礎（圖38）。

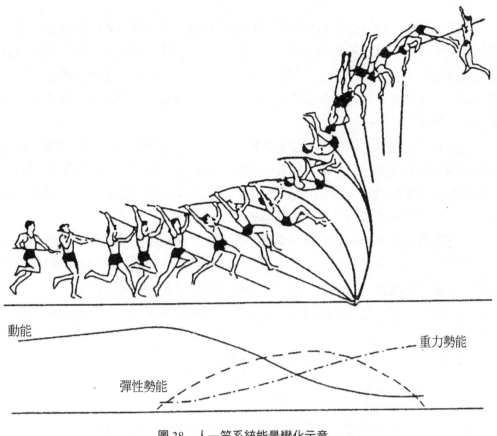

動能

重力勢能

彈性勢能

圖 38　人—竿系統能量變化示意

（三）撐竿的彎曲

玻璃纖維撐竿的最大特點是跳躍時可以產生較大的彎曲。由於撐竿彎曲時的撓度難以計算，所以目前國內外在進行撐竿跳高技術的研究和分析時，都是用竿弦的縮短量來描述撐竿的彎曲程度。竿弦的縮短量等於直竿時的握竿高度減去跳躍時上握點到插斗底端之間的直線距離，通常採用攝影測量的方法即可求得。

起跳階段，在快速助跑和起跳的推動下，兩握點處橫向（偏心作用中的平動效應）和縱向（力偶效應）的作用力使撐竿彎曲；懸垂階段，人體保持起跳姿勢，並以較大的身體反弓深入竿下，這時兩握點在縱向和橫向方面的力（同起跳階段）繼續使撐竿彎曲；擺體階段人體以上握點為軸進行擺動時會產生離心力，這一力作用於撐竿，使撐竿達到最大彎曲。

有關研究表明，起跳階段撐竿的彎曲量占總彎竿量的 14.5%，懸垂階段占總彎竿量的 15.4%，擺體階段撐竿的彎曲量增加最多，占總彎竿量的 70.1%。

（四）撐竿的硬度

所使用撐竿的硬度可以反映運動員的技術水準和能力，因為在彎竿量相同時，撐竿的彈性力主要取決於竿子的軟硬程度（彈力＝材料的倔強係數×彈性形變量）。

目前，各種品牌的撐竿都是用竿全長握竿點處的臨界載荷各硬度係數來代表撐竿的硬度，這一數據在撐竿規格中有明確標示，如 500/80 15.0 的撐竿，說明撐竿全長 5.00公尺，在 5.00 公尺握竿點處的臨界載荷為 80 公斤，硬度係數為 15.0（通常撐竿硬度係數在相同長度和臨界載荷的撐竿中會細分為三個等級，撐竿硬度表現為稍軟、稍硬、硬）。

臨界載荷是材料力學中的一個基本概念，其含義是作用於細長竿的軸向壓力達到或超過一定限度時，受壓竿可能突然變彎，即產生失穩現象，使壓竿直線形式的平衡開始由穩定轉變為不穩定的軸向壓力值稱為壓竿的臨界載荷。由此可見，臨界載荷越大，說明竿子越不易彎曲，即越硬。

在運動實踐中，運動員的握竿高度不盡相同，所使用的撐竿的長度也不一樣，況且運動員的握竿點通常要短於撐竿的長度，因此，如果用撐竿規格中的臨界載荷來簡單描述所使用撐竿的硬度，必定不準確，也缺乏客觀的可比性。

有關研究表述，可以利用材料力學中的有關原理來推算運動員握竿點處的臨界載荷：

第一步，根據已知條件求撐竿的抗彎剛度

$$P_{cr} = \frac{\pi^2 EJ}{L^2} \qquad\qquad EJ = \frac{L^2 P_{cr}}{\pi^2}$$

P_{cr}：撐竿規格中的臨界載荷　EJ：撐竿的抗彎剛度　L：撐竿全長

第二步，計算運動員握竿點處的臨界載荷

運動員握竿點處的臨界載荷 $= \frac{\pi^2 EJ}{H^2}$

H：運動員的握竿高度

值得說明的是，這只是一種近似的計算方法（因為撐竿是變截面的），但是這種方法相對簡單，經檢驗，其精度在專業範圍內是可以被接受的。

撐竿的彎曲量和硬度是衡量運動員技術水準的兩個重要標誌，它們的關係是辯證統一的。其他條件不變時，硬度與彎竿量是矛盾的，而在訓練實踐中，它們又是統一的，即在現有彎竿量的情況下提高撐竿的硬度，或在撐竿硬度不變時加大彎竿量，都取決於運動員跳彎撐竿的能力。

第二節·撐竿跳高技術

從運動員完成技術動作的流程出發，可以把完整的撐竿跳高技術分為持竿助跑、插竿起跳、懸垂、擺體、伸展、拉轉推竿和過桿落地等技術階段。

一、持竿助跑

持竿助跑應該是從起跑動作開始到踏上起跳點為止，但是，由於撐竿跳高在助跑的最後部分要舉竿插竿，而舉竿動作與起跳動作的聯繫更為緊密，所以通常把舉竿插竿與起跳作為一個整體來看待，即分析助跑時不予考慮最後的舉竿動作。

在撐竿跳高技術鏈中，動能的獲得主要是在助跑階段，由於握竿高度以及竿上的懸垂擺體速度在很大程度上取決於持竿助跑的速度，所以如何提高助跑速度仍然是當前撐竿跳高理論和實際工作者所關注的焦點之一。除了增加絕對速度外，改進持竿助跑技術是提高助跑速度的重要途徑。一般認為，平跑速度與持竿助跑速度的差值在 1 公尺／秒以下為技術水準良好的參考指標。據記載，布勃卡在漢城奧運會跳過 5.70 公尺時，最後的助跑速度高達 9.90 公尺/秒。

持竿的基本方法是：兩手握距同肩寬，上手拇指在撐竿外側，下手拇指在撐竿下側，兩肩正對跑道且放鬆，上握點位於同側髖附近。助跑的起動方式有站立和行進兩種，起動時撐竿與地面的夾角可隨握竿高度和風向的不同作適當的調整，但一般在 70°左右。優秀運動員的助跑距離為 18～20 步。加速方式可因人而異，但要在倒數 6～4 步時達到助跑的最高速度，然後靠增加步頻來保持速度。為了平穩地銜接舉竿插竿動作，在助跑後程竿頭要逐漸下降到水平部位。

在助跑後程降竿時，撐竿的前翻拉力隨之加大（前翻拉力取決於撐竿的重力矩），而且握點越高這種拉力越大（有測算表明，握點在 5.00 公尺時，其前翻拉力可達 30 公斤左右）。這種前翻拉力是不可避免的，因而在降竿時，運動員極易以身體後仰去維持平衡，這種後仰的身體姿勢對於助跑的速度、節奏以及起跳都是有害的，所以，後程技術是持竿助跑階段的技術難點。

與以往相比，撐竿跳高技術在助跑階段的最大變化是：強調降竿時上手仍保持在同側髖附近，不要後移，隨著前翻拉力的增加，運動員要力爭保持正直的上體姿勢，其感覺就像「追」著竿子跑一樣，這樣就把前翻拉力部分地轉為牽引力來利用了。運動員在「追」著撐竿跑時，為了防止身體前翻，必須高抬大腿，加快步頻，這同時也滿足了撐竿跳高技術在助跑後程的步態要求。主動地利用撐竿，將不利轉化為有利，始終將「人一竿」作為一個系統來看待，是當前撐竿跳高技術諸多變革與完善的思維基礎，而持竿方法的變化就是其中的一個典型例證。

二、插竿起跳

助跑時人體所獲得的水平速度，要透過合理的舉竿插竿和起跳動作才能最大限度地轉化為豎竿和擺體的動量。另外，竿上動作的質量在很大程度上也取決於插竿起跳的合理性。所以，在撐竿跳高技術鏈中，插竿起跳處於重要的地位。

通常認為，在助跑的倒數第 2 步開始進行舉竿插竿。由於新的持竿方法把上手

前移到髖附近，舉竿時向前送竿不如以往技術動作明顯，但仍需強調向前送舉撐竿，這種技術要求倒數第 2 步結束時（以右手為上手，即右腳著地時），右手送舉至胸前頜部，左手高於左肘關節。最後一步起跳腳著地時，兩手臂是伸直狀態，在上臂位於右耳側（在插竿起跳過程中，上手的運動軌跡應是隨身體的運動不間斷地指向前上方）。由於這種舉竿技術路線短，所以相對簡單和經濟，這樣不僅避免了能量的消耗，而且在完成動作的時間上也顯得從容，舉竿容易及時到位。

在整個舉竿插竿過程中，左手始終不能低於左肘的高度（圖39②-⑤），這樣左手臂就形成了一種依託狀態，從而可以更好地支撐撐竿的重量。另外，左手高於左肘也可以加大撐竿與地面的夾角，這一角度對於豎竿是十分重要的。

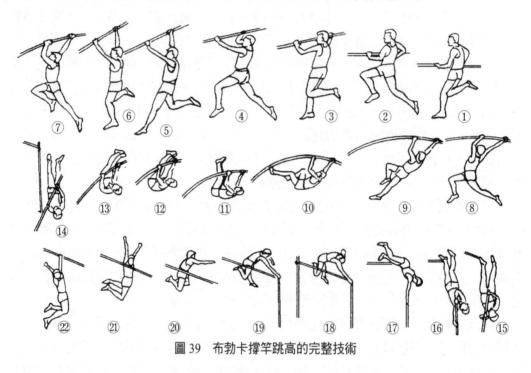

圖 39　布勃卡撐竿跳高的完整技術

助跑最後一步相對較短，起跳腿積極快速地進行起跳（起跳點的位置應是起跳腳尖在上握點垂線下方），上手臂充分伸直，下手臂緊張用力支撐撐竿（肩關節大於 90°，肘關節不小於 90°），這種支撐有利於彎竿及竿上動作的平衡。起跳腿緩衝不宜過大，蹬伸動作積極充分，擺動腿屈膝前擺，頭部稍抬並正對前方。在起跳的蹬伸階段要注意伸展軀幹，其中胸部向前上方的積極運動十分重要，這會為竿上的後續動作奠定良好的基礎。

撐竿跳高起跳時，除了對雙手有特殊要求外，其他動作與跳遠很相似（尤其是下肢運動），所以普遍認為跳遠是撐竿跳高運動的專門練習之一。近年來，撐竿跳高起跳技術的最大變化是產生了「自由起跳」的動作概念。這一概念的含義是：當起跳腳踏上起跳點時，人體有一個短暫的脫離撐竿約束的運動瞬間。其目的是充分發揮起跳過程中人體運動速度。

「自由起跳」動作概念的理論基礎是：儘量保持起跳時人體的運動速度，並把這一速度傳遞到懸垂和擺體階段，以獲得良好的擺體效果，從而在加大撐竿彎曲的同時，使人體達到合理的伸展前狀態。因為在撐竿跳高起跳過程中，撐竿對於人體的運動實際上是一種約束，這種約束的結果使得助跑獲得的動能部分地轉化為撐竿彎曲的彈性勢能，然而在起跳時過多地彎竿對於「人—竿」系統的進一步運動卻是不利的。過去有一種「跑進竿下」起跳法，採用這種方法的運動員起跳點相對較近，靠起跳腿的蹬伸和軀幹的逼進去儘量壓彎撐竿，這種方法儘管在起跳時獲得了較大的撐竿彎曲量，但是人體也隨之損失了大量的動能，結果擺體速度必然減慢，從而降低了彎竿主要階段（擺體階段）人體對撐竿的作用力。

另外，向前逼壓撐竿引起上握點的過大制動，上體的動量就會過早地傳遞到下肢，所以腿極易向前甩出，這不但妨礙了撐竿的向前運動，而且也難以形成懸垂擺體所必須的身體姿勢，破壞了整個動作的節奏。

所謂「自由起跳」就要設法減小起跳過程中撐竿對人體的約束，要求運動員的起跳點控制在靜態插竿（即直竿狀態）時上手握點的垂線下方（如果起跳點過近，撐竿就會對人體產生較大的約束，導致先彎竿後起跳的結果，從而損失人體的運動速度），只有當起跳腿蹬伸時竿頭才能觸及插斗底端（撐竿這時才開始彎曲），運動員的主觀感覺就好像是跳上撐竿一樣。這種技術的核心，實質上是起跳時機相對提前，即撐竿未獲得最終支撐時人體的起跳已經開始，這樣，在起跳初期的一個瞬間內就擺脫了撐竿的約束（自由起跳），從而儘量保持人體的運動速度，為懸垂擺體奠定動量方面的基礎。

另外，無約束狀態也有利於充分舉竿，以加大撐竿與地面的夾角，進而促進撐竿的向前運動。由於在起跳時撐竿尚未觸及插斗底端，所以運動員常有一種無支撐的感覺，這就要求上手及肩部要有一個向上堅挺的用力過程。

近年來的撐竿跳高技術更加重視起跳過程中人體的運動速度而非撐竿的彎曲。撐竿跳高起跳後人體並未騰空，而是由地面支撐轉入了竿上運動，竿上動作的速度又取決於助跑起跳時所獲得的速度，所以，撐竿跳高起跳的一個重要作用是為竿上動作的順利完成奠定基礎。

三、懸　垂

懸垂階段的時相是從起跳腳離地起到身體背弓最大止（見圖39⑦—⑧）。懸垂實質上是起跳的延續，要求人體離地後，利用助跑起跳所獲得的速度使軀幹繼續快速前移，深入竿下並把起跳腿保留在體後，使身體型成最大背弓（良好的技術特徵是在懸垂結束時上手和起跳腳基本保持在一條垂線上，並保持下手的充分上舉）。這種技術規格具有兩方面的意義：其一，使人體保持較低的重心向前運動，這樣「人竿轉」半徑相對短，有利於豎竿；其二，充分並快速拉長體前肌群，為擺體收

縮創造有利的肌肉工作條件。根據肌肉收縮原理，不僅要加大初長度，而且要加快拉長的速度，才能更好地提高肌肉的彈性張力。

懸垂的深度取決於助跑和起跳的速度，人為地延長懸垂時間是一種被動的做法，所以起跳里程中人體的運動速度是懸垂的基礎。懸垂時下手的位置很重要，要求運動員繼續向上用力（肩關節角度較大），這樣才可能留出空間讓軀幹前移。如果下手較低，則會影響胸部的向前運動，加上起跳時所帶來的下肢前擺的角動量，人體就極易向前甩出。

懸垂是起跳與擺體之間不可忽視的聯繫環節，它既是起跳的延續，又是擺體的必要前奏。

四、擺　體

擺體在現代撐竿跳高技術鏈中具有舉足輕重的作用，其運動時相是從懸垂結束（身體最大背弓）起，到團身時髂角最小時止（見圖 39⑧—⑫）。擺體動作完成的品質將直接影響人—竿系統的兩個轉動（人竿轉和人擺）效果，繼而影響到運動員的握竿高度和騰越高度。另外，擺體也是人體重心由握點之下向握點之上轉移的必要運動階段，所以，近年來擺體技術愈發引起了人們的重視。

首先，在擺體階段撐竿的彎曲量增加最多（約占總彎曲量的 70%），這就有效地縮短了人竿轉的半徑（巴塞隆那奧運會前 6 名運動員的握竿高度平均為 5.06 公尺，其最大彎竿量平均為 1.54 公尺）。其次，人體能夠有效地利用撐竿所釋放的彈性力量的前提條件之一，是在伸展前身體處於良好的相對位置（理想狀態是臀部高於肩部），且這一體位的形成時機越接近撐竿最大彎曲越好，而這取決於人擺的速度。由此可見，擺體的任務是在加大彎竿作用力（使撐竿彎曲的力量）的同時，使身體適時地達到良好的位置。

大量分析證明，擺體時所產生的離心力（$F = MRW^2$）是撐竿彎曲的主要動力來源，要增加這一彎竿力量，就必須設法加大轉動半徑和提高角速度。然而轉動半徑和角速度之間通常存在著制約關係，如何轉化這一矛盾，即在不過多縮短轉動半徑的情況下增加角速度（動作外觀表現為幅度大且速度快），就成為擺體動作設計的理論基礎。

良好的擺體技術應在擺體的第一部分（懸垂結束到身體擺至 45° 角時，圖39⑧—⑨）呈現出鞭打用力的特徵，即在懸垂結束時下握點相對制動（下手推壓撐竿），隨之肩部制動（這樣軀幹的動量就會逐漸向上傳遞），同時起跳腿以較直的狀態做「兜掃」式擺動，其發力點應是起跳腳（起跳腳形成鞭梢效應）。如果單從動作外形來觀察，這種擺體方式在身體與地面形成 45° 角時，上手臂、軀幹、髖和起跳腿應處在一條直線上，尤其是髖、膝沒有明顯的曲度。

鞭打式擺體能夠使身體以較長的半徑快速轉動，鞭打用力的力學原理是：

當一個鏈狀物運動時，質量大的一端先做加速運動，在制動過程中其動量向游離端傳遞，使末梢部分產生極大的運動速度。因此，擺體前的懸垂階段，軀幹具有較大的運動速度是有利於加大鞭打動作效果的，而這一速度又直接取決於助跑和起跳過程中人體所獲得的速度。同時，懸垂時身體還要保持良好的反弓姿勢（為鞭打用力提供有利的肌肉工作條件），這一姿勢的形成也取決於快速的起跳和良好的起跳姿勢。

由此邏輯關係可見：助跑和插竿起跳對於跳躍效果而言具有基礎性作用，而充分發揮和保持人體的運動速度則是助跑與插竿起跳階段的技術關鍵。

擺體的第二部分即人體的屈膝團身。由於鞭打效應提供了相當的速度儲備，在此基礎上團身動作不僅易於完成，而且也等於有一速度疊加，從而使臀部的快速上移得以實現。屈膝團身時，兩腳的運動方響應指向上握點，不要抬頭，動作具有「團身」的外形特徵。團身結束時的良好體位是兩膝在臀部垂面以內，同時臀略高於肩。

由於鞭打用力時撐竿處於彎曲狀態，即上握點處於不斷地向前下方移動的過程中，這種動軸轉動使人常有「下沉」的感覺，所以往往不好發力，因此，掌握鞭打擺體的起始時機是十分重要的。由於運動員情況各異，所以很難用一個時空參數來描述這一時機。總的原則應該是在撐竿有一個相對穩定的支撐時開始發力（俄羅斯教練員就特別強調運動員對撐竿的運動要有支撐感）。從理論上講，懸垂過程中軀幹運動速度最快時也是此階段撐竿彎曲最大時，如不進行擺體，撐竿隨即將會反彈，如果在此撐竿即將反彈的一瞬間始發力，則撐竿的的支撐性就會相對強大一些。誠然，這種精確的時空感覺需要在實踐中大量探索才能體會到。

五、伸 展

玻璃纖維竿在大幅度彎曲後即開始快速反彈，其反彈幅度與最大彎竿量直接有關。在撐竿反彈的同時，人體也要由團身狀態逐步伸展成直臂倒懸垂狀態，這一運動過程約占跳躍總時間的 25%～30%。

伸展階段是人體利用撐竿彈性力量的主要階段，其效果將直接影響到運動員的騰起高度。人體的運動與撐竿的運動協調配合，充分並有效地利用撐竿的反彈力量，努力把人體彈向儘可能的高度，是伸展階段的基本任務。而伸展階段技術上的重點則是人體的伸展方向和伸展速度。

由於撐竿的反彈方向不僅向上，而且也向側前，所以在伸展的開始部分，雙腿應向後上方伸出（見圖 39⑬），這樣才能保證人體有一個向上的合力向。為了保持這一合力向，雙手用力壓竿並控制身體以及臀部向上握點靠攏等動作就顯得相當重要。

伸展時，人體的運動速度要儘量與撐竿的反彈速度相和諧，如果劇烈地向上蹬

腿伸展，必然會產生較大的向上慣性力，這一力會阻礙撐竿的反彈速度。人體的伸展應與撐竿的反彈協調配合，比較柔和地發力，而這就需要伸展階段具有足夠的工作距離，以保證身體充分展開，所以積極快速的擺體動作就顯得尤為重要，它可以使運動員及時完成良好的屈膝團身狀態，從而保證足夠的伸展時間和合理的伸展方向。伸展後程，下手臂肘關節角度逐漸縮小，最後形成前臂貼緊撐竿。伸展結束時（撐竿此時即將彈直），良好的身體姿勢是形成「直臂倒懸垂」（見圖39⑯）。

六、拉轉推竿和過桿落地

當人體和撐竿幾乎伸直時，兩臂即開始沿撐竿縱軸做拉引動作。由於兩手握距較寬，所以拉引和推竿是交疊進行的，即下手推竿時上手仍處於拉引狀態。從上握手與同側肩平齊開始，則主要表現為上手的推竿動作了。在拉引過程中，身體要完成一個繞縱軸轉體的動作。這時要注意收緊下頜，兩腿伸直併攏，特別是起跳腿不能向前伸轉，以儘量保證身體靠近撐竿運動。引體和轉體是連貫性的用力過程，不應有任何停頓，否則會影響撐竿反彈力的充分利用。

在推竿過程中，兩腿不要過早放下，要積極有力地向下推展上手臂的肩、肘關節，這樣不僅可以增加向上的動力，而且良好的單臂支撐倒立姿勢也有助於增加騰越高度。推竿完成瞬間上手應順勢將撐竿推向助跑道方向，以免撐竿碰落橫桿，造成失敗。

推離撐竿後即轉入無支撐的騰空階段，這時要注意調整身體各部分的位置，充分利用其補償效應。當身體重心上升到最高位置時，已越過橫桿的雙腿有所下壓，並收腹、含胸成弓身姿勢。當臀部越過橫桿時，向上揚臂、抬頭，使整個身體依次越過橫桿。落地時要注意安全，正確的落地動作是使背部柔和地落在海綿包上。

第三節・撐竿跳高技術教學法

撐竿跳高技術教學應當採用相對分解與局部完整相結合的方法進行，並逐漸過渡至完整教學。學習與掌握某一技術環節時，意識上應當注意前後的相互銜接。初學者應當首先學習與掌握直竿撐竿跳高技術，而後根據其掌握直竿技術的狀況適時地過渡至彎竿技術。

學習直竿技術時應當在持竿、持竿助跑、降一舉竿、起跳和擺體上下工夫，學習彎竿技術時應當在人一竿配合上下工夫。

撐竿跳高技術教學過程中，應當安排運動員進行一定量的跑、跳基本能力和上肢與軀幹控制力量訓練，只有在具備一定的跑、跳能力和上肢、軀幹控制力量的基礎上進行撐竿跳高技術教學才能收到良好的效果。

一、教學步驟

（一）建立直竿撐竿跳高的正確技術概念，初步掌握直竿撐竿跳高技術

內容：

1.介紹撐竿跳高技術

利用電影、錄影、圖片以及運動員的示範等直觀方法，結合講解，使學生或運動員對撐竿跳高技術有個完整、正確的認識，並使他們對撐竿跳高比賽規則、場地、器材、設備有所瞭解。

2.學習撐竿跳高基本技術

(1) 學習握竿、持竿和持竿助跑技術

① 按講解和示範要求，學習握竿和持竿。

② 持竿走與持竿慢跑。

③ 持竿慢跑過渡到持竿加速跑。

④ 加速跑結合降—舉竿練習。

⑤ 高抬腿跑練習。

教法提示：

學習持竿時，要求肩帶、兩臂及雙手放鬆、自然，左手持竿位於胸前20公分左右處，右手持竿位於右側大腿側前方，竿子成豎直狀。持竿跑練習時，軀幹應當保持正直，做到高重心、高抬腿，跑動時應當富有彈性，雙臂可以配合跑的節奏適當擺動，但竿子不應過於晃動，降—舉竿要平穩、連貫。

(2) 學習直竿插竿起跳和竿上懸垂技術

① 走動與跑動中做降—舉竿動作。

② 在吊繩上體會懸垂動作：右手直臂握吊繩，左手握在下面 20～30 公分處。擺動腿屈膝幫助向前挺身，胸與髖向前挺出後轉入直臂懸垂狀態。

③ 原地和走動中做插竿模仿練習。

④ 持竿上步起跳和竿上懸垂練習。

⑤ 4～6 步助跑直竿沙坑先跳後插練習。

⑥6～8 步助跑插竿直竿起跳懸垂練習。

教法提示：

降—舉竿練習應當充分利用竿子下落形成的翻轉力及時、輕快地完成舉竿。練習起跳時要求快速、積極、有力，起跳點要準確、穩定。

(3) 學習擺體、轉體、引體、推竿技術

① 徒手或利用器械學習與掌握擺體、引體、推竿的模仿練習。

② 在沙坑邊上做 3 步起跳、擺體、轉體、引體、推竿練習。

③ 斜支撐做引體、推竿練習。

④ 短程助跑直竿撐竿跳遠練習。

教法提示：

擺體後舉腿時，儘可能使身體重心靠近握點，轉體、引體應當在完成後翻舉腿與展體之後進行。

3.初步學習掌握彎竿技術

(1) 學習彎竿撐竿跳高基本技術

① 2～4 步頂竿練習：持一軟竿，2～4 步助跑插竿頂竿，身體成反弓，上體不要後仰，教師或教練員可站在邊上一手握住竿子中、下部，一手扶住運動員背部做適當的保護。

② 插竿起跳彎竿懸垂返回原地：手持比較硬的撐竿，高握竿點助跑 4～6 步積極插竿起跳，由教師或同伴在練習者身體重心軌跡最高點扶持練習，然後幫助回到原地。起跳後注意保持懸垂姿勢。

③ 4～6 步助跑起跳彎竿起跳：手持較軟撐竿，高握點積極助跑起跳，起跳時教師在起跳點側前扶腿保持懸垂姿勢後由起跳腿落地。

④ 低握竿點平地插竿起跳：握竿點高度比站立伸臂略高一點，小步高抬腿跑，以地面為竿頭的支撐點完成插竿起跳動作。要求插竿及時，舉竿積極，起跳充分，肩胸向前貼緊竿子，隨著技術熟練程度的提高，逐步提高握竿點。

⑤ 6～12 步助跑插竿起跳懸垂：根據不同的助跑距離，選用不同型號撐竿。握竿點要逐步提高，舉竿插竿應穩定及時，向前上方舉竿與起跳腿的快速起跳協調配合，肩胸積極向前使撐竿彎曲，人體懸垂在竿上。此練習應把注意力集中在舉竿起跳動作上，並注意保持正確的懸垂姿勢。

⑥ 持竿 6～8 步助跑接活動插斗起跳：持較硬撐竿，助跑 8～12 步平地上完成插竿（活動插斗）起跳。

⑦ 起跳懸垂後翻練習：低握竿點助跑 6～8 步起跳後，充分懸垂，然後以肩為軸，兩腿快速擺動，並沿著竿子縱軸向後翻轉。

⑧ 起跳懸垂向後翻展體轉體：竿上完成懸垂後，積極向後翻體，將雙腿伸向竿子的後方。

⑨ 撐竿跳遠練習：把橫桿向海綿包方向移到距插斗底壁 80 公分以上的位置，握竿點不宜太高，進行完整技術的過遠桿練習。

教法提示：

彎竿起跳練習時，胸、軀幹和髖部積極向前；活動插斗練習時，要主動起跳，雙手充分向前上伸展；後翻時身體重心不能擺越竿子，後翻結束時髖部靠近竿子；展體時骨盆必須順著竿子上舉，至少應達到右手的高度，展體時注意沿竿向上充分伸展；撐竿跳遠要注意積極起跳後在做好懸垂的基礎上，大幅度擺體後翻雙腿沿著

田徑運動 高級教程

撐竿方向伸展，髖靠近撐竿，迅速轉體引體和推竿。

(2) **學習撐竿跳高完整技術**

① 用橡皮筋代替橫桿的完整技術練習。

② 低握竿點中距離助跑完整技術練習。

③ 中握竿點全程助跑過低遠桿完整技術練習。

教法提示：

完整技術教學中，應特別注意各技術環節的連貫性，重點仍放在助跑起跳和懸垂擺體技術提高上，切實加強安全與保護措施。

（二）掌握正確的撐竿跳高技術

透過教學逐步消除多餘動作，消除肌肉的過度緊張，使撐竿跳高技術較為鞏固與熟練。

內容：

本階段以撐竿跳高完整技術教學為主，在需要改進某個技術環節或某個動作時，仍可採用分解教學。分解教學要緊緊圍繞完整教學進行，已學過的練習仍可採用。此外，還可採用下述練習掌握與提高完整技術。

1.持竿助跑

(1) **持竿跑專門練習：**

① 持竿小步跑；② 持竿後踢腿跑；③ 持竿高抬腿跑；④ 持竿後蹬跑；⑤ 持竿車輪跑；⑥ 左右降竿跑。

(2) **持竿節奏跑：**

① 安置海綿塊（標記）的節奏跑。根據學生具體情況，預先設定有利於發揮其速度的助跑距離、步數、海綿塊（標記）間距，使其形成特定的助跑節奏。透過反覆練習對預定的節奏加以誘導和強化，形成和鞏固持竿助跑節奏。

② 持加重竿助跑。為了增強持竿臂力，使助跑輕快有力，在竿子前端固定 1～2 公斤重物做持竿跑練習。

③ 持竿變速跑。40 公尺持竿節奏跑，再持竿放鬆慢跑 40 公尺為一組，練習 4～6 組。

(3) 40～50 公尺持竿加速跑。

(4) 20 公尺行進間計時持竿跑和確定持竿跑水準的徒手 20 公尺行進間計時跑。

教法提示：

持竿跑專門練習可放在課的準備活動中進行，每一練習做 2～3 次為宜，距離 30 公尺左右。各種持竿跑都要注意技術動作正確，尤其要注意放鬆、自然、平穩，身體保持高重心，步子富有彈性，擺動腿屈膝高抬，節奏明顯，最後幾步應快速向前。

2.插竿起跳上竿懸垂

(1) 高抬腿插竿起跳上竿懸垂。

(2) 持槓鈴桿或槓鈴片踏上跳箱蓋上舉成起跳姿勢：手持 5～15 公斤重的槓鈴桿或槓鈴片，走幾步上舉踏上 30～40 公分高的跳箱蓋。要求上手伸直，挺胸，蹬直起跳腿，呈起跳姿勢。

(3) 單臂插竿起跳。

教法提示：

高抬腿跑插竿起跳，注意插竿及時，舉竿充分，臂腿相互配合，起跳後成自然放鬆的懸垂姿勢。單臂插竿起跳，懸垂時上臂充分伸直，身體充分伸展懸掛在竿上。

3.懸垂後翻擺體

(1) 吊橡皮繩擺體：雙手握住橡皮繩，身體成起跳懸垂姿勢，然後擺體後翻，藉助橡皮繩拉長回收的力量後伸雙腿。注意擺體速度及高抬髖部。

(2) 吊橡皮繩彈伸練習：雙手握橡皮繩倒屈體，借重力下壓，拉長橡皮繩，然後借其反彈力向上伸腿送髖。注意屈、伸動作要和橡皮繩彈力協調一致。

(3) 4～6 步助跑起跳吊繩擺體練習。

4.伸展轉體引體推竿

(1) 吊繩回擺過桿：雙手握住吊繩，背對橫桿架向前積極助跑，當助跑結束時起跳懸垂掛繩上，利用回擺速度迅速擺體轉體引體越過橫桿。

(2) 雙槓過桿練習：雙槓略高於肩，站立於槓內，雙手緊握槓端，迅速做後翻擺體舉腿，在雙槓上成倒懸垂後積極轉體引體推手過桿。注意轉體拉引時髖部要帶動兩腿積極向前上方伸展。

(3) 腳觸高物（海綿體）練習：高物升到高於本人最高成績 50 公分以上，在完整技術跳躍中，著重體會後翻及沿撐竿方向伸展。雙腿在轉體引體時充分向上積極觸高物。此練習應注意在完善的懸垂、擺體的前提下完成向上觸物動作。

5.撐竿跳高完整技術練習

① 不同助跑距離，放橫桿與不放橫桿的完整技術練習。

② 全程助跑完整技術練習。

教法提示：

應特別注意完整技術的連貫性和正確性，不斷改進技術細節。多做中距離、中等高度橫桿的完整技術練習。隨著技術的熟練，逐漸延長助跑距離和升高橫桿，要特別防止追求高度而忽視改進技術動作。

（三）根據個人特點，進一步改進撐竿跳高完整技術，提高運動成績，學習理論知識和提高教學能力

內容：

根據學生或運動員的個人特點，改進與完善某一技術細節，透過學習撐竿跳高及相關的理論知識，指導其訓練與比賽。

本階段應當加強完整技術練習，同時繼續進行一些有效的基本技術訓練，重點在於提高完整技術動作的品質，進一步完善完整技術動作的結構和動作節奏，並根據實際情況逐漸提高握竿點和竿子磅級，使其專項成績不斷提高。

二、撐竿跳高技術教學中易犯的主要錯誤及其產生的原因和糾正方法

撐竿跳高技術較為複雜，教學中學生或運動員難免會出現一些錯誤動作，教師或教練員應當瞭解撐竿跳高技術教學過程中可能出現哪些主要錯誤及其產生的原因和糾正方法（表96），做到有備而教，有錯糾正，使教學過程更趨完善。

表 96　撐竿跳高技術教學中易犯的主要錯誤及其產生的原因和糾正方法

易犯的主要錯誤	產生的原因	糾正方法
1. 助跑節奏紊亂，起跳前拉大步或湊小步	1. 對正確的助跑節奏理解不夠 2. 助跑步點不正確或步長不穩定 3. 急於起跳或過桿，起動後過早加速，後程助跑和起跳能力不及，造成減速	1. 進一步講解正確的助跑節奏 2. 跑道上畫一插斗，按起跳或過桿練習的步數進行持竿助跑，無論採用哪種節奏，後程都不要減速
2. 舉竿時機不正確，過早或過晚	1. 急於起跳，提前舉竿 2. 助跑後程竿頭過高，造成最後一步降舉竿 3. 助跑步點不正確，偏近或偏遠	1. 反覆講解正確的降——舉竿技術和舉竿時機 2. 離開插斗，在跑道上做 4～6 步降舉竿插竿練習 3. 調整助跑步點，強化助跑節奏
3. 起跳練習時拉手抱竿，軀幹、下肢團縮	1. 自我保護意識太強，場地器材條件較差，怕摔傷 2. 缺乏分解的起跳、懸垂等基本功練習 3. 助跑加速過早，起跳點不正確	1. 加強意志品質教育，認真檢查、佈置場地器材 2. 在固定竿、吊繩上進行一步跳上懸垂練習，右臂、軀幹、起跳腿必須充分伸展 3. 2～4 步助跑跳起抓吊繩或單槓，進行起跳和懸垂練習
4. 起跳後身體失控，被迫轉體衝桿	1. 起跳不充分，急於舉腿過桿 2. 助跑步點不正確，起跳點偏近或偏遠 3. 起跳後過早轉體過桿	1. 強化起跳意識，加強短程助跑起跳練習 2. 助跑步點適當向後移 3. 在單槓、吊環或吊繩上進行擺體、翻轉和展體練習，熟練後再接轉體

第四節・撐竿跳高訓練

撐竿跳高是集跑、跳、體操於一體的技能與體能相結合的運動項目，其訓練應當始終圍繞這一項目特點進行。專項技術、身體素質、體操技能和心理意識是撐竿跳高訓練中的四大要素（圖40）。

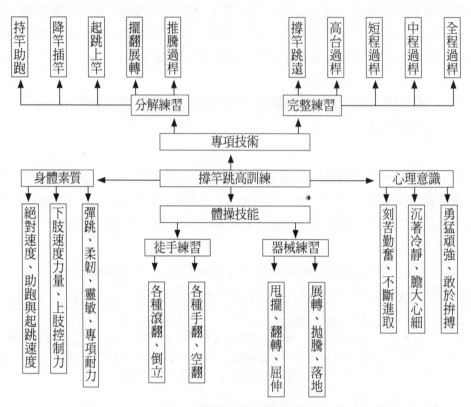

圖 40　撐竿跳高訓練要素流程

撐竿跳高技術複雜，難度較大，因此，訓練必須有長遠規劃，並在整個訓練過程中正確處理好專項技術、身體素質、體操技能與心理意識四大訓練要素之間的關係與比重，使整個訓練過程更加合理、安全、有效（表97）。各等級、各階段在重點發展與提高某一專項技術或身體素質的同時，應當注意專項整體技術與綜合身體素質的可持續發展。

表 97　撐竿跳高多年訓練各等級時段四大訓練要素比重

等級	初學者				二級運動員				一級運動員				運動健將			
比重（%）	40	20	30	10	40	30	20	10	30	30	20	20	30	30	10	30
訓練內容	專項技術	身體素質	體操技能	心理意識	專項技術	身體素質	體操技能	心理意識	專項技術	身體素質	體操技能	心理意識	專項技術	身體素質	體操技能	心理意識

在撐竿跳高運動員多年訓練中，各等級、各階段訓練任務的制定和訓練手段的設計與選擇直接關係到訓練的成敗。因此，教練員必須認真構思，不斷創新。

根據運動員技術等級標準，撐竿跳高多年訓練的主要任務與手段如表 98 所示。

表 98　撐竿跳高多年訓練各等級時段主要訓練任務、訓練手段與相關參數

等級		初學者	二級	一級	運動健將
女子	成績	< 2.75 公尺	2.80～3.35 公尺	3.40～3.75 公尺	3.80～4.10 公尺
	握高	< 3.40 公尺	3.50～3.70 公尺	3.60～3.80 公尺	3.80～4.00 公尺
	騰高	-0.80～-0.35 公尺	-0.45～-0.15 公尺	0～0.20 公尺	0.15～0.35 公尺
男子	成績	< 3.95 公尺	4.00～4.75 公尺	4.80～5.05 公尺	5.10～5.45 公尺
	握高	< 4.20 公尺	4.30～4.50 公尺	4.50～4.70 公尺	4.60～4.80 公尺
	騰高	-0.30～0.10 公尺	0.10～0.30 公尺	0.40～0.60 公尺	0.70～0.90 公尺
主要訓練任務		1. 激發運動員對撐竿跳高運動的興趣 2. 發展全面身體素質，掌握與專項相關的跑、跳等技能 3. 學習與掌握體操基本技能 4. 學習分解與相對完整的專項基本技術	1. 培養運動員訓練自覺性 2. 發展與提高一般和專項身體素質 3. 學習、掌握與專項相關的器械體操技能 4. 掌握相對完整的彎竿過竿技術	1. 進一步提高訓練的自覺性與責任感 2. 參加並積累比賽經驗 3. 學習專項及相關理論知識 4. 提高全程完整過竿技術	1. 培養運動員敬業精神 2. 培養獨立參賽能力與應變能力 3. 進一步提高專項身體素質 4. 提高完整技術節奏，進一步完善竿上技術
主要訓練手段		1. 短跑、跳遠、跨欄等副項 2. 各種倒立、側手翻、滾翻和單槓、吊環等器械上懸垂擺體等 3. 持竿、持竿跑、降——舉竿、直竿起跳、擺翻、直竿撐竿跳遠等	1. 持輕物跑、各種徒手跳躍練習 2. 空翻和單槓、雙槓、吊環等器械體操的擺、翻、展、轉等練習 3. 限定握竿高度，提高騰越高度的短、中程過竿	1. 持重竿跑、持輕槓鈴片跑 2. 負重肩帶、軀幹和腿部力量練習 3. 注重完整性、連貫性和整體節奏的短程、中程及全程過竿練習	1. 各種負重跑、各種水準與垂直方向的負重跳躍練習 2. 短距離速度及快速力量練習 3. 高台過竿練習、注重完整節奏的中程和全程過竿練習

各等級、各階段的劃分及訓練任務的制定並不是相互孤立的，各等級、各階段訓練手段的選擇也不是一成不變的，教練員在實際訓練過程中，可根據不同的訓練對象和訓練條件等因素加以適當的修正和調整。

一、初學者訓練階段

（一）主要訓練任務

① 透過觀摩優秀撐竿跳高運動員的訓練、比賽和技術錄影，激發初學者對撐竿跳高運動的興趣。

② 學習與掌握短距離跑、跨欄跑和跳遠等技術，並發展以速度和軀幹、肩帶控制力量為主的全面身體素質訓練。

③ 掌握以徒手為主的體操基本技能。

④ 學習與掌握分解和相對完整的專項基本技術。

(二) 主要練習手段

1.專項技術

(1) 持竿彈性走

左手位於胸前約 15 公分，右手位於右大腿側前方，雙手握竿，竿子成豎起狀，踝關節富有彈性地走步，兩肩放鬆，雙臂隨走的彈性做有節奏的輕微擺動。

(2) 持竿小步彈性跑

握竿方式同(1)，起動時竿子成豎直狀，跑動時前腳掌有彈性地著地，擺動腿有彈性地擺動加以配合。

跑的前段步子不宜太大，膝關節不要過於彎曲，中、後段可逐漸放開步子，轉入自然跑。當掌握了降一舉竿技術後，可接降一舉竿動作。

(3) 持竿高抬腿跑

基本要領同(2)，高抬腿時略收腹含胸，膝蓋應當高於髖關節。尤其注意兩肩自然放鬆，後段在保持高抬大腿的情況下轉入自然跑，並可接降一舉竿動作。

(4) 持竿扒蹬跑

起動時持竿約成 45°，扒蹬跑時注意擺動腿與支撐腿的聯動配合，以及上肢擺動與下肢的聯動配合。

(5) 放鬆持竿跑

自然放鬆的持竿跑技術對於撐竿跳高運動員尤為重要。放鬆持竿跑時要求運動員以正確的方式握竿，竿子接近 90°，起動後儘可能自然放鬆、有節奏地向前跑動。練習初期不要過於強調跑速，中、後段逐漸降竿並接舉竿起跳動作，距離通常為 30～40 公尺。

(6) 持竿懸垂走

撐竿豎直，運動員原地站立右臂沿竿上舉（以左腳起跳為例），握竿高度在右手中指上方 5～10 公分，而後雙手握竿於右肩上，竿頭離地 20～30 公分，向前走 3～5 步，當起跳腿前邁時，雙手向上舉竿，竿頭落在起跳腳前約 20 公分處，擺動腿摺疊，右臂、軀幹和起跳腿充分伸展並上竿懸垂過竿，過垂直面後以擺動腿著地，繼續前行接下一次練習。

(7) 原地單、雙臂降一舉竿

兩腳左右分立，雙手持竿成豎直狀，單臂練習時在竿子前端下落後一手鬆開，另一持竿手臂當竿子降至 45°時開始舉竿，竿頭著地與舉竿必須同步。雙臂練習基本與單臂相同，舉竿時注意肩、臂儘量放鬆，利用竿子前端自由下降時所形成的翻轉力，雙臂輕快地將竿子舉起。

⑻ 8 步降──舉竿

雙手持竿成豎直狀，原地起動，6 步助跑做降─舉竿練習。練習時前 4 步降竿，後兩步邊降邊舉竿。此手段熟練後，教練員可用膠帶牽引（運動員右手握住竿子和膠帶）進行練習。

⑼ 兩步連續持竿推跳

運動員在跑道上雙手持竿於右肩上，竿頭著地。在起跳腿抬起的同時，擺動腿做一輕跳（墊步），起跳腿下壓時雙手向上舉竿，起跳腿著地時做推竿起跳，起跳後下落時起跳腿彈性地著地，接著連續進行同樣的兩步推跳。練習時，要求運動員動作富有彈性，上下肢協調配合。

⑽ 2～3 步滑竿起跳

竿頭置於插斗中，右手握於竿尾，跑 2～3 步，右手同時向前滑竿，最後一步右手上舉，左手向上握竿，完成起跳。

⑾ 短程直竿起跳

6～8 步助跑進行直竿起跳練習。要求助跑節奏明顯，動作放鬆自然，降─舉竿動作連貫、流暢，起跳快速、積極。練習時起跳點可適當遠一些，以利於充分起跳。

⑿ 短程直竿撐竿跳遠

基本要求同⑾，握竿點略低，向前上方展體後接轉體收腹落墊，然後可在 1～1.5 公尺的架距處放置橫桿，進行過遠桿練習。直竿技術相對穩定後逐漸轉入彎竿起跳及彎竿過遠桿等技術教學與訓練。

2.綜合技能

短跑、跨欄、跳遠等。

3.體操

各種倒立、側手翻、前後滾翻、單槓、吊環以及吊繩的擺體等。

4.身體素質

30～100 公尺各種方式的跑、水平方向的各種跳躍、徒手單槓等器械拉引和舉腿、俯臥撐、徒手軀幹綜合力量練習等。

5.心理意識

透過觀摩優秀運動員的訓練和比賽來培養初學者對本專項的興趣；透過克服障礙的跨欄，以及有一定難度的體操，使運動員建立起知難而進、克服各種障礙、戰勝各種困難的自信心。

學會放鬆、自然地掌握與完成所學的任何技術動作，同時完成動作時的幅度在

這一階段尤為重要。

本階段應當著重抓好專項基本技術與體操基本技能訓練。此外，進行較為全面的身體素質訓練，以及學習、掌握與撐竿跳高相關的各種跑、跳基本技能。

專項基本技術應以分解與相對完整的教學方法進行，首先應當掌握正確的起跳與上竿技術，各種方式的跳遠起跳練習可穿插進行。同時學會正確的持竿與持竿跑技術。完整技術練習以短程助跑為主，同時不應過分強調握竿高度和過桿高度，橫桿架距可適當放遠。

握竿高度和騰越高度見表98。

體操訓練必須由簡入繁，本階段初學者應當學會各種倒立、側手翻和滾翻，以提高空間本體感覺。透過單槓、吊環等器械上的懸垂擺動為專項擺體技術打下良好的基礎。年齡小的初學者的身體素質訓練以徒手練習為主，年齡較大從其他項目轉練撐竿跳高者，以補練其專項所需的身體素質為主，並可根據情況適當進行負重練習。

從這一階段開始，應當常年堅持進行徒手的踝關節能力訓練。練習手段可採用沙坑單足跳，以及提踵走和彈性跳等。

年齡小的初學者的一週訓練課次 4～6 次，年齡較大並具有一定訓練水準的運動員6～7 次，其中用於技術教學與訓練 2～3 次，體操訓練應當保證 1～2 次。

這一階段原則上不參加任何專項比賽。

女運動員在這一階段應當較多地採用各種徒手練習，尤其是用體操練習來發展軀幹與肩帶控制力量，同時加強軀幹和肩帶柔韌性練習。

二、二級運動員訓練階段

（一）主要訓練任務

① 培養訓練的自覺性和責任感。
② 發展與提高一般和專項身體素質。
③ 學習、掌握與專項相關的器械體操技能。
④ 掌握相對完整的彎竿過桿技術。

（二）主要學習手段

1.專項技術

在前一階段專項技術練習的基礎上可逐漸安排以下一些練習。

(1) 高架持竿擺臂練習

竿子前端四分之一處擱在跳高臥架之類的器械上，高度約 2 公尺，原地踏步進行持竿擺臂練習，擺臂時要求放鬆自然地做前後上下有節奏的擺動，8～10 步後接

舉竿輕跳，可重複多次。

⑵ **竿頭著地的走步擺臂舉竿練習**

竿頭著地，雙手握竿，在插斗或牆角等支點處舉竿量好起跳點，向後退 5 步，而後持竿擺動向前走 4 步舉竿支撐成起跳姿勢。注意後退時步子略比向前時大一些。

⑶ **沙坑 6%～8 步助跑先跳後插直竿起跳**

6～8 步助跑舉竿後儘可能先起跳，而後把竿頭插入沙坑完成上竿懸垂。練習初期握竿高度可稍低些。

⑷ **短程直竿起跳上竿擺、翻、展體**

6～8 步助跑，直竿起跳後接擺體翻轉並展體，展體結束時肩部下沉，兩腳位於竿子的後面，兩腳與竿子成交叉狀。

⑸ **沙坑中進行彎竿起跳練習**

對於初學彎竿起跳的運動員，這一練習效果較好。在沙坑中挖一插斗狀坑，後面放置海綿墊，8～10 步助跑進行彎竿起跳練習。竿子型號和握竿高度視運動員身高、體重和身體素質、專項基本技能而定。剛開始練習時，教練員可站在起跳點邊上稍做保護，以提高運動員的安全感。

⑹ **短、中程助跑彎竿過遠桿**

掌握彎竿起跳後，可進行彎竿過遠桿練習。這一練習一方面要求運動員積極向前起跳，另一方面安全性較好，運動員敢於完成竿上完整過桿動作。橫桿距離通常在100 公分左右。

⑺ **限定握竿高度，提高騰越高度的短、中程彎竿過桿**

這一階段運動員技術訓練時不應過於強調握竿高度，相反可以適當限定其握竿高度進行過桿練習，配合體操等練習儘可能提高其騰越高度，身高、水準相仿的運動員可以比試誰的騰越高度更高。

2.綜合技能

跳高、標槍等。

3.體操

前、後滾翻，後滾翻接推起倒立，前、後手翻，單槓，雙槓，吊環等器械體操的擺、翻、展、轉等練習。

4.身體素質

30～150 公尺各種形式跑、持輕物跑、垂直和水平方向的各種跳躍、持輕槓鈴片後舉、爬繩、輕槓鈴快挺、雙槓撐、仰臥起坐等動、靜結合的軀幹綜合力量練習。

5.心理意識

透過教練員自身的言行教育運動員自覺、刻苦地訓練。當運動員掌握技術出現反覆或專項成績出現波動時，應當由耐心說服和尋找有效手段加以解決。

在放鬆、自然地完成各種技術動作的基礎上，此階段應注重完成動作時的整體節奏。

專項基本技術以助跑與起跳相結合技術為主，同時加強助跑節奏以及起跳後的擺、翻、展、轉練習。完整技術練習以短、中程助跑為主，同時應適當控制握竿高度和竿子硬度。

體操訓練主要學習與撐握前、後空翻，後滾翻推起倒立，前後手翻，以及器械上的翻、展、轉等練習，目的在於進一步提高空間本體感覺，同時提高控制力量與自我保護能力。

在前一等級階段全面身體素質訓練的基礎上，逐漸增加專項身體素質訓練的比重。短跑、跨欄練習重點注意技術規範性和節奏，跳遠、跳高等副項練習應當注重助跑與起跳相結合這一技術環節。

一週訓練課次 5～7 次，其中專項技術訓練 3 課次左右，也可分散在各課次中進行一些專項專門練習，體操練習 2 課次左右。

這一階段可適當組織一些組內的專項測驗，以便檢查技術訓練成果，並提高運動員專項訓練的積極性。透過測驗發現問題及時加以解決，專項成績的提高可激勵運動員更加勤奮刻苦地訓練。

女運動員在這一階段應當透過有一定難度的器械體操練習來加強其訓練，同時繼續加強軀幹與肩帶力量訓練。

三、一級運動員訓練階段

（一）主要訓練任務

① 隨著專項運動成績的提高，進一步增強運動員訓練的自覺性與責任感。
② 加強專項技術理論知識和相關理論知識的學習。
③ 參加省、市及全國比賽，積累比賽經驗。
④ 進一步提高專項身體素質。
⑤ 完善持竿助跑與起跳技術，進一步提高竿上擺體和翻轉技術。

（二）主要練習手段

1.專項技術

除選擇前一等級階段某些主要專項技術練習手段外，可以增加以下一些內容。

⑴ 隨意助跑起跳

為了進一步提高運動員的目測能力和助跑調控能力，準備期的技術訓練中可適當安排這一練習，助跑距離約 10 公尺，無固定步點，走步或輕跑起動後，經過調節，在助跑的最後 4 步左右調整好步子進行起跳。

此練習既可直竿，也可變用軟竿低握點進行隨意助跑彎竿起跳練習，熟練後也可接擺體、翻轉和展體等動作。

⑵ 全程持竿節奏跑

跑道上畫一插斗，按全程助跑距離進行持竿節奏跑練習。練習時應著重注意降竿與跑速的配合，降竿與舉竿的銜接，助跑後程應當利用竿子的下落，快速跑上起跳點。

⑶ 短程、中程及全程完整過桿練習

準備期可較多地採用 6 步左右的短程完整過桿練習，這樣既能保持技術訓練的完整性與連續性，又能增加練習次數，有利於改進與提高完整過桿技術。準備期中、後期，以及向競賽期轉換時多採用中、全程完整過桿練習。

2.體操

單槓大迴環（女子腹迴環）、吊環擺體上穿成倒立、單槓或吊環騰起空翻下等。

3.身體素質

30～50 公尺上、下坡跑，30～40 公尺持槓鈴片跑，跳深練習，槓鈴臥推，倒立撐，槓鈴半蹲（跳），負沙袋雙槓撐起和單槓拉引向上，負輕重量的軀幹動、靜綜合力量練習等。

4.心理意識

本階段運動員可透過閱讀優秀選手成長歷程等資料，以及優秀運動員所必須具備的各項素質等，進一步加強訓練的自覺性和責任感，透過體操等高難度練習手段提高運動員的勇氣和膽量。

本階段教練員應當向運動員傳授一定的專項理論知識，運動員也應當主動學習與自己專項相關的運動生物力學、運動心理學等方面的理論知識，透過理論知識的學習使訓練更加科學、合理，並使專項運動成績進一步提高。

專項技術訓練應當注意技術的完整性和連貫性，同時進一步提高專項技術節奏。體操訓練在複習與鞏固前一等級階段進行的主要練習的基礎上，重點掌握與撐竿跳高桿上技術較為接近的單槓、吊環擺體上穿、翻轉以及騰起空翻下等動作。此時高難度的體操練習手段也是提高運動員能力和膽量的重要手段之一。

身體素質訓練應當注重跑的能力與起跳能力訓練，繼續透過各種跳躍練習發展腿部爆發力，透過槓鈴負重練習發展上、下肢力量。

一週訓練課 6～9 次，其中專項技術訓練 3～4 課次，體操練習保持 2 課次左右。本階段可逐漸參加省、市級和全國性的專項比賽，比賽的目的在於檢查完整技術訓練的效果。比賽時的助跑距離以中、全程為主，並儘可能以提高騰越高度來提高自己的專項成績。

四、運動健將訓練階段

（一）主要訓練任務

① 培養運動員敬業精神。
② 參加國內大賽，並進一步積累比賽經驗。
③ 繼續提高專項身體素質。
④ 提高完整技術節奏，進一步完善竿上技術。

（二）主要練習手段

1.專項技術

保留前幾個等級階段較為有效的專項技術練習手段，同時可進行以下一些練習。

⑴ 沙坑中進行高握點、硬撐竿的全程彎竿起跳

在準備期向競賽期轉換階段採用這一練習效果最好。在沙坑中挖一比正常插斗略大、略深 10 公分左右的深穴，後面放置海綿墊，使用比正常技術訓練時大 1～2 個磅級的硬竿，握竿高度提高 10 公分左右，進行全程助跑彎竿起跳練習。

⑵ 斜坡高台過桿

在準備期可採用這一練習。斜坡高台有兩種，一種高度較高（1.50～1.80 公尺），坡度較大，但長度較短，跑 2～3 步進行彎竿過桿練習；另一種高度較低，坡度較小，可進行 6～10 步助跑過桿練習。

⑶ 中、全程助跑彎竿起跳觸高

用高空懸掛物（海綿等）取代橫桿，懸掛物高度比運動員最好成績高出約 50 公分左右為宜，助跑起跳後按正常彎竿過桿技術擺翻、展體觸高並接轉體下落。

2.體操

以鞏固與提高前幾個等級階段練習的體操技能為主。

3.身體素質

30～40 公尺持重物跑、持重竿跑，負重垂直與水平方向各種跳躍，負重倒立撐，負重爬繩等。

4.心理意識

透過不斷學習提高運動員道德修養和意志品質。

運動員本階段必須具備一定的專項理論知識以及相關學科的理論知識，與教練員一起參與訓練和比賽計畫的制定。

專項完整技術中的持竿助跑、降一舉竿技術應當非常熟練和流暢，後程助跑與起跳積極向前，竿上技術已達到較高的水準。

本階段體操訓練次數可逐漸減少。體操訓練主要鞏固與熟練已掌握的所有技能，並儘可能應用到專項技術中去。

身體素質練習手段適當精減，主要以提高跑的絕對速度、絕對力量的練習手段為主，但應重視練習後的放鬆整理活動，以及採取相應的恢復措施。

一週訓練課 6～9 次，專項技術訓練 3 課次左右，體操訓練保持 1 課次左右。

此階段運動員應當較多地參加全國性專項比賽，透過比賽積累經驗，並增強進取心和戰勝對手的慾望。

五、女子撐竿跳高訓練特點

隨著女子撐竿跳高項目的普及與提高，越來越多的女性開始從事撐竿跳高訓練，由於男女在生理上存在著一定的差別，因此，在女子撐竿跳高訓練中教練員應當充分考慮到這些因素，以便使女子撐竿跳高運動員的訓練過程更加合理、有效。

女子撐竿跳高訓練主要有以下幾個特點：

① 女運動員柔韌性普遍較好，應當充分利用這一特點，加強擺體訓練，大幅度且鞭打式的擺體有助於彎竿和翻體，並有利於提高竿子硬度和反彈力度。

② 女子力量雖不及男子，但靈活性並不比男子差，加強女運動員的體操訓練對她們掌握與提高撐竿跳高竿上動作、提高其膽量與自信心都非常有效。

③ 女運動員月經期的訓練，應儘可能避免大強度的軀幹力量練習、下肢大力量練習和大強度的撞擊性練習，如負重仰臥起坐、負大重量槓鈴下蹲、大強度跳躍等練習。

④ 撐竿跳高項目技術複雜且具有一定的危險性，因此，對女子撐竿跳高運動員應當更加注重專項基本功訓練，這樣既能避免損傷，又能持續並長期地發展與提高其專項運動水準。

第十三章

推鉛球

第一節・推鉛球的發展與研究概況

一、世界推鉛球項目的發展概況

推鉛球技術形成與發展的歷程，大致可以劃分為以下三個階段：

第一階段，推鉛球項目的產生及多種推鉛球技術的探索與演變階段（自推鉛球項目產生至 20 世紀 40 年代）

早在中世紀，隨著火炮的誕生，在士兵中就出現了投擲砲彈的比賽，最早的砲彈是圓形的，重 16 磅（約 7.26 公斤），以後逐漸形成一項運動。19 世紀末，由於比賽的需要，人們製作了比賽專用鉛球，現在鉛球仍保持著這一形狀和重量。

起初，推鉛球是在一條直線後進行的，後來又規定在一個方形場地內，並可採用任意方式投擲。在推鉛球比賽中也曾採用過按運動員體重分級比賽的辦法，但實踐證明，體重小的運動員也常常能戰勝體重大的選手，也會創造好成績。這說明體重並不是決定成績的主要因素，因此，這一規定也就隨之取消了。

在 1896 年第 1 屆現代奧運會上，男子鉛球被列為正式比賽項目，美國的加雷特以 11.22 公尺的成績獲得冠軍。女子鉛球是在 1948 年第 14 屆奧運會上成為比賽項目的，法國運動員奧斯切公尺爾以 13.75 公尺（4 公斤鉛球）獲得第 1 名。

1912 年在瑞典的斯德哥爾摩舉行的第 5 屆奧運會上，推鉛球比賽還增加了一項用左、右手推鉛球的比賽，按左、右手推鉛球的成績之和決定名次，美國運動員羅斯獲得冠軍，成績是 27.70 公尺，以後這種比賽就停止了。

推鉛球項目在這一發展時期裏，先後出現了正面原地推鉛球、側向原地推鉛球，上步推鉛球、墊步推鉛球、側向滑步推鉛球技術等。隨著推鉛球技術的演進和訓練水準的提高，以及場地、規則的革新，到 20 世紀 40 年代男子鉛球成績突破 17 公尺。女子突破了 14 公尺。

第二階段，背向滑步推鉛球盛行階段（20世紀50年代至70年代中期）

從 953 到 1959 年的 6 年中，美國鉛球運動員奧布萊恩（1932 年生，身高 190 公分，體重 106 公斤）採用背向滑步推鉛球技術，先後 10 次刷新世界紀錄，把原紀錄從 17.95 公尺提高到 19.30 公尺。他參加過第 15、16、17、18 屆奧運會，獲得兩次冠軍、1 次亞軍、1 次第 4 名。奧布萊恩取得如此優異的成績，是與他採用背向滑步推鉛球的先進技術分不開的。今天人們已經把奧布萊恩的名字與背向滑步推鉛球技術聯繫在一起。這種技術與側向滑步推鉛球技術相比，可以增加最後用力的工作距離，更有利於發揮運動員的腿部和軀幹力量。背向滑步推鉛球幾乎是 50—70 年代末所有高水準鉛球運動員採用的技術。直至今日仍是國內外高水準鉛球運動員普遍採用的技術。

20 世紀 70 年代初期，東德運動員布澤尼克採用了「短長步點」背向滑步推鉛球技術，1973 年以 21.67 公尺的成績打破歐洲紀錄。更為成功地採用「短長步點」背向滑步推鉛球技術的是東德的蒂默曼（1962 年生，身高 195 公分，體重 120 公斤），他曾於 1985 年以 22.62 公尺、1988 年以 23.06 公尺的成績兩次打破世界紀錄。他還是第 24 屆奧運會和 1988 年、1989 年兩屆世界盃賽的金牌得主。

20 世紀 80 年代東德女子鉛球運動員斯盧皮亞內克也成功地運用了這一技術，1980 年先後以 22.35 公尺和 22.45 公尺的成績創造了世界紀錄，並以 22.41 公尺的成績取得了第 22 屆奧運會冠軍。

第三階段，旋轉推鉛球與背向滑步推鉛球技術鼎立階段（20世紀70年代中期至今）

早在 20 世紀 60 年代就有人嘗試旋轉推鉛球的技術，但在世界田徑大賽上運用這種技術還是從 70 年代開始的。

旋轉推鉛球技術的先驅巴雷什尼科夫（1948 年生，身高 199 公分，體重 130 公斤）在 1972 年慕尼黑奧運會上首先採用。雖然他在本次奧運會上沒有取得名次，但在 4 年以後，他不僅以 21.00 公尺的成績取得奧運會銅牌，還以 22.00 公尺的優異成績打破了世界紀錄。從此，在世界田徑大賽上出現了旋轉推鉛球與背向滑步推鉛球兩種技術的競爭，結束了背向推鉛球技術「一統天下」的局面。特別是美國運動員巴恩斯在 1990 年採用旋轉推鉛球技術，以 23.12 公尺的成績創造了男子鉛球世界紀錄，成為 20 世紀鉛球推得最遠的人。在他的影響下，世界田徑大賽中有較多的男子鉛球運動員採用旋轉推鉛球技術。

世界女子鉛球比賽出現較晚，但成績提高很快。蘇聯女子鉛球運動員成績突出，多次創造世界紀錄，其代表人物有：

澤賓娜（1931 年生，身高 168 公分，體重 78 公斤）從 1952—1956 年 4 年中，8 次創造世界紀錄，參加過第 15、16、17、18 屆奧運會，先後獲得過金、銀、銅牌各 1 枚。她的最好成績是 1964 年 33 歲時創造的 17.50 公尺。她在 50、60 年代約 20 年間的比賽中，一直處於世界一流的水準，對世界女子推鉛球技術的發展和成績的提高產生了較大的影響。

奇約娃（1945 年生、身高 172 公分、體重 89 公斤）從 1968 到 1977 年，9 次創造世界紀錄，參加過第 19、20、21 屆奧運會，獲得金、銀、銅牌各 1 枚。是世界上第一個將鉛球推過 21 公尺的女運動員。

利索夫卡亞（1962 年生、身高 186 公分、體重 100 公斤）1988 年以 22.24 公尺的成績獲得第 24 屆奧運會冠軍，曾 5 次創造世界紀錄，是目前女子推鉛球世界紀錄（22.63 公尺）的保持者。

從以上 3 位女子鉛球世界紀錄創造者的身高、體重和成績可以看出，從 20 世紀 50 年代到 80 年代都是不斷增長的，至今，世界女子鉛球運動員仍有身高、體重繼續增加的跡象。

在世界推鉛球運動技術改進、創造和提高的過程中，美國、蘇聯和德國的鉛球運動員功不可沒。

二、中國推鉛球項目發展概況

早在 1910 年舊中國舉行的第 1 屆全運會上，男子推鉛球就被列為正式比賽項目，當時鉛球的重量是 12 磅（5.44 公斤），華北運動員李樹池以 11.82 公尺的成績獲得第一個全國冠軍。1932 年中國開始使用國際標準重量的鉛球。1934—1936 年，湖北選手陳寶球曾 4 次打破全國紀錄，將全國紀錄提高到 13.26 公尺，這一紀錄一直保持到新中國成立。

新中國成立後，中國推鉛球項目得到較快的發展。新中國成立之初的 10 年中，遼寧選手鄭仁強將全國紀錄提高到 14.58 公尺。從 1959 到 1964 年，解放軍選手賀永憲（1939 年生，身高 186 公分，體重 115 公斤）先後 18 次改寫全國紀錄，將紀錄提高到 17.30 公尺。1986—1990 年遼寧選手馬永豐（1962 年生，身高 187 公分，體重 120 公斤）先後打破 9 次全國紀錄，將紀錄提高到 19.78 公尺。

女子鉛球比賽可追溯到 1930 年舊中國的第 4 屆全運會，遼寧選手何振坤以 7.845 公尺的成績獲得第一個全國冠軍，當時鉛球的重量為 8 磅（3.632 公斤）。山東選手王燦華在 1948 年舊中國第 7 屆全運會上以 10.97 公尺的成績創造了舊中國女子鉛球最後一個全國紀錄。

新中國的女子鉛球成績提高很快，從 1955 到 1965 年的 11 年中，中國女子鉛球紀錄就由 11.66 公尺提高到 16.61 公尺（重量為 4 公斤），達到世界先進水準，當年排在世界第 9 位。

80 年代後期和 90 年代初期是中國女子鉛球運動水準發展的高峰期。這個時期中國有 8 名女子鉛球運動員突破 20 公尺，進入世界先進行列，她們是李梅素（21.76 公尺）、隋新梅（21.66 公尺）、黃志紅（21.52 公尺）、張榴紅（20.54 公尺）、叢玉珍（20.47 公尺）、周天華（20.40 公尺）、甄文華（20.06 公尺）和程曉燕（20.02 公尺）。在此期間，女子鉛球成為中國在世界田徑大賽中的強項，為中國

田徑運動 高級教程

田徑運動爭得榮譽。其主要代表人物是：

李梅素，河北省人，1959 年生，身高 176 公分，體重 90 公斤，個人最好成績為 21.76 公尺，她是 80 年代中後期中國女子鉛球走向世界的代表人物。她從 1984 到 1988 年間，14 次創造全國和亞洲紀錄。1988 年名列世界第 2 位，同年以 21.06 公尺的成績獲第 24 屆奧運會第 3 名。她的技術以實用、流暢著稱，被國內投擲界稱為鉛球技術的典範。

黃志紅，浙江省人，1965 年生，身高 174 公分，體重 100 公斤，個人最好成績為 21.52 公尺，是中國在世界大賽中獲得名次最好的鉛球運動員，1989 年獲第 5 屆世界盃田徑賽冠軍，1991 年獲第 3 屆世界田徑錦標賽冠軍，1992 年獲第 25 屆巴塞隆那奧運會亞軍，1993 年獲第 4 屆世界田徑錦標賽冠軍。

中國優秀鉛球教練員何增生、闞福林、李洪琪等在推鉛球訓練和技術研究方面作出了重要貢獻。

三、國內外推鉛球訓練理論研究概況

國內外在對推鉛球技術研究的同時，也非常重視對鉛球運動員訓練的研究。20 世紀 80 年代以來，研究較多的是絕對力量和專項力量的訓練方法。人們不再主張進行急功近利超前的絕對力量訓練。多數學者和教練員認為，在多年訓練中應把絕對力量增長與專項成績提高同步協調發展。

近年來，世界優秀鉛球運動員採用不同重量的鉛球來發展專項力量，在全年訓練中的安排比重呈均勻型，如標準鉛球 35%～37%，輕鉛球 30%～32%，重鉛球 32%～34%。

中國鉛球教練員通常把重鉛球的重量把握在以標準重量為標準，±1～2 公斤的範圍內，而不主張任意擴大重的範圍，這種重鉛球比重較大的練習，更能取得訓練效果。如：李梅素 1987 年全年使用重鉛球的比重約占總投量的 80%以上，每週 4 公斤鉛球 1～2 次課，4.5 公斤鉛球 2～3 次課，5 公斤鉛球 1～2 次課，6 公斤鉛球 1 次課。黃志紅 1988 年全年使用重鉛球的比重也約占總投量的 80%以上，以 4.5～5.5 公斤鉛球為主，1992 年使用不同重量鉛球的比重約為：標準鉛球 25%，輕鉛球 35%，重鉛球 40%。

眾所周知，推重鉛球練習是提高鉛球運動員專項力量的有效方法。然而，推多重的鉛球才是發展其專項力量的最佳重量呢，中國王福榮等人運用功率原理，根據能量守恆定律和斜拋運動公式，建立了鉛球運動員投擲功率的數學模型。

透過對中國 129 名男女鉛球運動員的測試和分析，揭示了不同水準運動員推不同重量鉛球時投擲功率的變化規律，提出了以鉛球運動員最大投擲功率指標確定推重鉛球重量的觀點，進而明確了不同水準鉛球運動員推重球訓練的最佳重量區間（表 99）。

表 99　不同水準鉛球運動員原地推重球最佳重量參照表（公斤）

項目 等級	男	女
二級	8.10±0.72	5.08±0.49
一級	8.89±0.94	5.50±0.54
健將	9.35±0.69	6.62±0.67

多年的研究和訓練實踐表明：

第一，採用最大投擲功率重量和次最大投擲功率重量的推重球的練習，可以有效地發展推鉛球專項力量和提高成績。但從訓練的整體效益考慮，次最大投擲功率重量〔（最大投擲功率重量—標準鉛球重量）×70%～80%+標準鉛球重量〕，應是鉛球運動員推重球練習的首選重量。

第二，不同訓練水準的運動員推重球的最佳重量是不同的，一般來說，運動水準越高，推重球的最佳重量也就越大。

第三，同一水準的運動員因個體差異，其推重球的最佳重量也不盡相同。

因此，推重球的最佳重量根據運動員個人最大投擲功率重量確定為宜。近 20 年來，世界男女鉛球運動成績沒有突破性進展，世界紀錄幾乎未受到挑戰和衝擊。

第二節·推鉛球技術

推鉛球是一個以力量為基礎、以速度為核心的速度力量性運動項目。現代推鉛球技術有兩種，即背向滑步推鉛球和旋轉推鉛球。

一、背向滑步推鉛球技術

完整的背向滑步推球技術可分為握球持球、滑步、轉換、最後用力和維持身體平衡五個部分（圖 41）。

（一）握球持球技術（以右手投擲為例）

五指自然分開，將球放在食指、中指、無名指的指根部，拇指和小指附在球的兩側，以保持球的穩定。握好球後，將球放到鎖骨內端上方，貼近頸部，頭部略向右轉，掌心向內，右肘抬起，右上臂與軀幹約呈 90°。軀幹保持正直。

（二）滑步技術

滑步技術包括預備姿勢、團身、滑步三個環節。滑步的主要任務是使身體和鉛

圖 41　李梅素推鉛球的技術

球擺脫靜止狀態，獲得一定的向投擲方向運動的速度，為順利完成後續動做作好準備。研究表明，右腳滑步結束時鉛球運行的速度可達 2～2.5 公尺／秒，約為出手速度的 15%。

1.預備姿勢

背對投擲方向，持球貼近投擲圈的後沿站立，身體重心落在右腳掌上，左腳置於右腳跟後方 20～30 公分處，以腳尖觸地，維持身體平衡。上身保持直立，兩眼平視，兩肩與地面平行。這種預備姿勢較為自然，有助於集中精力開始滑步。

2.團身動作

運動員站穩後，從容地向前屈體，待上身屈至接近與地面平行時，屈膝下蹲，同時頭部和左腿向右腿靠攏，完成團身動作。下蹲時，右膝彎曲的程度，應視運動員的個人情況而定，但必須有利於完整動作合理加速節奏的形成。左膝回收靠近右膝時，右腳有一個提踵動作，這一動作有助於滑步的起動。

3.滑步動作

滑步是由臀部主動後移，然後積極後擺左腿，充分利用「移、擺」產生的動力開始的，這樣既可保證鉛球和身體重心獲得必要的速度，又可減輕右腿的負擔，有利於右腿完成後續動作。最後再由蹬伸右腿、回收右腿來完成滑步動作（見圖411—⑩）。在滑步的過程中，要注意以下幾個問題：

① 兩腿動作順序。蹬擺左腿在先，蹬伸右腿在後，最後回收小腿。這一順序可以避免身體重心起伏過大，並可保證迅速進入轉換階段。

② 左腿蹬擺後應保持與軀幹成一條線，直至最後用力開始（見圖41⑧—⑮）。

③ 當右腿蹬伸完成時，鉛球約處在右小腿的二分之一處外側的垂直面上。當右腿回收後，鉛球約處在右膝上方外側。

④ 團身結束時，右大腿與軀幹的夾角為 50°～60°，右腿滑步結束時右大腿與軀幹的夾角為 80°～90°。

（三）轉換（過渡）技術

轉換技術是指從運動員回收右小腿結束到左腳落地（見圖41⑩—⑱）。它的主要任務是保持或適當增加鉛球在滑步中獲得的水平速度，並為最後用力形成合理的身體姿勢。當運動員右腳落地後（以前腳掌著地），右腿膝關節不要蹬伸，而是要積極內扣。與此同時左腿外旋插向抵趾板，以前腳掌內側著地。上體保持適宜後傾，左臂內扣，頭部不要主動左轉。右腳著地時，體重大部分落在右腿上。左腳著地時，身體重心移至兩腿之間偏右腿的位置。

此階段的有關參考數據如表 100 所示。

表 100　中國部分女鉛球運動員轉換階段的技術參數

姓名	成績（公尺）	鉛球運行距離（公尺）	鉛球運行時間（秒）
李梅素	21.76	0.25	0.097
黃志紅	20.76	0.28	0.125
叢玉珍	19.66	0.30	0.115
隋新梅	20.08	0.30	0.115

（四）最後用力

最後用力階段是從左腳落地到鉛球出手，它是推鉛球技術中最重要的階段，鉛球出手速度約 80%的速度將在這個階段獲得。這一階段又可分為兩個部分，即蓄力部分和爆發用力部分。

1.蓄力部分

它是指從最後用力開始到投擲臂給鉛球的加速之前階段。其主要任務是保持鉛球已有的速度，為投擲臂的加速用力做好最後準備。在這一過程中，投擲臂未給鉛球加速，只是依靠右膝的內壓和右腿的側蹬推動骨盆移動。由於上體不主動上抬，頭頸不主動扭轉，而使身體左側的有關肌群形成預先拉長狀態，為最後的爆發用力創造了有利條件（見圖 41 ⑱—㉓）。

在此過程中，鉛球運行的距離為 10～20 公分，時間為 0.01～0.03 秒。

2.爆發用力部分

它是指從投擲臂加速推球到鉛球出手這一階段。其主要任務是加快鉛球的運行速度，並達到最大速度，以適宜的角度將鉛球推出。在軀幹形成側弓和左腿有力的支撐下，充分利用下肢蹬伸力量轉髖轉體，然後右胸前挺，使鉛球加速，在軀幹正對投擲方向後再利用手臂順勢轉肩推球，完成整個投擲動作。在最後用力過程中，左腿的支撐作用十分重要，它不僅可以提高鉛球的出手高度，更重要的是可以提高轉體推球的速度。在最後用力中，左臂由向上、左、下方的擺動和靠壓，可以加大胸大肌的橫向引展，協助完成左側支撐，提高轉體推球的速度和力量。要注意對出手前推球加速能力的培養，因為優秀與普通選手推鉛球出手速度的差異主要是在最後用力中形成的（見圖 41 ⑲—㉔）。

在最後用力過程中，鉛球運行的距離、速度、出手角度和高度都是很重要的。研究表明（表 101），在這一過程中，鉛球運行的距離男子為 1.50～1.80 公尺，女子為 1.40～1.65 公尺；鉛球運行時間為 0.20～0.23 秒。鉛球出手角度對投擲速度有較大的影響，最佳出手角度不是不變的，它在一定範圍內隨著出手速度的變化而變化。統計表明，世界優秀運動員的出手角度一般在 34°～38°之間（表 102）。鉛

球出手高度對每名運動員都具有相對的穩定性，它主要取決於運動員的身高、臂長及專項技術水準，其影響也不可忽視。

表 101　世界部分優秀鉛球運動員最後用力的技術參數

姓名	性別	成績（公尺）	準備部分		加速部分	
			距離（公尺）	時間（秒）	距離（公尺）	時間（秒）
利索夫斯卡婭	女	20.89	0.26	0.09	1.48	0.20
奈姆克	女	21.21	0.10	0.04	1.65	0.23
穆勒	女	20.76	0.16	0.06	1.47	0.19
阿赫里緬柯	女	20.20	0.26	0.12	1.52	0.22
岡瑟	男	22.33	0.15	0.06	1.66	0.20
安德烈	男	21.88	0.01	0.01	1.64	0.23
布萊納	男	21.17	0.20	0.09	1.56	0.20
蒂默曼	男	21.35	0.04	0.01	1.79	0.25

表 102　世界部分優秀鉛球運動員的出手角度統計表

姓名	性別	成績（公尺）	鉛球出手角（度）
斯魯皮亞內克	女	22.45	36.0
奈姆克	女	21.21	36.7
穆勒	女	20.76	34.4
李梅素	女	21.76	35.7
黃志紅	女	20.76	37.8
岡瑟	男	22.23	35.5
安德烈	男	21.88	35.5
馬胡拉	男	21.25	38.0
蒂默曼	男	21.35	35.8
拜爾	男	21.02	34.1

（五）維持身體平衡

　　鉛球出手後，運動員通常採用兩腿交換並降低身體重心來減緩向前衝力，以維持身體平衡，防止犯規。當今世界優秀鉛球運動員背向滑步推鉛球技術是不盡相同的，主要表現在：

1.預備姿勢站立不同

　　在預備姿勢站立中有立姿和蹲姿。立姿，也稱高姿勢，其優越性在於滑步開始

時，可以利用身體重心由上而下的勢能，有利於自然、協調地進入滑步。蹲姿也稱低姿勢，其優越性在於減少身體重心和鉛球的起伏，保證身體平穩地進入滑步，對運動員腿部力量要求較高。

2.步長分配不同

步長分配有短長步點型（滑步距離較短，最後用力站距較長）和均勻型（滑步距離與最後用力站距較為平均）。這兩種步長分配類型，各有其長處，對運動員有著不同的要求。優秀運動員都有採用，一般運動員應根據自己的具體情況選用。

3.在最後用力中右腿用力方式不同

右腿用力的方式有兩種：一種是側蹬在先，轉蹬在後，這種技術能更多地發揮身體側弓反振功能；另一種是轉蹬結合，轉動在前，這種技術有利於發揮身體正弓反振功能。兩種技術各有優點，在優秀運動員中都有人採用，一般運動員應結合自己實際情況選擇採用。

二、旋轉推鉛球技術

握球持球方法與背向滑步推鉛球相同。運動員背對投擲方向，兩腳左右開立比肩稍寬，持球臂的肘部向外展開與肩齊平，上體微前屈，以上體左右轉動開始旋轉前的預擺。預擺結束後，以身體左側為軸，左膝與左肩向左轉動，在身體轉向投擲方向前，右腳儘可能晚離支撐點（圖42①—⑥）。

身體重心從左腿轉到右腿的過程中，幾乎沒有肉眼可見的騰空，右腳平穩流暢地落地後，左腳要儘快落地，以便形成軀幹的最大扭緊狀態，為最後用力創造有利條件（圖42 ⑪—⑮）。最後用力與背向滑步推鉛球基本相同，只是更多地利用了身體的轉動動能。旋轉推鉛球技術的主要優勢：

1.可以獲得更長的「助跑」距離

旋轉技術能大幅度地加長「助跑」的距離，例如巴恩斯的旋轉距離超過了 2.70公尺，而背向滑步推鉛球的「助跑」距離一般不超過 1 公尺。

相比之下，旋轉推鉛球比背向滑步推鉛球的「助跑」距離增加了兩倍以上，這就為投擲創造了良好的先決條件。

2.可以使器械獲得較大的預先速度

由於採用旋轉推鉛球的「助跑」距離長，因此，有利於提高鉛球在「助跑」階段的預先速度，例如巴恩斯的旋轉速度達到 5 公尺／秒，而滑步速度最高只能達到3 公尺／秒左右。

圖 42　亨特旋轉推鉛球技術

3.可以在最後用力中獲得較長的推鉛球用力距離

最後用力階段是推鉛球技術的關鍵環節，優秀運動員最後用力對推鉛球成績的貢獻率可達 80%～85%。研究表明，一名身高 194 公分的運動員採用背向滑步推鉛球技術時，其最後用力的距離約為 1.80 公尺，而採用旋轉推鉛球技術能獲得 2 公尺以上的用力距離。

4.完整技術與原地推鉛球成績之差是衡量推鉛球技術有效性的標準

背向滑步推鉛球比原地推鉛球成績遠 1.50～2.00 公尺，而旋轉推鉛球比原地推鉛球成績遠 2.70～3.00 公尺。

旋轉推鉛球的難點：旋轉推鉛球技術較為複雜，不易掌握。由於旋轉推鉛球技術是轉動著向投擲方向運動，而且鉛球緊貼頸部，轉動力矩較小，但速度很快，運動方向和技術動作不易控制，獲得的旋轉動量不易與最後用力結合。由於旋轉推鉛球是在人體和器械共同轉動的形式下向投擲方向運動的，而且運動速度又快於背向滑步推鉛球，所以將產生很大的動量。

若想把旋轉中獲得的速度，透過最後用力階段轉換成直線用力形式作用於鉛球，並使其落在有效投擲區內，難度較大。

第三節·推鉛球技術教學法

一、教學步驟

（一）學習推鉛球最後用力技術

內容：

① 學習握球和持球。握好球後，為了更好地體會球的重量，有良好的球感，兩手可倒換握球。

② 學習原地向上推鉛球。兩腳左右開立與肩同寬，下蹲時右肩下沉，然後迅速蹬起將球向上推出，體會推鉛球用力順序。

③ 學習原地正面推鉛球。投擲者面對投擲方向，兩腳前後（或左右）開立，單手持球。推球前身體後仰成背弓，然後挺胸將球推出。

④ 學習原地側向推鉛球。投擲者左側對著投擲方向，兩腳左右開立，單手持球。推球前身體右屈成側弓，然後挺胸將球推出。

⑤ 學習原地背向推鉛球。投擲者背對投擲方向，兩腳左右開立，身體重心落在右腿上，推球前身體右屈成側弓，然後轉身將球推出。

教法提示：

① 反覆體會上、下肢用力的協調配合。

② 推鉛球結束時，軀幹仍然保持直立，不要左倒或前傾。

③ 控制好頭部的動作，不要過早地向左扭轉。

（二）學習背向滑步技術

內容：

① 徒手團身模仿練習。從站立姿勢開始，反覆做體前屈、下蹲、團身練習，動作要連貫、協調。

② 徒手背向滑步成最後用力姿勢。經過團身、臀部後移、及時向後蹬擺左腿，接著蹬伸右腿，回收右小腿。隨著右腳滑動的結束，左腳迅速有力支撐著地，

完成滑步向最後用力轉換。

③ 持實心球或膠球完成背向滑步動作。

教學提示：

① 學習滑步時，要注意避免身體重心上下起伏過大，滑步後上體不要抬起。

② 滑步距離，開始要短一些，動作要放鬆，不要過早強調超越器械動作。

③ 應強調左腿蹬擺動作的方向。

（三）學習背向滑步推鉛球完整技術

內容：

① 背向滑步推鉛球徒手模仿練習。

② 背向滑步推膠球或輕鉛球練習。

③ 圈內背向滑步推輕鉛球或標準鉛球練習。

④ 學習兩腿交換維持身體平衡動作。

教學提示：

① 在學習背向滑步推鉛球初期，就要重視滑步與最後用力的銜接。

② 注意培養完成動作的加速節奏。

（四）學習背向旋轉推鉛球技術

內容：

① 學習持球預擺動作。

② 學習進入旋轉技術。

③ 學習側向旋轉技術。

④ 學習背向旋轉技術。

⑤ 學習背向旋轉推鉛球技術。

教學提示：

① 由於旋轉時鉛球產生的離心力較大，因此持球臂的肘關節應向體側展開，以使鉛球更牢固地貼在鎖骨處。

② 進入旋轉時，要形成以左腳前腳掌、左膝和左肩為軸的轉動軸。

③ 旋轉過程中，儘可能地減少身體騰空的時間，以保證良好的超越器械及旋轉與最後用力的緊密銜接。

（五）按選定的推鉛球方法鞏固完整技術

內容：

① 廣泛採用各種專門練習進行完整的和分解的技術練習。

② 採用推不同重量的鉛球練習。

③ 根據練習者技術中存在的薄弱環節，有針對性地進行練習。

教法提示：

① 根據運動員個人的具體情況，結合現代推鉛球技術的要求，選擇適合個人特點的技術類型。

② 要強調不斷完善動作的加速節奏，妥善處理完善技術與發展運動素質的關係。

二、學習推鉛球技術時易犯的主要錯誤及其產生的原因和糾正方法（表 103）

表 103　學習推鉛球技術時易犯的主要錯誤及其產生的原因和糾正方法

主要錯誤	產生原因	糾正方法
1. 手腕、手指用不上力	1. 推球時肘關節下降 2. 動作要領不清，沒有撥球動作	1. 肘關節適當抬起 2. 明確動作要領
2. 手指挫傷	1. 推球時手指過於放鬆 2. 手指力量較弱 3. 出手前肘關節沒有位於手腕後方	1. 手指、手腕保持適度緊張 2. 加強手指、手腕的力量練習 3. 出手前肘關節始終處於手腕的後邊
3. 推球時肘關節下降，只用手臂力量推球	1. 動作概念不清，用力順序不正確 2. 手臂推球動作過早 3. 鉛球太重，持球有困難 4. 鉛球離開頸部太早 5. 最後用力前的預備姿勢不正確	1. 明確正確的用力順序 2. 採用輔助性專門練習掌握正確的用力順序 3. 改用輕球進行練習，加強力量練習 4. 最後用力時上體不要左倒，右臂用力不能過早
4. 推球時身體左倒、撤左肩	1. 左腿屈膝，沒有支撐住 2. 最後用力時左肩過早打開 3. 滑步結束時左腳落地位置偏左	1. 強調右腿蹬地左腿支撐，可將左腳放在5～10 公分高的台階上做最後用力練習，體會左腿支撐動作 2. 教師幫助學生留住左肩 3. 在抵趾板後畫出左腳落地的位置，控制左腿擺動的方向
5. 滑步距離短，沒有充分利用投擲圈	1. 蹬擺力量小，蹬擺動作不協調 2. 右腿收腿不積極	1. 在地上畫好標記，反覆做滑步蹬擺配合練習 2. 滑步時強調以擺帶蹬
6. 滑步時身體重心起伏偏大	1. 右腿蹬地動作過早，蹬地角過大 2. 預擺團身後，身體重心沒有及時後移縮小蹬地角 3. 左腿擺動方向偏後上方	1. 開始滑步時首先臀部後移，教師可先握住學生雙手，讓他體會臀部後移的感覺 2. 要求學生左腳蹬踩抵趾板，以控制左腿的擺動方向
7. 滑步後上體留不住，左肩打開	1. 團身時左腿回收明顯超過右膝 2. 右腿收腿動作不到位 3. 滑步結束時頭和左肩過早地向投擲方向轉動	1. 強調和控制團身時左腿收腿的位置 2. 練習者雙手或左手拉住同伴或橡筋帶做滑步練習 3. 加強腿部專門力量練習
8. 滑步與最後用力銜接不緊密，出現停頓	1. 左腿擺動偏向後上方，左腳落地不積極 2. 腿部力量弱，右腿內收不到位 3. 滑步結束時身體重心落在右腳跟上	1. 養成滑步後兩腳將要落地前就要有積極主動用力的意識，不能落地後才想蹬地用力 2. 加強腿部力量，尤其是爆發力練習

第四節・推鉛球訓練

一、三級運動員（初級）訓練階段

訓練任務：

① 全面發展各項運動素質，促進身體健康發育。

② 根據運動素質發展敏感期特點，優先發展速度、小肌肉群力量、爆發力、靈敏和柔韌素質。

③ 學習掌握多項運動技能。

④ 初步學會推鉛球的完整技術。

⑤ 注意運動員心理素質培養。

訓練內容：

1.一般訓練

不同距離的加速跑、起跑、行進間跑、短跑和越野跑以及跨欄跑；不同形式的跳躍練習，如單足跳、單足快速跳、多級跨步跳、立定跳遠、立定三級跳、立定五級跳遠、兩級蛙跳、多級蛙跳、跳深、連續跳欄架等；發展大小肌群的各種力量練習，發展靈敏性的各種球類活動和遊戲，各種柔韌性練習。

2.專項訓練

各種負重的專門力量練習，如負槓鈴轉體、斜板臥推、仰臥單臂舉壺鈴、負重滑步練習等；各種形式的投擲練習和持器械與不持器械的基本技術及各種技術的專門練習。

訓練要點提示：

① 少年運動員的訓練，首先要掌握推鉛球的基本技術，進而掌握正確的推鉛球的完主要錯誤產生原因糾正方法整技術。為此，在少年運動員的技術訓練中，更要注意教學方法的運用。

② 技術訓練的內容、方法、手段要全面多樣，對運動員的訓練以正面評價為主，以提高他們訓練的積極性和興趣。另外，在訓練負荷的安排上，要做到區別對待。

③ 建立具有合理「速度節奏」的推鉛球技術的指導思想，在技術訓練中，以中小強度和輕器械練習為主。隨著年齡的增長，在形成正確動作定型後方可採取較重器械的練習。

④ 少年運動員訓練應本著技術先行的原則，在未成年和未掌握技術前，不宜採用提高力量的方法來促進運動水準的提高，而應主要透過改進技術來實現運動成

績的增長。

此階段應以一般訓練為主，以量的重複為主，力量訓練應圍繞著改進技術進行。不要過多地進行專門訓練和大強度訓練。

二、二級運動員訓練階段

訓練任務：

① 進一步發展各項運動素質，提高健康水準。

② 改進、完善完整的推鉛球技術。

③ 重視運動員參賽能力的培養。

訓練內容：

1.一般訓練

應繼續採用上一階段用過的各種跑跳練習、球類活動和遊戲等，全面提高運動員身體訓練水準。

此外，還要採用一些與推鉛球專項關係密切、符合專項特點的多種形式的投擲練習，如不同器械的前拋、後拋、側拋等，以及發展肌肉力量的練習。

2.專項訓練

常用的練習與上一階段大體相同，但突出了推鉛球完整技術的練習、投擲不同重量的鉛球練習及專項力量訓練。

訓練要點提示：

① 此階段應增加專項運動素質的訓練比重，重點發展快速力量。

② 逐漸建立推鉛球良好的肌肉用力感覺。

③ 不失時機地培養運動員的自信心，強化訓練動機，樹立奮鬥目標。

④ 選擇 1～2 項適合個人特點的副項進行訓練。

三、一級運動員訓練階段

訓練任務：

① 在全面發展運動素質的基礎上，提高專項運動素質，突出速度力量和專項力量訓練。

② 鞏固提高推鉛球的完整技術，形成良好的速度節奏。

③ 積極參加國內外比賽，積累大賽經驗。

④ 加強心理訓練。

訓練內容：

1.一般訓練

教學採用前兩個階段使用過的，而且實踐證明是行之有效的跑跳練習、各種形式的投擲練習、速度力量和絕對力量練習，進一步提高身體訓練水準。

2.專項練習

廣泛採用不同重量的鉛球（標準球、輕球、重球）進行投擲練習。在現代鉛球運動員的訓練中，投擲不同重量的鉛球已由階段性過渡到全年性。這是因為投擲不同重量的鉛球能分化運動員的感覺，減輕疲勞；能有效地提高動作速度，增加動作幅度；並可防止動作節奏的僵化。

訓練要點提示：

① 技術訓練應注意與身體訓練相結合，在不同訓練階段妥善地安排二者的比重。

② 採用較大重量的槓鈴練習，要注意循序漸進，手段、方法和訓練負荷安排要合理。

③ 完整技術練習時要注意滑步（或旋轉）與最後用力動作的銜接。

④ 推鉛球技術的合理速度節奏應是一個從滑步到出手的完整加速過程，不能形成兩個明顯的加速階段，否則容易造成滑步與最後用力銜接時速度下降。國內外研究表明，優秀鉛球運動員滑步階段獲得的速度約為出手速度的 15%，轉換（過渡）階段鉛球的速度為 15%～20%，最後用力階段為 80%～85%。

⑤ 增加推重鉛球練習的比重。

四、運動健將訓練階段

訓練任務：

① 強化專項運動素質和專項能力的訓練。

② 進一步完善專項技術，提高技術的穩定性。

③ 身體訓練以絕對力量和專項速度力量為主，兼顧其他素質的協調發展。

④ 進一步加強心理訓練，確保訓練質量和比賽成績的正常發揮。

訓練內容：

1.一般訓練

高水準運動員一般訓練的內容要少而精，保持優勢，彌補不足。因此，精選一些符合推鉛球項目特點的訓練內容，如起跑、短距離加速跑、跨欄跑、立定跳遠、立定三級跳遠和臥推、高抓、高翻等發展速度、爆發力和絕對力量的練習，從而保

持已有的身體訓練水準，且力爭穩中有升。

2.專項訓練

此階段的訓練內容與前一段相比，沒有明顯的不同，主要採用不同重量的鉛球投擲練習（以次最大功率重量鉛球練習為主）和各種專項力量練習，但專項訓練的比重和強度明顯提高，強調完整技術完成的質量及穩定性。

中國女子鉛球攻關組從 1983 年冬訓開始，對女子鉛球運動員的訓練進行了優化組合，把大小力量和技術安排在一堂課裏完成，目的是為了使關鍵素質與專項技術緊密結合。

訓練要點提示：

① 要充分考慮到運動員的個人特點，有針對性地安排訓練。

② 運動負荷：年投擲量大約在 1 萬次，其中投擲量約 1/2 的強度應達到本人最大強度的 80%以上（表 104）。

③ 年齡較大的運動員由於身體恢復較慢，技術練習應採用「少吃多餐」的訓練方法。

表 104　不同訓練階段的運動負荷

內容 ＼ 階段	初學者	二級運動員	一級運動員	運動健將
一次訓練時間（小時）	1.0～1.5	1.5～2.0	2.0～3.0	2.5～3.0
每週訓練次數	5～6	5～6	7～8	8～10
全年訓練次數	200～240	200～240	280～320	400～500
全年比賽次數	8～10	10～12	12～15	18～22
年全面身體訓練（%）	50	30	20	20
年專項身體訓練（%）	25	30	30	35
年專項技術訓練（%）	25	40	50	45
年投標準球次數	2600	6000～7000	10000～12000	6000～8000
年投輕球次數	2000～2400	2000～3000	1000～2000	1000
年投重球次數		3000	4000	3500
其他專門投次數		2500	1800	1200

五、國內外高水準鉛球運動員訓練特點

（一）在同一訓練單元內綜合安排技術、力量與專項能力練習

在一個訓練單元內，交替安排技術訓練、身體訓練及專項能力訓練是現代高水準鉛球運動員訓練普遍採用的方法。中國女子鉛球攻關組曾提出「完整技術天天

練，關鍵素質不間斷」的觀點，這裏面的關鍵素質就是指力量素質。投擲練習一般是用來完善技術和發展專項能力的，在同一訓練單元裏，這兩項任務經常糅合在一起，多數情況下，後者所占比重更大一些。因此，投擲強度就顯得很重要，但大強度練習是以減少練習量為代價的，否則，運動員恢復時間加長，影響下一單元的訓練。把技術訓練、身體訓練（特別是力量訓練）和專項能力訓練混編在同一單元中的方法，可以在一定程度上解決這一矛盾。在混編單元訓練中，推鉛球次數少，可以保證練習的質量；推鉛球與身體練習交替進行，可以使大腦中樞不同區域的興奮和抑制交替轉換，又有相互促進、提高練習效果的作用。

（二）在訓練安排上更加強調專項技能的適應性

長期以來，人們根據傳統的訓練理論，把準備期訓練的大部分時間用於基礎訓練，之後再進行專項訓練，這種訓練理論曾被廣泛用於從低水準到高水準訓練的各個階段。近些年來，俄羅斯與澳洲的學者認為，長時間的基礎訓練後，再引入專項訓練，只適用於低水準運動員的訓練。而高水準運動員經常作為一個整體參加比賽，將基礎訓練與專項訓練分離「會導致技能適應性的分離，使最終的訓練效果不平衡和不確定」（俄羅斯《田徑雜誌》1991.11）。

為此，加拿大教練員扎托立克提出，在高水準運動員的訓練中應根據運動員具體情況將基礎訓練和專項訓練綜合安排，並且專項訓練優先。

澳洲國家隊教練員 M.斯坦則進一步提出了速度力量訓練必須專項化的觀點。前蘇聯的有些學者甚至認為高水準運動員在訓練中除了採用一些槓鈴練習外，只能採用一些動作結構與投擲動作的某一階段相似的力量練習和抗阻練習，而一般身體訓練只能作為恢復手段來使用。中國也有一些教練員開始考慮在高水準運動員的訓練中專項技能適應性的問題。此外，把大量的時間花在一般身體訓練上，對於一個高水準運動員來說也是很不經濟的。

（三）單元訓練實施中的個性化

在制定單元訓練計畫中，教練員應以不同運動員的具體情況為主要依據，即訓練中的個性化原則。在訓練過程中，運動員的自身情況和訓練環境都在不斷變化，不僅從計畫制定到實施的這段時間裏運動員的情況會發生變化，即使是在訓練計畫的實施過程中，這種變化也是很難準確預料的。若在運動員情況已經改變的情況下，仍繼續實施既定計畫，無疑無法達到預想的訓練效果。因此，在訓練中教練員要根據運動員當時的具體情況，調整原定計畫。

（四）更加突出練習強度

現代推鉛球訓練的一個特點是大強度地進行各種練習。加拿大學者博南認為，大強度可以起到收效明顯的作用。

研究表明，不同強度負荷的練習發展不同的運動素質。大強度力量與投擲能力訓練發展的正是推鉛球所需要的快速力量。大強度的投擲練習，不但可以發展推鉛球的專項速度力量，而且有助於運動員體驗到大強度投擲時特有的肌肉用力感覺和技術動作感覺，這種感覺對掌握和鞏固技術是非常重要的。為此，博南把練習強度放在影響訓練效果的諸因素之首。

（五）比賽次數增多，比賽功能擴展

把一些比賽當作提高投擲能力的大強度訓練，也是現代推鉛球訓練的特點之一。比賽時有一種平時訓練所沒有的特殊氣氛，它可以使運動員產生強烈的競爭衝動，從而以更高的質量完成技術動作。運動員只有在比賽的環境中才能獲得相應的生理和心理體驗。所以，許多教練員和運動員已把一些重大賽事之外的比賽納入訓練範疇，使比賽次數逐年增多。

六、現代推鉛球技術發展趨勢

（一）更加注重完整技術各動作環節之間的最佳組合

推鉛球完整技術正在從強調某一動作參數的最優，向追求最優的整體效益轉變。以往專家、學者在推鉛球技術的分析中，孤立地描述技術動作參數者多，而許多教練員和運動員亦喜歡孤立地追求單個技術動作參數的提高。

近年來人們逐漸發現，不是各技術動作參數的單一提高，就一定能帶來推鉛球成績的提高，有時某一動作參數提高了，甚至還可能使其他也應提高的技術動作參數下降。

1989 年李梅素以 21.32 公尺打破亞洲紀錄時，鉛球的出手角度為 36.4°。一些專家不無惋惜地認為，如果她的出手角度提高 2°～3°，其成績將會有更為令人驚喜的提高。因為在以前的一些論著和教科書中提到的鉛球出手角度為 38°～42°，所以，有此認識的人為數不少。但從運動員身體肌肉力量發揮的角度上分析，可能會得出不同的結論。

一般來講，運動員推鉛球時最能發揮身體肌肉力量的動作是軀幹的橫向扭轉，軀幹角度越小越容易發揮身體力量，這與 38°～42°的鉛球出手角度是矛盾的。而片面地追求最佳的鉛球出手角度或者最好的身體肌肉用力角度並不是推鉛球的目的，推鉛球的目的是投得遠，是技術動作的結果好。在鉛球出手角度和身體肌肉用力角度中，不管單獨地追求哪一項，都顯然是不可能達到理想目的的。要取得最好的投擲成績，只有對鉛球出手角度與身體用力角度進行最佳組合，也就是追求這兩項的合成效果。

李梅素推鉛球的特點是水平用力距離較長，軀幹扭轉發力動作速度快，所以對她來說，提高鉛球出手角度也許不會使其推鉛球成績有增長，反而會下降。

（二）追求完整技術的合理節奏，確保獲得較快的出手速度

推鉛球完整技術的合理速度節奏是有的階段快，有的階段慢，不瞭解這一點會使運動員陷入欲速則不達的境地。現在越來越多的教練員認識到這一點，要保證獲得較快的鉛球出手速度，就要追求完整技術動作的合理節奏，即該慢則慢，該快則快。破壞了合理的動作節奏，也不會使鉛球推得更遠。

（三）鉛球出手角度有下降趨勢

有統計表明，當前鉛球出手角度有下降的趨勢，值得引起人們注意。這不符合鉛球飛行得越遠鉛球出手角度應越高的投擲技術原理。

有的學者認為，鉛球出手角度下降的主要原因是，運動員要透過適當降低鉛球出手角度來換取能獲得更好投擲效果的身體力量的充分發揮。運動員在降低鉛球出手角度時未必是有意識的，當他找到一個能發揮自身力量的動作時，降低鉛球出手角度就是一件順其自然的事了。

（四）滑步與最後用力的銜接仍是推鉛球的關鍵技術環節

滑步與最後用力的銜接過去是，現在仍然是教練員們重點強調的技術環節。國家田徑投擲隊前總教練闞福林曾撰文提出：「過渡階段雖然只有 1/10 秒左右，卻是個重要階段。」他認為，過分要求超越器械動作，造成了「身體──鉛球」速度明顯下降，現在要改為在保證必要的超越器械動作的情況下，使過渡階段的「身體──鉛球」速度得以保持，甚至增加。

（五）採用旋轉推鉛球技術的運動員越來越多

在當今世界田徑大賽中，有越來越多的鉛球運動員，尤其男選手採用了旋轉推鉛球技術，並取得了優異的成績。有資料介紹，計算機根據現有人體各項參數以及生物力學原理推斷出，旋轉式可將鉛球推到 26.82 公尺。

第十四章

擲標槍

第一節・擲標槍的發展與研究概況

擲標槍運動具有悠久歷史。據史料記載，古希臘人很早就開始了擲標槍比賽。當時使用的器械是木棍，比賽時不僅比擲遠，而且還比擲準。公元前 708 年在古希臘奧林匹克運動會上，擲標槍已列為五項運動比賽的單項之一。19 世紀末，斯堪的納維亞地區的國家盛行投擲 2 公尺長的棍棒。後來，芬蘭人把這種投擲器械改為全長 2.60 公尺、重量 800 克的金屬頭標槍，從此這種標槍成為比賽項目的規範器械。

根據擲標槍技術和訓練的變化，可將其發展過程分為四個階段。

第一階段（1886—1912 年）

1886 年瑞典舉行首次標槍比賽，瑞典運動員威格爾以 35.81 公尺的成績獲得冠軍。1906 年擲標槍被列為正式國際比賽項目。

雖然擲標槍項目起源很早，但進入現代奧運會卻晚於其他投擲項目，1902 年在國際奧委會會議上，經瑞典和芬蘭代表提議，擲標槍才被列為奧運會項目；在 1908 年第 4 屆倫敦奧運會上，擲標槍被列為正式比賽項目。

當時參加擲標槍比賽的運動員採用所謂「自由式」方法，擲標槍者只能在 2.5 公尺見方的區域內完成動作，後來又改為可有 10 公尺長的助跑，直至 1908 年，助跑的距離才不受限制。在這一時期，人們基於古希臘人要求全面發展人體的思想，一直爭論是否應該用兩臂分別擲標槍來計算成績。芬蘭運動員隆利斯托曾創造了右臂加左臂擲槍 109.42 公尺的最好成績。但這一爭論很快有了結果，規則規定只能採用單臂擲槍。

1912 年國際田聯正式承認擲標槍的世界紀錄。瑞典運動員埃・勒明創造了第一個男子標槍世界紀錄，成績為 62.32 公尺。這個時期的訓練內容和方法較為簡單，運動員一般只在賽前訓練數週，訓練的手段主要以擲槍為主，還加入一些跑跳練習。

第二階段（1913—1953 年）

這一時期擲標槍技術發展較快，人們開始對技術的合理性進行分析和研究，重視了與專項有關的身體訓練。

1916 年開始出現了女子擲標槍比賽，當時標槍重量也是 800 克。從 1924 年起，女子標槍重量改為 600 克。1932 年第 10 屆奧運會將女子標槍列入正式比賽項目。美國運動員南·金德創造了 43.74 公尺的世界紀錄。

這一階段是芬蘭運動員的擲標槍技術占主導地位，即「芬蘭式」技術。這種技術的特點是助跑後採用「弧線」引槍，然後以「交叉步」代替了過去的單足跳來加長用力距離。以後又將「後交叉步」改為「前交叉步」，在最後用力時發揮髖和軀幹的力量，並注意到「滿弓」動作。這種技術使人體潛力得到進一步發揮，建立了現代擲標槍技術的雛形。

與此同時，其他國家也在探索自己的技術風格。著名專家道格爾季描述當時美式擲標槍技術時指出：「和芬蘭派一樣，當左腳準確地踏在第二標誌線上開始引槍，但在助跑後段左腳略向右轉……標槍逐漸後引。第五步是跳躍步，右腳和投擲方向成直角……」，這種姿勢比芬蘭派更有威力。

據甘斯萊恩和加維寧報導（1950 年），當時幾十名世界優秀運動員的擲標槍出手角度在 42°～50°之間。奧運會冠軍加維寧（1932 年）和勞塔瓦拉（1948 年）比賽時，標槍出手角度在 46°～50°之間，與理論上的合理出手角度差距較大。

這時期運動員年訓練時間延長到 6 個月以上，並有針對性的練習內容和方法。練習中增加了大量體操練習，目的是改善肩關節的靈活性和加強肩帶力量。歐洲的冬季訓練還採用滑雪練習，強調雪杖撐推動作，以增加擲標槍的專門力量。雙臂和單臂掄斧劈柴成為發展專項速度力量的主要練習手段。一些國家還開始使用投擲各種不同重量的器械發展專項能力。運動員已普遍認識到全面身體訓練的作用。擲標槍的教學和訓練已逐漸形成體系。

至 1952 年，男女擲標槍的世界紀錄分別達到 78.70 公尺（芬蘭運動員尼卡寧）和 53.41 公尺（蘇聯運動員斯公尺爾尼茨卡婭）。

第三階段（1953—1986 年）

此階段擲標槍項目有很大發展，運動成績突飛猛進。由於科學技術成果在體育領域的廣泛應用，擲標槍的技術、訓練理論和教學理論已達到較高水準。器材和場地條件的改善也為運動成績的提高創造了有利條件。

1953 年美國運動員赫爾德設計了木質和鋁質標槍，開創了現代「滑翔槍」的新紀元。由於標槍設計利用了空氣動力學原理，因此，提高了標槍的滑翔性能。特拉茲的研究表明，在標槍出手速度為 27～30 公尺/秒、其他條件相同的情況下，採用「滑翔槍」的成績要比採用過去的「非滑翔槍」提高 10 公尺以上。1968 年，瑞典人又設計製造了「超級愛麗特」標槍，由於槍體完全採用鋼質，不僅進一步提高了槍的滑翔性能，而且減少了顫動。

田徑運動 高級教程

標槍的材料和結構的改變使技術發生了變化。投擲「滑翔槍」的出手角度要求在 29°～36°之間。一些專家開始從生物力學等多角度探討合理技術，提出增加助跑速度和利用加大轉體提高標槍的出手速度。芬蘭教練員羅姆波季等人評述赫爾德（世界紀錄 80.41 公尺創造者，1953 年）的技術時認為：「他的技術特點是交叉步較短而低，同時軀幹右轉並躬身，側向引槍造成了轉體動作的加大，從而增加了用力效果。」

1956 年西班牙運動員克多拉採用類似擲鐵餅的旋轉技術投擲標槍：單手握住標槍後部，持槍靠近背部進行旋轉，然後擲出標槍，最好成績達 112 公尺。這種擲標槍方法引起很大非議，其主要問題是運動員難以控制標槍出手方向，容易造成危險，後來這種方法被禁止使用。

1980 年匈牙利運動員帕拉吉採用大幅度轉體動作的擲標槍技術取得了成功，並創造 96.72 公尺的世界紀錄。一些專家在評論他的技術時，首先肯定了他在最後用力階段充分發揮了轉體力量，但也指出這一技術加大了沿標槍縱軸用力的難度。

美國著名生物力學專家艾里爾運用計算機和高速攝影機等手段進行研究，並發表了《擲標槍生物力學分析》這一較有權威性的研究成果，揭示了擲標槍時運動員各身體環節的速度、加速度和動量變化過程及相互關係，並得出結論：身體各環節相繼加速和減速的時機和順序，在擲標槍時產生生物力學優勢。蘇聯的霍緬科夫也指出：「擲標槍的鞭打動作是有效投擲技能的生物力學核心。」大量研究成果從運動學和人體解剖學等方面分析了身體各環節似「鞭打」式的動作機制，並運用「人體運動鏈」原理豐富了擲標槍技術理論。

對擲標槍時最後一步支撐制動動作的研究也成為熱點。迪森等人的研究指出，最後一步左腳落地後，人體應完成以左腳支撐點為軸的轉動，髖應隨身體向前運動以加大器械繞支撐點的轉動半徑。而哈爾內斯認為，應做到以髖關節為軸的制動，制動越有力，上體和器械速度越快。

日本金元勇則提出，擲標槍最後用力時有兩種不同的下肢支撐動作，一種是「扒地型」，一種是「支撐型」。可見，這一時期在對一些技術的看法上，除承認不同的技術特點外，在一些問題上仍未達到共識。

1984 年東德運動員霍恩創造了 104.80 公尺的男子標槍世界紀錄。這標誌著場地已不能適應當時比賽的需要，必須採取措施保證比賽的安全。在這一時期，擲標槍的技術、訓練和教學等理論得到進一步完善和發展。訓練週期性明顯加強，多年訓練成為培養優秀運動員的必備條件。全年訓練時間達 300 天以上，根據年度的不同訓練時期，訓練內容安排有明顯側重。身體訓練內容日趨豐富，在高水準運動員的訓練中，快速力量訓練和專項力量訓練成為力量訓練的主要內容，到這一階段後期，大負荷的力量訓練比例逐漸加大，投擲不同重量器械的組合訓練已成為提高專項能力的主要手段。1986 年英國女子標槍運動員惠特布雷德創造了 77.44 公尺的女子標槍世界紀錄。

第四階段（1986 年至今）

這一階段可以說是擲標槍運動處於穩定發展階段。人們對擲標槍的技術和訓練理論的很多方面有了新的認識，並已達成共識。

基於比賽時的安全和裁判工作的公正準確性等原因，國際田聯決定自 1986 年起改用男子新型標槍。新型標槍將原標槍的重心前移 4 公分，並加大了標槍尾部直徑，標槍的滑翔性能有所降低，飛行遠度受到影響，但槍尖很容易先著地，便於裁判。同年，西德運動員塔費爾邁耶創造了 85.74 公尺的新世界紀錄。截至 2010 年底，男子標槍的世界紀錄是捷克運動員澤列茲尼於 1996 年創造的 98.48 公尺。

1988 年，東德女子標槍運動員費爾克創造了 80.00 公尺的世界紀錄，並保持多年。國際田聯決定從 1999 年 4 月 1 日開始使用新規則，女子標槍的重心向槍尖方向移動了 3 公分，解決了過去裁判工作的困難。2001 年 7 月，古巴運動員梅南德斯創造了 71.54 公尺的女子標槍世界紀錄。2005 年 8 月，在赫爾辛基田徑世錦賽中，梅南德斯以 71.70 公尺的成績，改寫了世界紀錄並獲得金牌。截至 2010 年底，女子世界紀錄是由捷克運動員斯博塔科娃於 2008 年 9 月在德國斯圖加特國際田聯總決賽創造的，成績是 72.28 公尺。

中國男子標槍在 1924 年舊中國第 3 屆湖北武昌全國運動會上被列入比賽項目，最高紀錄是 53.85 公尺。女子擲標槍在 1935 年舊中國第 5 屆全運會上列入比賽項目，最高紀錄是 32.29 公尺。

幾十年來，中國擲標槍成績提高很快，男子標槍全國紀錄是浙江運動員李榮祥於 2000 年創造的 84.29 公尺，女子標槍的全國紀錄是山西運動員魏建華於 2000 年創造的 63.92 公尺。

中國著名田徑教練員孔祥鼎對中國標槍運動的發展作出了卓越的貢獻。孔祥鼎是江蘇沛縣人，從 1970 年起任國家集訓隊標槍教練員，培養了申毛毛、李寶蓮、張連標、普布次仁等一批優秀標槍運動員。1992 年被授予體育運動榮譽獎章。北京體育大學劉世華教授從 1979 至 1996 年擔任全國田徑協會標槍技術領導小組副組長，他曾任國家集訓隊標槍教練員，培養了唐國麗等優秀標槍運動員。

向科學化、系統化方向發展成為當今運動訓練的主流，選材和訓練密切結合、為運動員制定多年培養計畫、從青少年時期學習和掌握正確的擲標槍技術、在全面發展的基礎上加強專項能力的訓練，已成為培養優秀標槍運動員的必由之路。

第二節・擲標槍技術

擲標槍是田徑運動中技術比較複雜的快速力量性項目。合理的擲標槍技術，要求運動員在快速助跑中充分發揮人體的力量，以正確的動作將標槍擲出。為了便於分析，將擲標槍技術分為握槍和持槍、助跑、最後用力、維持平衡四個部分。下面

以右手擲標槍為例進行分析。

一、握槍和持槍

擲標槍時，投擲者必須單手握在標槍把手處。合理的握槍方法能較好地控制標槍，使最後用力的方向透過標槍縱軸，同時又能最大限度地發揮投擲臂和手腕、手指的力量。

為了將人體助跑和用力時產生的速度和力量有效地傳遞和作用於標槍上，握槍時，既要握牢，又要保持投擲臂和手部肌肉相對放鬆，以便快速鞭打用力。

（一）握　槍

現代標槍運動員握槍主要有現代式握法和普通式握法兩種方法。

1.現代式握法

目前世界優秀標槍運動員中多數人採用現代式握法。這種握法是標槍斜放在右手掌心，用右手拇指和中指末端握住標槍把手後端邊緣，其餘手指自然扶握在槍把手上面（圖43①）。

現代式握法的優點較多：

第一，可以利用中指較長而且力量較大的特點，在投槍時增加用力距離並發揮較大力量；

第二，可以使標槍在出手瞬間產生繞其縱軸更強地旋轉，以增強標槍在空中飛行時的穩定性；

第三，有利於最後用力前腕部的放鬆。

2.普通式握法

這種握法是將標槍斜放在右手掌心，用右手拇指和食指末端握住標槍把手後端邊緣，其餘手指自然彎曲握在繩把手上面（圖43②）。

①　　　　　　　　　　②

圖43　標槍的握法

（二）持　槍

持槍是指在預跑過程中攜帶標槍。持槍主要有肩上持槍和肩下持槍兩種方法。

1.肩上持槍

右手持槍於右肩上方，持槍手靠近頭部，高度與頭頂齊平（圖44①）或稍高於頭（圖44②），槍身與地面平行（見圖44①）或槍尖略低於槍尾（見圖44②）。目前多數運動員採用肩上持槍，這種方法動作簡單，能使運動員助跑時平穩地進行引槍，持槍手的手腕比較放鬆，便於控制標槍。

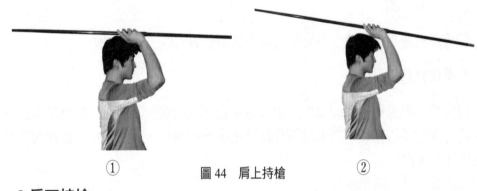

①　　　　　　　　圖44　肩上持槍　　　　　　　②

2.肩下持槍

運動員在預備姿勢和助跑的前半段，持槍臂下垂於髖側或腰間，兩臂隨跑動動作前後自然擺動，預跑一段距離後持槍臂上舉成肩上持槍姿勢。

肩下持槍時，在上舉標槍前肩部比較放鬆，但由於上舉標槍過程是在助跑中完成的，增加了助跑時控制槍的難度。

二、助　跑

擲標槍最後用力前，運動員手持標槍跑過一段距離，使人體和標槍獲得一定的預先速度，在助跑過程中形成合理的身體姿勢，為最後用力做好準備。優秀運動員投擲標槍時，標槍出手速度中約 30％來自助跑；優秀運動員助跑擲的成績可以比原地擲提高 20～30 公尺。因此，助跑的作用十分重要。

擲標槍時應採用直線助跑，距離一般為 25～35 公尺。助跑動作要自然、流暢，節奏鮮明，在整個助跑過程中要控制好標槍，清晰地完成預期動作和保持槍的運行平穩。助跑全程 14～18 步，分為預跑和投擲步兩個階段。

（一）預跑階段

預跑是從開始助跑時起至開始引槍時止。這一階段。運動員通常採用的是週期

田徑運動 高級教程

性助跑動作，跑 10～14 步，其任務是獲得適宜的水平速度，為引槍做好準備。

開始預跑前，應在助跑道外側地面上放兩個標誌物，將左腳踩在第一標誌物的延長線上（圖 45），邁右腿開始預跑的第一步。助跑時面對投擲方向，上體垂直於地面，兩眼平視前方，動作放鬆且富有彈性，大腿積極前擺，用前腳掌著地，後蹬有力。左臂擺動同正常跑，持槍臂可隨跑的動做作小幅度前後自然擺動。

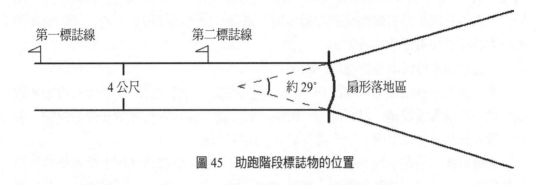

第一標誌線　　　　第二標誌線

4公尺　　　　　　約29°　　扇形落地區

圖45　助跑階段標誌物的位置

助跑的速度應逐漸加快，通常在預跑段結束時達到最大速度，可達到 6～8 公尺／秒。助跑的最高速度要與個人的身體素質和專項技術水準相適應。優秀運動員的助跑速度通常相當於本人最大平跑速度的 75％左右。如果助跑速度過快而超出個人的適應範圍，可能會影響投擲步和最後用力動作。提高助跑速度應在不斷熟練技術的基礎上逐步實現。

（二）投擲步階段

當預跑結束時開始進入投擲步階段，此時左腳的落地位置應在第二標誌物的延長線附近。投擲步階段通常從右腿前邁開始，到最後一步左腳觸地時結束。這一階段的任務是在盡量減小預跑速度損失的基礎上，完成引槍和超越器械動作，做好最後用力前的準備，連貫地進入最後用力。

完成投擲步通常有跳躍式投擲步、跑步式投擲步、混合式投擲步三種形式。

跳躍式投擲步：擺動腿前擺較高，後蹬有力，人體騰空較高，步幅較大，每步用的時間較長，有較充足的時間完成引槍和最後用力前的準備，但身體重心起伏較大，易影響水平速度，且需有較強的腿部支撐力量。

跑步式投擲步：比較像跑的動作，步頻較高，速度較快，身體重心運動軌跡較平穩，但由於每步用的時間較短，易影響最後用力前的準備。

混合式投擲步：介於以上兩者之間。支撐腿用力蹬地，擺動腿積極前擺，人體重心運行軌跡較平，各步的步長和每步用的時間適宜，以完成引槍動作和做好用力前的準備為目標，同時又不過多損失助跑的水平速度。目前採用這種投擲步的運動員較多。

投擲步的步數通常有四步、五步和六步。

四步投擲步：當左腳踏上第 2 標誌物後，邁右腿開始第 1 步。第 1、2 步進行引槍，第 3 步為交叉步（圖 46⑤—⑨），第 4 步過渡到最後用力（圖 46⑩～⑫）。

五步投擲步：以右腳踏上第 2 標誌物，左腿前邁為第 1 步，同時引槍，第 3 步引槍結束，其他同四步投擲步的後兩步。

六步投擲步：當左腳踏上第 2 標誌物後，邁右腿開始第 1 步。第 1、2 步進行引槍，第 3、5 步分別為兩個交叉步，第 4 步為跨步，第 6 步過渡到最後用力。由於採用六步投擲步時有較長時間做最後用力準備，便於控制標槍，所以目前較多國外優秀運動員採用這種投擲步。

下面以四步投擲步為例進行分析。

第一步：左腳踏上第二標誌物，右腿積極前擺，右肩後撤，上體向右轉動，開始引槍，槍身靠近身體，目視前方，髖部正對投擲方向，左臂在胸前自然擺動。引槍大體可分為「直線引槍」和「弧線引槍」兩種方法。

直線引槍：是在引槍開始後持槍臂直臂向後引槍，使標槍由肩上沿標槍縱軸延長線向後引。這種引槍動作簡單，容易控制標槍的方向和角度，目前國內、外較多運動員使用這種方法。

弧線引槍：預跑結束時，手持標槍向前、向下、再向後做弧線擺動。採用這種方法可使投擲臂肌肉比較放鬆，但不易控制槍。

第二步：右腳落地緩衝後積極蹬地，左腿前擺，肩繼續後撤，上體繼續向右轉動，左臂前引，在左腳落地時身體轉至側對投擲方向。引槍時上下肢動作應協調配合，下肢蹬擺動作應積極有力而有彈性，盡量減小身體重心的上下起伏，保持身體前移速度。

引槍結束時，軀幹與地面基本保持垂直，面部朝著或半朝著投擲方向，標槍被控制在離身體較近的位置，槍頭靠近右面部，槍身與水平面約成 30°，肩軸指向投擲方向，投擲臂放鬆並伸直，右手持槍在肩軸延長線上，標槍靠近身體，這一動作有利於對標槍的控制和最後用力。

第三步：是交叉步。這是為最後用力做好準備的關鍵一步。它的任務是在保持人體快速向前運動的條件下，進一步加大軀幹的扭轉並形成合理的後傾姿勢（超越器械），創造良好的最後用力前的預備姿勢，為過渡到最後用力創造條件。通常這一步中身體騰空較高，步長較大，時間也較長，以便於做好用力前的準備工作（見圖 46⑥—⑨）。

引槍結束左腳著地後，左腿積極向後蹬地，右腿屈膝，以大腿帶動小腿快速有力地向前上方擺出。兩腿的積極蹬擺動作造成髖部和下肢加速向前，超過上體的前移速度，使軀幹後傾並加大向右轉體，使人體的髖軸和肩軸形成扭緊狀態。左腿蹬地結束後，迅速前擺。

交叉步右腳落地時，軀幹後傾角（軀幹中軸與垂直面之間的夾角）為 20°～25°，左腿已擺至右腳前方，右腳與投擲方向的夾角約 45°（圖 46⑧）。

田徑運動高級教程

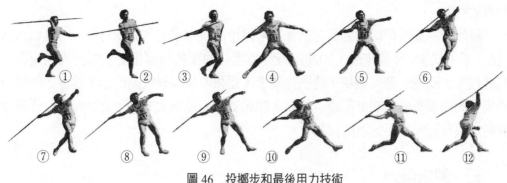

圖 46　投擲步和最後用力技術

第四步：最後一步投擲步。這是右腳著地後左腳積極快落的過程，是助跑全過程中唯一沒有騰空的一步，也是助跑與最後用力銜接的關鍵環節。由於交叉步的步長通常較大，身體騰空較高，右腳著地時，右腿承受著較大的衝力，因此，右腳著地後，右腿應適度被動屈膝緩衝，減小水平方向的制動和速度損失，以使髖部和人體重心儘快移過右腳支撐點上方，然後積極蹬伸，加快左腳落地。左腳著地瞬間，應保持軀幹後傾角基本不變，使最後用力有較大的工作距離。

在交叉步騰空後，人體具有很大的動能，在右腳著地後，在巨大的衝擊力作用下，右腿的膝關節必然要彎曲進行緩衝，右腿的伸肌被動拉長做退讓工作。在這一階段，投擲者應適時減小緩衝時間（但也不能時間過短，否則右腿伸肌沒有充分拉長，蹬地的力量將大大減小）。加長蹬伸用力的時間，加快蹬伸動作的速度，這對於提高投擲成績具有積極的影響。因此，交叉步右腳著地後及時有力的蹬伸動作和左腳的主動快落是助跑與用力緊密銜接的技術關鍵。

雖然不同水準的男女運動員的右腿單支撐的總時間較為接近，但其中三個階段的時間比例存在明顯差異。高水準運動員的緩衝階段較短，蹬地時間較長，二者的比例為 1：0.85；低水準運動員緩衝時間較長，蹬地時間較短，二者的比例為 1：0.38，這可以作為評價右腿動作的一個客觀標準。在優秀標槍運動員投槍時的最後一步中，存在著人體重心速度下降的現象，但速度下降的幅度不應過大。

投擲步各步的步長與步時：投擲步各步的步長和步時決定了投擲步的速度，形成了一定的動作節奏，並對最後用力動作效果產生直接或間接的影響。

運動員在投擲步各步的步長及步長的比例上有較大的差異，但在步時的變化上卻較一致。即投擲步的前兩步較快，在引槍的同時儘量減小速度的損失；交叉步的步時較長，步頻較慢，以便於為最後用力做好準備；最後一步的步長較小，步時最短，步頻最快，以利於助跑與用力的銜接。

對於身材高大的運動員來說，採用較大的步長和稍慢的步頻組合也能達到較高速度，並能有較充裕的時間完成動作，因而較為適宜；對於身材較為矮小的運動員來說，也可以採用中等步長和較快的步頻組合方式達到較快的助跑速度。但如果步長過小，則會使步時縮短，蹬地動作不夠充分，完成動作較為倉促，從而影響動作

的實效性。

現代世界優秀標槍運動員在投擲步階段所表現出來的運動學特徵，可以概括為「低、平、快」。具體來說，即助跑時身體重心的騰起高度相對較低，人體運動的軌跡較平，助跑的速度較快，特別是要求人體和器械具有較高的水平速度，並與最後用力的銜接較好。在此階段，如果人體和器械出現過大的上下起伏是沒有任何意義的，只會造成水平速度的損失。

三、最後用力

最後用力是標槍加速的主要階段。器械在此階段獲得的速度約占出手速度的70%。最後用力的任務是充分利用助跑的速度，在一定的工作距離內將最大的力作用於標槍縱軸，使標槍在出手瞬間達到最高速度，並沿合理的出手角度飛行。

（一）發力時機

交叉步右腳著地後，身體隨慣性前移，當身體重心移過右腳支撐點上方而左腳尚未落地之前，右腿開始了蹬伸用力。這時右腿主動蹬地，使髖部加速前移，髖軸向投擲方向轉動，進一步扭緊和拉長了軀幹肌群。小腿與地面保持較小夾角，以防止重心過早上移。與此同時，左臂向左前上方擺動，左肩仍內扣，限制肩軸過早轉動。此階段加快右髖水平速度具有十分重要意義。很多研究結果表明，最後一步時右髖的水平速度是衡量投擲成敗的重要檢查指標，是影響擲標槍成績的主要因素，與成績呈顯著正相關。

投擲步與最後用力的銜接是技術的難點，良好的銜接動作能減小最後用力前身體重心水平速度的損失，提高助跑速度的利用率，有利於最後用力前合理準備姿勢的形成。為了做好銜接動作，運動員在做交叉步時身體騰空不要過高，在右腳著地後要及時發力蹬伸。右腿蹬轉即將結束時，左腳靠近地面快速向前邁出，向前落在前方稍偏左的位置，距右腳的橫向距離為20～40公分。為了保證人體動量更有效地傳遞給器械，最後一步左腳要快速落地並制動。因此，最後一步用時較少，步長較短。左腳落地時先用腳跟著地，再過渡到全腳，這時左膝接近伸直。

（二）最後用力的動作機制與順序

左腳著地後，左腿做出有力的制動，形成從左腳到左肩的左側支撐，為髖部和軀幹肌群收縮提供了穩固支點。因此，左腳著地後的人體用力動作是最後用力的最有效階段。左腳著地後，右腳繼續蹬地，在慣性的共同作用下使右髖加速向投擲方向轉動，使髖軸超過肩軸，並帶動肩軸向投擲方向轉動，軀幹轉向投擲方向。左臂擺至體側制動，加快身體轉向投擲方向的速度。在右臂持槍轉肩的同時翻右肩，右臂旋外肘上翻，上體轉為面對投擲方向，軀幹呈背弓形狀，形成「滿弓」姿勢（圖

圖 47　最後用力過程中的「滿弓」姿勢

47）。此時投擲臂最大限度地留在身後，肩部肌群充分拉伸。投擲臂與肩同高，與軀幹接近成直角。

「滿弓」形成後，由於向前的慣性作用，身體重量大部分已移至左腿。

「滿弓」後，左腿在小幅度地屈膝緩衝後迅速蹬伸，胸部快速前振，以胸部和右肩帶動投擲臂向前，上臂、前臂、手腕和手指相繼快速揮動，完成「鞭打」動作，將標槍擲出。最後用力的順序為腿—髖—軀幹—肩—肘—腕和手指。

「鞭打」用力要由標槍的縱軸，控制標槍於最佳的出手角度出手（最佳出手角度在 32°左右）。手指在標槍出手瞬間的撥槍動作可以使標槍沿自身縱軸按順時針方向自轉，提高標槍在空中飛行的穩定性。優秀運動員最後用力的時間（從左腳著地至標槍出手）為 0.10～0.12 秒，對標槍的用力距離可達 2.10～2.30 公尺。

「鞭打」是擲標槍用力的重要動作特徵，是發揮人體生物力學優勢的核心。以髖關節為軸的軀幹「鞭打」動作和以肩關節為軸的投擲臂「鞭打」動作與左腿有力的支撐動作相配合，構成一個完整的人體運動鏈。

在最後用力的過程中，首先是腿部蹬伸用力和髖部的加速，然後是這個運動鏈上的各環節從下到上依次實現加速——制動——減速——動量傳遞的過程，最後傳遞給器械，使標槍達到盡可能大的初速度，從而飛得較遠。

（三）身體左側的支撐與用力

在最後用力的過程中，左腿的制動和支撐用力動作十分重要。左腿的作用主要表現為兩個方面：

其一，制動性的支撐動作。左腳落地後，左腿採用強有力制動性的動作，可大大加快上體和標槍向前的速度。

其二，在時間極為短暫的屈膝緩衝後的快速蹬伸，使人體和標槍獲得向上的垂

直速度，使標槍具備合理的出手角度和較大的出手速度。

因此，左腿的動作對於創造優異成績起著至關重要的作用。沒有快速、積極、合理的左腿制動和支撐用力動作，要完成有效的最後用力是不可想像的。對左腿動作的動力學測試表明，左腿在最後用力過程中其動作也可劃分為三個階段，即制動性支撐——被動屈膝緩衝——快速蹬伸用力。

透過左腿在最後用力時的制動動作，一方面，可以有效地把助跑的速度轉化為標槍的出手速度；另一方面，由屈膝緩衝動作，把助跑時人體獲得的一部分動能轉化為肌肉的彈性能，再由肌肉的收縮和動量的傳遞轉換為標槍的出手速度。在最後用力過程中，左腿的積極蹬伸，在標槍出手時左腿膝關節的充分伸直，對於動量的傳遞會產生重要影響。

綜上所述，在最後用力中左腿的作用是整個最後用力動作的基礎，教練員和運動員應在訓練中採用有效手段發展左腿的爆發力和改善用力的動作。由於在比賽條件下不可能對運動員進行現場測試，一般可以透過觀察和測量最後用力時左膝的角度變化來間接反映左腿用力的情況。

在最後用力的過程中，左臂的動作也起著不可忽視的作用。在右腿蹬伸用力送髖時，左臂保持在身體的右前方，可加大肩軸與髖軸的扭矩。在左腳著地後，左臂沿著左上方，向著身體左側加速擺動和適時制動，可加大胸部和右肩帶肌肉的伸展，增加肌肉的張力，使軀幹快速轉向投擲方向，並加快身體右側向前的速度，從而提高標槍的出手速度。

（四）用力的方向

最後用力過程中，運動員鞭打動作的用力方向應透過標槍的縱軸。近幾年，世界一些優秀運動員越來越重視最後用力前加大軀幹扭轉程度對提高用力效果的作用，他們依靠加大扭轉幅度和速度來提高軀幹肌群的扭緊程度，大大提高肌肉的張力和收縮速度，從而提高器械出手速度。

由於這種技術需要運動員具有較強的軀幹力量和較好的爆發力，因此，多為男子運動員採用。採用「扭轉擲槍」技術時，運動員在倒數第 2 步（交叉步）時要努力增大身體右轉的程度。當最後用力左腳落地後軀幹繞垂直軸向前轉動的同時，快速完成軀幹的向前「鞭打」動作。

四、維持平衡（緩衝）

標槍出手後，運動員必須迅速阻止身體繼續向前運動，以防止犯規。標槍出手後，右腿及時跨出一大步，降低身體重心，同時上體前傾，兩臂自然擺動，以維持平衡。有時還需再繼續跳 1～2 小步，才能使身體向前運動完全停止。世界優秀運動員最後一步左腳著地點至投擲弧的距離一般在 2 公尺左右。

第三節・擲標槍技術教學法

一、教學步驟

（一）給初學者建立擲標槍技術的正確概念

教師可利用技術圖片、錄影等向初學者講解擲標槍各主要技術環節及其特點，並進行完整投擲標槍示範；講解擲標槍技術要領，介紹擲標槍的場地、器材情況，使其建立擲標槍技術的正確概念。

（二）學習最後用力技術

內容：

⑴ 學習和掌握擲標槍的各種專門練習。

⑵ 學習握槍和持槍方法。

① 學習現代式握法。

② 學習肩上持槍方法。

③ 學習正面插槍。

【預備姿勢】正對投擲方向，兩腳與肩同寬，左右平行站立，右手持槍於肩上稍向頭後，槍尖低於槍尾，對著前方約 10 公尺處的標誌，雙膝稍彎曲。

【技術要領】兩腿用力伸直的同時，沿標槍縱軸用力把槍擲出，盡力使槍尖插中前方的標誌。

教法提示：

① 學習握槍和持槍方法時，教師講解示範後應讓學生練習，並及時檢查和糾正學生的動作。

② 正面插槍前，可先採用正面雙手投實心球練習，讓初學者體會上下肢簡單的用力配合。

③ 隨著插槍技術的掌握，可逐漸加大插槍的遠度（標誌不動，人向後移 3～5 公尺），預備姿勢由兩腳平行站立改為前後站立。

⑶ 學習原地側向擲標槍

【預備姿勢】側對投擲方向站立，兩腳前後距離約一肩半，左右距離約一腳長，左腳尖內扣約 10°，右腳在後與投擲方向約成 60°，右腿成半彎曲並承擔身體重量。左臂稍彎曲於肩軸延長線上，右臂自然伸直與標槍縱軸成 20°～30°角，槍身平行肩軸並靠近身體，眼看前上方。

【技術要領】同技術部分。

內容：

① 雙人互相做「滿弓」練習。

② 利用肋木、橡皮帶、標槍等做「滿弓」練習。

③「打鞭子」練習。

④ 投擲小球或石塊。

⑤ 擲標槍。

教法提示：

① 透過各種「滿弓」「打鞭子」等練習，有利於初學者掌握正確的「鞭打」用力動作。

② 讓初學者面對網投小球，有利於初學者掌握正確的用力技術。

（三）學習助跑擲標槍技術

1.學習助跑與最後用力銜接技術

內容：

① 持槍上1步成「滿弓」練習。

② 上1步徒手「鞭打」或擲小球（石塊）練習。

③ 上1步擲標槍。

【預備姿勢】側對投擲方向站立，左腳位於右腳跟附近，並以腳尖著地，投擲臂自然伸直於肩軸延長線上，身體稍後傾，重心放在彎曲的右腿上。

【技術要領】做1練習時，教師或同伴站在練習者身後幫助他做投擲臂及時向上翻轉動作，左腳前邁即將落地時，右腿蹬轉與投擲臂向上翻轉同時進行，左腳落地支撐制動形成「滿弓」，並儘快完成最後用力動作。

④ 持槍上3步接「滿弓」練習。

⑤ 上3步徒手「鞭打」、投擲小球或石塊。

⑥ 上3步擲標槍。

教法提示：

由於上3步比上1步的速度快，因而教師或同伴幫助初學者更早些進行投擲臂的翻轉才能形成較充分的「滿弓」動作，這是做好助跑與最後用力銜接技術的關鍵。

2.學習投擲步擲標槍技術

內容：

① 學習引槍技術（從原地引槍到走兩步引槍）。

② 4步投擲步，引槍後接「背弓」動作練習（從走步到慢跑）。

③ 投擲步接「鞭打」動作、擲小球或石塊。

④ 投擲步擲標槍。

教法提示：

① 學習引槍時，要求初學者做到邁右腿——轉體——向後引槍協調地進行，

並把標槍引至正確位置。

② 開始應按「達—達—達、達」的節奏完成投擲練習，及早建立正確的加速節奏。

3.學習短助跑投擲標槍技術

內容：

① 預跑4步接投擲步，做引槍與「滿弓」練習。

② 預跑4步接投擲步做「鞭打」動作、擲小球或石塊。

③ 預跑4步接投擲步投標槍。

教法提示：

① 為了有利於初學者掌握正確的投擲步節奏和最後用力，應在投擲區標明每步的適宜步距。要求在完成練習時不僅踏標誌，還要聽教師（或同伴）的逐漸加速信號。

② 為了掌握正確的助跑加速節奏，應在一個較長的教學階段採用助跑引槍—打鞭子——擲小球或石塊等手段，然後適時地過渡到擲標槍。

4.學習全程助跑擲標槍技術

內容：

① 預跑8～10步接投擲步。

② 預跑8～10步接投擲步徒手、投小球或石塊做「鞭打」動作。

③ 預跑8～10步接投擲步擲輕標槍（中等強度）。

教法提示：

① 選擇適宜的助跑速度對初學者掌握正確動作非常重要，初學階段助跑速度不宜過快。

② 逐漸提高投擲強度與量，對掌握與鞏固全程助跑投擲標槍技術有著十分重要的意義。

（四）鞏固和完善投擲標槍技術

內容：

① 選擇和確定各自的助跑距離、速度以及各環節的技術後，進行大量的投擲練習（中上強度）。

② 加大投擲強度。

③ 參加測驗和比賽。

教法提示：

① 教師應在整個教學過程中隨時注意初學者的個人特點，選擇適合於他們的技術，以便發揮其所長。

② 逐漸增加大強度投擲標槍的比重，隨著技術的相對鞏固，安排學生參加測驗和比賽。過早過多地加大投擲強度或參加比賽，不但不能掌握和鞏固技術，反而會破壞技術。

擲標槍技術教學的各個步驟是相互聯繫的，其最終目的是掌握完整擲標槍技術。因此，要求基本掌握了一個動作後及時地向下一個動作過渡，以利於較快地掌握完整投擲標槍技術。

二、教學中常見的錯誤動作及其產生原因和糾正方法

1.投擲步減速，助跑與最後用力銜接不好

(1) 產生原因

① 步點不準。

② 預跑階段速度過快，破壞了投擲步的加速節奏，動作失控，以致最後用力前被迫減速。

③ 引槍時上體主動後倒，後仰幅度過大。

④ 交叉步騰空過高，落地時衝擊力大，髖、膝緩衝幅度大，時間長。

⑤ 交叉步落地時左腳位於右腳後方，最後一步左腳落地速度慢。

(2) 糾正方法

① 量準步點，調整預跑速度和節奏，反覆做持槍助跑練習。

② 反覆做慢跑和加速跑中的引槍練習。

③ 反覆徒手和持槍做交叉步接最後用力動作的練習，並注意交叉步騰空高度和最後一步左腳的積極前邁落地。

2.最後用力前控制不好標槍的正確位置

(1) 產生原因

① 引槍不到位。

② 投擲步中標槍晃動，導致最後用力開始時槍的位置和槍尖指向不正確。

(2) 糾正方法

① 在行進間反覆做引槍練習，引槍要到位，持槍臂自然向後伸直。

② 做 15～20 公尺持槍交叉步跑，標槍要始終被控制在離身體較近的位置，槍頭靠近右眉。

3.用力順序不對

(1) 產生原因

① 正確動作概念不清。

② 右腿蹬轉送髖動作不充分，上體過早前移，沒有形成「滿弓」。

③ 右肩、右肘、右腕未依次達到最大速度，手臂過早用力。

(2) 糾正方法

① 明確正確用力順序，用提問等形式多次強化記憶。

② 反覆做上 1 步擲槍練習。

③ 成原地投預備姿勢，右臂後伸拉皮筋或肋木，反覆做最後用力的右腿蹬伸送髖和翻肩成「滿弓」動作。

4.用力未能透過標槍縱軸

(1) 產生原因

① 最後用力前控制不好標槍的正確位置，標槍縱軸偏離投擲方向。

② 引槍時手臂位置低，轉肩和「滿弓」時標槍的仰角過大或與前臂的夾角過大。

③ 轉肩時，肘關節位置低於肩，手臂用力時向下拉槍。

④ 隨著上體和肩軸的左轉，帶動手臂的用力方向也向左偏。

(2) 糾正方法

① 反覆做插槍練習。

② 引槍、交叉步、轉肩時注意控制標槍的角度和位置。

③ 出槍時沿槍身方向用力，有意識使出槍的方向稍偏向右上方。

5.「鞭打」動作效果較差

(1) 產生原因

① 肩關節靈活性差。

② 「滿弓」動作不充分。

③ 「鞭打」時投擲臂肘關節低於肩或彎曲不夠。

④ 「鞭打」時各環節加、減速順序不對。

(2) 糾正方法

① 發展肩關節柔韌性。

② 用皮筋做翻肩轉體成「滿弓」的練習。

③ 徒手或持小樹枝做「鞭打」練習，肩、肘、腕依次加、減速。

6.最後用力左支撐不好

(1) 產生原因

① 最後一步支撐制動效果差，表現為右腳過早前邁。

② 支撐制動後，在用力時左腿蹬伸不充分，臀部下坐。

(2) 糾正方法

① 反覆做上 1 步擲槍練習，強調形成穩定雙支撐和「滿弓」後手臂開始用力。

② 防止最後一步過大，限定最後一步步幅。

③ 透過各種練習加強腿部力量。

第四節・擲標槍訓練

標槍屬於輕器械投擲項目，投擲時具有動作速度快、爆發力強、技術較為複雜等特點。透過系統訓練可培養出既有專項的爆發力又有高度協調能力的運動員。在訓練中，運動員應該發揮出最大的速度又能準確地用力於標槍的縱軸，只有兩者協調起來才能不斷地提高專項成績。

一、三級到二級運動員的訓練

本階段訓練的主要內容為投擲輕器械，發展速度、爆發力、小肌肉群力量、協調、柔韌性，較少採用大重量的槓鈴練習和投擲重器械，體現基礎訓練的特點。

本階段的技術訓練首先要安排一個時間較長的教學期，以便掌握正確的投擲標槍技術。然後逐漸增加訓練強度，以免形成錯誤動作的定型而影響下一年齡階段的訓練。主要訓練方法和手段如下：

1.技術訓練

（1）最後用力的各種模仿練習（用器械或徒手）。

（2）原地和上 3～5 步打鞭子、投小壘球或小石頭。

（3）原地和上 3～5 步投輕標槍。

（4）短助跑和全程助跑投小壘球或小石頭。

（5）短助跑和全程助跑投輕標槍。

2.身體訓練

（1）**速度**：30、50、60 公尺加速跑，起跑，反應跑，行進間跑。

（2）**跳躍**：①立定跳遠、3—5—10 級跨步跳、蛙跳。②各種姿勢的跳繩。③連續跳台階、障礙。④負重縱跳。

（3）**小力量**：①持 1～2 公斤槓鈴片做肩、腰繞環。②持 5～10 公斤槓鈴片做雙手頭後彎舉。③持10～20 公斤槓鈴片做雙手頭上舉同時向前邁步成弓箭步。④持 2.5～5 公斤槓鈴片做「滿弓」練習。⑤持 10～20 公斤槓鈴片做體前彎舉。

（4）**專項能力**（除技術訓練手段外）：①投 100～500 克小球或石塊。②雙手投 1.2 公斤實心球。③對牆反彈球練習（單手 0.5～0.75 公斤、雙手 1～2 公斤）。④各種拋擲練習（2.4 公斤）。

（5）體操練習：①前、後滾翻。②側手翻。③前、後手翻。④前、後空翻。

（6）柔韌練習：①逐漸縮短雙手間距離的由前向後轉肩練習。②各種「橋」練習。

（7）耐力及其他：①越野跑、定時耐力跑。②各種球類遊戲。

二、二級到一級運動員的訓練

本階段的技術訓練應以完整技術練習為主，建立正確的完整技術動力定型。完整技術不僅包括全程助跑擲標槍，而且還應包括大量的全程助跑的模仿練習，如全程助跑引槍、打鞭子、投小球或石塊。隨著技術的掌握與鞏固，逐漸加大投擲的強度和數量，但過早、過多地加大投擲強度不僅不利於掌握與鞏固技術，而且還可能破壞技術與造成傷病。

隨著年齡的增長、身體各個器官機能的增強和全面身體素質的提高，應逐漸增加專項素質訓練的比重。

培養比賽能力。這是一項綜合能力的反映，它包括技術、素質、意志以及運動員自我調節能力等。因此，在整個訓練過程中要有意識地培養比賽能力，使其不斷提高。

1.技術訓練

（1）30 公尺持槍跑。
（2）30 公尺持槍交叉步跑。
（3）全程助跑引槍。
（4）短助跑投槍。
（5）全程助跑投槍。

2.身體訓練

（1）速度練習、跳躍練習、小肌肉群力量練習同三級到二級運動員的訓練。專項能力除與上一個年齡段相同外，增加：①原地、助跑投小鐵球（男 1～1.5 公斤、女 0.8～1 公斤）。②雙手投實心球（男 2 公斤、女 1～1.5 公斤）。
（2）大力量練習：①抓舉。②高翻。③半蹲。④深蹲。⑤臥推。
（3）其他練習手段同上一個年齡階段。

三、一級到健將級運動員的訓練

本階段的技術訓練應以完整投擲標槍為主，並貫徹在全年訓練中進行。保證一定比例的大強度訓練是鞏固和完善完整投擲標槍技術的重要保證，也是保證高質量

訓練的標誌之一。應逐漸加大投擲器械的重量和強度來提高投擲能力。

1.技術訓練

（1）各種距離的持槍跑。
（2）各種距離的持槍交叉步跑。
（3）全程助跑引槍。
（4）全程助跑擲標槍。

2.身體訓練

（1）速度練習、跳躍練習、小力量練習同二級到一級運動員的訓練。
（2）專項能力
① 同二級到一級運動員的訓練。
② 投小鐵球（男 1.5～2 公斤、女 1～1.5 公斤）。
③ 投重標槍（男 900 克、女 700 克）。
④ 雙手投鐵球（男 3～4 公斤、女 2～3 公斤）。
（3）大力量練習及其他手段同二級到一級運動員的訓練。

隨著年齡的增長，運動員參賽的次數也逐漸增多。優秀運動員每年參賽次數可達 13～15 次。參加主要比賽需要有 6～8 週時間的專門安排，即大賽前的專門訓練。透過技術訓練、身體訓練、心理誘導以及模擬訓練等逐漸提高運動員的競技能力，使運動員在重大比賽中表現出良好成績。賽前一週的安排至關重要，要根據個人特點把運動員的狀態調控到最佳水準。過早、過多地減量可能導致提前興奮，負荷量降得過晚可能導致比賽時興奮不起來，因此，要求教練員根據運動員的個人特點，安排好賽前的訓練。

提高比賽能力的主要手段以提高訓練難度和參加比賽為主，從中提高運動員自我調控能力，以利於在重大比賽中發揮水準。

增加比賽次數的目的是：第一，提高訓練強度。第二，檢查訓練效果和發現問題。第三，提高專項成績。可把某一些比賽作為訓練內容的組成部分，而把另一些比賽作為提高專項成績與爭取好名次的手段，即進行不同的安排。

第十五章

擲鐵餅

馬明彩

第一節・擲鐵餅的發展與研究概況

一、世界擲鐵餅運動的發展

擲鐵餅是古希臘民族傳統體育項目。比賽時，運動員是在古希臘人稱之為「巴爾比斯」的場地上投擲。這是一個不大的方形場地，運動員右手持餅向身體右側轉動預擺數次之後原地或上步擲出。不得越過或踩踏場地前方或兩側的界線。這就是「希臘式」的擲鐵餅動作。

公元前 5 世紀古希臘著名雕塑家公尺倫，創作了一座健美、剛毅的「擲鐵餅者」雕像，栩栩如生地表現出古代擲鐵餅運動員的英姿。它的複製品至今還聳立在許多國家的文化廣場、公園或體育場館。

1896 年第 1 屆現代奧運會上，擲鐵餅被列入正式比賽項目。比賽是在高出地面 2 英寸、邊長為 2.5 公尺的正方形台上進行的。當時鐵餅重量是 1.932 公斤，美國運動員加列特模仿希臘人的所謂「希臘式」擲鐵餅動作以 29.15 公尺的成績獲得冠軍。希臘運動員巴拉斯克瓦普洛斯以 29 公尺屈居第 2。

在第 2 屆奧運會上，捷克運動員採用了旋轉擲鐵餅技術，被稱為「自由式」技術。1908 年第 4 屆奧運會的比賽中，規定要分別採用「希臘式」和「自由式」兩種投法進行比賽。美國運動員謝里登獲兩種擲法的冠軍，「希臘式」的成績是 37.99 公尺，「自由式」的成績是 40.89 公尺，顯示了「自由式」的優越性，從此「希臘式」被淘汰。

1912 年國際業餘田徑聯合會確定了鐵餅重量為 2 公斤，投擲圈的直徑為 2.50 公尺。1912 年 5 月，美國運動員詹・鄧肯創造了第一個男子鐵餅世界紀錄，成績是 47.58 公尺。女子鐵餅在 1928 年第 9 屆奧運會上才被列為比賽項目，波蘭選手科諾帕茨卡獲得冠軍，成績是 39.62 公尺。

國際田聯承認的第一個女子鐵餅世界紀錄是德國運動員吉‧毛厄爾邁爾在1936年創造的48.31公尺。她在1936年第11屆奧運會上以47.63公尺的成績獲得金牌，並打破奧運會紀錄。

擲鐵餅運動的發展可分為以下四個階段：

第一階段（19世紀末─20世紀40年代）

這階段的特點是：運動員在擲鐵餅技術動作形式上進行了不斷的革新。1896年第1屆現代奧運會上，美國運動員和希臘運動員都是採用「希臘式」的動作。第1屆奧運會之後，這個本屬於希臘人的民族傳統體育項目，引起了很多國家運動員的興趣，試圖對擲餅動作進行改進。1897年瑞典人得斯特勒試用轉體的動作初見成效，他把鐵餅投到38.70公尺。

1900年第2屆奧運會上，捷克人揚‧斯烏克第一次在國際範圍內向人們表演了旋轉投擲鐵餅的技術，他雖然在比賽中未能取得優勝，但卻引起人們的思考，起到了推廣作用。美國運動員多次在奧運會上奪冠，例如第3屆、第4屆冠軍是M.謝里登；第8屆、第9屆冠軍是C.豪澤。

1930年5月，美國運動員埃‧克倫茨第一個突破50公尺大關，以51.03公尺創造了新的世界紀錄。身高183公分、體重100公斤的義大利運動員阿‧康索里尼，不斷從技術上進行探索和試驗，在1948年第14屆奧運會上，他首次採用背向旋轉擲鐵餅技術，以52.78公尺榮登榜首，此後他3次刷新男子鐵餅世界紀錄，最好成績是同年10月創造的55.33公尺。從此以後，背向旋轉擲鐵餅技術在世界範圍得到推廣。

擲鐵餅的技術動作，從外形上經歷了原地投擲、上步投擲、側向旋轉投擲、背向旋轉投擲等變化的階段。從技術原理上分析，這些技術動作的演變逐步加大了施力於鐵餅上的距離，能充分發揮人體大肌肉群的力量，並利用了人體轉動的動能，有利於提高鐵餅出手的初速度（初速度是決定投擲遠度最主要的因素）。因此，隨著技術的革新，成績逐步提高。

第二階段（20世紀50年代）

20世紀50年代普遍採用了背向旋轉投擲技術，但是動作類型和動作結構差異較大。例如，蘇聯女選手尼‧杜姆巴潔的鐵餅運行路線呈「波浪式」，1948年以53.25公尺第一個實破50公尺，1952年她創造的57.04公尺的世界紀錄震動了國際田壇。當時運動員起轉時兩腳開立約同肩寬，進入旋轉一剎那的兩腿騰空較高，空中做大扣髖「跨跳式」的旋轉。

美國身高192公分、體重106公斤的厄特的技術特點是預擺後，持餅臂放在後背上，上體前傾稍大，旋轉重心低，兩腿轉換接近走步式，騰空時間短，動作比較穩定。因此，他在第18、19兩屆奧運會上，以穩定的技術和成績，戰勝了賽前比他成績好得多的運動員，連同第16、17兩屆奧運會，他獲得四連冠，並4破世界紀錄，被人們榮稱為「鐵餅之神」。他第一次參加奧運會是1956年第16屆，時年

20 歲，最後一屆是 1968 年，時年已 32 歲，以 64.78 公尺，第 4 次榮登奧運會榜首，成為奧運會田徑史上唯一的在同一項目上 4 次蟬聯冠軍的明星。厄特因對奧林匹克運動作出了傑出貢獻，榮獲奧林匹克銅質勳章，他是第一批進入美國「奧林匹克紀念堂」的 8 位世界體育明星之一。

1980 年莫斯科奧運前夕，44 歲的厄特在比賽中竟投到 65.56 公尺。由於美國對莫斯科奧運會的抵制，厄特未能成行。波蘭運動員皮亞特科夫斯基於 1959 年 6 月以 59.91 公尺的成績創造了新的世界紀錄。他的技術特點是：背向旋轉過程中肩軸與髖軸扭轉超越器械好，動作連貫，但上體比較正直，動作幅度上受到限制。

投擲圈內地面由土質改為混凝土之後，運動員加強了轉動因素和旋轉速度。旋轉過程中，下肢明顯超越上體，形成較好的超越器械動作與最後用力的銜接技術。20 世紀 50 年代蘇聯運動員馬特維耶夫來華表演，他的快速旋轉技術給人們留下了深刻印象。

第三階段（20 世紀 60—70 年代）

20 世紀 60—70 年代，中國、日本、東德和西德運動員，曾試圖在背向旋轉的基礎上，再加長旋轉的距離。中國運動員王福榮，利用靈巧、協調、快速的良好身體素質，採用兩圈旋轉技術取得好成績。東德和西德運動員試用超背向旋轉投擲，曾投過 68 公尺，這些嘗試雖然取得了可觀的成績，但是由於旋轉速度的利用率和旋轉與最後用力組合的綜合效益受到限制，沒有取得突破性的進展，因此沒有被廣泛採用。

第一個突破 60 公尺大關的運動員是美國的傑‧西爾維斯特，他於 1961 年 8 月創造了 60.56 公尺的世界紀錄。他的技術特點是加大了旋轉動作的幅度，起轉時兩腳開立距離稍寬於肩，背向旋轉，動作舒展大方、幅度大、連貫加速，奠定了現代擲鐵餅技術的基礎。後來發展為人們所說的「大半徑」背向旋轉擲鐵餅技術。也有人稱之為低姿勢大幅度。

技術特點是：開始姿勢兩腳開立寬於肩，進入旋轉單支撐時，右腿弧形擺動稍遠離支撐腿，轉動半徑大，動作舒展幅度開闊，低騰空，銜接緊密，連貫加速好，最後用力工作距離長，有利於加快出手速度。

美國的威爾金斯是第一個突破男子 70 公尺大關的運動員，他在 1976 年 5 月的比賽中，先後以 69.80 公尺、70.24 公尺和 70.86 公尺 3 次打破自己在同年 4 月創造的 69.18 公尺的世界紀錄。1978 年 8 月東德的施公尺特把世界紀錄提高到 71.16 公尺。

1967 年西德的女運動員利‧維斯特曼以 61.26 公尺的成績首次突破 60 公尺。羅馬尼亞的瑪諾柳在 1968 年第 19 屆奧運會上，以 58.28 公尺奪得金牌，當時她已 36 歲，成為年紀最大的奧運女冠軍，被列入世界吉尼斯紀錄大全。

身高 170 公分、體重 80 公斤的蘇聯女選手法‧麥爾尼克 1971 至 1976 年先後 11 次刷新世界紀錄，1971 年，她 26 歲時第一次以 66.22 公尺打破由德國維斯特曼

保持的世界紀錄。1972 年第 20 屆奧運會上，麥爾尼克又以 66.62 公尺的成績奪取金牌，1975 年 8 月以 70.20 公尺第一個突破 70 公尺大關，1976 年 4 月又把世界紀錄提高到 70.50 公尺。法・麥爾尼克採用左腳「鏈球式」進入旋轉的技術和 1972 年以 68.40 公尺平世界紀錄的瑞典運動員布魯克等採用進入旋轉甩右小腿的方法，以後很少有人採用。這些技術動作上的變化都沒有被運動員們普遍接受，專家認為，這只是技術細節上的個人特點。

1976 年和 1980 年兩屆奧運會的女子鐵餅冠軍是東德的雅爾・施拉克，兩次成績分別是 69.00 公尺和 69.96 公尺。她身高 179 公分，體重 84 公斤。1978 年以 70.72 公尺、1980 年以 71.50 公尺兩次打破世界紀錄，1979 年和 1981 年兩次獲世界盃冠軍，成績分別是 65.18 公尺和 66.70 公尺，1978 至 1981 年，她 4 次擲出 70 公尺以上。

第四階段（20 世紀 80 年代至今）

從擲鐵餅動作外形上觀察沒有明顯的變革，普遍採用寬站立、低姿勢、幅度大、加速節奏好的背向旋轉擲鐵餅技術。由於世界級優秀運動員的個體特點差異，他們在技術類型、技術風格和動作細節上都存在著個體化的特徵：結合個人特點，不斷改進技術細節，充分發揮速度力量，同時，不斷改進專項訓練方法和手段，大力提高專項投擲能力，以促進和完善背向旋轉擲鐵餅的整體技術。

1986 年 6 月，東德運動員舒爾特創造了 74.08 公尺的男子世界新紀錄，並保持至今。2008 年北京奧運會男子鐵餅冠軍是愛沙尼亞的坎特，成績是 68.82 公尺。

東德的女運動員赫爾曼（即奧皮茨）採用大幅度、低騰空旋轉技術，在 1988 年第 24 屆奧運會上以 72.30 公尺的成績名前榜首。同年東德選手萊因施創造了 76.80 公尺的女子鐵餅世界新紀錄，並保持至今。萊因施身高 185 公分，體重 81 公斤，身材苗條，外型像跳高運動員，她的技術特點是起轉平穩，簡單實效，動作舒展，肌肉彈性好，爆發力強，用力幅度大。2008 年北京奧運會女鐵餅冠軍是美國的特拉夫頓，成績是 64.76 公尺。

以威爾金斯、施公尺特、舒爾特和赫爾曼（女）、雅爾施拉克（女）為代表的世界級優秀運動員，既注重旋轉速度，又重視動作幅度，低騰空，重心起伏小，衍接緊密，加速節奏好，超越器械和最後用力充分，出手速度快。

二、中國擲鐵餅運動的發展

1914 年舉行的舊中國第 2 屆全國運動會上，第一次設立男子鐵餅比賽項目，成績只有 26.33 公尺。1933 年第 5 屆全國運動會女子鐵餅才列入比賽項目，成績是 28.66 公尺。舊中國男女紀錄分別是 42.15 公尺和 30.05 公尺。

新中國成立後，擲鐵餅的成績迅速提高，女子鐵餅是中國田徑史上達到世界先進水準最早的投擲項目。1956 年 11 月，石寶珠第 12 次刷新全國紀錄，並以 50.93

公尺的成績排列當年世界第 7 位。1960 年王士玉以 51.10 公尺打破了石寶珠保持的全國紀錄。

1965 年、1966 年劉德翠以 55.10 公尺和 55.89 公尺再破全國紀錄，排進當年世界最好成績的前 10 名。20 世紀 70 年代初，中國引進國際流行的寬站立、低姿勢、大幅度的背向旋轉投擲技術，結合中國運動員的個人特點，使技術更趨於合理，謝建華多次打破全國紀錄。

李曉惠於 1976 年以 56.72 公尺打破亞洲女子鐵餅紀錄，她 22 次打破全國紀錄和亞洲紀錄。保持亞洲紀錄 10 年之久，1980 年 5 月，她又以 61.80 公尺第一個突破 60 公尺大關，1979 年、1981 年、1985 年 3 屆田徑世界盃，她獲得第五名 2次，第六名 1 次。

1986 年以來，侯雪梅和於厚潤多次打破亞洲紀錄，侯雪梅還獲得 1988 年第 24屆奧運會第 8 名，成績是 65.94 公尺；第 5 屆世界盃第 2 名，成績是 66.04 公尺。1991 年閔春鳳在第 3 屆世錦賽上以 65.56 公尺獲第 6 名；1992 年以 63.38 公尺獲第6 屆世界盃第 3 名；1993 年第 4 屆世錦賽以 65.26 公尺獲得第 3 名。

1992 年肖豔玲首次突破 70 公尺，創造了 71.86 公尺的亞洲紀錄和全國紀錄。排當年世界最好成績；她在 1996 年美國亞特蘭大奧運會上以 64.72 公尺獲第 5名。2008 年北京奧運會上，宋愛民以 62.20 公尺獲第 5 名。李豔鳳在北京奧運會上獲得第 7 名。2010 年廣州亞運會上，李豔鳳以 66.18 公尺獲冠軍，並破大會紀錄，宋愛民以 64.04 公尺獲亞軍。

1954 年 5 月，李秉誠以 42.28 公尺首創新中國男子鐵餅紀錄。後來孫久遠 5 破全國紀錄，最好成績是 1959 年 8 月創造的 53.48 公尺。1977 年 4 月劉殿龍以 53.64公尺刷新孫久遠保持 18 年的全國紀錄。

1984 年以 60.40 公尺第一個突破 60 公尺大關，他旋轉速度快，加速節奏好，動作流暢，能發揮全身協調用力的能力。1990 年張景龍以 61.72 公尺的成績打破了伊朗運動員保持 16 年之久的亞洲紀錄。1992 年 5 月於文革把亞洲紀錄提高到65.02 公尺。1996 年 5 月，李少傑又以 65.16 公尺的成績再次刷新亞洲紀錄和全國紀錄，一直保持至今。

中國幾代教練員、運動員和科研人員，在借鑑國外先進技術的基礎上，不斷探索適合中國運動員特點的技術類型和技術風格，充分發揮了中國運動員靈巧、協調、快速的特點。

中國女子鐵餅運動員的成績達到了世界水準。優秀女子鐵餅運動員李豔鳳於2011 年 6 月 7 日在德國舒那貝克國際鹽礆杯田徑大獎賽中以 67.98 公尺的成績獲得冠軍。同年，在韓國大邱舉行的世界田徑錦標賽上又以 66.52 公尺成績奪得金牌，她創造了中國田徑歷史新的亮點。她的技術規範和成績穩定（圖 48），頗有實力，表現出中國女子鐵餅運動項目當今的競技實力，增強了中國女子鐵餅運動員的信心和力量。中國男選手的成績與世界水準相比，尚有較大差距。

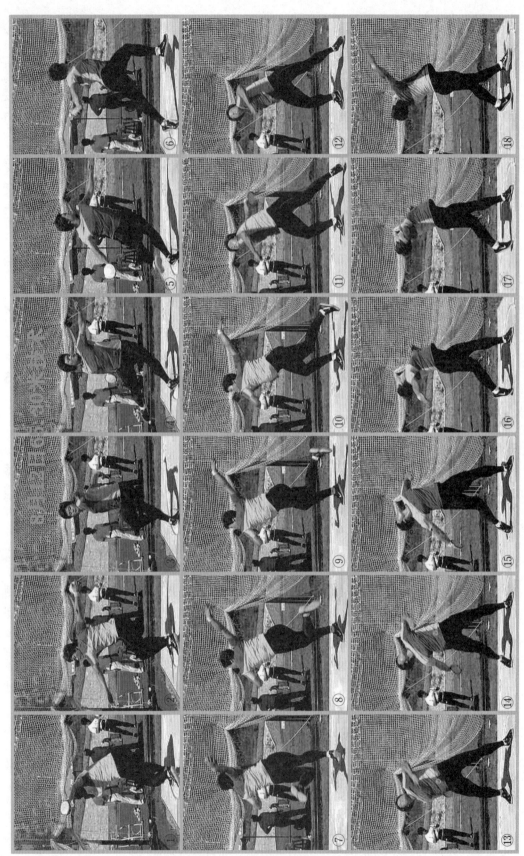

圖 48　優秀女子鐵餅運動員李豔鳳的技術動作

三、國內外的擲鐵餅運動研究概況和擲鐵餅運動發展趨勢

近三十多年以來，國外運動專家運用運動生物力學方法對鐵餅技術進行了深入研究，測試出世界級優秀運動員大量的擲鐵餅技術參數，不僅揭示了各技術環節的空間結構，而且更重視研究各技術環節的時間結構，使人們對擲鐵餅技術的實質認識逐步加深，明確了以提高出手初速度為核心。

20 世紀 80 年代以來，中國運用運動生物力學對擲鐵餅技術進行研究。國家體育總局體育科研所研究員吳延禧等人運用高速攝影三維解析方法，測試了中國 5 名男子優秀鐵餅運動員的技術參數並與蘇珊卡等人測試的世界級男子優秀運動員的數據進行了對比分析，指出中國男運動員技術上的主要差距與建議。

體育院校的研究生，也多次對中國男女鐵餅運動員的技術進行生物力學測試和分析，這對進一步認識和研究擲鐵餅技術和訓練的規律，促進中國擲鐵餅運動的發展，起到了良好的作用。

概括現代擲鐵餅技術的特點是：起轉平穩加速，動作舒展大方，重心起伏小，騰空時間短，各技術環節動作轉換合理、銜接緊密，完整動作加速節奏好，最後用力幅度大、出手速度快。隨著運動實踐和科學研究的發展，將會進一步揭示和認識各技術環節空間和時間結構變化的規律，探索適合運動員個人特點的技術類型和風格，使各技術環節形成最佳組合。特別是在旋轉與最後用力的銜接技術研究方面，力求最大限度地發揮出整體技術的綜合效益，使鐵餅形成大幅度的系統加速，達到最大的出手速度和最佳的出手初始因素。

所謂系統加速是指擲鐵餅技術經過多個技術環節組合而成的一個完整的系統的加速工程。從預擺結束到鐵餅出手，在 1 秒至 1.5 秒的時間內，人體轉動一圈半、鐵餅運行大約兩週 10 公尺左右的距離，前一個技術環節除完成本環節的加速任務之外，還必須為後一個環節的持續加速在空間結構和時間結構上作好鋪墊，特別是旋轉與最後用力的銜接是最關鍵的轉換技術環節。

目前，擲鐵餅最後用力時兩腳支撐的動作有兩種方式，一種為「支撐投」，一種為「跳投」。「支撐投」是在左腳支撐的情況下將鐵餅擲出，「跳投」則是在鐵餅出手的一剎那雙腳已經離地。國外女運動員大多採用「支撐投」，男運動員多採用「跳投」。中國男女運動員大多採用「跳投」的方法。男子世界紀錄保持者舒爾特，原採用「支撐投」，1985 年底改用「跳投」，1986 年以 74.08 公尺打破了世界紀錄，但技術非常不穩定，以後又改為「支撐投」。「支撐投」技術有利於充分發揮腰部和胸臂的力量，用力幅度大，技術穩定性好；「跳投」則能夠發揮腿腰快速用力的能力。但是，「跳投」時不宜過早跳起，要把握住各用力環節動作到位之後適時離地，因此，技術難度較大，技術穩定性稍差。

少年運動員初學擲鐵餅技術時，最好學習「支撐投」技術，以利於將來達到高水準階段時對不同技術方式的選擇。因為學會「支撐投」改「跳投」比較容易，而

學會「跳投」之後再改用「支撐投」相對較難。

擲鐵餅運動的發展趨勢：

（一）鐵餅運動員的形態選材向高大方向發展

當前世界優秀男運動員身高 195 公分以上，臂展 2.00 公尺以上；女運動員身高 180 公分以上，臂展 1.85 公尺以上，這為加大動作幅度提供了天然條件。當然，影響動作幅度的因素還有運動員做動作時肌肉舒展的程度，身體保持適度前傾，保持半蹲和髖、肩、臂扭轉超越的程度，身體重心和轉動軸的變化以及技術結構和技術類型等。

（二）繼續將探討擲鐵餅合理技術作為主要方向

第一，以提高出手初速為核心，探索各技術環節空間結構和時間結構形成最佳組合，特別是旋轉和最後用力銜接技術的研究，力求最大限度地發揮整體技術的綜合效益，使鐵餅形成大幅度的系統加速，達到最大的出手初速度和最佳的出手初始因素。有研究者認為，鐵餅出手初速度從 24.5 公尺／秒，增加到 25.5 公尺／秒，成績將提高 4.8 公尺。

第二，擲鐵餅是旋轉投擲項目，旋轉速度，特別是旋轉加速度至關重要，旋轉過程中，重心越平穩越有利於旋轉速度的提高，因此，騰空時間短，重心起伏小，軀幹、胸臂的扭轉鞭打，是發揮速度的基本要求。

第三，繼續探索適合運動員個人特點的技術類型和技術風格。由於運動員存在形態差異、素質差異和習慣差異，因此每個人的技術細節、技術特點都有差異。蘇珊卡等人認為：「世界最好的成年鐵餅運動員平均年齡是 27 歲，這是力量發展潛力達到頂點的年齡，在比賽中技術水準的提高和豐富的比賽經驗，使之達到較好成績成為可能。」例如：西爾維斯特 34 歲時投到 70.38 公尺，鮑威爾 37 歲時投 71.26 公尺，布魯克 38 歲時投 71.26 公尺，厄特在 1980 年 44 歲時投到 65.56 公尺，都提高了個人最好成績。這主要是因為在自己的技術細節上不斷探索改進優化組合，提高了自己已具備的身體能力的利用率。

第四，更加廣泛深入地運用生物力學和多學科研究優秀運動員的技術細節和關鍵技術環節，並結合技術錄影和現場技術觀察診斷以改進技術。

（三）繼續探索優秀運動員基礎大力量、專項力量、專項投擲力量和專項投擲速度最佳組合的相關指標模式，使之更加協調合理

運動員採用投擲輕重鐵餅組合訓練，收到很好的效果，例如：男運動員採用投擲 2.1 公斤、2.2 公斤、2.3 公斤、2.4 公斤、2.5 公斤的重餅，主要目的是發展專項力量。採用投擲 1.9 公斤、1.8 公斤、1.7 公斤、1.6 公斤、1.5 公斤的輕餅，主要目的是發展專項投擲速度。不同特點的運動員，在不同的訓練時期、不同的訓練階

段，運用不同重量鐵餅的組合訓練，達到提高專項成績的目的。

第二節・擲鐵餅技術

擲鐵餅技術是一個完整的連貫加速的動作過程。為了描述和分析方便，一般分為握持鐵餅與預擺、旋轉與最後用力、鐵餅出手後的維持身體平衡等幾個技術環節。

一、握持鐵餅與預擺（以右手投擲為例）

（一）握　法

持餅手五指自然分開，拇指和手掌平靠鐵餅，其餘四指末節扣住鐵餅的邊緣，手腕微屈，鐵餅上緣微微靠於前臂。握好鐵餅後，持餅臂自然放鬆下垂於體側（圖49）

由於運動員手掌大小不同，手指力量強弱各異，握餅時手指分開的大小和四指末節扣住鐵餅邊緣的多少可以適當調整。一般地說，在能放鬆自如地控制好鐵餅的前提下，四指末節扣餅略少為好，這樣有利於增加投擲半徑。

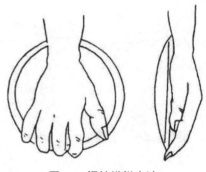

圖 49　握持鐵餅方法

（二）預　擺

1.預備姿勢

背對投擲方向站立於投擲圈後緣中線的兩側，兩腳左右開立比肩略寬，左腳尖稍微離開投擲圈的後緣。持餅臂自然放鬆下垂於體側。

兩腳左右開立的寬度因人而異，適當地寬站立有利於增加雙支撐轉動的半徑，為加大轉動慣量提供有利的條件，但是也增加了技術的難度，對運動員的能力和技術提出了較高的要求。因此，要根據運動員的形態、能力和技術特點而選擇適合自己特點的起轉站立寬度。

2.預　擺

預擺的目的是為進入旋轉從身體姿勢、肌肉狀態和心理上做好準備。預備姿勢站好後，體重靠近右腿，持餅臂於體側前後放鬆擺動。當餅擺至身後時，右腿稍微蹬地，同時，以微收腹的軀幹帶動投擲臂向左充分轉體擺動。當鐵餅擺至左後約同肩高或略低於肩時，左手托餅，體重移至左腿（圖50①）。

圖 50　舒爾特擲鐵餅技術動作

　　然後，軀幹帶動放鬆的投擲臂向右後方擺動，保持微收腹，軀幹大幅度向右轉動。兩腿保持微屈，體重移向右腿。頭隨著肩軸的轉動而自然轉動。擺至回擺點時，鐵餅約與肩同高（圖50②）。這種擺餅法簡練、平穩、幅度大，包括舒爾特在

內的不少優秀選手採用這種方法。

也有運動員採用擺至左側不用左手托餅的方法，不同點是：當鐵餅擺向左後方時，持餅手掌心逐漸翻轉向上，右肩稍前傾。當餅向右後方向回擺時，持餅手掌心逐漸翻轉向下，軀幹充分向右後方轉動，使身體型成扭轉拉緊狀態。擺餅動作要求放鬆，幅度大。目前不少優秀女運動員採用這種方法。

不論採用哪一種預擺方法，都要求軀幹帶動持餅臂放鬆、大幅度地預擺。上體微前傾、收腹，肩軸基本與地面平行。預擺動作要有節奏，預擺速度應與開始進入旋轉的速度相適應。預擺結束時，肩軸與髖軸形成一定的扭轉角，使腰部肌肉扭轉拉長，投擲臂與肩軸形成一定的拉引角，右側胸臂肌肉舒展拉長，以加長鐵餅運行的路線。

二、旋轉與最後用力

為了便於分析，把旋轉和最後用力兩個重要技術部分分為六個時相，即雙腿支撐起轉（預擺結束至右腳離地）、單腿支撐旋轉（右腳離地至左腳離地）、騰空旋轉（左腳離地至右腳落地）、銜接階段（右腳落地至左腳落地）、最後用力初始加速階段（左腳落地至鐵餅運行到最低點）、最後用力的最後加速階段（鐵餅運行至最低點到鐵餅出手）。

（一）雙腿支撐起轉（見圖50③④）

旋轉是擲鐵餅技術的預先加速階段。優秀運動員透過旋轉可使鐵餅獲得 10 公尺／秒左右的速度，加之最後用力的再加速，能使鐵餅達到 25 公尺／秒左右的出手速度。旋轉投比原地投遠 8～15 公尺，這個差值往往是衡量旋轉技術質量的重要參考標誌之一。

旋轉的目的是：第一，為最後用力積累人體轉動的動能，使鐵餅產生一定的預先速度；第二，為最後用力形成大幅度加速用力的動作結構。這兩者必須兼顧，形成最佳組合。

根據轉動動能（E）與轉動慣量（I）、轉動角速度（ω）的關係式 $E=1/2I\omega$，人體轉動慣量與人體質量（m，包括質量分佈）、轉動半徑（r）的關係式 $I=mr^2$，說明在人體質量不變的條件下，轉動慣量與轉動半徑成正比。開始起轉時，兩腳左右站立的距離比肩稍寬，旋轉時適當加大下肢和上體轉動半徑，使轉動慣量加大，這有利於獲得較大的轉動動能。但是開立距離過寬，起轉技術難度大，應因人而異。

雙支撐起轉是在儘量保持預擺結束後所形成的身體扭轉和肩臂水平拉引角不變的狀態下，由背向投擲方向轉向側對投擲方向，這一環節的轉動是由多個動作細節組合而成，既有先後動作順序，又有同時進行轉動的復合動作過程，其主要要點

是：

第一，雙腿屈膝支撐轉動，同時左臂自然伸展，兩肩平行，上體保持收腹和適度前傾，左肩經左膝上方沿大弧線向投擲方向轉動，左腿和左肩協調配合，形成一體進行轉動。前世界紀錄創造者施公尺特的教練德國的阿希姆・施彭克來華講學時認為：「左腿轉動領先於左肩 10°左右。」雙腿支撐起動要平穩，不宜突然加速，特別要防止突然甩左臂拉左肩，要控制好肩軸轉動的角速度。蘇聯教材在評價西爾維斯特、威爾金斯、施公尺特這一動作時寫道：「在進入旋轉時，三人當中沒有任何一個人過分地把肩部打開，威爾金斯在左手的作用下比別人打開得多一點，而施公尺特和西爾維斯特在進入旋轉時，腰部仍扭得很緊，從而潛在著足夠的旋轉動量。」

第二，在轉動中，身體重心由右向左稍偏前方向移動。由於此階段運動員上下肢動作結構的差異，重心移動的軌跡各不相同。據測試，中國男選手重心垂直投影點側移占雙腳支撐距離的 20%左右，重心向投擲圈中心移動的拐點是在離左腳支點 25 公分左右處。

第三，在轉動中，身體逐漸向投擲圈圓心傾斜，左腳尖轉至與投擲方向成 45°左右，右大腿內側肌群處於適度拉長狀態，為右腿的擺動和落地積極轉動創造條件。

（二）單腿支撐旋轉（見圖 50⑤—⑨）

右腳離地後微屈，右腳靠近地面沿弧形向投擲圈中心擺動，左腿屈膝支撐繼續向投擲方向轉蹬。德國阿希姆・施彭克認為：「右腿擺動時大腿高度不超過水平面，左腿保持約 130°的彎曲，蹬地角 36°～42°。」這時身體重心投影遠離支撐點向投擲圈中心移動，左臂協同控制方向和維持身體平衡，使身體平穩地在轉動過程中向前和向前過程中轉動右髖，右腿擺向投擲圈中心時要低平下扣，右腿擺扣和左腿轉蹬相結合，是形成超越器械和獲得水準速度的關鍵。

（三）騰空旋轉（見圖 50⑩⑪）

單腿支撐轉動的動作決定了騰空階段的身體結構。男女優秀運動員騰空時間一般是在 0.1～0.2 秒之間，例如在 1995 年哥德堡世界田徑錦標賽上，世界級優秀選手舒爾特 0.14 秒，雷迪爾 0.18 秒，茲維列娃 0.10 秒，維魯達 0.12 秒；在 1983 年第 1 屆世錦賽上，巴加爾 0.08 秒，奧皮茨 0.04 秒；中國優秀選手侯雪梅 0.12 秒，閔春鳳 0.11 秒。騰空時間短，重心起伏小，有利於減少速度的損失，有利於銜接右腳著地積極轉動，有利於形成大幅度最後用力的條件。

在較短的騰空時間內，左腿要積極向右腿靠攏，以減小下肢轉動半徑，增加下肢轉動的角速度，為完成髖軸超越肩軸、右腳著地積極轉動，以及左腿快速後擺落地創造條件。

（四）銜接階段（見圖 50 ⑪—⑭）

右腳以前腳掌快速落於投擲圈中心附近，左腳以前腳掌內側落於透過圓心指向投擲方向線的稍偏左側。右腳著地至左腳著地，是旋轉和最後用力的銜接階段，也可以稱為轉換階段，是承上啟下的重要技術環節。右腳著地角要小，好像「穿拖鞋」一樣，這樣有利於著地後銜接屈膝支撐快速轉動。應該注意的是「上下式」的著地容易造成停頓，影響銜接動作的連貫加速。

銜接階段的主要任務是：

第一，在合理的身體空間結構條件保證之下，及時地、積極地完成單腿屈膝支撐轉動，以儘快地使下肢轉動的作用力作用於器械上，儘量減少騰空和銜接階段速度的損失。

第二，為雙腿支撐最後用力大幅度加速形成最佳的肌肉用力條件。

因此，銜接階段實際上是旋轉的結束和進入最後用力的開始。1987 年 10 月，德國專家阿希姆‧施彭克來華講學時認為：「右腿的用力是在左腳落地之前就已經開始用力向投擲方向轉動。」

右腳著地一剎那動作結構的主要特徵是：

第一，右腳尖的指向因人而異，多數優秀運動員右腳尖指向投擲反方向偏左 45°左右，即 7 點鐘左右的方向。投擲臂指向投擲方向略偏右。鐵餅運行的最高點，約同肩高或略高於肩。

第二，身體重量大部分落在彎曲 100°～110°的右腿上。

第三，微收腹，上體前傾 45°左右。

第四，髖軸超越肩軸 45°左右，左臂伸展內扣，左肩大約位於右膝上方，軀幹形成扭緊狀態，持餅臂伸展放鬆與肩軸形成拉引角。

右腳著地後，在保持上述身體結構相對不變的情況下，右腿不停頓地、積極地屈膝轉動，同時左腳靠近地面快速擺向落點。右腳轉動 90°左右，腳尖指向投擲反方向偏右約 45°時，左腳著地。由於下肢的積極轉動，使髖軸進一步超越肩軸，形成髖——腰——肩臂——鐵餅再度扭轉拉緊，使下肢轉動的作用力開始作用於器械上。閔春鳳等 6 名中國女運動員，右腳著地至左腳著地，髖軸與肩軸扭轉角度平均由 45°增加到 50°；赫爾曼等 6 名外國女運動員，平均由 47°增加到 63°。

（五）最後用力初始加速階段（見圖 50 ⑮⑯）

雙腿支撐最後用力是擲鐵餅的最後加速階段，是在旋轉的基礎上不停頓地給鐵餅再加速，以最快的出手初速度和適宜的出手角度把餅擲出，這是決定投擲遠度的主要技術環節，對出手初速度的貢獻率占 70%左右。

研究資料表明，優秀運動員是在 0.10～0.20 秒時間內，完成大幅度的轉動和向前用力動作，例如在 1995 年哥德堡世界田徑錦標賽上，世界級優秀選手舒爾特為

0.14 秒，雷迪爾為 0.14 秒，茲維列娃為 0.20 秒，維魯達為 0.10 秒。

最後用力兩腳站位的距離應適當，以利沿水平方向用力加速。兩腳開立過窄，容易造成動作向上而不向前；兩腳開立過寬，兩腿支撐用力和身體重心移動比較困難。兩腳開立的距離取決於運動員的身高腿長、腿部力量、技術水準和技術類型，一般優秀男運動員開立 0.8 公尺左右，女運動員 0.7 公尺左右。

從左腳著地至鐵餅運行到最低點，是最後用力的前半部分，稱為最後用力的初始加速階段。最後用力開始時，身體重心位於兩腿之間，靠近彎曲的右腿，處於較低的位置。身體充分扭轉拉緊。

此階段應充分發揮腿髖轉動用力的能力，在左腿牢固支撐情況下，右腿右髖積極轉動用力，投擲臂不急於主動加速，而是跟隨腿髖的轉動加速。在這一階段，鐵餅由高點運行到最低點，投擲臂由指向投擲方向偏左 45°左右到指向投擲反方向。這時要控制好上體，不宜過早抬起，從而獲得較大的轉動半徑，使鐵餅沿著較大弧線加速運行，以利加大最後用力的工作距離和提高出手速度。

（六）最後用力的最後加速階段（見圖 50 ⑰—⑳）

從投擲臂指向投擲反方向，鐵餅運行到最低點約與髖同高，到鐵餅出手，是最後用力的最後再加速階段。

隨著右腿的轉蹬，身體重心由靠近右腿推向靠近左腿，左臂適時地向投擲方向擺動，使胸部肌肉形成預先適宜的伸展拉長，為隨後的以胸帶臂最後再加速用力做好準備。在下肢和軀幹持續轉動向前用力的基礎上，透過左腿支撐用力和左肩左臂左腿及時制動配合，以胸帶臂急驟地加速向前用力「鞭打」出手。出手點的高度約與肩同高或略高於肩，出手角度為 35°左右。

最後用力過程中，各用力環節既有先後順序，又有相互銜接用力過程，還有及時制動身體某部位，使動量迅速傳遞以加速其他部位和器械的運動。各環節緊密銜接，才能連續地增強作用於器械的力量，使器械獲得大幅度持續迅猛的加速效果，達到最大的出手速度。

從左腳落地到器械出手，始終存在著左側支撐用力現象。左側支撐用力，是指從左腿到左肩左臂，整個身體左側的工作過程。在最後用力過程中，起到積極的支撐制動用力和轉動軸的作用，使人體對鐵餅「鞭打」用力的工作半徑達到最大。

從動作外形上看，「支撐投」是在左腳支撐情況下鐵餅出手，「跳投」是在鐵餅出手一刹那雙腳已離地。「支撐投」能充分發揮腰部和胸臂轉動用力的能力，用力幅度大，穩定性好（圖 50 ⑳是舒爾特「支撐投」出手的一刹那）。「跳投」可發揮腿腰快速協調用力的能力，但不宜過早跳起，要注意動作的準確性和穩定性。

要掌握好完整動作的節奏，使各技術環節不僅在動作結構上，而且在動作節奏上形成最佳組合，達到最大的出手初速度和最適宜的出手角度。

部分優秀鐵餅運動員的最後用力參數如表 105 所示。

田徑運動 高級教程

三、鐵餅出手後的維持身體平衡（見圖 50 ㉑㉒）

鐵餅出手之後，為了避免犯規，應及時交換兩腿位置，降低身體重心，並順勢向左轉體，以維持身體平衡。

表 105　1993 年斯圖加特世界田徑錦標賽擲鐵餅獎牌獲得者最後用力參數

性別	姓名	成績（公尺）	出手角度（度）	出手高度（公尺）	出手速度（公尺/秒）
男子	雷迪爾	67.34	35.0	1.65	25.5
	切夫辛科	66.90	36.0	2.05	26.3
	舒爾特	66.12	36.7	1.66	24.9
女子	布洛娃	67.40	34.6	1.49	24.5
	科斯坦	65.34	35.3	1.51	24.4
	閔春鳳	65.26	36.8	1.58	23.9

第三節・擲鐵餅技術教學法

背向旋轉擲鐵餅是一項旋轉與向前運動相結合的投擲項目。動作環節多而複雜，教學的重點是最後用力、旋轉與用力的銜接和開始進入旋轉技術。

在教學手段的選擇和運用上，要注意徒手模仿練習與持器械練習相結合，以持器械練習為主；分解練習與完整練習相結合，以完整技術練習為主；慢速練習與快速練習相結合，以快速練習為主。

組織教學時，要注意隊形和分組、場地與距離、器械特點和投擲方向等，採取嚴密安全措施，預防傷害事故。

一、教學步驟

（一）發展專項柔韌性和熟識鐵餅性能

內容：

（1）各種轉肩練習，雙臂與肩軸的水平拉引練習。

（2）各種轉體練習，肩軸與髖軸的扭轉拉長練習。

（3）各種轉髖和擺腿練習。

（4）學習握餅、擺餅、撥餅和滾餅練習：

① 握餅時，五指自然分開，手掌平靠住鐵餅，在能控制住鐵餅的前提下，四指末節扣餅略少為好（見圖 49）。

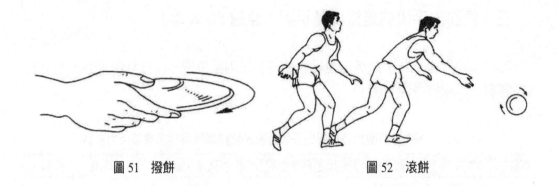

圖 51 撥餅　　　　　　　　　　　　　圖 52 滾餅

② 擺餅時，要注意身體帶動，投擲臂放鬆，體會擺動時鐵餅離心力感覺，以及體會髖軸與肩軸的扭轉和肩軸與持餅臂形成的拉引角。

③ 撥餅和滾餅練習，目的是體會鐵餅出手的動作。手指自然撥餅，食指最後離餅，鐵餅順時針自轉出手（圖51、圖52）。

教法提示：

（1）專項柔韌性練習應貫穿於教學訓練課的始終，特別是要在課的準備部分予以安排。

（2）注意培養運動員控制鐵餅的肌肉感覺，要求動作伸展放鬆、協調自然。

（二）學習和掌握原地擲鐵餅技術

內容：

（1）**正面原地投擲鐵餅**。面對投擲方向，兩腳左右開立約同肩寬，預擺後形成半蹲扭轉姿勢，然後轉蹬用力，胸帶臂向前平投。

（2）**原地投擲鐵餅動作的右腿右髖轉蹬**。徒手右手扶低槓或原地兩腳左右開立稍寬於肩，右腿屈膝，體重在右腿上，反覆練習右腿右髖轉蹬動作。強調轉動，在轉動基礎上，把重心推向靠近左腿，上體被動跟進（圖53）。

（3）**原地投徒手模仿練習和原地投擲輕輔助器械：**

① 強調預擺後形成正確的用力姿勢，特別是右腿屈膝前壓，肩軸髖軸充分扭轉，微收腹前傾。

② 強調右腿右髖的轉蹬和由下而上的用力順序。

（4）**原地投擲鐵餅**

要點和要求除同上以外，還要求以胸帶臂正確的出餅動作。

教法提示：

（1）原地投餅與完整技術中的最後用力技術階段基本相似，是教學重點之一。

（2）用力時，初學者往往蹬得多轉得少，因此，要強調右腿右髖的轉動，特別是用力的前半部分。體會下肢首先用力的肌肉感覺。

（3）採用正面原地投這一手段的目的，是在簡易動作條件下使學生體會由下而

田徑運動 高級教程

圖 53　右腿右髖轉蹬動作

上用力的肌肉感覺和胸帶臂的技術動作。

（4）出手角度的形成，主要是靠兩腿工作，特別是左腿支撐用力的作用，胸帶臂主要是平打，防止有任何提肩的動作。

（5）必要時可以做後撤一步擲餅或單支撐轉動 180°接最後用力投餅，但只宜作為過渡練習，目的是體會在轉動中接最後用力。由於難度較大，最好以徒手或持輔助器械練習為主。

（三）學習和掌握正面旋轉擲鐵餅技術

內容：

（1）**徒手或持輔助器械做正面旋轉練習。**面向投擲方向，左腿在前，右腿在後，右手向後擺動，身體向前旋轉成最後用力前的姿勢。

（2）**徒手或持輔助器械正面旋轉投。**同上。重點要求形成良好的用力姿勢，並與最後用力銜接好。

（3）**正面旋轉投擲鐵餅：**要點與要求同上。

教法提示：

（1）正面旋轉投擲鐵餅是一個過渡手段，主要目的是透過簡易的旋轉，體會旋轉後形成大幅度用力姿勢，或者叫良好的超越器械，並且體會在轉動中銜接最後用力的肌肉感覺。

（2）學習正面旋轉投擲鐵餅技術之後，多數學生正面旋轉投餅比原地投餅應遠 1～3 公尺，可以啟發學生參照這一指標，結合技術進行綜合分析，並採取相應的改進手段。

（四）學習和掌握背向旋轉投擲鐵餅技術

透過原地投和正面旋轉投的教學，學生已初步掌握了擲鐵餅完整技術的後半部分技術。這時教學的重點是背向站立雙支撐起動旋轉進入單支撐旋轉（有人稱為第一轉），這個技術環節動作的品質直接影響到最後用力，並可為高品質的旋轉與最後用力銜接技術創造條件。

衡量銜接技術好壞的主要標準，一是形成大幅度最後用力的有利姿勢；二是不停頓地、快速地進入最後用力，提高旋轉速度的利用率。

內容：

（1）**徒手雙腿支撐起動旋轉的專門練習。**背對投擲方向，預擺後身體扭轉收腹半蹲向投擲方向轉動，轉動中強調如下幾點：

① 左腿屈膝時以左腳前腳掌支撐積極向投擲方向轉動。

② 上體微微收腹，左臂自然伸展，左肩左臂向左劃弧轉動，使左腿和左肩形成一體轉動。

③ 上體保持微微收腹，並逐漸向投擲方向微微傾斜。

④ 左腳尖與左肩轉至與投擲方向約成45°，至眼看投擲方向時為止。

⑤ 隨著上述動作的進行，體重由右移向靠近左腳跟拐向圓心方向。

（2）**徒手在練習（1）的基礎上，右腳離地做單支撐轉動至右腳落地：**

① 右腿弧形擺動，擺動時右腳靠近地面，防止高抬大腿。

② 右腿擺動的同時，左腿支撐積極轉動，使轉蹬有機結合。

③ 左肩左臂控制好轉動方向，維持好身體平衡，使身體在平穩的轉動中推向圓心。

④ 身體保持一定的扭轉，投擲臂放鬆伸展留在體後。

（3）**徒手背向旋轉成雙腿支撐最後用力前預備姿勢。除練習（1）（2）要求之外還要注意：**

① 低騰空，右腳用前腳掌積極著地。

② 右腳著地後不停頓地屈膝轉動，左腿積極後擺，左腳落地時兩腳開立略寬於肩。

③ 體重靠近屈膝的右腿，上體保持微微收腹，髖軸和肩軸充分扭轉，投擲臂放鬆留在身後，形成幅度較大的最後用力姿勢（圖54）。

（4）**徒手背向旋轉投模仿練習**

要求與最後用力緊密銜接以及出手後的換腿支撐維持平衡。

（5）**背向旋轉投擲輔助器械（小沙袋或小石頭）練習**

要求同上。

（6）**背向旋轉擲鐵餅完整技術練習**

要求同上。

圖 54　右腳著地到左腳著地技術

教法提示：

（1）做完整技術練習時，根據場地與學生情況，隨時採用安全措施並提出要求。

（2）以中等強度練習為主，要求整體動作協調、連貫並體會加速感。

（3）初學者在旋轉過程中，注意保持半蹲、收腹、扭轉。

（4）在本階段技術教學中，要掌握好上述手段的順序，以及由分解練習到完整練習的有機組合。透過單個的某一環節的分解練習，使學生明確技術概念，體會肌肉感覺，並在完整技術中體現出來，達到準確掌握完整技術的目的。因此，手段的選擇和運用要因教學對象的情況不同而有所區別。

（五）改進和提高擲鐵餅完整技術

內容：

（1）在投擲圈內多次進行完整技術練習。

（2）區別對待。必要時對某些學生穿插進行某一技術環節的專門練習，強化其肌肉感覺，以利於掌握完整技術。

（3）有條件時可以有針對性地投擲不同重量的器械，以改進技術與提高專項投擲能力。

（4）透過觀察，學生掌握完整技術之後，可以測量其原地投與背向旋轉投的成績，作為評定與分析技術的參考。

教法提示：

（1）在上述教學過程中，學生掌握技術的水準可能出現差異，一部分沒有掌握完整技術的學生往往是對上述教學過程中的某一環節掌握得不好。因此，可以選用上述部分教學手段或有針對性地設計一些手段進行練習。

（2）一部分學生基本上掌握或較好地掌握了完整技術，可以對他們提出提高動作幅度與速度的要求，並尋找適合個人特點的技術類型。

擲鐵餅時，兩腳步點、路線和鐵餅運行路線垂直攝影示意如圖55。

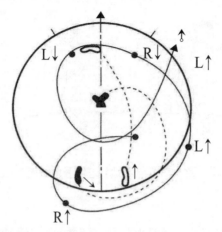

R↑為右腳離地鐵餅投影點；L↑為左腳離地鐵餅投影點；
R↓為右腳著地鐵餅投影點；L↓為左腳著地鐵餅投影點；
♂為鐵餅出手點。

圖 55 兩腳步點、路線和鐵餅運行路線垂直投影示意

二、擲鐵餅技術教學中學生常出現的錯誤及其產生的原因和糾正的方法

（一）雙腿支撐起動進入單腿支撐旋轉階段，身體失去平衡

產生原因：

進入旋轉時，上體過早地倒向圓心，身體尚未形成正確的左側支撐轉動軸時左肩和上體就過早地倒向圓心。

糾正方法：

① 做徒手雙支撐轉動進入單支撐轉動的模仿練習，體會身體由右向左向圓心轉動的路線及單支撐轉動時身體的平衡感覺。

② 做徒手或持輔助器械旋轉至雙腳著地用力姿勢的練習，重點體會雙支撐進入單支撐身體平穩的轉動與向前的結合。

（二）雙腿支撐旋轉進入單腿支撐旋轉階段，上下肢的動作結構不合理

產生原因：

左肩左臂過早打開，並且過早地向圓心方向擺動，使上體突然加速，破壞了上下肢的合理動作結構。

糾正方法：

① 徒手做開始起轉練習，強調下肢的積極主動轉動，特別是左腿的屈膝轉動。

② 徒手做旋轉至雙腿支撐用力前的練習，重點體會左肩左臂向圓心做弧形擺動的路線，使左肩左臂與左腿左膝形成一體轉動。

田徑運動高級教程

（三）旋轉後兩腳落地的位置過於偏左或偏右

產生原因：

起轉時，左腳轉動的方向未到位，右腿弧形擺動和轉髖的方向控制得不準確。

糾正方法：

多做開始起轉的練習，重點要求兩腿支撐轉動的程度和右腿弧形擺動與左腿支撐蹬轉的配合，在圈內使用標誌進行檢查。

（四）旋轉後用力前，上體過早抬起使身體重心前移

產生原因：

① 對最後用力技術概念不清楚，上體發力時間過早。

② 身體素質較差，特別是腿部和腰背腹肌力量差。

糾正方法：

① 明確技術概念，多做徒手或持輔助器械旋轉至雙腿支撐最後用力前的動作，強調旋轉過程中始終保持半蹲收腹扭轉狀態。

② 發展腿部和腰背腹肌力量。

（五）旋轉後用力前，髖軸與肩軸未形成扭轉拉緊的最後用力姿勢，超越器械不明顯

產生原因：

旋轉後未控制好上體的繼續旋轉和有意識地留住持餅臂，使餅過早前擺；下肢轉動不積極。

糾正方法：

在教師幫助下，做徒手旋轉練習。要求學生適當控制上體，讓他體會旋轉過程中下肢積極主動，特別是單腿支撐的轉動，要求前腳掌支撐轉動，不能用全腳掌著地。要求上體被動放鬆，投擲臂留在身後，並指出旋轉後用力前鐵餅應處的正確位置。

（六）旋轉至右腳著地成單支撐轉動階段明顯停頓或轉不起來

產生原因：

① 右腿擺動右髖轉扣時左腿蹬地力量不夠，導致重心未移到右腳的支撐點上方。

② 右腿弧形擺動與左腿蹬轉過於向上，導致跳起過高，重心起伏較大，使得落地形成制動，從而造成單支撐轉動動作停頓。

③ 右腳落地用了全腳掌著地。

糾正方法：

① 多做開始起轉騰空後銜接單支撐的轉動練習。要求低平擺動，防止高跳。

② 多做單支撐轉動的專門練習。要求保持單支撐轉動階段合理的身體結構，特別是重心、轉動軸和左腿的積極後擺，體會單支撐轉動時的肌肉感覺。

（七）最後用力上體過早發力，沒有發揮下肢轉動用力的能力

產生原因：

右腿右髖轉動用力技術不熟練，上體和手臂用力時機掌握得不好。

糾正方法：

① 做雙人對抗練習，體會右腿右髖主動用力的肌肉感覺。

② 做原地投練習，強調由下而上的用力順序。

③ 投擲輔助器械，強調體會最後用力前半部分下肢的積極用力作用與後半部分上體爆發式用力的配合動作感覺。

（八）最後用力向前不夠

產生原因：

① 最後用力兩腳開立距離過小。

② 右腿右髖轉蹬前送不夠，未形成良好的左側支撐用力。

糾正方法：

徒手做鞭打樹葉練習。練習時要注意：

① 兩腳開立寬於肩。

② 右腿右髖轉動中推動身體重量靠近支撐的左腿。

③ 手接觸樹葉的那一點即出手點。

④ 以胸帶臂向前鞭打，不要提肩。

（九）最後用力向左側倒

產生原因：

左側支撐用力意識差，左肩沒有制動動作。

糾正方法：

① 徒手或持輔助器械做最後用力模仿練習，重點強調左腿的支撐用力動作和左肩的制動動作。

② 要求初學者學習「支撐投」動作類型，強調發揮支撐轉動用力的作用。以上僅是常見的易犯錯誤動作，由此而派生的錯誤動作多種多樣。教師糾正時首先要分析錯誤產生的原因，根據學生的具體情況和教學條件，在糾正錯誤動作之前，應先讓學生明確該環節技術的概念，採用單個的、局部動作的專門練習體會肌肉感覺，再要求在完整技術中能做出正確的動作，反覆練習，達到改進動作的目的。

田徑運動 高級教程

第四節・擲鐵餅訓練

擲鐵餅運動是一項技術比較複雜的投擲項目，要達到高水準，必須熟練地掌握合理的專項技術，並且具備高度發展的專項能力和比賽時穩定的心理素質。為此，必須經過多年系統的專項訓練。

國內外運動實踐證明，青少年可以早期開始進行鐵餅專項訓練，但一定要遵循人體生長發育的規律，根據素質發展敏感期的特點，科學安排訓練，防止早期專項化，防止對少年運動員採用成年訓練法，在訓練量和訓練強度上，要循序漸進，逐步提高。

一、三級運動員訓練階段

（一）訓練任務

① 透過訓練，促進身體正常發育，提高健康水準。
② 全面發展身體素質，根據素質發展敏感期的特點，優先發展速度、小力量、爆發力、靈巧、協調和柔韌性。
③ 學習跑、跳、投多項動作基本技能。
④ 學習擲鐵餅的基本技術結構（空間和時間結構），培養專項動作意識。
⑤ 進行思想品德教育和心理素質訓練。

（二）重點要求

① 初學技術時，多用徒手和輕器械訓練，培養放鬆協調加速用力的能力，保持自然合理動作。注意轉動中的平衡能力和節奏感。
② 訓練負荷不宜過大，特別是要控制負荷強度。
③ 不宜採用大重量的槓鈴練習。
④ 掌握多項運動技能，以利形成豐富的專項技能通道，並發現更適合自己的項目。

（三）訓練內容和方法

1.身體訓練

① 跑、跳、投基本技術和技能的學習和訓練。
② 活動性遊戲、各項球類遊戲、越野跑等。
③ 選擇體操、武術有關的練習。
④ 各種形式組合的身體訓練。

⑤ 各種形式的跳躍練習。

⑥各種形式的拋擲各種輕器械的練習。

⑦30 公尺至 60 公尺加速跑、反應跑、行進跑。

⑧用輕槓鈴桿學習各種舉槓鈴和下蹲半蹲的正確動作。

2.技術訓練

熟練掌握合理的專項技術是鐵餅運動員達到高水準的必備條件。本階段的技術訓練特點是：

（1）加強教學因素

學習過程中應採用輕器械，開始時不能照搬成年優秀運動員的技術規格要求，應隨著生長發育和力量素質的提高，逐步提高要求。

（2）重視培養放鬆協調用力的能力

肌肉協調工作和放鬆用力的能力，關係到投擲集中用力和動作幅度與出手速度的結合。實踐證明，如果在初學時未能很好解決，會影響專項成績的提高。在學習技術的過程中，投擲強度應以中等為主，著重於正確技術的要求，培養放鬆、協調投擲的能力，適當安排大強度投擲，目的在於檢查掌握技術動作的情況。

（3）掌握完整的技術結構和節奏

首先要抓好基本技術的訓練，並要注意與完整技術訓練緊密相結合。在學習基本技術時，不但要學會各技術環節身體空間位置的變化，而且要掌握各環節動作速度變化的節奏。

為此，要多採用輕器械或徒手模仿練習，把分解練習與完整練習有機地結合起來。多採用完整技術練習，從而培養動作的節奏感。

技術訓練常採用的方法：

① 徒手、雙人、扶肋木做各種轉髖、轉體、擴胸、擺腿、旋轉練習。

② 徒手或持輕輔助器械做預擺、原地投、旋轉和旋轉投的模仿練習。

③ 持餅做擺餅、滾餅、拋餅、預擺等熟識鐵餅性能的練習。

④ 持餅做正面原地投、側向原地投、背向原地投、單支撐轉動原地投、正面旋轉投、背向旋轉投。

（四）訓練負荷的安排

訓練負荷的增加，應以逐漸增加負荷量為主，控制負荷強度，透過負荷刺激既要不斷提高訓練水準，又要促進生長發育，保證身體健康發展（表106）。

表106 三級運動員訓練階段訓練負荷安排

內容		男子	女子
每週訓練次數		4～6	4～6
每次課訓練時間（小時）		1.5～2	1.5～2
全年訓練總次數		200～240	200～240
全年比賽次數	主項	3～5	3～5
	副項	3～5	3～5
全年訓練量	模仿練習（次）	6000～8000	7000～9000
	原地投餅（次）	1000～1300	1300～1500
	旋轉投餅（次）	2000～2700	2200～3300
	總投次/年	3000～4000	3500～4800
	專門投擲能力 輕器械（次）	400～600	400～800
	專門投擲能力 重器械（次）	200～400	300～500
	力量（公斤）	10 萬～25 萬	15 萬～30 萬
	速度（公尺）	5 萬～6 萬	5 萬～6.5 萬
	跳躍（公尺）	5000～7000	5000～7000
	耐力（公尺）	20 萬～25 萬	20 萬～25 萬
	副項技術練習（小時）	60～80	60～80
年全面身體訓練（%）		45	45
年專項身體訓練（%）		25	25
年專項技術訓練（%）		30	30

（參照《田徑教學訓練大綱》）

（五）訓練指標的檢查與評定（表107）

表 107　三級運動員專項成績和素質檢查標準

序號	項目	性別	
		男子	女子
1	鐵餅專項（公尺，男 2 公斤，女 1 公斤）	29	31
2	原地投餅（公尺，男 2 公斤，女 1 公斤）	25	27
3	投輕鐵餅（公尺，男 1.5 公斤，女 0.75 公斤）	38	36
4	後拋鉛球（公尺，男 4 公斤，女 3 公斤）	15	12.5
5	立定跳遠（公尺）	2.65	2.15
6	立定三級跳遠（公尺）	7.70	6.30
7	30 公尺蹲踞式起跑（手計時）	4.4	4.8
8	100 公尺（手計時）	13	14.4
9	1500 公尺（分：秒）	5：45	
10	800 公尺（分：秒）		3：00
11	臥推槓鈴（公斤）	66	35
12	深蹲槓鈴（公斤）	82	55
13	抓舉（公斤）	52	30
14	提鈴至胸（公斤）	65	35

（參照《田徑教學訓練大綱》）

二、二級運動員訓練階段

（一）訓練任務

① 在全面發展身體素質的基礎上，發展專項身體素質，突出發展快速力量、專項力量。

② 掌握擲鐵餅的完整技術，特別是銜接技術，初步確定適合自己特點的技術類型。

③ 加強專項技術理論和訓練理論的學習，提高對技術的理解及訓練規律的認識。

④ 透過主副項的訓練和比賽，培養比賽能力和心理素質。

（二）重點要求

① 增強專項素質、專項能力和專項投擲意識的訓練。

② 重視完整技術中的銜接技術，即右腳著地至左腳著地的空間結構及速度結構。

③ 可以採用大重量的槓桿練習，但要循序漸進，手段、方法安排要合理。最好在大力量訓練課中，穿插安排跳躍和投擲重物的練習。

④ 透過比賽檢查訓練效果，觀察、掌握運動員的心理狀態，有意識地提高運動員的心理負荷能力。

（三）訓練內容與方法

進一步提高全面身體素質水準。在此基礎上，進行鐵餅專項素質和專項投擲能力的訓練。應繼續重視發展快速力量，可開始逐漸採取較大重量的槓鈴進行訓練。在練習方法上，除繼續採用三級運動員訓練階段的一些練習外，還應該採用與發展鐵餅專項素質關係密切的練習，特別是發展速度和力量素質的訓練。

1. 進一步發展和提高速度素質

鐵餅運動員所需要的專項速度，主要是指兩腿和身體移動的速度、各動作環節轉換的速度、完整動作的加速度、用力肌群收縮的速度和投擲臂鞭打擲餅的出手速度。可以採用以下訓練手段：

① 繼續採用上一訓練階段發展速度素質的練習方法和手段。隨著速度素質的提高，應逐漸加大強度。

② 徒手或單手持輕器械做完整動作的模仿練習，培養逐漸加速的能力。

2. 進一步發展和提高速度力量

① 繼續採用上一訓練階段發展快速力量的練習方法和手段，隨著快速力量素

田徑運動 高級教程

質的提高，逐漸加大強度。

②在採用輕槓鈴的基礎上，可以開始逐漸加大槓鈴的重量，進行抓舉、高翻、臥推以及半蹲和全蹲。隨著運動員年齡的增長，力量訓練的負荷量應逐漸增加，但負荷強度不宜過大。

③雙手持槓鈴片（5～7.5公斤）做仰臥擴胸、負重轉體。

④在力量訓練，特別是大力量訓練課後，安排一定數量的投重物練習。男運動員用2.5公斤左右、女運動員用1.5公斤左右的重物。

3. 發展專項投擲能力

本階段要注意力量訓練、技術訓練和專項投擲能力訓練同步協調發展。防止突擊力量訓練，防止力量素質提高過快而作用不到專項上。因此，應相應發展專項投擲能力。練習方法和手段，可採用原地或旋轉投擲不同重量的器械，一般用大於或小於0.25～0.5公斤重量的本年齡段比賽鐵餅，避免使用過重的器械，防止技術動作受到破壞。

投輕器械占技術練習總次數的15%～20%，投重器械占技術投次數的30%。

4. 進一步發展和提高柔韌性與協調性

①繼續沿用上一訓練階段所採用的發展柔韌性、協調性練習方法和手段。

②力量訓練，特別是在大力量訓練的前後，要注意肩、腰、髖等關節的靈活的練習，防止因關節力量增強而影響關節靈活性。力量訓練時應注意動作幅度。

③提高難度的各種旋轉練習，在困難條件下的技術練習。例如在風雨中或投擲圈地面條件較差的情況下投擲。

5. 進一步發展耐力

在繼續發展一般耐力基礎上，發展專項耐力，透過逐漸增加專項投擲的次數來提高專項耐力。

6. 技術訓練

在初步掌握鐵餅完整技術的基礎上，進一步改進和提高完整技術。隨著力量素質和專項能力的提高，動作幅度和動作節奏應逐漸向優秀運動員的技術規格過渡。

可以繼續採用上一訓練階段技術訓練的方法、手段，提高技術質量要求，繼續重視培養協調用力的能力，以完整技術訓練為主，探索適合運動員個人特點的技術類型和技術風格。

（四）比　賽

參加各種類型的比賽。比賽既可作為一種訓練手段，提高專項訓練強度，提高

參加比賽的心理素質，積累參加比賽的經驗，又可作為檢查訓練效果的手段。

透過比賽，可最真實地發現技術訓練和身體訓練中存在的問題，從而有針對性地改進訓練工作。

（五）訓練負荷安排

隨著年齡的增大和訓練水準的提高，本階段訓練負荷的量和強度逐步加大，專項訓練逐漸增加，如表 108 所示。

表 108　二級運動員訓練階段訓練負荷安排

內容		男子	女子
每週訓練次數		6～8	6～8
每次課訓練時間（小時）		2～2.5	2～2.5
全年訓練總次數		250～300	250～300
全年比賽次數	主項	6～8	6～8
	副項	2～3	2～3
全年訓練量	模仿練習（次）	8000～10000	8000～10000
	原地投餅（次）	900～1100	1200～1400
	旋轉投餅（次）	3100～3900	3300～4000
	總投次/年	4000～5000	4500～5400
	專門投擲能力　輕器械（次）	600～1000	700～1100
	重器械（次）	1200～1500	1400～1700
	力量（公斤）	60 萬～100 萬	萬 50 萬～80 萬
	速度（公尺）	5 萬～5.5 萬	4 萬～5.5 萬
	跳躍（公尺）	7000～9000	6000～8000
	耐力（公尺）	15 萬～20 萬	15 萬～20 萬
	副項技術練習（小時）	40～60	40～60
年全面身體訓練（%）		30	30
年專項身體訓練（%）		30	30
年專項技術訓練（%）		40	40

（參照《田徑教學訓練大綱》）

（六）訓練指標的檢查與評定（表 109）

表 109　二級運動員專項成績與素質檢查標準

序號	項目	性別	
		男子	女子
1	鐵餅專項（公尺，男 2 公斤，女 1 公斤）		
2	原地投餅（公尺，男 2 公斤，女 1 公斤）	33	34
3	投輕鐵餅（公尺，男 1.5 公斤，女 0.75 公斤）	48	45
4	投重鐵餅（公尺，男 2.25 公斤，女 1.25 公斤）	33	34
5	後拋鉛球（公尺，男 6 公斤，女 4 公斤）	14	12.5
6	立定跳遠（公尺）	2.80	2.40
7	立定三級跳遠（公尺）	8.25	7.05
8	30 公尺蹲踞式起跑（手計時）	4.1	4.5
9	100 公尺（手計時）	12.3	13.8
10	1500 公尺（分：秒）	5：35	
11	800 公尺（分：秒）		2：50
12	臥推槓鈴（公斤）	98	55
13	深蹲槓鈴（公斤）	125	75
14	抓舉（公斤）	72	45
15	提鈴至胸（公斤）	88	50

（參照《田徑教學訓練大綱》）

三、一級運動員訓練階段

（一）訓練任務

① 在全面素質能力訓練的基礎上，進一步加強基礎力量、專項力量和專項投擲能力的訓練。

② 完善擲鐵餅的完整技術，形成適合自己風格的技術類型。

③ 培養運動員訓練的自覺性、主動性、目的性。

④ 透過比賽，進一步提高比賽能力和應變能力。

（二）重點要求

① 改進技術細節，加強轉動加速能力的訓練，特別是銜接技術，形成幅度大、加速節奏明顯、動作流暢、出手速度快的特點。

② 進一步增加訓練負荷，提高訓練質量，增加比賽次數。透過比賽檢查訓練

安排及訓練效果。不斷修正和完善訓練計畫，提高訓練的針對性。

③ 重視投擲不同重量器械的組合訓練。

（三）訓練內容與方法

本階段訓練具有下列特點：

① 開始進入專項化訓練。

② 訓練時間充分，訓練量和強度較大。

③ 運動員具有明顯的個人特點，訓練針對性強。

④ 力量訓練、專項投擲能力訓練和技術訓練同步協調發展。

⑤ 重視比賽能力的培養。

1.身體素質訓練和專項能力訓練

⑴ *進一步發展速度素質*

主要採用短距離（30～60 公尺）的加速跑、起跑、反應跑、跨欄跑（3～6 個欄架）等。

⑵ *進一步發展速度力量素質*

主要採用前拋和後拋鉛球或實心球、轉體拋壺鈴、徒手或負重的立定跳遠、立定三級跳遠、助跑五級跳、跨跳、跳深、單足跳、跳過欄架等。

⑶ *發展絕對力量*

主要採取大重量的槓鈴抓舉、臥推、高翻、半蹲與全蹲。大力量訓練後，安排一定數量的投擲重物練習。

⑷ *發展專項力量素質*

主要採用雙手持槓鈴片（7.5～10 公斤）仰臥擴胸、雙手持重物仰臥轉體、肩負槓鈴轉蹬、雙人對抗轉蹬練習、負重腰繞環、掄擺重鏈球等。

⑸ *發展專項投擲能力。*

專項投擲能力一般以原地擲鐵餅的成績表示，它是決定專項成績的基礎。把極限力量訓練、快速力量和小力量訓練與專項投結合起來。採用輕器械、重器械和標準器械等不同重量的器械進行組合訓練。採用不同重量的器械進行專項投，使已具備的最大力量轉化到專項上。投重器械可以有效地發展專項力量，投輕器械可以有效地發展專項速度。輕重器械組合訓練，可使運動員的機體接受不同的刺激，防止肌肉僵化，達到提高投擲速度的目的。

可以用投擲不同重量器械的成績差值評定和檢查運動員投擲速度和投擲力量發展水準，但要根據運動員的技術狀況進行綜合分析。一般情況下，本訓練階段投擲輕器械占技術練習總投次的 15%～20%，投擲重器械占技術練習的總投次的 40%～50%。男運動員使用 1.5～1.9 公斤的輕鐵餅和 2.1～2.5 公斤的加重鐵餅，3.0～3.5 公斤的槓鈴片或鉛球或 3～5 公斤的壺鈴；女運動員使用 0.5～0.9 公斤的

輕鐵餅和 1.25～1.5 公斤的加重鐵餅、2～3 公斤的槓鈴片或鉛球。準備時期投重器械比例稍多，比賽時期投輕器械較多。

2.技術訓練

本階段技術訓練主要是完善擲鐵餅的完整技術，並且應基本達到高水準運動員的技術規格，在此基礎上形成運動員獨特的技術風格和技術類型。

本階段技術訓練的特點：

① 堅持全年進行大量技術訓練。

② 針對性強。提出具體技術訓練的重點和難點，並及時提出新的技術訓練的目標，使運動員的技術逐步深化，形成特色。

③ 不斷提高技術訓練的強度。透過大強度的技術訓練，可以檢查和評定運動員的技術水準，提高專項能力，熟練地掌握合理的專項技術。

本階段技術訓練常採用的練習有：

① 模仿練習。全年技術訓練的模仿練習一般為 8000～10000 次，大約相當於全年技術訓練投擲鐵餅的總投次。模仿練習可以改進技術的關鍵環節和技術的薄弱環節。把分解練習和完整練習有機地結合起來。

② 專門性練習。根據技術關鍵環節或運動員的薄弱技術環節設計單個練習或幾個技術環節的銜接練習。一般採用負重的、帶輔助器械的或加大難度的專門練習，這樣既有利於改進或完善某一個或幾個技術環節的技術質量，又可以發展某部位的專項能力。例如負重轉蹬練習、持輔助器械旋轉練習，原地或正面旋轉投擲重物、轉體後撤一步接最後用力投擲輔助器械等。

③ 完整技術投擲鐵餅，以及少量的原地投和正面旋轉投。

（四）比　賽

隨著訓練水準的提高，參加比賽的次數逐漸增加，全年參加比賽一般為 10～12 次，重大比賽 2～3 次。

重大比賽要做專門的準備，包括比賽的指標、賽前訓練安排（透過量和強度的調整）、訓練手段的變化、適應性的比賽和心理訓練等，使運動員在比賽時能達到最佳競技狀態。還應對比賽對手進行分析，制定戰術，對比賽的氣候、環境和可能出現的情況以及對策進行充分的討論和準備，以利於提高比賽時的應變能力。賽後及時認真總結，不斷提高運動員的比賽能力。

（五）訓練負荷安排

本階段訓練負荷的量和強度繼續增加，一般耐力和一般速度等素質訓練負荷量逐漸減少，而強度相對提高，專項能力、專項技術、力量和跳躍負荷量和強度均有增加，如表 110 所示。

表 110　一級運動員訓練階段訓練負荷的安排

內容		男子	女子
每週訓練次數		8～10	8～10
每次課訓練時間（小時）		2～3	2～3
全年訓練總次數		300～360	300～360
全年比賽次數	主項	10～12	10～12
	副項	1～2	1～2
全年訓練量	模仿練習（次）	8000～10000	8000～10000
	原地投餅（次）	800～1000	1000～1200
	旋轉投餅（次）	5200～6800	5500～6800
	總投次／年	6000～7800	6500～8000
	專門投擲能力　輕器械（次）	700～1200	700～1300
	專門投擲能力　重器械（次）	3000～4000	3300～4000
	力量（公斤）	120 萬～160 萬	100 萬～120 萬
	速度（公尺）	4.5 萬～5 萬	3.5 萬～5 萬
	跳躍（公尺）	8000～10000	8000～10000
	耐力（公尺）	10 萬～15 萬	10 萬～15 萬
	副項技術練習（小時）	20～30	20～30
年全面身體訓練（%）		20	20
年專項身體訓練（%）		30	30
年專項技術訓練（%）		50	50

（參照《田徑教學訓練大綱》）

（六）訓練指標的檢查與評定（表 111）

表 111　一級運動員專項成績與素質檢查標準

序號	性別	項目	
		男子	女子
1	鐵餅專項（公尺，男 2 公斤，女 1 公斤）		
2	原地投餅（公尺，男 2 公斤，女 1 公斤）	42.00	43.00
3	投輕鐵餅（公尺，男 1.75 公斤，女 0.75 公斤）	58.00	56.00
4	投重鐵餅（公尺，男 2.5 公斤，女 1.5 公斤）	40.50	39.50
5	後拋鉛球（公尺，男 7.26 公斤，女 4 公斤）	15.00	15.00
6	立定跳遠（公尺）	2.95	2.55
7	立定三級跳遠（公尺）	8.90	7.50
8	30 公尺蹲踞式起跑（手計時）	3.80	4.20

9	100公尺（手計時）	11.8	13.2
10	1500公尺（分：秒）	5：20	
11	800公尺（分：秒）		2：42
12	臥推槓鈴（公斤）	135	80
13	深蹲槓鈴（公斤）	160	110
14	抓舉（公斤）	92.5	65
15	提鈴至胸（公斤）	120	70

（參照《田徑教學訓練大綱》）

四、健將級運動員訓練階段

（一）訓練任務

① 身體訓練在發展絕對力量的基礎上，有針對性地發展專項力量，強化專項投擲能力。

② 進一步完善投擲鐵餅的完整技術，提高專項訓練水準。

③ 進一步加強心理素質的訓練，特別要提高參加大賽的心理素質水準。

④ 進一步提高比賽能力，在重大比賽中取得優異成績。

⑤ 深入學習和研究專項理論。

（二）重點要求

① 根據個人的具體素質情況，有針對性地選擇有效手段，提高專項能力。

② 隨著專項素質和專項能力的提高，不斷改進和完善技術的有關環節，提高專項素質、專項能力的利用率。

③ 提高適合個人特點的輕重器械組合訓練的科學性。

④ 保持訓練的負荷量或略有所下降，提高訓練的負荷強度。

⑤ 有針對性地進行心理訓練，在大型比賽中表現出優異成績。

（三）訓練內容和方法

本階段訓練的主要特點：

① 訓練量應保持或略有下降，以提高強度和質量為主，最大限度地提高專項訓練水準。

② 訓練手段日趨集中，在保持一般身體素質水準的情況下，重點發展大力量，並使已具備的力量素質最大限度地運用到專項上去。因此，必須相應地發展專項投擲能力和挖掘技術潛力，使力量的提高與專項成績的增長同步協調發展。

③ 重視「比賽訓練」和恢復訓練。

1.發展大力量訓練

主要練習手段有臥推、下蹲、抓舉、高翻。在大力量訓練安排上，應注意不同重量的組合訓練、快慢動作的組合訓練、專項力量與投擲重物的組合訓練，並變化動作速度，達到肌肉收縮力量大、幅度大、速度快的目的。這才是擲鐵餅運動員所需要的力量素質。

2.強化專項力量

鐵餅運動員所需要的專項力量，指的是根據擲鐵餅的技術結構、用力的幅度、用力的方向和用力的性質，發展那些參與擲鐵餅用力肌群的力量。高水準運動員專項力量訓練的主要手段：

① 上肢。寬握槓鈴臥推，仰臥雙手持 10～20 公斤槓鈴片擴胸。

② 軀幹。仰臥和站立負重大幅度的轉體練習。

③ 下肢。負重進行各種形式的半蹲、轉蹬練習。

3.強化專項投擲能力

本階段要進一步提高專項投擲強度，男運動員採用 1.6～1.9 公斤的輕鐵餅和 2.1～2.5 公斤的加重鐵餅或 5 公斤的壺鈴或槓鈴片等；女運動員使用 0.5～0.9 公斤的輕鐵餅和 1.25～1.50 公斤的加重鐵餅或 2.5 公斤的槓鈴片、3 公斤的壺鈴等。投輕器械占技術練習總投的 10%～15%，投重器械占技術練習總投的 50%～60%。

本階段應注意投擲輕重鐵餅的組合訓練及訓練強度的安排。例如捷克女選手西爾哈娃在破世界紀錄年度訓練中，除其他能力訓練和模仿練習之外，共投擲標準鐵餅 6050 次、投輕鐵餅 548 次、投重鐵餅 3591 次，合計投擲次數為 10189 次。她的身體素質是：30 公尺起跑 3.39 秒，立定跳遠 3.23 公尺，立定三級跳 9.29 公尺，後拋 4 公斤鉛球 25.1 公尺，高翻 130 公斤，臥推 145 公斤，深蹲 210 公斤，最好成績是 74.56 公尺，30 歲破世界紀錄。

中國鐵餅教練員白林，在 1987 年至 1988 年採用輕重鐵餅訓練，使侯雪梅和于厚潤隨著專項投擲能力的提高，專項成績明顯提高，具體指標變化如表 112 所示。

表 112　侯雪梅和於厚潤專項投擲能力與專項成績各指標的變化

姓名	年份	原地投（公尺）（1 公斤鐵餅）	旋轉投（公尺）（1.5 公斤鐵餅）	抓舉（公斤）	高翻（公斤）	臥推（公斤）	深蹲（公斤）	旋轉投（公尺）（0.75 公斤鐵餅）	專項成績（公尺）
侯雪梅	1987	52.90	50.40	85	120	120	170	69.22	66.12
	1988	56.00	52.32	90	130	125	180	73.46	68.62
于厚潤	1987	53.56	50.20	90	120	135	170	70.06	66.76
	1988	55.30	50.60	90	120	130	170	74.20	68.62

4.技術訓練

高水準運動員的技術訓練應與專項投擲能力訓練密切結合。要求高質量高強度，不斷提高專項訓練水準。在保持平均強度的基礎上，掌握好突出強度的訓練，使運動員形成不斷向高水準衝擊的良好競技狀態。

高水準運動員的技術訓練，要進一步完善完整技術，使運動員熟練地掌握各技術環節的合理結構、轉換時機、內在聯繫的肌肉感覺，使之形成最佳組合，達到最佳投擲效果。

高水準運動員個人技術特徵更加突出，應把握運動員的形態、素質、專項能力和技術特點，發揮優勢，揚長避短。

（四）比賽能力的培養

高水準運動員參加的重大比賽，往往是強手如林，水準相當，運動員臨場比賽的發揮是制勝的重要因素。

大賽能力的培養是多方面的，例如平時訓練中的培養、賽前訓練的安排、臨場比賽經驗的積累、比賽過程中心理素質的提高等等。

第一，平時訓練，注意培養運動員自我控制應變的能力，在大強度訓練課上，可適當地採用模擬比賽形式，提出指標要求，培養運動員發揮本人最高水準的能力。

第二，賽前安排要透過不斷摸索賽前量和強度安排的規律，調整到體力、技術和心理最佳狀態，並根據比賽的具體時間、場地條件、氣候特點、參加人數和水準等，安排模擬比賽，培養運動員在教練不給予指導的情況下的獨立作戰能力。

第三，臨場比賽的經驗：

①準備活動的時間、內容、量和強度。

②進場後的專項准備活動，包括圈外的模仿練習和進圈的賽前投餅練習（1～2次）。

③確定第一次試擲的戰術以及以後幾次試擲的戰術。

④估計可能發生的意外變化，例如颱風或下雨及其他干擾等等，做好應變的準備。

⑤賽前休息時間的長短、休息的形式和衣著，保持體力和心理穩定。

⑥每次試擲前的準備程序，集中注意力，做 1～2 次本人最佳技術的想像演練。

（五）訓練負荷的安排

健將級訓練階段的前期，專項投擲、力量和跳躍的負荷量和強度均保持較高水準。健將級訓練階段的後期，上述訓練的量應略有所下降，而強度繼續提高，以達到強化專項力量、強化專項投擲能力和最大限度地提高專項訓練水準的目的，如表113 所示。

表 113　健將級運動員訓練階段訓練負荷安排

內容		男子	女子
每週訓練次數		8～10	8～10
每次課訓練時間（小時）		2～3	2～3
全年訓練總次數		300～360	300～360
全年比賽次數	主項	12～15	12～15
	副項		
全年訓練量	模仿練習（次）	6000～8000	6000～8000
	原地投餅（次）	700～900	800～1000
	旋轉投餅（次）	5100～6600	5200～6600
	總投次/年	5800～7500	6000～7600
	專門投擲能力　輕器械（次）	600～1000	600～1000
	專門投擲能力　重器械（次）	3800～4800	3600～5000
	力量（公斤）	100 萬～140 萬	80 萬～100 萬
	速度（公尺）	4 萬～4.5 萬	3 萬～4 萬
	跳躍（公尺）	6000～8000	7000～9000
	耐力（公尺）	5 萬～10 萬	6 萬～10 萬
年全面身體訓練（%）		20	20
年專項身體訓練（%）		30	30
年專項技術訓練（%）		50	50

（參照《田徑教學訓練大綱》）

（六）訓練指標的檢查與評定（表 114）

表 114　健將級運動員專項成績與素質檢查標準

序號	項目	性別	
		男子	女子
1	鐵餅專項（公尺，男 2 公斤，女 1 公斤）		
2	原地投餅（公尺，男 2 公斤，女 1 公斤）	45.00	46.00
3	投輕鐵餅（公尺，男 1.75 公斤，女 0.75 公斤）	62.00	62.00
4	投重鐵餅（公尺，男 2.5 公斤，女 1.5 公斤）	45.00	43.00
5	後拋鉛球（公尺，男 7.26 公斤，女 4 公斤）	17.50	16.50
6	立定跳遠（公尺）	3.05	2.70
7	立定三級跳遠（公尺）	9.05	7.80
8	30 公尺行進跑（手計時）	3.0	3.5
9	臥推槓鈴（公斤）	165	90
10	深蹲槓鈴（公斤）	180	130
11	抓舉（公斤）	100	75
12	提鈴至胸（公斤）	130	90

第十六章

擲鏈球

康利則

第一節·擲鏈球的發展與研究概況

一、擲鏈球運動的產生與發展

擲鏈球是一個非常古老的運動項目，可以追溯到公元前 2000 年在愛爾蘭塔拉舉行的塔伊挺運動會。擲鏈球的發展過程，大致可分為四個階段。

第一階段：古老擲鏈球運動的產生與發展（約在 19 世紀之前）

據英國歷史學家約瑟夫·斯特拉特的記載：許多傳奇作家經常提到投擲鐵棒是古代勇士教育的組成部分，16 世紀的一位詩人認為，作為一種體育鍛鍊手段，「投擲石塊、鐵棒或鐵錘的活動，在王公貴族中很受推崇……他們也擲長柄大錘來鍛鍊身體」等等。另一種說法認為，擲鏈球是出自蘇格蘭和愛爾蘭，農民在集市貿易期間，將裝有木柄的秤砣作投擲比賽，鐵匠和礦工們也用帶木柄的鐵錘進行擲遠比賽。以後，這種比賽活動逐漸在蘇格蘭、愛爾蘭的礦工和山民中流行起來。

到 19 世紀後期，英國牛津大學和劍橋大學的學生把擲鏈球列為正式比賽項目，1873 年牛津大學學生福儒恩首次把鏈球擲出 36.56 公尺，次年劍橋大學的學生漢恩又擲到 42.05 公尺。那時的鏈球重 16 磅，投擲方法是雙手握錘柄，旋轉 5 圈後擲出，無方向限制。1886 年在倫敦田徑俱樂部舉行的一次冠軍賽上，愛爾蘭人米契爾以 110 英尺 4 英寸的成績奪得冠軍（投擲圈直徑 7 英尺，即 2.135 公尺）。1887 年投擲圈直徑由 7 英尺擴大為 9 英尺，規定鏈球的鏈子為帶把手的鋼絲，總長度 1.22 公尺，而且鏈球體也逐漸縮小。為使球落地後能繼續滾動不致嵌入土中，採用圓形球體代替了有棱角的錘體。

第二階段：擲鏈球技術與競賽規則的形成（20 世紀初葉─30 年代）

1900 年第 2 屆奧運會，擲鏈球被列入正式比賽項目。同時規定擲鏈球必須在 7 英尺（2.135 公尺）直徑的圓圈內投擲，鏈球落地的有效區為 90°角的扇形區域，球

重 7.257 公斤。本屆奧運會鏈球比賽的冠軍為英國選手弗朗卡，投擲成績是 51 公尺。以後由於擲鏈球技術的發展，比賽規則和鏈球的構造規格也多次改變。現在鏈球的全重是 7.26 公斤，全長（自把手內沿起）122 公分，落點有效區為 34.92°角的扇形區。

從 1890 年到 1920 年間，擲鏈球項目一直被美籍愛爾蘭人約翰·弗拉納根、馬·邁克格里斯、帕·瑞安等人統治著。其中最出色的是弗拉納根，他 14 次改寫世界紀錄，創造的最高世界紀錄為 56.18 公尺，並連續獲得第 2—4 屆奧運會冠軍。馬·邁克格里斯獲第 5 屆奧運會冠軍，並創造過 57.16 公尺的鏈球世界紀錄。帕·瑞安於 1913 年創造了第一個被世界公認的世界紀錄，成績是 57.77 公尺，這一紀錄一直保持了 25 年。他還獲得過第 7 屆奧運會冠軍。

早期世界各國參加鏈球比賽的都是身高體重的運動員，投擲技術簡單，大多數運動員用原地掄擺或以左腳前腳掌為軸旋轉 1～2 周後擲球出手，旋轉速度緩慢，超越器械動作也不明顯。當時人們稱這種以前腳掌為軸旋轉投擲為「腳尖旋轉技術」。用這種旋轉方法，需要兩腳瞬時離地做空中跳轉動作，身體不易平衡，不能保證身體沿直線向投擲圈前沿運動，而且旋轉常常犯規，難以控制鏈球飛行的方向，給周圍的運動員和觀眾帶來很大的危險。

1920 年以後，運動員開始採用 3 圈旋轉技術，當時美國出現了一位著名的鏈球運動員弗·圖特爾，他以快速的旋轉和投擲時強大的爆發力完善了「腳尖旋轉」技術，採用 3 圈旋轉後形成了一個超越器械動作，並保持了一個強有力的最後用力姿勢。他的最好投擲成績是 59.44 公尺，但由於他是職業運動員，成績未被承認為世界紀錄。

30 年代初，德國教練員塞·克里斯曼根據力學原理和人體運動的特點，研究了投擲球的電影圖片後指出：

第一，為了很好地維持平衡和控制身體，在每一圈旋轉中左腳必須和地面保持牢固的接觸。要做到這一點，起轉應從左腳跟外側開始向左腳外側轉動過渡到腳掌轉動，繼而再過渡到左腳跟轉動，這樣可使左腳轉動沿直線向圈前運動。

第二，手臂在胸部正前方伸直而放鬆地拉住鏈球旋轉，這樣可以保持較大的旋轉半徑，有益於能力的充分發揮。

第三，運動員由圈後轉到圈前時，動作輕鬆連貫，鏈球保持不斷的加速運動，可創造好成績。

塞·克里斯曼的研究結果，結束了鏈球史上腳尖旋轉技術，被認為是一個劃時代的技術變革，推動了擲鏈球運動的發展。他的學生卡·海因和埃·布拉斯克運用這種新技術在 1936 年第 11 屆奧運會上分別獲得冠、亞軍。埃·布拉斯克於 1938 年創造了 59 公尺的世界紀錄，並保持了 10 年之久。

第三階段：擲鏈球技術與成績的快速提高（20 世紀 40—60 年代）

1948—1968 年的 20 年間，擲鏈球運動的最好成績基本由匈牙利、挪威、蘇聯

和美國運動員所創造。1948 年，匈牙利運動員伊·內邁特以新的快速旋轉技術動作獲得第 14 屆奧運會冠軍，並在兩年的時間裏，連續 3 次創造擲鏈球世界紀錄，其最好成績是 59.88 公尺。1952 年，也是匈牙利選手約·切爾馬克在第 15 屆奧運會上以 60.34 公尺的成績獲得冠軍，並創造世界紀錄，成為世界上第一個將鏈球擲過 60 公尺的運動員。由於擲鏈球技術的發展和專項訓練及全面身體訓練水準的提高，擲鏈球運動在 50 年代發展較快，特別是在亞洲，更為突出。

從 1958 年以後，對擲鏈球技術改進和成績提高作出最大貢獻的是蘇聯人米·克里沃諾索夫和美國的哈·康諾利兩人，他們先後 12 次（每人 6 次）創造擲鏈球世界紀錄。康諾利還於 1956 年獲第 16 屆奧運會冠軍，並於 1960 年將擲鏈球突破 70 公尺大關，1965 年成績達到 71.26 公尺。此後，匈牙利運動員久·日沃茨基先後兩次創造世界紀錄，最好成績達 73.36 公尺。他獲得第 17 和第 18 屆奧運會亞軍、第 19 屆奧運會冠軍。

1969 年蘇聯運動員羅·克里姆和安·邦達丘克先後 3 次刷新世界紀錄。克里姆的最好成績是 74.52 公尺，獲第 18 屆奧運會和第 19 屆奧運會亞軍。邦達丘克的最好成績是 75.48 公尺，獲第 20 屆奧運會冠軍和第 21 屆奧運會第 3 名。

在這一時期，鏈球運動員採用了大量的槓鈴訓練，力量普遍增大。如康諾利的最大深蹲力量達 260 公斤，提拉 320 公斤，抓舉槓鈴在 120～130 公斤以上。此外，他們還採用了投擲加重器械的方法。在技術方面，則主要採用 3 圈旋轉技術。康諾利在後期曾試用旋轉 4 圈的投擲技術。

第四階段：擲鏈球技術與成績的穩定發展（20 世紀 70 年代至今）

1970—1986 年的 16 年間，擲鏈球運動在世界形成一個高水準發展階段。這時期有 8 人 19 次創造鏈球世界紀錄，呈高水準持續發展的趨勢。擲鏈球的基本技術有了許多改進，其中最為顯著的是一直被公認為主流的旋轉 3 圈投擲法被旋轉 4 圈投擲所代替。因為採用旋轉 4 圈投擲，可加長對鏈球的作用時間，從而提高鏈球的出手速度。同時，在投擲鏈球技術上也有明顯改進，表現在：

第一，鏈球和投擲者之間的關係。

第二，腳的位置和兩腳的動作技巧。

第三，投擲出手時的姿勢。

由於以上技術變化，擲鏈球成績得以不斷提高。德國運動員沃·施密特兩創世界紀錄，最好成績是 79.30 公尺；雷姆 4 次創造擲鏈球世界紀錄，獲得過第 23 屆奧運會亞軍，他的最好成績是 80.32 公尺。1978 年蘇聯運動員鮑·扎伊丘克以 80.14 公尺的成績創世界紀錄，成為世界上第一個超過 80 公尺的人。

此後表現最為出色的運動員是蘇聯的運動員尤·謝迪赫和謝·利特維諾夫，他們二人在 5 年中 9 次交替創造擲鏈球世界紀錄，其中謝迪赫 6 次創世界紀錄，利特維諾夫 3 次創造世界紀錄。利特維諾夫 1983 年投出 84.14 公尺，1984 年 7 月 3 日他又創造了 85.14 公尺的新世界紀錄。此紀錄同日被謝迪赫以 86.34 公尺的成績打

破。謝迪赫又於 1986 年 6 月創造出了 86.66 公尺的世界紀錄，並於同年 8 月在斯圖加特再次創造了 86.74 公尺的世界紀錄，此項紀錄至今已有 25 年之久，無人超過。

謝迪赫曾獲第 21 屆和 22 屆奧運會冠軍、第 24 屆奧運會亞軍，利特維諾夫曾獲第 22 屆奧運會亞軍、第 24 屆奧運會冠軍。從 20 世紀 70 年代以後，擲鏈球高水準成績持續增長的主要原因是訓練更加專項化，擲鏈球技術的變革更趨向快速旋轉，技術更加合理，運動員協調動作的能力不斷提高。可以說，4 圈旋轉已取代了 3 圈旋轉技術，一種右腳晚抬起早落地的旋轉技術也被廣大運動員所採用，這對當代鏈球運動水準的提高起到了重要的作用。

二、中國擲鏈球運動的發展概況

擲鏈球在中國開展較晚，1910 年舊中國在上海舉行的第 1 屆運動會上設有擲鏈球項目比賽，上海南洋公學的選手黃灝獲得冠軍，成績是 111 英尺 5 英寸（約 34 公尺），由於球重只有 12 磅，此後一些年未進行過擲鏈球比賽，因此，舊中國沒有留下擲鏈球的正式紀錄。

新中國成立後，1954 年中央體育學院研究生王宏以 29.92 公尺的成績創中國第一個鏈球紀錄。1956—1966 年擲鏈球成績在中國提高較快，1957 年山東運動員畢鴻福以 50.68 公尺創新的全國紀錄。1963 年解放軍運動員李雲彪以 62.23 公尺的成績再創全國新紀錄，此成績距當時的世界紀錄差 7.47 公尺。到 1966 年全國參加擲鏈球訓練和比賽的運動員 20 多人，較新中國成立時的七八人有了較大的增加，但是普及的面仍較小，使其發展受到一定影響。

1967—1972 年由於眾所周知的原因，擲鏈球運動處於停滯狀態。1973 年後，擲鏈球訓練又重新恢復並發展起來。1976 年，解放軍運動員紀紹明以 63.96 公尺的成績創全國紀錄。隨後有紀紹明、胡剛、謝英琪等先後多次創全國紀錄，推動了中國鏈球運動水準的發展。到 1986 年，江西運動員羅軍以 70.08 公尺的成績創全國紀錄，使中國的鏈球成績首次突破 70 公尺大關。隨後解放軍隊的謝英琪和黑龍江運動員于光明先後以 71.08 公尺和 71.32 公尺的成績創全國紀錄。1988 年後，後起之秀江西省的年輕選手畢忠 6 創全國紀錄，將鏈球擲到 77.04 公尺，並創亞洲最高紀錄。目前，中國只有少數的幾個省、市及單位設有鏈球項目，從事訓練的人數很少，尤其是在青少年中開展得更差。中國男子鏈球運動成績與世界水準相比仍存在較大差距。

三、女子鏈球運動的發展概況

在 20 世紀 80 年代後期，在一些國家中已有人開始進行女子擲鏈球的訓練和比

田徑運動高級教程

賽，但是正式得到承認的世界紀錄是在 1994 年。俄羅斯選手庫增科娃於 1994 年 2 月創造了 66.84 公尺的女子擲鏈球世界紀錄，1995 年 6 月她又將世界紀錄提高到 68.16 公尺。

但此後的世界紀錄基本上由羅馬尼亞選手梅林特所壟斷，1996 年 5 月梅林特在克羅日將女子擲鏈球的世界紀錄提高到 69.42 公尺，這一紀錄保持了將近兩年，在 1998 年 7 月她又將鏈球擲過 70 公尺，創造出 73.14 公尺的世界新紀錄，成為世界上擲鏈球突破 70 公尺大關的第一名女運動員。1999 年，塞利亞田徑世界錦標賽上，女子鏈球成為正式比賽項目，獲得冠軍的梅林特，成績達到了 75.20 公尺，當年，梅林特又將女子擲鏈球的世界紀錄提高到 76.07 公尺。

女子擲鏈球比賽進入奧運會是 2000 年 9 月在雪梨舉行的第 27 屆奧運會，波蘭運動員斯科利莫斯卡以 71.16 公尺的成績奪得第 1 名，成為奧運史上第一位女子擲鏈球比賽的冠軍。2004 年雅典奧運會上，俄羅斯庫津科娃以 75.02 公尺的成績榮獲冠軍，在 2008 年北京舉行的第 29 屆奧運會中，來自白俄羅斯的公尺安科娃將鏈球擲到 76.34 公尺的遠度。從世界女子擲鏈球運動的短短十幾年時間中可以看出，這個項目開展得雖然較晚，但它的發展速度卻較快，運動成績的提高幅度較大。截至 2011 年，女子鏈球的世界紀錄是由德國運動員創造的，成績為 79.42 公尺。女子鏈球已開始向 80 公尺大關衝擊了。

中國女子擲鏈球的開展也較晚。1998 年 4 月在上海舉行的田徑大獎賽上，女子擲鏈球被列入比賽項目，陝西運動員顧原以 56.36 公尺的成績獲得冠軍，僅在兩個月後全國青年錦標賽上，她又以 61.42 公尺的成績打破了日本選手保持的 61.20 公尺的亞洲紀錄，成為中國第一位突破 60 公尺大關的女子鏈球運動員。

在 1998 年 7 月日本福岡舉行的亞洲田徑錦標賽上，顧原又以 61.86 公尺的成績創造了新的全國和亞洲紀錄，並奪得金牌，成為中國第一個女子鏈球亞洲冠軍。她還先後 5 次破了亞洲紀錄。

此後，趙巍以 63.20 公尺的成績獲女子鏈球冠軍，並刷新了由自己保持的亞洲紀錄。繼顧原、趙巍之後，重慶劉瑛慧也不示弱，以 63.75 公尺的成績奪冠並創造了新的全國和亞洲女子擲鏈球紀錄。2000 年 5 月，趙巍投出 65.70 公尺的好成績，創造了新的全國和亞洲紀錄。

2001 年 5 月，解放軍選手張文秀以 66.30 公尺的成績打破了趙巍的全國和亞洲紀錄。2001 年 11 月在廣州舉行的第 9 屆全運會上，女子擲鏈球項目首次被列入比賽，顧原以 66.97 公尺的成績奪得第一個全運會冠軍。她在 2002 年 8 月舉行的亞洲田徑錦標賽上，以 71.10 公尺的成績奪冠，並創亞洲新紀錄。同年在西班牙馬德里舉行的第 9 屆世界盃田徑賽上，她又擊敗庫津科娃獲得女子鏈球冠軍，這個勝利當時讓人們對中國女子鏈球的發展充滿信心。2003 年顧原在上海投出 72.03 公尺，次年 7 月，她又投出了 72.36 公尺的個人最好成績。

2004 年以後，來自八一隊的張文秀表現更為搶眼，她在雅典奧運會上奪得第 7

名，創中國女子鏈球在奧運會上的最佳名次。2005 年 6 月，她在長沙的全國比賽中，又以 73.24 公尺的成績奪標。2006 年亞運會上，她投出了 74.15 公尺，2007 年又創造了 74.86 公尺的個人最好成績。在 2008 年北京舉行的第 29 屆奧運會上，張文秀以 74.32 公尺的成績獲得銅牌。

2011 年 6 月，張文秀在德國弗蘭基斯奇——克魯姆巴奇舉行的田徑賽中投出 75.65 公尺的好成績，再次打破了由她保持的亞洲紀錄和全國紀錄，獲得一枚銀牌。接著在韓國大邱舉行的世界田徑錦標賽上，又以 75.03 公尺的成績獲得銅牌。中國女子鏈球項目進入世界先進行列。

第二節·擲鏈球技術

擲鏈球同其他投擲項目一樣，其成績主要取決於鏈球出手的速度。在投擲鏈球過程中，要求運動員在最大的旋轉半徑情況下，發揮盡可能快的旋轉速度，以獲得最快的出手初速度，投得更遠。

擲鏈球的技術，按動作結構可分為握法、預備姿勢和預擺、旋轉、最後用力和維持身體平衡五個部分。

一、握法（以由身體左側投擲為例）

擲鏈球是田徑投擲項目中唯一用雙手進行投擲的運動。從預擺開始，經過 3 ～ 4 圈旋轉後擲球出手，這一運動過程中產生很大的離心。因此，為了便於投擲和防止鏈球在旋轉中脫手，要握好鏈球的把手方法是：

先用左手食指、中指和無名指中段和小指末節鉤住把手（圖 56），拇指關節不彎曲，然後再用右手的四個指節緊緊地包扣在左手指根間，右手拇指扣壓在左手食指上，左手的拇指再扣壓在右手的拇指上，兩拇指交叉相握，形成扣鎖式握法。

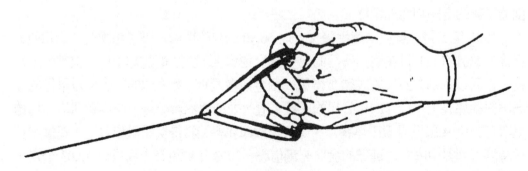

圖 56　擲鏈球鎖式握法

二、預備姿勢和預擺

（一）預備姿勢

正確的預備姿勢是順利進入預擺和旋轉的保證。運動員背對投擲方向，兩腳分開同肩寬或稍寬於肩，腳尖稍向外展，站立於投擲圈內後沿內，左腳靠近投擲圈中心線，兩腿彎曲，上體右轉並稍前傾，體重大部分落在右腿上，鏈球放在身體右側圈外偏後方，雙手緊扣把手，兩臂伸直。

有的運動員將鏈球放在身體正前方或稍偏左的圈外地上，也有的將球提離地面，由體前擺至右後方，然後直接進入預擺。

（二）預擺

預擺是從靜止的預備姿勢開始的，其目的是使鏈球獲得一定的速度後，為平穩進入旋轉創造條件。在實踐中，大部分運動員採用兩次預擺。

預擺是由兩腿微微蹬伸開始，上體直立向左轉動，兩臂牽引鏈球從身體的右後方沿向前→向左→向上的弧線運動。當鏈球向上時，兩臂逐漸屈肘。手腕位於頭上時，上體疾速右轉。在鏈球經過轉動軌跡平面最高點時，兩手經頭上向右移動。當鏈球從體後向右側下方運動時，兩臂逐漸伸直，兩腿逐漸彎曲，與上體的轉動協調配合而到達低點，然後進入第二次預擺。

第二次預擺鏈球運行軌跡斜面角一般較小，速度加快，幅度和離心力增大，身體應隨鏈球的移動而變化各部位置，骨盆移動的軌跡應呈圓周形，使髖關節的平衡補償盡量保持在一個水平面上（圖57）。

① ② ③ ④

圖 57 預擺

三、旋　轉

旋轉是擲鏈球技術的重要組成部分，也是關鍵的技術環節。它是在預擺的基礎上不斷加速，使鏈球獲得較大的速度，使身體型成良好的超越器械姿勢，為最後用力投擲創造條件。

旋轉有 3 圈旋轉和 4 圈旋轉兩種。優秀運動員大都採用 4 圈旋轉技術，目的是盡量加快旋轉速度。無論是採用 3 圈還是 4 圈旋轉，每圈旋轉過程中都有雙腳支撐（圖 58①—③、⑦—⑨、⑬—⑮）和單腳支撐（圖 58④—⑥、⑩—⑫、⑯—⑱）兩個轉動階段。

　　在旋轉時，投擲者應始終與鏈球成為一個整體，圍繞穩固的旋轉軸，並保持較大的旋轉半徑，在保持良好身體平衡的情況下變換支撐形式，協調用力，不斷加速，完成各圈旋轉。

　　第一圈旋轉：在預擺結束，鏈球到達最低點時開始第一圈旋轉。此時兩腿彎曲，上體保持與地面垂直，身體重心較低，左腳以腳跟為軸，前腳掌積極向左後方轉動，並逐漸伸直左腿。右腳以前腳掌支撐地面，腳跟外轉（圖 58②③），使兩腳

圖 58　旋轉與最後用力

的動作協調配合，推動身體向左移動。

在這一雙腳支撐轉動階段，肩部放鬆，兩臂伸直，以身體轉動帶著鏈球向高點運行，左腿要有力地支撐轉動，背及臀部稍向後。當身體向左轉至 90°時，進入單腳支撐旋轉階段。

此時右腳離地，膝關節彎曲，圍繞左腿轉動，轉動時右腿要儘量靠近左腿，以加快下肢轉動的速度（圖 58④）。鏈球移動到達高點後，左腳由外側支撐轉動進入前腳掌支撐繼續轉動（圖 58⑤⑥）。

隨著右腿繞左腿轉動和髖部的積極內轉，使髖軸和肩軸之間形成一定的夾角，形成身體的扭緊狀態，這對加大鏈球的轉動速度起著重要的作用。右腳轉動一圈後，積極下壓，落地結束第一圈旋轉，開始第二圈的雙支撐轉動（圖 58⑦）。

第二圈以後的各圈旋轉動作基本相同，但是由於鏈球運行的速度不斷加快，軀幹動作應根據旋轉速度的加大而更向鏈球相反方向傾斜，身體重心降低，保證在離心力增大的情況下維持身體平衡。

採用 4 圈旋轉技術與 3 圈旋轉的不同之處在於，4 圈旋轉的第 1 圈是以左腳前腳掌支撐原地旋轉一圈（受場地的限制），以後各圈旋轉則同 3 圈旋轉技術。

四、最後用力

最後用力是擲鏈球最重要的技術組成部分，它直接關係到器械的出手速度、出手角度和出手高度。它是在第 3 圈或第 4 圈旋轉結束，右腳落地瞬間開始的。此時，運動員下肢動作充分超越上肢和鏈球，髖軸與肩軸達到最大扭轉程度，兩臂充分伸直，鏈球在遠離身體的右後上方，兩膝彎曲，身體重心較低。

由於最後一圈旋轉速度較大，鏈球高速下行，當鏈球到達身體右前方時，彎曲的雙膝開始蹬伸，身體重心左移並升高，鏈球沿身體左側弧線上行。接著左腿做強有力的支撐，右腳左轉蹬送，右髖左轉，軀幹挺伸，左肩左轉，頭自然後仰，鏈球快速運行上升至左肩高度時，雙手揮動將球順運行的切線方向和適宜的角度（42°～44°）擲出（圖 58 ⑲—㉔）。

鏈球出手後，為維持身體平衡和防止犯規，要轉體換腿，降低身體重心，以保證投擲成功。

世界優秀鏈球運動員旋轉投擲技術的特點：

蘇聯運動員利特維諾夫和謝迪赫二人曾是世界最優秀的鏈球選手，他們多次獲得奧運會冠軍，並多次創造過世界紀錄。

他們的技術動作（圖 59 和圖 60）體現了現代擲鏈球技術的特點和發展趨勢，主要表現有兩方面：

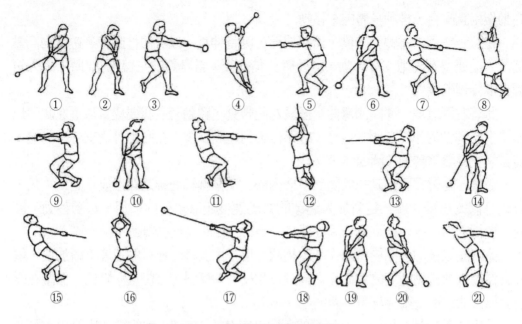

圖 59　利特維諾夫擲鏈球技術

圖 60　謝迪赫擲鏈球技術

（一）旋轉各階段的時間結構

在完整的旋轉技術中，各圈旋轉的加速節奏一定要明顯，而加速節奏則體現在各圈旋轉雙支撐階段和單支撐階段的時間變化上，表 115 是利特維諾夫與謝迪赫各技術階段的時間結構對比。

田徑運動 高級教程

表 115　利特維諾夫與謝迪赫各動作階段時間結構（秒）

姓名	階段	第 1 圈	第 2 圈	第 3 圈	第 4 圈	總時間
利特維諾夫	雙支撐	0.29	0.23	0.19	0.23	1.93
	單支撐	0.30	0.25	0.22	0.22	
謝迪赫	雙支撐	0.20	0.26	0.22		1.61
	單支撐	0.24	0.21	0.21		

從表 115 中可以看出，利特維諾夫（採用 4 圈旋轉技術）第 1 圈是原地旋轉，速度較慢，用了 0.59 秒。謝迪赫（3 圈旋轉技術）是以左腳跟向前腳掌移動的旋轉，速度較快，用了 0.44 秒。

而從第 2 圈以後旋轉速度明顯加快，利特維諾夫從第 2 圈開始也從左腳跟進入轉動，用了 0.48 秒，謝迪赫用了 0.47 秒。

第 3 圈和第 4 圈旋轉由於速度不斷增加，利特維諾夫第 3、4 圈旋轉分別用了 0.41 秒和 0.45 秒，謝迪赫第 3 圈旋轉用了 0.43 秒。

（二）鏈球運行的空間特徵

表 116 中的數據為利特維諾夫和謝迪赫旋轉投擲時各圈鏈球運行軌跡斜面角度和低點、高點的位置高度比較，它為我們進行擲鏈球技術分析提供了有價值的空間特徵資料。

從表 116 中可以看出，利特維諾夫和謝迪赫二人在旋轉中，鏈球運行的低點位置逐圈下降，高點的位置逐圈升高，而鏈球運行的軌跡斜面角度逐圈增大，是為了最後用力出手的需要，使鏈球以合理的軌跡面角度拋出，這些都是符合投擲力學要求的。

因為隨著旋轉各圈速度的不斷增加，鏈球的離心作用越來越大，運動員需要不斷變換身體運動的姿勢，以使鏈球運行的軌跡斜面和低點、高點位置變化符合現代技術的要求。

表 116　鏈球運行軌跡斜面角（度）和低點、高點的位置（公分）

姓名	位置	第 1 圈	第 2 圈	第 3 圈	第 4 圈	最後用力
利特維諾夫	低點	47	25	17	14	9
	高點	153	185	193	195	165
	軌跡角	16	29	34	35	38
謝迪赫	低點	27	23	16	-	10
	高點	180	206	220	-	183
	軌跡角	24	31	38	-	39

第三節・擲鏈球技術教學法

擲鏈球是技術比較複雜的旋轉投擲項目。因此，在教學中應重點學習旋轉的方法。誇張一點說，掌握了旋轉的方法就掌握了擲鏈球技術。

學習旋轉技術時，要遵循由易到難的原則，注意單個動作的旋轉向連續旋轉動作的過渡，分解技術與完整技術教學的搭配，課與課、階段與階段的銜接。教師的示範動作要準確，要充分利用直觀教學的手段。

一、教學步驟

（一）使學生初步建立擲鏈球的完整技術概念

內容：

① 透過觀看優秀運動員擲鏈球比賽的技術影片、錄影、技術圖片以及教師的示範，簡要講解擲鏈球的完整技術。

② 簡要介紹擲鏈球場地、器材規格和比賽的規則。

教法提示：

① 對主要技術環節和難點，應側重講解，使學生加深理解。

② 應對學生進行安全教育，並採取措施，以保證教學安全順利地進行。

③ 注意培養學生的學習興趣和能夠學會擲鏈球技術的信心。

（二）學習握法和預擺技術

內容：

① 兩腳分立同肩寬，前左後右移動髖部。

② 徒手進行預擺的模仿練習。

③ 手持木棒或帶球進行預擺練習。

④ 左右手持球單臂掄擺輕球。

⑤ 學習握法並持輕球、標準鏈球進行預擺練習。

⑥ 雙手持球做下蹲站起的預擺練習。

⑦ 用輕球做邊走邊掄擺的練習。

⑧ 用兩個或兩個以上輕球做預擺練習。

教法提示：

① 學習預擺技術時，先做徒手練習，然後再持器械，以便掌握和熟練移動髖部的技術。持器械練習時，應注意按由輕逐漸加重的順序進行。

② 擺動中要保持軀幹正直，兩腿自然彎曲，雙臂放鬆，要注意髖部和雙腿向鏈球相反方向運動的對抗補償動作。

③ 預擺鏈球。原地起擺、行進間預擺和擺兩個以上鏈球加大了預擺的難度，從而也加快了掌握預擺技術的時間。

（三）學習原地擲鏈球技術

內容：

① 徒手做模仿最後用力的練習。

② 用實心球、啞鈴或木棒做最後用力的練習。

③ 1～2 次預擺後，原地擲帶球或網袋實心球。

④ 1～2 次預擺後，原地擲短鏈球和輕鏈球。

教法提示：

① 在徒手或持器械練習時，要注意最後用力動作的正確順序，這些練習既有助於運動員掌握用力順序，又可提高專門能力。

② 最後用力的學習任務放在旋轉的前面，能使旋轉和最後用力形成自然的銜接。

③ 練習時要注意出手的方向、高度、角度和速度，以及上下肢的協調用力。

（四）學習旋轉和旋轉擲鏈球技術

內容：

① 徒手旋轉一圈的模仿練習：兩腳分開同肩寬或稍寬於肩站立，兩腿彎曲，兩臂前平舉，以左腳跟和右腳掌向左轉動，左腳轉約 90°，右腳轉約 60°，軀幹左轉約 90°。

身體重心隨左轉由雙腳移至左腿，進入單支撐。單支撐時，右腿靠近左腿，左腳外側支撐轉動至左腳前腳掌。然後以左腳前腳掌支撐轉體，右腳落地，完成一圈旋轉。要求右腳落地後與左腳在一水平線上。

② 徒手旋轉 2 圈、3 圈、4 圈和多圈的練習。

③ 持木棒、帶球或網袋球旋轉 1 圈、2 圈、3 圈、4 圈和多圈的練習。

④ 持短鏈球、輕鏈球旋轉 1 圈、2 圈、3 圈、4 圈和多圈的練習。

⑤ 持標準鏈球旋轉練習。

⑥ 持加重鏈球旋轉練習。

⑦ 徒手旋轉一圈接最後用力的練習。

⑧ 持木棒、帶球或網袋，預擺 1～2 次後旋轉 1 圈、2 圈、3 圈和 4 圈投擲練習。

⑨ 持短鏈球、輕鏈球、標準鏈球預擺 1～2 次後，旋轉 1 圈、2 圈、3 圈和 4 圈投擲練習。

教法提示：

① 在旋轉和旋轉投擲中，應保持上體正直，雙臂伸直，雙腿彎曲，髖部挺

出，左腳跟與前腳掌在旋轉中自然交替進行，保持左腳的直線移動。右腳要儘量晚離地，離地時動作要迅速，落地要早，落地的位置要準確。在每圈旋轉中都要有明顯的超越和加速。

② 頭部要保持自然位置，防止過分轉動。注意在旋轉中定向，對方向、方位、器械和空間的良好感覺。

③ 要保持以左腳為支撐點的穩定而垂直的旋轉軸，使身體與鏈球融為一體旋轉。以移動身體重心來對抗離心力，加大旋轉半徑，加快鏈球運行的速度。

④ 旋轉與旋轉的銜接、旋轉與最後用力的銜接要連貫，形成動作的整體性，使旋轉有明顯的加速節奏。

（五）學習第 1 圈旋轉技術

內容：

① 徒手旋轉第 1 圈練習。站立姿勢同前，左腳前腳掌開始左轉，隨著身體重心左移，右腿以跟進形式靠近左腿進入單支撐，借慣性完成單腳支撐旋轉，右腳落地形成超越姿勢。

② 雙手持木棒或鏈球向左前方引擺，身體跟隨木棒或鏈球進入第 1 圈旋轉的練習。

教法提示：

① 第 1 圈旋轉是旋轉技術的基礎，掌握好了才能順利地過渡到以後各圈旋轉中去，因此，教學重點應放在左腳的轉動和右腳落地技術上。

② 器械平擺，軀幹伸直，髖部挺出，身體跟隨球轉，右腳要快起動、快落地。

（六）改進和提高擲鏈球的完整技術

內容：

① 在圈內或圈外旋轉 3～4 圈投擲鏈球。

② 用不同重量和不同長度的鏈球旋轉 3～4 圈投擲練習。

③ 根據個人特點，確定合理的技術並改進和完善。

④ 進行教學比賽。

⑤ 技術評定或測試成績。

教法提示：

① 在完整技術的練習中，要嚴格要求技術動作的準確性，教師要及時指出並糾正錯誤動作。

② 完整的技術練習應儘量在護網或投擲圈內進行，以保證安全。

③ 技術評定要預先通知學生，並提出評定的內容和要求。

二、教學中常見的錯誤及其產生的原因和糾正方法

具體內容如表 117 所示。

表 117　擲鏈球技術教學中易犯的主要錯誤及其產生原因和糾正方法

易犯錯誤	產生原因	糾正方法
1. 預擺動作不協調	不能適應鏈球離心力對身體的牽拉，髖部不能協調地做與鏈球相反方向的對抗與補償運動。	多做預擺的模仿練習和持輕器械的預擺練習，使預擺以髖部帶動全身協調運動。
2. 旋轉時左腳的移動路線偏離	雙支撐轉動時，左腳掌抬起轉動不夠，單支撐轉動時，左腳跟向前腳掌的過渡旋轉銜接不好，身體重心左移不夠，左腳踝關節柔韌性和靈活性較差。	加強左踝靈活、柔韌和力量的練習，多做模仿練習，使左腳跟向左腳掌外側的旋轉能達到 180°，進入單支撐時左腳尖指向投擲方向，身體重心左移準確。
3. 進入第 1 圈時身體向左側倒	進入旋轉時，身體和鏈球不能保持成一整體，向左揮臂用力過猛，使器械的速度快於下肢動作。	預擺進入旋轉時，人——球要成一體，要有被掛在球上旋轉的感覺，反覆練習。
4. 旋轉中雙臂緊張	在旋轉中身體重心左移不夠，未形成穩固的旋轉軸，致使身體處於不平衡狀態，為改變此狀態反射性地將球拉向身體，造成雙臂緊張。	強調旋轉中的身體重心左移，以保證穩定的旋轉軸。
5. 單支撐旋轉結束右腳落地時身體右倒	進入旋轉時身體重心左移不夠，或左膝過直，左腿傾斜，致使單支撐不穩，在轉入雙支撐之前身體失去對鏈球的控制，不能形成對器械的超越。	強調進入旋轉時左膝不能過直或傾斜。
6. 旋轉或最後用力中鏈球在體前觸地	鏈球運行的軌跡不正確或突然屈兩臂以及兩臂在體前過於向下。	預擺進入旋轉時，人——球要成一體，要有被掛在球上旋轉的感覺，反覆練習。
7. 擲出鏈球的方向偏左或偏右	最後一圈旋轉結束時，右腳著地過早，鏈球落點偏左；右腳著地過晚，鏈球落點偏右。	強調旋轉中的身體重心左移，以保證穩定的旋轉軸。
8. 最後用力動作不充分	在旋轉中超越器械不好，使鏈球早於身體，造成最後用力力矩的縮短。	強調進入旋轉時左膝不能過直或傾斜。

在擲鏈球技術的教學中，多數錯誤動作的產生原因是不能適應鏈球的離心作用，破壞了身體的平衡，從而影響旋轉和兩腳落地的位置。其次是為了對抗離心力而錯誤地用屈臂和改變旋轉軸的方法。

因此，在教學中要大量採用輕器械做旋轉練習，利用兩膝關節的彎曲和臀部的「下沉」或「坐下」動作來對抗旋轉中的離心力，以保證較好的教學效果。

第四節・擲鏈球訓練

擲鏈球是一項要求絕對力量大、爆發力強、協調與靈活性高的體能類項目。其投擲成績的提高，是與合理的大強度專項訓練和不斷改進投擲技術分不開的。只有在全面發展身體素質的基礎上才有可能更好地掌握專項技術並取得較好的運動成績。此外，由於擲鏈球的技術比較複雜，無論是初學者還是高水準運動員，掌握和改進技術都必須是經常的。

一、初學者的訓練

選擇身體較好、素質較為全面、爆發力突出的少年兒童參加擲鏈球訓練，屬選材性的訓練。由於此階段的少年兒童（12～13 歲）正處在身高體重迅速增長的發育期，其骨骼、肌肉、內臟器官和神經系統的能力較弱，不宜承受過高過重的負荷量。因此，對他們的訓練應以全面身體素質的發展為主要任務。

身體訓練要以誘發性訓練為主，側重於發展速度。在發展力量的訓練中要全面協調地發展身體各關節、肌肉和韌帶的力量。應多採用肋木、實心球、沙袋、鐵棒、啞鈴和壺鈴等練習，也可用槓鈴片負重練習，但是重量、次數和組數都不宜過重過多，練習方法要簡單易行。

發展彈跳力不宜採用衝擊力過大的方法，可採用徒手的立定跳遠、立定三級跳遠和多級跳等練習，透過技巧和各種球類活動發展靈活性。

技術訓練的主要任務是以學習和初步掌握擲鏈球的基本技術為主。在訓練中，要求講解、示範正確，儘可能利用直觀手段。如有條件，則可利用優秀運動員投擲的技術影片或圖片，使初學者建立起正確的擲鏈球技術概念。

在技術練習中，要採用分解技術與完整技術相結合的方法，以求動作的準確性。可用徒手模仿和持代用器械、輕器械或短鏈球進行旋轉投擲訓練，為建立正確技術的動力定型打好基礎。

此外，在這一階段的訓練中，要根據少年兒童的特點，經常採用一些遊戲和趣味性的練習，啟發他們參加運動的興趣，誘發他們的上進心和執著追求的精神。

二、二級運動員訓練

經過初學者階段的選材性訓練後，運動員（14～15 歲）已經基本上具備了擲鏈球運動所需要的身體、技術、心理及其他一些素質和能力，奠定了進一步從事專項訓練的基礎。

此階段身體訓練的主要任務是在繼續發展全面身體素質的同時，加強專項身體

田徑運動 高級教程

訓練。主要方法是採用接近投擲動作模式的訓練，來獲得專項所需的各種身體素質和能力。隨著年齡的增長、運動員身體發展成長和訓練水準的不斷提高，專項身體訓練的比重和負荷量也在變化。

在訓練中，可透過短跑發展速度素質以及增強腿部力量，保證在旋轉擲鏈球時兩腿快而有力的支撐。跳躍練習是發展下肢快速力量的主要手段，運動員克服自身體重以提高小腿、大腿和髖部肌肉力量。用投擲較輕器械發展快速投擲能力和掌握專項技術。

專項身體訓練有助於運動員儘快掌握技術，改進和完善技術，提高運動能力和成績。採用的練習手段應以熟練技術和提高動作速度為重點。要重複進行完整旋轉投擲的技術訓練，以便熟練掌握每一個技術環節和完整的動作。

在旋轉練習中，要學習和掌握利用移動身體重心來對抗離心力和維持身體平衡，學會預擺技術和預擺接旋轉、旋轉各圈之間的銜接，以及旋轉與最後用力的銜接技術。在此基礎上，培養快速用力的能力和掌握技術動作的速度感。二級運動員訓練負荷如表 118 所示。

表 118　各訓練階段的運動負荷

	二級運動員（13～15 歲）	一級運動員（16～17 歲）	運動健將（18～22 歲）
每課訓練時間（小時）	1.5～2	2～2.5	2.5～3
每週訓練次數	5～6	6～8	8～10
全年訓練次數	200～220	240～260	280～320
全年比賽次數	6～8	10～12	12～16
年全面身體訓練（%）	50	40	30
年專項身體訓練（%）	30	35	40
年技術訓練（%）	20	25	30
年投標準球次數	1500	4000	5000
年投輕球次數	3500	2000	1500
年投重球次數		1000	1500
其他專門投擲次數		3000～4000	4500～6000

三、一級運動員訓練

這一等級訓練的運動員一般為 16～17 歲，正處於身體發展的高峰期，他們的骨骼和肌肉逐漸成熟，內臟器官和神經系統機能進一步提高，能夠承受一定的訓練負荷。此階段身體訓練的主要任務是提高全面身體素質訓練水準，進一步發展專項素質，突出速度、爆發力和快速旋轉能力的訓練。要抓緊對速度及快速反應能力的訓練，增加訓練負荷，在打好全面身體訓練的基礎上，重點發展專項協調能力和快

速用力能力，增加加重器械的訓練和專項爆發力的訓練。

技術訓練的主要任務是進一步掌握擲鏈球技術，提高技術動作的熟練程度和穩定性。進行專業理論學習，瞭解技術和訓練的科學規律，增強訓練的自覺性和積極性。在技術訓練中，分解技術練習減少，完整技術練習增多，技術訓練的比重和負荷相應增加。透過對擲鏈球技術動作連貫性和加速能力的訓練，掌握正確的旋轉節奏。此外，透過比賽，可提高運動員的心理適應能力，積累比賽經驗，激發訓練熱情。

一級運動員訓練的運動負荷見表 118，專項素質與專項成績指標如表 119 所示。

表 119　一級運動員和運動健將訓練階段專項素質與專項成績指標

	一級運動員		運動健將	
	男	女	男	女
擲鏈球（公尺）	58～64	52～60	66～72	60～65
男擲 6、女擲 3 公斤球（公尺）	66～72	60～66	72～80	66～72
男擲 8、女擲 5 公斤球（公尺）	52～58	46～52	58～66	52～58
提鈴至胸（公斤）	100～130	70～100	120～150	90～120
負重下蹲（公斤）	120～150	100～140	160～200	120～160
立定三級跳遠（公尺）	7.5～8.5	7.0～7.5	8.0～9.0	7.5～8.0

四、健將級運動員訓練

進行健將級訓練的運動員大都處於 18～22 歲這一年齡段，這一時期運動員的身體發育已趨於成熟，是提高專項運動成績的最佳訓練階段。身體訓練的主要任務是提高專項身體素質水準，加強與快速旋轉能力相適應的速度力量訓練，同時提高絕對力量的水準。

槓鈴練習是提高全面身體訓練的一般手段，採用的槓鈴重量相當於最大重量的70%～80%，負荷也增大。在練習中進一步發展專項速度，增加加重器械投擲的練習，注重發展快速旋轉和最後用力肌群的力量。

技術訓練的主要任務是進一步鞏固和提高完整技術，使之達到旋轉自如、流暢、準確和熟練的程度。在以完整技術練習和持標準重量鏈球練習為主的情況下，可採用包括不同重量的鏈球、旋轉不同圈數的投擲練習。改進技術細節，逐漸形成合理的技術風格和個人的技術特點。在完成身體和技術訓練任務的同時，盡可能增加全年參加比賽的次數，透過比賽提高運動員心理適應和調控能力，培養拚搏精神，提高專項運動成績。

運動健將訓練的運動負荷見表 118，主要專項素質與專項成績指標見表 119。

五、擲鏈球訓練的主要手段介紹

（一）發展專項力量

1.擺轉槓鈴片

（1）**練習方法**：半蹲，雙手持槓鈴片平舉於體前。利用下肢的蹬轉帶動軀幹、雙臂的轉動，保持半蹲姿勢，擺動槓鈴片做左右兩側轉體。

（2）**練習要求**：上下肢配合要協調，動作發力要迅速。

2.擺轉槓鈴

（1）**練習方法**：雙手握住與地面成 75°～85°角的槓鈴片上端，利用雙腿蹬伸力量帶動上體轉動並擺動槓鈴片，做左右兩側轉體。

（2）**練習要求**：同練習 1。

3.雙手持重物仰臥轉體

（1）**練習方法**：坐在跳箱上，同伴固定下肢，練習者上體後仰，雙臂伸直，手握槓鈴片，做左右兩側轉體。

（2）**練習要求**：同練習 1。

4.高提鈴

（1）**練習方法**：身體成高翻預備姿勢，利用雙腿蹬伸、軀幹展體和雙臂上拉的力量將槓鈴從地面拉到頭上。

（2）**練習要求**：同練習 1。

（二）發展專項能力

1.投擲短鏈鏈球（80～110 公分）

（1）**練習方法**：同擲鏈球技術。
（2）**練習要求**：同擲鏈球技術。

2.投擲輕鏈球（2.5～6 公斤）

（1）**練習方法**：同擲鏈球技術。
（2）**練習要求**：同擲鏈球技術。

3.低重心行進間轉髖

（1）**練習方法**：半蹲並保持身體重心高度，以左腳前腳掌為支點，右腿做擺腿

轉髖，右腳前腳掌落地後，再以右腳掌為支點，左腿擺動轉髖，以左腳掌落地。如此兩腿交替進行，逐漸加快動作頻率直至最快。

（2）練習要求：保持重心高度不變，兩腿支撐擺動配合要協調。

4.原地或行進間掄擺鏈球

（1）練習方法：與擲鏈球的掄擺技術動作相同（可用 10～20 公斤重球）。
（2）練習要求：同掄擺技術要求。

5.重複掄擺鏈球旋轉

（1）練習方法：保持身體重心，掄擺 1～2 次，旋轉 1～3 圈，重複 8～10 次。
（2）練習要求：同擲鏈球技術要求。

6.多圈旋轉

（1）練習方法：持球做多圈旋轉（5～10 圈），逐漸加快旋轉速度至最大。
（2）練習要求：同擲鏈球技術。

第十七章

全能運動

梁彥學　徐政

第一節·全能運動的發展與研究概況

全能運動對人體的技能要求較高，是一項集技術、體能、智力於一身的綜合性項目。運動員要在兩天比賽完跑、跳、投類的幾個單項，觀賞和鍛鍊價值較高，因此，深受人們的喜愛，被人們稱之為田徑運動中的「鐵人項目」。

現代全能運動將男子全能定為「五項全能」、「十項全能」；女子全能定為「七項全能」「十項全能」。此外，還有室內全能比賽和青少年全能比賽等。本教程主要闡述男子十項全能和女子七項全能的技術、教學訓練和比賽等。

一、男子十項全能的發展

現代全能運動 1880 年始於美國。第一個十項全能（英文稱 all-Round）由 100 碼、鉛球、跳高、880 碼競走、16 磅鏈球、撐竿跳高、120 碼跨欄跑、56 磅重物投擲、跳遠和 1 英里跑組成，整個比賽持續一天。1904 年，全能運動正式列入奧運會田徑比賽項目，英國運動員托·凱利以 6036 分奪得冠軍。

1912 年斯德哥爾摩奧運會，瑞典人將五項全能（跳遠、標槍、200 公尺、鐵餅和 1500 公尺）、十項全能（100 公尺、跳遠、鉛球、跳高、400 公尺、鐵餅、110 公尺欄、撐竿跳高、標槍和 1500 公尺）一起列為正式比賽項目。比賽中，十項全能實際比賽了 3 天。從那次奧運會後，田徑十項全能運動的各個單項基本確定下來，直到 2008 年北京奧運會，近百年來一直沒有變化。只是 1920 年奧運會前把 110 公尺欄和鐵餅兩個項目比賽的順序作了調換。

1912 年奧運會上美國十項全能運動員吉·索普以 6564 分的成績獲得冠軍，他還奪得五項全能冠軍。但在 1913 年因遭誣陷被取消資格，由第 2 名瑞典運動員韋斯蘭德取代。這位獲得兩枚金牌的美國運動員，當時曾獲得瑞典國王古斯塔夫高度

讚賞，稱他為世界上最偉大的運動員。索普被誣陷的理由，「因為他是職業選手」。1954 年他與世長辭。事隔 70 年後，1982 年國際奧委會為他昭雪，薩馬蘭奇主席於 1983 年 1 月親自把金牌歸還給索普的兒子。

十項全能評分方法作過多次變動，每次評分標準都有所不同。為了便於比較，本書和下面的敘述過程中統一將歷史上所創造的世界紀錄都按 1985 年的評分方法計算。

（一）1912—1922 年 5000～6000 分階段

這個時期傑出代表人物除索普外，瑞典的韋斯蘭德於 1911 年 10 月 15 日創造了 5386 分的成績（一天內完成十項全能的比賽）。1912 年他在第 5 屆奧運會比賽中獲亞軍的成績是 5965 分。1919 年挪威選手赫‧拉夫蘭德的成績為 6033 分。1920 年和 1922 年，愛沙尼亞運動員克魯穆別爾格先後取得 6025 分和 6087 分的好成績。

（二）1923—1934 年 6000～7000 分階段

這個時期創造優異成績的選手是美國的奧斯本，他於 1923 年 9 月 3 日在芝加哥和 1924 年 7 月 12 日在巴黎分別創造了 6248 分和 6476 分的世界紀錄。隨後，荷蘭的於爾耶萊於 1926—1930 年四次創造世界紀錄，將世界紀錄提高到 6700 分。

另一名芬蘭選手阿‧耶爾維寧 1928—1932 年分別創造了 6645 分、6865 分和 6879 分（獲 1932 年奧運會亞軍）3 次世界紀錄。

1933—1934 年德國選手漢斯‧梅因里希‧西韋特以 6833 分和 7147 分創造新的世界紀錄，他是十項全能史上第一個突破 7000 分的選手。

（三）1936—1960 年 7000～8000 分階段

1936 年美國選手莫里斯，獲得了第 11 屆奧運會冠軍。他以 7213 分和 7254 分兩次刷新世界紀錄。

1950—1952 年，美國鮑‧馬賽厄斯曾 3 次改寫世界紀錄：7287、7543 和 7592 分。他獲得第 15 屆奧運會冠軍。

1955—1960 年，美國選手約翰遜和蘇聯選手庫茲涅佐夫輪流創造世界紀錄。約翰遜 1955 年成績是 7608 分、1958 年為 7787 分、1960 年為 7981 分，庫茲涅佐夫 1958 年成績是 7653 分、1959 年為 7839 分。

（四）1961—1980 年 8000 分以上階段

1961 年，美國選手菲‧公尺勒金首次突破 8000 分，達到 8049 分。

1963 年 4 月 28 日，台灣選手楊傳廣創造了當時評分表分值的最高分——9121 分。但是按 1985 年評分表僅為 8009 分。這在上世紀 60 年代初期轟動了世界，

1964 年東京奧運會上他獲得了十項全能銀牌。

1966—1969 年美國選手杜公尺創造兩次世界紀錄，分別為 8096 分和 8309 分，1968 年獲得墨西哥奧運會冠軍。

在此期間，另一名美國選手霍德傑以 8119 分（1966 年）和西德選手庫‧本德林（1967 年）以 8243 分各創一次世界紀錄。

1972 年慕尼黑奧運會上，蘇聯選手阿維洛夫以 8466 分獲得金牌並破世界紀錄。

1975—1976 年，布‧詹納以 8420（手計時）、8454、8634 分，3 次改寫世界紀錄，並獲得蒙特利爾奧運會冠軍。他是世界田徑史上最傑出的十項全能選手之一。

（五）20 世紀 80 年代十項全能進入了 8500 分以上的超級水準階段

20 世紀 80 年代以後，十項全能的熱點轉向歐洲。世界紀錄的爭奪戰在英國人湯普森和德國選手克拉奇梅爾、欣格森之間展開。

湯普森 4 次創造世界紀錄（1980 年 8648 分，1982 年 8730 分和 8774 分，1984 年 8847 分），兩次奪得奧運會冠軍（1980 年莫斯科和 1984 年洛杉磯）。1 次獲得 1983 年第 1 屆世界錦標賽冠軍。

克拉奇梅爾的學生和隊友欣格森 1982 年以 8741 分、1983 年以 8825 分和 1984 年以 8832 分 3 次刷新世界紀錄，但他在奧運會和世界、歐洲錦標賽幾次大賽上最終未能戰勝強勁的對手湯普森。

1988 年和 1992 年這兩屆奧運會冠軍分別由東德選手申克和捷克斯洛伐克運動員茲梅利克奪走。他們的成績分別為 8488 和 8611 分。

1991 年，東京第 3 屆田徑錦標賽美國選手奧布賴恩以 8812 分獲冠軍，1992 年奧運會後，他於 9 月 5 日在法國的塔良朗斯以 8891 分的優異成績創造了新的世界紀錄，使男子十項全能向 9000 分大關又前進了一步。

2000 年 5 月舉行的歐洲田徑錦標賽上，捷克運動員羅盧安‧塞德爾創造了 9026 分的世界紀錄，他的各項成績都達到了很高的水準，分別為 10.64、8.11、15.33、2.12、47.79、13.92、47.92、4.80、70.16、4:37.20，成為世界上第一個突破 9000 分的全能運動員。他在 2001 年世界田徑錦標賽上又獲得了男子全能第 1 名，成績為 8902 分。2004 年第 28 屆奧運會和 2008 年第 29 屆奧運會冠軍的成績，分別為 8893 分和 8791 分。

現代十項全能運動均衡地設置了徑賽、跳躍和投擲中的各個單項，既要求速度、力量、技術，又要求有良好的耐力，對運動員全面身體素質的發展有著很高的要求。近一個世紀以來，「全面發展，項項都能」是全能運動發展的總趨勢。

男子全能運動中還包括五項全能。多年來，男子五項全能運動一直沒有變化。除在 1934 年評分體制有一次變化外（在此之前的評分方法是將每項比賽名次相加，分數最低者為優勝），從 1931 年起，五項全能和十項全能使用統一評分表（新

的評分表包括 200 公尺跑的評分系列）。

1924 年以後，奧運會取消了男子五項全能比賽，五項全能奧運紀錄隨之消失。但國際田聯仍然把五項全能作為正式比賽項目，在一些只有一天的運動會上或一些俱樂部之間的比賽中舉行，不少國家（包括中國）仍在少年中繼續開展這一項目。

此外，目前有的室內田徑比賽中設置了男子七項全能（60 公尺、跳遠、鉛球、跳高、60 公尺欄、撐竿跳高、1000 公尺）的比賽，以適應室內比賽的特點。

二、女子全能運動的發展

女子全能運動在世界上開展得較晚，多年來，許多國家一直開展著女子五項全能運動，但不同國家卻使用著不同的評分表。由於評分標準的不統一，各國間無法按照統一的尺度進行交流，影響了這項運動的發展。

1946 年國際田聯在奧斯陸會議上透過決議，成立了一個專門機構——國際女子全能委員會，負責制定女子田徑規則，研究制定國際統一的女子全能評分表，取代不同國家各自的評分表。

女子五項全能項目於 1964 年列入東京奧運會比賽項目。1981 年，隨著田徑運動的發展，女子七項全能運動取代了五項全能。此後，五項全能、三項全能基本屬於少年女子運動員開展的比賽項目。

從女子全能運動的發展進程看，五項全能從 1924—1949 年，項目未變，只是比賽順序有一些變動。1949 年五項全能開始設置了跨欄項目，100 公尺改為 200 公尺，使女子全能項目有了新的變化。1969 年，世界女子田徑比賽取消了 80 公尺欄，開展 100 公尺欄，五項全能也將跨欄改為 100 公尺欄。1977 年，為了使女子全能體現全面的素質，將 200 公尺改為 800 公尺，其他項目未變。

國際田聯從 1981 年起，將女子五項全能改為更為全面的七項全能。

國際田聯把七項全能世界紀錄的基數定為 6144 分。1981 年 4 月，美國選手弗里德里克捷足先登，首創 6166 分的世界紀錄（按 1981 年評分表），按 1985 年評分表，這個紀錄應為 6104 分（14.05、15.63、1.74、24.92、5.84、43.90、2:15.2）。1981 年 5 月，蘇聯選手維納格拉多娃以 6181 分改寫了世界紀錄。

1981—1983 年東德選手諾伊貝特 4 次刷新世界紀錄。成績是 6670、6788、6845 和 6935 分。

1983 年第 1 屆世界田徑錦標賽七項全能前 3 名由東德選手包攬。1984 年另一名東德選手賓茨以 6946 分又創世界新紀錄。

1984 年開始，規則把七項全能鉛球和跳高的比賽順序作了調換。

1984 年蘇聯抵制洛杉磯奧運會，諾伊貝特和賓茨等超級選手未能參賽，冠軍成績僅為 6390 分。

田徑運動 高級教程

洛杉磯奧運會銀牌得主美國選手喬伊納・西克在 1986—1988 年間 4 次打破世界紀錄，她的成績分別是 7148 分、7160 分、7215 分和 7291 分（漢城奧運會冠軍）。在 1992 年巴塞羅那奧運會上，她再次以 7044 分高水準成績獲金牌。1984—1992 年期間，奧運會七項全能成為「喬伊納・西克時代」。1993 年她再次獲得世界錦標賽金牌，可以說她是當代最優秀的女子全能運動員，被稱為「全能皇后」。她創造的世界紀錄至今未被打破。

2000 年世界女子全能的最高成績僅為 6736 分，2001 年世界田徑錦標賽女子全能冠軍的成績也只有 6694 分。

2002 年，根據國際田聯修改的田徑規則增設了女子十項全能，它對女子全能運動員提出了更高的要求，使這項運動朝著速度、力量、耐力和多種運動技能、技術更加全面的方向發展，從而使女子全能運動進入了一個新的歷史時期。

2005 年 10 月 26 日，國際田聯修改的國際比賽技術規則（2004—2005 年修改部分）對承認女子十項全能世界紀錄的條件規定為當超過 8000 分時；承認青年女子十項全能世界紀錄的條件為當超過 7300 分時。

2004 年 9 月 26 日，在國際田聯男女全能挑戰賽巴黎站（達朗斯）上，法國選手科隆維勒在女子十項全能比賽中，成為第一個突破 8000 分大關的運動員，她取得了 8250 分的好成績，她的各項成績為 100 公尺 12.48，鐵餅 34.69，撐竿跳高 3.50，標槍 47.19，400 公尺 56.15，100 公尺欄 13.96，跳遠 6.18，鉛球 11.90，跳高 1.80，1500 公尺 5:06.09。

目前國際田聯正式承認女子十項全能的世界紀錄為 8358 分，是由立陶宛的斯庫吉特（Skujyte）於 2005 年 4 月 15 日在哥倫比亞創造的。亞洲紀錄是由哈薩克斯坦的伊琳娜・瑙姆科（IrinaNaumenko）於 2004 年 9 月 25 日在達朗斯創造的，成績為 7798 分。

三、全能運動在中國的開展

全能運動在中國開展得較早，在 1912—1925 年間共舉行的 7 屆遠東運動會上，中國運動員蟬聯五項全能和十項全能冠軍。在 1914 年舊中國的第 2 屆全運會上，吉英子五項全能（220 碼、跳高、鉛球、鐵餅、1760 碼跑）成績是 258 分；黃道遠十項全能（100 碼、400 碼、跳高、跳遠、200 碼低欄、鐵餅、鉛球、單足跳遠、撐竿跳高、1760 碼）成績是 639 分。1930 年第 4 屆全運會上郝德春五項全能 2138 分；曹裕十項全能 4356 分。1934 年王季準五項全能 3032.15 分；1935 年在上海舉行的第 6 屆全運會上，張齡佳十項全能 4986 分。

新中國成立後，1956 年郝建仁創造十項全能 5135 分的全國紀錄；1958—1959 年，于新潞分別以 5185 分和 5300 分打破全國紀錄；1959 年第 1 屆全運會時上海選手齊德昌以 5819 分（11.7、6.80、11.81、1.76、53.6、16.5、30.12、3.70、53.76、

4:37.6）創造了全國紀錄並獲得冠軍；1961 年齊德昌又把全國紀錄提高到 6080 分；1964 年蘇振國（6144 分），1965 年余建華（6294 分）、田茂林（6366 分和 6770 分）相繼創造全國紀錄。

1966 年王文學在金邊舉行的亞洲新興力量運動會上以 6987 分獲冠軍，並創造全國紀錄。

1979 年以後，中國田協頒佈手計時和電動計時兩套紀錄。創手計時全能紀錄的有董賢林 7305 分、翁康強 7352 分（按 1985 年評分表折合為 7234 分）、陳澤斌 7484 分、龔國華 7659 分。創造電動計時全國紀錄的有：翁康強，從 1979—1984 年多次創造全國紀錄，他把全國紀錄提高到 7662 分（1984 後洛杉磯奧運會）；奚霞順 1986 年創造 7672 分的全國紀錄；龔國華 1990 年把全國紀錄提高到 7908 分，逼近了 8000 分大關。

2001 年 8 月中國新一代優秀運動員齊海峰在北京舉行的第 21 屆世界大學生運動會上創造了 8019 分的全國新紀錄，成為新中國第一個突破 8000 分大關的運動員，他的各項成績分別為 11.15、7.27、13.29、1.98、49.19、14.74、46.41、4.70、59.86、4:23.22，他在當年 11 月舉行的第 9 屆全運會的田徑比賽中，又以 8021 分的成績創造了新的全國紀錄。

2002 年 6 月在遼寧本溪舉行的全國田徑錦標賽上，他又提高到 8030 分。同年 10 月在釜山舉行的第 14 屆亞運會上，又獲得 8041 分的好成績。他在 2009 年第 11 屆全運會上，以 7941 分獲得冠軍。

女子全能運動在新中國成立後得以迅速發展。1956 年王劍俠以 3710 分創造第一個全國紀錄。1957—1965 年是「鄭鳳榮時代」，她 13 次改寫全國紀錄，1965 年創造了 4689 分的全國紀錄。在此期間，短跑選手劉玉英和跨欄選手劉正也創造過五項全能全國紀錄。

20 世紀 60 年代中期，鄭鳳榮的五項全能達到世界水準。但是，由於政治原因，中國運動員無法參加世界比賽，使她失去在國際大賽上顯示中國女子全能運動員最高競技水準的機會。

1979 年，在由 100 公尺欄、鉛球、跳高、跳遠和 800 公尺組成的五項全能比賽中，葉佩素（4139 分）和郭玉（4248 分）相繼創造全國紀錄。郭玉的各單項成績是 14.1、12.71、1.82、5.86、2:26.7。

1981 年開始了女子七項全能比賽，由於中國電動計時尚不普及，故中國田協同時公佈手計時和電動計時兩套紀錄。

手計時紀錄（1984 年前成績按 1981 年評分表）：1984 年葉聯英 5568 分，1987 年楊奇芬 5694 分、馬苗蘭 5869 分，相繼創造全國新紀錄。

電動計時紀錄：1983 年葉佩素是 5653 分；葉聯英 5666 分（按 1985 年評分表為 5573 分），其各單項成績是 14.55、1.85、10.93、25.91、6.04、34.65、2:21.10。

從 1984 到 1993 年，相繼創造全國紀錄者有楊奇芬（5648 分）、吳頻（5896

田徑運動高級教程

分）、董玉萍（6262 分）、朱玉青（6384 分）。1993 年，馬苗蘭在第 7 屆全運會上創造了 6750 分的全國和亞洲紀錄（13.28、1.89、14.98、6.64、45.82、23.86、2:15.33），這一成績排當年世界第 3 位，使中國女子全能運動達到世界先進水準。近些年來，中國女子全能項目水準出現較大下滑，參加訓練人數也在不斷減少，需引起重視。

四、全能運動發展的趨勢和訓練特點

（一）全面均衡發展，各單項達到高水準是全能運動的發展方向

1.全能評分表的變化引導全能運動的發展

歷史上十項全能運動評分表每一次改變都使十項全能朝著更加全面、均衡的方向發展。如 1950 年評分表十項全能運動員只要有三四個突出項目就可以取得好成績，獲得優勝，而 1985 年評分表則要求所有十個單項都達到較高水準才能獲得理想的成績。

1998 年評分表將鐵餅、標槍投擲項目的記分單位從每 2 公分改為 1 公分，說明競爭越來越激烈，評分越來越細。

2.項目增多體現全能運動的發展

女子全能項目的多次變化，使女子全能運動朝著難度越來越大的方向發展。每一次變化都對女子全能運動員的體能、全面素質、技術、技能提出更高的要求。

尤其是女子七項全能的開展，使女子全能選手的項目更接近男子十項。再隨著女子撐竿跳高技術的推廣和普及，國際田聯決定增加女子十項全能項目在人們的預料之中。

3.各個單項追求達到更高的水準

隨著全能運動的發展，比賽更加激烈，全能運動各個單項都在追求達到更高的水準。在保證全面發展的同時，一些全能運動員的單項運動成績可以進入一些世界比賽單項的前 8 名，這說明全能運動員的各個單項技術訓練水準越來越高，比如喬伊納的跳遠和跨欄成績都可以進入世界大賽單項的前三名。

（二）重視全能運動的選材工作

1.男、女全能運動員身體結實，身材越來越高

1928 年第 9 屆奧運會男子十項全能運動員平均身高 176.4 公分，平均體重 71.9 公斤；1960 年羅馬奧運會時，上述兩個指標依次為 184.2 公分和 82.1 公斤；1976

年蒙特利爾奧運會時，分別提高到 187.4 公分和 85.6 公斤；1984 年奧運會十項全能前 6 名運動員平均身高 192 公分，體重 89 公斤。有關測量表明，世界十項全能運動員的體重／身高的克托萊指數為 454。

20 世紀 80 年代中國超過 7600 分的選手，身高都在 184～186 公分，體重在 83～85 公斤（僅翁康強體重為 78 公斤），與世界優秀運動員相比，中國的男子全能運動員身高逐漸接近，而體重略有差距。中國男子全能運動員體重／身高的克托萊指數為 438，比世界優秀運動員指數略小，反映出中國運動員的身體結實程度有差距。

1985 年世界女子七項全能前 100 名平均身高為 174 公分左右，體重為 66 公斤左右，中國超過 6000 分以上的選手，身高最低 174 公分，最高 180 公分以上，體重 64～68 公斤，與世界優秀運動員基本一致。

2.從青少年開始挑選全能運動員，早期進行培養

沒有良好的身體條件和身體素質，要想達到全能運動的較高水準是不可能的。因此，現代全能運動的訓練比以往任何時候都更加重視青少年的選材工作。

一些技術較為複雜的項目，如撐竿跳高、鐵餅、跨欄等，必須從青少年時就開始進行技術訓練，進行早期培養。早確定全能運動的專項，有利於運動員以後全能運動的發展。

（三）全能運動的訓練特點

1.多項目綜合，全面性發展

男、女全能運動分別由跑、跳、投三大類的單項組成，對身體素質和技術要求全面。要求運動員在力量、速度、彈跳、速度耐力、耐力、靈巧、協調、柔韌諸方面全面發展，並且要達到較高水準。

這些身體素質既是全能運動員必須的基本素質，也是全能運動員必須的專項素質，每次訓練課都要進行 2～3 個項目單項技術訓練和多項身體素質訓練，使運動員朝著多項目綜合性、全面性方面發展。

當今世界優秀全能運動員只有一個類型，這就是「全面型」。過去那種「跳躍型」「跑跳型」「跑投型」或「跳投型」的運動員都不符合全能運動發展的要求，只有力求各個項目都達到較高水準，才是田徑運動為從事這個項目的男女「鐵人」設計的理想藍圖。全能運動的整個訓練過程中應貫穿消除弱項的方針，男女全能運動員應該力爭使每項技術都達到優秀。

2.技術由精到細，力求精益求精

全能運動員從開始接觸全能運動起，就要在訓練和比賽中不斷學習鍛鍊自己。

運動員不可能將全部項目的技術都掌握好了以後再參加比賽。因此，全能運動員在開始參加比賽時，有些項目的技術比較粗糙，但這並不代表全能運動員的單項技術就應該粗糙。全能運動的訓練必須解決提高弱項技術水準問題，要使各項技術由粗到細，逐步提高。對各項技術都應該在多年的訓練中精益求精，這樣才能達到全能運動的更高水準。

3.按序訓練，有機結合

按順序進行訓練，在訓練中模擬各單項比賽的順序，將各項組成一個整體，有機地聯繫在一起成為目前全能訓練的主要特徵之一。用圖示意全能的整體結構模式（圖61、圖62），可以看出十個單項和七個單項的不可分割性。在全能比賽中任何一個單項出現重大失誤（如犯規沒有成績或3次不過桿），都會釀成全能的其他項目比賽意義的喪失，整體崩潰。因此，訓練中應儘量按序進行，使運動員熟悉比賽的順序，適應比賽，把全能視為一個整體。

這是全能運動訓練的一個特點，也是田徑規則賦予全能運動的特性。

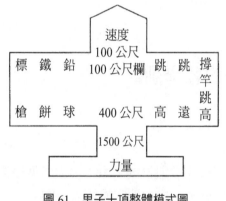

圖61　男子十項整體模式圖

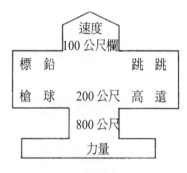

圖62　女子七項整體模式圖

4.各項技術和身體素質結合更加緊密

全能運動員的身體素質訓練必須貫徹以力量為基礎，速度是先導，靈巧、協調素質全面發展的指導思想。世界各國全能訓練專家都認為，諸多的專項素質中，力量和耐力尤為重要。

圖61、圖62說明：徑賽項目為主體，速度為先導，跳、投項目為兩翼，力量則是推進整體的原動力。當運動員基礎力量具備一定水準時，速度和技術是運動員取得優異成績的關鍵。

全能運動的整個教學訓練過程中，必須將技術和素質密切結合，以技術帶素質，以素質促技術，使技術和素質同步發展。在學習、掌握、熟練和鞏固技術的訓練過程中，使相應的素質得到發展。各項素質和技術的發展之間不能相互代替，只

能相互促進。有時它們會出現相互制約，比如力量練習多，體重可能增加時，對提高跳高成績會有一定影響，耐力練習過多時會對速度有一定影響等等。這就要求在各項技術和素質進行專門強化訓練時，應考慮如何增進技術之間的相互促進作用，克服和避免技術之間、素質之間的互相排斥、相互干擾，合理地進行安排訓練。

5.不斷增加運動負荷，提高訓練強度

十項全能的訓練是在以訓練負荷量為基礎、訓練強度在質量保證的前提下進行的。全能運動的項目多，運動員機體所承受的運動負荷較大，因此，訓練的負荷量也比較大。20 世紀 80 年代以來，人們在過去重視運動負荷的同時，更加重視訓練強度的要求。以保證訓練質量的提高。這是現代訓練理論和實踐發展的重要趨勢。

雖然訓練次數從 50 到 90 年代翻了幾番，但由於一年 365 天的訓練時間是有限的，運動員的機體承受能力是有限的，因此，訓練次數不可能無限度地增加，訓練也不能靠無限增加時間來解決問題。自 20 世紀 80 年代以來，世界優秀運動員在保持 320～350 次／年訓練的基礎上，提高訓練強度，保證訓練質量（包括完成各種的強度，技術練習的實效性、針對性，技術的合理性等），減少訓練的盲目性，減少做無用功，使訓練更加科學化，收到了較好的效果。

第二節・全能運動的教學訓練

一、全能運動教學訓練的基本任務

第一，全面提高身體素質發展水準，協調發展主要肌群的力量；發展各個關節的靈活性、柔韌性，改善動作協調性；學會放鬆協調、省力地完成技術動作。

第二，提高專項素質水準，增強短跑、跳躍、投擲需要的專項力量，提高彈跳力，發展跨欄、跳高、標槍、撐竿跳高所必須的靈活性、柔韌性和協調能力。突出速度和速度節奏的訓練，提高機體耐力水準。

第三，學習和掌握全能運動的各項技術，並逐步改進、完善、熟練和鞏固，使之達到穩定、可靠程度（包括動作的用力順序，動作的節奏、幅度和頻率等）。

第四，學習基礎理論，瞭解技術原理和技術規格，並把這些知識運用到學習技術、技能和訓練、比賽中去。

第五，學習和掌握全能比賽戰術。

第六，培養頑強拚搏、吃苦耐勞的意志品質和刻苦鑽研、勤奮好學的精神與堅韌不拔、堅持不懈的毅力，培養忠誠老實、不驕不躁的做人品質，培養勇敢果斷、自控能力和自信心強的優秀心理素質。

第七，不斷提高健康水準，嚴格遵守生活制度、訓練制度，注意飲食營養和衛

生；學會放鬆和休息，學會自我醫療監督，能夠和醫生合作，運用按摩和自我按摩、沐浴、水療和其他物理、化學療法，或導引、氣功療法。

此外，應根據個人不同特點和具體情況提出若干針對性的教學訓練任務。

全能運動教學訓練的藝術，在於根據不同對象、不同年齡和水準在不同的階段提出具體任務，並完成這些任務，最終達到理想的成績目標。

二、技術教學和訓練應注意的要點

（一）跑的技術是全能教學訓練的基礎

男子十項全能包括十個單項，除鉛球、鐵餅外，其他八個項目都和跑的技術有直接聯繫；女子七項全能有六個單項和跑有直接聯繫。如果全能運動員跑的基本技術合理、放鬆、正確，可以對其他項目起到促進作用。因此，在全能訓練中，應以跑的基本技術為基礎進行重點訓練，使全能運動員具備較好的跑的技術和跑的能力，可以為全能其他項目技術的提高打下良好的基礎。

（二）突出重點單項技術的學習和掌握

教學和訓練實踐證明，全能項目較多，初學時不可能也不容易掌握如此多而複雜的技術。因此，有目的、有計畫地選擇幾個重點項目作為學習和掌握全能技術的突破口是全能訓練的「入門捷徑」。

一般情況下，男子十項運動員首先學習掌握跨欄、撐竿跳高和標槍的技術，女子七項運動員首先掌握跨欄、跳遠和標槍技術，就可以較快地渡過技術難關，參加比賽，全面提高全能各項技術水準。

（三）充分利用同類項目共同技術特點進行教學與訓練

全能中的某些單項有著相同的技術特點和用力形式，教學訓練中應充分利用它們之間的這種關係，促進相互間的影響作用，以有效地減少單項之間的制約性。

（四）精選訓練手段，突出模仿練習

全能運動項目技術門類多，練習技術不可能按照單項運動員那樣學習掌握一項技術後再去練習另一項。

全能訓練中應直接學習和掌握運用最簡單實用、最經濟、最先進有效的技術，同時要結合個人特點和全能運動特點，有目的地把各項技術教學訓練手段整理壓縮、提煉精選，選擇有效的方法、手段，縮短學習掌握技術的時間，加速全能運動員的成長。

此外，在技術性強的項目教學訓練中，要突出增加模仿練習的比重，這樣，既練習了技術又不使局部負荷量太大，也可以防止損傷的發生。

（五）消除弱項，全面發展

在全能運動教學、訓練過程中，不能揚長避短，而必須揚長克短才能按照全能訓練發展的趨勢特點做到全面提高。全能運動訓練過程就是不斷地消除弱項、不斷完善各項技術、爭取均衡發展、全面提高的過程。

三、技術教學訓練的內容和方法

全能運動所包括的各單項技術和相應的單項技術要點、技術規範是相同的，要根據全能教學和訓練的需求，構成全能項目特有的教學、訓練體系，使全能項目技術教學內容和方法程序化、系列化、成套化。

（一）短　跑

全能運動員的短跑訓練與短跑運動員的各種練習相同，可採用各種段落距離的加速跑、變速跑、行進跑、上下坡跑、「跑格」練習和各種起跳練習等。為了提高和改進運動員跑的技術，應該安排各種跑的專門技術練習。跑的專門練習和加速跑練習一般都應放在每次訓練課的準備活動之中和短跑、跳遠、跨欄以及其他技術訓練之前，做到跑的基本技術天天練，打好跑的基本技術基礎。

改進跑的技術時，常採用反覆跑練習，如 100 公尺×6～8 次、150 公尺×4～6 次、200 公尺×3～5 次（80%～90%的強度）。要充分利用 200 公尺跑的彎道進行彎道跑的技術練習，讓運動員能夠掌握較好的彎道跑技術，使女子 200 公尺、男子 400 公尺的成績得到提高。

男、女全能選手每週應進行 2～3 次短跑專門訓練，有時應和跨欄的欄間跑、跳遠和撐竿跳高的助跑結合起來訓練。在速度訓練中，一定要重視運動員速度節奏的訓練。因為全能項目較多，需要不同的速度節奏和速度感覺，如果在訓練中不能培養出運動員的節奏感，不能根據不同的項目調整自己的速度節奏，就很難將訓練中獲得的速度用在不同的項目中。

（二）跳　遠

全能運動員的跳遠訓練應該和跳遠運動員的訓練相同。首先要掌握正確的助跑起跳技術，其次是掌握合理的騰空動作技術，同時注意培養助跑的節奏。

跳遠助跑的最後 6 步應達到最快速度、最佳步長。為了培養運動員利用速度的能力，除在跑道直道和跳遠助跑道進行平跑練習外，應常用斜坡跑道進行下坡跑練習。可利用下坡後半程較快的速度做進入平道跑最後 6 步接起跳練習，提高運動員快速助跑起跳能力，力求跑出合理的節奏、穩定的步長，做出最佳的起跳。

全能運動員跳遠多採用挺身式或走步式技術。除做大量的徒手模仿練習外，可

多用短助跑跳遠做正確合理的空中技術。有時可用彈跳板起跳增加騰空高度，提高練習興趣，也便於做出空中技術動作。但這種仰板練習不宜多做，因為它容易破壞運動員快速起跳的放腳技術和肌肉快速收縮的本體感覺。

男女全能選手每週跳遠訓練應不少於兩次，每次課短程、中程和全程助跑跳遠的次數應在 10～15 次。一般的起跳練習重複次數應更多些，可達到 20 次以上。隨著訓練水準的逐步提高，可以逐步增加長距離助跑跳遠的次數，相應減少基本技術和短助跑跳遠的次數。參加單項跳遠比賽是檢查技術、鞏固和熟練跳遠技術節奏的有效手段，因此，全能運動員平時和賽前一個月應多參加跳遠單項比賽，把比賽當作訓練看待，逐步提高自己的跳遠單項技術。

（三）推鉛球

全能運動員學好推鉛球技術十分重要。提高推鉛球成績既要靠提高絕對力量，也要靠提高相對力量水準，不能單靠增加體重，不然會影響其他項目，因此，推鉛球的訓練應保持體重不增加，甚至在體重有所下降的情況下，依靠改進技術，提高速度力量水準和爆發力來提高成績。

推鉛球技術訓練主要手段是原地推、上步交叉步推、滑步推低於標準重量的鉛球、實心球、標準重量的鉛球、各種重量的壺鈴和重球等。技術訓練要求應和鉛球運動員的訓練一樣，透過各種負重和不負重的徒手和滑步推鉛球模仿技術練習、分解練習，既改進和掌握技術，又提高專門力量，應長年系統運用。

全能運動員因訓練推鉛球時間有限，故熟練和鞏固技術只能靠多做各種形式的模仿練習，這種練習多於直接的推球練習，兩者比例應達到 1：3～1：4。每週的鉛球技術訓練應當安排 2～3 次，直接推鉛球的次數每次課為 30～40 次。

運動員協調性和控制動作的能力較強時，可以學習和掌握旋轉式推鉛球技術，這對運動員合理利用速度和爆發力更有好處。

（四）跳　高

當今大多數全能運動員都採用背越式跳高技術，簡單又實用。

全能運動員的跳高技術教學和訓練，應同跳高運動員的訓練一樣，首先掌握正確的助跑起跳技術、合理的過桿技術，然後掌握完整技術。由上步起跳、2～4 步助跑起跳、垂直向上跳、4～6 步助跑觸高、跳上萬能升降架、助跑跳高過桿、中程和全程助跑跳上萬能架，以及完整技術跳高等各種練習提高跳高技術，並進行專門性的直線、弧線助跑節奏練習提高助跑技術。

擺動技術是跳高技術的重要環節，為了提高專門彈跳力和擺動技術，可採用負重沙衣助跑起跳（沙衣不宜太重，5～8 公斤即可）、擺腿、擺臂練習和不負重的擺腿、擺臂練習，這些都可以有效地改進技術和提高跳高專門能力。

全能選手每週至少安排兩次跳高技術練習，進行過桿或跳上萬能架的完整技術

練習，每次過桿技術都應達到 15～20 次。為了提高訓練效果，應當在表現最佳技術的高度上反覆練習，不要一味追求強度。要求運動員對待每一個高度都認真、重視、放鬆自如，養成良好習慣，這樣會獲得更佳的訓練效果。

（五）400 公尺跑

十項全能運動員身材、體型均適合 400 公尺跑的技術要求，應從訓練開始就培養大步幅、放鬆跑的技術和良好的節奏感，要求雙臂的擺動幅度較大，抬腿送髖積極。400 公尺跑中，前 300 公尺技術變化不大，後 100 公尺由於體力下降會出現技術變形。

高水準的訓練要求前後 200 公尺相差 2 秒左右，中國十項全能運動員目前很難做到這點，這與跑的技術放鬆程度、跑的節奏和速度耐力有關。為解決後 100 公尺速度下降幅度大的問題，應要求運動員加大擺臂幅度，以頑強的毅力完成最後的衝刺。否則最後一段的速度下降太快，對成績影響較大。

十項全能運動員 400 公尺的訓練，應在一般耐力和短跑訓練的基礎上進行。每週專門速度耐力訓練課 1～2 次，進行 300 公尺×3～5 次或 300 公尺×2 次+100 公尺反覆跑和 400 公尺節奏跑的訓練。

300 公尺的成績是檢驗 400 公尺跑能力的最好指標，也是 400 公尺跑的主要訓練手段。如果 300 公尺成績能達到 34～35 秒，那麼 400 公尺就可達到 47 秒左右。有關十項全能的研究表明，400 公尺跑的訓練水準和技術對全能的其他項目影響和關聯度較大，訓練中應給予足夠的重視。

（六）跨欄跑

跨欄項目技術較為複雜，技巧性強，要求融速度、柔韌、協調於一體，並要求具有很好的速度節奏感。它在全能比賽中屬於得分較高的項目，例如喬伊納創世界紀錄時 110 公尺欄跑出 12.69，得 1172 分；奧布賴恩 110 公尺欄成績為 13.98，得分 977 分。一些全能選手的此項成績能達到和單項選手抗衡的水準。

全能運動員學習和掌握跨欄技術，應在每天訓練的準備活動中都做跨欄的專門練習，一方面練習技術，另一方面可以練習髖關節的靈活性，對學習其他項目技術有很大幫助。全能選手在跨欄技術訓練課上適當減小欄距，增加過欄練習比重是必要的。常用男子 8.80 公尺、女子 8.20 公尺欄距進行三步過欄技術練習，改進欄間跑的節奏和技術。

在初學技術時，可把欄間距縮短到男子 8.00～8.50 公尺、女子 7.00～7.50 公尺，男子採用中欄或 1 公尺高度欄，女子採用低欄或 80 公分高度欄架。降低難度可以使運動員克服怕欄的心理障礙，儘快掌握跨欄技術，培養積極攻欄的意識。

全能運動員掌握跨欄基本動作後就可以採用起跑過 5 欄、8 欄或全程欄的練習來提高跨欄技術和速度，每週至少安排兩次專門跨欄技術課。同時隨跨欄速度的提

高，起跑過 3～4 個欄的練習就顯得十分重要。因為速度越快，對前三欄的技術要求越高，而前 3 個欄的技術好壞又對全程技術的影響最大。

優秀的跨欄運動員也認為跨欄技術中最難的是起跑過第 1 個欄的技術，因此在這一點上花費的練習時間也較多。全能運動員應多參加跨欄單項比賽，透過比賽提高、鞏固和熟練技術。

在比賽中可以跟著優秀跨欄運動員的節奏跑出好的節奏，並盡力模仿優秀跨欄運動員的技術，這是全能運動員提高跨欄技術，並獲得最佳成績的有效手段。

（七）擲鐵餅

擲鐵餅技術是全能運動員最棘手的項目之一。因為擲鐵餅是在不停的旋轉過程中找到最後用力的支點，身體姿態的掌握、鐵餅應保持的位置、上下肢用力的協調和力量速度的傳遞，都是比較難以在較短時間內掌握的，因此，全能運動員需要在這個項目上付出較多的努力，花費更多的時間。

擲鐵餅技術訓練的主要手段是原地和旋轉投不同重量的鐵餅。熟練和鞏固技術的基本方法是多次重複分解和完整旋轉技術練習，並進行有節奏的正確技術模仿練習。可安排全能運動員與單項鐵餅選手共同訓練，加深對鐵餅旋轉技術的理解、觀察和實踐體驗，也可特邀鐵餅專項教練員現場指導，最終掌握擲鐵餅技術。

身材高大、體態勻稱、爆發力好、協調性好的全能運動員的擲鐵餅水準應該達到 50 公尺以上。

十項運動員一年投擲鐵餅的總量應達到 800～1000 次以上，採用模仿練習的數量應是投擲量的 3～4 倍。訓練中把提高投擲專門能力和改進投擲旋轉節奏結合起來，可以獲得更佳效果。

（八）撐竿跳高

撐竿跳高是十項全能中技術最複雜的單項，從開始練習時就要重視基本技術的要求，並透過多年訓練使成績達到 5 公尺以上。

十項全能運動員掌握撐竿跳高技術，應在撐竿跳高的持竿助跑中充分利用短跑的速度和跳遠的助跑節奏，這樣可以達到事半功倍的效果。

撐竿跳高的訓練可以參照「撐竿跳高」一章的教學內容和方法，學習基本技術。運動員能採用 12～14 步助跑熟練地完成插竿、起跳、擺體、後倒團身、舉腿、引體轉體、越過橫桿 4.40 公尺以上的高度並安全落到海綿包上，方可認為基本掌握了撐竿跳高技術。在熟練掌握完整技術動作之前，要大量地進行低於運動員所能越過高度 10～20 公分的完整技術訓練，以便儘快掌握撐竿特性及技術；同時還可以加強 10～12 步助跑起跳彎竿擺體後腳觸高於運動員所能超過高度 50 公分的皮筋的練習。

全能運動員學習和掌握撐竿跳高技術，每週至少要有 3 次基本技術教學訓練。

插竿起跳是基本技術的核心，應反覆練。初學者不應急於過桿，一旦形成錯誤定型以後，對改進技術、提高成績會形成一定的障礙。可安排全能運動員與單項撐竿跳高運動員共同訓練，以加深對這一技術的理解，培養他們的觀察能力。也可特邀撐竿跳高專項教練員現場指導，以利逐步提高和掌握撐竿跳高技術。

運動員能採用正確技術跳過 4.40 公尺以上高度後，應根據運動員的身高、體重、助跑的速度和起跳向前的積極程度，在進一步加強起跳進攻性的前提下，逐步改用更大磅數的撐竿，努力提高握竿點的高度，這對提高成績非常重要。

技術訓練時，選擇運動員易表現最佳技術狀態的高度，對熟練和鞏固完整技術有一定好處，一般過桿的成功率應達到 60%以上。訓練中要控制運動員的情緒，不要盲目「衝擊」更高的高度而破壞技術的正確性，避免形成錯誤技術動作和產生不良的心理障礙。

（九）擲標槍

擲標槍是一項輕器械投擲項目，對速度力量和爆發力要求較高。由於最後用力時是反關節用力，容易使肘、肩、腰部受傷。因此，必須全年系統地進行專項技術訓練，熟悉運用擲標槍技術。

全能運動員學習擲標槍技術，應透過技術教學過程逐步掌握合理的用力順序，然後在技術訓練中逐步提高。訓練中，在技術和專項素質沒有得到提高時，急於追求遠度很容易受傷。因此，在訓練中要把肩帶肌、背肌、腰肌、上臂、前臂肌及肘部力量的訓練放在重要位置，同時注意肩關節的柔韌性和靈活性、腰髖的靈活性和肘關節柔韌性的同步提高，以及下肢力量水準的提高。在發展上肢和軀幹快速伸展能力和爆發性的用力練習時，應當和提高專門投擲能力的訓練、以髖關節為核心的下肢蹬轉送技術的訓練，以及最後用力順序、助跑投擲步節奏的訓練結合起來。

擲標槍時充分利用助跑速度和出手速度合理地把槍投出才能取得最好的成績。每週擲標槍的技術訓練不應少於 3 次。

（十）女子 800 公尺和男子 1500 公尺

1972 年慕尼黑奧運會上蘇聯選手利特維年科在十項之十 1500 公尺比賽中跑出 4:05.9（得 910 分）好成績，最後獲得銀牌；女子七項全能世界紀錄保持者喬伊納‧西克 800 公尺可以跑出 2:08.0，為她創造世界紀錄奠定了基礎。1993 年北京舉行的第 7 屆全運會，女子七項全能前 8 名 800 公尺平均成績為 2:14.17，得分高於七項平均分，最高成績達到 2:06.44，說明 800 公尺的成績在總分中占有很大的比重，應該十分重視。然而，中國十項全能運動員 1500 公尺的水準卻不高，主要是有氧代謝的耐力跑水準差。

800 公尺和 1500 公尺跑是有氧和無氧的混合代謝供能的項目，必須進行專門的訓練，以提高專項能力。有氧能力是基礎，無氧代謝和混合代謝能力的提高是獲

得好成績的關鍵。在全能訓練中，充分重視耐力訓練是全能訓練專家們的共識。

全能運動員 800 公尺和 1500 公尺訓練的手段主要是 3000～4000 公尺匀速跑、越野跑和變速跑，每週不少於 3 次。專項耐力訓練男子 400 公尺×4 次、600 公尺×3 次、800 公尺或 1000 公尺×2 次、1000 公尺+500 公尺、1200 公尺+300 公尺等練習，對每次練習均應規定強度。女子訓練採用 300 公尺+300 公尺+200 公尺、400 公尺×2～3 次、600 公尺+200 公尺、200 公尺×4 次等段落跑來提高專項訓練水準。

規則規定，「全能比賽最後一項的分組，應將倒數第二項比賽後積分領先的運動員分在一組」，使比賽更具有強烈的競爭性。全能運動員比完最後一項才能最終決定名次，因此，訓練中一定要培養運動員拚搏到底的意志和精神，並以不斷提高的速度耐力水準為基礎，使運動員在最後一個項目比速度耐力中建立必勝的自信心。

四、全能運動員的身體素質訓練

各項身體素質如力量、速度、耐力在全能運動中起著極為重要的作用。田徑運動員成績的獲得離不開各項身體素質的提高，常有「力量是基礎，速度是關鍵，技術是保證」的說法。速度素質是取得全能各項最好成績的關鍵，速度的提高使跑、跳、投各項目都能提高成績。值得重視的是，力量水準發展好的全能運動員對提高動作速度也會產生良好的作用。耐力是全能運動不可缺少的素質，能否在兩天裏以充沛的體力比賽完全部項目，耐力素質所起到的作用是其他素質無法取代的。

各項素質在全能運動各項目中所起的作用如表 120 所示。

表 120　各種身體素質在十項全能各單項中的作用

全能項目	速度		力量			耐力		柔韌性	靈敏
	反應	動作	速度力量	絕對力量	相對力量	一般耐力	速度耐力		
100 公尺	2	3	2	1	2		2	1	1
400 公尺	1	3	1		1		3		
1500 公尺						3	2	1	
110 公尺欄	2	3	2		1		2	3	2
跳遠	1	3	3	1	2			2	2
跳高	1	2	3	1	2			2	3
撐竿跳高	1	2	2		3			2	3
鉛球	1	2	2	3					2
標槍	3	3	2					3	1
鐵餅	2	2	2					1	3

註：3 表示對本項目起主要作用；2 表示對本項目起較大的作用；1 表示對本項目起中等的作用。

（一）力量訓練

力量訓練按用力特點分為三大類：

第一類，基礎力量（大力量），是對全能各項都起作用的力量。訓練中主要是以槓鈴練習為主，包括抓舉、挺舉、提鈴高位翻、臥推、半蹲、深蹲等。

第二類，快速力量（小力量），是對動作速率或局部肌群起作用的力量練習。包括槓鈴桿頸後舉，輕槓鈴跳挺舉，啞鈴和槓鈴片擴胸、擺臂，壺鈴蹲跳和拋推，實心球練習和聯合器械多種、多功能的組合練習。

第三類，專項力量（直接和單項技術結合的專項力量練習），包括鉛球前、後拋，不同重量的壺鈴模仿練習（模仿鉛球技術），雙臂和單臂坐推練習，為提高擲標槍和擲鐵餅揮臂、旋轉、擴胸等；作用於跑、跳項目技術和專門能力的負沙衣沙袋擺動，股四頭肌、大腿後群肌肉力量的收縮和對抗性練習；作用於撐竿跳高技術和專項能力的負重引體、擺體以及在體操器械類的單槓、雙槓、跳箱、吊環上所完成的輔助練習，肋木懸垂舉腿和腰、腹練習等。按三項投擲技術要求採用不同重量的器械專門投，是提高全能運動員投擲專項能力的主要練習手段。

投擲重器械是為了增加肌肉專項力量，加強肌肉用力過程的本體感覺；投擲輕器械，是為了突出提高器械出手的速度。

一般情況下，推鉛球的超重器械投擲不要超過標準重量的 0.25 倍，擲鐵餅、擲標柔韌性靈敏槍不要超過 0.5 倍，而且在訓練中更應該注意輕器械的投擲，以保證全能運動員在投擲項目上有更好的出手速度。投擲輕重器械的比例應根據運動員的特點安排，力量好的運動員應加大投擲輕器械的比例，力量稍差的運動員應適當增加投擲重器械的比例，使運動員在技術練習的同時增加自己必須的專項力量，在專項力量練習的同時逐步提高投擲專項技術。

（二）彈跳力的訓練

一般特指跳躍項目技術之外的跳躍練習，即俗稱的「級跳」（以次數或級數計量）和「米跳」（以完成的距離計量）兩種。

衡量彈跳力的指標包括向上跳——量高度和向前跳——量距離兩種。常用的練習有立定跳遠、立定三級跳、五級跳、十級跳和帶助跑的三級、五級、十級、蛙跳、跳深、雙腿或單腿跳欄架（單欄和多欄架次）、原地和助跑單腿和雙腿起跳觸高等。從目前的研究看，立定跳遠、蛙跳以及雙腿原地蹲跳的一些彈跳力的練習，不如用助跑幾步後接單腿的連續跳躍練習效果好，因後者更接近腿部肌肉用力的實際情況，可屬於專項跳躍練習類，而前者則應屬於一般腿部基礎力量練習類。

「米跳」包括 30～100 公尺跨步跳、換腿跳、墊步跳、單腿跳、單腿跳加跨跳交替的綜合性跳。這些練習本身都有它們的技術要求，訓練過程中要科學搭配和組合，並且可以和全能中的跳躍項目起跳技術結合起來採用，這樣既可以發展彈跳

力，改善下肢支撐運動器官的功能，又可以改善跳躍項目的起跳技術，屬綜合性多功能手段。

全能運動員的一般彈跳力和專項彈跳力應該達到單項跳躍、短跑運動員的水準。中國男子十項全能優秀選手立定跳遠應達到 3.10～3.20 公尺，立定三級跳遠 9.40～9.80 公尺；女子七項運動員應分別為 2.70～2.90 公尺和 8.40～8.70 公尺。通常以助跑起跳（單腿）觸高和原地單腿和雙腿起跳觸高的指標作為檢查跳高運動員彈跳力的指標，但不一定與跳高成績成正比。

由於跳高、跳遠項目都是在較高的速度下完成起跳，因此，在訓練中更應結合實際比賽情況安排跳躍練習。

比如，助跑 4～6 步的單足級跳或跨步級跳、助跑 5～6 步的單腿跳欄架等，以使跳躍訓練在一定的速度和衝量情況下提高腿部支撐力量。

（三）柔韌性訓練

關節的靈活性，肌肉、肌腱的彈性、延展性在運動實踐中稱為柔韌性，它是全能運動員完成大幅度動作、協調放鬆技術的基礎，同時也是防止受傷、減少肌肉拉傷的基礎。柔韌性素質是各項素質中最容易退化的素質，因此，全能運動員的柔韌性訓練要常年堅持，不能間斷。柔韌性練習可以借鑑跨欄、擲標槍運動員的柔韌練習手段，也可以借鑑武術、體操運動員的一些柔韌性練習手段，來豐富全能運動員的柔韌性訓練。

柔韌性的檢查手段：下肢的橫叉、豎叉、直腿踢腿和繞環、體前屈等，上肢肩帶柔韌性以雙臂握標槍直臂轉肩（兩手握距逐漸接近）、持槍做滿弓為好。墊上做背「橋」，以手足間距說明肩帶、胸和腰的柔韌性。

（四）靈活性和協調性訓練

靈活性和協調性是全能運動必不可少的重要素質。

靈活性是運動員掌握技術、應付外界環境變化的應變能力。透過掌握墊上運動、技巧練習、滾翻、空翻、手翻、跳箱、體操單雙槓的練習和跨欄、跳高、跳遠、投擲的旋轉都可以提高這種能力。撐竿跳高技術的本身就是極好的靈活性練習。學習踢足球，打籃球、排球，滑冰，跳水，游泳，跳舞都可以改善靈活性。

靈活性、柔韌性和協調性（運動訓練中指神經肌肉系統的共濟作用）相伴，在整個教學和訓練過程中，對每一項技術的學習、掌握、改進和熟練都起到直接、積極的作用。

雖然靈活性和協調性沒有量化的具體數字表述，但所有的動作、練習和技術，都可以體現一名運動員的協調性和靈活性發展水準。因此，教練員應每時每刻觀察、要求運動員提高這些素質，並且透過訓練不斷改善。

關於速度和耐力的訓練，見短跑和 800 公尺、1500 公尺的訓練。

五、全能運動員的心理訓練

全能運動員心理訓練一般包括兩個方面，一是運動表象訓練，二是意志品質訓練。

運動心理專家的研究表明，運動員的某些技術動作，可以在頭腦中建立這一動作的運動表象，並能夠在技術練習中指揮參加這些運動的肌肉有序收縮，從而產生良好的運動效果。這對運動員縮短學習和掌握技術的時間、建立正確技術概念有很大幫助。全能運動的單項技術較多，運動員不易在很短的時間裏掌握這麼多的技術。因此，運動表象心理訓練就成為全能運動員技術上提高技術意識、建立正確技術概念必不可少的訓練內容。

教練員應要求運動員在訓練中觀看優秀運動員技術（現場或錄影）後，立即閉目思考：「我看到了什麼？」「優秀運動員的技術有哪幾個環節？」「如果我做這個技術動作應該怎樣做？」等問題，也可以在技術訓練開始前重複這些問題，或提出新的問題：「我的跳高助跑弧線怎樣跑？」「撐竿跳高的助跑插竿起跳、懸垂擺體、伸展、拉轉推竿和過桿落地的技術動作過程是怎麼樣？」等，讓運動員的頭腦先將正確的技術思考一遍（常稱之為「過電影」），心中默念一遍，逐步透過心理訓練讓運動員提高理性思維，在頭腦中建立各單項正確技術的概念，以便在技術訓練中用正確的認識去指導和幫助自己。

技術運動表象的心理訓練一定要在正確地理解技術和技術原理的情況下進行才能取得更好的效果。因此，教練員應該在平時的訓練中抽出一定的時間，對運動員進行技術理論的講解，給運動員上一定學時的技術課，打好理論基礎，為心理訓練做好準備。

一般心理訓練的思考時間可以在 5～10 分鐘。同時這種訓練也可以用於身體素質的訓練，如想像自己的速度節奏、最高速度的動作感、最大力量的全身肌肉用力感、將全身力量集中協調用於一點的爆發用力動作感等，這些都可以進行心理訓練。進行心理訓練時要求運動員一定做到集中高度的注意力，才能使訓練有效果。注意力集中不了，精力分散、心不在焉的人不能從事全能運動的訓練。

其次，對全能運動員來說，心理訓練還包括意志品質的訓練。全能運動員項目多，比賽和訓練都非常艱苦，沒有良好的心理素質是很難堅持完成訓練比賽任務的。

尤其在比賽中，不可能每個項目都達到自己訓練的最高水準。一個項目稍有閃失，心理情緒一不穩定，就會連鎖反應地影響到其他項目。因此，在訓練中一定要把培養運動員良好的心理素質當作一項重要任務來抓，利用訓練中的各種艱難困苦，或設置一定的環境場景，如用大運動量、大強度、身體不適、天氣惡劣、失敗挫折等，對運動員提出不同的要求，透過有目的的培養，使其成為在各種條件下都可以做到勝不驕、敗不餒、意志堅強、執著追求的運動員。

田徑運動 高級教程

六、女子全能運動員的訓練

（一）女子全能的力量和耐力訓練

由於身體形態和機能的差異，女子全能運動員的力量素質普遍較差，尤其是中國運動員表現得更為突出。所以，女子全能運動員的投擲成績相對於跑、跳項目的成績較低。鑒於這一點，訓練中應加強力量訓練的比例，重視力量素質的發展，以充分體現全能項目要求全面發展的特點。

由於女子運動員一般腰腹力量都比較差，而腰腹肌力量又是人體連接上下肢、掌握各項技術最重要的環節，因此，女子全能運動員的力量訓練要以腰腹力量和快速協調的爆發力訓練為主。

其次，要進行腿部跳躍力量的訓練和槓鈴、壺鈴及各種器械的力量練習，以全面發展女子全能運動員的力量。每週各種力量的練習至少應安排 3～4 次，一些力量練習可以和專項投擲、專項跳躍練習結合在一起進行。

女子心臟體積小，每搏輸出量少，耐力相對較差。而耐力水準是全能運動員最終獲得成功的關鍵，因此，要重視女子全能運動員耐力訓練，為全面發展打好基礎。女子全能運動員的耐力訓練要以有氧耐力訓練為基礎、無氧耐力訓練為關鍵進行訓練安排。有氧訓練一般安排在訓練課結束時進行 1500～3000 公尺的放鬆跑或定時跑，無氧訓練則應安排在訓練課中用 300 公尺或 400 公尺×3～5 次、600 公尺+.200 公尺×2～3 次、500 公尺＋300 公尺×2～3 次等手段進行專門訓練，以提高女子全能運動員的耐力水準。

（二）女子全能運動員的經期訓練

女子全能項目已由過去的三項全能發展到五項全能、七項全能、十項全能，因此，女子全能運動員的訓練應儘量按照男子全能運動員的訓練來要求，這是女子全能運動員今後訓練的發展方向。

但在實踐中，由於女子月經期間訓練基本停止，使訓練斷斷續續，影響了女子運動員朝更加全面的方向發展。因此，根據女子運動員的這一生理特點，合理安排她們的經期訓練成為女子全能運動員訓練的一個重要方向。

1.經期不間斷訓練

全能項目多，練習內容多，可以有目的地任意組合，任意選擇。如果女子全能運動員經期下肢運動不方便，可以根據自己經期的身體反應情況，選擇原地技術模仿練習、坐姿技術力量練習、上肢力量練習等。如果身體反應較小，可以堅持慢跑、輕跳和一些小力量投擲練習，也可以進行一些有一定強度的準備活動練習。如果經期反應較大，也不應完全停止運動，可以原地進行上肢柔韌性練習，如肩帶柔韌練習，前臂力量練習，手指、腳趾小肌肉群力量練習，拉橡皮筋練習等。

透過經期不間斷的訓練，要力爭使女子全能運動員逐漸適應經期訓練和建立經期保持運動的習慣，並且逐步做到經期照常參加比賽，甚至不影響成績。只有這樣，女子全能運動員才能向男子運動員一樣保證訓練不間斷，才能做到有更多的時間進行全面身體素質訓練，做到全面發展。

2.經期間斷訓練

如果遇到一些女子全能運動員經期反應特別大，腰疼腿軟，出血量較多，可以適當停止訓練。

對於這樣的運動員應進行調查、觀察和研究，摸準其月經週期時間。在月經期沒有到來之前的幾天裏，應加大運動員負荷訓練，讓運動員肌體產生較大的疲勞，利用經期休息，進入調整期。休息兩三天，強烈反應期一過，就應該進行經期適應性訓練，逐步增加運動量。

由於女子月經期的反應不是一成不變的，可以適應性地改變，因此，對於經期反應較大的運動員，可以從經期停止運動過渡到能夠原地練習、走動練習，甚至慢跑練習，或者進行上肢力量練習，逐步過渡到腰腹肌力量練習、輕跳力量練習，讓她們逐步適應經期訓練。

為了在月經期中適應比賽，女運動員在訓練時應注意以下幾點：

① 在月經初潮的少年時期的訓練，要有計畫地進行適應性訓練。在一般準備期訓練時，可以安排一般性練習，保持活動。平時加強腰、腹、背肌的訓練，在月經期腰腹疼痛時可先避免做這些練習。

② 鑒於女運動員普遍力量不足的特點，在經期訓練中可進行一些小肌肉群的力量練習，使大小肌群均衡發展。力量練習應多樣化，避免局部負擔過重。月經期儘量減少憋氣的力量練習。

③ 經期要減少大強度的跳躍練習，減小對身體的激烈震動刺激。

長期的研究表明，大多數優秀全能女運動員都能顯示出較穩定的月經週期，但也有部分運動員由於不適應訓練或是教練員安排不當，出現月經紊亂。因此，教練員應透過逐步有計畫的調整訓練安排，儘量選擇一些趣味練習，特別是對青少年運動員，要讓她們在愉快的心情下完成訓練，這對她們建立經期訓練的信心有很大幫助。同時，在經期訓練時要給予她們心理上的寬慰及精神上的鼓勵，以使運動員能夠逐漸適應經期的訓練。運動員心理放鬆，情緒飽滿，訓練正常時，月經週期也會逐漸正常。

有一些運動員經期出血量少，身體無大的反應，這樣的隊員一般可以不停訓，在教練員的指導下做些技術專門練習。為適應比賽也可安排比賽項目的串聯練習，訓練課時短一些，每項練習次數減少，接近全能項目比賽時的要求。

總之，只要在月經期合理地安排運動員的訓練，不僅不會使運動員的月經失調，反而會使運動員有一個輕鬆的心情度過月經週期，以後能夠從容地對待比賽，

取得良好的成績。

第三節・全能運動員的多年訓練

全能運動員需要經過多年的系統訓練，才能達到較高的水準，因此，全能運動員需要從小培養。世界各國在青少年 14 歲前就開始進行多項訓練，把這稱之為基礎訓練，以後根據運動員的發展和成績的增長把多年訓練分為三個階段，即初級專項訓練階段（15～17 歲），要求運動員達到二級運動員以上水準，甚至接近一級運動員水準；專項提高階段（18～20 歲），要求運動員達到一級運動員以上水準，爭取透過運動健將等級；高級訓練階段（21～25 歲），這一階段運動員透過訓練，不斷提高各單項成績，使部分運動員達到 7600～8000 分，達到國際健將水準。

根據女子運動員生長發育比男子較早的特點，女子運動員在每個階段可以提前 1～2 歲。

這種階段劃分也是為了適應國際田徑聯合會規定的競賽制度要求 20 歲以下參加世界青年錦標賽的規定。不同的年齡階段訓練內容的比例應有所不同，具體內容如表 121 所示。

表 121　不同年齡階段訓練內容比例（%）

階段劃分	一般身體訓練	專門身體訓練	技術訓練
初級訓練階段	30	30	40
專項訓練階段	20	30	50
高級訓練階段	5	35	60

一、初級訓練階段（14～17 歲，二級運動員到一級運動員階段）

全能運動員的初級訓練階段是經過 3～4 年的訓練，打好全能訓練的身體素質和基本技術基礎，力爭達到或接近一級運動員水準。這個階段要培養運動員對全能運動的愛好和興趣，全面發展各項身體素質，包括速度、力量、彈跳力和柔韌性、靈活性、協調性。要有計畫地讓運動員透過訓練掌握撐竿跳高、跨欄、跳高、跳遠、標槍等項目的基本技術。

這個階段青少年還在長身體時期，力量訓練時應採用相當於體重 40%～80% 的重量進行練習，避免負擔過重，軟骨過早骨化。要採用多種跳躍練習發展彈跳力。技術練習時要注意基本動作正確和規範，儘量要求動作的放鬆和幅度，不要過分追求動作的頻率而使動作僵硬，關節活動幅度減小。

耐力訓練時要注意發展一般耐力水準，多進行有氧代謝訓練，使青少年的血液循環和呼吸系統機能水準有良好的發展，避免青少年運動員因過早進行太大的無氧代謝運動而造成發育不良。在這個階段中，運動員應能夠順利參加全能比賽，男子全能成績達到 6000 分左右，女子七項全能成績達到 4600 分左右，這對運動員建立自信心有很大幫助。

為了使青少年全能運動員能夠早期接觸全能運動，按照全面發展各個項目運動水準來要求，中國田徑規則（2010—2011 年版）規定：少年男子乙組四項全能第一天 110 公尺欄、跳高，第二天擲標槍、1500 公尺。少年女子乙組四項全能第一天 100 公尺欄、跳高，第二天擲標槍、800 公尺。少年男子組七項全能第一天 110 公尺欄、跳高、擲標槍、400 公尺，第二天擲鐵餅、撐竿跳高、1500 公尺。少年女子組五項全能第一天 100 公尺欄、推鉛球、跳高，第二天跳遠、800 公尺。

這些項目只是在少年比賽中採用，與十項全能和七項全能訓練相比還少幾個項目。這就需要在青少年全能訓練時除完成以上少年全能比賽項目之外，應補充幾個其他項目的訓練（少年全能中沒有的項目），讓青少年早點接觸，對今後學習和掌握這些項目的技術會有所幫助，從早期就儘量讓青少年全能運動員按照全能模式的目標方向發展（表 122、表 123）。

表 122　男子十項全能成績模式

第一天項目	100 公尺	跳遠	鉛球	跳高	400 公尺	總分
成績	11.8～11.4	6.20～6.50	10.50～11.50	1.70～1.80	55.0～53.0	
第二天項目	110 公尺欄	鐵餅	撐竿跳高	標槍	1500 公尺	5000～6500 分
成績	16.50～16.0	30～34	3.60～4.00	45～50	5:00～4:45	

表 123　女子七項全能成績模式

第一天項目	100 公尺	跳高	鉛球	200 公尺	總分
成績	15.2～14.8	1.55～1.70	10.00～11.50	27.0～26.0	
第二天項目	跳遠	標槍	800 公尺		4000～4800 分
成績	5.40～5.70	30.0～35.0	2:35.0～2:30.0		

二、專項提高訓練階段（18～22 歲，達到運動健將階段）

目標：男子十項 6900～7300 分，女子七項 5200～5800 分。

這個時期的訓練任務是全面展開各項技術教學訓練，進一步提高各單項技術水準。技術訓練逐步向完整技術練習過渡，使運動員接近和達到成績模式要求。

這個階段的速度訓練要合理安排，貫穿整個訓練過程。速度訓練要突出提高高

速奔跑能力，同時注意在需要速度的各個項目中能夠合理利用已經具備的速度發展水準。

這個階段運動員發育基本結束，可以進行大力量訓練。力量訓練時應重視絕對力量的提高，一般力量練習採用最大重量的 75%～90%，最大重量的力量練習一週至少一次。男子抓舉的重量可用相當體重 100%，提拉翻為體重 120%～130%。女子運動員也可以採用槓鈴和其他負重練習，可採用體重 40%～60%的重量發展肩帶肌肉力量，採用 100%～120%的重量發展腿部力量；抓舉重量應相當體重 80%，提拉翻槓鈴為 100%～110%，注意力量練習和跳躍練習結合，動力性和靜力性力量練習結合。

透過力量和跳躍訓練，男運動員立定跳遠應當達到 3.00～3.20 公尺，立定三級跳遠應當達到 9.20～9.60 公尺；女運動員應分別為 2.60～2.80 公尺和 7.80～8.40 公尺。此階段穩妥地增加訓練量和強度，爭取創造個人第一個好成績，並成為「基本成型」的全能選手（表 124、表 125）。

表 124　專項提高階段男子十項成績模式

第一天項目	100 公尺	跳遠	推鉛球	跳高	400 公尺	總分
成績	11.4～11.1	6.80～7.20	12.50～13.00	1.85～19.5	53.0～51.0	6900～7000 分
第二天項目	110 公尺欄	擲鐵餅	撐竿跳高	擲標槍	1500 公尺	
成績	15.20～14.60	38.0～42.0	4.40～4.60	50.0～55.0	4:50～4:35	

表 125　專項提高訓練階段女子七項成績模式

第一天項目	100 公尺	跳遠	推鉛球	200 公尺	總分
成績	14.4～14.0	1.75～1.80	12.50～13.00	26.0～25.9	5200～5800 分
第二天項目	跳遠		擲標槍	800 公尺	
成績	5.80～6.00		40.0～42.0	2:25.0～2:20.0	

根據訓練情況制定全能基本訓練量示例表（表 126、表 127）。

表 126　十項全能基本訓練手段負荷量示例表

訓練手段	訓練和比賽負荷	
	初級專項階段（15～17 歲）	專項提高階段（18～20 歲）
訓練次數	250	290～300
比賽次數	8～10	16～18
100 公尺以下最高速度跑（公里）	20	26
100～300 公尺段落跑（公里）	40	46

越野跑和慢跑（公里）	180	260
跨欄跑（架次）	1400	1700
跳遠（次）	500	600
跳高（次）	500	750
撐竿跳高（次）	500	600
推鉛球（次）	950	1200
擲鐵餅（次）	900	1000
擲標槍（次）	1200	1400
力量負荷（噸）	300	360

表 127　七項全能基本訓練手段負荷量示例表

訓練手段	訓練和比賽負荷	
	初級專項階段（15～17 歲）	專項提高階段（18～20 歲）
訓練次數	250～260	270～300
全能比賽次數	3～5	3～5
單項比賽次數	12～15	15～17
100 公尺以下的段落跑（公里）	30	35
100 公尺以上的段落跑（公里）	60	75
跨欄跑（架次）	2900	3200
跳遠（次）	800	850
跳高（次）	820	900
推鉛球（次）	1700	2000
擲標槍（次）	2000	2300
越野跑和慢跑（公里）	450	550
負重練習（噸）	110	150

第四節・全能運動員訓練計畫的制定

一、全能計畫的制定

全能運動員全年訓練計畫的制定應根據運動員多年規劃和第二年的比賽任務來確定，計畫內容應包括：

（1）基本情況：姓名、性別、年齡、身高、體重、學歷程度等。

（2）運動成績水準、專項成績、身體素質和技術狀況、運動比賽經歷、訓練程

度、心理特點、身體素質特點和健康狀況的分析。

（3）比賽計畫與任務指標：參加何種比賽和運動會，成績指標和名次指標。

（4）全能計畫的週期劃分。

單週期（表 128）：準備期（11 月—4 月）；競賽期（4 月中—10 月底）按比賽日程分為第一比賽階段（5—6 月）、第二比賽階段（7—10 月）；過渡期（10 月中—11 月初）3 週左右。單週期適用於初級專項訓練階段和專項提高階段的初、中級運動員（二級～一級）。

表 128　全能運動員全年單週期訓練計畫

週期	日期	階段性質	時間	訓練要點
準備期	11月上旬—4月下旬（5個月）	冬訓基礎訓練階段	11月中—12月中（4週）	素質：一般發展、一般耐力、基礎力量、綜合力量 技術：跑、跳、投各項基本技術和輔助練習
		冬訓深化、強化訓練階段	12月中—1月底（6週）	素質：一般耐力、速度耐力、基礎力量、專門力量 技術：跑、鉛球、跳高、跳遠、撐竿跳高、跨欄和分解技術
		冬訓檢查比賽階段	2月初—2月中（2週）	參加身體素質檢查、測驗賽或單項和小多項比賽2～3次
		春訓深化、強化訓練階段（各項技術）	2月中—3月底（5～6週）	素質：速度、速度力量（彈跳力）、耐力、速度耐力、投擲能力 技術：跨欄、投擲（長投）、跳躍項目短、中程和完整技術
		春訓檢查比賽階段	4月（4週）	參加單項、小多項和全能比賽，進行高質量、較大強度跨欄、跳躍和投擲項目的完整技術訓練，逐步提高競技狀態
競賽期	5月1日—10月底（6個月）	賽前訓練階段或比賽開始	5月（3～5週）	素質：專項速度、專項力量（保持大力量）、專項彈跳和專門耐力 技術：高質量、大強度和最大強度完整技術為主，減量提高狀態參加比賽
		夏季第一比賽階段	6月（2～4週）	進行高質量、大強度訓練，減量，獲得最高競技狀態，參加系列賽，在主要大賽上創造最好成績
		夏季訓練和比賽階段	7月—8月（8～9週）	素質：保持和提高專項素質，進行系統的速度、專門力量、專門耐力訓練 技術：系統地進行各項完整技術訓練，參加單項和全能比賽
		夏季第二比賽階段	9月—10月底（4～5週）	參加全國比賽、國際比賽、系列比賽，以賽帶練，鞏固和提高專門素質，透過系統的完整技術訓練和比賽提高專項能力，鞏固技術，不斷創造最佳成績
過渡期	11月初—11月中（3週）	秋季比賽、休息、調整階段	11月初—11月中	爭取機會參加1～2次秋季比賽、表演賽，逐步降低運動量，改變練習手段，保持一般活動，可從事球類、爬山、遊覽、越野、慢跑及探親、休整、治療和恢復體力，總結全年訓練，制定來年計畫

多週期：

按比賽日程劃分訓練週期，即一年有幾次全能比賽就劃分幾個週期，每個週期劃分為三個階段，即基礎訓練階段、深化強化訓練階段和賽前安排階段。每個階段的時間長短根據兩次全能比賽間隔時間的長短來定，同時考慮到運動員身體、技術狀況和競技狀態，以大比賽為核心來安排訓練。

（5）全年訓練的總任務、專項總分指標和各單項、身體素質指標。

（6）運動量和強度。

這是計畫最重要的部分，制定時必須考慮到：①運動員的訓練水準。②比賽指標要求。③運動員的承受能力（健康水準）。④訓練水準的不斷提高。⑤預防傷病。

二、全能運動員不同時期週計畫示例

（一）初級專項訓練階段週計畫示例（男子十項全能）
準備期（12月—3月）

每週六次課（2～3次早操）

星期一：

① 慢跑 1200～1600 公尺，柔韌和體操練習 20 分鐘。一般體操後完成跳遠、推鉛球模仿練習 2～4 組，每組 6～8 次。

② 跑的專門練習 30～40 公尺×6 次，立定跳遠、立定三級跳各 4～6 次。

③ 加速跑 60～80 公尺×4 次。

④ 學習和改進跳遠起跳技術，1～2 步跳遠連續起跳 40 公尺×4 次，4～6 步跳遠起跳騰空步 6～8 次。

⑤ 6～8 步助跑跳遠 8～10 次。

⑥ 鉛球專門力量 10～15 公斤、壺鈴 4～6 次×4～6 組和徒手滑步（鉛球模仿）、對牆推實心球（模仿鉛球技術推）8～10 次×4～6 組。負重和徒手交叉進行。

⑦ 反覆跑 150 公尺×4～6 次或 100 公尺×8～10 次。

⑧ 放鬆和結束練習（整理活動）。

星期二：

① 慢跑 1600 公尺以上，柔韌、徒手操、肋木、墊上跨欄專門練習 20 分鐘。

② 小步跑欄側和欄間過欄的專門練習 5～7 欄×6～8 次。

③ 欄間 8～8.5 公尺 3 步過欄 3～5 欄×6 次。

④ 撐竿跳高 2～4 步插竿、舉竿 6～8 次×4 組，4～6 步持竿助跑、插竿、起跳、擺體 6～8 次，8～10 步助跑—插竿—起跳—擺體—倒懸 8～10 次。

⑤ 300 公尺×3～5 次，或 500 公尺×3 次。

星期三：

早操越野跑 3000 公尺以上，柔韌、投擲、跳躍項目技術模仿 30 分鐘。

下午訓練課：

① 球類活動 30～40 分鐘，結合徒手操，完成 4～6 組槓鈴片和槓鈴桿綜合力量練習。

② 實心球，2～4 公斤，各種投 30 次。

③ 鐵餅原地投（1.5～2 公斤），槓鈴片 30 次以上，標槍原地插槍 10 次、上步投 25～30 次，或對牆投 500～1000 克橡皮球（小實心球）40 次，持槍、引槍和持槍轉肩、轉髖與投擲練習交替進行。

④ 雙槓、單槓、器械練習 15～20 分鐘。

⑤ 力量。以槓鈴力量為主，期間進行跑、跳、擲各種模仿和專門性聯合器械專門力量練習。抓舉 40～50～60 公斤 3×4～6 次，臥推 50～60～70～80 公斤 3～5×4～6 次（或起點高的重量），深蹲的半蹲 80～100 公斤 6～3 次×6～8 組。

⑥ 跨跳、墊步跳 100 公尺×4～6 次，放鬆和整理活動。

星期四：

① 慢跑 1600～2000 公尺，體操和綜合小力量，鉛球滑步推 15～20 次。

② 跳高基本技術練習：邁步擺腿、擺臂 8～10 次×3 次，4～6 步跳高起跳 6～8 次，6～8 步助跑跳高過桿或跳上萬能架 15～18 次。

③ 反覆跑 100 公尺×8～10 次，放鬆練習。

星期五：早操同星期三。

下午訓練課：

① 同星期二。

② 用起跑器（或站立式起跑）正規距離、起跑過第 1 欄，1～3 欄×4～6 次，5 欄×4～6 次。

③ 撐竿跳高 6～8 步助跑、插竿、起跳、擺體 6～8 次，10～12 步助跑過桿 12～15 次或不放橫桿完成完整技術動作練習 10～12 次。

④ 速度耐力：400 公尺×4 次或 500 公尺×3 次或 600 公尺×3 次。放鬆活動。

星期六：

早操 3000 公尺以上越野跑，柔韌性的投擲、跳躍項目模仿練習（30 分鐘）。

下午訓練課：

① 慢跑 1600 公尺，柔韌體操模仿練習 20 分鐘。

② 墊上、跳箱、跳台完成撐竿跳高輔助練習 30～40 分鐘。

③ 力量練習，同星期三。

④ 力量練習之後完成 4～6 步跳高觸高練習，6 次×4～6 組。

⑤ 跨跳 100 公尺×4～6 次或 200 公尺×2～3 次。放鬆練習。

（二）專項提高訓練階段週計畫示例（18～20 歲）

十項全能選手每週 8 次課（含兩次早操，3—5 月份）

星期一：

上午

① 慢跑 1600～2000 公尺，體操和短跑擺臂、擺腿練習（包括負 2～2.5 公斤重量擺臂和負沙袋擺腿）30 分鐘。

② 跑的專門練習 30～40 公尺（高抬腿要做到 40 次以上）×8 次，原地跳遠 8～10 次。

③ 加速跑 60～80 公尺×4～6 次。

④ 用起跑器起跑 20～30 公尺×6～8 次。

⑤ 跳遠全程助跑練習 4～6～8 次，短、中程助跑跳遠 6～8 次，全程助跑跳遠 6～8 次（或以中程助跑跳遠為主）。

⑥ 用 15 公斤壺鈴做鉛球專門力量 6～8 次×3 次，原地推鉛球 6 公斤或 8 公斤重球 20 次，交替進行。

⑦ 計時跑 60 公尺×4 次。放鬆活動。

星期二：兩次訓練課。

上午

① 慢跑 1600～2000 公尺，柔韌、體操結合肋木、墊上跨欄專門練習 25～30 分鐘（要十分緊湊）。

② 5 步過 5～7 欄，欄側、欄間×6 次，起跑（也可站立式）過 1～8 欄×4～6 次，5～7 欄×4 次。

③ 撐竿跳高：2～4 步插竿、舉竿，4～6 步插竿起跳擺體，全程助跑起跳彎竿 4 次，10～12 步或更長助跑過桿 12～15 次。

下午

① 準備活動球類遊戲或實心球練習 30 分鐘。

② 鉛球專門力量 10～15 公斤壺鈴 6 次×3～4 組和原地、滑步鉛球模仿練習 6 次×3～4 組。

③ 跳高基本技術模仿 10～15 分鐘，6～8 步跳高弧形助跑練習（可不帶起跳），6～8 步助跑跳高過桿或跳上萬能架 15～18 次。

④ 300 公尺×4～5 次或 500 公尺×3 次，或 600 公尺×3 次。放鬆活動。

星期三：

早操越野跑 3500 公尺（如因星期二全天很累，可改在下午準備活動是勻速慢跑 3000 公尺）。

下午：訓練課。

① 慢跑，球類活動或勻速跑 3000 公尺，實心球練習 20 分鐘。

② 鐵餅、標槍技術各 25～30 次或網前做專門投擲練習各 40 次。

③ 聯合器械或器械體操（雙槓、單槓、吊環）和跳台練習 30 分鐘。

④ 標槍和鐵餅專門性力量練習各 4～6 組。

⑤ 大力量，抓舉 4～6 組，臥推 4～6 組，深蹲、半蹲 6～8 組。

⑥ 跳遠或跳高連續起跳練習 50 公尺×4～6 次，跨跳或換腿跳 100 公尺×4 次（草皮或軟道上進行），或三級、五級、蛙跳×6～8 次，或十級跨跳×10 次。放鬆練習。

星期四：

早操越野跑 3500～4000 公尺，或在草皮場上勻速跑 15～20 分鐘。

下午：訓練課。墊上運動、跳箱、跳台撐竿跳高輔助練習，技巧練習 1 小時。

星期五：

上午：訓練課同星期二上午。

下午：訓練課。鉛球、跳高或鉛球、跳遠技術，反覆跑 500 公尺×1 次、400 公尺×1 次、300 公尺×1 次、200 公尺×1 次。放鬆。

星期六：

早操越野跑 3000 公尺勻速，技術模仿。

下午：訓練課。同星期三，教練員可以根據運動員身體狀況，酌情增加或改變部分手段，以求達到更好的訓練效果。

（三）夏季賽前強化階段訓練週計畫

女子七項運動員馬苗蘭、董玉萍（運動健將）準備 1990 年亞運會（兩週）訓練計畫實例：

1990 年 5 月 7─12 日週計畫

星期一：

早操慢跑 2000 公尺，後 600 公尺要求 2 分鐘以內。柔韌、跳高和鉛球模仿練習 20 分鐘。

下午訓練課。

① 慢跑 1600 公尺，柔韌和體操練習 20 分鐘。

② 跑的專門練習 40 公尺×6 次，跳欄架（單欄，高度 80～110 公分）10～12 次。

③ 加速跑 60 公尺×3 次，計時 30 公尺×2 次。

④ 跳遠全程助跑 4～6 次，中短程助跑跳遠 6～8 次，全程助跑跳遠 4～6 次（董玉萍先 4～6 次全程助跑跳遠，然後再中、短程助跑跳遠）。

⑤ 鉛球專門力量 10 公斤壺鈴 6 次×4 組，原地徒手和鉛球滑步模仿練習 6～8 次×3～4 組（與專門力量交替進行），原地推 5 公斤器械 10～15 次。

⑥ 彎道加速跑 60～80 公尺×3 次，彎道起跑（用起跑器）20 公尺左右×3～4 次，150 公尺×3～4 次（有一個突出強度）。強調彎道進入直道技術和節奏，放鬆，大幅度。

星期二：

上午訓練課

① 慢跑 2000 公尺，柔韌練習：肋木和墊上跨欄專門練習 20～25 分鐘。

② 過欄專門練習，5～8 欄×6 次，起跑過 3 欄×3 次，5 欄×1 次，全程跑 2 次（欄間距 8.30 公尺）。

③ 跳高技術訓練。跳高基本技術，起跳專門練習 6～8 次，全程助跑過桿 15 次，強度要求比最高成績低 2～3 個高度（按每個高度 3 公分）。

下午訓練課

慢跑、體操、柔韌性的槓鈴片擺臂、繞環、擺腿練習 25 分鐘。

① 鉛球前後拋 10 次，技術 20 次，以滑步為主。

② 跳遠舉腿伸展跳（模仿落地，增強腰腹肌練習）15～18 次。

③ 間歇跑 400 公尺×2 次（間歇 3 分鐘），67～65 秒，600 公尺×1 次，前 400 公尺慢跑後 200 公尺要求 35 秒以內完成。慢跑 8～10 分鐘。放鬆，按摩。

星期三：

① 慢跑 2000 公尺，柔韌練習，實心球各種投 30 次。

② 標槍技術練習 25～35 次（6～8 次以較大強度完成）。

③ 力量：槓鈴提、拉、翻 50～75 公斤 3～6 次，臥推 50～70 公斤 3 次×4 組，深蹲、高半蹲各 4～6 組。

④ 跳高 4～6 步助跑觸高 6～8 次×4 組，跨步跳（軟道或平坦草皮）100 公尺×4 組，或 20～30 次組跳。放鬆練習。

星期四：

早操越野跑或在場地草皮慢跑 3000 公尺，跨欄、跳高輔助練習 30 分鐘。

星期五：

上下午同星期二上下午。

星期六：

早操慢跑 2400～3000 公尺，柔韌和跳遠輔助練習，投擲模仿練習。

下午訓練課：同星期三。

5 月 14—19 日週計畫

根據運動員身體狀況（訓練計畫基本與 5 月 7—12 日相同），對上週計畫稍作調整。

5 月 21—26 日為比賽週。星期一、星期二、星期三各訓練一次，注意體力的恢復和技術質量。

星期四做準備活動。

星期五、六參加單項比賽。

馬苗蘭比賽項目：100 公尺欄、跳遠。

董玉萍比賽項目：100 公尺欄、跳遠、鉛球。

這一週的比賽結果是：董玉萍 100 公尺欄 13.30 秒，跳遠 6.36 公尺，鉛球 15.38 公尺，150 公尺為 18.38 秒（測驗）；馬苗蘭 100 公尺欄 13.50 秒，跳遠 6.01 公尺，150 公尺為 18.13 秒（測驗）。

三、全能運動員運動成績的評定與檢查

全能運動員需要經過多年的系統訓練才能達到較高水準，如何在多年的發展中不斷進行評定、檢查，使全能訓練能夠按照既定的目標健康順利地發展，是全能訓練中必須考慮的重要問題。

中國的田徑訓練教學大綱把全能分為基礎訓練階段（13～15 歲）、初級專項訓練階段（16～17 歲）、專項提高階段（18～22 歲）、高級專項訓練階段（23～27 歲）和保持高水準訓練階段（28 歲以上），但是實踐中由於青少年早期沒有十項全能比賽成績，因此，為了能夠進行比較，一般把初期專項訓練階段結束時所能夠達到的十項全能成績定為運動員初期成績（表 129 用 A 表示），把專項提高階段結束時最高十項全能成績定為中期成績（用 B 表示），把高級專項訓練階段達到的最高成績定為運動員最高成績（用 C 表示）。這樣，我們就可以透過運動員在各個時期達到的成績水準來評價該運動員最終能夠達到的運動水準，並且透過訓練實踐中不斷對照各個時期的目標，檢查訓練情況。

表 129　不同等級運動員各階段十個單項成績比較統計

等級	階段	年齡	100 公尺	跳遠	推鉛球	跳高	400 公尺	110 公尺欄	擲鐵餅	撐竿跳高	擲標槍	1500 公尺
	A	19	11.28	6.96	12.49	1.90	51.78	15.49	38.13	4.24	53.68	5:07.58
7600	B	22	11.05	7.13	13.65	1.92	50.79	15.12	42.88	4.47	57.76	4:55:74
	C	24	11.02	7.18	13.99	1.93	50.63	15.00	43.54	4.49	58.24	4:52.65
	A	19	11.30	6.86	13.40	1.96	50.93	15.56	40.51	4.35	54.79	4:37.39
8000	B	22	11.09	7.21	14.21	2.00	49.94	14.75	42.91	4.76	58.52	4:32.23
	C	24	11.02	7.37	14.42	2.02	49.80	14.72	44.01	4.82	58.69	4:33.12
	A	19	11.29	7.17	13.95	2.01	50.62	15.32	43.29	4.13	56.60	4:29.73
8400	B	22	11.08	7.36	14.63	2.04	49.42	14.92	45.46	4.40	59.80	4:25.23
	C	25	10.95	7.52	15.26	2.08	48.24	14.63	47.61	4.70	63.09	4:21.75

對世界和中國十項全能運動員多年運動成績變化的研究表明，一名全能運動員最終達到的運動水準與他在初期、中期達到的運動水準密切相關。如果初期、中期達到的水準較高，其最終達到的運動水準也相應較高。

表 129 是根據世界不同年齡、不同等級十項全能運動員在各個階段單項成績的

變化作出的統計表，可供教練員、運動員參考。

教練員可以參考表 129 中的等級水準評價運動員的成績增長，如果運動員高級訓練階段目標定在 7600 分，那麼他應該在 18～19 歲的時候達到這個等級 A 階段單項成績，然後 22 歲達到 B 階段成績，最後達到 C 階段 7600 分的目標。要想達到 8000～8400 分水準，就必須尋求起點較高的運動員。

這種起點不僅僅是個別單項成績突出，更重要的是全能各項目的全面發展，特別是速度耐力水準較高，這樣才會有更大的發展前景。

第五節・全能運動員的比賽

訓練的目的在於比賽，隨著運動技術水準的提高，比賽次數逐年增加。

一、比賽次數和間隔時間

全能運動員一年裏可以參加多次單項比賽，以提高自己各項技術水準。參加單項比賽的次數可視運動員技術狀況確定，每年應參加單項比賽 20 次左右，還應參加完整的七項和十項全能比賽 4～6 次。

男、女全能比賽要比單項比賽複雜得多，因此，對高水準全能運動員的訓練，必須按比賽劃分週期，使其按計畫有準備地進行。兩次全能比賽之間最好間隔四五週，即使在運動員競技狀態最佳時期也應如此。

有關研究表明，全能運動員比賽中體力消耗是比較大的，一次十項全能比賽能量消耗超過馬拉松能量消耗的 2.5～3 倍。

由於十項全能是在兩天內比賽完畢，因此，疲勞可以得到一定消除，體力能夠得到一定恢復，消耗的能量也能隨時得到一些補充。但全能運動員全力以赴地比賽會使運動員的體力消耗很大，全能比賽結束後幾天的短時間內不可能完全恢復，因此，運動員下次參加全能比賽不宜間隔時間太短。

二、比賽計畫的制定

由於全能比賽的特殊性，比賽次數大大地少於單項。因此，應珍惜每一次比賽機會。賽前要認真分析自身情況，仔細瞭解對手水準，制定出經過努力可以達到的目標和參賽計畫，包括確定起跳高度、準備時間、試跳次數等；賽前要瞭解比賽的具體時間、地點、氣候條件、參加人數，瞭解徑賽項目分組和道次、田賽項目的分組和輪次等，以便作出合理的計畫。

賽前根據比賽參加者的多少，決定高度項目起跳高度（跳高應比個人最高成績

田徑運動 高級教程

低 15～20 公分、撐竿跳高低 50～60 公分）。根據比賽中可能遇到的實際情況制定幾種實施方案，決定免跳高度等。要力爭確保跳躍項目的第一次試跳和投擲項目的第一次試擲均獲得成功。第一次有了成績會對運動員以後的試跳和試擲增加信心。反之，第一次試跳和試擲的失敗會給運動員帶來很大的壓力，造成不必要的緊張氣氛。

對高度項目，一定要計畫好試跳次數與每次試跳前的準備活動時間與內容，做到從容不迫，信心十足。對投擲項目，也應計畫好每次試擲前的準備活動。對最後一項 800 公尺和 1500 公尺跑時的速度、體力分配方案也必須預先作出計畫，不能到比賽中隨便安排。全能比賽只有做好充分準備，才能有條不紊地參賽。此外，要根據參加不同檔次的比賽，提出比賽的指導思想，力求達到預定的目標。

三、參加全能比賽注意事項

第一，根據比賽日程，安排好賽前作息制度。比賽前兩天準備好服裝、器材、號碼布，規定起床、早餐時間，準備好比賽中的飲食等。第一天和第二天的第一項比賽前應要求運動員提前 70 分鐘到達比賽場地，考慮好第一項比賽準備活動的時間和內容，以適應場地，做好準備活動。

第二，賽前不做高難度練習和危險動作，運動員要和醫生、教練員配合，對比賽中可能發生的事情要有思想準備。全能運動員不能急於求成，要做好一項一項比的心理準備，不論比賽結果好壞，都不能輕易中途退出比賽，即使是失敗的比賽，也要堅持到底，為自己以後的訓練提供寶貴的經驗，成為下次成功的借鑑。

第三，全能比賽一定要杜絕出現大的失誤，減少小的失誤，才能取得高水準或超水準的發揮。比賽中遇到天氣變化，大風或雷雨等惡劣氣候，也不能情緒低落，因為參賽者的條件是相同的，只有具備頑強毅力、有拚搏到底的信心，才會在任何情況下取得比賽的勝利。

理論部分

田徑運動 高級教程

第十八章

田徑運動技術原理

盧建功　張貴敏

第一節・田徑運動技術原理的發展

田徑運動是體能類運動項目。田徑運動技術是指人們合理地利用自己的運動能力，創造田徑運動各項目成績的方法。

田徑運動技術原理闡述的是田徑運動走、跑、跳躍、投擲各項目的基本規律，即完成動作時運動員的姿勢，動作的方向、幅度、距離、節奏、速度，以及力的相互作用等基本的運動學和動力學特徵。它是人們從事田徑運動時以最佳的實效性和經濟性完成練習的理論依據。隨著科學技術的進步和人們對客觀世界認識的逐步深入和提高，技術原理也在不斷充實和發展。

一、國內外對田徑運動技術原理的論述特點

田徑運動技術必須符合運動解剖學、運動生物力學的客觀規律，所以在論述技術原理時一般都圍繞這兩方面的內容進行。

（一）走和跑

走和跑同屬週期性運動項目，運動員在競賽或訓練時，都是透過多次週期性重複用力，力求在最短的時間內透過一定的距離。因此，在論述走、跑技術原理時，都以一個週期為例進行。下面簡要介紹幾個國家有關走和跑技術原理的論述。

1.蘇聯的論述

蘇聯在 20 世紀 40 年代就開始了對田徑運動理論進行系統、深入、細緻的研究，半個多世紀以來，逐步形成了自己的體系。有關走、跑的技術原理，分別從以下幾個方面論述。

⑴ 週期的結構及劃分依據

蘇聯體育學院《田徑運動教科書》中，對跑的週期劃分如下：

支撐時間 ｛ 著地瞬間
緩衝階段
垂直瞬間（身體總重心軌跡最低點瞬間）
後蹬階段
離地瞬間

騰空時期 ｛ 身體總重心上升階段
身體總重心軌跡最高點瞬間
身體總重心下落階段

⑵ 影響走、跑的力

內力──肌肉工作所產生的力。

外力──重力、空氣阻力、支撐反作用力。

（3）支撐時期的某些動力學特徵。

（4）身體各環節及總重心的運動。

（5）各種距離跑的運動學特徵。

2.東德的論述

東德在《田徑運動》一書中，關於走、跑技術原理的論述包括下列內容：

（1）動作週期的劃分及週期的最重要階段。

（2）後蹬力的作用，參與後蹬工作的主要肌群。

（3）跑步動作的節省化，跑的直線性與肌肉的協調工作。

（4）步長、步頻與跑速的關係。

（5）不同的比賽距離要求有不同的運動強度。

3.美國的論述

美國著重從以下幾方面論述跑的技術原理：

⑴ 決定跑速的兩個因素

跑速＝步長×步頻

步長由三個分距離組成：

① 後蹬距離──離地瞬間身體重心超過支撐點的水平距離。

② 騰空距離──身體重心在騰空中透過的水平距離。

③ 著地距離──著地瞬間支撐點距身體重心的水平距離。

⑵ 腿在跑動中的動作是週期性的：

兩腳依次著地，被上體超過後又離開地面向前擺動，準備下一次著地。這一週期可簡單地劃分為：

① 支撐階段。從腳著地到身體重心前移過腳。

② 後蹬階段。從支撐階段結束時開始，到腳離地時結束。

③ 擺動階段。從腳離開地面開始，向前擺動，準備下一次著地。

⑶ 影響步長與步頻的諸因素。

4.中國的論述

從 20 世紀 60 年代中國出版的第一部體育系本科講義《田徑運動》中看，技術原理部分基本上是精選和吸取 1952 年版蘇聯體育學院田徑教材中的內容。此後經過多年的實踐、補充和修訂，於 20 世紀 80 年代後期和 90 年代初，先後出版了專修、普修及函授《田徑》通用教材，其中走、跑的技術原理部分包括以下內容：

（1）競走、跑的基本特徵、動作週期及其劃分。

（2）途中跑一個週期中各階段的特點、任務。

（3）影響走、跑的力：內力——人體各部分之間相互作用的力；外力——支撐反作用力、重力、摩擦力、空氣阻力。

（4）步長與步頻及其決定因素。

（二）跳 躍

跳躍是非週期性運動項目。運動員經過助跑、起跳後，使自己的身體騰起，以克服最大的垂直方向或水平方向的空間距離為目的（撐竿跳高除此之外還藉助於撐竿的擺動、反彈和支撐反作用力）。

1.蘇聯的論述

蘇聯將跳躍項目分為兩大類：第一類按競賽規則進行的跳躍競賽項目——跳遠、跳高、三級跳遠和撐竿跳高；第二類具有訓練意義的跳躍——立定跳遠、多級跳和跳深等。下面著重介紹其第一類項目闡述的技術原理：

（1）用斜拋物體公式表示騰起初速度 V_0、騰起角 α 及其與人體總重心騰越高度 H 和遠度 S 的關係。

（2）起跳中的擺動動作。

（3）完整練習的各組成部分——助跑、起跳、騰空、落地。

2.東德的論述

東德著重從生物力學的角度對跳躍中的起跳、騰空、落地動作進行了闡述，認為起跳過程中所產生的加速矢量在量和方向上不斷地發生變化，因而起跳角也在不

斷地改變。所以，必須從起跳開始和起跳結束兩個位置對起跳過程加以闡述，那種透過運動員離地時腳尖和身體重心的連線來計算起跳角的方法是不準確的。各種跳躍項目垂直速度和水平速度的比例關係大體如下：

三級跳遠　　1:4.0～3.0
跳　　遠　　1:3.0～2.5
跳　　高　　1:0.6～0.5

3.美國的論述

美國在闡述跳躍技術原理時，分別對影響跳遠、三級跳遠、跳高、撐竿跳高運動成績的因素進行分析：

(1) 跳遠的成績為三個分距離之和：

① 起跳距離 S_1——騰起瞬間起跳板前沿與身體重心之間的水平距離；

② 騰空距離 S_2——騰空中身體重心所透過的水平距離；

③ 落地距離 S_3——足跟接觸沙面瞬間身體重心與足跡最近點之間的水平距離。

跳遠成績為 S_1、S_2、S_3 之合。影響 S_1 的因素有：踏板準確性、運動員的身材、騰起時的身體姿勢。影響 S_2 的因素有：騰起時身體重心的高度、騰起初速度、騰起角及空氣阻力。影響 S_3 的因素有：落地時的身體姿勢及落地動作。

(2) 三級跳遠的成績可以看做是三個起跳距離 S_1、三個騰空距離 S_2 和三個落地距離 S_3 的總和。

(3) 跳高的成績可視為三個高度之和：

① 騰起瞬間身體重心的高度 H_1；

② 騰空中身體重心升起的高度 H_2；

③ 身體重心達到的最大高度與橫桿高度之差 H_3（一般為負值）。

(4) 撐竿跳高的成績可視為四個高度之和：

① 離地瞬間的身體重心高度 H_1；

② 身體重心隨撐竿升起的高度 H_2；

③ 推竿後身體重心在騰空中升起的高度 H_3；

④ 身體重心達到的最大高度與橫桿高度之差 H_4（一般為負值）。

4.中國的論述

中國的教材在論述跳躍技術原理時，著重就下列問題進行了闡述：

（1）跳躍技術特點和起跳用力機制。

（2）跳躍運動的騰起初速度和騰起角。這是決定跳躍成績的兩大基本要素。

（3）跳躍運動的助跑和起跳。起跳動作分為起跳腳著地、緩衝、蹬伸三個階段。

（4）跳躍運動的空中動作和著地。關於運動員的空中動作分別論述了身體重心的運動軌跡、身體在空中的補償動作、身體在空中的轉動三個問題。

（5）撐竿跳高和三級跳遠的技術原理，對撐竿跳高就動能的獲得、動能向撐竿彈性勢能的轉換、鐘擺定律的運用等進行了論述。對三級跳遠則著重提及了三跳的比例與節奏、三跳的銜接和三跳落點的直線性以及騰空中的身體平衡等問題。

（三）投　擲

投擲也是非週期性運動項目。運動員用旋轉或直線的助跑方式給器械預先加速，然後透過最後用力使器械飛行最大的水平距離。

1.蘇的論述

蘇主要從以下幾個方面闡述投擲技術原理：

（1）各投擲項目儘管器械形狀、落地區域和競賽規則不同，但均受力學原理的制約。

（2）最後用力時力的遞增速度與肌肉用力順序。

（3）完整投擲練習的各個技術環節：器械的握法、助跑前的準備和助跑、最後用力前的準備、最後用力、器械的出手與飛行。

2.東德的論述

東德將完整的投擲技術分為四個基本階段，如表 130 所示。

表 130　投擲技術的基本階段

階段名稱	推鉛球	擲鐵餅	擲鏈球	擲標槍
準備階段	擺腿	擺餅	預擺	助跑
超越器械和預備用力階段	滑步	旋轉	旋轉	引槍和交叉步
主要階段	推	擲	擲	擲
結束階段	維持平衡	維持平衡	維持平衡	維持平衡

器械出手後影響其飛行距離的因素有：出手初速度 V_0、出手角度 α、出手高度 h、空氣阻力 k、重力加速度 g。

重力加速度是個常數，空氣阻力對各投擲項目的影響差異較大。對投擲遠度 S 影響較大的因素主要是出手初速度、出手角度和出手高度。

3.美國的論述

美國的某些材料關於投擲項目技術原理的闡述如下：

（1）推鉛球的成績等於以下兩個距離之和：

① 出手瞬間鉛球超出抵趾板內沿的水準距離 S_1。

② 鉛球在飛行中透過的水平距離 S_2。影響 S_2 的因素有出手速率、出手角度、

出手高度和器械飛行中遇到的空氣阻力。其中出手速率是最重要的，空氣阻力對鉛球的影響是很小的，除進行最精細的分析外，可忽略不計。

（2）影響其他投擲項目（擲鐵餅、擲標槍、擲鏈球）成績的主要因素是出手速率、出手高度、出手角度以及器械飛行中的空氣動力學因素（空氣動力學因素對擲鏈球的成績影響較小，在海平面的高度投擲時，空氣阻力可使成績下降 1%～1.5%）。

4.中國的論述

中國的教材從以下幾方面來論述投擲技術原理：

（1）決定投擲遠度的因素：

器械的出手初速度 V_0、出手角度 α、重力加速度 g。斜拋物體飛行距離的計算公式為 $S=V_0^2\sin^2\alpha/g$。出手高度、地斜角對飛行距離較短的鉛球影響較大。

（2）流體力學的因素

① 作用於鐵餅、標槍的空氣浮力與下列因素有關：器械形狀（對於透過器械上面和下面的氣流性質有影響）、衝擊角（在一定界限以內，衝擊角越大，浮力越大）、面積（面積越大，浮力越大）、空氣密度（密度越大，浮力也越大）。

② 鐵餅的飛行。用表格說明了不同初速度、傾斜角和出手角度與投擲遠度的關係。

③ 標槍的飛行。為取得良好的飛行效果，傾斜角應與標槍重心飛行軌跡的切線相一致，即衝擊角為零。出手時，使標槍繞縱軸轉動，具有陀螺儀的作用，可使標槍在飛行中保持穩定。

二、田徑運動技術原理的演變及發展趨向

（一）田徑運動技術原理發展的回顧

半個多世紀以來，科學技術的迅猛發展，為田徑運動技術領域的科學研究工作提供了越來越先進的研究手段與方法，因而人們對田徑運動技術原理的認識、論述也越來越完善和深刻，這一過程大致有以下特點：

（1）由對動作外觀的描述轉為對動作實質的論述。

（2）對動作機制的解釋由以機械力學為基礎轉為以運動解剖學、運動生物力學為基礎。

（3）對動作技術的分析由單純的運動學特徵描述充實為既有運動學特徵描述又有動力學特徵描述。

（二）田徑運動技術原理的發展趨向

實踐證明，對田徑運動技術原理認識的提高和完善是促進田徑運動成績提高的

重要原因之一。同樣，田徑運動技術水準的提高和對田徑運動各項目實質認識的不斷深化，為技術原理充實了新的內容，同時也要求技術原理不斷地更新。

例一，在跳遠、三級跳遠中，助跑速度的重要性已被越來越多專家、教練員、運動員所重視。事實證明，提高了上板起跳的水平速度後，的確能提高跳遠成績。因而「全速上板起跳」取代了過去的以「可控速度上板起跳」的觀點。這必然會導致起跳、騰空這一系列運動學和動力學參數的改變。

例二，中國女子鉛球多年來處於世界先進水準行列，這與闞福林教練等人對鉛球項目特點的再認識是分不開的。他們認為鉛球項目應是一個以力量為基礎、以速度為核心的速度力量型項目，在技術上應注意：

⑴ 投擲過程中鉛球的位移軌跡。

鉛球開始加速的方向與出手時的速度方向一致。適合中國運動員個人特點且較為合理的鉛球位移軌跡（從側面觀察），在理論上可以簡略地描述為一條夾角為140°～150°的折線（圖63）。

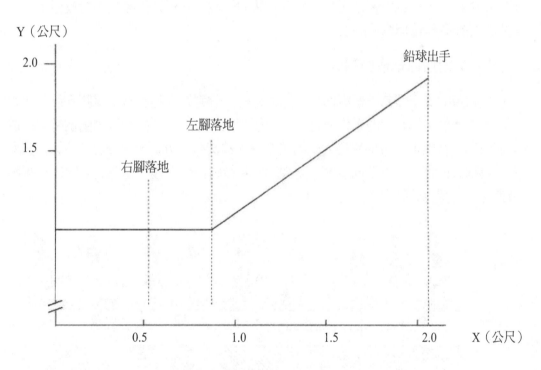

圖63　鉛球位移軌跡示意圖

⑵ 投擲過程中鉛球的速度結構。

鉛球在滑步階段獲得的速度應為出手速度的 15%左右；過渡步階段鉛球的速度應保持不變或略有增加，達到出手速度的 15%～20%。

例三，其他相關學科新的研究成果是充實田徑運動技術原理的又一來源。蘇聯列寧格勒體育學院生物力學教研室主任依·米·柯茲洛夫和他的同事對徑賽運動員腿部主要肌肉在跑的各個時相肌電活性變化和肌肉長度的變化及變化速度進行了同

步研究。用這種方法可測得一些主要肌肉在完成週期性練習時收縮或伸展的幅度、速度、肌電積極活動的時相等訊息，有助於進一步揭示某些田徑運動項目技術環節的肌肉工作情況和挑選有效的專門練習。

第二節・跑的技術原理

跑是單腳支撐與騰空相交替、蹬與擺緊密配合、動作協調連貫的週期性運動。它是人類的生活技能之一。田徑運動徑賽項目的目的是以最短的時間跑完規定的距離。它主要由起動（起跑與加速跑）和途中跑兩部分組成。

一、途中跑

途中跑是全程跑中距離最長、速度最快的一段，各種技術參數相對較穩定。它是跑的技術動作週期劃分的依據。

（一）週期的結構與劃分

運動員的身體作為一個整體，在途中跑的一個週期中經歷兩次單腳支撐狀態和兩次騰空狀態。就一腿的動作而言，在一個週期中經歷了支撐和擺動兩個時期，這兩個時期又被離地、著地、最大緩衝（此時支撐反作用力的水平分力為 0）三個瞬間分為摺疊前擺、下壓準備著地、著地緩衝和後蹬四個階段。當兩腿同時處於擺動時期時，人體處於騰空狀態（圖 64）。

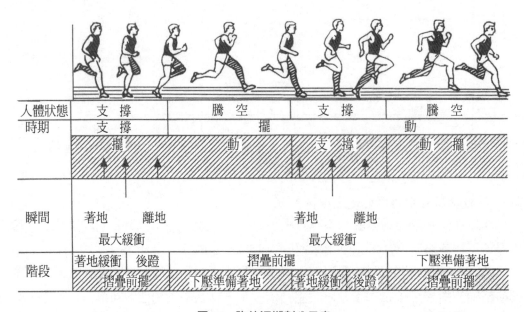

人體狀態	支 撐		騰 空		支 撐		騰 空	
時期	支 撐		擺 動					
	擺 動			支 撐		動 擺		
瞬間	著地	離地			著地	離地		
	最大緩衝				最大緩衝			
階段	著地緩衝	後蹬	摺疊前擺				下壓準備著地	
	摺疊前擺		下壓準備著地		著地緩衝	後蹬	摺疊前擺	

圖 64　跑的週期劃分示意

（二）途中跑的肌肉工作

任何物體的運動都是力相互作用的結果，跑的動力來源是肌肉工作所產生的力，但只有當它與外力相互作用時，人體才能產生運動。外力的大小取決於肌肉工作的效果。肌肉工作效果主要決定於以下六個因素：

（1）單個肌纖維的收縮力。

（2）肌肉中肌纖維的數量。

（3）肌肉收縮前的初長度。

（4）中樞神經系統的機能狀態。

（5）協同肌、對抗肌配合工作的協調性。

（6）肌肉對骨骼發生作用時的力學條件（即力臂的大小）。

圖 65　是跑時起主要作用的下肢肌群（示意圖），其中：

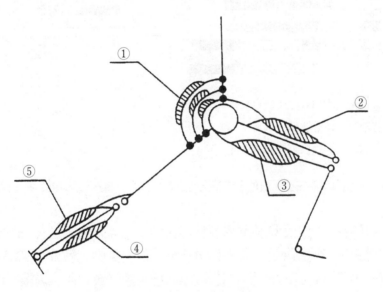

圖 65　參與跑步動作的主要肌群示意圖

① 為骨盆表層肌群（主要有臀大肌、臀中肌、臀小肌），其作用是控制軀幹姿勢、後擺大腿及伸髖、參與擺動腿的下壓著地動作，著地後至最大緩衝做退讓性工作，最大緩衝後轉為向心收縮，參與後蹬動作。

② 為大腿前側肌群（髂腰肌、股四頭肌、闊筋膜張肌、縫匠肌等），其作用是屈髖和伸膝，參與擺動腿的前擺、下壓時的伸小腿動作及後蹬時的伸膝動作。

③ 為大腿後側肌群（半腱肌、半膜肌、股二頭肌、股薄肌等），其作用是伸髖和屈膝。遠端收縮參與擺動腿的摺疊前擺動作，近端收縮參與支撐腿的後蹬動作。

④ 為小腿前側肌群（脛骨前肌、趾長伸肌、拇長伸肌等），其作用是背屈足關節，參與擺動腿的下壓準備著地動作。

⑤為小腿後側肌群（主要是由腓長肌的兩個頭和下層的比目魚肌組成的小腿三頭肌），其作用是足關節跖屈和屈膝，近端收縮參與擺動腿的摺疊前擺動作，遠端收縮參與支撐腿的後蹬動作。

圖66是在一個單步中的腿部動作及與其相應的肌肉工作情況。

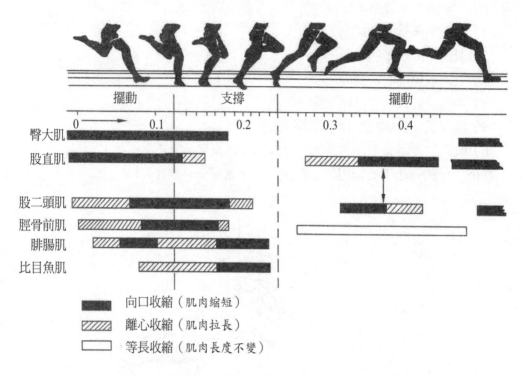

圖66　一個單步中主要肌群的工作情況（根據依‧米‧柯茲洛夫1983年材料）

腿部各肌群在著地緩衝階段都處於積極活動狀態：臀大肌強有力的收縮能迅速展髖，使支撐腿以著地點為圓心做順時針旋轉，從而推動人體重心快速前移；股四頭肌是伸膝的主要原動肌，著地前處於收縮狀態，著地後轉而以退讓工作形式進行緩衝；股二頭肌在著地前由於小腿前伸而被動拉長，著地後立即開始收縮，配合臀大肌完成展髖動作；脛骨前肌和腓長肌、比目魚肌是一組對抗肌，脛骨前肌是足關節背屈肌，而腓長肌和比目魚肌則是足關節的跖屈肌。在著地、緩衝及後蹬時它們交替做向心收縮及離心收縮。

（三）途中跑的運動學、動力學特徵

途中跑的動作是在人體已具備了一定水平運動速度的情況下完成的。人體的向前運動是後蹬的支撐反作用力所產生的補充速度與該瞬間已具有的水平速度聯合作用的結果（圖67）。

支撐反作用力是影響跑速的主要外力之一。在整個支撐時期，它的大小與方向是一直在改變的。這個力的量值取決於運動員的質量、跑的速度和肌肉用力情況。

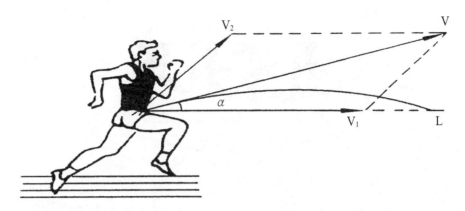

V_1 為運動員已具有的水平速度　　　　　V_2 為後蹬時支撐反作用力所產生的補充速度
V 為運動員離地瞬間的騰起速度（矢量）　　α 為離地時身體重心的騰起角
L 為身體重心拋物線軌跡

圖 67　後蹬支撐反作用力所產生的補充速度與該瞬間已具有的水平速度的聯合作用示意

腳著地瞬間的支撐反作用力是向後上方的，這樣就產生了制動，使前支撐階段（緩衝階段）的跑速降低。由儘量使著地點靠近身體總重心的投影點和合理的緩衝動作，可以使制動力減小到最低程度。支撐腿在整個支撐時期首先要承受身體向前下方的衝力，然後由髖、膝、踝關節的彎曲進行緩衝，最後迅速蹬伸使身體繼續向前運動。

　　圖 68 是優秀運動員支撐時期各種運動學和動力學特徵的示意。圖中 t 表示支撐時間；S_Y 為身體總重心水平位移軌跡，其中 S_1 為緩衝階段身體總重心的位移，S_2 為後蹬階段身體總重心的位移，α 為身體總重心的騰起角；F_1 為支撐反作用力的垂直分力曲線及衝量值，F_2 為支撐反作用力的水平分力曲線及衝量值，F_3 為支撐反作用力橫向分力曲線及衝量值；V 為身體總重心的位移速度曲線。

　　垂直用力的大小和持續時間取決於運動員的跑速、身體品質、身體各環節動作的協調程度、支撐腿肌肉的緊張度，以及支撐腿著地瞬間著地點與身體總重心投影點之間的距離。

　　從腳著地瞬間到後蹬階段開始，運動員的水平用力方向是向前的，因而產生負加速度（起制動作用），由最大緩衝瞬間後開始後蹬，水平用力方向改為向後，使身體總重心向前加速運動，並使人體沿拋物線軌跡進入騰空狀態。

二、起　動

　　起動包括起跑和加速跑。無論是蹲踞式起跑還是站立式起跑，其任務都是使運動員的身體在最短的時間內由靜止狀態轉入最佳的向前運動狀態，都必須儘量利用身體總重心投影點位於支撐點前方時在重力作用下所產生的向前水平分力。在起動階段各種技術參數都在不斷變化，最後趨於途中跑的各項參數指標。

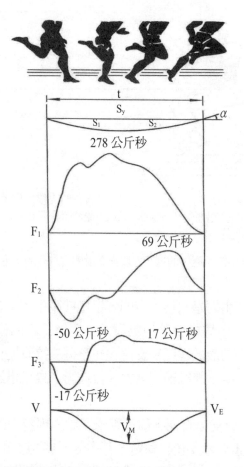

278 公斤秒

69 公斤秒

-50 公斤秒　　　17 公斤秒

-17 公斤秒

圖 68　支撐時期主要運動學、動力學特徵曲線（根據丘巴材料）

（一）起動時的肌肉工作

在起動與加速段人體的向前運動主要依靠支撐腿強有力的蹬伸動作。此時髖關節的動作幅度最大，約為 70°，而膝關節和踝關節的動作幅度約為 45°。因此，在起跑和加速跑時髖關節要承受最大的負荷，支撐腿的蹬伸動作主要由臀肌、股四頭肌、腓長肌來實現（圖 69）。蹬伸動作結束後，大腿前側雙關節肌群（股直肌）立即轉入積極前擺動作，而此時大腿後側肌群則參與屈膝動作並起固定膝角的作用（主要是股二頭肌）。

在起跑和加速跑中，起主要作用的是後蹬動作，此時的支撐時間比最高跑速時大 1.5～1.8 倍，這就有可能利用較大的擺動半徑，從而使身體獲得較大的水平加速度。

前蘇聯的學者研究證明：運動員的加速能力與最高速度之間相關不大，因為迅速加速的能力取決於大腿伸肌的快速力量能力，而最高跑速則主要依靠小腿肌肉的快速力量能力，主動肌、協同肌、對抗肌力量的適宜比例及其高度的協調配合，以及合理的動作結構（見圖 69）。

田徑運動 高級教程

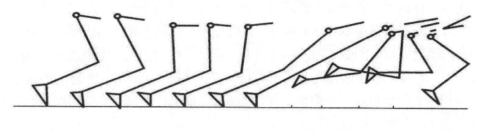

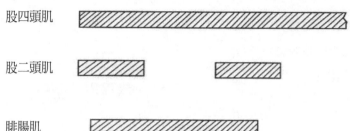

圖 69　起跑時前腿主要肌群工作情況

（二）起動時的運動學、動力學特徵

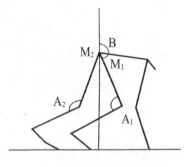

圖 70　起跑姿勢示意

起跑時膝關節的角度對起跑效果起著非常重要的作用，在一定範圍內增大這個角度有利於腿的快速蹬伸，而減小膝關節角度則能增大施加於支撐面的壓力，從而獲得更大的支撐反作用力。根據前蘇聯.B.鮑爾佐夫 1980 年研究結果，無論是優秀運動員還是短跑新手，當身體處於圖 70 的「預備」姿勢時，均能達到本人的最佳起跑效果。

圖 70 中 A_1 為前腿膝關節夾角，A_2 為後腿膝關節夾角，M_1 為前大腿與透過身體重心垂線的夾角，M_2 為後大腿與透過身體重心垂線的夾角，B 為軀幹與透過身體重心垂線的夾角。

表 131 是以上各角的最佳值及其範圍。B 角決定臀部抬起的程度。中等身材的運動員在「預備」姿勢時，身體總重心距地面約 0.65 公尺，當跑至 5 公尺處時身體總重心約升高到 1 公尺，即運動員在這段距離猶如沿著 5°的斜坡在進行上坡跑。所以腿部肌肉力量較差的運動員在起跑時可採用臀部相對較高的「預備」姿勢。

表 131　蹲踞式起跑時各角度值及其最佳範圍

角	角度	最佳角度範圍
A_1	100	92～105
A_2	129	115～138
M_1	21	19～23
M_2	13	8～17
B	104	98～112

當運動員聽到起跑信號後，到開始做動作之間，有一短暫的反應潛伏期（優秀短跑運動員反應潛伏期為 0.12～0.14 秒），然後兩腿同時開始用力蹬離起跑器，但後腿用力持續時間短，前腿用力持續時間長。由於起跑器的安裝距離及運動員的個人特點不同，作用於前後兩個起跑器上力量的值也不同（圖 71）。起跑的效果不僅取決於兩腿用力的絕對值，還取決於作用力的持續時間，即圖 71 中兩個陰影部分面積的總和。其計算公式為：

$$S=\int_{t_0}^{t_1} F_1\,dt +\int_{t_0}^{t_2} F_2\,dt$$

t_0t_1——作用在後起跑器上的時間；

t_0t_2——作用在前起跑器上的時間；

F_1F_2——相應的力量值。

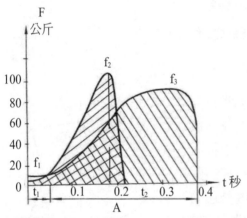
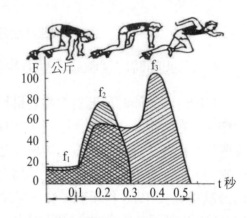

0 鳴槍瞬間　　f_1「預備口令時起跑器所受的壓力　　f_2 作用於後起跑器的力之最大值　　f_3 作用於前起跑器的力之最大值　　t_1 起跑反應潛伏期　　t_2 起跑反應運動期　　t_1+t_2 起跑總時間

圖 71　蹬離起跑器時力量曲線

各種競賽距離跑的動作結構都基本相同，但隨著跑速的變化，其運動學特徵也隨之改變：短跑的各種參數值最高，隨著跑的距離的加長，步長與步頻相應縮短和降低，支撐與騰空的持續時間和它們之間的比例也相應改變（表 132）。

表 132　各種距離跑的運動學特徵

距離（公尺）	成績	平均速度（公尺／秒）	步長與腿長之比	平均頻率（步／秒）	騰空與支撐時間比	身體總重心垂直位移（公尺）
100	9.92	10.08	2.35	4.58	1.30	0.10
800	1:48.1	7.40	2.24	3.50	1.09	0.050
1500	3:38.2	6.88	2.18	3.48	1.08	0.055
5000	13:42.7	6.08	2.09	3.22	0.94	0.048
馬拉松	2:15.14.4	5.20	1.78	3.18	0.74	0.045

（根據麥肯欽柯、奧卓林的材料整理）

第三節・跳躍技術原理

一、跳躍項目特點和決定運動成績的諸因素

跳高、跳遠、三級跳遠和撐竿跳高是田徑運動中的四個跳躍項目。跳躍項目按其動作結構，為非週期性運動；按其用力特點，為快速力量項目。跳躍成績，表現在運動員在騰空中所克服的垂直高度與水平距離上。這決定了跳躍項目特點：運動員在快速助跑、起跳後，身體有一個明顯的騰空階段。

騰空中身體重心的移動軌跡呈現拋物線，拋物線的高度是決定跳高成績的基礎，拋物線的遠度是決定跳遠成績的基礎。跳高運動員的拋物線軌跡形狀像陡峭的山峰，跳遠運動員的拋物線軌跡形狀較平緩。三級跳遠運動員身體重心的軌跡為三個相連的平緩拋物線，其軌跡的總遠度是決定三級跳遠成績的基礎。撐竿跳高是一項藉助撐竿支撐與擺動，並在撐竿上完成人體擺動、推竿而騰越過桿的項目。運動員的握竿高度和推竿高度是決定撐竿跳高成績的基礎。

跳高成績 H 是由離地高度 H_1、騰起高度 H_2 和桿上高度 H_3 所組成（圖 72）：用算術公式表示，即為 $H = H_1 + H_2 - H_3$。其中，離地高度 H_1 取決於身高、體型和結束起跳時的身體姿勢。這一高度在不同運動員之間差別不大，由訓練所得到的提高很有限，而從選材角度來說則意義較大，也就是說，身高腿長和起跳充分的運動員能取得較大的 H_1。桿上高度決定於過桿時的姿勢和合理的過桿動作與技術，即能否充分地利用身體重心騰起的高度來縮小 H_3 的距離。

總之，隨著身體素質和助跑起跳技術的逐步提高與改進，不斷地提高身體重心的騰起的高度，同時根據補償原理，合理地完成過桿動作，提高身體重心騰起高度的利用率，是提高跳高運動成績的主要方向。圖 73 所示，是決定跳高成績的諸因素。

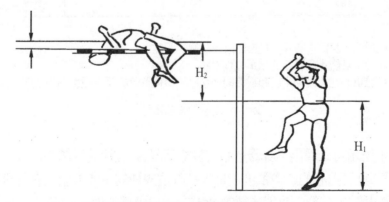

H_1——起跳結束瞬間身體重心離地面的高度
H_2——起跳後身體重心實際騰起的高度
H_3——身體重心最高點與橫桿的距離

圖 72　跳高成績的組成示意

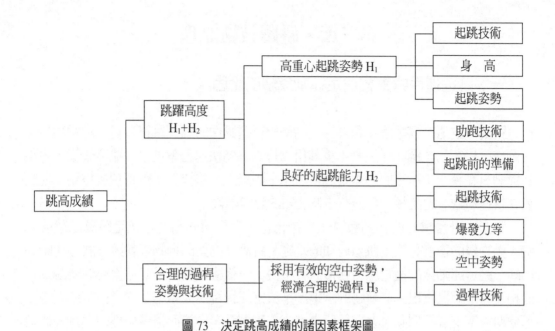

圖 73　決定跳高成績的諸因素框架圖

　　跳遠項目的運動成績主要取決於運動員騰越的遠度 S_2。此外在準確踏板的前提下，還應考慮到騰空前身體重心離起跳線的水平距離 S_1 和落地前身體重心向前運動及伸腿的距離 S_3（圖 74）。

S_1——起跳結束瞬間，身體重心垂直投影點離起跳線的距離
S_2——起跳騰起後，身體重心騰空的水平位移距離
S_3——落地前身體重心在起跳結束騰起瞬間同一水平位移位置時的垂直投影點到雙腳落沙坑的距離

圖 74　成績的組成示意

　　從圖 74 所示可以看出，身體重心的騰空遠度 S_2 在跳遠成績中占很大比重。因而，不斷提高身體重心的騰空遠度，是提高跳遠成績的主要方向。有關研究資料指出，跳遠騰空遠度 S_2 約占跳遠成績的 86%，其他兩個遠度（S_1 和 S_3）約占成績的 14%。三級跳遠與跳遠很相似，身體重心在三跳中的騰空遠度是組成運動成績的主要部分。在撐竿跳高項目中，握竿高度和推竿高度是決定運動成績的主要因素，同時還應考慮到過桿時身體重心最高點與橫桿高度之差。另外，跳躍時撐竿能否擺到

垂直位置，對運動成績也有較大影響。

二、決定騰空高度和騰空遠度的主要力學因素

按物體的斜拋原理，某物體以一定的角度拋向空中且拋射點和落點在同一水平面時，其騰空高度 H 為騰起初速度平方和騰起角正弦平方之積，與兩倍重力加速度之比；其騰空遠度 S 為騰起初速度平方和兩倍騰起角正弦之積，與重力加速度之比，用公式表示，分別是

$$S = \frac{V_0^2 \sin^2 \alpha}{g} \qquad\qquad H = \frac{V_0^2 \sin^2 \alpha}{2g}$$

式中，H 為騰空高度，S 為騰空遠度，α 為騰起角，g 為重力加速度，V_0 為騰起初速度。

從拋射運動公式可以看出，決定拋物線高度和遠度的主要因素是騰起初速度和騰起角度。

撐竿跳高中，握竿高度與推竿高度是決定運動成績的主要因素。握竿高度與推竿高度與運動員和撐竿的運動速度有直接關係。完成撐竿跳高動作的一個基本條件，是在持竿助跑和插竿起跳之後，使身體與撐竿擺到垂直位置。插竿起跳後，人體與撐竿這一聯合體的擺速越大，提高握竿高度的潛力也越大。在掌握撐竿跳高技術的前提下，聯合體的擺速越大，人體藉助撐竿向上擺動速度也越大，推竿高度也就越高。

田徑運動跳躍成績，雖然表現在運動員所騰越的遠度或橫桿的高度上，但實質是個速度問題。運動員透過助跑起跳，身體按一定方向騰起時，騰起初速度越大，跳躍運動成績越好。

三、騰起初速度

騰起初速度是由助跑所獲得的水平速度和起跳時所產生的垂直速度合成的，它的大小與運動員的身體能力和技術水準有著密切的關係。一般來說，助跑速度越快，起跳速度越快，騰起速度也就越大。

跳躍項目中有高度和遠度項目之分，因此，各項目對水平速度和垂直速度的要求也有所不同。在高度項目中，為了取得儘量高的跳躍高度，垂直速度就顯得尤為重要。因此，跳高運動員在獲得一定水平速度的情況下，應儘可能地獲得最大的垂直速度，所以助跑水平速度一般為 7～8 公尺／秒。遠度項目則是要求運動員取得儘可能遠的遠度。這樣，起跳時的水平速度是決定遠度的關鍵。因此，跳遠起跳時，在保證獲得適宜的垂直速度的情況下，應儘可能地獲得最大的水平速度。所以，跳遠運動員的速度一般為 10～11 公尺／秒。創造水平速度時，透過多次蹬地

使速度逐漸得到提高的原因，是當運動員結束一次蹬地時，身體即獲得一定的向前運動速度，儘管由於空氣阻力和下一次落地緩衝所產生的制動使向前運動的速度有某種程度的下降，但接著做出的後蹬動作，又使速度得到提高。每次後蹬中所增加的向前速度大於騰空與落地時所損耗的向前速度時，水平速度則不斷得到提高，直至接近運動員本人的最高速度。

對創造垂直速度來說，情況就不同了。運動員在跑進中每次蹬地所產生的垂直速度，使身體產生向上運動。身體在騰空中達到最高點時，垂直速度下降為 0；身體下落時，垂直速度為負值。這便是前一次蹬地所產生的垂直速度不能在下一次蹬地中得到積累的緣故。優秀跳高運動員助跑單足起跳的騰空高度達到 105～120 公分，垂直速度為 4.65 公尺／秒，而在跳遠、三級跳遠起跳中的垂直速度不超過 3～3.5 公尺／秒。

水平速度與撐竿跳高的成績關係十分密切。在撐竿跳高中，它影響著人體與撐竿向前上方擺動的速度，而垂直分速度則主要是為了使運動員獲得適宜的騰起角。

四、騰起角

運動員起跳腳蹬離地面的瞬間，身體重心的騰起方向與水平線之間的夾角稱為騰起角。騰起角的大小與騰起時身體重心的水平速度和垂直速度的大小相關。在起跳瞬間，若身體重心的水平速度與垂直速度相等，則身體重心將以 45°角騰起；若水平速度大於垂直速度，則騰起角度將小於 45°；若水平速度小於垂直速度，則騰起角將大於 45°。

根據拋射公式，高度項目的騰起角在 90°、遠度項目的騰起角在 45°時，可獲得最佳的拋射高度和遠度。但是，在運動實踐中並非如此。跳高運動員起跳後還需要有一定的水平速度，以保證身體順利越過橫桿。研究結果表明，跳高的助跑速度應不斷提高，因為快速助跑所獲得的動量，可以在起跳時加大起跳腿支撐用力的作用，從而提高起跳功率。

據分析，助跑速度每增加 0.1 公尺／秒，起跳腿的壓力約增加 12～14 公斤，跳躍高度增加 3.5 公分。因此，在跳高中，近年來強調和重視發揮與利用助跑的水平速度，以增加起跳效果。如果純理論地追求接近 90°的騰起角，則勢必極大地限制助跑水平速度的發揮和利用，影響起跳的效果。

跳遠中，人體的助跑水平速度可達到 11 公尺／秒，但垂直速度遠遠達不到這一水準，若單純地追求理想的 45°角，就必須降低水平速度，這將使跳遠遠度受到很大影響。從跳遠的運動實踐和發展方向看，加快助跑速度，起跳時在儘可能減小水平速度損失的情況下，努力獲得儘可能大的垂直速度，是提高遠度的有效途徑。在跳躍項目中，根據各項目的特點保持適宜的騰起角度，重視和提高騰起初速度，才能獲得理想的騰空高度和遠度。

田徑運動 高級教程

五、起跳的力學機制

起跳是人體在快速向前運動的條件下，身體與地面發生的一次碰撞，接著以積極的蹬伸動作使人體騰起。這兩個過程有著完全不同的肌肉用力特性：在碰撞時期肌肉完成退讓性工作（肌肉的離心收縮），在蹬伸時期肌肉完成克制性工作（肌肉的向心收縮）。這兩個過程既有區別，又相互聯繫，兩者結合在一起組成了起跳技術的整體。前者是準備部分，後者為發揮功能部分。

在起跳過程中會出現以下的力：

1.打擊力

起跳時腳掌觸及地面瞬間，會出現打擊力，這一力很快就消失，它對身體重心的運動無積極作用，因此，運動員應以較柔和的方式著地，以減小打擊力。

2.緩衝時對地面的壓力

當運動員起跳腿的腳掌著地後，身體按慣性向前運動，迫使起跳腿彎曲，伸肌被迫拉長而完成退讓性工作，同時，使身體給地面的壓力增大。其作用在於有效拉長起跳腿伸肌群，更好地利用肌肉彈性，為完成快速有力的蹬伸動作創造條件。

3.制動力

進行快速起跳時，在起跳的前一部分，會出現很大的制動力。這是因為身體重心離腳掌落點的水平距離較大，支撐反作用力的水平分力與運動方向相反，起著阻礙身體向前運動的作用。起跳中制動力是不可避免的，但過大的制動力會導致水平速度與能量的大量消耗，影響起跳效果。

運動速度越高，跑道表面越硬，制動力帶來的負作用越大。

4.蹬伸力

蹬伸是推動身體運動和創造運動速度的主要階段。在蹬伸過程中，隨著髖、膝、踝三關節的充分伸展和提肩提腰動作，身體對地面的壓力迅速下降，同時身體重心的向上運動速度很快提高。當蹬伸動作結束時，身體給地面的壓力降為 0，運動員身體開始離地騰起。

為獲得高的運動速度，快速完成蹬伸作用十分重要。肌肉被動拉長時所積累的能量，能加速肌肉快速有力的收縮。同時，由擺動腿與雙臂擺動動作的突然停止，其動能會傳給身體其他部分，從而達到加速完成蹬伸動作的目的。

5.起跳中擺動動作的擺動力

起跳中的擺動動作與起跳腿的用力是密切配合的。當起跳腿著地瞬間，擺動腿

與雙臂是向下加速並向開始著地支撐的起跳腿靠攏，它們產生的擺動力有助於減輕起跳腿著地瞬間的衝撞力；當擺動腿和雙臂轉為向上加速擺離支撐的起跳腿時，它們產生的擺動力有助於加大對起跳腿的壓力，提高了用力肌群的緊張度，為增大肌肉收縮力量與速度創造了條件；當擺動腿與雙臂的擺動繼續向上，開始減速至停止擺動時，它們產生的擺動力又會減輕對起跳腿的壓力，有助於起跳腿肌肉釋放被動拉長時所積累的能量，能加速肌肉快速有力的收縮。

同時，由於擺動腿與雙臂擺動動作的突然停止，其動能會傳給身體其他部分，從而達到加速完成蹬伸動作的目的。

六、空中動作基本理論

1.身體重心運動軌跡不能改變

身體在空中的任何自身動作都不能改變身體重心的運動軌跡。也就是說，運動員在空中不能創造新的騰空高度或遠度，而只能合理使用既定軌跡的高度與遠度，使身體越過更高的橫桿或越過更遠的水平距離。

2.身體的補償運動

當身體騰空時，肢體某一部分的下降，必然引起另一部分的升高，身體的這種運動叫補償運動。跳高運動員利用補償運動，將已過桿的身體部分下降，使正在桿上的身體部分上升，可達到充分利用騰空高度的目的。

跳遠、三級跳遠運動員利用這一道理，保持住騰空階段的身體平衡，推遲足跟觸及沙面的時間和為下一次起跳或落地做好準備，以取得更好的成績。

3.身體在空中的轉動

身體的轉動在跳高中是必須的，運動員在起跳騰空後，圍繞縱軸和橫軸轉動至背臥於橫桿之上，同時做相向運動，以改變身體和肢體的相對位置，使身體成「背弓」姿勢和使整個身體各部位依次越過橫桿。由於轉動的動力來自地面，過大的轉動力距對身體的騰空高度有不利的影響，而相向運動的動力則來自身體的內力，即肌肉的收縮，不會影響運動員的騰空高度。因此，在跳高中的補償運動往往是由旋轉和相向運動完美結合而成的。

身體在空中的轉動速度則取決於轉動的半徑。當轉動半徑不變時，質點的線速度越大，其角速度也越大。當線速度不變時，轉動半徑縮短，則角速度增大；反之，轉動半徑加長，則角速度減小。跳高運動員在過桿時，常利用這一原理來加快或減慢身體的轉動速度。背越式跳高運動員過桿時身體成「橋」形，使轉動半徑縮短以加快過桿動作。在起跳和過桿以後，為了減慢轉動速度，則身體保持比較舒展的姿勢，以保證充分地騰起和平穩地落地。

在跳遠騰空時，大半徑地向後擺腿擺臂，配合另一側的短半徑前擺，能有效地克服身體的前旋和保持身體在空中的平衡。

七、撐竿跳高和三級跳遠的技術原理

撐竿跳高是運動員由持竿助跑和插竿起跳獲得動能，並藉助於撐竿將動能轉換為撐竿的彈性勢能和人體的重力勢能，從而將運動員送向高空騰越過桿的一項跳躍運動。

助跑是獲得動能的主要階段，在質量不變的情況下助跑速度越快，動能也就越大。動能越大，起跳後撐竿彎曲的程度越大，竿子與人向前上方擺動的速度越快，運動員增加握竿高度和身體騰越的可能性也就越大。由此可見，助跑速度是決定撐竿跳高成績的基本因素。

插竿起跳是將助跑獲得的高速度轉換為人體與撐竿向前上方擺動速度的關鍵階段。在這轉換過程中，速度的損耗越小，說明技術水準越高。速度損耗的原因，是插竿起跳時所產生的制動力作用，而制動力的大小，又與起跳時撐竿與地面所成的夾角有關，夾角越小制動力越大。為此，無論是採取金屬竿還是尼龍竿，起跳時都要將竿高高舉起。

插竿起跳時，起跳點的位置具有十分重要的意義。過遠、過近或偏左、偏右的起跳點，都不可能保證運動員保持正確的身體姿勢和撐竿的位置，此情況下，不僅使運動速度出現大量的損耗，而且往往導致試跳的失敗。

懸垂擺體是起跳後人體和撐竿進入轉動的階段。此時，人體和撐竿形成複合鐘擺運動。當蹬離地面之後，運動員和竿子作為一個整體以竿頭為支點，形成第一個鐘擺；第二個鐘擺是懸在竿子上運動員的身體以握竿點為支點所形成的擺動。這兩個鐘擺的擺動半徑均按運動員身體姿勢的改變而變化。其變化規律是一方加長而另一方縮短。

擺動定律表明：擺動週期與擺動半徑成正比，擺動半徑越大，則擺動週期越長。撐竿跳高運動員首要任務是：縮短第一擺的週期，使身體和撐竿在起跳後迅速向前上方擺起。為此，運動員在起跳後，身體保持著較舒展的姿勢，使身體重心位於較低的空間位置，從而縮短了第一鐘擺的擺動半徑，為人體和撐竿的快速擺動創造了有利條件。

尼龍竿在受力時的彎曲度大，使這一擺動半徑更加縮短，因而更有可能在握竿點高的條件下，仍能使身體和撐竿向前上方迅速擺起。這是尼龍竿所以能提高運動成績的重要原因之一。

進行後翻舉腿時，為了加大身體向上擺的角速度，運動員屈髖、屈膝，以縮短第二鐘擺（人體）的擺動半徑，並以肩帶的積極用力，使身體加速向上擺動。在這過程中，由於人體內力的作用，增加了對撐竿的壓力，使竿子達到最大的彎曲度，

儲存更多的彈性勢能。

引體、轉體和推竿動作，是在撐竿反彈伸直的過程中進行的，運動員應在合理使用撐竿彈性勢能的前提下，透過引體、轉體和推竿時的積極用力，使人體向更高處騰起。為此，運動員的用力時機要與撐竿反彈的節奏協調一致。為了取得良好的用力效果，此時，運動員要儘可能地使身體重心和用力方向靠近撐竿的縱軸（尼龍撐竿在彎曲時的弦上）。

推竿結束以後，運動員身體進入騰空階段時，其全部動作是為了合理利用身體重心所獲得的騰起高度，完成經濟的過桿動作和安全地落地。

三級跳遠是在高速助跑中，按競賽規則要求連續進行三次向前跳躍的運動項目。其運動成績決定於三跳的總長度。每跳的長度又決定於每次起跳結束時所獲得的騰起初速度和騰起角，故前面所談有關跳遠的技術原理也適應於三級跳遠技術。

然而，三級跳遠又有自己的特殊性，因而在應用跳遠技術原理時，又必須考慮到三級跳遠技術的特殊性。

與跳遠技術相比，三級跳遠技術有以下特殊性。

第一，在保證三跳合適比例和正確跳躍節奏的前提下，增加每跳的遠度。

第二，成績是從最後落地點的近點丈量至起跳板前沿，因而保持三跳的直線性不僅對維持空中平衡和有效發揮運動員的能力有重要意義，而且對運動員成績也有直接的影響。

第三，考慮到第一跳對後兩跳的影響，三級跳遠運動員不能按跳遠的騰起角進行第一跳。加大最後幾步的助跑和起跳中的向前用力效果，適當減小騰起角度，以加大向前運動的速度是三級跳遠第一跳的顯著特點。

第四，第二跳和第三跳，是在身體經歷較長的騰空之後進行的，身體在空中的平衡對正確完成起跳有重要作用。同時，由於起跳中水平速度損耗較大，故減小這兩次起跳中的制動作用，對更好地保存水平速度十分重要。

第四節·投擲技術原理

田徑運動的投擲項目包括推鉛球、擲鐵餅、擲標槍和擲鏈球，不同的項目採用不同的器械。受器械自身重量和形狀影響，為充分利用裁判規則，發揮技術的優勢，各項技術動作的外觀差異較大。然而，合理的投擲技術都遵循著共同的規律，運動成績均受到幾方面的因素影響（圖75）。

根據力學中物體斜拋運動方程：

$$S = \frac{V_0^2 \cos\alpha}{g} \left\{ \sin\alpha + \sqrt{\sin^2\alpha + \frac{2gh}{v_0^2}} \right.$$

在不考慮空氣作用的條件下，決定器械飛行遠度 S 的因素為：器械出手時的初速度 V_0、器械出手角度 α 和器械質心出手時的高度 h。重力加速度 g 為常量。在三個變量中，器械出手初速度是最重要的因素（圖 76）。

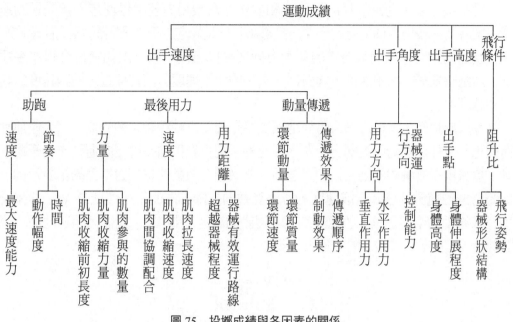

圖 75　投擲成績與各因素的關係

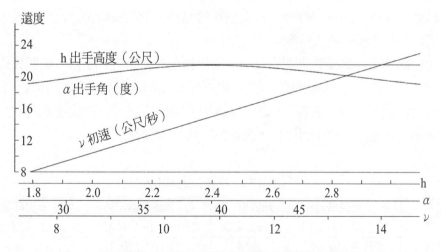

圖 76　出手速度、角度和高度對投擲遠度的影響（鉛球）

一、影響器械出手速度的主要因素

獲得理想的出手速度，首先是要求人體在符合生物力學規律的前提下，透過一

系列合理的動作，充分發揮人體內力、合理利用外力而實現的綜合結果。它來自以下幾方面：

（一）助　跑

投擲項目中，助跑的目的是使人和器械在最後用力前獲得理想的預先運動速度，同時為最後用力創造有利條件。投擲項目的助跑包括直線和旋轉兩種形式。

直線助跑時，人體和器械的運動方向與投擲方向一致，由此獲得直線水平速度。助跑時器械的水平速度方向與器械出手的水平速度方向越接近，助跑速度的利用率越高。

採用旋轉時，器械透過人體與地面支撐點的垂直軸轉動。軸的位置隨人體運動而變化，並伴隨轉動向投擲方向做水平運動。把垂直軸向投擲方向運動作為牽連運動，器械繞垂直軸的轉動作為相對運動，器械的合運動就是相對地面的絕對運動，此時器械的運動速度為合成速度。若垂直軸向投擲方向的牽連速度為 V_e，器械繞垂直軸轉動的半徑為 R，角速度為 ω，轉動的線速度為 V_γ，則器械相對地面的絕對速度 V_a 等於 V_e 和 V_γ 酌矢量和，即：

$$V_a = V_e + V_\gamma$$
$$V_\gamma = \omega R$$
$$V_a = V_e + \omega R$$

在旋轉時，器械主要是增加轉動的線速度。因此，這時應設法加長轉動半徑和提高轉動角速度，即在旋轉時使器械遠離轉動軸，並加快旋轉速度。線速度方向始終垂直於轉動半徑並隨人體轉動不斷變化。

由於助跑區受到競賽規則的限制，所以採用的助跑方式不同，助跑獲得的速度也不同（表 133）。投擲助跑的速度一般應控制在個人最高速度的 70%～80%。助跑過快可能造成人體「失控」，破壞最後用力動作；過慢會降低助跑的效果。助跑應不斷加速，重心保持相對平穩，助跑的節奏應保持穩定。

表 133　投擲助跑的比較

項目	助跑區	助跑形式	助跑長度（圈）	助跑時器械速度
鉛球	圈直徑2.135 公尺	直線或旋轉	0.90～1.10 公尺或 1.5 圈	2～2.5 公尺/秒
鐵餅	圈直徑2.50 公尺	旋轉	1.5 圈	7.0～8.0 公尺/秒
標槍	長度無限	直線	20～30 公尺	6.5～8.0 公尺/秒
鏈球	圈直徑2.135 公尺	旋轉	3～4 圈	20～30 公尺/秒

（二）最後用力

投擲項目的最後用力階段是器械增加速度的主要階段。與助跑階段獲得的速度

相比，最後用力階段器械增長的速度為：推鉛球可提高 5～7 倍，擲鐵餅約提高 2 倍，擲標槍提高 4～5 倍，擲鏈球則提高較少，大約為 1/5 倍。可見，最後用力是投擲技術的關鍵部分。

最後用力動作是在助跑結束後，人體進入雙支撐前開始的。雙支撐階段是最後用力的最有效階段。合理的最後用力應考慮以下幾個主要因素：

1.肌肉收縮前預先拉長的速度和長度

肌肉收縮前的初長度是影響肌肉力量的因素之一。增加肌肉初長度依靠預先拉長。肌肉在被拉長過程中，儲備了大量彈性勢能，在肌肉收縮時釋放出來，從而提高收縮的力量。在一定生理範圍內，肌肉預先拉長的速度和收縮的速度成正比，肌肉預先拉長的速度越快，肌肉產生的張力越大，引起反射性收縮速度越快。

在某種意義上，肌肉拉長的速度比拉長的長度更重要。在投擲的最後用力過程中，參與用力的肌群依次收縮用力，使器械的速度不斷增加。因此，此階段應儘可能使參與收縮用力的肌肉預先充分拉長，並提高肌肉預先被拉長的速度。

2.力量遞增梯度

力量梯度是作用於器械的力和作用時間的比值。一般認為，力量遞增梯度可作為衡量爆發力的水準，投擲項目要求在最後用力階段以儘可能短的時間發揮出最大的力。力是產生速度的原因，器械運行速度的不斷增加，源於作用在器械上的力不斷增大。力量遞增梯度越大，器械產生的加速度越大（圖 77）。

最後用力階段作用於器械上的力是身體各環節肌肉收縮力的總合，儘管各環節力最大值的峰值出現在不同時相，但器械的總受力呈不斷遞增而達到峰值的變化趨勢。因此，最後用力動作要求肌肉快速收縮，在最短時間內達到最大力值。

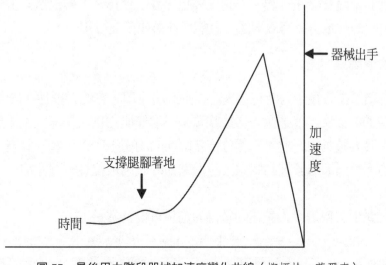

圖 77　最後用力階段器械加速度變化曲線（擲標槍，菲爾克）

3.器械受力作用距離

從力學角度考慮器械出手速度與其他因素之間的關係，此關係式為：

$$V = \frac{f \cdot l}{t}$$

器械出手速度 V 與器械受力 f 和受力作用距離 l 成正比，與受力作用時間成反比。如果把 f 和 t 的比值看做力量梯度的變化，那麼，力的作用距離就成為影響器械出手速度的另一主要因素。提高力的作用距離是合理技術的重要組成部分，主要透過提高「超越器械」程度和加大用力幅度來實現。合理處理好器械受力作用的力量、距離和時間三者之間的關係，是最後用力的關鍵。

4.支　撐

最後用力時人體各環節肌肉有效用力都是在有支撐情況下進行的。投擲用力需要肌肉在遠端固定（支撐）條件下進行。

首先是下肢支撐為髖和軀幹用力提供有力的支點，同樣，穩固的髖和軀幹支撐點，增加了上肢肌肉用力效果。以下肢穩固支撐為基礎是投擲最後用力動作的重要特徵。支撐制動動作也是動量傳遞的基本保證。

5.最後用力前的準備

最後用力前的準備將助跑和最後用力緊密連結起來，對最後用力效果起著至關重要的作用。最後用力前準備的明顯特徵，是當最後用力開始前，加快下肢運動，造成髖部橫軸運動速度超越肩部橫軸運動速度及器械運動速度，使身體處於扭緊狀態，即所謂「超越器械」動作。身體保持適當後傾，持器械臂充分伸展，這些動作為拉長肌肉和增加最後用力距離創造了條件。

最後用力開始由下肢首先發力。助跑過渡到最後用力是連續的動作過程，最後用力和助跑的末段交織在一起。左側支撐腿（右手投擲者）腳部積極主動快落，以保證助跑獲得的動量得以有效傳遞，且能盡快形成雙支撐用力。

6.人體運動鏈

人體各環節在最後用力時符合人體運動鏈的原理。它的合理性在於：

（1）環節的依次加速運動，造成相鄰下一環節肌肉依次快速拉長，然後引起有力收縮。由於人體肌肉的附著點都分佈在關節的兩側，所以，當一個環節加速運動後，相鄰的下一環節處於被動狀態，跨過關節的肌肉被拉長。環節加速，被拉長的肌肉張力增大。

（2）動量依次傳遞。人體運動獲得的動量可視為常量：

$$k = \sum mv = c$$

k 表示動量，m 表示人體環節質量，v 表示環節運動速度，c 表示常數。

人體用力時的順序自下而上，環節質量依次減小。m_1、m_2、m_3 分別表示不同質量的三個環節，且 $m_1 > m_2 > m_3$。

當第一、第二環節先後製動減速後，則

$-m_1 v_1 = \Delta m_2 v_2$，$-m_2 v_2 = \Delta m_3 v_3$

由於 $m_1 v_1 = m_2 v_2 = m_3 v_3$

所以 $v_1 < v_2 < v_3$

最後用力時下肢支撐制動，使人體助跑獲得的動量傳向軀幹，與此同時軀幹用力並產生加速度運動。軀幹運動減速後，動量傳向上肢，引起上肢用力後的加速運動。身體各環節自下而上依次用力並相繼加速運動，然後依次減速，動量依次傳遞，直到傳向器械，大大提高了器械出手速度（圖 78）。應該指出，只有在肌肉用力的情況下，才能產生動量傳遞的良好效果。

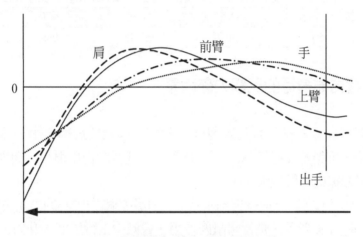

圖 78　擲標槍各環節加速度變化曲線

二、影響器械運動軌跡的因素

投擲項目的助跑、最後用力和出手時的器械運行軌跡應吻合銜接。任何突然使器械脫離原軌跡的動作，都會使器械速度受到損失。最後用力階段器械的運行路線對器械出手角度和方向有直接影響。

在最後用力階段，器械應控制在正確的空間位置，沿出手軌跡方向加速運行，保持水平速度和垂直速度的矢量合方向與出手方向一致。一般情況下，最後用力開始時的人體重心水平速度大於垂直速度，後一階段人體重心垂直速度大於水平速度的增加。

由於投擲器械的出手點高於落點，因此，最佳出手角度要小於 45°。根據公式：

$$\cos 2\alpha = -\frac{gh}{V_0^2 + gh}$$

合理的器械出手角 α 與器械出手速度 V_0 和出手高度 h 有關。一般情況下，就

某一投擲項目本身而言，當出手高度保持不變時，器械的最佳出手角隨出手速度的提高而增加。通常推鉛球和擲鏈球的出手角在 40°～44°之間。由於空氣動力學因素影響，擲鐵餅和擲標槍的最佳出手角在 30°～37°之間。

器械出手高度對投擲的遠度影響較小。如表 134、表 135 所示，推鉛球的出手高度增加 0.2 公尺，其成績僅提高 1%，而擲鏈球的出手高度增加 0.2 公尺，其成績只提高 0.3%。就運動員自身而言，提高器械出手高度總是有限的。

表 134　鉛球出手高度與成績的關係（出手速度 = 13 公尺/秒，出手角度 41°）

出手高度	1.80	2.00	2.20	2.40	2.60
成績	18.93	19.00	19.29	19.48	19.66

表 135　鏈球出手高度與成績的關係（出手速度 = 24 公尺/秒，出手角度 44°）

出手高度	1.40	1.60	1.80	2.00	2.20
成績	60.07	60.28	60.45	60.66	60.87

三、影響器械飛行的流體力學因素

在投擲項目中，器械的飛行距離受流體力學因素的影響。由於器械形狀的差異，一般地講，推鉛球和擲鏈球時，空氣對器械飛行的作用很小，而擲標槍和擲鐵餅時，空氣對器械的影響較大。

如圖 79 所示，器械沿飛行方向飛行時，作用於壓力中心的力 F 可分解為升力 L 和阻力 R。阻力 R 對器械飛行起阻礙作用，會減少飛行遠度；升力 L 對抗器械重力，可延長器械飛行時間，增加飛行遠度。

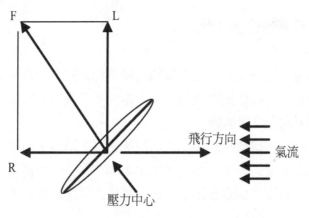

圖 79　鐵餅在空中飛行時受力情況

器械在空中飛行中受幾個角度變化的影響，衝擊角（γ）即器械縱軸與器械飛行方向切線夾角、出手角（α）即地平面與器械飛行方向切線夾角、傾角（φ）即器械縱軸與地平面夾角。當衝擊角為正值時（圖 80①），來自迎面的阻力（R）會

使器械上端風壓加大，使器械傾角增大，飛行阻力相應增大。隨之增大的衝擊角達到 35°時會出現失速（甘斯林在鐵餅飛行速度 24.4 公尺／秒時測定的失速角度為 30°），即升力急遽下降，阻力猛增，大大縮短了器械飛行距離。

衝擊角為一定負角時（圖 80②），器械傾角在飛行的上升階段逐漸與重心拋物線軌跡的切線方向接近。在飛行後半階段，器械下降時，傾角逐漸減小，使其下面的空氣作用力有緩衝下落的作用，延長了飛行的距離。

在有一定逆風的情況下，空氣的總作用力比無風時增大，其升力也隨之加大，有利於增加升力，提高飛行的遠度。而在一定順風條件下，雖可增加器械一定的飛行速度，但對升力損失也較大，會降低器械飛行的遠度。據研究分析，當風速為 5 公尺／秒時，在逆風中擲鐵餅可提高成績 10%，而在順風中成績會下降 2.5%。

不同的器械飛行速度，會影響各種角度的合理組合。由於器械在空中飛行條件較複雜，應根據實際情況確定最佳組合。有研究表明，鐵餅的空氣動力學性能比標槍好 4～5 倍。一般認為，鐵餅的衝擊角在–5°～–10°為宜；擲標槍的合理衝擊角為 0°～–10°；不同性能的標槍，選擇的各種角度組合有差異；鐵餅和標槍在飛行階段旋轉，可提高器械在空中的穩定性。

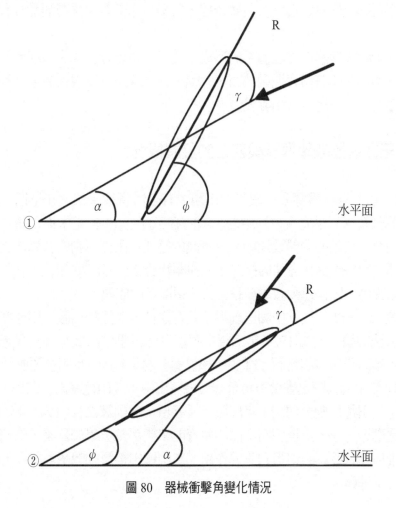

圖 80　器械衝擊角變化情況

第十九章

田徑運動教學

蘇明理　徐昌豹　程其練　許崇高　文超

第一節・田徑運動教學理論與方法的發展

　　田徑運動教學理論與方法是田徑運動教學實踐經驗與相關認識的系統化和科學化，是田徑運動教學實踐活動的科學依據，對田徑運動教學實踐活動具有理論指導意義。

　　田徑運動教學理論與方法體系的形成和發展，是以教育學、心理學和現代教學論思想為基礎，並隨著體育運動技術、教學、訓練理論以及現代教學訓練手段和方法的創新發展而不斷地豐富和發展的。

一、田徑運動教學理論與方法的發展概況

　　19 世紀初，隨著體育分科教學的出現，有了體育教學法。在早期的體育教學中，田徑運動教學只是體育教學中的一項內容。直至 19 世紀末期，隨著一些田徑運動項目和競賽活動的開展及運動訓練實踐的需要，田徑運動的教學才逐步分化出來。田徑運動教學理論與方法的探討，大約開始於 20 世紀 20 年代，在將近一個世紀的發展過程中，田徑運動教學理論與方法逐漸走向成熟。

　　20 世紀 20—40 年代，中國已創辦了體育學校，並陸續出版了田徑賽理論、技術和練習方法的論著，如 1924 年蘇州中華體育專科學校出版有《田徑賽理論與實際》；1928 年商務印書館發行了《中小學體育教材》，其中有田徑運動教學方面的內容；1931 年中國國際奧委會委員董守義編著出版了《田徑賽術》；1932 年吳蘊瑞編著出版了《田徑運動》；1933 年出版有《五項十項訓練法》；1943 年出版了《田徑賽輔助運動》等等。上世紀初中國的體育前輩們都曾留學於歐美，他們對中國田徑運動的推廣和普及起到傳播和先導作用，為中國田徑運動教學理論與方法的建設和發展奠定了基礎。

田徑運動 高級教程

新中國成立以後，體育運動得到蓬勃發展，全國相繼成立了多所體育學院，全面推動了中國的體育教育事業和競技運動項目的開展，田徑運動也迅速普及和提高。新中國成立初期，已陸續出版了有關田徑運動技術、教學和訓練的論著，如徐寶臣編著的《跨欄》、陳家齊編著的《推鉛球》、劉天錫和許漢文合編的《最新田徑運動》等。還出版了楊峰等《短跑技術教學法》、文超等《跳遠技術教學法》、陳家齊等《鉛球技術教學法》等一批田徑技術教學法方面的論文。

20世紀50—60年代，中國聘請了蘇聯田徑專家來華講學和指導田徑研究生，同時從蘇聯引進了不少有關田徑運動技術、教學、訓練的書籍，尤其是蘇聯1953年出版的由華西里耶夫和奧卓林主編的《田徑運動》教材，對推進中國田徑運動技術、教學、訓練實踐與理論的建設，產生了很大的影響。

在學習和吸收蘇聯田徑運動發展經驗的基礎上，1961年中國編寫了第一部體育學院本科通用教材——體育學院本科講義《田徑運動》。之後，全國體育學院又圍繞田徑運動的教學手段和方法開展改革，並相互進行經驗交流。這些活動都為中國田徑運動教學理論與方法的建設和發展積累了經驗，打下了基礎。

由於受「文化大革命」的影響，直到20世紀70年代末，才恢復田徑運動教學理論的研究。1978年在國家體委的領導和組織下，統編了體育系通用教材《田徑》。雖然這本教材受「文化大革命」極左思想的影響，有許多不足之處，但在田徑運動技術、教學、訓練理論與方法中，增加了中國自己總結的田徑運動教學與訓練的經驗。

20世紀80年代初，又重新統編了田徑運動教材。這本教材把田徑運動教學和訓練理論分為兩章來論述，對田徑運動教學和訓練作了科學的區分，不僅符合田徑運動教學和訓練的各自內在規律，也為田徑運動教學理論與方法的進一步完善和發展提供了可能。

20世紀80年代中、後期，國家體委成立「全國體育學院教材委員會」，下設20多門課程的教材小組，包括「田徑教材小組」。在「田徑教材小組」的積極工作下，不僅使全國體育學院通用的《田徑》教材趨於系統化、規範化，而且使田徑運動教學理論與方法得到進一步的完善和深化。

20世紀90年代之後，在學習和參考俄羅斯、美國、德國、日本的有關田徑運動的教材、教科書之後，統編出版了《田徑運動高級教程》。《田徑運動高級教程》反映了當時世界田徑運動的發展趨勢、科技理論成果，以及總結了中國田徑運動教學與訓練的實踐經驗，極大地豐富了田徑運動教學理論與方法的內容。

田徑運動教學理論的發展，自始至終都遵循教育學、心理學等學科的原理和原則。現代教學論的思想，對田徑運動教學理論與方法的發展，有著重要的影響。各時期不同流派的教學論思想和觀點，對田徑運動教學理論和方法的建設和發展都不同程度地產生過影響，起著積極的推進作用。

捷克教育家夸美紐斯的《大教學論》奠定了近代教學論基礎，他的關於建立學

年制和分班、分科授課教學制的主張，以及所提出的直觀教學、循序漸進等諸多教學原則，為後來體育分科教學奠定了基礎。隨著體育分科教學的出現，體育教學法應運而生。最早進行「體育教學法」研究的是瑞典體育教師卡斯特羅姆，他於 1914 年出版了《體育教學法》一書。20 世紀前期，美國教育家杜威的實用主義教學思想及桑代克教育心理學說，對當時體育教學，包括田徑運動教學理論的形成和發展有著很大的影響。

20 世紀 50 年代之後，中國積極學習和吸收蘇聯的經驗，當時蘇聯學者凱洛夫的《教育學》及達尼洛夫的《教學論》，對中國體育教學理論，包括田徑運動教學理論的建設和發展，產生了較大的影響。當時，中國體育教學理論，包括田徑運動教學理論、教學原則和教學方法等，都是在學習和吸收他們的教學思想的基礎上而建立和發展起來的。

20 世紀 70 年代之後，在世界範圍內，對教學理論的探索和研究，進入空前活躍時期。例如蘇聯教育家贊可夫的《發展教學理論》和巴班斯基的《教學過程最優化理論》、美國教育和心理學家斯金納大力提倡的《程序教學》和布魯納倡導的《結構課程論》、德國教育學家瓦·根舍因和克拉夫基的《範例教學》和保加利亞教育學家洛扎諾夫創立的《暗示教學的理論》等，這些教學論思想，不僅極大地豐富了普通教育學的內容，而且也為體育教學理論，包括田徑運動教學理論與實踐的發展，提供了理論依據。

近些年來，在當代最新的教學論思想的引領下，田徑運動教學理論與方法的研究也有很大的進展，例如以《發現教學論》和《程序教學》為理論依據所進行的《運用計算方法培養學生分析問題能力的探討——短跑教法研究》《跨欄跑兩種程序教學的實驗研究》《跳躍和投擲等非週期性田徑項目的教學法探討》《電子模擬訊息在跨欄跑技術教學中的應用》《背越式跳高起跳過桿動作的「同步反饋」方法的研究》和《系統論觀點在跳躍技術中的應用》等，把當代教學論思想和觀點，較好地運用於田徑運動教學理論與實踐，把田徑運動教學理論與方法的建設和發展，提高到一個新的層次和高度。

二、田徑運動技術的發展賦予田徑運動教學以新的內容和要求

現代田徑運動經歷了項目形成、發展和不斷創新的過程。20 世紀 60 年代末期以來，世界田徑運動進入了以速度為核心改進和完善技術的時代，新的田徑運動技術和新的教學理論應運而生，如背越式跳高的創造和發展、現代跨欄跑技術由「跨欄」向「跑欄」過渡的新技術理念的提出、以加長工作距離和加快最後出手速度為中心的「旋轉推鉛球技術」的創新等，不僅對田徑項目運動成績的提高、運動技術的改進和發展產生了推進作用，而且新的技術理念又很快地滲入田徑運動教學實踐，促進了田徑運動技術、教學理論與方法的改進和研究，如《適應現代跨欄跑技

術的教學方法的實驗研究》《速度型背越式跳高的教法研究》《跳遠快速助跑與起跳相結合的輔助教學手段實驗研究》等，緊跟田徑運動技術的發展趨勢，把新的技術理念融入了田徑運動教學之中，創新了與此相適應的教學方法，豐富了田徑運動教學理論與方法的相關內容。

三、先進的教學手段促進了田徑運動教學理論與方法的發展

科學技術的發展及現代化教學手段的應用，對田徑運動教學理論與方法的發展起到了積極的作用，如在田徑運動教學中，幻燈、投影儀、錄影、電影、多媒體課件、程序教學機器、計算機模擬教學等，現代化教學手段的出現和應用，提高了田徑運動知識、技術訊息輸入效果，使學生的視、聽、觸、本體感覺器官全方位、立體性感受刺激，既加深了學生對技術動作的感受和理解，也為田徑運動教學活動的開展提供了便利。同時，新的教學技術手段和教學輔助器材的開發和應用，也頗大地促進了田徑運動教學理論與方法的研究，如《跨欄跑教學中欄間跑節奏的電子音響模擬的研究》《跳遠助跑準確性的音響控制研究》和《短跑起跑犯規動作聲響監控及反饋的研究》等。

這些研究從田徑運動教學的實際出發，無論是新的教學設備的研製，還是多媒體教學技術手段和方法的應用，都為田徑運動教學理論與方法增添了新的內容，極大地促進了田徑運動教學科學化的進程。

第二節・田徑運動教學理論與方法

田徑運動教學是教師為實現預期的田徑課程目標和教學任務而進行的有計畫、有組織的傳授田徑運動知識、技術、技能的專門活動，任何一門課程的教學活動，都必須透過教學計畫的擬訂、課堂教學活動的組織與實施、檢查與考核等基本過程的有效運轉和控制。

就教學條件及教學過程的組織和管理而言，合理地選用教材、制定完備的教學文件，充分地利用場地、器材、設施，對人、財、物、訊息、時間和環境等各種教學資源進行合理的配置、統籌協調一切課程要素，才能為實現預期的課程目標和教學任務發揮最大的效能。

田徑課程目標和教學的任務，是把田徑運動理論知識、技術和技能傳授給學生；發展學生的身體素質、專門體能和智能；掌握田徑運動各項目技術的教學方法，逐步提高教學能力；培養學生體育道德和意志品質，加強人文素質教育，全面發展學生的個性，使之成為田徑運動的實踐者、推廣者和愛好者，成為具備從事田徑運動教學、訓練、科研及競賽組織管理工作能力和專門知識的合格人才。

一、田徑運動教學的理論依據

（一）田徑運動技術教學中動作技術學習的相關理論

田徑運動技術教學與動作技術形成過程，必須遵循知識、技術學習與掌握的普遍性原則和基本規律。教育學、心理學、生理學的相關研究及其理論成果，為田徑運動技術教學提供了堅實的理論依據，如運動技術學習的刺激——反應理論、訊息加工理論、動作技術學習的遷移理論、動作技術學習按階段理論等。

田徑運動技術教學過程存在著廣泛的動作技術遷移現象，不同項目的技術動作結構、肌肉用力順序與特點的某些相似性，往往是影響動作技術學習與遷移效果的主要因素。

掌握動作技術的心理過程大致為：透過感受器定向接收有關動作技術的訊息，在感覺中樞形成相應的動作技術印象，感覺中樞與控制中樞建立起神經通路的暫時聯繫。控制中樞依據感覺中樞的印象，一方面發令於感官受控器，控制感受器進一步地精確感知；另一方面控制效應器進行動作，實現動作技術的再現。效應器中的肌腱、肌肉、關節等處的本體感受器，又將再現動作技術的訊息，返回傳入感覺中樞，以原先的印象對照修訂，再由控制中樞的進一步調控，使之逐步精化。這樣多次反覆，建立了穩固的動力定型，最後形成了動作技術。

按照運動技術學習的泛化、分化、自動化的神經系統活動機制，可以把運動技術教學過程大致劃分為三個階段，即粗略地掌握技術階段、改進提高技術階段和熟練鞏固技術階段。

學生在動作技術開始學習階段，為粗糙地掌握技術階段。學生對所學技術動作的理解，處於比較模糊的狀態，對所做動作的要領、時空特徵、整個動作結構的認識還不清楚，做動作不協調、不到位、不準確。教師教學的重點主要是解決共性的問題，對技術的細節不作具體的要求，也不急於糾正個別的錯誤動作，強調正確動作應該怎樣做。

學習的第二階段，為改進提高技術階段。這時學生所掌握的技術動作很不穩定，時好時差，會出現這樣和那樣的錯誤動作。教師要耐心地糾正學生出現的不規範動作，繼續鼓勵學生努力練習，並積極採用啟發式教學，使講解與提問相結合，引導學生運用理論知識分析技術動作，培養學生觀察和分析技術動作的能力，加深學生對技術動作的理解，達到更有效地改進和提高所學技術動作的目的。

學習的第三階段，為熟練鞏固技術階段。這時學生所掌握的技術動作基本上處於規範狀態。教師可以採取技術分組的方法，針對學生不同的情況，提出不同的要求和完善技術的措施。還可以採用評分或比賽的方法，激勵學生不斷熟練和鞏固技術動作，並可以及時提出不足之處和指出努力方向，達到進一步提高技術的目的。

綜上所述，教師要善於按照動作技術形成的規律，在不同的階段，採用不同的教學手段和方法，達到既定的教學目標。

（二）田徑運動教學的特點和課程實施的條件

1.田徑運動教學特點

田徑運動項目的教學與其他運動項目的教學既具有某些共同的規律，也具有自身的特點。就田徑運動項目的教學內容而言，跑的項目、跳躍項目、投擲項目的技術動作結構和用力方式有很大的不同。跑的項目一般為週期性步態結構，其技術特點是閉環式單一性動作的不斷重複，而跳躍項目和投擲項目的主要技術環節，大多為非週期性動作結構，技術動作為開放式，且相對比較複雜。

從體能表現特徵來看，跑的項目主要表現為速度素質（短跑、跨欄跑）、肌肉工作耐力與心肺功能（中長跑），而跳躍項目和投擲項目主要表現為肌肉工作的爆發式用力。然而，無論是跑的項目還是跳躍項目和投擲項目，它們的完整技術動作結構的時序關係和空間關係是相對固定的。因此，田徑運動技術教學所傳授的知識和技術具有程序性和穩定性的特點，這種技術動作結構相對固定的程序性和穩定性，難免使田徑運動技術教學的組織形式和教學方法的多樣性受到影響。

田徑運動技術教學的另一個特點是田徑運動屬於體能主導類項目，它的技術學習與掌握往往受制於身體素質的影響。田徑運動項目各專項技術的教學，大多採用與專項技術動作結構和用力方式相似的專門練習，以獲得專項所需要的專門身體素質。因此，練習的重複次數多、強度大、身體局部負擔重，容易產生生理和心理疲勞，學生練習的積極性和學習興趣不容易保持。

2.田徑課程實施的條件

田徑運動教學的有效進行，課程內容的實施和展開，是師生之間訊息傳遞和回饋調控的過程。因此，對教師和學生都提出了一定的要求，訊息的傳遞必須具備下列條件才可能是有意義的和有效的課程教學活動：

第一，對於教師而言，必須熟知所教運動項目的技術動作結構、技術原理、技術動作要求和要領，以及相關的理論知識。課程內容對於教師應該是已知的，即會表述、能講解、能示範、懂教法。課程內容相關的知識、技術、技能，作為訊息是可輸出的，這樣才能勝任該運動項目技術的教學。如果教師不熟悉該運動項目的技術動作結構、技術原理、技術動作要求和要領，以及相關的理論知識，課程內容對於教師而是未知的，或一知半解的，那麼，想要在教學活動中有效地進行訊息傳遞和回饋調控，則是不可能的。

第二，對於學生而言，所學的課程內容，如技術動作及其相關的理論知識，原先是未知的，不確定的，或知之不多的。但學生對教師輸出的訊息是能夠接受的，即聽得懂的、學得會的。對面臨的學習任務又是有所準備的，即學習的準備（指學生原有的學習能力和身體素質方面的基礎）是良好的，那麼在技術教學過程中，師

生之間的訊息傳遞和回饋調控是可以有效進行的。如果技術動作及其相關的理論知識，對於教師是可輸出的，但對於學生是不可輸入的，那麼教學過程的進行是沒有效果的。如果課程內容對於學生是已知的，完全掌握了的，那麼教學過程的進行應是沒有必要的，也是沒有意義的。

（三）田徑運動教學中知識傳授過程的狀態

田徑運動技術、技能與理論知識的傳授，可採用各種不同的形式。運動技術、技能與理論知識的存在，有不同的形態，如儲存的形態、傳輸的形態和使用的形態等。具體而言，田徑運動的教學大綱、教學進度、教案和教材是運動技術、技能和理論知識的儲存形態，教師的示範和講述是運動技術、技能和理論知識的傳輸形態，而學生進行練習和作業，則是運動技術、技能和理論知識的使用形態。在教學過程中，只有將田徑運動技術、技能和理論知識轉化為學生可接受狀態，師生之間的訊息傳遞和回饋調控才是可行的，教學活動的進行才是有效的。

田徑運動技術、技能和理論知識的訊息載體的形式和傳輸的形式有以下特點：

（1）**傳輸形式的多樣性**。它表現有多種不同的信號形式，如語言的形式（口述、講授、錄音等）；形象形式（手勢、形體等）；文字形式（書面、板書、錄影等）；表演形式（電影、電視、多媒體等）等。

（2）**傳輸形式的組合性**。傳輸中的田徑運動技術、技能和理論知識可分為部分（分解）的形式，也可用整體（完整）的形式。一般先採用分解的形式，經過逐步連接，形成完整的形式。

（3）**傳輸形式的程序性**。田徑運動技術、技能和理論知識的傳輸表現有一定的程序性。在田徑運動教學過程中，如跑、跳躍和投擲項目的教學，一般先跑，後跳躍和投擲；單項技術教學，先從整個技術組成的關鍵部分著手，再逐步延伸到相應的連接部分，然後形成完整技術。發展身體素質，一般先發展速度和靈敏素質，再逐步發展力量素質等。

二、田徑運動教學體系

田徑運動是體育教學的重要課程，其教學過程的組織是一項多環節、多層次、多要素相互影響的複雜的系統工程，必須遵循體育教育、教學的基本規律，建立系統的運行和管理目標。就體育院校的田徑運動教學而言，在長期的田徑運動教學實踐中，總結和形成了田徑運動的教學體系（圖81），田徑教學應掌握這一教學體系中的知識和技能。

教育學的教學原則是人類在漫長的歷史進程中對教學實踐具有普遍意義的經驗總結，是教學過程客觀規律的反映。體育教師應深刻理解和正確貫徹教學原則，這對學生全面系統地掌握田徑運動的基本理論、基本技術和基本技能，不斷提高教學

質量具有重大意義。

在田徑運動教學中遵循與應用的教學原則是自覺積極性原則、直觀性原則、從實際出發原則、循序漸進原則和鞏固提高原則。

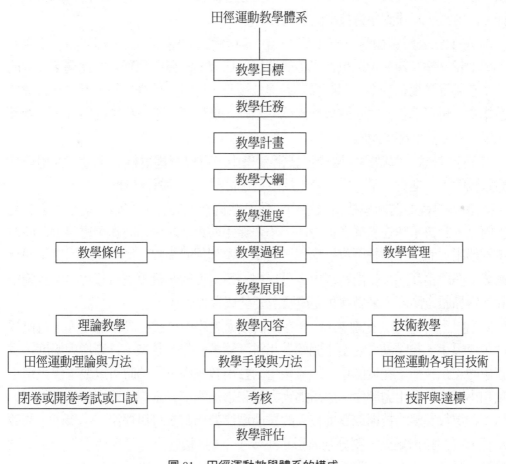

圖 81　田徑運動教學體系的構成

三、田徑運動教學方法

（一）田徑運動技術教學方法

田徑運動技術教學是實踐性及直觀性很強的一項教學活動，學生必須在不斷反覆練習的情況下，才能學會和掌握技術。因此，技術動作講解、示範和練習是教學的基本教學方法。由於田徑運動各項目的完整技術都包括有機、緊密的技術組成部分，因此，為了提高教學效果，在技術教學中又普遍採用分解教學法、完整教學法和程序教學法。近些年來提倡的學導式教學、合作式教學、適應性教學和利用現代技術教學手段進行的多媒體教學等等，對田徑運動技術教學都產生了積極的影響。這裏著重介紹在田徑運動技術教學中，實用性較強的幾種教學方法。

1.「化難為易」教學法

在田徑運動技術教學中，有些項目的技術比較複雜，難度較大；有的項目器械重量較重，學習掌握技術動作不容易，掌握完整的技術更不容易。教師可以採取化解難度的方法，以達到學會技術的目的。

① 在 110 公尺跨欄跑技術教學中，由於跨欄跑的欄間距長、欄架高，初學者不易學習和掌握技術。可以根據學生的情況，採取縮短欄間距離、降低欄架高度的方法；在跳高技術教學中，開始學習過桿技術時，可以放低橫桿的高度；在跳遠技術教學中，可以適當縮短起跳板到沙坑的距離，根據學生掌握技術的情況，逐漸延長距離，直至達到標準距離。

② 在推鉛球、擲鐵餅、擲標槍技術教學中，可以減輕器械的重量，採用重量相對較輕的器械進行教學，根據學生技術掌握情況，逐步將器械標準化。

③ 在撐竿跳高的過桿技術教學中，教師或同伴站在插斗左側（學生為左腳起跳）附近，將撐竿握住斜插在插斗內，學生徒手助跑，起跳同時握牢撐竿，此時教師或同伴用力將撐竿推扶至靠近橫桿，使學生順利越過橫桿，從中體驗用撐竿過桿的感覺；在跳遠和跳高技術教學中，可以用一定斜度的起跳板進行起跳，延長騰空時間或增加騰空高度，來體會和完成騰空姿勢或過桿動作。

④ 從「小」著手「化難求易」。在跳高技術教學中，起跳動作難度大，可以採用助跑步幅小，起跳動作幅度小開始做起跳，隨著動作的熟練，逐漸增大幅度，掌握正確的起跳技術；在投擲項目的最後用力技術教學中，開始時可以要求學生用小力量和小幅度體會用力順序，逐漸加大力量和增加幅度，掌握正確完整的最後用力技術；在進行完整的技術或難度較大的技術環節教學時，可以採用「小步子」的教學步驟，按照技術細節，劃分為若干「小步子」，這樣就降低了每個「小步子」階段的技術難度，然後把它們連接起來，能很快地學會完整的技術動作。

2.「分解拓展求整」教學法

在田徑運動技術教學中，很少採用整個項目的完整教學法。一般都是根據每個項目技術的幾個組成部分，從關鍵技術部分開始教起，再逐步拓展連接其他組成部分，形成完整的技術。這一教學過程可以稱為「分解拓展求整」教學法。在具體的教學過程中，大致有兩種形式：

（1）**「向前拓展法」**。投擲項目技術，都由握持器械、滑步（助跑或旋轉）、最後用力和維持平衡幾個部分組成。最後用力技術是關鍵技術部分，在技術教學中，一般都從最後用力技術教起，逐步向前拓展與滑步（助跑或旋轉）相連接，形成完整的投擲技術。

（2）**「前後拓展法」**。在跳躍項目技術教學中，一般都從起跳技術開始教起，向前拓展與助跑技術，再向後拓展與空中技術或過桿技術相連接；在短跑技術教學

中，先教途中跑技術，向前拓展與起跑技術，再向後拓展與最後衝刺跑技術相連接；在跨欄跑技術教學中，先教過欄技術，向前拓展與起跑過第一欄技術，再向後拓展與欄間跑和最後衝刺跑技術相連接，形成完整的跳躍技術、跑的技術或跨欄跑技術。

3.「假定設想」教學法

在田徑運動技術教學中，這種「假定設想」教學法的運用，能夠提高學生的想像力，有利於培養學生內省的思維方式與構想能力；有利於培養學生主動探索精神及創造能力；有利於培養學生蒐集資料與獲取訊息的能力；有利於培養學生訊息追蹤和訊息處理能力。

具體的做法：

（1）**假定條件**。假定有一位身高 190 公分以上的男生，左、右腿都能做起跨腿跨越過欄，100 公尺途中跑中最大步長為 2.50 公尺。

（2）**假定設置**。假定該男生採用兩步欄間跑技術，跑完 110 公尺跨欄跑全程。

（3）**蒐集資料**。在教師的指導下，學生透過查閱文獻資料得知，110 公尺跨欄跑的欄間距為 9.14 公尺，起跨距為 2.10～2.20 公尺，下欄點距離為 1.40 公尺，與起跨距的比例為 2：3。

（4）**整理數據**。如果欄間跑用兩步，每步用多長為宜？按 2：3 的比例計算，若下欄點距離增加 30 公分，即 1.40 公尺＋0.30 公尺＝1.70 公尺，那麼起跨距相應增加 45 公分，即（2.10 公尺＋0.45 公尺）～（2.20 公尺＋0.45 公尺），應為 2.55～2.65 公尺。這樣，欄間兩步的距離還剩下 4.79～4.89 公尺，兩步的每步平均步長約 2.40～2.45 公尺。

（5）**分析求證**。該男生，100 公尺途中跑中最大步長為 2.50 公尺，欄間跑兩步的每步平均步長為 2.40～2.45 公尺，該男生能用左、右腿起跨過欄，從計算來看，這個假定設想是可能試行的。

在這個教學活動中，教師起到主導作用，學生發揮積極的主體作用，教與學充分互動，對鍛鍊學生思維能力有著很大的促進作用。在現代教學手段十分豐富多樣的情況下，對開拓這個教學方法，將提供更大的可能性。

（二）田徑運動理論教學方法

田徑運動理論教學，是指在課堂進行的以田徑運動理論講授為主要內容的教學課。現著重介紹兩種教學方法：

1.講授教學法

講授教學法是指教師透過語言向學生傳遞知識和訊息的方法，它包括講讀法、講解法和講演法。講授法是其他教學法的基礎，也是各類學科在理論教學中普遍採

用的一種教學方法。講授教學法由輸出系統和輸入系統構成。

（1）**講授教學法的輸出系統**。教師透過講授教學法把田徑運動理論知識訊息傳送給學生，叫做訊息輸出。

這個工作過程有以下內容：

① 訊息變換。需要把田徑運動理論知識，即講授的教材內容，變成可以輸出的形態，也是學生可以接受的形態。訊息變換可以透過備課寫教案來實現，但必須具備下列條件：

• 把握學生知識掌握情況，如學生已經知道什麼、還不知道什麼、應教給學生什麼等等。

• 能夠確定適當的傳輸形式，並善於將各種傳輸形式，如語言輸出、板書、圖表、錄影、多媒體等進行綜合應用。

• 制定傳輸狀態序列，即傳輸程序，如講授中長跑教學理論、確定先教什麼、採用怎樣的手段和練習方式、應用哪些基本方法和專門練習、重複多少次數等等。

② 訊息發送。在講授過程中，教師輸出的訊息與學生輸入的訊息是一致的，即教師的語言表達、教學手段和方法的運用，學生是可接受的；教師準備的田徑運動理論知識講授的內容，學生也是可接受的。這樣訊息的發送才能達到教學效果。

③ 輸出工具。教師除了具有生動的語言表達能力外，還必須充分運用現代科學技術的教學手段，特別是運用多媒體這個更新的輸出途徑。

④ 輸出干擾。教師本身的干擾是主要的輸出干擾。教師對田徑運動理論知識不精通、對應該運用的相關學科的基礎理論知識不熟悉、教材內容的組織邏輯性不強、語言表達能力較差等等，都會造成輸出干擾，當然會影響教學效果。

（2）**講授教學法的輸入系統**。接受輸出系統發來的訊息，叫做輸入系統，其主要對象是學生。在講授教學法的接受過程中，學生接受有效輸入的條件應該是：

• 學生具有理解田徑運動理論知識的相關基礎知識，並已達到可以使用的程度。

• 學生與教師具有互相交流訊息的基礎，如語言相通。

• 學生的感覺器官是正常的。在教師訊息輸出時，學生處於輸入的心理狀態，他的意識活動與教師的輸出是同題、同步的。

田徑運動講授教學法中，輸入系統訊息的變換，與輸出系統訊息的變換是類似的，但過程是相反的。在這個過程中，學生需要用自己已知的知識去理解（說明）未知的知識，對知識進行還原，對知識進行運用。

從田徑運動教學法的輸出到輸入過程中，傳輸是正常進行和順利完成的，即為輸通。在這個過程中，會不可避免地或不同程度地受到各種因素的干擾，為保證這個系統的存在和順利進行，必須設法排除這些因素的干擾，不僅要排除教師和學生自身因素的干擾，還要努力排除其他方面的各種隨機因素的干擾。只有這樣，才能保證講授教學法的教學效果。

田徑運動 高級教程

2.調控教學法

在教學過程中，透過及時回饋來調節或控制學生對學習的自我強化和教師對教學的強化作用，叫做調控教學法。調控教學法具有以下特點：

（1）**調控教學法的既定性。**田徑運動理論（包括技術）教學，是根據既定的教學大綱、教學目標和要求進行的，這是決定調控教學法的出發點和根據。透過回饋，發現教學過程的偏差，必須按照教學大綱、教學目標和要求，及時採取應對的教學措施進行調整，使教學過程回到正常狀態。

（2）**調控教學法的隨機性。**調控教學法的隨機性體現在教師、學生和外界條件的隨機狀態：

教師的隨機狀態是指教師對田徑運動理論知識輸出的準備狀態及輸出時的現時狀況。如果與現時狀態，即學生的輸入狀態不協調，教師必須採取必要的教學措施，調控這種不協調狀態，使教學過程恢復正常。

學生的隨機狀態是指學生的輸入狀態，如心理狀態、前知識狀態、智力狀態等，不能與教師的輸出狀態正常同題和同步，教師也必須採取必要的教學措施，調控這種不同題和不同步狀態。

外界條件的隨機狀態是指外環境因素的干擾，如學生的紀律、教學設施的狀況、教室座位的佈置、陽光和燈光條件等，都會使教師不得已調整教學方案。

（3）**調控教學法回饋的及時性。**調控教學法只有在教師的訊息輸出，獲得學生訊息輸入的實際回饋，即教師知道學生是否已經掌握理論知識，還存在什麼問題，才能使調控教學法正常進行。

教學的回饋必須及時，不然起不到調控作用。因此，教師要按教學過程進展的需要，採取適當的方式，及時獲得學生的回饋訊息。

調控教學法可以做到及時回饋、及時補缺、及時糾錯、及時解釋、及時講評和自我評定，學生可以及時改進「學」法，教師可以及時改進「教」法，實現學生和教師的同時強化。

四、田徑運動的教學藝術

田徑運動教學，既具科學性，又具藝術性。隨著社會的發展和進步，對教學思想的研究也在不斷地擴大和深化。現代教學思想的發展更加重視教學對促進人的發展的研究。傳統的教學研究，關注教學的實際問題，重在教學實踐經驗的總結。現代教學的研究，則著眼於現代社會及其發展對提高人的素質發展的要求。

教學對象是人，人是一切生物之中最複雜和最神祕的。人的活動不僅涉及理性因素，還涉及有關價值方面的許多非理性因素。現代教學思想，強調在教學過程中積極努力地開發教學民主、學生的主體作用和積極自覺的能動，以及情感、興趣、

需要、價值等非理性因素的功能和作用。而這些功能和作用的開發，在很大程度上需要依賴於一定的教學藝術。

（一）教學的科學性與藝術性

教學的科學性與藝術性是教學過程中有密切聯繫的兩個方面，但科學性不能替代藝術性，藝術性也不能替代科學性。

教學的科學性體現在教學過程中遵循自身的客觀規律，在於揭示和認識事物和現象的本質和規律，表現的是教學過程中普遍的和必然的共性。教學的藝術性體現在教學過程中怎樣去「教」、如何去「學」，在於教學組織和實施的藝術加工，表現的是教學過程中獨特的、具體的、明顯的從實際出發和因人而異的個性。

教學的藝術性要符合教學的基本規律，教學目標、教學內容、教學手段與方法為教學藝術性的創造提供了科學基礎，同時也形成了行為制約。也就是說，教學的藝術性不能脫離教學的科學性。然而，在教學過程中，沒有教學的藝術性，教學的科學性將失去光彩及實踐的活力。

（二）教學藝術的基本特徵

在教學過程中教學藝術具有以下的基本特徵：

1.形象性

在田徑運動教學中，教學的藝術性體現有形象性的特徵。教學的科學性體現在遵循教學自身的基本規律，運用嚴密的邏輯性和程序性來達到教學目的；而教學的藝術性則體現在運用豐富、多彩、靈活、鮮明的形象表現手段和方法，給予學生生動可聽的、清晰可視的、形象感受的直觀感覺。

在田徑運動技術教學中，教學藝術的形象性可以表現在深入淺出地運用運動人體科學的基礎理論知識，生動形象地去表述、講解和分析田徑運動技術和技能，去解釋田徑運動技術原理；給予學生規範正確、精巧熟練、輕鬆自如、瀟灑漂亮的技術動作示範，以極其美的技術動作表演，明亮學生的視覺感受，結合講解和分析技術動作的要領和要求，如適時地介紹奧運會金牌獲得者、男子 110 公尺跨欄跑世界紀錄創造者、中國著名的優秀運動員劉翔的刻苦訓練、拚搏比賽、為國爭光的精彩故事，將會激勵學生的學習積極性和自覺性。

2.情感性

教學的科學性在於運用理性，以理服人；而教學的藝術性則在於運用情感，以情感人，以情動人。

在田徑運動技術教學中，教師邊講、邊做，手把手地指導學生練習技術動作，學生在教師的引領下，邊聽、邊看、邊學、邊練，一次又一次地反覆練習所教的技

術動作，教師與學生處在動態的交融之中，教師的「教」和學生的「學」互相激盪，師生之間不斷產生情感的共鳴，形成良好的情感氣氛或情境。一堂教學效果好的田徑運動技術教學課，往往可以看到學生練習中出了許多汗，教師也同樣付出了相應的汗水，甚至更多一些。一般來說，運動技術課的教師，相比基礎理論課的教師，與學生的感情要深厚得多，並且學生的運動技術掌握得越好，特別是成為優秀運動員的學生，這種師生的感情，將會更加深厚。

心理學和相關研究的成果表明，在教學過程中，情感因素有強化動機的作用，感情豐富、多彩的教學藝術，師生之間和諧、信任、相互尊重的情感氣氛，能夠激發學生的自覺和能動，有利於開發學生的思維活動潛力，激活學生創造的積極性。

3.獨創性

教學藝術具有明顯的獨創性特徵。教學藝術的活力，在於教師的不斷創造。在創造中，不斷積累教學經驗，逐漸形成獨具特色的教學藝術風格。

在田徑運動技術教學中，為了掌握短跑途中跑技術，教師可以根據學生的具體情況，採用不同的教學步驟，選擇不同的教學手段和方法，進行更加合理有效的組織措施，來達到同樣的教學目的。這就依賴於教師教學藝術水準的個性發揮。如果教師的備課千遍一律地照抄照搬教材，教學方案的制定缺乏針對性，不顧教學對象的具體情況，那麼，所得到的教學效果，將是可想而知的了。

「教學有法，教無定法」，是說教學過程具有自身的基本規律，因此教學是有法可依，有章可循的。但在具體的教學實施過程中，不能機械地盲目套用。面對複雜、神祕的人，教師要靈活、機動、多彩地進行教學藝術的創造。實際上，在教學過程的各個環節中，都存在著教學藝術創造的廣闊空間。

教學藝術可以形成獨特的風格，這種獨特風格，具體表現在教學過程設計、教學訊息與教學資源運用、教學手段與方法選擇、教學技能表現、教學語言表達，以及教學風度和教學氣質的獨創性。教學藝術風格的形成，也是教師在長期的教學實踐過程中，不斷地創造、積累和總結的結果。

第三節・田徑教研室建設

體育院校的建設與發展，主要是教學訓練與科學研究工作的進展、提高過程，其中教研室的建設至關重要，它對提高辦學水準是第一位的，是辦好體育院校的重要因素。

田徑教研室是體育院校根據田徑課程設置的教學實踐與研究組織。其基本任務，是領導和組織教學工作、訓練工作、科學研究工作，開展學術活動、教師進修和研究生培養以及所屬資料室建設和管理工作等。

「田徑是基礎」，田徑課是主幹課程，或稱核心課程。體育院校的教學計畫中，田徑課時在眾多術科課程中為最多。一般情況下，體育院校的田徑教師最多，田徑教研室最大。田徑教師教得好，學生學得好，身體素質發展水準較高，跑跳投的能力強，則學生學習其他術科項目也較順利、容易。

田徑教研室的建設與發展，對體育院校的建設與發展也有較大的影響。所以，體育院校都很重視田徑教研室的建設工作。

一、中國體育院校田徑教研室建設與發展的概況

新中國成立初期，國民經濟建設迅速恢復與發展，體育教育事業也隨之迅速發展，1952—1954 年國家體委在六大行政區相繼成立了六所直屬體育學院，這些體育學院開始都設置了田徑以及球類、體操等術科教研室（有的稱組），還有解剖、生理教研室等。中央體育學院田徑教研室（1954—1956）建設初期就具有一定規模和水準。有教師 24 名，其中副教授 1 名（留美歸來），講師 3 名，助教 20 名（包括 1 名專職資料室管理員）。他們都是體育本科、專科畢業的，田徑運動技術水準和理論水準大多可稱國內一流，在專項上都有一技之長，有的講師和多數助教經常參加北京市和國內大型田徑運動會的比賽或裁判工作。田徑教研室下設跑、跳、投三個技術教研組，設有包括電化教育設備、沖洗和印放圖像、放映電影的暗室以及技術教學掛圖等教具，寬敞的田徑資料室，對田徑工作者、專修生、田徑研究生很有吸引力，使很多教師、研究生受益。在田徑資料室裏能看到徐寶臣講師編著的《跨欄》、國家田徑隊教練李榮國編著的《三級跳遠》等（均為 1956 年人民體育出版社出版），這在學院圖書館是找不著看不見的。

中央體育學院 24 位田徑教師擔負著大量新的田徑教學訓練和科研任務，他們，特別是主任、副主任、資料管理員也是中國體院田徑教研室建設的開拓者。為田徑教研室建設樹立了良好的榜樣。緊接著（有的同時），其他五所直屬體育學院相繼設置了田徑教研室，雖然條件與水準有所差異，但基本的組織形式和情況雷同。中國體育學院田徑教研室建設，有助於發揮集體力量。

西方國家體育院校田徑教授一般不是集中在一個田徑教研室，或是不單設田徑教研室，而是分散在某個技術研究室或某個教學研究室，他們既教授體育理論課，也教田徑課。

為迎接和召開 1959 年第 1 屆全國運動會，各體育學院都承擔了很多訓練任務，田徑教師、教練員以及場地設施都增加很多、很快。六所直屬體育學院都相繼成立了田徑系，還對教師職稱進行了確認。主要是確認一大批助教、教師為講師，並稱他們為高級知識分子，他們是各體育學院教師隊伍中的骨幹。而少數僅有的教授、副教授大多是舊中國留下的。

第 1 屆全國運動會勝利閉幕後，1959 年冬季在武漢召開全國田徑訓練工作會

議，田徑教練介紹訓練經驗，掀起「槓鈴掛帥」之風，好似有多大力量就有多高成績。

此後，國家處於三年困難時期，招生銳減，教師精簡下放，師生大幅減員。

此時，各體院田徑教研室又學習部隊大比武中的郭興福教學法，進行田徑教學改革，貫徹「從難從嚴，從實戰出發，大運動量訓練」。1966 年 5 月 10 日在成都體育學院召開全國六所直屬體院田徑教學改革經驗交流會。六所體院院長及很多優秀田徑教與會。會議推出田徑教學改革經驗中，由一位舉重教師為男生上了兩節田徑公開示範課，他堅決地貫徹了「從難、從嚴、從實戰出發、大運動量」。課的任務是：第一，快跑 40 次 60 公尺；第二，跳過 40 次橫桿（約為 1 公尺高）；第三，推 40 次鉛球（5 公斤）。下課時，立即去廁所取尿樣，非常清楚的是每瓶都是血尿，運動醫學教師卻說「運動量合適」。很多田徑教師不能接受這種教學改革。在田徑教研室建設發展過程中，教學改革過程中也受所謂「槓鈴掛帥」和「大運動量」的不良影響。交流會即將結束之際，「文革」前奏之風吹了進來，此會不歡而散。

中國體育學院田徑教研室建設之初的十餘年裏，其組織形式還是比較適合教學訓練工作的。教師之間幾乎沒有職稱區別，科研、學術活動是個體行為，沒有較大規模、有組織的科研與學術活動。1957 年反右鬥爭後，很少開展學術研究，學術思想受束縛，更不活躍。田徑教研室的建設發展是落後或停滯的。

「文革」十年中的田徑教研室，大都分裂成對立爭鬥的「戰鬥隊」，教研室不存在了，教研室主任被取消，教研室遭到嚴重破壞。

改革開放的 1978 年以後，體育教育工作相繼得到撥亂反正。透過考試招生，體院的大專、本科和研究生教育、成人函授教育都開展起來。1981 年 1 月 1 日實施《中華人民共和國學位條例》，重視了教師和學術研究工作，逐步開展評定教師的職稱工作。此時，體院在校生有所增加，教師增加很多。教職員與學生之比幾乎是 1：2.3 或 1：2.5；師生比幾乎是 1：4，田徑教師的課時很少。1986 年期間，中國 15 所體育學院共約有田徑教師 524 名。其中北京體院 75 名，西安體院 57 名，武漢體院 55 名，上海體院 53 名，瀋陽體院 50 名，成都體院 35 名。隨著國家離、退休制度的實施，田徑教研室教師職稱的評定，教研室工作的需要與調整，田徑教師逐漸減少，師生之比逐漸趨於合理。

改革開放以來的這 30 多年，是中國體育教育事業逐步走向正確軌道，與國際接軌，融入世界教育事業大家庭的一個重要時期。隨著中國體育教育事業穩定、健康地發展，教學改革的深入，國家體委直屬體育學院開展了重點學科的評定工作。實際上就是對教研室建設工作的評定，對教師隊伍與水準的評定。有的省、市教委也對其他體院進行重點學科建設單位的評定。它頗大地促進了田徑教研室的建設與發展。最初，北京體院和西安體院田徑教研室被評為部委的重點學科，每年獎勵性資助數千元，這兩所體院田徑學科也最早獲有碩士學位授予權。

西安體院田徑教研室建設取得顯著成績的主要特點之一就是選定了較好的教研

室主任和幾位學術帶頭人。

隨之，上海、武漢、成都、瀋陽體院等田徑教研室建設也快速發展，相繼建成重點學科和取得碩士學位授予權。

北京體育師範學院（現首都體院）、廣州體育學院田徑教研室在 1995—1996 年分別被評為北京市教委和廣東省教委「重點學科建設單位」，他們獲得較多的資助。有些體院還在院內評定院屬重點學科，並為它創造軟、硬件建設條件。國家體委改為國家體育總局後，除北京體育大學外，其他體院均屬省、市教育、體育局部門領導，原重點學科評定工作停止了。

田徑教研室作為重點學科的評定和檢查工作，對田徑教研室的建設發展發揮了積極的指導和促進作用。田徑教師在競爭中進步和提高。田徑教研室也在競爭中建設和發展。

二、體育院校田徑教研室建設近況

20 世紀末，21 世紀初的大約十個年頭，有的部門和專家學者對體育教學進行所謂課改，嚴重削弱田徑課程，使很多田徑教師有失落感。一些田徑場地空空蕩蕩，甚至作為他用。田徑教研室的建設發展也深受影響。新華社 2007 年 5 月 24 日全文發表中共中央、國務院《關於加強青少年體育，增強青少年體質的意見》，並要求在五年時間內對青少年的力量、速度、耐力等身體素質有所改善。體育學院田徑教學和教研室建設也逐漸改善。

2010 年，中國六所原直屬體育院校田徑教研室的建設與發展已初步走向正軌與規范，基本具有現代化田徑教學訓練和科研工作的條件和能力（表 136）。

表 136　中國六所原直屬體育院校田徑教研室 2010 年基本情況調查表

| 體育院校編號 | 在校生人數 | 田徑教師人數 | 教授 | | 副教授 | | 講師 | | 助教 | | 博士 | 碩士 | 本科 | 大專 | 學術帶頭人 | 自編教材 | 田徑資料室 | 塑膠田徑場 | 田徑館 | 練習場地 |
			人數	外語交流人數	人數	外語交流人數	人數	外語交流人數	人數	外語交流人數										
1	10000	29（不含競校）	9	7	13	5	3	-	4	1	8	10	6	5	-	田徑	有	3	2	1
2	5000	25（不含競校）	2	6	12	5	6	1	-	-	8	9	8	-	1	田徑	有	2	1	1
3	7260	35	9	4	21	5	2	2	3	3	4	11	10	-	1	田徑	有	1	2	2
4	8000	40	10	4	17	7	10	2	-	-	6	11	20	3	3	田徑	-	2	1	1
5	10000	26（不含競校）	2	-	15	-	5	-	2	-	1	12	13	-	1	田徑	有	3	1	2
6	8000	25	3	-	10	-	9	-	3	-	3	13	-	-	-		有	2	-	2

三、田徑教研室建設

（一）教研室主任的遴選是關鍵

教研室主任應具備的基本品質和條件：

第一，堅定的政治方向和嚴謹的治學精神，熱愛國家，熱愛田徑教育事業，事業心強，在事業上有遠大理想和奮鬥目標。

第二，積極參加田徑運動競賽活動，曾取得一定的或較高的運動成績；在田徑教學、訓練和科研工作中具有自己的學術見解和觀點，有一定教學訓練和科研實力，取得過科研成果，獲得過較高等級的獎勵等。

第三，尊老愛幼，關心田徑教研室教師的生活、學習、工作、進步與發展。善於團結合作，有良好的人際關係，有一定的凝聚力。能樂與全體教師一起精心營造田徑教研室這個大家庭。

第四，敢於堅持真理，勇於修正錯誤，總是奮發向前。

第五，應是優秀的教授或副教授、學術帶頭人。

（二）制定與實施好日常工作計畫

按系或教務部門的教學計畫（或培養方案）制定田徑教學大綱，安排各學制、各系、各年級的田徑教學訓練及科研等工作計畫，嚴格、協調、有序、穩定地進行田徑教學訓練等工作（不可隨意、頻繁調課），使每位教師都能認真地學習、瞭解、通曉和執行教學計畫、田徑教學大綱、教學進度、所任課程以及其他各項任務。

（三）加強師資隊伍建設

第一，重視選定學術帶頭人和對他的培養工作，充分發揮其作用。

學術帶頭人，顧名思義就是他在某一學術領域裏能起帶頭作用，帶領別人或幾個人，或部分人，或一個課題研究組進行學術研究工作。他不只是個人埋頭奮鬥，而應具有帶頭發揮團隊作用的素質和能力。

學術帶頭人首先主要是個人的努力奮鬥，在專業或專項領域的學術研究中自然湧現出來的，是在眾學者中冒出的尖子，然後才可能被認定。學術帶頭人不是行政命令的產物，也不是自命的，而是實踐證明的，眾望所歸的。

學術帶頭人應當是教研室主任或副主任，也可能是院長，是系主任。當然，這樣的領導兼做學術帶頭人是強有力的學術帶頭人，有利於該學術研究工作。但是，掛名的學術帶頭人不值得提倡。有的學術帶頭人沒有什麼行政職務，而是「普通一兵」，那也好，更能專心致力地做好學術帶頭人。

無論如何，學術帶頭人必是在田徑教學訓練、科研等方面學術水準較高的教授、副教授或講師，必是品德優秀、助人為樂、學風良好、作風正派，能團結志同

道合、有鮮明學術觀點的教師，能起帶頭作用的田徑專家學者，他事業心強，在田徑教研室的建設發展過程中能發揮積極的核心作用。

學術帶頭人也需得到領導和同事們的支持和幫助。系主任、教研室主任應為學術帶頭人創造條件，讓他有機會參加更高層次的學術活動以得到學習和深造。在學術研究中，學術帶頭人和其他成員要充分發揮學術民主，將學術批評與自我批評形成一種求知的良好風氣和氛圍，養成高尚的嚴謹的學者氣質。

田徑教研室有教師認同的一位、二位或三位學術帶頭人，教研室的學風就好，教師們的學術研究和教研室建設發展進步就快。否則，沒有學術尖子，沒有學術帶頭人，「都差不多」「誰也不服誰」，教研室的學風、建設、發展、進步就受影響，教授再多也難以發揮整體力量。

第二，體育學院田徑教研室建設與發展中，教師各職稱的結構、人數應以堅持實施教授、副教授、講師、助教 1：3：4：2 或 1：2：4：3 的比例為目標，或者更為科學的教師結構。

教師職稱比例適當，有助於保證各層次教師的品質、職責、能力。有助於建成互相學習、和諧、競爭、團結、富有活力的教研室。

第三，現代化的田徑教研室，一般應由具有博士、碩士學位比例的教師組成。這應是體育院校田徑教研室建設發展的目標與方向。

（四）開展學術活動，強化師資培訓

1.田徑教研室的教授、副教授、講師都應有明確的研究方向

田徑教師的研究方向是指田徑教師對田徑運動某一領域、某一課題、某一問題或者某一運動項目，有目的地進行多年，甚至一生的研究工作，力圖取得重要成果。

奧運會田徑比賽設有 47 個項目，此外，還有很多世界性比賽項目，與它相關的理論知識、科研儀器、場地、裁判工作及設備等頗多。很多田徑教師都曾有過較高的田徑運動成績，在田徑運動中都有自己的愛好、興趣和專長，透過一定的業務實踐，容易找到各自的研究方向，加之教研室主任或學術帶頭人的幫助和引導即可確定各自的研究方向。這很有助於發揮、培養教師的個人興趣和專長，堅持實施各自研究方向也有助於造就優秀的田徑專家學者。

如，有的教師研究方向可能是田徑教學理論研究、田徑教學法研究、田徑訓練理論研究、田徑訓練法研究、田徑裁判工作研究、競走技術裁判工作研究、田徑場館建設研究、田徑教材建設研究、田徑教研室（組）建設研究、田徑資料室建設研究、田徑代表隊的管理與訓練研究、田徑運動員的技術水準與心理機能研究、田徑運動技術的生物力學研究以及田徑運動史的研究等等，研究的課題可大可小，研究方向所需時間可長可短。當然，多年，甚至一生的研究方向，是需有明確的階段性

任務和目標的。

教研室主任、學術帶頭人在瞭解、掌握各位教師的研究方向後，就要有針對性地，有側重地安排教師參加學術活動和相關進修提高和會議等。這樣因人制宜（因研究方向制宜）區別對待的教師培養，有助於教研室「百花齊放」，培養教學名師、培養國家級教練員、國際級裁判員、田徑運動心理學專家、田徑生物力學專家、田徑教材編著專家、田徑理論專家、田徑史研究專家學者等。

體育學院田徑教研室，特別是歷史悠久的體育院校較大的田徑教研室應是田徑專家、學者的搖籃，也應是造就體育教育家的搖籃。

2.經常有計畫地積極開展學術講座活動

教研室是教學訓練的教育與學術性組織，不是行政職能部門。教研室、教師需要在教學和學術交流與研究過程中發展和提高自己。從來沒有或很少參加學術活動的教師不能是教學質量較高的教師。

田徑教研室應在各年度工作計畫中包括要求教授、副教授、講師、助教等提供1～2篇學術報告、講座、讀書報告或國外田徑運動有關問題的介紹等內容（這也是使用、鞏固、提高外語水準的措施之一），有計畫地按時舉行學術講座。

學術講座要形成制度，形成風氣，為教師，特別是青年教師開闢有展示自己才華的平台，也是為了開展學術交流、知識競賽。

堅持經常有計畫地開展學術講座活動不是易事。首先是教研室主任、副主任要下決心，和學術帶頭人一起帶頭參與學術講座，並向教師做有關的工作，全體教師或多數教師認定和積極努力耕耘和參與才能搞好。堅持這一活動，對提高教師學術水準和教研室的建設水準，以及共同求知進步具有重要意義。

3.田徑教師要理論與實踐相結合，要全面發展

田徑教師需要能夠教授兩門以上課程。即一門田徑技術課程與一門學科課程（如兼教體育理論或運動心理學等等）。在田徑課的跑、跳、投教學中，不應永久性地固定只教跑類項目或跳類項目或投擲類項目，一定時期也要輪流，不能單一，要成為多面手。這樣的要求與安排任教課程，有助於提高教師的能力與水準，有助於提高科學研究和教學品質，有助於提高學科、術科教材建設水準。

4.田徑教師都應該做到精煉的講解和精湛的示範

田徑教師主要是教授學生田徑各項運動技術的，應有一技專長，這樣才能教好學生的運動技術。教授學生田徑運動技術必須有講解和示範，而且應具有精煉的講解和精湛的示範能力，包括完整運動技術及其專門練習的示範能力。

為了田徑教師身體健康，為了保證田徑教學訓練課的質量，應對體育院校田徑教師每年定期做一次身體全面檢查，進行一次 12 分鐘跑的體力測試以及田徑基本

技術示範動作的評定。從國體育院校田徑教師實際情況出發，參考有關資料，自定教師體力測試評價表，堅決實施，目的是確保教師經常鍛鍊身體，保持技能（可參考表 137）。

表 137　12 分鐘跑的體力及格表（跑的距離：公尺）

不滿 30 歲		30～39 歲		40～49 歲		50 歲以上	
男	女	男	女	男	女	男	女
2800	2600	2600	2400	2500	2300	2400	2200

四、加強田徑資料室的建設與管理

田徑資料室建設與發展及管理水準，是反映教學訓練和科研管理水準的重要標誌之一。

資料室建設發展的時間越久越有價值。資料室主要是收集、保存、積累應有的教學訓練文件、工作計畫、總結和教研室教師的論文、教材、著作等。這是難得的無形資產，也有助於解決日常教學訓練工作的需要。沒有資料就難有學術觀點，沒有必須的資料就沒有科學研究工作。

資料室建設必有一位專心致力、勤奮好學的資料員，他（她）不恥下問，好學，求知慾強，積極收集、索取新的和老的有價值的資料。本教研室教師的論文、教材、專著等是資料室實力的標誌，是資料室生命力的象徵。

當然，田徑教研室的資料室也要加強現代化教學技術、手段方面的建設，諸如電腦、數位攝影機、數位投影儀、電視機以及為多媒體課件製作提供方便和條件。

田徑資料室應經常向教師和專修田徑的學生、研究生等介紹最新訊息和有價值的資料，大力提高資料室的使用效率。

第二十章

田徑運動訓練

姚輝洲　袁作生　文超

第一節・田徑運動訓練理論與方法的發展概況

一、世界田徑運動訓練理論與方法的發展概況

（一）自然發展的訓練階段：1896 年前後

1896 年第 1 屆現代奧運會前後，由於社會對體育競賽的需求，由於競賽的經濟社會效益，以及對項目內在規律的認識，對田徑運動訓練處於模糊認識狀況。此時的田徑訓練基本上是一種自然訓練狀況，即練習可以產生效果，多練可以提高成績。

（二）新技術新方法訓練階段：20 世紀 20—30 年代

近代經濟社會的發展促使體育運動和競賽快速地發展，現代奧運會的舉辦直接地加速了人們對田徑運動技術的研究。如同大多數項目一樣，現代田徑運動開始時人們注意力更多地是注重對完成田徑動作方法上的改進，特別是技術性較強的項目，其中的事例不勝枚舉，如跳高開始時是採用跨越式過桿技術，很快相繼採用剪式、滾式、俯臥式過桿技術，從而推進了跳高成績的提升。

隨著田徑競賽的經濟社會效益重要性凸顯，為了在奧運會取得優異的運動成績，運動員和教練員開始總結訓練實踐經驗，開始注意探索訓練客觀規律。20 世紀 20 年代後期，教練員開始採用與自己從事的項目只有間接作用的訓練內容，如短跑運動員參加長跑來增強耐力。這種對運動員競技能力起到間接作用的方法被稱為「輔助訓練法」，繼而演進為 30 年代按奧運會週期安排耐力、速度、力量和靈敏等身體素質訓練的「螺旋訓練模式」。

20 世紀 30 年代，拉烏里・皮卡爾在《田徑手冊》中論述了訓練負荷和休息問題。這可認為是間歇訓練法的濫觴。後來，德國人凱什莫列爾在此理論基礎上，創

造了「間歇訓練法」。這種訓練法把整個訓練過程分為若干階段，各段作業之間嚴格按照規定的作息時間進行，這種方法對提高速度和速度耐力、增強呼吸和心血管系統的機能有明顯效果。他後來培養出 1500 公尺跑世界冠軍巴捷爾。

（三）大運動量訓練階段：20 世紀 40—50 年代

20 世紀 40 年代，特別是第二次世界大戰後和平時期經濟社會的發展、科學技術的發展和冷戰局面形成，客觀上促進了競技體育的發展。此時期相繼發明了幾種至今仍然重要且廣泛使用的訓練方法。

第二次世界大戰以前，芬蘭人具有中長跑的絕對優勢，芬蘭教練努公尺爾採用的「皮卡拉訓練法」是一種階梯訓練形式的間歇訓練法，後來，使「間歇訓練法」得以廣泛地運用的是捷克斯洛伐克著名運動員埃米爾・扎托倍克。

1939 年，17 歲的扎托倍克開始進行長跑訓練，由於傳統的訓練方法對於他而言成績提高很慢，於是他採用了間歇訓練法，每天的訓練計畫是：先跑 5 個 200 公尺，再跑 25 個 400 公尺，最後再跑 5 個 200 公尺。他的訓練把間歇訓練與大運動量訓練結合起來，這種訓練無異於異端，很多人擔心這樣下去他身體會吃不消，但他堅持走自己的路。經過長期的苦練，他的成績有了巨大的突破。

1948 年，他 26 歲時首次參加奧運會，在 10000 公尺跑比賽中，他一路搖搖領先，並打破奧運會紀錄，成績為 29 分 59 秒，成為第一個突破 30 分鐘大關的運動員。隨後他在一系列世界大賽中 19 次打破了 5000 公尺、10000 公尺和馬拉松跑的世界紀錄，並取得 1952 年芬蘭的赫爾辛基第 15 屆奧運會 5000 公尺、10000 公尺和馬拉松跑三項冠軍。

從 50 年代初起，不僅各國長跑運動員，其他體能類項目的運動員也開始採用扎托倍克的訓練方法，並取得明顯的效果。即使今天，大運動量訓練方法仍是獲得優異成績的基本方法之一。

20 世紀 40 年代，瑞典著名教練員古斯塔・霍邁爾創造了法特萊克訓練法（瑞典文意為速度遊戲），並培養出 1500 公尺、1 英里、2 英里、5000 公尺跑世界紀錄創造者戈・赫克。50 年代以後，紐西蘭、澳洲和德國等一批世界一流優秀長跑選手也都採用了這一訓練方法。

這一時期，德國繆勒爾和赫廷格爾研究出了肌肉力量練習法，為運動訓練提供了有效的輔助練習形式。後來，鮑勃・霍夫曼提出了等長性練習，進一步發展了肌肉對抗練習的理論。

高原訓練起始於 20 世紀 50 年代，當時蘇聯研究人員提出，人在高原環境對缺氧可以產生適應，而這種適應有利於使人體呼吸和心血管功能得到增強，對提高有氧代謝能力，促進耐力項目成績的提高有良好效果。為此，蘇聯在高加索建立了一個高原訓練基地（1800 公尺），讓參加 1956 年墨爾本奧運會的中長跑運動員進行了 20 天的高原訓練，取得了較好的效果。

1957 年，英國摩根和阿姆遜設計出很有實用價值的循環訓練法，有效地激發了運動員的興趣，增大了練習負荷和密度，提高了機體的能力。

在變速跑的基礎上，德國學者賴因德爾和著名教練員波·格斯勒創造了「間歇訓練法」，使運動員在間歇期間肌肉得到恢復，而心率保持在較高活動狀態，對增強心臟功能效果異常明顯，從而提高了競技能力水準。

（四）強化科學化訓練階段：20 世紀 60 年代至今

20 世紀 60 年代，世界範圍的社會背景是：許多國家經濟社會快速發展，冷戰時期意識形態和社會制度的抗衡，科學技術的飛躍發展，體育休閒娛樂在西方發達國家廣泛興起。在這種社會背景下，國際競賽活動日益頻繁，田徑運動水準不斷提高。人們更加認識到廣泛地運用現代科學技術研究成果指導田徑運動訓練，才能獲得理想訓練效果，在大賽中取得勝利。

這一時期，特別是由於運動生理學、運動生物力學、運動醫學和運動心理學等學科的發展，人們揭示了運動員有機體在運動訓練和比賽中表現出的各種奧秘，對運動員訓練的客觀規律認識更加深刻，在田徑訓練中透過加大運動負荷取得訓練效益和提高成績也更加顯著，人們還紛紛向新理論、新思想、新的科學技術、新的場地器材、新的方法和手段探求提高田徑運動成績的途徑；還從系統論、控制論和訊息論等在體育科學領域中的應用方面，加強田徑運動的科學化訓練。

1960 年，埃塞俄比亞運動員阿貝貝在首都亞的斯亞貝巴（海拔 2500 公尺）訓練後，參加了羅馬奧運會，以 2 小時 15 分 16.2 秒的驚人成績打破了保持 8 年之久的世界最好馬拉松成績，取得了冠軍。從此，人們開始認真研究高原環境對人的生理及運動成績的影響。1968 年在墨西哥城舉行的第 19 屆奧運會上長期生活和訓練在高原上的埃塞俄比亞、肯亞和突尼斯運動員奪得長跑和馬拉松項目金牌，颳起的「黑旋風」，終於促成了「高原訓練法」開始推廣運用。

這一時期，運動成績迅速提高，現代科學技術研究成果不斷被移植和運用到田徑運動訓練中來。在此基礎上，蘇聯、東德、英國等一些田徑運動訓練研究專著和教材相繼問世。

這一時期，念動訓練與放鬆訓練合用，不僅起著恢復體力和放鬆精神的作用，而且開始被作為提高運動成績的積極有效手段來應用。還出現了一種「無形訓練法」。這種訓練法對運動員訓練以外的生活作息制度、社會關係進行分析研究，以幫助解決訓練中的有關問題。

這一時期，田徑教練員已清楚地認識到最好的訓練形式是競賽。因此，合理的競賽制度與競賽安排已成為現代田徑訓練中十分重要的組成部分。

這一時期，利用電腦分析技術動作已取得了重大的發展，已利用電子解析儀器對技術動作進行三維空間分析，並繪製成連續的動作圖，以幫助運動員改進和完善技術動作。

這一時期，各國的田徑教練員和體育科研人員在運動員選材、訓練、比賽和快速恢復等方面進行大量的探索，並取得很多可喜的研究成果。蘇聯奧卓林的「現代運動訓練體系」、納巴特尼柯娃的「運動訓練遠景規劃」及馬特維耶夫的「運訓練分期問題」，至今仍對田徑運動有著重要的影響。

當今田徑運動已發展到很高的水準，要想獲得優異的運動成績，除了改進、發明新的訓練方法和手段外，更重要的是應該發展訓練的理念、思路和理論。近年來，公開進行學術討論並至今沒有取得一致意見的問題是週期訓練理論。20 世紀 70 年代，西歐一些學者質疑馬特維耶夫的週期理論。西德馬丁認為：「馬特維耶夫的古典的週期模式對今日那些競技水準仍停留在當年馬特維耶夫進行研究時競技水準的運動員仍適用，但對高水準運動員必須透過高強度的負荷才能提高競技水準。」1977 年，斯塔里什卡和契納提出了「優秀運動員理想的分期模式」，這種模式基本仍屬雙週期的安排，但卻明顯地具有多週期安排的一些特點。按他們的統計，優秀運動員應在全年訓練的各個階段都將負荷的量與強度保持在 80％以上，並始終保持良好的競技狀態，在多次比賽中都能表現出優異成績。但至今也還沒有看到足以證明他們理論的成功經驗。

維爾赫薩斯基在 1998 年第二期俄羅斯《體育理論與實踐》雜誌上發表文章，質疑馬特維耶夫的經典的訓練週期理論。他認為訓練週期劃分是 20 世紀 50 年代提出的訓練計畫理論，企圖將它引向教育學，忽略了生物學知識，新的理論應屬自然科學，需要多學科參與研究。他還指出，現在比賽增多，競賽期長了，每年 7～8 個月，機械地將準備期認為是積累、競賽期是使用也不適宜等等。

馬特維耶夫對週期訓練理論的主要貢獻是從訓練學的角度給不同訓練階段賦予了實際的內容，設定了各階段的宏觀訓練目標、任務和內容，形成了訓練週期的特定「模式」，這也是馬特維耶夫訓練週期理論的核心。馬特維耶夫訓練週期理論問世近四十多年來，對世界運動訓練理論以及實踐均具有重要的影響和貢獻。

該理論建立的初衷主要針對備戰奧運會、世界錦標賽等重大國際比賽，它已被蘇聯和東歐田徑運動員在重大比賽中取得優異成績證明是成功和適用的。因此，對訓練週期理論進行研究，一定要採取科學的態度，深刻認識訓練週期理論的實質，客觀全面地瞭解週期訓練理論的適用情景，實事求是地評價訓練週期理論，並在實踐和理論上加以發展。

二、中國田徑運動訓練理論發展的幾個階段

（一）學習、引進、初創訓練階段：20 世紀 50 年代初期

這個時期主要是學習、引進和推廣蘇聯的田徑運動技術、教學和訓練理論與方法。蘇聯格‧瓦‧華西里耶夫和尼‧格‧奧卓林主編的蘇聯體育學院《田徑運動》教材（1953 年版，劉天錫等譯）和蘇聯的《向青年談田徑運動》（1954 年版，劉汝

傑譯）在中國大量發行，以及在青島、大連舉辦的田徑教練員訓練班，對中國田徑運動教學和訓練產生了重要而廣泛的影響。這期間，廣大田徑教練員結合中國實際也逐步積累了一些教學訓練經驗，中國田徑教練員的李榮國編著的《三級跳遠》、李大培編著的《跳高》、李世蔭編著的《擲標槍》等專著相繼出版。1957 年，中國著名跳高運動員鄭鳳榮以 1.77 公尺的優異成績打破世界女子跳高紀錄。

（二）總結、發展形成訓練理論體系階段：20 世紀 50 年代後期至 60 年代中期

1958－1966 年上半年，中國田徑運動訓練工作廣泛開展起來，訓練質量提高很快，田徑成績迅速提高，跨欄、跳高、鐵餅等數項成績達到世界水準，積累了較豐富的訓練經驗，理論研究深入發展。60 年代中期提出了從難、從嚴、從實戰出發大運動量訓練的「三從一大」的訓練要求，這一理論雖不夠嚴謹，也有爭議，但是，它對當時乃至如今的田徑運動訓練都發揮著重要而積極的影響。

這一時期，中國著名教練黃健不僅培養了世界女子跳高紀錄創造者鄭鳳榮，還培養了一批男、女「俯臥式」跳高世界水準運動員。這一時期，中國一些體育科技工作者也進行了訓練理論的討論。1964 年步潤生發表了關於《週期性運動項目訓練負荷與運動成績的關係》的論文，同時《新體育》和《體育文叢》雜誌也開展了關於「運動訓練週期性問題」的學術討論。

（三）停頓狀態：20 世紀 60 年代中期至 70 年代中期

1966 年開始至 1976 年結束的「文化大革命」，使中國田徑運動訓練基本上處於癱瘓狀態，理論研究也隨之停頓。

（四）逐步實施科學化訓練階段：20 世紀 70 年代末至今

1978 年改革開放以來，中國田徑運動員頻繁地參加國內外比賽，學習交流機會增多，運動成績不斷提高，男子跳高、女子競走、中長跑等項目創造了數次世界紀錄和奪得一些世界冠軍，積累了不少先進理論知識和豐富的訓練經驗與方法。80 年代初期，著名跳高教練胡鴻飛在朱建華跳高訓練中，突出「快」字，使他形成了助跑快、起跳快、過桿快等先進、完善的跳高技術。朱建華分別以 2.37、2.38、2.39 公尺的成績創造世界紀錄。同時，中國體育基礎學科深入發展，先進儀器設備進一步使用，學術研究和書刊增多，不斷吸收國外田徑訊息，逐步實施了科學化訓練。1987 年和 1999 年，中國集中眾多專家編寫出《中國田徑教學訓練大綱》，一些田徑教練員已經形成了自己的專項訓練法。

著名中長跑教練員馬俊仁，對運動員進行大運動量訓練，同時將選材、訓練、營養、恢復、管理等全盤考慮、嚴格操作、綜合實施，提高了運動成績，形成了馬俊仁訓練法，1993－1997 年創造並至今保持的女子 1500 公尺、3000 公尺和 10000

公尺跑的三項世界紀錄；他的訓練法在國內外田徑訓練中產生了積極、廣泛的影響。前國際田聯主席內比奧羅充分肯定了馬俊仁為世界田徑運動作出的貢獻。

著名教練員孫海平，思想解放、大膽創新，在訓練實踐過程中，探索跨欄訓練規律。他不斷更新訓練思想觀念，從專項比賽實際出發，樹立了整體化訓練理念，按照專項比賽要求，設計實施專項輔助性練習。在訓練過程中開動腦筋，抓住競技能力的關鍵要素，並採取專項性的手段提高能力訓練效應。針對高水準運動員特點，採取「以賽促練，賽練結合」的訓練形式，運用完整和高強度的專項練習手段，使競技能力因素得到整體協同發展，充分挖掘了運動員的競技潛力。使劉翔終於在 2004 年雅典奧運會上以 12.91 的成績獲得奧運會冠軍。2006 年以 12.88 的成績創造世界紀錄，2008 年劉翔重傷後的治療、訓練恢復，將起跑 8 步上欄改為 7 步上欄等的訓練，都具有更大的科學技術含量，也是高度思想水準的展現。孫海平對劉翔多年訓練的理論和經驗，是當今中國和世界田徑運動訓練的重要理論和經驗。它對田徑運動訓練工作，特別是對高水準運動員訓練工作產生了積極的影響。

目前，中國田徑運動的整體水準還不高，在世界大賽和中國競技體育整體發展中尚較落後，必須努力學習和提高田徑訓練理論知識水準，對田徑運動員深入地進行科學化訓練。

第二節・田徑運動訓練的基本體系

一、運動訓練體系

田徑運動訓練是培養運動員良好的思想道德品質、全面發展身體素質、提高專項運動成績等進行的專門教育過程。多少年來，田徑運動水準的提高和科學技術的發展，逐步形成了田徑運動訓練的科學體系。

圖 82 直觀地列出了田徑運動訓練科學體系的主要部分，不難看出，它是一個由若干相互聯繫又相互制約的影響田徑運動訓練的主要因素構成的整體，作為中、高級田徑教練員和教師，應該掌握這一訓練體系，並在實踐中形成自己的一些訓練觀點，使自己的教學訓練更加科學系統和先進。

對田徑運動訓練實踐主要問題的分析表明，田徑運動訓練主要是由「練什麼」「練多少」和「怎麼練」三個基本問題組成。因此，田徑運動訓練的基本體系由「訓練目標」「訓練任務」「訓練原則」「訓練安排」「訓練內容」「訓練方法」和「訓練負荷」等組成。

訓練目標的制定要考慮諸多因素。訓練目標所期待的是運動員達到一定競技能力水準。訓練目標可分解成為競技能力目標，如各項身體素質指標、技術能力指標（運動學和動力學）、戰術能力和心理能力的各項指標等。由於競技能力是運動員

訓練適應產生變化的結果，因此，訓練目標還必須制定訓練負荷狀態指標，從而達到競技能力提高的目的。

田徑運動訓練的主要任務是：培養良好的道德和意志品質；增強體質，發展身體素質；提高專項技術水準；提高心理過程和個性心理的能力；提高理論知識和實際工作能力；創造優異的運動成績。

田徑運動訓練應當遵循運動訓練學中的區別對待原則、合理運動量原則、一般訓練與專項訓練相結合原則、不間斷性與週期性原則等。

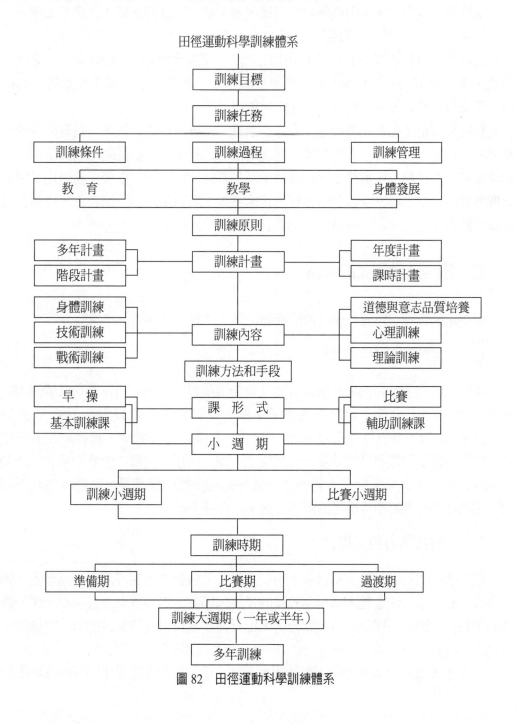

圖 82　田徑運動科學訓練體系

訓練的安排包括訓練計畫和訓練安排形式。訓練計畫有多年、全年、階段、週和課的訓練計畫。訓練計畫時間越長越宏觀，越短越具體。長期和短期訓練計畫相輔相成，相互聯繫。訓練的組織形式要根據田徑訓練規律確定，如訓練課安排遵循開始逐步增加負荷（準備活動），然後完成主要的訓練任務（基本部分），結束時放鬆身心（結束部分），根據訓練的任務要求安排負荷的曲線，使運動員合理承擔刺激。再如基本部分練習根據主要作用順序安排：技術訓練→速度和靈敏訓練→力量訓練→耐力訓練。

根據競技能力構成，田徑運動員訓練內容主要包括身體素質（速度、力量、耐力、靈敏、柔韌）、技術、戰術、心理（心理過程和個性特徵）和智力訓練。

田徑運動員訓練方法主要有：重複練習法、間歇練習法、持續練習法、變換練習法、循環練習法、比賽練習法、高原訓練法等。各種方法的運用要根據訓練時期、訓練的任務、訓練的內容、訓練的對象而定。

訓練負荷指運動員在訓練過程中身心承受的運動量和運動強度。負荷的總體趨勢要根據多年和全年任務計畫安排。在全年訓練過程中，要根據階段訓練不同中週期種類和主要任務，來選擇不同的負荷。基礎訓練的中週期，主要任務是提高運動員機體機能水準，發展身體素質，提高技術水準，負荷量和強度均較大。考慮到運動員機體恢復能力，在訓練過程中還要對負荷進行調控等。

二、田徑運動訓練的特點

田徑運動訓練不僅有一般運動訓練的特徵，還有其自身的一些特點。

（一）運動項目的多樣性

田徑運動的多樣性表現在幾個方面：首先是項目多，決定項目運動成績的因素多種多樣。按照 2008 年北京奧運會田徑項目設置，男女共 47 項，其中男子 24 項，女子 23 項，分為徑賽項目（內、外場）、田賽項目（跳躍、投擲）和全能項目。按照中國對田徑運動的分類，分別是走、跑、跳躍、投擲、全能。其次是運動員個人特點千差萬別。歷史上曾創造過優異運動成績的運動員，個體特點均不相同，因此在訓練過程中所採用的訓練方法手段多種多樣。

（二）競技能力的主導性

在諸多的體育運動競賽項目中，田徑運動員競技能力的主導因素最為顯著。因為影響運動成績的決定性因素是運動員的體能。因此，田徑運動項目基本上屬於體能類項目。按照項目體能主導因素分析，田徑運動項目可按照競技能力的主導因素分為：

（1）**速度性項目**：其特點表現為運動員在一定的用力條件下所進行的高頻率動

作，如短跑和跨欄跑項目。

（2）**速度——力量性項目**：其特點表現在主要動作階段中的短時間爆發式用力，如跳躍、投擲項目。

（3）**速度耐力性項目**：其特點表現為決定運動成績的體能因素既有速度，也有耐力，各自所占的比例大體相當，如中距離跑。

（4）**耐力性項目**：其特點表現為比賽距離長，主要是以運動員有氧耐力水準決定運動成績的項目，如競走、長距離跑、越野跑、公路跑、馬拉松跑。

（5）**綜合性項目**：其特點表現為項目囊括了跑、跳、投項目，體現了運動員速度、力量、耐力等全面性和綜合性能力，如全能運動。

按照這種分析方法，便於我們在訓練中抓住主要矛盾，有針對性地進行訓練。還可以根據體能主導因素進一步分類，如根據肌肉不同供能形式的比例，在速度和耐力之間，計算出其各自所占的比例，從而在訓練過程中，針對特定項目的體能特點，在不同的訓練階段，根據不同的訓練任務，採用相應的方法手段，發展項目需要的競技能力。

（三）運動技術的穩定性

田徑運動競賽主要是測量運動員體能能力，因此田徑運動技術相對比較簡單。由於歷史發展演變的緣故，田徑運動中具體項目動作形式和動作結構具有相對穩定的特點。由於技術的模式是綜合世界優秀運動員的技術設計的，因此在實際過程中特定的個體具有個人的技術特點。

此外，儘管存在著影響技術發揮水準的內外因素，如氣候、場地、設備、情緒等等，但由於動作技術具有穩定性的特點，因此技術一般不存在基本的變化。

三、訓練水準和競技狀態

運動員身體素質、技術、戰術和心理能力所達到的高度稱為訓練水準（競技能力），在運動訓練的實踐和理論上稱為訓練的程度，高水準的訓練程度就稱為競技狀態。

在訓練過程中，運動員的訓練水準得以發展提高，是由於選擇和安排各種訓練內容及採用各種訓練手段的結果。因此，運動員訓練水準，是在不斷提高的教育、教學、訓練、競賽及其他諸因素的影響下，使運動員的機體、心理和運動能力發生多種適應性變化的結果。

在訓練過程中，培養良好的道德意志品質，嚴格遵守衛生制度，正確地交替安排各種運動負荷的訓練課、休息日和恢復手段，是提高運動員訓練水準的保障。

在競賽期開始時應逐步達到良好的競技狀態，在競賽期間應有所鞏固，而在最主要的比賽日達到最高水準的競技狀態。最高水準的競技狀態通常稱為最佳競技狀

態。

訓練過程是一個可以控制的過程。實踐證明，最高競技狀態一般可以保持 2～4 個月。因此，在訓練過程中必須正確安排訓練，把訓練、休息與恢復手段交替運用，採用調節負荷的方式安排訓練和競賽，嚴格遵守生活衛生制度。身體健康的感覺，積極要求參加訓練的動機，在競賽中表現自己的能力的慾望，是競技狀態仍然保持的重要的客觀指標之一。

研究表明，可以從訓練水準的兩個方面判斷和確定田徑運動員的競技狀態：一方面是運動訓練和恢復的結果，使運動員機體的形態、生理、生化、心理方面產生變化，變化後的狀態是相對穩定不變的，即使在幾天（直至兩週）不進行訓練，機體的機能狀態仍不下降；另一方面，在運動員訓練競賽中，中樞神經系統的高度緊張將使運動員更有效地表現出自己的力量、速度、意志品質等。

中樞神經系統的工作能力是變化不定的，它會在外界的影響下產生變化，甚至在一天之內如果受到強烈的刺激，也會產生很快或很大的變化。中樞神經的工作能力決定訓練狀況和訓練的效果，它在達到一定水準後保持不了很長時間，如果訓練和競賽的過程中合理休息，這種工作能力也只能保持幾天。在特別重大的比賽後，神經——心理能量消耗很大，中樞神經系統通常會有所下降，需要幾天或更長的時間才能恢復。因此，應該避免運動員的中樞神經系統在長時間裏保持高度的興奮和緊張，以免神經系統衰竭。

由於內容、方法、負荷和要求不同，不同目的的訓練和不同要求的比賽對運動員中樞神經系統的刺激是不同的，從而使田徑運動員中樞神經系統的工作能力呈波浪形變化。善於控制運動員中樞神經系統工作能力的變化，使之在比賽時達到高峰是十分重要的。因此，應透過相應的安排不同類型的訓練課、訓練負荷、積極休息和恢復措施，以及改變外界條件，科學地安排比賽，有目的地改變中樞神經系統的工作能力，使之在競賽期提高、比賽後降低。

如果訓練負荷過大而又沒有得到恢復，比賽之間間隔時間很短，神經系統就可能越來越疲勞，並由此而導致訓練過度，首先表現的是中樞神經系統的過度疲勞。如果比賽之間間歇時間較長，較重要的比賽與較小型的比賽交替進行，比賽之間間隔有足夠的積極性休息，同時堅持不懈進行訓練，並利用多種恢復手段，這樣，甚至可以在很長時間內都保持良好的競技狀態。

四、田徑運動訓練的基本觀點

第一，科學選材，早期培養是運動員取得優異成績的必由之路。

第二，全面提高田徑運動員整體訓練質量水準是現代高水準競賽取勝的決定因素。

第三，運動負荷不斷增大，特別重視負荷強度，尤其是專項負荷強度的增加，

並十分強調負荷安排的定向化。

第四，負荷後的恢復成為現代田徑運動訓練不可缺少的重要內容。

第五，在訓練中更多地採用專項練習手段，並更注重模擬比賽狀態。

第六，訓練的綜合化和定量化是實施科學訓練的基礎。

第七，心理訓練是現代田徑運動訓練過程中不可缺少的重要內容。

第八，加強對運動員的理想信念教育和職業道德教育工作。

第三節・田徑運動訓練計畫

田徑運動訓練計畫是根據田徑運動訓練規律和專項特點，在對運動員起始狀態科學診斷和建立未來目標的基礎上，結合訓練條件而預先作出的訓練過程、內容和步驟的預先設想。

透過訓練計畫的制定，把訓練目標劃分為若干具體獨立而又彼此聯繫的訓練任務，並進一步分解為具有特定目的的各種練習。運動員透過多次重複完成各種練習，逐一實現各項具體任務，從而逐步接近，直至達到訓練總目標；透過制定訓練計畫，不僅使運動員和教練員瞭解如何透過訓練完成預定任務和達到目標，而且使保障訓練任務完成的所有科研人員、管理人員、醫務人員及後勤人員與運動員、教練員形成共識和協調一致的行動。

透過制定和實施田徑運動訓練計畫，使訓練過程中對運動員狀態變化結果作出客觀評價有了科學依據，為訓練過程實施有效控制奠定了基礎。

根據田徑運動訓練的時間跨度，訓練計畫一般分為多年訓練計畫、年度訓練計畫、階段訓練計畫、週訓練計畫和課時訓練計畫等多種類型。

一、多年訓練計畫

多年訓練計畫是運動員多年訓練過程的總體規劃。由於多年訓練時間長，因此計畫是宏觀的、戰略性的，計畫內容僅是框架式的。多年訓練計畫對於年度、大週期訓練計畫具有指導意義。

多年訓練計畫一般是以四年為週期，如以奧運會、亞運會、全運會為週期來制定。在制定計畫時要瞭解運動員的身體發育和個性特點，同時還要考慮到跑、跳、投等各項訓練水準。在此基礎上，確定運動員的特長，明確專項發展的方向，指出運動員訓練水準方面存在的弱點和努力方向。

根據運動員的訓練水準，應計畫每年專項成績提高的目標和幅度，同時還要計畫訓練水準各項因素應該達到的目標和幅度。此外，還要特別重視達到與專項密切相關的身體訓練指標，如跳躍運動員的短跑成績、投擲運動員的跳躍成績等。根據

運動員發展的不同階段,每年的訓練都要有明確的主要的目的,這一目的不一定都是專項運動成績,如某少年運動員以發展頻率、短跑速度和掌握田徑運動的基本技術為主,而另一名運動員則需要為將來的中跑或長跑專項打好基礎。

根據不同年度的訓練目標,確定每年訓練的主要任務和手段,大體定出年度的訓練量、公里數、負重練習量、跳躍次數及訓練時數等。要逐年調整練習量和強度,提高對運動員的心理和身體機能的要求,全面提高運動員的訓練水準。

二、年度訓練計畫

年度訓練計畫是運動員全年訓練過程的具體規劃。由於田徑運動主要是室外運動,重大的田徑比賽均安排在夏秋季節進行,因此,年度訓練計畫是按照年度氣候、重大比賽的時間、訓練水準提高幅度等具體情況制定的,成為教練員和運動員組織訓練的最重要依據之一。

(一)年度訓練計畫的類型

1.單週期訓練計畫

把全年作為一個大的訓練週期。全年可分為準備期、競賽期、過渡期三個時期。這一類型多被長距離跑運動員、競走運動員和全能運動員所採用。由於標槍、鐵餅和鏈球不能在室內比賽和進行技術訓練,故這些項目的運動員也可採用這一類型的訓練計畫。

2.雙週期訓練計畫

將全年分為兩個大訓練週期。把秋冬 5 個月和春夏 6 個月分為兩個大週期,每個大週期又分為準備期和競賽期,然後是過渡期 1 個月。

雙週期的出現,是因為現代室內田徑館保證了短跑、跨欄、跳躍、中跑及鉛球等項目在冬季可以進行比賽,而且近年來由於商業化發展趨勢,致使室內比賽次數不斷增加的結果。

年度雙週期訓練的主要長處在於:由於年度的比賽次數增多,運動員的訓練強度較大,訓練水準提高較大,競技狀態持續時間較長,創造優異成績的機會增多。年度雙週期對訓練過程要求更高,如在訓練方法手段的選擇、訓練水準的評價、競技狀態的控制和營養醫務監督等方面對教練員等提出了更高的要求。

3.多週期訓練計畫

將全年分成若干個週期。由於全年中有多次較重要的比賽,因此準備期時間縮短,競賽期時間延長,比賽間隙採用保持訓練水準的訓練或安排積極性休息。

多週期年度訓練計畫，是在全年訓練過程中，要保持訓練和比賽負荷量按波浪曲線變化，以保證運動員的訓練水準和競技狀態，達到參加多次的比賽，創造優異成績的目的。

此外，根據運動員的具體情況，在年度訓練中也可不分週期和時期。如未掌握良好技術的撐竿跳高運動員，則可以在全年過程中進行掌握和改進運動技術的訓練，必要時甚至可以不安排比賽。在出現嚴重的損傷、長期疾病或停止訓練達 1～2 年的運動員，在恢復期間也需要有特殊的計畫。

（二）年度訓練各時期的主要訓練任務

1.準備期

準備期的主要任務是提高一般和專項身體訓練水準，改進提高專項技術戰術水準，培養良好的意志品質，提高田徑專項理論，以及保健與自我監督方面的知識水準。

準備期分為一般和專門準備階段。在一般準備階段，主要進行一般身體訓練、掌握整體技術結構；在專門準備階段，主要是進行專項訓練。此外，要根據運動員的訓練水準確定準備階段的任務，如身體訓練水準較高的運動員，在一般準備階段中就可以更多地從事技術訓練。而身體訓練水準較低的運動員，在專門準備階段中仍應堅持提高身體訓練水準。在這種情況下，對技術性強的項目，準備期也要適當注意提高專項技術水準。

按年度單週期訓練的運動員，參加冬季比賽應較少，以免影響訓練的進度。這類運動員如果參加比賽也可不做專門準備，而只把比賽作為提高訓練水準、培養意志品質和檢查訓練成效的一種手段。因此，不僅參加專項比賽，而且還要參加能反映身體和專項訓練水準的其他項目的比賽。訓練水準較高的運動員要想在冬季比賽中達到較好的成績，則應進行 1～2 週的專門訓練，而且在賽前一週中明顯降低負荷量。

根據訓練的規律，在準備期要掌握好訓練量和訓練強度的調控。在準備期前期和中期，應逐漸增大訓練量，以提高運動員身體機能，發展身體素質和培養意志品質，為後續的專項訓練奠定基礎。

在準備期的前期和中期，訓練強度應逐漸上升，當準備期後期訓練量下降時，運動強度上升較大。

2.競賽期

競賽期的主要任務是保持一般身體訓練水準，發展專項身體素質，改進與鞏固專項技術，掌握戰術和豐富比賽經驗，培養道德意志品質，在重大比賽中創造優異成績。

⑴ 競賽期訓練和比賽計畫設計理念：

年度單週期訓練中，競賽期分為兩個階段，即早期競賽階段（6 月）和主要競賽階段（7—8 月）。在早期競賽階段，前段主要由提高專項訓練的負荷強度來提高訓練水準，後段的每週末參加比賽、測驗或檢查性比賽。

此時參加比賽的目的是：提高運動員訓練水準和訓練效果、檢查評價運動員競技能力水準、促使運動員達到較高的競技狀態、使運動員適應比賽環境條件，為隨後的重大比賽做好充分的準備。因此，運動員要明確訓練目的，區別對待不同性質的比賽，積極參加比賽。主要競賽階段的目標是達到最佳競技狀態、創造優異成績。因此，由積極性的休息和一般的專項訓練使神經系統達到最佳狀態，並在比賽中創造優異運動成績。

年度雙週期訓練中，第一競賽期（冬季）持續時間為 1～1.5 個月。即使訓練水準較高，能取得較好的成績，也要注意保存實力，不可過度消耗體力，以便投入第二準備期訓練，進一步提高訓練水準，在第二競賽期（夏季）的重大比賽中創造優異的運動成績。

⑵ 競賽期訓練手段和負荷安排：

與準備期比較，競賽期訓練手段更多地採用田徑專項和專門性練習。為了保持訓練水準，提高專項競技能力，多採用室外空地的各種練習和越野跑，使中樞神經系統得到積極性休息。

在競賽期第二階段中，身體訓練和技術訓練水準較高的運動員，可以減小專門練習的負荷量，採用多次重複 90％～95％強度的專項練習，以達到鞏固專項技術、促進競技狀態發展的目的。如果技術還存在問題，則應注意不要採用較大的專項負荷強度，以免強化不良技術動作。此時，要注意從長計議，防止急功近利，要努力改進技術，形成正確動作技術，提高技術訓練水準。不能為參加即將來臨的比賽而影響技術訓練，不要因技術缺點使運動員在隨後多年只能達到一般運動成績。

由於參加比賽、測驗和大負荷訓練對提高訓練水準作用很大，高水準運動員全年參加測驗和比賽的次數已大大增多，如短跑、跨欄、跳躍和投擲項目的運動員，全年參加各種比賽多達 40 次左右。

⑶ 重大比賽前的訓練安排要點：

運動員參加重大比賽必須精心計畫、精心準備才能取得預想的結果。

① 是要注意模擬競賽的條件進行賽前訓練。要考慮的比賽條件有：競賽日程、比賽時間、比賽地點、地區時差、氣候條件、氣象變化、場地條件、器材特性、設備性能、比賽計畫、對手特點、觀眾等等。特別要注意模擬競賽地域的氣候條件、比賽時間、比賽計畫（如起跳高度、升高計畫）、各賽次安排等進行訓練。有時還要專門營造訓練場地中喧嘩、叫喊的情景，鍛鍊運動員注意力品質。模擬競賽階段訓練負荷較大，因此要穿插安排部分一般性訓練在森林、野外、公園、河邊或鬆軟的地面上進行，以便運動員快速恢復。

② 是要注意安排好臨賽前訓練手段和負荷。非重大比賽臨賽前訓練持續時間很短，一般為 1 週。此時訓練課次數不變，訓練總量有所下降。短跑、跨欄、跳躍和投擲運動員的訓練強度有所下降，競走和中長跑運動員的強度保持著原來水準或稍有提高。

③ 較重大比賽臨賽前三天，應進行量小而強度大的短於專項距離的跑。比賽前一天做準備活動或很小量的訓練，如在公路或野外的中慢速越野跑和小量的一般身體練習等。參加較重大比賽常用的是以兩週為單元的臨賽前的訓練安排：第一週的負荷量很大，第二週的負荷量減小到一般負荷量的二分之一。第一週表現能量恢復不足，第二週運動員機能完全恢復，且可達到較好的競技狀態。這種安排常被中長跑運動員採用。

④ 重大比賽的賽前訓練時間需 6～8 週。此階段要制定出詳細的、個性化特點強的日訓練計畫。要細緻地選擇訓練手段，細心地安排訓練負荷，精心計畫測驗和比賽，高度重視恢復方法手段，以保證運動員在重大比賽時達到最佳競技狀態。

⑷ **重大比賽前中樞神經系統調控：**

在重大比賽前的臨賽的訓練階段中，為保證運動員中樞神經系統處於最佳狀態，不同項目的運動員採用不同的方式，對中樞神經系統的興奮性進行調控：

① 短跑、跳躍和投擲運動員，採用賽前自然提高中樞神經興奮性的方式。在適度範圍內，中樞神經系統的緊張度越高，動作速度越快，速度——力量越大。賽前 8～10 天中，採用負荷小的訓練課和恢復手段，以促使運動員有機體機能得到充分恢復，從而保證神經中樞有高度的工作能力。

② 中長跑和競走運動員中樞神經系統在比賽前必須得到充分的恢復。在訓練負荷安排上，賽前第二週負荷量較大，賽前一週負荷量明顯下降，但在訓練強度上，尤其是賽前第三天，仍保持著比賽時的強度。

在到達比賽地點後，由於各種比賽環境的刺激，通常運動員在賽前幾天就開始興奮緊張。持續的興奮性過高、緊張性過強，會出現焦慮情緒，繼而引起保護性抑制，出現淡漠情緒狀態，這對比賽非常不利。

為了保護運動員中樞神經系統免受過度興奮緊張的困擾，一方面可透過看電視、聽輕音樂、閱讀書刊、與他人交談等轉移注意力；另一方面，每天進行一般性身體練習和輕鬆慢跑、加速跑等，控制興奮性緊張性的發展。在重大比賽前 24 小時，一般需做準備活動或進行小負荷量的訓練。準備活動量不大，與平時準備活動相同，但必須出汗。由賽前這種積極性活動，可消除過度的興奮性，提高代謝過程，使運動員在次日的比賽中保持良好運動能力。

⑸ **參加比賽時的注意事項：**

比賽前 1～1.5 小時到達賽場。按照賽前擬定的準備活動計畫，賽前 40～60 分鐘開始做準備活動。對於一天內進行兩次或三次比賽的運動員，每賽次前都要做準備活動。如兩賽次間隔超過 1 小時，則準備活動可做充分；如兩賽次間隔在 1 小時

內，則可做 10～15 分鐘的準備活動。如上午有及格賽下午有決賽，則及格賽的準備活動要根據運動員的訓練水準而定：能輕鬆達到及格標準的運動員，為了保存體力精力，可做不短於 20～30 分鐘的準備活動；達到及格標準較吃力的運動員，則須做充分的準備活動。如及格賽在決賽前一天進行，則訓練水準高的運動員也要做充分的準備活動，以免發生運動損傷。

無論比賽規模大小，賽後都要做慢跑或放鬆的整理活動。在重大比賽結束後的若干天內，不安排大強度訓練，以免引起傷病及過度疲勞。賽後少練專項，多進行一般身體訓練。

3.過渡期

過渡期的任務是進行積極性休息，消除身心疲勞，保持一定的訓練活動，以迎接下一週期的訓練。過渡期的時間大致為：年度單週期訓練 20～30 天，年度雙週期訓練 10～20 天。

過渡期訓練的內容和負荷要根據運動員的特點安排。如運動員參加重大比賽次數不多，則可安排一般負荷量的訓練，掌握和改進運動技術。同時為了提高運動員訓練的興趣，還要進行形式多樣化的練習。

年度訓練負荷量很大、經常參加重大比賽的運動員，可由降低訓練負荷、減少訓練次數、採用新的練習手段，以及積極性休息，消除訓練和比賽疲勞。進行適度訓練的目的是為了保持動作協調能力、內臟器官和系統的工作能力，使運動員有機體的正常活動免遭破壞。否則，恢復這些素質需要花費很長時間，對準備期的訓練會帶來不利的影響。因此，在過渡期中，短跑、跨欄、跳躍和投擲運動員可不進行專項練習，但中長跑、馬拉松跑和競走運動員仍應保持一定量的跑和競走的練習。

三、階段訓練計畫

階段訓練是由同一目的小週期聯合組成的，由於介於年度和週訓練計畫之間，且訓練是一個相對完整的過程，因此，也稱中週期訓練計畫。階段訓練持續時間在 3～8 週之間。田徑運動訓練有如下類型的階段訓練計畫：

1.引導階段

在年度訓練之初採用。此階段的負荷，特別是負荷強度逐漸地上升。此階段持續時間為 2～4 週，訓練水準越高持續時間越短。

2.一般準備階段

此階段的任務為全面發展身體素質，努力提高機體機能能力，進行某些技術動作的練習。此階段持續時間一般為 4～8 週。

3.專門準備階段

此階段的訓練內容主要是提高專項訓練水準和改進專項技術，逐漸加大比賽性練習的比重和提高專項負荷的強度。這一階段訓練的主要任務是初步形成競技狀態。持續時間為 4～8 週。

4.賽前準備階段

此階段是將準備階段已經發展的各種競技能力因素聚合起來，形成較強的專項競技能力，達到較高的競技狀態，以便順利地過渡到比賽階段。在一年中，這種階段可能出現數次，持續時間為 3～6 週。

5.比賽階段

比賽階段的目標是鞏固最佳競技狀態，力爭創造優異成績。此階段小週期的數量，取決於比賽的重要程度和競賽日程，一般由 3 個小週期組成，即準備比賽小週期、參加比賽小週期和賽後恢復小週期。比較典型的階段訓練計畫的構成是：2 個大負荷小週期＋1 個恢復小週期或 1 個引導小週期＋2 個大負荷小週期＋1 個恢復小週期＋1 個提高負荷的引導小週期＋1 個恢復小週期＋1 個積極性休息小週期。

四、週訓練計畫

週訓練是以日曆上一星期為時間單位，由一星期內若干次訓練課組成的訓練過程。由於在訓練過程中相對完整而又經常重複，因此周訓練被稱為小週期。不同訓練類型的小週期組合，構成不同訓練類型的階段訓練。

訓練對人體作用的效果，基本上取決於不同性質負荷的搭配及負荷的大小。因此，週訓練課次數的確定要考慮多種因素，基本的原則是訓練水準高的運動員訓練課多，準備期的訓練課多，負荷小時訓練課多。通常，週訓練以 7 天為一個小週期。期間安排 5～6 次主要訓練課，7～8 次輔助訓練課。

在小週期中，不同的訓練內容訓練次數不同，訓練效果也不一樣。如速度、柔韌和小肌群力量的發展，每天訓練的效果較好，而大肌群力量的發展，則隔天訓練的效果較好。採用大負荷量發展耐力的練習，一週只進行兩次。另外，應將極限負荷的訓練課與保持體力的訓練課或積極性休息交替進行。如果在數天內每天進行大負荷量的訓練課，每次課後的運動能力未能得到充分恢復，那麼，在這種訓練結束時，應安排休息，包括為達到充分恢復的積極性休息。力量訓練常採用這種方法。

在安排每天的訓練時，要考慮訓練課之間的相互作用和影響。如訓練課的內容是發展耐力或以最大用力改進技術，那麼，在這類訓練課後的第二天安排改進技術的練習是不適宜的。因此，安排訓練課的內容時要注意不同性質負荷恢復的時間，

注意將訓練與休息交替安排，並形成一定的節奏。

週訓練按其目的可分為訓練週、比賽週和恢復週等不同類型。

1.訓練週

訓練週分為引導、發展、衝擊、穩定等不同性質的訓練週。引導週的特點為逐漸提高量和強度；發展週的特點是負荷量大，負荷強度中等；衝擊週的特點為最大強度和最大量結合；穩定週的特點為強度保持在相當高的水準上，而量有某種程度的下降。

2.比賽週

「準備性」比賽週──模擬比賽條件、適應比賽環境、提高比賽能力；「基礎性」比賽週──為參加重要的比賽打基礎、做準備的；「重要性」比賽週──為年度週期最主要的比賽。

3.恢復週

變換訓練的環境、內容、手段和負荷等，達到積極休息，加速機體的恢復。

五、課訓練計畫

訓練課是訓練的時間、內容和組織形式的單位。訓練課的結構為開始部分、基本部分和結束部分。

（一）開始部分

開始部分的任務是教練員向運動員講解本課任務和明確的要求。逐漸提高有機體的工作能力，為基本部分的訓練做好準備。開始部分內容是一般和專項的準備活動。一般性準備活動主要透過走、慢跑、徒手體操、伸展性練習等，使身體溫度升高，機體工作能力提高，逐漸進入可運動狀態。專項性準備活動採用輔助性、過渡性專項手段，為機體較快地進入專項練習做好準備。

在準備活動的過程中，先活動小肌群，後運動大肌群，動作的速度要由慢到快，動作的幅度要由小到大，運動負荷要逐步提高，使中樞神經系統的興奮性逐步提高。負荷強度、訓練難度越大，準備活動內容越多、活動越充分。準備活動一般30～40分鐘。

（二）基本部分

要根據運動員的訓練水準、個人特點、訓練條件、專項特點等，計畫安排基本部分的訓練內容。考慮到不同性質的負荷作用於機體、機體承擔負荷能力和機體恢

田徑運動高級教程

復能力、機體機能之間相互影響和相互制約的特點，一般情況下，基本部分的練習順序是：學習或改進技術；發展速度和靈敏；發展力量；發展耐力。

可以根據特定的訓練的目的任務改變基本部分的練習順序。基本部分的練習手段和方法因訓練目的任務不同而不同。基本部分過程中，在轉換不同訓練內容時，要注意做好專項準備活動，以便提高轉項後訓練的質量。

（三）結束部分

結束部分的任務是使機體恢復到安靜時的狀態，因此，一般採用慢跑、伸展性練習、深呼吸等手段，逐漸降低運動訓練負荷量，加速機體的恢復。

（四）負荷結構

訓練荷負是訓練過程中機體所承受的負荷刺激。負荷結構是指負荷量和負荷強度的比例關係。運動員承受一定的訓練負荷，必然會產生相應的訓練效應。不同性質的訓練負荷會產生不同性質的訓練效應，不同程度的訓練負荷也會產生不同程度的訓練效應。

在訓練過程中，根據訓練的目的任務，運用不同的訓練方法實施具體的手段，會使機體產生不同的訓練效應。如都是採用重複練習法，都是採用跑作為訓練手段，那麼短時重複練習法（15 秒之內）的供能形式是以 ATP‐CP 為主，短時重複跑對運動員施加的負荷的性質所產生的訓練效應是速度、速度——力量；長時重複訓練法（2～5 分）的供能形式是比例均衡的無氧——有氧供能，負荷性質所產生的訓練效應是速度耐力、力量耐力。

又如把槓鈴作為對運動員機體施加負荷的訓練手段，如果採用抓舉，則發展的是全身速度——力量；如果採用半蹲，則主要發展股四頭肌的力量；如果採用最大重量，則發展絕對力量；如果採用較輕的重量，則發展速度——力量。因此，要根據訓練的目的任務，選擇訓練方法和手段，設計負荷的量和強度。

使用多種訓練方法和手段，可以加大各種性質和類型負荷。多樣化訓練方法和手段，是完成訓練任務的必要條件。此外，還可以提高運動員的練習效率，在特定的訓練時間內降低運動能力，尤其是避免中樞神經系統工作能力的下降。

實踐證明，心率是反映機體機能狀況的客觀有效指標。在訓練中，常把心率作為負荷評定標準。

下列內容可作為確定負荷量時的參考。

負荷量	心率（次／分）
小	< 120
中	120～150
大	150～180
極限	180～240

第四節・田徑運動訓練的內容與基本方法

田徑運動訓練是由身體訓練、技術訓練、戰術訓練、心理訓練、恢復訓練、理論學習等內容所組成。這些構成因素綜合地表現為田徑運動員的訓練水準和競技能力。田徑運動各項訓練內容的關係相當複雜，總的來說，表現為相互聯繫、相互影響、相互促進和相互制約。

一、身體訓練

身體訓練是指發展運動員的速度、力量、耐力、柔韌及靈敏等身體素質的訓練。身體訓練水準在很大的程度上決定競技能力水準，因此身體訓練是田徑運動訓練中最重要的訓練內容。身體訓練分為一般身體訓練和專項身體訓練。

一般身體訓練的任務是全面發展身體素質，提高機體器官系統的功能，為專項訓練奠定基礎。一般身體訓練水準較高的運動員，能承受較大訓練負荷，能較好、較快地掌握和完善專項技術，減少傷病，延長運動壽命。

一般身體訓練的內容廣泛，發展一般身體素質的方法和手段很多，通常採用快跑、跳躍、拋投、球類、體操、游泳、滑冰、遊戲等。進行一般身體訓練時，應著重選擇那些對身體有全面影響的練習，同時在選擇一般身體訓練的手段時，要適度考慮專項的特點。

專項身體訓練的任務是發展與專項有密切關係、能直接促進掌握專項技術和提高專項成績的身體素質。如短跑運動員的位移速度、跳躍運動員的速度——力量、投擲運動員的動作速度等。專項身體訓練手段的選擇務必要與專項的用力性質、用力順序、動作幅度及緊張程度一致或相似。

在實踐過程中，往往採用專項分解動作來發展某一專項素質，如短跑運動員用單腿跳發展位移速度、跳高運動員用「跳深」練習發展速度——力量、標槍運動員用壘球擲遠發展動作速度。

根據運動員的訓練水準和訓練任務，要有針對性地安排一般身體訓練和專項身體訓練。訓練水準較低的兒童少年運動員應以一般身體訓練為主；訓練水準較高的運動員，應減少一般身體圳練，增加專項身體訓練。

（一）力量訓練

力量是人體或身體某部分肌肉在工作時克服阻力的能力，它是各項目最基本的素質，是掌握運動技術、提高運動成績的關鍵素質之一。

按運動時肌肉克服阻力的表現形式進行分類，力量可以分為絕對力量、相對力量、速度力量和力量耐力。

1.絕對力量訓練

絕對力量（最大力量）是指身體或身體某部分肌肉克服最大阻力的能力。最大力量的增長主要有兩個途徑：

一是依靠肌肉內協調能力的改善，即提高神經系統的指揮能力，以動員更多的運動單位參與工作，提高肌纖維收縮同步化的程度，提高肌肉群之間的協調性。

二是透過增大肌肉生理橫斷面，從而增加肌肉收縮力量。

發展最大力量最常用的手段是負重抗阻力練習，其效果取決於負荷強度、練習次數、練習組數、組間間歇等因素。負荷強度以本人最大負荷的 65％～95％為宜。100％的最大負荷強度要慎用或少用。練習次數以 3～10 次、練習組數以 5～8 組為宜。練習時應儘快完成動作。組間休息 3 分鐘。

2.相對力量訓練

相對力量是指人體每公斤體重所具備的絕對力量。相對力量表達式為：相對力量＝絕對力量（公斤）／體重（公斤）。一般來說，絕對力量增長，肌肉也增粗。因此，發展相對力量主要透過提高神經肌肉的協調性增加絕對力量，有利於增長力量，同時控制體重。發展相對力量的基本方法，是用 85％以上的負荷強度，以動員更多的運動神經元興奮，使更多的運動單位參與工作。練習次數為 3 次，練習組數為 6～10 組，組間充分休息。

3.速度力量訓練

速度力量是指肌肉在運動時快速克服阻力的能力。速度力量是速度和力量的綜合特徵。運動員在完成動作時所用力量越大，時間越短，所表現的速度力量就越大。短跑、跳躍、投擲項目的運動成績主要取決於關鍵動作的速度力量。提高速度力量往往採用發展力量素質的練習手段。可採用負重或不負重練習。

負重練習時，一般以 40％～60％重量負荷，練習次數為 5～10 次，練習組數為 3～6 組，組間休息要充分。利用各種跳躍或跑的練習可以有效地發展速度力量，如單足跳、多級跳、跳深等。在速度力量練習時，務必注意加快動作頻率。

4.力量耐力訓練

力量耐力是指運動時肌肉長時間克服一定阻力的能力。阻力越大，運動持續時間就越短。力量耐力尤其對中長距離跑項目有重要意義。力量耐力水準以絕對力量水準為基礎，在完成同一動作時，力量大重複次數多。

在獲得一定絕對力量的基礎上，決定力量耐力的主要因素轉變為有氧代謝能力，因此機體循環系統和呼吸系統機能能力至關重要。發展力量耐力主要透過承擔一定負荷強度、最大的負荷量來完成。

（二）速度訓練

速度是人體快速運動的能力，是直接決定田徑許多項目運動成績的關鍵因素，如短跑的跑速、跳遠的起跳速度、投擲的器械出手速度等。速度分為反應速度、動作速度和動作頻率。

1.反應速度

反應速度是指運動員對外界刺激快速應答的能力，主要由反射弧各環節器官系統的機能、神經反射通路的傳導速度所決定。反應速度除受遺傳因素影響外，外界刺激的強度也起很大作用，在一定生理範圍內，刺激強度越大，引起的反應也就越快。注意力集中的程度也影響反應速度。據研究，當肌肉處於待發狀態後的 1.5～8 秒之間時，反應速度最快，比處於放鬆狀態時快 60％。反應速度對徑賽運動員，特別是對短跑、跨欄運動員有重要意義。

提高運動員的反應速度主要利用各種信號（槍聲、掌聲、口令聲等）刺激運動員，使其做出快速反應來實現訓練，如短跑運動員聽槍聲起跑練習。

2.動作速度

動作速度是指運動員快速完成動作的能力。它是在完成某一動作的過程中表現出來的，如投擲項目的最後器械出手過程中的動作速度。

發展動作速度主要是透過快速重複完成某一動作的練習來實現，如跳遠起跳動作、推鉛球滑步收腿動作、擲標槍出手時的鞭打動作等。

3.動作頻率

動作頻率是指運動員在單位時間內完成相同動作的次數，如賽跑運動員的步頻等。發展動作頻率的方法與發展動作速度相同。

短跑運動員經常透過快速高抬腿跑發展步頻。

（三）耐力訓練

耐力是指運動員長時間工作抵抗疲勞的能力。疲勞是運動訓練後的必然結果，沒有疲勞就無法提高訓練水準，但疲勞後又會使有機體的工作能力下降，從而導致運動能力下降，所以疲勞又是運動訓練和比賽的障礙。

耐力素質可分為一般耐力和專項耐力。從人體運動供能的主要渠道來說，又分為有氧耐力和無氧耐力。

1.一般耐力

一般耐力是指運動員在長時間的中小強度運動中抗疲勞的能力。長時間的運動

主要靠有氧代謝供能，故又稱為有氧耐力。一般耐力對長跑項目有極為重要的意義。對那些主要靠無氧代謝供能的項目來說，一般耐力雖不直接影響專項成績，但由於一般耐力訓練具有能使運動員增大吸氧量、改善運動員的心血管和呼吸系統的功能，而這正是運動員發展和提高其他素質、承受大負荷訓練和大負荷訓練後恢復的基礎，因此也有重要意義。

影響一般耐力的主要因素是最大吸氧量、氧的利用率及心臟循環率（血液在單位時間內流經心臟的數量）、糖元儲備及機體機能工作節省化水準等。運動員的意志品質對一般耐力也有直接的影響。

一般耐力主要採用持續訓練法和間歇訓練法來發展，其手段應選擇能使運動員獲得最大攝氧量的持續活動，最常用的訓練手段有 30 分鐘以上的勻速跑、越野跑、「法特萊克」、1～2 分鐘的間歇跑、滑冰、游泳、球類運動及自行車運動等。負荷強度以心跳次數在 150～160 次／分為宜。

可參照芬蘭生理學家卡沃寧提出的進行有氧耐力訓練心率保持公式來掌握負荷：負荷強度＝安靜時心率（最大心率——安靜心率）×60％。心率控制在這個水準可增加心輸出量，最大攝氧量可達 80％左右。

2.專項耐力

專項耐力是指運動員在一定時間內持續進行大強度專項運動的能力。項目不同，專項耐力的表現形式也不同。長距離及超長距離項目以有氧耐力為特徵，中跑項目的專項耐力可能以無氧耐力有氧耐力各半，短跑、跨欄、跳躍等項目以無氧耐力為特徵，而投擲項目則以力量耐力為主要特徵。

專項耐力訓練必發根據專項特點來進行，例如，跑的項目主要採用大強度的專項距離或超專項距離的反覆跑、變速跑、間歇跑等進行訓練，而跳躍、投擲則採用練習難度或負荷重量大於比賽需要的訓練手段來提高專項耐力。

（四）柔韌訓練

柔韌是指人體大幅度完成動作的能力。柔韌能力由人體關節活動靈活性、肌肉和韌帶的伸展性與彈性，以及肌肉緊張與放鬆的協調性所決定。在田徑技術動作中，柔韌能力決定動作幅度，從而決定動作的效果，如短跑運動員大幅度的「擺蹬」動作、跨欄運動員的「攻擺」上欄動作、跳高運動員的過桿「背弓」動作、跳遠運動員的空中「走步」動作及投擲運動員的超越器械動作等。

柔韌訓練的基本方法是拉伸法。可採用主動性和被動性拉伸練習。訓練時要掌握好練習的強度和幅度，以免肌肉拉傷。因此，練習時用力程度要逐漸加大，以運動員稍感拉緊和微疼為止。柔韌練習一般在準備活動中身體發熱後進行。專項需要應進行專門的柔韌發展訓練，如跨欄過欄動作需要的髖關節的柔韌性練習。柔韌練習需要長期堅持進行。

（五）靈敏訓練

靈敏是指運動員在各種突然變換動作的條件下，迅速和準確地改變身體運動的能力。靈敏表現為人體的動作過程，但從源頭判斷，靈敏首先表現為人的觀察力、判斷力和反應速度，其次表現為人的大腦皮質神經過程的靈活性，再次表現為人的力量、速度和柔韌，以及動作技能數量和鞏固程度。

發展靈敏的主要手段是相對複雜的運動方法，如體操、技巧、武術、球類、遊戲、滑冰和各種跑、跳、跨欄與接力等。靈敏性訓練時，要注意密切結合專項特點，提高專項靈敏性；訓練手段要經常變換，以提高運動員分析器官的機能；在精力充沛的狀態下進行訓練，提高訓練效果。

二、技術訓練

技術訓練的任務是學習和掌握先進的運動技術，並形成具有個人特點的技術特長，以有效地發揮機體的機能能力。

田徑運動技術的特點是技術基本結構和技術環節都是相對固定的，不同的是技術細節（技術的個人特點）。因此，田徑運動技術是週期性和混合性動作，便於運動生物力學研究，同時也便於確立「標準規範技術」。為了掌握規範技術和形成個人特點，技術訓練中要注意如下問題：

1.身體素質是掌握運動技術的基礎

如跳高運動員沒有起跳的速度力量能力，就無法掌握快速起跳的技術。因此，運動員要掌握規範技術、形成個人的技術特點，必須具備良好的身體素質。身體訓練水準越高，技術掌握得就越好。

2.要抓住關鍵技術反覆訓練

田徑運動各項目均有各自的技術關鍵，如短跑的蹬擺配合技術、跨欄跑的「跨欄步」技術、跳躍項目的助跑與起跳結合技術、投擲項目的最後用力動作技術。掌握關鍵技術可以提高技術的效果。

3.技術訓練要貫穿於訓練工作的始終

因為運動技術是大腦建立的一種暫時性的神經聯繫，身體訓練水準經常處於消長不定的狀態。因此，技術訓練要貫穿於訓練工作的始終。

在全年訓練中，準備期應以學習和改進基本技術為主，注意提高技術基本結構及其銜接的質量；比賽期應以提高專項完整技術為主，注意提高關鍵技術環節動作質量。

技術訓練的主要方法有分解法、完整法、重複法、變換法和比賽法等。不同的階段採用不同的訓練方法，如初步掌握運動技術階段採用分解法和重複法，提高運動技術階段採用完整法和比賽法。

4.不斷探索形成運動技術的個人特點

合理有效地完成動作的方法是一種理想的模式，是經過科學總結眾多優秀運動員經驗的結果。在運動員學習先進技術時，一定要從實際出發，結合個體的具體情況，細緻分析，大膽探索，把個人的特點融入技術結構中，從而形成個人特長，提高技術的實效性。

三、戰術訓練

田徑運動戰術就是在比賽中根據對手和外部條件，充分發揮自己的能力，爭取創造優異運動成績而採用的方法。

田徑運動競賽中，不同的項目有不同的戰術，如短跑比賽的戰術主要體現在預賽中爭取出線前提下保存體力，以便在決賽中全力以赴地戰勝對手；中長跑比賽的戰術則體現在根據自己和對手的特點，確定在比賽中採用勻速跑、變速跑、領跑、跟跑的方略，以便在最後距離率先衝刺終點；跳高比賽則體現在確定起跳高度和免跳的時機上；投擲項目比賽則體現在力爭率先投出最好成績，為獲勝創造心理優勢等。

田徑運動員的戰術效果取決於最有效地運用自己的優勢、充分利用外部條件（天氣、風向、風力、場地器材質量），以及抓住對手的弱點和錯誤並及時發揮自己的長處。因此，在戰術訓練中，應該培養運動員具有合理分配體力、迅速判斷意外情況並迅速採取有效對策的能力。

在制定比賽戰術前，應詳細瞭解比賽規模、場地器材條件、對手水準與特點、競賽規程和規則、裁判方法及氣候等情況。

認真地制定戰術方案，在比賽中從實際情況出發，適當地調整實踐戰術設想，是戰術訓練的最有效的方法。

四、心理訓練

田徑運動員的心理訓練水準高，能有效地發揮身體、技術和戰術水準，在比賽時提高運動成績。

田徑運動員心理訓練的內容是發展心理過程和個性心理特徵能力。可參用《運動心理學》中某些方法進行訓練。但是，提高田徑運動員專項比賽能力、掌握完善專項技術、樹立自信心是增強心理機能的基本途徑。

五、恢復訓練

大負荷訓練是現代田徑運動訓練的重要特徵之一。大負荷訓練必然使運動員身心產生疲勞，疲勞產生後必須及時採取措施，使身心得以恢復，這樣才能繼續參加訓練和比賽。否則會形成過度疲勞造成訓練中斷。沒有恢復就沒有訓練，恢復訓練在田徑運動訓練過程中具有重要意義。

應及時合理地調整訓練計畫、訓練方法手段、訓練負荷、訓練組織形式等，調整運動員機體機能狀況，從而加速運動員恢復過程。應適當地走出生活、訓練環境，觀賞自然景色、建設熱潮，參與文娛活動，轉移注意力，消除緊張心理狀態，使運動員中樞神經系統和肌肉的緊張程度得以緩解，使機體機能系統恢復到平常水準。

應當用水療、按摩、理療、吸氧、針刺、氣功和藥物等方法儘快消除全身疲勞，及時補充能量，恢復機體工作能力。

六、理論學習

現代田徑運動水準達到很高的程度，要想在競爭激烈的國內外比賽中取得優異的運動成績，運動員必須具有一定的理論水準，才能自覺地進行系統科學的運動訓練和比賽。因此，田徑運動員的訓練過程中，要加強理論學習，提高訓練的效果，最終提高訓練水準，創造優異運動成績。為此，教練員應根據運動員的訓練水準、教育程度、訓練年限等，系統安排理論學習，不斷提高運動員的理論水準。

運動員理論學習的內容有解剖學、生理學、保健學、營養學、生物力學、教育學、心理學、訓練學、社會學等基本的理論與知識。具體的知識點為專項應該發展的肌肉、身體素質發展的生理學依據、主要預防的運動損傷、恢復的方法和手段、訓練競賽需要的營養、專項技術的運動學和動力學特徵、訓練過程的教育教學特點，以及競賽要求的心理過程和個性心理特點等等。

提高運動員理論水準的基本方法有：給運動員定期舉行講座或專題報告、教練員與運動員共同討論相關的問題、運動員閱讀專業文獻資料、觀看技術動作分析的影片或錄影，以及進行個人技術分析與訓練總結等等。

田徑運動訓練是透過有目的、有計畫、有步驟的採取各種有效的訓練方法和手段挖掘人體運動潛能的過程。20 世紀，人們已經總結出很多科學的田徑訓練理論指導田徑運動實踐。同時，也還有許多田徑理論問題尚未完全地、深刻地認識，如運動成績提高的更深層次的規律、更加科學地制定訓練計畫的原理、更加有效發展身體素質的訓練方法與手段等等，這都需要我們在 21 世紀向田徑運動實踐學習，進行研究和總結，不斷創新的田徑運動訓練理論，為 21 世紀更好地普及與提高田徑運動水準服務。

第五節‧田徑代表隊總教練的基本工作與任務

田徑運動員的訓練，無疑是田徑運動發展與運動技術水準提高的關鍵。田徑運動員的訓練有專業隊（或職業隊）的訓練和業餘隊的訓練兩種訓練體制。

田徑運動會是由各個運動員代表相應單位參加的比賽活動。各個運動員和接力隊都有機會獲得優異成績或創造各個項目的紀錄。各個運動員的成績和接力隊得分相加，是其田徑代表隊的總成績。

在這兩種體制裏的運動員，他們日常或集訓時期的訓練一般都以訓練組的形式進行（也有個別運動員按個人計畫訓練），在訓練中尊重個人特點很重要。

田徑代表隊是由各訓練組、運動員、教練員、工作人員組成的大集體，因此，他們不能各行其是，必須有嚴格的組織紀律，進行愛國主義和集體主義教育，為所代表的集體創造成績，爭取榮譽。這一點，對主要是以個人參賽為特點的田徑代表隊尤為重要。

田徑代表隊的領隊，主要負責行政管理，同時也是總教練的領導。總教練主要是負責訓練和比賽，也包括為訓練和比賽服務的科學研究工作。

一、田徑代表隊總教練必須具備較高的思想水準和業務能力

第一，總教練必須具有較高的思想水準，較好的人際關係，較高的人生目標，遠大的理想，並為之不懈地奮鬥精神。有這樣的總教練，就有可能從代表隊實際出發，從各個運動員、教練員實際出發，確定較高的訓練比賽的成績指標，創造地區、市、省、國家，甚至世界紀錄。

第二，總教練必須具有培養縣、地區、市、省或全國，乃至世界水準運動員的經驗和實力。例如地區、市級代表隊總教練應有培養省、市冠軍或紀錄創造者的經驗和實力；省級代表隊總教練應有培養全國冠軍或全國紀錄創造者的經驗和實力；國家隊總教練應有培養世界水準或世界冠軍及獎牌獲得者的經驗和實力。

第三，總教練必須具備善於團結他人，能夠駕馭全隊，指揮田徑代表隊員們一道前進的品格和素質。他應是全隊凝聚力的組織者或核心人物，能把全隊建設成為一個和諧、團結、很有實力的集體。

第四，田徑隊總教練的責任是指揮全隊教練員、運動員進行訓練，他有對整個訓練發號施令的權力，要像交響樂隊的指揮一樣，使演奏員們都能隨指揮棒演奏。田徑隊中有各個訓練組，有各個單項；交響樂隊中有各類樂器演奏組，有各種樂器，因此總教練要像樂隊指揮通曉各種樂器那樣，必須熟悉各個單項，才能真正做到內行指導內行。樂隊指揮還可能精通其中某種樂器和演奏，總教練也應精通並能指導田徑代表隊重點項目的訓練。

指揮家對樂隊演奏的樂曲的理解，對樂隊演奏的掌控，在理論與實踐方面一般都應高於各個演奏員。總教練對田徑隊整體訓練水準、實力以及比賽主要對手、相關隊的實力、項目等的瞭解、掌控的知識、訊息、戰術水準等能力，當然也應高於其他教練員、工作人員。

第五，田徑隊總教練，尤其是省、市和國家隊總教練，包括代表省、市和國家大學生田徑隊總教練，都需有鮮明的訓練觀點和學術觀點。

二、田徑代表隊總教練的基本工作任務

田徑隊總教練的工作，有長期業餘訓練和專職訓練、短期內為參加重大比賽的集中訓練兩種情況，其任務略有差別，本《教程》主要論述的是短期集中訓練的總教練應做好的基本工作。

（一）制定短期集中訓練的總計畫

制定田徑代表隊集中訓練總計畫是總教練（或教練組長）的首要工作任務。總計畫是總教練組織、指揮、掌控田徑代表隊訓練和比賽工作的依據。總計畫制定得好否，對整個田徑代表隊的訓練和比賽有重大影響。短期集訓做得好就能充分發揮長年或多年訓練水準，在比賽中創造優異成績；短期集訓做得差就不可能發揮長年、多年訓練水準，甚至會導致比賽的失敗。

短期集中訓練的特點是訓練任務要求較高、緊迫，時間短，教練員、運動員來自各個單位，總教練對教練員、運動員缺乏瞭解，生活和訓練環境、條件都有新的變化，都需盡快適應。這種情況下的運動員、教練員，一般都會處於較高興奮性的訓練工作狀態。

總教練要事先瞭解競賽規程，要努力獲取大量有關的訊息，瞭解本屆田徑運動會的任務、籌備情況、參賽各隊，特別是與本隊實力相當的隊的訓練水準、比賽實力等情勢，知己知彼，大體瞭解全局，大體明了本隊在整個參賽各隊間的實力位置。初步形成短期集訓和比賽的戰略戰術思想，甚至採取個別、特殊的訓練舉措。

認真徵求教練員的意見，制定出切實可行的短期集中訓練的總計畫。

短期集中訓練的總計畫一般應包括以下內容：

1.短期集中訓練和比賽的任務

根據領隊的要求和競賽規程，結合本隊實際情況，明確地提出短期集訓與比賽任務。例如，某省田徑代表隊準備參加第 12 屆全國運動會的田徑短期集訓和比賽的任務，就很有可能要提出在田徑比賽中爭取獲得多少總分、什麼樣的總名次，創造省、市或全國紀錄的具體任務；還可能要提出在運動會期間爭取獲得精神文明、道德風格獎的任務。

也還可能根據本隊具體情況或特殊情況，提出其他要求和任務。

2.本隊與其他參賽隊的實力分析

分析本隊和各有關省、市隊，特別是與本隊實力相當隊的水準，做到知己知彼，統一認識，團結一致，樹立信心，為完成集訓和比賽任務而認真刻苦地訓練。

3.充分發揮教練員的主導作用和運動員的積極性

根據教練員的專長，合理安排他們的工作。根據競賽規程，分析各有關運動員的實力，以我為主地確定運動員參加的競賽項目。

4.從競賽需要出發，提高專項技術、戰術水準，提高比賽能力

田徑代表隊是為了參加重要比賽、提高成績和爭取勝利才進行短期集訓的。集訓運動員水準不同，訓練工作內容很多，但主要是提高專項技術、戰術水準和比賽能力。

5.嚴格、細心地合理安排和掌控運動量

合理安排、掌控全隊運動量是總教練很重要的一項工作任務。每天都要睜大眼睛注視運動員訓練的運動量問題。要看運動員的表現，要問長問短，隨時同教練員、醫務監督或科研人員交流、合作，特別是同教練員的交流、合作最為重要。

賽前一月集中訓練的運動量安排，一定要循序漸進，要有節奏，切忌在興奮性較高的情況下運動量過大。當然，還必須貫徹區別對待的原則。這一點對高水準運動員特別重要。參考表 138。

表 138　集訓一月（四週）代表隊運動量安排（參考示例）

週次 \ 運動量 \ 星期	1	2	3	4	5	6	日	週總量
一	小	小	小	中	小	中	休息	小
二	小	中	小	大	中	小	休息	中
三	中	大	小	大	中	小	測驗	大
四	中	大	小	中	小	休息	比賽	中

在 4 週運動量安排之中，要特別注意第 1 週運動量應該是逐漸增加，防止過急。運動員加入高一層次代表隊，見到很多新的隊友，進入新環境，訓練條件比原單位更好，心情往往是興奮、激動的，不容易掌握好運動量，常有運動量過大情況發生，帶來不利訓練的後果，總教練，特別是各項教練員要特別注意這一點。

可以這樣說，開始訓練時，運動量「寧小勿大」。小了可以再加大些，可是過大了就可能出事故，影響以後訓練，很難調節。第 4 週（賽前 1 週）運動量安排要逐漸降低，強度要大，密度要小，使運動員身心都處於良好的競技狀態，躍躍欲試，渴望比賽。

對訓練有素、堅持長年系統訓練的運動員，開始集訓第 1 週的運動量應與其原訓練的運動量密切地聯繫起來。他們的運動量一般不需降低，要充分尊重原訓練計畫的安排，只可適當調整。但是第 4 週最後幾天的訓練，運動員都應處於良好的競技狀態。

6.關於制定各組訓練計畫的意見

根據教練員、運動員專項，代表隊分組進行訓練。各組是落實總計畫最基本的訓練單位。各組教練員組長應根據總計畫和本組成員等實際，制定各組訓練計畫。各組訓練計畫一般應包括以下內容：

（1）根據總計畫和對本組運動員各項比賽能力的基本分析，提出訓練任務和比賽成績的指標。

（2）訓練進度。如各週、次基本訓練內容與方法。

（3）組成互助小組。由於專項相同而訓練水準不同，可以在各組再成立互助小組，以老帶新，發揮集體力量。

組的訓練計畫是制定個人訓練計畫的依據，應在本組充分討論。組的計畫要注意個人特點，充分發揮個人主觀能動性，優秀運動員要在保證完成個人訓練任務的前提下幫助新手。

7.關於制定個人訓練計畫的意見

運動員根據總計畫的精神和訓練組計畫安排，制定個人訓練計畫。田徑訓練和比賽都是以個人為單位進行的，這是它的最大特點。代表隊的成績都是以個人創造的成績相加構成其總分。因此，要特別重視發揮各個人的作用。

個人訓練計畫一般應包括以下內容：

（1）**個人訓練比賽任務**。首先應提出思想和組織紀律方面的要求，提出比賽成績的指標。

（2）**訓練內容和方法**。在組的進度安排中，考慮個人實際情況，解決個人專項中的主要問題，將適合解決個人專項主要問題所需的訓練內容和方法，列入個人計畫，並在個人計畫中多次反覆練習。

對於訓練水準不高的少年兒童在短期集訓中可不制定個人訓練計畫。但要注意個人特點，適當地調整訓練內容、方法以及運動量等。

制定以上各類訓練計畫時都要從運動員實際情況出發，制定後要嚴格執行，執行中尊重事實，不斷發現問題積累經驗，修改和完善訓練計畫，更好完成訓練任

務。

8.接力隊的訓練計畫

男、女 4×100 公尺接力比賽和男女 4×400 公尺接力比賽是田徑代表隊整體實力的體現；是田徑代表隊「團結就是力量」的體現；是田徑代表隊精神狀態的體現；是田徑代表隊勇敢與智慧的體現；是田徑代表隊速度與技巧的體現，也是集體主義精神的象徵。總教練應對這 4 支接力隊負全部責任。

組建這 4 支接力隊時會有很多問題和矛盾，應由總教練負責協調、處理和解決。總教練應在總計畫中包括接力隊的訓練安排，並親自實施訓練。如果總教練不精通接力跑的賽跑技術和傳接棒的技術，特別是缺乏接力跑的實踐和經驗，則應指定某位有權威、有豐富接力經驗的教練進行訓練。

9.督察教練員和運動員的訓練日記

要求教練員、運動員都寫訓練日記，總教練要經常抽查，這是檢查、總結訓練不可缺少的資料、知識等的來源。

10.報名

一般地講，田徑代表隊參加比賽的報名具有重要的戰術意義，對獲得勝利也具有重要意義。

報名的戰術意義，越是基層較大規模的比賽越重要，因兼項多，單位多，總教練掌握有關各隊實力及參賽項目情況更難做到知己知彼，所以必須充分調動、發揮各項教練員的作用。

11.組織對內測驗

測驗是對訓練工作的檢查，是對比賽的預演，是準備比賽的比賽。準備比賽特別重要，準備得好，比賽時運動員就會充滿信心，易創造優異成績。那幾天要注意使運動員有足夠的休息、睡眠。

（二）「科研攻關」、醫務監督

1.「科研攻關」

隨著中國經濟建設的迅速發展，田徑運動的普及與水準的提高，競賽活動頻繁，科學技術理論知識越來越多地參與研究、指導田徑運動。很多田徑代表隊都有科研人員和隊醫，對運動員的訓練進行科學研究和醫務監督，為田徑代表隊訓練工作服務。

較高水準的田徑代表隊，經常有專門的科研人員對訓練工作進行科學研究工

作，特別是常有科研人員與教練員、運動員一起對重點項目的訓練進行科研攻關，目的是為提高運動成績和創造新的紀錄服務。這樣的科研人員及科研攻關小組，應根據總教練的工作計畫和有關運動員參加比賽項目制定專門的科研攻關計畫。

科研攻關的目標必須與總教練工作目標一致，其計畫經總教練同意方可實施，這也是總教練的一項重點工作。

2.醫務監督

隊醫或醫務監督主要任務是預防運動員受傷、得病，幫助輕傷、小病者儘快痊癒並關注運動員生活的規律性。特別要監督運動員飲食的安全、衛生和營養。要幫助有關人員識別、檢查食品中具有「興奮劑」成分的蔬菜、食物。嚴防興奮劑的危害。

（三）總結（包括科研服務、醫務監督等）

總結要有科學性，要有必要的事實、成績、資料。要有訓練觀點。成績要說夠，缺失要說透。它是一篇總結性的科研論文。不是流水賬。

總教練要成為訓練過程中的「鼓動家」和「保護者」。

在訓練實施過程中，要發現「亮點」和「先進」，鼓舞全隊士氣，保持旺盛的鬥志。嚴防傷害事故，寧可少訓練幾次，也要防止過度訓練、疲勞、受傷，保護好每位運動員都能精神抖擻、健壯、信心十足地參加比賽。這是總教練合格的標準之一。也是訓練、比賽勝利的保證。

第二十一章

兒童少年與女子田徑
教學訓練特點

韓　敬　楊學軍　周家穎

　　田徑運動是其他各項體育運動的基礎。中國實施全民健身計畫所追求的提高國民體質健康的目標，現代競技體育所必須的速度、力量、耐力、柔韌、靈敏協調等身體素質，透過田徑運動教學訓練可以得到最有效的發展。因此，從小鍛鍊、從小培養、從小抓起，對於全民健身和奧運競技戰略長遠宏偉目標的實現，是非常重要的。

　　兒童少年與女子教學訓練應遵循田徑教學的一般規律。兒童少年身心正處於迅速發育成長的敏感期，身體形態、身體素質處於快速增長變化期，身體素質和運動能力的發展空間很大。他們的身心活動及發育與成人相比還有自己的特徵，具有階段性和特殊性。女子從解剖、生理特點上看，也有其階段性和特殊性。因此，必須根據兒童少年與女子身心發育的一般特徵和規律進行田徑教學訓練，才能更有利於促進他們身心健康發育成長，身體素質全面發展和提高運動成績。

　　田徑運動中，跑、跳、投等各運動項目都具有自然動作的性質，對兒童少年與女子生長發育和運動能力的發展、完善，培養他們的意志品質，都具有積極良好的影響。同時，兒童少年也是學習掌握田徑運動技能的重要時期，這在他們運動生涯中占有突出的舉足輕重的地位。

　　兒童少年身心發育受多種因素和條件的影響，如地域、地理環境、氣候、營養、遺傳等等。為了更好地瞭解掌握兒童少年與女子身心發育一般特徵和規律進行田徑教學訓練，需要就這一領域涉及的問題，進行較為深入的分析和論述。

第一節・兒童少年田徑教學訓練綜述

　　有關兒童少年田徑運動教學訓練問題，一直是田徑界所關注的課題之一。現在人們對兒童少年參加田徑運動練習的必要性的認識是一致的，不同的看法和觀點主要表現在「能否進行早期專門化訓練」「要不要進行早期專門化訓練」「怎樣進行

早期專門化訓練」和「對有超常特殊生理機能特點的兒童少年如何進行早期專門化訓練」等問題上。

對於兒童少年早期專門化訓練問題的爭論，由來已久。現代奧運會初創，運動成績發展的早期，運動員創造高水準的成績主要靠運動員本身的天賦條件，當時對於從小抓起、從小培養優秀運動員還比較忽視。

20 世紀 60 年代末，主要以第 19 屆墨西哥城奧運會為標誌，進入了一個新的發展時期。這一時期田徑運動成績大面積、大幅度提高，當時表現出的比較高的運動成績，除了靠運動員先天的條件之外，還要進行刻苦的訓練。隨著田徑運動水準的不斷提高，全年系統訓練和多年訓練體系及兒童少年早期專門化訓練，已逐漸被廣大教練員認可，並被廣大運動員接受。

80 年代以來，國際田聯及洲際田聯相繼設置了幾個特許的比賽，如世錦賽、世界盃賽、歐錦賽、亞錦賽等。進入 21 世紀，國際田聯及洲際田聯特許的比賽增多，再加上商業運作的黃金聯賽、分站賽、區域性重大比賽，以及本國的重要比賽，每年的室內外比賽有近百次，比賽特別頻繁，與之相適應的是青少年比賽與分齡賽次數也與年俱增。訓練體系與競賽體制的改進與完善，都促進了優秀運動員的不斷湧現和運動水準的進一步提高。人們更加認識到，要表現高水準的運動成績，必須及早地開始系統的多年訓練。

對兒童少年進行的早期訓練，對運動成績的提高起到了積極作用，大批優秀青少年運動員的湧現，充實了高水準運動員的隊伍。各分齡賽的比賽中，都出現了具有優秀運動天賦和較高水準運動員的可喜狀況，這些都為創造優異成績奠定了雄厚的後備人才基礎。

然而，在早期專門化訓練的認識和發展上，有些問題還有待進一步研討，如出現了早期專門化訓練時間越來越早、達到高水準運動成績的年齡越來越早的傾向；實踐中也出現了一些「少年冠軍」，他們在少年時期就表現出了很高的運動水準，但到成年之後運動成績卻停滯不前，要想使成績再上一個台階相當困難，有的甚至過早地結束了自己的運動壽命。

這種狀況必然會引起對早期專門化訓練的質疑，同時也促使一些教練員和體育科研人員加強對這一問題的深入探討和研究。一些人認為，兒童少年不宜承受大的訓練負荷，尤其是對過早訓練的遠期影響的評估，還缺乏足夠的理論說服力，因此，不能過早地進行早期專門化訓練。

另有相當一部分人則認為，兒童少年不僅能進行早期專門化訓練，而且十分必要。理由是：

第一，兒童少年的訓練是達到高水準運動成績不可少的環節；

第二，現代科技的發展給兒童少年訓練提供了正確的理論指導；

第三，現代青少年發育成熟較過去提前，使及早進行訓練有了更強的身體基礎；

第四，運動實踐已為兒童少年訓練提供了豐富的經驗。

國內外很多成功的訓練實踐說明，兒童少年不能進行早期專門化訓練的觀點是缺乏科學依據的，那種所謂「曇花一現」的現象不具有普遍性，也不是早期專門化訓練的必然結果。因而，更多的專門人士認為：如何進行科學合理的訓練是問題的關鍵。總結近年來中國和其他體育先進國家兒童少年田徑教學訓練經驗，有幾點值得借鑑和研究總結。

一、建立兒童少年多年教學訓練體系和與之相適應的競賽體制及選材體系

縱觀世界田徑強國，都建立有適合本國國情的多年教學訓練體系。如德國、英國和法國把兒童少年多年教學訓練體系分為基礎訓練、發展訓練和最高能力訓練三個階段；俄羅斯則分為基礎訓練、專項初級訓練、專項深化訓練和高水準運動訓練四個階段。

儘管這些體系的階段劃分不完全相同，但其基本內容與規律是一致的。兒童少年多年訓練應是個準備階段，其目的是為將來不斷地提高成績奠定良好的基礎，因此，應以上述目的、任務為基點來計畫與實施兒童少年的教學訓練過程，並以這些目的任務達到和完成情況來評估評價兒童少年的教學訓練工作。

為了適應兒童少年的特點，一些國家設立了不同的競賽分齡組，根據不同分齡組設立不同的競賽項目，包括由不同數量和項目所組成的全能運動、不同距離的中長跑、不同欄高與欄間距的跨欄跑，以及不同器械重量的投擲項目等等，以形成一套適合兒童少年特點的教學訓練與競賽體制。

一些體育先進國家已使選拔後備田徑人才的工作形成了一定制度，如俄羅斯將年輕運動員的選拔分為少體校初級、分項、專項和參加集訓隊這四級選拔，每個階段都有各自的具體測試內容和標準。

中國在 2009 年青少年田徑教學訓練大綱中凸顯的優秀運動員成才特點是以速度為核心、以體能為基礎、以技術為關鍵的指導思想；對青少年田徑教學訓練貫徹打好基礎、全面發展、對技術精益求精、多年訓練持續發展的原則。

二、建立兒童少年田徑教學訓練網點

有了科學的教學訓練體系和與之相適應的競賽體制，還必須有培養兒童少年田徑運動員的實踐基地。經過多年努力，中國已建立了許多不同層次和規模的培養兒童少年運動員的訓練基地，並形成了廣泛的網絡。除省、區、市、縣體校及體育院校附屬競技體校一般都進行田徑教學訓練外，有的普通中學也設有田徑訓練點，為培養兒童少年田徑人才創造了較好條件。

經過多年的摸索和實踐，中國目前正在運行一種田徑後備人才培養的新體系，這種體系的基礎是在全國範圍內篩選有訓練條件和後備人才的體校作為單項奧林匹克後備人才訓練基地，國家田徑運動管理中心每年重點對這些單項訓練基地的運動員定期進行集中訓練，在訓練營期間，聘請國內外專家對基地教練員進行訓練理念、訓練方法和正確動作技術的理論培訓，透過專家集中帶隊、基地教練員參與訓練的方式來提高基地教練員的實際訓練水準；透過訓練比賽和科學測試來選拔優秀的單項後備人才，然後再集中優秀後備人才進行集中訓練與選拔。

教育部和國家體育總局命名的以田徑項目為主的優勢傳統體育項目學校在全國就有百餘所之多。國家體育總局田徑運動管理中心根據中國田徑運動基礎項目和優勢項目，依傳統開展狀況和地域分佈，設立了數十個田徑單項青少年訓練基地，僅競走和中長跑項目就設立了二十多個。

2005 年後，每年都舉辦集中集訓形式的訓練營。在西安體育學院，每年參加夏令訓練營的人數都在 1000 人以上。透過集訓培訓、監測選拔，發現了很多有潛質、有培養前途的優秀少年運動員，效果是顯著的。

三、走全面發展、全能訓練的道路

為了充分發揮兒童少年在某些方面的特長和挖掘其最大潛力，大多數專家和教練員主張兒童少年走全能訓練的道路，經過多年全面訓練和多個運動項目的實踐之後，如果某兒童少年在某單項中表現出他的特殊才能和良好的運動成績時，他即可確定專項訓練；如果在大多數項目中表現出均衡的運動成績和才能時，他可繼續進行全能運動的訓練。這樣做，可以充分挖掘兒童少年的潛力，確定合適的運動專項，有利於豐富運動技能和奠定紮實的全面發展基礎，有利於提高成才率，有利於進入高齡組訓練不斷提高運動水準。

如今看來，少年兒童田徑訓練應該從建立科學的訓練體系、確立訓練的綜合選材體系、重視基礎訓練、重視全面發展全能訓練而避免盲目的早期專門化，以及訓練過程、訓練方法的多樣性等幾個方面著手，並考慮到動機激勵、競技需要、有效調控、系統訓練、不間斷性與週期性以及適宜負荷、區別對待、適時恢復等在少年兒童訓練中必須顧及的要素，這樣才會形成完備的多年訓練體系和良性循環，為以後的成才之路奠定好堅實的「金字塔式」的基礎。

四、兒少田徑運動的興起

國際奧林匹克委員會繼將青年奧運會列入正式競賽日程之後，又決定在 2012 年開始舉辦少年奧運會，為兒童少年的體育活動開展提供了新的契機。為了使現代田徑運動的普及與開展能與兒少的體質狀況與運動能力相一致，國際田聯在全世界

推廣兒少田徑運動。並推出了「兒童少年田徑運動推廣教育計畫」，在全球推廣實施「兒少田徑運動和競賽」。成人化的田徑運動形式與小年齡學生在身體運動能力和心理發展需求上是不相適應的，兒少田徑運動在運動器材、運動內容與比賽規則上與現代田徑運動都有較大區別，兒少田徑運動要突出運動的教育性、實用性和趣味性，把培養兒少跑、跳、投的能力與充滿趣味的田徑運動結合起來，在遊戲性比賽中鍛鍊兒少的協調性和靈活性。

兒少田徑運動項目與現代田徑運動項目相近似，運動難度和運動方式與兒少能力相適應；有特製的各項目器材，能最大限度地適應兒少的身體發育狀況和避免運動中傷害事故的發生；有專門的組織競賽規則，突出趣味性的競技。

近年來，國際田聯中國地區發展中心提供器材、派出講師，在北京體育大學舉辦了多屆旨在推廣普及「兒少趣味田徑運動」的培訓班和夏令營，在北京體育大學也適時開設了選修課。國際田聯的「兒童少年田徑運動推廣教育計畫」，現已輻射到中國十幾個省市百餘所中小學，對少年兒童田徑運動的廣泛開展起到了積極的推波助瀾的作用。

第二節・兒童少年田徑教學訓練特點及注意事項

一、兒童少年生長發育進程中的身體特點

（一）身體的「自然增長」

兒童少年運動成績的提高，一方面是由於訓練的效果，另一方面也有「自然增長」的因素。兒童少年的訓練不僅能使運動成績得到提高，而且對「自然增長」也有影響。

合理的教學訓練能促進「自然增長」的發展，而不合理的教學訓練會阻礙身體的「自然增長」，從而影響兒童少年的身心健康和運動成績的進一步提高。

兒童少年的多年訓練應該是個準備階段，其目的是為進入高年齡組訓練的不斷提高運動成績而奠定良好基礎。為此，少年兒童的訓練，除考慮到提高運動成績外，還必須十分重視增進他們的健康，促進身體的「自然增長」，使身體得到全面勻稱的發展。

（二）身體各部分的發展不平衡性

一般情況下，兒童少年的內臟器官，尤其是心血管系統生長發育明顯地落後於運動器官的生長發育。在運動器官中，骨骼，特別是各關節和韌帶落後於肌肉的增長與發育。

肌肉的發展也是不平衡的，一個 12～13 歲未經過訓練的少年，他們的肌肉發

展往往是不平衡的。通常發展較好的肌肉有背肌和大腿前面的肌群、小腿肌群和臀部肌群、屈臂肌群和四肢的內收肌群。通常發展較差的肌群有伸臂肌群、大腿後側肌群、四肢外展肌、腹肌和軀幹的斜肌。因為這些肌群，在日常生活中是不常用的。

在安排兒童少年的訓練時，充分考慮到身體發育的不平衡性是十分必要的。對一些暫時處於薄弱狀態的環節，應加強保護與愛惜，以免過多的訓練而損傷了這些器官或肌肉，同時更為重要的是應透過適度的訓練，使暫時薄弱的部分得到發展和加強，使整個機體得到全面提高。

（三）身體的脆弱性

兒童少年是長身體的旺盛時期，各器官與系統長得很快，如兒童的身高，一般每年增長 5～6 公分，12～13 歲時身體處於加速發育階段，有的兒童少年一年竟長 8～12 公分，由於身體長得快，各器官與系統在一定的時期內來不及長健全，因而兒童少年的有機體顯得比較脆弱。這便決定了兒童少年田徑運動訓練要比成人的運動訓練更加小心謹慎。

由於兒童少年的身體長得快，血壓容易升高，這雖是一種暫時現象，但如果運動訓練過度，就可能轉為嚴重的心血管系統疾病。由於身體長得快，需要有足夠的營養予以補充，如果營養不足，兒童少年容易貧血。

由於兒童的骨骼柔軟，如果長時間地採用負重練習，會阻礙骨骼的生長，或者造成脊柱變形。

由於兒童少年的骨化過程尚未完成，軟骨成分較多，關節支撐能力較差，關節和韌帶容易受傷，特別是那些條件好、完成動作速度快的兒童少年，更容易使關節和韌帶損傷。

根據上述特點，兒童少年在田徑運動訓練中，應加強對心血管系統的保護；注意飲食和營養，防止貧血現象的出現；避免大力量訓練，少做靜力練習；練習時注意保持正確的身體姿勢；加強醫務監督與健康水準的檢查；防止多次重複性受傷而轉成慢性疾病。

（四）身體發展的不穩定性

不穩定是指變化大，表現在這次課上動作掌握得很好，但到下次課時卻完全變了樣。有時，有的兒童少年在某一階段裏的訓練很像個樣子，但再過一段時間卻似乎什麼都不行了。

出現這種情況的原因是，兒童少年的身體發展快而不平衡，由此造成身體內部的失調現象。如少年跳遠運動員在顯著提高速度素質的同時，可能出現成績下降的現象，這是因為素質與技術之間出現了失調的緣故。

這一特點，要求兒童少年訓練的教練員具備有關方面的知識，並有更大的耐

心，善於在暫時處於成績下降的情況中，看到進一步提高成績的因素；同時，當某一方面發展很快的時候，也要預計到可能出現的問題。

二、兒童少年田徑教學訓練特點

兒童少年田徑的教學訓練有以下特點：

（一）根據兒童少年身體發育、心理發展的一般特徵和規律，科學安排訓練

兒童少年大腦皮質神經過程的興奮和抑制不均衡，興奮占優勢，易擴散，因此注意力不集中，活潑好動，練習時興趣濃厚但持續時間短。所以在他們練習時應多選擇遊戲、趣味性強的內容，儘量少做單一的、多次重複的、持續時間較長的動作和練習。提倡他們多參加集體參與性強的運動，寓教於學之中，並帶有競技色彩，練習的手段和內容要多樣化。

由於兒童少年分化能力差，又受到小肌肉群發育遲緩的制約，所以做動作時容易出現多餘動作或動作不準確、不協調，雖然他們好模仿，對新鮮的動作都愛試一試，但是還是不要讓他們做高難度、力所不能及的動作。

兒童少年新陳代謝和基礎代謝非常旺盛，心搏頻率較快，每公斤體重每搏和每分血液輸出量相對值大。以上的生理特點使兒童少年可以勝任短時間的緊張運動。另一方面，他們呼吸深度淺，呼吸頻率快，胸廓小，肺活量和吸氧量差，所以耐力差，不宜進行長時間的運動。

以上兩點要予以關注，訓練中要循序漸進，練習內容和時間力求明快和緊湊，合理掌握和安排控制好運動量。

兒童少年正是學知識、接收新鮮事物的求知學習的初級階段，心理活動簡單、頻繁、多樣，單純而可塑造。在教學訓練中，要根據他們心理活動階段年齡的特徵，多採用趣味性、學導式、啟發式、簡單探究式的教學訓練手段方法。

技術訓練要注重直觀性，簡明扼要地講解和正確直觀地示範，有時會勝於語言效果的。此外，還要根據他們個體的性格特徵、神經類型、行為品質，進行因人而異區別對待和有針對性的教學訓練。特別要指出的是，考慮教學因素時更重要的是考慮教育因素。

兒童少年正是世界觀、人生觀形成的初始階段，正確的教育指導，對他們以後的身心健康和成才至關重要。

（二）按年齡分階段進行多年系統的教學訓練

根據兒童少年身心發育的主要階段和中國現行的競賽年齡組年齡，主要劃分為兒童組（7～12 歲，不滿 13 週歲）和少年組（13～17 歲，不滿 18 週歲）兩個組別。

因為中國中小學教育分為小學、初中和高中，所以它又細分為兒童組、少年乙組和少年甲組，並且實行分組競賽制度，如表 139 所示。

表 139　兒童少年訓練階段、比賽組別的劃分

階段	準備教學訓練階段	基礎教學訓練階段	初級專項訓練階段
	小學階段	初中階段	高中階段
年齡	7～12	13～15	16～17
比賽組別	兒童組	少年乙組	少年甲組

（三）採用強度小、量大的訓練方法

強度小量大的訓練法有以下特點：

第一，速度力量素質是逐漸得到提高的，這與兒童少年身體發育相適應；

第二，能使兒童少年的骨骼、韌帶和關節都得到良好的發展；

第三，能使兒童少年的心血管系統得到較好鍛鍊，並保證在 4～5 年後能顯著提高訓練強度和量；

第四，有利於基本技術的掌握；

第五，使素質與技術得到協調發展，防止兩者出現失調現象；

第六，有利於良好訓練作風的形成。

強度小量大訓練法的特點，是以有氧代謝為基礎的一般耐力訓練，在兒童少年訓練量中占很大的比重。

一般耐力訓練是保證兒童少年身體全面發展、增進健康及適應大運動量訓練的必要條件。耐力訓練也是保證順利進行教學與訓練的重要手段，它決定著完成動作的數量與品質，決定著抗疲勞能力的加強與恢復功能的提高。

總之，強度小量大的訓練方法有利於增進兒童少年的身體健康，能有效地發展素質並促進「自然增長」的發展。

（四）建立廣泛的運動技能與掌握多種運動技術

運動技術與運動技能之間存在著緊密的聯繫，運動技能是掌握運動技術的基礎，而掌握運動技術的過程，又能促進運動技能的建立與提高。由於田徑運動各項目技術之間存在著相互促進作用，因而在兒童少年田徑運動技術教學與訓練過程中，建立廣泛的運動技能和學習、掌握多種運動項目是非常重要的。這樣做，既是一個挖掘技術潛力的過程，又是一個擴大運動技能和培養靈敏、協調素質的過程。

在進行田徑運動技術教學與訓練時，兒童少年不僅要學習多種田徑運動項目的技術，而且還應學習一個項目的多種姿勢，如學習跳遠的蹲踞式、挺身式和走步式。理想的結果是教會兒童少年用左、右腿完成跳躍的起跳，能用左、右腿完成跨

欄跑的攻欄。在進行全能項目的技術教學與訓練時，教練員應有意識地讓跳高時使用左腿起跳的兒童少年，在跳遠與跨欄跑時用右腿起跳或起跨。這樣可使左、右腿得到勻稱而全面的發展。

（五）建立適合兒童少年的技術動作模式

在進行兒童少年田徑技術教學訓練之前，教練員應對技術動作建立一種合理的模式。這一模式不應是某一優秀運動員技術的簡單模仿，也不應是某種技術流派的翻版，而應符合生物力學原則，有效發揮和挖掘兒童少年的潛力，同時又能體現該項目技術的階段發展趨向。

這樣的技術動作模式具有結構簡單、動作規範、易於用力的特點，並能為運動技術的不斷改進與完善打下紮實的基礎。

如在三級跳遠的教學訓練中，青少年宜採用「兩平一高」的動作模式，以便減輕三跳過程中身體和腿部的負擔，防止與減少傷害事故的發生，同時也有利於水準速度的發揮和保持。

（六）重視對專門能力的訓練和培養

在田徑運動中要獲得高水準的成績，除技術、素質、身體條件等因素外，還要求運動員具備適合於某一專項的特殊能力，如短跑運動員應具備在劇烈的競爭過程中保持高度的放鬆協調能力，跳高運動員應具備超群的縱跳能力，跳遠、三級跳遠運動員應具備在全速跑進的前提下完成快速有力和準確踏板起跳的能力；投擲運動員應具備在最後用力過程中加速完成動作的能力。

以上這些能力應透過多年訓練，從小進行培養。

（七）採用適合兒童少年的教學訓練方法與運動器材

進行兒童少年的田徑教學與訓練，要求教練員掌握兒童少年的生理心理特點，采用生動形象的語言和靈活多樣的手段與方法。練習過程中，要多採用模仿練習和專門性練習，這些練習可將所學的重點突出出來，反覆多次地進行，有利於提高學習效果。同時，還應多採用適合兒童少年年齡的器材，如以小實心球代替鉛球、壘球代替標槍、鐵環代替鐵餅，以及自製小欄架、小跳高架等，都有利於兒童少年學習與掌握合理技術。

在技術教學與訓練過程中，還可進行一些有益的活動，如開展技術評比，這不僅有利於兒童少年建立正確的技術概念，而且還利於提高兒童少年對學習與掌握技術動作的興趣，激發他們的學習積極性。

參加體育鍛鍊和運動訓練，不僅僅侷限於操場、運動場館，因地制宜地進行鍛鍊和訓練，對增強體質大有益處。應該提倡選擇安全設施齊全的場館，空曠、空氣清新、自然環境良好的地方，這對少年兒童來講，還具有生理衛生意義。

三、兒童少年田徑運動教學訓練注意事項

（一）重視兒童少年身體素質發展敏感期的訓練

由於兒童少年身體的成長與發展具有不平衡性的特點，因此，在訓練過程中表現出發展某一素質的敏感期，即在某一年齡階段發展一定的身體素質可取得良好的效果。

如 8～9 歲以前，骨骼有機物質多，無機鹽類少，因而骨骼柔韌，富有彈性，各關節韌帶柔軟鬆弛，關節活動範圍大。這時，可多做些柔韌性練習，並掌握一些田徑項目基本技術的練習。到 10～13 歲時，應增加速度素質與協調能力的訓練。12～14 歲時，加強一般力量和靈敏素質的訓練。15～16 歲時，可以開始採用較大重量的負重練習發展力量。17～18 歲可以從事大強度的力量和發展專項耐力的訓練。這樣做，既可避免傷害事故的發生，又可取得較好的訓練效果。

（二）充分利用運動技能的遷移效應，合理安排技術與訓練

由於各項運動之間存在著相互促進和相互影響的作用，因此，在安排兒童少年的田徑運動技術教學與訓練時，有必要周密考慮可能出現的影響與作用。一般說來，某一技術動作的掌握，能在學習其他技術動作時出現正效應而有助於新技術動作的掌握，但有時也可能出現負效應而干擾和影響另一技術動作的學習與掌握。教練員應根據各項運動的難易程度以及它們之間的相互影響與作用，科學選擇練習內容，合理安排技術練習順序，充分發揮其正效應，最大限度地減少其負效應。

（三）兒童少年田徑運動訓練中應防止的幾種傾向

1.防止採取單一狹窄的專項訓練手段

一些教練員口頭上講的是全面訓練十分重要，而實際上只採用狹窄的訓練手段，把重點放在青少年時代出高水準運動成績這一基礎上。青少年時代表現出較好的運動成績是好事，但還要看教練員在訓練中採用什麼方法來提高成績。如果將全面訓練比重減小，專項訓練比重加大，而且採取少量訓練手段和高強度訓練法來提高成績，那麼，這種訓練方法是不可取的。

訓練中只採取少量的手段，在初期能夠收到明顯效果，但經過一段較長時間的訓練之後，兒童少年的身體容易對這些手段產生適應。如果這時不增加其他訓練手段，不改變原來的訓練方法，這種適應不僅達不到應有效果，而且會對進一步提高成績起到阻礙作用。

2.防止一味追求高強度訓練法

兒童少年田徑運動訓練中，存在著兩種不同的訓練方法：一種是量大強度小，

另一種是量小高強度。只需要經過 2～3 個月的訓練，就可以看出，採用高強度訓練的運動員提高成績的速度快。

但這是一種暫時的現象，在多年訓練過程中，這種暫時優勢會逐漸消失，最後將明顯地落後於量大強度小的訓練法。高強度訓練法的害處是：

第一，加大了肌肉與關節韌帶間的發展差距。高強度訓練法使肌肉力量在短時間內得到飛躍式的提高，這往往給一些條件好的兒童少年的關節韌帶造成較大的損傷。

第二，長時間採用高強度訓練對神經系統和內臟器官有較大的副作用。

第三，高強度訓練法不利於加大運動量，不利於掌握田徑運動的基本技術。

3.防止採用以槓鈴為主的大力量訓練

這一做法的不良後果是：

第一，影響了兒童少年的「自然增長」，影響了骨骼的生長；

第二，不利於身體全面勻稱地發展，加大了各部分之間的差距；

第三，使兒童少年的心血管系統的負擔過重，嚴重者會導致心血管疾病；

第四，容易發生關節、韌帶和肌腱的損傷。

產生以上不良後果的原因是缺乏長遠打算，急於追求一時的運動成績；訓練中只有臨時安排而無合理的多年遠景規劃；未根據兒童少年的生理心理特點進行科學訓練。

第三節・現代女子田徑教學訓練特點

一、男女差距逐漸縮小，女子田徑運動趨向男子化

隨著時代的發展，越來越多的女子運動員活躍在田徑訓練場，女子田徑項目新紀錄在不斷誕生。當今的田徑運動無論從項目的設置、教學內容的安排、訓練手段的採用和訓練負荷的安排等方面看，男女差距都逐漸縮小。1928 年第 9 屆奧林匹克運動會首次將女子田徑運動列為比賽項目，當時只有 5 項，2008 年第 29 屆北京奧運會上女子比賽項目已達 23 項，與男子相比，只少了 50 公里競走一項。

歷屆奧運會上增加的項目如表 140 所示。

表 140　歷屆奧運會增加的女子田徑比賽項目表

年份	奧運會屆次	增加項目	累計項目數
1928	9	100 公尺、800 公尺、4×100 公尺接力、鐵餅、跳高	5
1932	10	80 公尺欄、標槍	7

1948	14	200 公尺、跳遠、鉛球	10
1964	18	400 公尺、五項全能	12
1972	20	1500 公尺、4×400 公尺接力（80 公尺欄改成 100 公尺欄）	14
1984	23	3000 公尺、400 公尺欄、馬拉松（五項改成七項）	17
1988	24	10000 公尺	18
1992	25	10 公里競走	19
1996	26	三級跳遠（3000 公尺改成 5000 公尺）	20
2000	27	撐竿跳高、鏈球（10 公里競走改成 20 公里競走）	22
2004	28		22
2008	29	3000 公尺障礙	23

　　長期以來，人們常常從理論上低估女子參加田徑運動項目的能力，有人認為女子不能參加技術複雜項目和長距離跑等項目。然而女子田徑運動實踐逐漸改變了人們的偏見，女子田徑比賽項目也逐漸增加了。至今，大量的事實證明了女子在所有田徑運動項目中是大有可為的。女性在掌握複雜的田徑技術項目、在適應外界環境的變化、承受耐力性負荷等方面，只要遵循女性生理和心理發展規律、科學地進行訓練都能取得驚人成績。

　　超長距離跑、三級跳遠、撐竿跳高、擲鏈球等，一直被認為是不適合女運動員參加的項目，女子不能問津。然而自 20 世紀 80 年代末開始，許多勇敢的女運動員進行了大膽的嘗試，作出了極大的努力，使這些項目在女運動員中得到了迅速發展，並逐漸得到了人們的廣泛認可。

　　隨著觀念的改變和多方面的努力，人們不斷探索和總結：先是參加表演賽，隨著參與的運動員增多，普及程度的提高，逐漸地轉為正式比賽項目。

　　國際田聯也採取了積極的態度：自 1990 年開始，逐項予以承認，並正式設立了這些項目的世界紀錄，如 1991 年將女子三級跳遠列為當年世界室內田徑錦標賽的表演項目，於 1993 年列為世界室內田徑錦標賽和世界田徑錦標賽的正式比賽項目，以及 1996 年列為奧運會正式比賽項目。這一系列措施，極大地鼓舞和激發了女運動員的幹勁和熱情，使更多的女子投入到這些項目的教學、訓練和比賽中，從而加快了女子田徑項目的發展和運動水準的提高。

　　在三級跳遠項目中，1990 年只有少數幾名運動員能跳過 14 公尺，當時國際田聯批准的第一個世界紀錄是中國運動員李惠榮創造的 14.54 公尺，然而在短短的幾年中，跳過 14 公尺的運動員很快地增到幾十名，世界紀錄也被多次大幅度刷新。在 1993 年世界田徑錦標賽上，俄羅斯運動員比爾尤科娃創造了 15.09 公尺的世界紀錄。目前的世界紀錄是 15.50 公尺。女子撐竿跳高這個項目難度更大，但它的普及和發展速度也較快。在 1995 年 10 月，世界上有十幾個人越過 4 公尺，在 2000 年的雪梨奧運會上，前 8 名的平均成績為 4.47 公尺，目前世界紀錄是 5.06 公尺。女子鏈球是第 27 屆奧運會的新增項目，冠軍成績為 71.16 公尺，而前 8 名的平均成績已達到 68.31 公尺。目前，世界紀錄是 78.30 公尺。

女子 3000 公尺障礙跑比賽開展較晚，國際田聯 1997 年才開始推廣，白俄羅斯運動員圖洛娃於 2002 年 7 月 27 日在波蘭的格但斯克創造的世界紀錄是 9 分 16.51 秒。2008 年第 29 屆北京奧運會上列為女子比賽項目，俄羅斯運動員薩米托娃以 8 分 58.81 秒的成績打破世界紀錄，獲得冠軍。由於世界田徑各個項目已經發展到了很高的水準，科研人員和教練員更加重視對決定各項目成績的關鍵因素和項目特性的研究和探索，不斷加強對各項目的規律和特殊性的認識，推動了訓練理論的發展，從而設計在動作結構、肌肉用力特點、動作幅度和速度等方面均與專項動作相似或一致的練習手段和方法。而女運動員的成長，除發揮自身的優勢外，得益於先期開展的男子田徑運動教學和訓練的探索和實踐。

綜上所述，女子田徑運動的發展無論在運動項目、訓練手段、訓練方法和負荷安排方面都趨於男性化。

二、女子田徑運動教學訓練特點

（一）遵循生長發育規律

從人體解剖學和生理學分析，女性和男性之間有一定差異，對女子的競技訓練既可借鑑男子的經驗，又要遵循女性自身的生長發育規律，這樣才能創造更出色的現代女性田徑運動教學和訓練的成果。中醫理論認為，人類的生長發育過程需四個週期方可達到成熟，女子的生長發育 7 年為一個週期。女子在 28 歲左右時身體各器官、系統的生長發育才能完全成熟。從西方醫學的觀點看，女子 28 歲左右體內新陳代謝最為旺盛，認為「不同年齡、不同性別、不同肌群肌力平均值在 22～30 歲之間最大」。「人體骨骼系統 25 歲時才能完全骨化，肌肉系統到 30 歲才能完成發育，肺活量在 30 歲時達到最大值」。

在 11 歲以前，男孩和女孩在身高、體重和身體各部分的比例上沒有明顯差別，但女孩的肌肉力量、呼吸機能指標、血液循環比男孩的低。在少年階段，女孩的身體發育與上一階段有本質的差異，因為這時開始了性成熟的積極時期。性成熟伴隨而來的是興奮，情緒不穩定，對各種外界影響不能做出適應的應答反應，動作協調性、保持平衡的能力受到破壞，動作遲鈍。在這一時期，整個心血管系統對身體負荷的適應機能還沒有完成。由於女孩加速生長期開始比男孩早，所以女孩的個子稍微大些。

在這一年齡段，明顯表現出肌體各部分生長不平衡。女孩和男孩相比，肌肉力量相差很大，普遍說來女孩的絕對力量和相對力量都較低，因而在女子田徑項目的技術教學中，要根據由簡到繁、由易到難的教學原則，充分發揮她們的協調能力有助於更快地掌握跑、跳、投的基本技術。但為了改進和完善這些項目的技術，又非常需要力量和速度，因而在教學中可將技術教學與相關身體素質訓練結合起來，以收到事半功倍的效果。

當教學對象身體素質較差時，可有選擇地降低練習難度（減輕器械的重量、降低欄架的高度和縮短欄間距離等），以正面鼓勵調動她們的主觀能動性，使她們更好地學習和掌握該項技術。

16～18 歲時，男女在身高、身體比例、機體能力和一般工作能力等方面的差別更加明顯，女子比男子的身高平均低 10～12 公分，體重輕 5～8 公斤，肌肉與體重的比例比男子低 13%，而脂肪與體重的比例比男子高 10%左右。女子上身長，腿短，臀部寬，重心較低。女子和男子的肌肉力量、機體能力、心血管系統和呼吸系統指標的差別還在不斷擴大，但動作的準確和協調能力卻強於男子。

在教學中，講明動作的目的、意義及作用，吸引她們產生嚮往、追求的意向。此時，一次課中教授的動作數量不宜過多，難度以她們透過努力能夠完成為宜，對她們應多鼓勵、多幫助、多啟發。可把訓練寓於教學之中，將難度逐漸增加，負荷逐步提高。由於成功的體驗，會進一步激發她們求知的慾望，激勵她們全身心地投入到田徑教學和訓練之中。在教學和訓練中可將難度逐漸提高，負荷逐步加大，注意在鬆軟的地上（沙地、海綿、墊上）完成跳躍練習。要加強腹肌、骨盆底肌、腰肌和背肌的練習，因為這些練習會引起骨盆器官的輕微移動，促進支撐它們的肌肉和韌帶的發展。要慎重地對待女子初學者在田徑訓練中以極限強度完成練習，應當將重複用力的方法同極限用力的方法結合起來。

最好能找到這樣的方法：既能提高最大的力量潛力，又能提高完成練習速度的方法。為了發展力量，最好進行實心球、槓鈴片、雙人對抗練習以及各種跳躍練習。只有當運動員的身體訓練水準相當高的時候，才進行槓鈴練習。負重練習應該和放鬆練習交替進行，以便能更快地消除疲勞。

在訓練安排上，對於不同年齡和不同水準的運動員來說可採用不同的週期訓練，如 13～16 歲的運動員以單週期訓練為主，以利於她們打好基礎，全面提高運動適應能力；17～20 歲的運動員採用雙週期訓練既有利於保證訓練的系統性，又有利於提高專項成績；高水準運動員選擇中、小週期訓練，增加比賽次數，有利於突破成績極限，增加比賽的經驗。

（二）針對女性月經週期特點進行田徑教學訓練

女子的機體和機能確實有許多不同的特點。不可忽略的是女子具有最重要的機能——母性機能。隨著性腺的逐漸發育成熟，女子從十三四歲開始來月經。月經週期一般為 28 天（60%），延續 4～5 天。在她們行經期內進行田徑教學訓練時，可以憑學生的自我感覺，建議她們適度參加活動。

安排訓練時，在考慮她們不同年齡階段的解剖生理學特點的基礎上還應根據月經週期進行安排。月經週期內子宮內膜發生一系列變化，而運動員本身也會發生一些生理反應，以 28 天一週期為例，在行經頭兩天，機能指標最低，到第四天又慢慢回升（這大多指力量而言），持續 7～8 天。然後到第 11 天，在力量方面表現突

出，速度耐力的能力繼續提高。在第 13～14 天，肌肉工作能力指標從性質上說有某些降低。她們的運動能力在第 16～17 天達到最高水準，一直到第 24～25 天幾乎保持不變，在 24～25 天速度耐力達到最高水準，然後急遽下降。到第 28 天，即月經週期末，其力量素質、速度素質又大大下降。

因此，教練員要善於運用月經週期規律安排訓練計畫，注意到具體目的的最大訓練負荷量應安排在她們的機體承受的時間。

這樣安排訓練就能做到比較合理地安排月度各種目的負荷，使她們的機體更好地適應大的負荷，同時要加強腹肌、臀肌等力量訓練，使之更加強健。

訓練女運動員時必須防止訓練過度。因為身體負荷過度或者訓練過度會產生月經失調，而月經失調常會引起機體不適：有的運動員由於過度興奮經常在重大比賽前一天或比賽時來月經；有的會出現心臟收縮加快、收縮壓提高，體溫也升高；出現興奮、好哭、頭痛、頭部充血、下腹沉重等症狀。與此同時，許多研究證明，適度的身體負荷對女子來經沒有不良影響。

在這方面，存在個體差異。教練員和醫生應該認真解決月經期間能否進行訓練和參加比賽的問題。特別要強調，無論在何種情況下，都不應對女子進行突擊性訓練，只有在漸進的過程中不斷創造條件，逐步強化，才能適應承受更大的訓練負荷。在經前不應該讓訓練差的運動員參加比賽。

月經期間，訓練的時間要縮短。如果女運動員在月經期間出現興奮、下腹和腰疼痛、頭痛及有其他自我感覺不良症狀時，應停止訓練和比賽。而身體健康、訓練有素的運動員在月經期間經醫生准許也可參加比賽。實踐證明，有些女運動員，在月經期間，能夠表現出較好的成績，有的還創造出最好成績。

（三）已婚女運動員的訓練

已婚女運動員可能面臨的問題是懷孕和生育。從懷孕到生育經歷 10 個月（42 週）的時間，生育對女性身心各方面影響很大，在身體素質、運動能力等方面都有明顯下降。若運動員結婚後繼續從事運動訓練，則力量消退較慢，甚至仍能保持在一定水準上。國內外一些優秀女子田徑運動員在懷孕期雖不從事平常的運動訓練，但為了保持自己的技能和本領，從第三個月開始，必須完成旨在增強腹肌、校正脊柱前凸的體操練習，並且繼續堅持做到準備生產的最後一個月為止。她們在孕期，由於需要供給自己和胎兒兩人的血液，所以其心臟的血管擴張，心肌增厚，心臟體積和重量增加，這使心臟的工作能力大大提高。比如心臟對全身的供血量一般可增加 40%，紅細胞增加 20%左右。這些都有助於改善身體的最大攝氧量。此外，供血量增加還可以改善身體散熱的效率。妊娠期間，體內會散發更大熱量，分泌更多的雌激素、孕二醇和促性腺激素等，有的增高十多倍，使女性原來就較男性優越的全身關節和韌帶的伸展性、柔韌性得到進一步提高。

尤其是為臨產做準備的骨盆，上接脊柱下連兩下肢，它們之間的腰骶連結和髖

關節的柔韌性增強，骨盆的靈活性就隨之增大，使骨盆在各個運動軸的旋轉幅度增大，直接加長了步幅。此外，在懷孕期間要承受約 12 公斤重的「額外負擔」，就像運動員負沙袋訓練一樣，當她們適應之後，一旦解脫沙袋，就會覺得身輕如燕，健步如飛。女運動員分娩後，體重減輕，腿部力量也就相應增強。

生兒育女是每位母親的職責，那麼做了孩子的媽媽，還能重返賽場嗎？早在 1948 年倫敦第 14 屆奧運會上，荷蘭女運動員布蘭科爾斯‧科恩已是兩個孩子的媽媽，可她獲得了 100 公尺、200 公尺、80 公尺跨欄跑和 4×100 公尺接力跑 4 枚金牌，贏得了「飛人家庭主婦」的美稱。

在 1960 年羅馬的第 17 屆奧運會上，產後兩年的美國選手威爾瑪‧魯道夫奪得了 100 公尺、200 公尺和 4×100 公尺接力 3 枚金牌。

蘇聯運動員卡贊金娜在 1976 年和 1980 年兩屆奧運會上成為 1500 公尺冠軍後，1982 年生一男孩，於 1984 年再度打破了 3000 公尺跑的世界紀錄。1984 年洛杉磯奧運會 200 公尺、400 公尺、4×100 公尺接力的金牌得主布里斯科‧胡克斯也是媽媽運動員。阿什福德 1984 年生下一女孩，1985 年成為世界排名第一的女子短跑選手。挪威的克里斯蒂安森生產 5 個月即跑出了世界馬拉松的最好成績，並且在同年連續打破 5000 公尺和 10000 公尺兩項世界紀錄。

那麼，生育後的女選手如何重返田徑賽場呢？在產後 4～6 週就可以採用一些專門性練習，這有助於收縮子宮和增強腹肌，也能提高機體的一般緊張度。從產後第 4 個月起，就可以承擔輕度的逐漸增加的運動負荷。在哺乳期從事運動，應當是也僅僅是具有保健的性質，因為重大的運動負荷和與此相關的身體疲勞，將會導致乳汁的分泌急遽減少或完全停止。在哺乳結束之後，女運動員就可以開始訓練。

那些媽媽運動員產後重獲輝煌的原因在於經過多年科學訓練，承受了在分娩時的痛苦以及懷孕期的壓力，意志力得到鍛鍊和提高，在身心上更加成熟，從而能更有效地發展專項所需的體能、技能及心理能力。

在當今的世界田壇，女子運動員生育後透過系統訓練再創佳績、再度輝煌已經是一種基本趨勢，要注意在機體內激素未降到懷孕前水準時進行恢復訓練比較有利，可以使身體素質、運動能力很快恢復，因而已婚女子田徑運動員的訓練要點為：第一，懷孕前一直不間斷訓練；第二，懷孕期保持適量的鍛鍊；第三，生育至恢復訓練的時間在 6 個月之間，最好在 3 個月左右開始進行恢復性訓練。

第二十二章

田徑運動員的選材

黃向東

田徑運動員選材就是選拔田徑運動天才，把田徑運動天賦好、發展潛力大的優秀人才挑選出來。選材包括兩個方面：一是測評，二是定向。前者是指運用現代科學技術和方法將適齡者形態、生理、生化、心理以及遺傳等諸方面的特徵測量出來，後者是指根據測評結果與專項特點預測未來的競技能力。其中心任務，是在田徑運動各項目中尋找更具運動天賦、能達到更高運動成績的人才。

當今世界田徑強國認為，運動員的科學選材是取得優異運動成績、攀登世界田徑高峰的前提與基礎。原蘇聯著名教育學博士普拉托諾夫教授指出：「現代運動迫切需要運動員的發展前景及早地顯露出來。」原蘇聯功勛教練員符・阿拉賓認為：「不經常考慮選材問題，訓練工作將是徒勞無益的。」還有人斷言：「選材成功是訓練成功的一半。」

田徑運動員選材的理論、方法等，是整個體育科學選材的一部分，但由於田徑運動是體能類項目，而體能更依賴於天賦和遺傳，故田徑運動員的選材顯得更為重要和迫切，也更加困難和複雜。

第一節・國內外田徑運動員選材的研究現狀

田徑運動員選材由來已久，經歷了漫長的發展過程。可分為選材意識、經驗選材、科學選材幾個階段。從公元前 776 年第 1 屆古代奧運會開始，各參賽隊就選派最剽悍、最勇猛的鬥士去為本部族爭光，已有朦朧的選材意識。1896 年開始的現代奧林匹克運動會，使運動競技逐漸成為各國經濟、文化的較量，各個國家或地區都選派競技水準最高的人作代表參加奧運會和其他比賽，選材意識較為明顯。20 世紀 40 年代以前，各國開始重視運動員的選拔與培養，但由於生物學科的研究尚未滲透到體育領域，缺乏科學技術和儀器設備，所以運動員的選拔主要靠教練員的觀察和直覺，用皮尺、秒錶等進行簡單測量，然後憑經驗作出判斷。從 50 年代開

始，由於各國對競技體育的重視和科學技術的進步，運動訓練學迅速發展，體育運動場地設施日趨現代化，大量生物學科的測試技術與先進儀器引進體育領域，國際競技運動水準大幅度提高，所以運動員的選材日趨科學化。

目前，國外運動員選材有兩種流派：

一種是系統體制選材，以俄羅斯、德國和羅馬尼亞、保加利亞等東歐國家為代表，其主要特點為：第一，舉國上下一條龍，選材體制健全；第二，重視普查與層層篩選；第三，建立指標體系和優秀運動員模式；第四，競賽制度與各級選材要求緊密配合；第五，注重選材理論的研究。

另一種是分散體制選材，以美國等西方國家為代表，不組織大規模的選拔，大多以教練員的經驗加上部分指標測試，在較大程度上採取自然淘汰法選材。

中國對運動員選材的研究起步較晚，20 世紀 50 年代中期才隨運動訓練的發展開始萌發，如 1959 年第 1 屆全運會，國家體委組織了對田徑運動員形態、素質和技術的調查測量。70 年代是科學選材的起步階段，對 5175 名運動員的 21 項身體形態指標進行了測量，為多項運動員形態選材提供了依據。

1980 年 8 月國家體委在秦皇島召開了「全國業餘體校選材座談會」，會後編寫了田徑等項目《少年兒童運動員選材參考意見》，同年 9 月，由人民體育出版社出版（只限國內發行）。80 年代是選材研究取得重大突破的快速發展階段。1980—1982 年間，國家體委科教司組織了《優秀青少年運動員科學選材的研究》，動員 8 個單位 239 名科研人員，測試了 14871 位運動員的 102 項指標，獲得了 748 萬個數據，撰寫了 123 篇論文，研究成果獲 1985 年國家體委科技進步一等獎和 1987 年國家科技進步二等獎，為運動員科學選材開闢了道路。

1987 年國家體委在天津召開「科學選材研討會」，提出了五點要求：第一，省市體委成立科學選材領導小組，由主管主任牽頭，科研和訓練部門參加；第二，以體育科研所為主，成立科學選材課題研究組；第三，從訓練經費中撥出專款用於選材工作；第四，建立三級（業校—運動學校—優秀運動隊）選材網；第五，建立和健全選材測試、建檔、入隊審批等有關規章制度。至此，中國已基本形成全國一盤棋的選材體制。

1988 年，由田麥久、武福全等編著的《運動訓練科學化探索》對「運動員早期科學選材」問題提出了精闢的見解，該書獲 1989 年國家體委科技進步一等獎。1989 年，湖北體科所王路德等研製的「選材多用微機及選材系列軟件」，獲國家體委科技進步三等獎。1990 年武漢體育學院出版了王金燦、王賀立等編寫的《運動選材學》一書，幾位年輕學者在閱讀大量文獻資料和研究國內外科學選材方法的基礎上，努力探索選材與其他學科之間多方面的聯繫，揭示選材的理論與方法。

1991 年，國家體委成立了由曾凡輝、王路德牽頭的中心選材組，負責指導和協調全國的選材研究工作，並出版了《運動員選材》一書。1991—2000 年間，運動員選材有了新突破，血型、性染色體和快慢肌纖維等遺傳特徵應用於選材。2001—

田徑運動 高級教程

2006 年，邢文華又主持了「奧運優秀運動員科學選材研究」大課題，對中國傳統優勢項目及潛優勢項目的項目特徵、選材指標和標準進行了深入研究，獲科技部「奧運攻關二等獎」。

以上材料表明，運動員選材的研究在中國具有「起步晚、發展快、成效顯著」的特點，理論研究已具備較雄厚的基礎，全國範圍的選材體系業已形成，具有一支從事理論研究和實際工作的選材隊伍。毋庸置疑，中國運動員選材的研究和發展必將跨入世界先進行列。

第二節・田徑運動員選材的基本內容與方法

一、短跑運動員的選材

短跑是以無氧代謝供能為主的極限強度運動，其速度能力、反應時、最高動作頻率及無氧耐力等因素，在一定程度上是由遺傳決定的，後天的訓練會使這些天賦能力得到更充分發揮。因此，短跑運動員選材和訓練更加重視先天因素。

（一）身體形態

短跑運動員的外觀形態一般是中等或中等以上身材，肌肉發達且成束形，皮下脂肪較少；下肢較長，大腿比小腿稍短；踝圍細，跟腱長且扁平、清晰；腳趾齊，趾關節較堅固。根據短跑技術對身體形態的要求，應側重以下指標。

1.身高

身高對短跑成績沒有實質性影響，不同身高的運動員在短跑中均能取得好成績。但從總體看，高水準的運動員大多數是身材較高者。參照國內外資料，提出以下身高標準：男子 100 公尺、200 公尺、400 公尺運動員為 180 公分±5 公分。女子 100 公尺、200 公尺、400 公尺運動員為 170 公分±5 公分。對有特殊才能的矮個子運動員也不可忽視。

2.大小腿長〔大腿長/（小腿長＋足高）×100〕

大腿相對較短，能使跑時支撐階段重心前移速度較快，大小腿摺疊前擺快而省力。小腿較長者，在角速度相同情況下，「扒地」速度較快，有利於完成緩衝動作及縮短支撐時間。因此，大小腿長的比值應力求小些，要求≦100%，最好≦95%。

3.踝圍（踝圍/跟腱長×100）與跟腱長〔跟腱長/（小腿長＋足高）×100〕

踝圍較細、跟腱較長者，小腿肌力較大，速度力量好。因此，踝圍應力求小些

（≦100%）；跟腱長應力求大些（≧50%，最好≧55%）。

（二）生理機能

短跑項目運動時間短、強度大、單位時間內能量消耗多，要求運動員身體健康而強壯，並有較強的心肺功能和無氧代謝能力。由於血色素在一定程度上反映健康水準和輸送氧氣的能力，肺活量表明人體呼吸功能的潛在能力，台階試驗反映人體動態機能水準，所以，具體要求為：血色素男子 12.0～14.0 克以上，女子 10.5～12.5 克以上，肺活量≧75，台階指數 105～115。

（三）成績動態及運動素質

1.成績動態

分析世界優秀短跑運動員的運動經歷發現，他們大多在 15～18 歲開始專項訓練，達到最佳成績的年齡為男子 25～26 歲，女子 23～25 歲，達到最佳成績需用 8～9 年的訓練，而且起始成績都較高。

早期短跑成績與進展速度反映了先天賦予的快跑能力和短跑潛力，是短跑運動員選材中直覺而客觀的一個重要因素。

2.運動素質

短跑成績取決於速度、速度力量和專項耐力，這些素質與遺傳關係密切，是選材的測試重點。原蘇聯科研人員透過多年觀察研究，認為根據系統訓練一年半後身體素質的增長幅度，來預測短跑運動的潛力準確性較高。那些身體素質起點水準高、增長速度快的少年，將是天才的短跑選手。

計算身體素質增長速率的公式為：

$$W = \frac{100 \times (V_2 - V_1)}{0.5 \times (V_1 + V_2)} \%$$

W 為增長速率；V_1 為初始成績；V_2 為年半後成績；

（四）短跑技術

合理的途中跑技術是步幅開闊、蹬伸有力、擺動積極、步頻較快、動作輕鬆、向前效果好、重心平穩、軀幹保持適度前傾、擺臂積極有力和跑的直線性好。根據短跑技術特點，提出以下三項指標。

1.支撐時間

優秀短跑選手快跑時蹬離支點特別快（0.08～0.09 秒），騰空階段較長，這是一個具有預測性的生物力學特徵。

2.步頻指數（100 公尺跑平均每秒步數×身高）

研究表明，步頻在生長發育期不因年齡增長而變化，步頻指數隨身高的增長而變大，優秀短跑選手這一指數較高（≧7.4～8.1）。

3.步幅指數（100 公尺跑平均步幅÷身高）

生長發育期，步幅是隨年齡的增大而增加的。由於速度＝步頻×步幅，故隨著年齡增長，速度提高主要是步幅增長的結果。研究表明，步幅增長一般與身高成等比關係，其指數往往是一個常量。優秀短跑選手這一指數較高（≧1.07～1.24）。

（五）心理特徵

反應速度快（尤其是聽動反應，屬於有意識的意志行動，對提高技術和成績有良好影響）、速度感覺好（準確估計自己跑速、正確分配力量及調節速度）、感知敏捷性強（提高動作頻率與改進技術的心理前提）以及有「想跑得很快」的強烈願望，是優秀短跑選手的重要心理特徵。可透過簡單反應時、起跑反應時、50 公尺速度知覺、100 公尺速度預先估計，以及坐姿踏腳頻率等指標來測定。

《優秀青少年運動員科學選材的研究》中的《優秀短跑運動員若干心理特徵與選材》（武漢體育學院黃向東、黃香伯）的研究結果為：起跑反應時（ms）為男 210、女 234，聽覺反應時為男 268、女 225，動覺時間誤差率為男 13.99%、女 14.69%，百米速度預先估計誤差率男女均為 1.14%，坐姿踏腳 5 秒次數為男 55.45、女 51.30，這些可作為短跑運動員心理選材與評價的參考。

二、中長跑運動員的選材

中長跑是以有氧代謝為主的耐力項目。決定中長跑競技水準的肌纖維類型、心肺功能、最大吸氧量等受遺傳因素的影響較大。從 20 世紀 90 年代遼寧女子中長跑隊的訓練中，人們看到運動員的群體意識、吃苦耐勞精神和頑強拚搏的意志品質等起了很大作用。

當時馬俊仁教練員選材有兩個顯著特點：一是目標遠大、從長計議，挑選具有攀登世界高峰潛力的苗子；二是根據中長跑項目的特點和要求，尋找最能吃苦耐勞、自覺性強、熱衷於中長跑的人才。

（一）身體形態

指標有身高、體重、體重/身高×1000、下肢長/身高×100 等項，其中後兩項為重點。在符合身高、體重標準的前提下，體重/身高×1000 的數值以小者為好；在符合身高的前提下，下肢長/身高×100 的數值以大者為好，即中長跑運動員的形

態特徵是相對體重較輕，下肢較長。

（二）生理機能

一般用肺活量與安靜脈搏（晨脈）兩項作為測試呼吸與心血管系統機能的指標，肺活量以數值大者為好，安靜脈搏以數值小者為好。實踐證明，有氧能力與肌纖維類型，是中長跑運動員選材中非常重要的兩項指標。氧運輸系統功能是影響人體健康、體質和運動能力的重要因素。目前，評定氧運輸能力的生理指標較多，國內外最常用的是最大耗氧量與無氧閾值。

根據中國運動員的實際和參照有關資料，最大耗氧量：男子 70 毫升／公斤‧分，女子 60 毫升／公斤‧分。因為運動時有氧代謝與無氧代謝是緊密相連的，有氧代謝向無氧代謝過渡的「臨界點」即無氧閾，故無氧閾出現的早晚也是評定人體有氧能力的重要指標。無氧閾耗氧量男子應為 50 毫升/公斤‧分，女子 40 毫升／公斤‧分。

有研究證明，最大耗氧量主要決定於遺傳，科學訓練可以推遲有氧代謝向無氧代謝的轉換（可改進 45%），就是說無氧閾值透過訓練可以提高。因此，無氧閾值是評定運動員的有氧能力更有效的指標。在中長跑運動員優選階段，主要是檢測無氧閾值。人類的骨骼肌纖維由慢肌（紅肌）和快肌（白肌）組成，這兩類肌纖維的微細胞結構、代謝特徵、生理機能等都有明顯的區別，對體育活動與運動訓練的反應也各有特點。

由於肌纖維的組成是先天遺傳決定的，訓練不能改變紅肌與白肌的百分比組成，而紅肌纖維用氧能力高，耐力好，所以紅肌纖維比例大是中長跑運動員選材的一個重要指標。在重點選拔階段要及時做肌纖維檢測，可採用直接測定（活檢）和間接測定兩種方法。

此外，在生理機能方面還應優選恢復能力較好的運動員，可用超聲波心動圖測定心舒末期容量來鑑別。心舒末期容量是指心臟舒張期結束時即將開始收縮前的容量。經過訓練的運動員心臟容量可達到 1015～1027 毫升，而一般人只 765～785 毫升。容量大而堅實的心臟每搏輸出量高，則心臟總輸出量也大，直接影響著耗氧量的大小。在相同的運動負荷下，心臟搏動次數少不易疲勞，即使在疲勞的情況下也恢復較快，這是優秀中長跑運動員必備的生理機能。

（三）心理素質

中長跑運動時間長、強度大、比賽情況多變，要求運動員在較長時間內集中注意力，用好跑的戰術；情緒穩定，能承受長時間的大強度負荷；有拚搏精神和必勝的信念；對環境的適應能力較強等。在耐力項目普遍採用高原與平原交叉訓練的情況下，運動員對氣候、地理、生態環境，尤其是對高原缺氧環境的適應很重要，選材中要注重適應能力的研究和測試。

（四）身體素質

一般身體素質，包括 100 公尺跑、立定三級跳遠、引體向上或俯臥撐等項；專項身體素質，包括速度耐力、力量耐力與一般耐力的 600 公尺或 1200 公尺跑、100 公尺跨跳與俯臥屈伸腿、越野跑、公路跑等項。在兩類素質中，應以專項身體素質為重點，同時不忽視一般身體素質。

（五）技術方面

中長跑要求整個動作自然、放鬆，重心移動較平穩，跑的節奏較快。中跑應接近短距離跑的技術，長跑動作幅度較小，輕快而耐久。

三、跨欄運動員的選材

跨欄跑是在快跑中跑過固定距離和跨過固定高度的欄架，技術複雜、節奏性很強的快速運動項目。成績取決於運動員的平跑速度、過欄技術和跑跨結合的能力。跨欄跑項目包括女子 100 公尺和男子 110 公尺直道欄及男、女 400 公尺彎道欄。

從距離上講仍屬短跑類，選材與短跑運動員有不少相似之處，但跨欄運動員在身體形態、專項素質、技術與意識上還有特殊的要求。

（一）身體形態

跨欄跑運動員要求身材頎長，體重適中，下肢長與身高比大，大腿長與小腿長比小等。

1.身高

世界優秀男子 110 公尺欄運動員的身高為 185～190 公分，女子 100 公尺欄運動員身高為 166～170 公分。身材高有利於跨越固定高度的欄架和用 3 步跑過固定的欄間距離，跑 400 公尺欄則可以減少欄間跑步數。但直道欄運動員的身材也不宜太高（男子 200 公分以上，女子 180 公分以上），太高則欄間的 3 步跑得拘束，降低了過欄的靈巧性與協調性，會影響全程跑的節奏。

2.克托萊指數（體重/身高×1000）

世界優秀男子 110 公尺欄運動員的克托萊指數為 400～420，女子優秀跨欄運動員約為 350。國際優秀男子 400 公尺欄運動員約為 410。

3.下肢長（下肢長 A/身高×100）

這個指數是反映人體下肢長度和重心高度的重要指標。現代跨欄技術已由「跨

欄」向「跑欄」發展，要求「跨欄步」更接近於平跑步，盡量減小身體重心的起伏，使過欄與欄間跑緊密銜接起來。下肢較長為運動員形成高重心、快節奏的「跑欄」技術創造了有利條件。

4.大小腿長〔（下肢長 B 小腿長 A）/小腿長 A×100〕

這個指數反映人體大小腿長度的比例關係。在下肢長度一定的情況下，大腿長度較短的運動員擺動半徑小些，有利於抬腿和加快擺速及形成良好的大小腿摺疊過欄技術。

（二）專項素質

1.速率

由於跨欄跑的欄間距離是固定的，運動員欄間跑的步數相同，因此，提高欄間跑的步頻和過欄動作速率是關鍵。速率的遺傳性較大，若某運動員有傑出的速率，其他素質即使不太理想，也可作為苗子入選。

2.立定十級跨跳和 100 公尺跨跳

它可反映運動員腿部力量和快速蹬伸能力，其動作結構和用力方式接近於連續起跨攻欄和跑與跨結合。

3.協調能力

它是綜合各種素質和技能而熟練完成動作的能力，對動作技能的形成和發展，對充分發揮各種素質的潛力有重要意義。跨欄跑技術複雜、節奏性強，要求運動員具備很好的協調能力，這種能力與專項靈敏性和柔韌性直接關聯，可用對牆（或肋木）做攻欄動作、計 10 秒鐘攻欄次數與動作規格，測試運動員的靈敏性；用跨欄步坐地做連續擺臂 3 次向前傾體 1 次動作，考察運動員劈腿傾體的幅度和動作速率，測試其柔韌性，再加上教練員對運動員節奏感和完成動作熟練程度的觀察等，綜合評定運動員的協調能力。

（三）專項技術與專項成績

1.專項技術

（1）*平跑與跨欄跑的時間差（秒）*。對 15～17 歲運動員的要求是：男子 110 公尺欄為 2.5～2.2，400 公尺欄為 4.0～3.6；女子 100 公尺欄為 1.6～1.2，400 公尺欄為 2.8～2.4。優秀運動員的模式標準是：男子 110 公尺欄為 2.0～1.8，400 公尺欄為 2.0～1.5。這個時間差越小，說明跨欄技術越好。

（2）*跨欄跑前後半程的時間差（秒）*。直道欄應是後半程比前半程快，彎道欄

則後半程比前半程慢。對 15～17 歲運動員的要求是：男子 110 公尺欄為 0.4～0.6，400 公尺欄為 3.0～2.0；女子 100 公尺欄為 0.3～0.4，400 公尺欄為 2.5～2.0。優秀運動員的模式標準基本同上。透過以上兩項指標測試，便可鑑別運動員技術的好壞及是否適合從事跨欄專項，並可預見改進技術與提高成績的途徑。

2.專項成績

它是運動員專項技術水準、專項素質水準和專項能力的綜合表現。經過一段時間的訓練後，專項成績優劣和提高幅度大小，直接反映運動員的專項可塑性和發展潛力的大小，是選材的重要指標。

要注意對運動員訓練和比賽成績的跟蹤觀察，並對其專項成績進展速度與專項素質提高速度的相互關係進行分析對比。起點低，但提高速度快，並處於繼續提高趨勢的運動員，有可能成為一名優秀選手；而起點高，但提高速度慢，甚至停滯不前的運動員，其發展潛力較小。

（四）專項意識與心理素質

在跨欄跑教學、訓練和比賽中，運動員常出現心理障礙，例如初學者怯欄，總覺得欄架高、欄間距離遠，害怕跌跤，跑起來拉大步與捯小步，起跑至第一欄步數不準確，起跨點過近或過遠，欄上失去平衡，下欄支撐不穩等；即使優秀運動員也有起跑後摔跤，受到旁人干擾就亂了方寸，甚至莫名其妙地半途而廢的情況出現。這除了技術和素質原因外，主要是缺乏跨欄運動員意識和意志品質不佳所致。因此，要優先挑選那些特別喜愛跨欄運動、有勇猛攻欄和積極下欄的意識、對基本技術接受和再現能力好、情緒穩定而又能隨機應變、爭強好勝且善於控制自己、遇到困難百折不回的運動員，這是成才並在比賽中取勝所必備的專項意識和心理素質。

四、跳躍運動員的選材

跳躍運動包括跳高、撐竿跳高、跳遠和三級跳遠四個項目，各項的運動形式和要求是不同的，在選材上也各有側重。但跳躍運動都以騰越垂直高度或水準距離為目的，同屬爆發性用力的靈巧項目，技術結構皆由助跑、起跳、騰空和落地組成，對運動員的速度、快速力量、靈巧性等身體素質都有很高的要求，尤其是對身體形態有著特殊的要求，這些內在聯繫的「大同小異」，表明跳躍運動員的選材有共性可循。

（一）身體形態

跳躍運動員都要求身材高、體重輕、下肢長，身體的圍度和寬度較小，臀部肌肉緊縮呈上翹狀，跟腱長，腳弓高，腳掌富有彈性等。

1.身高

據統計，男子採用背越式先後 12 次打破跳高世界紀錄的 8 名選手，身高都在 190 公分以上，最高者 201 公分，平均為 196.9 公分。中國多數教練員和專家的經驗認為，中國跳高男選手理想身高為 195 公分以上，女選手的身高為 1.80 公分以上。選材時要根據不同年齡階段青少年生長發育特點，既看他們現有的身體高度，又要考慮他們未來可達到的身高。如果有的苗子身高預測達不到理想高度，但彈跳力特好，速度、靈巧等素質十分突出，也可作為培養對象。

2.克托萊指數（體重/身高×1000）

表示每公分身高的體重，是反映人體發育勻稱度的重要形態指標，跳躍運動員要求身高體輕。在人體成分中，人瘦脂肪較少，這對克服人體重力、騰越得更高更遠是有利的。世界優秀跳高選手的這個指數相對較小，如舍貝里（2.42 公尺）為 381、帕克林（2.41 公尺）為 376、波瓦爾尼岑（2.40 公尺）為 373、朱建華（2.39 公尺）為 355。

根據中國少年跳高運動員各年齡組的體重/身高指數均值統計，將此指數的選材標準定為：13 歲的男子 260～280，女子 250～270；15 歲的男子 300～330，女子 300～320；17 歲的男子 340～360，女子 330～350。

3.下肢

從跳高成績構成公式 $H=H_1+H_2-H_3$ 可以看出，H_1（起跳結束瞬間身體重心離地面的高度）的大小主要取決於運動員的下肢長，下肢越長身體重心越高，H_1 值也越大。在身高、體重等相同的情況下，下肢較長的運動員便贏得了天賦的有利條件。為使運動員之間能準確地進行比較，採用腿長/身高×100 作為選材標準，即下肢長應占身高的一半以上。

以上三個形態指標均以跳高運動員為例，對其他跳躍項目是否適用呢，可用身高指標加以驗證：由於身材高、重心高，對獲取預先高度與遠度、加大騰越幅度和提高握竿點高度都是有利條件，所以現代跳遠、三級跳遠和撐竿跳高運動員的身高均呈上升趨勢。

如優秀三級跳遠運動員的形態模型特徵為：身高 186～190 公分，體重/身高指數 406，腿長/身高指數 51%。證明以上三個形態指標的要求是跳躍運動員共需的。撐竿跳高運動員還必須重視另外兩項形態指標：

（1）**骨盆寬╱肩寬×100**：指人體髖軸與肩軸之間的比例關係，它是衡量運動員體型特徵的指數，可間接反映運動員上肢和軀幹肌肉的發育程度，指數大些說明上肢和軀幹肌肉力量較強，這是撐竿跳高技術對運動員的特殊要求。

（2）**臂展──身高**：由於撐竿性能的改善，運動員的握竿點在不斷提高，故選

材時不僅要注意身高，而且還應注意相同身高運動員的臂展長度和單臂上舉高度，要儘量挑選臂展長度超過本人身高 6～10 公分的人，以便提高握竿點，增加擺動半徑，給尼龍竿以更大的彈力，以利於越過更高的高度。

（二）運動素質

跳躍技術與運動素質密切相關，特別是絕對速度、彈跳力和快速力量，是跳躍運動員共同的主要運動素質，是選材的重點指標。

1.絕對速度

跳躍運動要求在高速助跑中準確有力地完成起跳。絕對速度是助跑速度的基礎，是決定跳躍成績的重要因素。高度項目一般採用站立式起跑 30 公尺、遠度項目一般採用站立式起跑 60 公尺測試絕對速度。

2.彈跳力與快速力量

立定跳遠、立定三級跳遠、助跑摸高淨跳高度、四步助跑五級跨步跳遠和後拋鉛球五項測驗，能反映運動員的彈跳力、快速力量和全身協調性，並與跳躍運動緊密相關，可說明專項能力強弱，是大家公認、常用而且簡便易行的測試指標。

跳躍項目雖然有共同特點，但各個項目的運動形式和要求又有所不同，對運動素質的要求也不盡相同，選材不僅要重視運動素質的整體發展水準，而且還應根據不同項目的特點有所側重，如跳遠與三級跳遠側重於立定跳遠、立定三級跳遠和四步助跑五級跨步跳遠，而跳高與撐竿跳高則側重於助跑摸高和後拋鉛球等。

（三）生理機能

跳躍項目要求運動員在短時間內最大限度地發揮出體能潛力，既要有很快的速度，又要有很大的力量，並把二者有機地結合起來。因此，肌肉活動強度很大，大腦皮質興奮占優勢。選材時一般採用台階試驗測定心功指數。心功指數屬於一種定量負荷機能試驗，是反映人體心臟功能水準的重要指標。

安靜時脈搏次數少，表明心臟收縮力量大，心臟泵血功能強；運動後即刻脈搏次數少，表明完成定量負荷時心臟機能出現節省化現象；恢復期脈搏次數少，表明心臟機能恢復得快。心功指數越小，表明心臟功能越好。

（四）心理素質

心理在運動競賽中起著調節、控制甚至主導的作用，良好的心理素質是體能和技能得以充分發揮的前提條件。

跳躍運動因技術複雜，在空中要完成一系列動作，還有起跳板、橫桿的制約障礙等，對運動員的心理素質要求特別高。

選材時必須重視心理測試與考察，選拔神經系統靈活性高，視——動反應特別快，空間本體感覺好、定向能力強，有強烈進取心的運動員。

五、投擲運動員的選材

投擲運動包括推鉛球、擲鐵餅、擲標槍和擲鏈球，是非週期性速度力量性項目，它們的技術結構都由握持器械、助跑（滑步、旋轉）、最後用力和維持身體平衡組成。要選拔身材高大、粗壯有力、動作速度快、靈活協調和意志堅強的運動員。由於各項投擲使用的器械不同，運動的形式和要求也有所不同，選材既有共同點，又有不同點。

下面按各年齡階段簡述投擲運動員選材共同的要求和方法。

（一）初選階段（13 歲以上）

13 歲的少年正處在生長發育的第二高潮期，這個階段選材的重點是體能，主要看身體形態和素質。

科學研究表明：人類的某些形態、機能及部分素質的發展與遺傳高度相關，例如受遺傳因素的影響身高占 80%、最大吸氧量占 93%、脈搏占 86%、50 公尺快跑占 78%等。上海體育科學研究所的研究資料指出：中國男女鐵餅運動員身高、體重/身高指數、臂展——身高指數對專項成績的貢獻率分別為 0.8548、0.7886、0.6877。初選階段應認真進行身高、體重、臂展的預測。

1.預測身高

常用下列三種方法：

⑴ 哈佛利季克測試法

兒子身高 =（父身高＋母身高）×1.08÷2

女兒身高 =（父身高×0.932＋母身高）÷2

⑵ 身體形態增長百分比測試法

成人身高 = 現有身高÷增長百分比（表 141）。例如，女孩 11 歲時身高 160 公分，則成人時身高=160÷89%=179 公分。

⑶ 腳長測試法

成人身高 = 13 歲時腳長（公分）×7±3 公分。例如，一個女孩 13 歲時腳長 26 公分，則成人時身高在 179～185 公分之間。

身高在投擲項目中占重要地位，因為身材高大的運動員絕對力量大，對提高投擲時的出手點和加大工作距離有利。

據統計，國際水準的男子鉛球運動員身高多在 190～2 公分之間，女子身高在 175～185 公分之間。

表 141　身體形態增長百分比

增長率（%）性別年齡　　　內容	身高		體重		臂展	
	男	女	男	女	男	女
11	85.4	89	61.4	64.3	83.9	88
12	87.8	94.6	65.1	74.8	87.1	93.9
13	92.4	96.7	73.2	83.8	91.5	96.6
14	96.8	97.9	84.4	90.7	96.3	98.6
15	99.6	99	92	93.9	99.6	98.7
16	99.8	99.7	100	96.8	99.9	99.8
17	100	100	100	100	100	100
18	100	100	100	100	100	100

2.預測體重

體重表明身體的品質、營養狀況和力量潛力等，在選材中同身高一樣占據重要地位。一般採用身體形態增長百分比測試法進行預測。例如，一個女孩在 13 歲時體重 65 公斤，則成人時體重 = 65÷83.8%（見表 141）= 77.56 公斤。由於多種因素影響，體重的可變性很大，故在初選階段就應辨認出運動員的體型屬於內胚型（胖型）、外胚型（瘦型），還是中胚型，要挑選身體勻稱、結實有力的中胚型少年。

3.預測臂展

臂展不僅直接影響投擲的工作距離，而且還與肌肉的絕對力量有關。也可採用身體形態增長百分比測試法進行預測。例如一個男孩 13 歲時臂展 175 公分，則他成人時臂展 = 175÷91.5%（見表 141）=191 公分。據統計，投擲運動員的臂展至少比身高長 3～6 公分，較理想的是臂展—身高＝8～10 公分。

初選階段雖然以身體形態為主，但也要將人體機能與各種素質的測試工作統籌安排，如快速投擲輕器械的能力和良好的器械感（握持器械的感覺）等。還要進行深入的家系調查和遺傳分析。因為這些指標和訊息，既可評價運動員的起始訓練水準，又能了解他們的發育狀況，對預測未來的發展潛力有重要參考價值。

（二）重點選拔階段（17 歲以上）

這個階段主要觀察與分析以下三個方面的情況：

*第一，運動員全面發展的狀況。*運動員的身體形態、投擲技能、機能水準和各項素質是否平衡發展，如果在某方面失調，就要尋找原因，予以調劑和補救。

第二，專項技能和各項素質提高的速度。提高的速度不僅能說明目前的才能和勤奮程度，而且可預見其天賦才能和發展趨勢。應將那些提高速度快和持續時間長的青少年作為選材重點對象。

第三，心理素質的表現。青年運動員已經受較大強度的訓練和參加不同規模的比賽，教練員應仔細觀察他們在意志品質、自控能力和拚搏精神等心理素質方面的表現，從而預測將來承受訓練與比賽的能力。

（三）優選階段（21歲以上）

此時的身體發育已經成熟，具有一定的技能和素質水準，應著重觀察兩個方面：

第一，專項技能與身體素質繼續提高的速度。這時運動員成績提高的速度會緩慢下來，甚至有所下降，要選拔那些仍有提高或下降幅度小的運動員進行強化訓練，使其能在專項技能與主要素質上有所突破，準備在重大比賽中創造優異成績。

第二，在訓練與比賽中的表現。這個階段的運動員不僅參加重大比賽，而且不斷提高訓練強度，要求運動員對繼續提高成績有強烈的願望和堅定的信念，對訓練和比賽有良好動機與濃厚興趣，訓練越艱苦，比賽規模越大，興奮性越高，在關鍵比賽與激烈競爭中頑強拚搏，勝不驕、敗不餒，保持昂揚的鬥志和鎮定的情緒，特別是在有決定意義的一擲中能超水準發揮。

第三節・田徑運動員選材注意事項

一、選材工作要分年齡層次與訓練階段追蹤進行

選材是一個長期的過程，和早期訓練密切相關。由於人的各種能力與某些運動特點不可能在短期內確定，故不能一次定論。只有從小開始，不間斷地進行，經過長期的觀察、測試和反覆篩選，才能將天才運動員選拔出來。要根據人體生長發育規律和訓練不斷深化、技術水準逐步提高的規律，將選材分為初選（12～13歲）、重點選拔（14～15歲）和優選（16～17歲）三個階段，制定出各個階段的選材要求、標準與方法，堅持系統地進行追蹤選材，以提高選材的成功率。

必須注意，選材的核心是預測發育發展趨勢，突破口是遺傳。僅憑測試數據選材是不夠的，還應透過家系調查瞭解遺傳優勢，透過發育程度及發育期長短的鑑別對各指標測試數據進行分析，看其運動能力是否跟上發育水準，並根據專項選材特徵進行綜合評價。

比如短跑運動員的選材，初選階段對象大部分在普通體校和中小學，尚未開始專門訓練，此階段主要為重點業餘體校或運動學校初步選拔適合短跑訓練的少年。

選材工作重點是：進行家系調查及個人健康狀況與運動史的詢問，進行發育程度鑑別及發育期長短的跟蹤檢查。階段末（13 歲）按要求進行選材測試，並根據發育進行評價。凡基本符合選材要求、有較好速度素質、跑的動作自然協調者選入高一層次訓練。重點選拔階段對象大部分在重點業餘體校或運動學校，已開始短跑基本訓練。此階段主要為優秀運動員集訓隊或運動學校重點班選拔短跑苗子。

這一時期是發現短跑潛力的關鍵時期，選材工作重點是：鑑別發育期長短，評價身體素質增長速度，觀察基本技術接受能力及心理素質。在階段末（15 歲）進行選材測試、綜合評價短跑潛力，將有發展前途的優秀少年選拔到高一層次訓練。優選階段對象大多在體工隊或運動學校重點班，已經過幾年系統訓練，表現出一定的短跑專項水準與潛力。本階段末（17 歲）選材用國內外優秀運動員的模式特徵評價專項成績、身體素質和技術，將達到或接近模式特徵、自我控制及比賽能力較強、在短跑專項上有可能達到國際先進水準的青年選為國家優秀後備力量。

如此分層次、分階段、連續不斷地進行追蹤選材，方可把握現在與預測未來，既防止濫竽充數，又不至於漏掉人才。

二、從選「通才」向選「專才」進展，順其自然定向或轉項

現代科學選材已由選「通才」轉向選「專才」。所謂「通才」就是符合體育運動的共同要求，在身體形態、機能和素質等方面較好的人才，即通常所說的有「體育細胞」，適合從事體育運動者，他們參加哪個項目都可以，但僅能達到一般水準。當代競技運高速發展，競爭愈演愈烈，僅選「通才」是遠遠不夠的，必須尋找天賦條件特別好，在某個專項上有傑出才能和發展潛力的「專門人才」。即使是按專項選材，但由於遺傳因素的影響，人的個體差異，對項目特點的認識和掌握不同，以及後天學習和訓練的作用使興趣、素質、技術發生變化等原因，一名運動員最適合從事什麼項目，教練員一時也難以看準。

因此，在初選階段只宜於大體定向，即從類別上粗定為短跑、中長跑、投擲、跳躍等，而具體項目不要定得太死太窄，應從每名運動員的實際情況出發，順其自然地因勢利導，該轉項的就要轉項。

中國優秀三級跳遠運動員鄒振先原是跨 110 公尺欄的，劉華金是從跳遠改練 100 公尺欄才達到了高水準。

三、掌握選材的兩個基本原則，突出重點選「天才」，分清主次不求「全才」

中國跳高教練員黃健、胡鴻飛等總結出選材的兩個基本原則：
第一個是將與跳高專項密切相關而又受遺傳支配、後天訓練難以改變的因素作

為選材的重點條件；第二個是在眾多選材條件中突出若干項重點，而不求各方面都很好的「全才」。

從遺傳學講，人的身體形態遺傳性很大，尤其是身高、腿長、重心高度，後天訓練難以改變，但又是與跳高專項關係密切的「難變」因素，必須作為選材的重點條件。跳高是技術複雜、比賽變化大的項目，對運動員的心理素質要求很高，反應快慢、應變能力高低、競爭意識強弱等，對能否成為優秀跳高選手影響很大，而心理素質的遺傳度也大，也是選材的重點條件。

鄭鳳榮、倪志欽、朱建華在身高、腿長、體重/身高指數和心理素質這幾個與跳高專項密切相關的「難變」因素上都具備優秀跳高選手的天才條件，儘管他們當初在技術和素質上有些不足（如身體瘦弱、力量很差等），但這些是後天可變因素，透過訓練已達到完善，終於獲得了極大的成功。

面對眾多的選材指標和要求，必須突出重點，分清主次，只要運動員具備了先天性強並與專項關係密切的條件就可取，而不必苛求所有條件都具備的「全才」。如果要求項項達標，盡善盡美，就容易被浩瀚的數字遮住視線，將適合專項需要而又有缺點的好苗子漏掉。

事實上，全面分析眾多的選材條件可以發現，它們與專項關係的密切程度有大有小，相關性有強有弱，後天對它們的改造也有難有易，可變性有大有小。若某項指標雖屬先天「難變」因素，但它與專項關係不甚密切，相關性不怎麼強，那也不必把它作為選材的重點。

因此，應力求從「與專項密切相關」和「後天難以改變」兩方面的交叉部分去選擇，將各個專項選材的重點條件確定下來，使選材工作卓有成效。

四、科學選材與經驗選材統一，預測潛力與實際表現並行，定量分析與定性分析結合，綜合評價優選人才

選材是一項涉及多學科知識的綜合性工作，涉及面廣，內容複雜，在具體操作中要處理好以下問題：

第一，在強調科學選材時不忽視經驗選材，因為經驗是實踐中產生並被實踐證明是可行的，本身就具有一定的科學性和實用價值，而且操作方便，易於推廣。但個人的經驗總是有限的，經驗中常有不夠確切與「不知其所以然」的因素，需從感性認識上升到理性認識，向與科學選材靠攏一致的方向前進。

第二，預測是一項超前工作，即運用現代科技方法和手段將運動員形態、機能、素質、心理及遺傳諸方面的特徵測量出來，根據測量結果與專項要求預測未來的競技能力，是確定運動專項、奮鬥目標及發展前景的重要依據。透過預測，一可防止選材中的濫竽充數和短期行為；二可提高訓練的針對性和實效性，使發展潛力大的運動員信心百倍地去攀登競技高峰。但預測也有失算或與實際不相符合的情

況，因此，既要重視預測結果，下決心選拔發展潛力大的人才，又要看實際表現的才能和進展的速度。如果預測潛力大，實際表現又好，那就是最理想的；若預測好、表現差，或預測不佳、表現很好，就應當從兩者的結合上去權衡利弊，力求預測與實際相統一。

第三，科學選材強調定量分析，從量化中找到各項指標之間、各項標準之間，以及指標標準與專項成績之間的內在聯繫及其規律性，使選材建立在科學可靠的基礎上。但由於選材研究的對象是人，人是社會主體，受主觀意願和客觀環境等多因素的影響與制約，絕非數學中的 1＋1＝2 或 1－1＝0 那麼簡單。

如運動員在不同的條件下訓練，比賽的表現不同，其思維、意識、情緒等變化，暫時尚無成熟的辦法進行量化，那麼還得憑觀察、感受、經驗等作定性分析，用以補充和驗證定量的結果，做到定量定性分析相結合，最後用綜合評價決定取捨，保證科學選材的順利實施。

五、積極學習和應用生物工程技術，不斷提高運動員選材的科技水準

21 世紀是生物技術世紀，運動員選材工作必須創新，與時俱進。當前，特別要注意學習生物科學知識和應用生物工程技術。隨著 2000 年人類基因組圖譜及對它的初步分析結果公佈，表明人類基因組蘊涵有人類生老病死的絕大多數遺傳訊息，破譯它並最終繪成人類基因組完整圖譜，弄清楚每個基因的結構和功能，將為疾病的診斷、新藥的研製和新療法的探索帶來一場革命，也勢必引起運動員選材、運動訓練、運動損傷治療的一場革命。

近 10 年來，世界和中國的人類基因組計畫取得了突破性進展，提前完成了人類基因組序列框架圖，工作的重點已從以測序為主的結構基因組研究過渡到以功能研究為主的後基因組時代。國內外學者在與運動能力相關的特定性狀的遺傳度和個體對運動訓練敏感度的差異方面做了有效的研究工作，發現某些身體素質，如力量、速度耐力及其發展潛力具有相當高的遺傳度，運動員對訓練的敏感度也在很大程度上受到各種遺傳因素的影響。

遺傳理論認為「生命是固定不變的」，其基本論點是細胞內有核，核內有染色體，染色體內有基因，基因決定遺傳。因此，尋求與傑出運動才能有直接聯繫的遺傳標記成為可能，將某種身體素質與某幾個具體基因直接聯繫的研究與應用會有很快進展。隨著克隆動物的生成和轉基因植物的出現，有人預料利用基因工程技術改造的運動員可能問世，部分重要基因的蛋白質產物可能被不適合地用作興奮劑。

第二十三章

田徑運動員的營養與嚴禁興奮劑

和　平

第一節·田徑運動員的營養需求及其特點

　　現代田徑運動成績已經提高到相當的高度，為求成績的再提高，必須進行更加科學而艱苦的訓練，同時，還要注意必要的營養以增強運動能力。

　　營養是指機體從外界環境中攝取物質，透過自身的消化、吸收及利用，以維持生存和健康的整個過程。田徑運動員的營養則是研究田徑運動員在不同的訓練或比賽情況下的營養需要、營養因素、機體機能、運動能力、體力適應和恢復以及與運動性疲勞防治關係。實踐證明，合理的營養可以保證神經——內分泌和酶的調節過程，使運動時機體代謝得以順利進行，同時可提高有機體工作能力並促進運動後身體疲勞的消除。一個營養狀況良好的田徑運動員可以保證提高以下幾種能力：

　　（1）完成所規定的訓練計畫和獲得最大的訓練效果。

　　（2）持續地保持高水準的精力集中和靈敏性。

　　（3）使身體得到最佳的生長發育。

　　（4）具有較強的抗感染和減少因疾病而引起停訓的能力。

　　（5）能夠抵禦艱苦旅行和提高適應外部環境改變的能力。

　　田徑運動員從事的訓練和比賽與一般體力勞動有著明顯區別，運動時強度大，機體在單位時間內的能量消耗明顯高於一般體力勞動。

　　另外，由於體育運動項目的不同，營養的需要有所區別，故需要有符合田徑運動項目特點的營養來滿足運動員的不同需要。

一、田徑運動員營養需求的要點

（一）田徑運動員對於飲食營養的需求

　　首先各種營養配備要齊全，所含熱量應與運動的需要相適應，不宜缺乏或過

剩。根據田徑運動不同項目特點及不同訓練期合理安排飲食，使食物既新鮮能促進食慾，又容易被吸收。食物營養搭配要合理豐富，熱量較高，一般要求一日的食物總量不超過 2500 克，同時要求食物的體積小。特別是要注意田徑運動員每天每公斤體重熱能需要量和對維生素每日需要量（表 142、表 143）。

表 142　田徑運動員每天每公斤體重熱能需要量

項目	蛋白質（克）	脂肪（克）	糖（克）	熱量（千卡）
短跑、跨欄跑、跳躍	2～2.5	1.7～1.8	9～9.5	60～65
中長跑	2～2.3	2～2.1	10～11.5	70～74
競走、馬拉松	2.3～2.5	2.1～2.2	12～12.5	75～79
投擲	2.5～3	1.8～2	10～11.8	69～77

表 143　田徑運動員對維生素每日需要量

名稱	短跑、跨欄跑、跳、投	中、長跑	馬拉松，20、50 公里競走
維生素 C	150～200mg	180～250mg	200～350mg
B_1	2.8～3.6mg	3～5mg	5～10mg
B_2	4～10mg	10～15mg	15～30mg
（泛酸）B_3	10～15mg	12～17mg	15～20mg
B_5	30～36mg	32～42mg	40～50mg
B_6	5～8mg	6～10mg	10～15mg
（葉酸）B_9	400～500μg	500～600μg	500～600μg
B_{12}	4～8μg	5～10μg	10～20μg
A	5000～6000Iu	6000～8000Iu	10000～12000Iu
E	35～40mg	40～50mg	50～100mg

（二）田徑運動員的維生素營養需求

維生素是維持機體正常生命及代謝必不可少的一類化合物。維生素種類很多，目前已知的有三十多種，按照溶解性能可分為兩大類：一類為脂溶性維生素，如維生素 A、D、E、K 等；另一類為水溶性維生素，包括維生素 B、C、PP 等。

表 143 是田徑運動員對維生素每日需要量，從中可以看出，田徑運動員維生素 C 需要量每天為 150～350 毫克、維生素 B_1 為 2.8～10 毫克、維生素 B_2 為 4～30 毫克。運動員缺乏維生素時，可表現為無力、易疲勞、食慾下降、頭痛、無運動慾望、注意力不集中、運動能力明顯下降等現象。

營養狀況良好時，一般不需要額外補充維生素，過多地攝入某一種維生素不僅起不到應有的作用，相反某些維生素（脂溶性）可在體內積蓄造成中毒，因此，運動員不要盲目地增加某一種維生素。但是在蔬菜或水果淡季或大運動量訓練期，可適當補充維生素。

（三）田徑運動員對於元素營養的需求

元素在人體內占體重的 5%左右，它不僅參與構成人體，而且也參與酶的組成，與酶一起發揮對物質代謝的調節作用，還具有維持體液滲透壓和酸鹼平衡的功能。不同的元素有其各自的功能。依據元素在人體的含量不同，可把它分為宏量元素及微量元素兩大類：凡占人體總重量的萬分之一以上者，如碳、氫、鈣、磷、鎂、鈉、氯、硫，稱為宏量元素，共占人體內總元素重量的 99.5%；凡占人體總重量萬分之一以下者，如鐵、銅、鋅、鈷、錳、鉻、硒、碘、鎳、氟、鉬、釩、錫、硅等 41 種，稱為微量元素，共占人體總元素的 0.5%。

另外，微量元素根據在機體內的生物作用的不同，又可分為必須微量元素和非必須微量元素。機體維持正常機能所必須的微量元素統稱為必須微量元素。機體缺乏必須微量元素將引起生理功能及結構異常，發生種種疾病。

世界衛生組織將 14 種微量元素定為必須微量元素，它們是鐵、氟、鋅、銅、鉬、鈷、錳、鎳、硅、碘等。

田徑運動員每日元素的需要量為表 144 所示。

表144　田徑運動員每日對元素的需要量

名稱	短跑、跨欄跑、跳、投	中、長跑	馬拉松，20、50 公里競走
鈉（克）	6～10	10～15	15～20
鉀（克）	4～5	5～6	6～8
鈣（克）	1.2～2.1	1.6～2.3	1.8～2.8
磷（克）	1.5～2.5	2～2.8	2.2～3.5
鎂（克）	0.5～0.7	0.6～0.8	0.8～1.0
鐵（毫克）	25～35	30～40	35～45
鋅（毫克）	15～18	18～20	20～25

（四）田徑運動員對於水的需求

人可以數天不進食，但必須喝水。水是構成人體不可缺少的重要成分，成人機體內的水約是體重的 60%以上，是維持人體正常生理活動的重要營養物質之一。進行運動訓練或比賽時，運動員水鹽代謝旺盛，喪失水分很多。合理而及時地補充水分不僅有助於血量的維持，而且對機體的血液循環和散熱也是極為有利的。當體內失水不能及時補充時，就會引起血液濃縮，脈率加快，體溫升高，運動能力下降，易發生疲勞。

【運動補水的要點】

首先在運動前要合理地補充水分，但不能過多，因為過多不僅吸收不了，反而會瀦留胃中，引起胃部不適，影響食慾和消化；大量水分進入血液，使血液稀釋，

田徑運動 高級教程

增加了心臟、腎臟及排泄器官的負擔量。運動中及運動後也不要一次大量喝水，因為在短時間內大量喝水是不符合衛生要求的。

在運動中及運動後水分的補充宜採取少量多次，使機體逐漸得到補充，以保持水準衡。以每 15 分鐘左右喝一次，每次 250 毫升左右，每小時不超過 1000 毫升為宜。水溫最好在 8～12℃，這對降低體溫和預防過熱是有利的，同時也不至於因水溫過低而刺激咽喉及腸胃。

如喝飲料，則以等滲葡萄糖或葡萄糖氯化鈉為好。另外，還有一點需要注意的，就是在補充水分的同時，也應注意元素及微量元素的補充。

二、田徑各類運動員的營養特點

（一）競走、馬拉松、越野跑、中長跑運動員的營養特點

1.糖的營養特點

糖作為人體熱能的主要來源，是人體重要成分之一。糖的營養功能主要有供給熱能、構成機體組織細胞成分、供給養料、節省蛋白質、調節脂肪代謝。目前，國外的耐力性項目運動員採用「糖元填充法」提高比賽成績。此法是賽前透過訓練和食物的安排增加糖的貯備和增加耐力的方法。

具體做法是在賽前一週開始，連吃三天低糖、高脂肪、高蛋白質的膳食，讓體內血糖明顯下降，然後連續吃三天高糖飲食，使肌糖元明顯上升至最高，此時運動員參加比賽體力最為充沛。許多外國優秀的馬拉松運動員利用此法取得了較好的效果。

一般認為運動員在平時訓練中不必額外過多補充糖分，主食中的澱粉就可滿足需要。耐力性項目的運動員由於消耗較大，為了加速機體疲勞的消除，促使糖貯備的恢復，訓練及比賽之後適當地補充些糖分是可以的。有人認為，一次納糖不要超過每公斤體重 2 克，以 1 克為宜，以少量多次補充為好。

維持正常的血糖濃度對競走、馬拉松、中長跑等耐力性項目的運動員是頗為重要的。因為這些耐力性項目完全可使運動員體內糖貯備耗盡。中樞神經系統的糖貯備極少，腦細胞需要直接從血糖中不斷吸取營養，大腦對低血糖極為敏感。長時間進行耐力性運動時，因糖貯備不足可引起耐力下降，因而有人將糖貯備不足看做是耐力受限制的一種因素。低血糖還會使肌肉的工作能力降低，使運動員感到四肢無力，動作的協調性降低，有時還會發生暈厥等現象。

長跑、競走、馬拉松運動員，體內糖貯備增加，會使糖代謝能力加強，能使血糖在較長時間內保持穩定，使耐力提高。

長時間運動時，保持血糖正常濃度是維持運動能力的主要因素，運動員應切記不要在空腹時參加長時間的訓練和比賽。

2.維生素 B_1 的營養特點

維生素 B_1 屬於水溶性維生素。其主要生理功能是：第一，是促進體內糖代謝中丙酮酸氧化脫羧生成二氧化碳的過程；第二，是抑制膽鹼酯酶的活動，防止乙醯膽鹼的破壞。當維生素 B_1 不足時，會影響體內供能的化學反應，從而會使能源缺乏，不能及時滿足人體需要，導致耐力下降、易疲勞，影響運動能力。為此，耐力性項目運動員維生素 B_1 的需要量多於短跑、跨欄、跳躍、投擲項目運動員。

3.維生素 E 的營養特點

維生素 E 屬於脂溶性維生素，對運動員心臟具有良好的影響，能提高神經系統工作的持久力。國外有報導，維生素 E 對減低氧債和加速疲勞的消除、維持肌肉的結構和功能、提高肌肉力量、擴張血管有良好的影響，並強調在進行以耐久力運動為主的訓練時，應當增加維生素 E 的攝入量。

一般人服用 90 毫克維生素 E，8 個星期後跑的時間比原來增加約 50%，而不服用維生素 E 進行同樣訓練的人增加不到 20%，且服用維生素 E 未出現任何副作用。目前歐美及日本等國的耐力性項目運動員服用維生素 E 較為普遍。

4.鉀的營養特點

鉀是維持心臟正常功能必須的元素之一，它對調節心臟活動起著重要作用。鉀是所有田徑項目運動員不可缺少的營養物質。鉀在人體中很容易失去，如長期過量飲酒、食鹽過多、精神緊張、有尿排出又無鉀補充，很易發生缺鉀。

大運動量訓練時，運動員體內的鉀可透過汗液大量排出，在運動後的恢復階段，尤其在糖元合成階段需要鉀鹽，應補充鉀。成年人每日鉀的攝入量為 2～4 克，而耐力性項目運動員應補充到每日 4～4.5 克。人體補充鉀並不困難，水果中含有豐富的鉀，香蕉、柑橘含量最豐富，其次是動物的肝臟、脾臟及豌豆、青豆、小豆、小麥、蕎麥等。只要經常食用這些食物，就不需要額外補充鉀。

5.鐵的營養特點

鐵系微量元素，在體內分佈很廣，幾乎所有組織（包括各種內分泌腺）都含有鐵質。其主要生理功能表現為：一是參與血紅蛋白、肌紅蛋白、細胞色素、細胞色素氧化酶等的合成；二是具有帶氧能力，並參與能量代謝；三是具有免疫作用。

鐵的營養價值與耐力性項目運動員負荷後的循環、呼吸功能和運動能力有關。缺鐵性貧血時，運動員的攜氧能力下降，運動後的體液酸度偏高；恢復正常後，血液酸度的波動變小，運動時缺氧程度減輕。因此，進行大運動量訓練的運動員應當進行預防性補充鐵劑。耐力性項目運動員的鐵需要量為每日 20～25 毫克，一般成人的需要量每日 15 毫克。鐵也是所有田徑項目運動員不可缺少的營養物質。

6.鈉的營養特點

人體內的鈉主要來源於食鹽，在腸道被吸收後主要分佈在細胞外液中。鈉的主要生理功能有：第一，維持細胞外液的滲透壓，影響水的動向；第二，參與體內酸鹼平衡的調節；第三，參與鹽酸的形成；第四，維持神經和肌肉的正常興奮性。運動員在訓練比賽時，鹽分由汗液排出，如果體內鹽分消耗較多，而不及時補充，則可出現機體缺鹽狀態。

輕度缺鹽可表現為全身無力、食慾差等，重者可發生肌肉痙攣、噁心、嘔吐、心臟衰竭，甚至神志不清、暈厥等症狀。因此，耐力性項目運動員大量排汗導致水鹽損失較多時，應增加鹽和水的供給。可適當增加些鹹菜，多喝些鹹湯或鹽開水、鹽汽水等。鈉也是田徑各項目運動員不可缺少的營養物質。

7.鎂的營養特點

鎂是耐力性項目及短跑、跳躍、投擲項目運動員必不可少的重要元素，是人體內細胞第二個最豐富的正離子，其 99%在人體的細胞中。由於它參與細胞能量轉換的各種反應，所以顯得特別重要。運動時要消耗很多鎂，美國有人檢查了 39 名馬拉松運動員比賽後的血清鎂，發現明顯下降，說明運動時人體對鎂的需要量明顯增加，提示人們要及時給運動員補充鎂。

一般成年男子每天需補充鎂 350 毫克，女子為 300 毫克，耐力性項目運動員的需要量應為一般成人的一倍。綠色蔬菜、豆製品、玉米、水果等含鎂較為豐富，中國新開發的沙棘精及沙棘飲料含鎂十分豐富，運動員可選用。

（二）短跑、跨欄跑、跳躍運動員的營養特點

1.蛋白質的營養特點

蛋白質是生命最重要的物質基礎，是構成人體細胞的基本組成部分，也是人類食物的重要組成部分和供給人體熱能的原料。蛋白質由碳、氫、氧、硫、磷、鐵、銅等元素組成，這些元素首先組成結構較為簡單的氨基酸，再由各種不同的氨基酸組成營養價值各異的蛋白質。我們日常膳食中的肉、魚、蛋、奶等是動物性蛋白質的主要來源，而豆類，尤其是大豆含有豐富的植物性蛋白質。

蛋白質的生理功能有：①構成機體組織細胞；②參與機體組織的修復；③調節生理功能；④影響中樞神經系統；⑤增強機體的抵抗力；⑥供給熱能，防治貧血。蛋白質的需要量與機體運動強度、肌肉量的多少、年齡及營養狀況等條件有關。

一般人每日攝取 50 克左右蛋白質就可滿足需要。有的人認為，正常成年人蛋白質的需要量應以每公斤體重 1～1.5 克為標準。

由於短跑、跨欄跑、跳躍項目運動員在運動時蛋白質代謝加強，因此，運動員

蛋白質需要量應高於一般人。

目前對於田徑運動員蛋白質的需要量尚無統一標準，有人認為每公斤體重的蛋白質攝取量應為 2.5 克才能滿足需要，否則會出現體內蛋白質分解，紅血球、血清蛋白被消耗等情況。另外，運動項目不同，運動員對蛋白質的要求也不同，但過多地攝入蛋白質不僅沒有好處，相反對機體是有害的。尤其是在體內熱能不足時，過多攝取蛋白質極為有害。因為蛋白質具有特殊作用，氧化時耗氧較多，這對運動很不利。過多地攝入蛋白質還會加重消化、吸收和代謝的負擔，身體也不能充分吸收，這實際上是一種浪費。

過多的蛋白質在體內會分解為有毒物質氨，肝臟將氨轉變為尿素透過血液運輸到腎臟，由腎從尿中排出體外。可見過多地攝入蛋白質還會加重肝臟、腎臟的負擔，這些對運動都是有害的。因此，運動員攝取蛋白質要適當，更應避免濫用。

蛋白質不足可直接影響運動能力。人體內蛋白質不足時，可表現為某些組織的蛋白質被分解，以供給重要組織器官的需要。最先養活的是血漿清蛋白，其次是肝、腸、黏膜、胰臟和肌肉（骨骼肌）中的蛋白質。如果減少是暫時的或輕度的，則可以恢復；如果是長期缺乏蛋白質，則可危及健康，對青少年運動員來說還會造成生長遲緩，甚至影響智力發育。

對成年運動員也會引起體重減輕、肌肉萎縮、易於疲勞、易患貧血症，還會使其抵抗力下降，出現內分泌功能紊亂、傷口不易癒合等現象。這必然會降低運動能力，影響運動成績的提高。

蛋白質不僅是短跑、跨欄跑、跳躍運動員的主要營養物質，而且還是耐力性項目和投擲運動員的主要營養物質。

2.維生素 C 的營養特點

維生素 C 是短跑、跨欄、跳躍運動員的營養物質，也是耐力和投擲項目運動員的營養物質。維生素 C 的主要生理功能是：其一，能參與體內氧化還原反應，加速氧化過程，對呼吸有很大作用；其二，增強機體抵抗力，防治壞血病；其三，參與體內茶酚胺的生成，具有防止動脈粥樣硬化的作用。

3.磷的營養特點

磷對於短跑、跨欄、跳躍項目運動員來說是極其重要的。長時間運動後，尿中磷的損失增加（是一般人的兩倍），運動時伴有缺氧現象，所以體內氧化磷酸化過程也受影響，從而使含磷的物質形成受到障礙。一旦發生這種情況，運動員就會出現一系列神經系統方面疾患。

科學實驗表明，使用磷酸鹽有提高運動能力的作用。正常人每日磷的供應量是 1.2～1.5 克，運動員的供應量每日為 2.0～2.5 克，大運動量後可提高到 3.0～4.5 克。對於神經系統較緊張的運動項目，磷的需要量比較高。

4.鋅的營養特點

鋅是人體必須的微量元素，對人體有重要作用，對短跑、跨欄、跳躍項目運動員有特殊作用。其生理功能主要有：第一，參與多種酶的合成；第二，加速生長發育；第三，影響味覺和食慾；第四，增強免疫能力；第五，促進維生素 A 代謝和能量代謝。

（三）投擲運動員的營養特點

1.脂肪的營養特點

脂肪又稱脂類，包括真脂（又稱甘油酯）、磷脂和固醇三大類。脂肪的營養功能主要有：其一，供給熱能，保護內臟和保持體溫；其二，組成細胞膜，是良好的維生素溶劑；其三，體積小，但發熱量高。

對於耗氧量較多的項目，如長跑、競走、馬拉松運動員，在飲食中需減少脂肪的含量。因為脂肪一方面可降低身體內氧的利用率，另一方面在耗氧較多或供氧不足時，會產生酮體而影響運動能力。脂肪過多還會影響運動員的耐力，所以耐力項目運動員也應適當減少脂肪的攝入量。另外，過多食用脂肪，還會減少蛋白質及鐵的吸收率，因此，應當限制運動員過多食用脂肪。而對於一些耐力性項目，高脂肪飲食可使運動員血中丙酮酸及乳酸增加，因而會引起酸中毒，影響運動能力。運動員應多食用含不飽和脂肪酸多的植物油。

2.維生素 B_2 的營養特點

維生素 B_2 又稱為核黃素，它是所有田徑項目運動員都需要的營養物質，其生理功能是：首先是促進放能過程，其次參與蛋白質、脂肪和糖的代謝，最後是促進體內供能化學反應的物質。維生素 B_2 不足時會使體力下降，影響運動能力。

3.鈣的營養特點

體內絕大部分鈣都存在於骨、牙之中，溶於血中的僅占體內鈣總量的 1%，但它的功用卻十分重要。它能和鎂、鉀、鈉協同，調節神經肌肉的興奮性，保持心肌的正常功能，嚴重缺鈣會引起肌肉痙攣。同時，鈣還參與凝血過程。投擲項目運動員身體重量最重，需要量相對要多一些。

運動員進行大運動量訓練時，由於從汗中排出大量的鈣，會影響肌肉的正常收縮功能而發生肌肉痙攣現象。因此，運動員對鈣的需要量要多於普通人，一般認為每日需要量為 $1\sim1.5$ 克。

運動員在平時要多吃一些含鈣豐富的食物，如海帶、芝麻、山楂、蝦米皮、綠葉蔬菜、雪裡紅、榨菜、豆製品等。

4.銅的營養特點

銅是體內必須的微量元素，也是所有田徑項目運動員的營養物質。體內大部分銅以結合狀態存在，小部分以游離狀態存在，約有 50%～70%的銅存在於肌肉及骨骼內，20%左右的銅存在於肝臟內，5%～10%分佈於血液中，微量存在於含銅的酶類中。

銅的生理功能主要表現是：其一，參與造血過程；其二，提高細胞色素氧化酶、過氧化氫酶、磷脂化酶、琥珀酸脫氫酶的活性；其三，提高血液含氧量，這對投擲項目運動員是頗為有利的；其四，促使骨質中膠原纖維合成，從而增加機體骨骼的彈性；其五，具有酶和激素的生物催化作用，可增加糖的利用率；其六，影響中樞神經系統和智力水準。

第二節・嚴禁興奮劑

一、嚴禁使用興奮劑的重要意義

國際奧委會規定：競技運動員使用任何形式的藥物和以非正常量或由不正常途徑攝入生理物質，企圖以人為的或不正常的方式提高競技能力即被認為使用了興奮劑。從健康、倫理和法律的角度來看，興奮劑都是被禁用的。

濫用興奮劑，一是違背了奧林匹克精神，二是可以損害運動員的身心健康，尤其是對青少年。事實上，禁用物質（和方法）常常被用於比賽和賽外訓練，在比賽中用於暫時性地提高運動成績（如刺激劑、麻醉鎮痛劑），賽外用於提高訓練效果（如合成代謝類固醇、肽類激素）。因此，只有包括了賽內和賽外檢查的反興奮劑計畫才能產生真正的威懾效果。

在禁用名單中的部分物質（如麻黃鹼和相關物質）可能是些不需要醫生處方即可在櫃檯上買到的藥劑成分。在這些藥劑中，禁用物質所產生的刺激作用是非常微小的。使用這些違禁物質將會被取消比賽資格並處以公開警告（第一次違反禁用規定），如果第一次使用了其他違禁物質（如強刺激劑、合成代謝類固醇、肽類激素），則將會受到一段相當長時間的處罰。再次違反將是更嚴屬的處罰。國內外田徑賽被處罰的運動員實例屢見不鮮，眾人皆知。

根據國際田聯規則，在運動員身體組織或體液內發現某種違禁物質，則被視為違反禁用興奮劑規定。

根據國際田聯規則和該程序準則的意圖，分析體液是指尿和血，但任何其他體液，如對違禁物質的檢測發現有幫助時，國際田聯理事會有權指定實施檢查。嚴禁使用興奮劑的重要意義在於「公平競賽」和「維護健康」。

二、禁用物質與禁用技術

（一）禁用物質

1.蛋白同化雄性激素類固醇（AAS）

主要包括：

（1）外源性蛋白同化雄性類固醇。

（2）外源性攝入內源性蛋白同化雄性類固醇兩大類。「外源性」物質指人體不能自然生成的物質；「內源性」物質指人體能自然生成的物質。

在田徑運動中，經常使用的外源性蛋白同化雄性類固醇有 19-去甲雄烯二醇（bolandiol）、勃拉睪酮（雙甲睪酮 bolasterone）、勃地酮（寶丹酮 boldenone）、屈他雄酮（羥甲雄酮 drostanolone）、美睪酮（mesterolone）、美雄酮（methandienone）、甲睪酮（methyltestosterone）、諾龍（nandrolone）、米勃龍（mibolerone）、1-睪酮（1-testosterone）、群勃龍（追寶龍 trenbolone）等。

經常使用的外源性攝入內源性蛋白同化雄性類固醇藥物的名稱是：雄烯二醇（androstenediol）、雄烯二酮（androstenedione）、雙氫睪酮（dihydrotestosterone）、普拉睪酮（普拉雄酮 prasterone）、睪酮（Testosterone）等。

此外，其他蛋白同化製劑的代謝物和異構體包括：雄烯二醇（異構體 androst-4 – ene-3α，17α–diol）、雄烯二酮異構體（5-androstenedione）、表睪酮（epitestosterone）、19 - 去甲雄酮（19-norandrosterone）、選擇性雄激素受體調節劑（selective androgen recepto rmodulators.SARMs）、替勃龍（甲異炔諾酮 tibolone）、澤侖諾（折侖諾 zeranol）等。

2.肽類激素、生長因子及相關物質

主要包括：

（1）促紅細胞生成製劑〔如促紅細胞生成素（EPO）、達貝汀（dEPO）、甲氧基聚乙二醇糖苷促紅細胞生成素 -β（CERA）、hematide〕。

（2）絨毛膜促性腺激素（CG）及促黃體生成素（LH），男性禁用。

（3）胰島素（Insulins）、促皮質素（Corticotrophins）。

（4）生長激素（GH）、胰島素樣生長因子 - 1（IGF-1）、生長因子素（MGFs）、血小板衍生生長因子（PDGF）、成纖維細胞生長因子（FGFs）、血管內皮生長因子（VEGF）及肝細胞生長因子（HGF），以及其他任何作用於肌肉、肌腱或韌帶組織、能夠影響蛋白質的合成/分解、血管結構、能量利用、再生能力或纖維類型轉換的生長因子。

（5）血小板衍生製劑（如富含血小板血漿 blood spinning）。由肌肉給藥，其他途徑給藥需依照治療用藥豁免的相關國際標準。

（6）除沙丁胺醇（salbutamol，24小時內最大使用劑量不超過1600微克）及依照用藥豁免國際標準需要吸入使用沙美特羅（salmeterol）外，所有b₂-激動劑（包括其相應的光學異構體）均禁用。

（7）激素拮抗劑與調節劑包括但不僅限於：氨魯公尺（Aminoglutethimide）、阿那羅唑（anastrozole）、福美坦（formestane）、睪內酯（testolactone）、昔芬（那洛西芬 raloxifene）、托瑞公尺芬（Toremifene）等。

（8）抗雌激素作用物質包括但不僅限於氯公尺芬（clomiphene）、環芬尼（cyclofenil）等。

（9）調節肌抑素（myostatin）功能的製劑包括但不僅限於肌抑素抑制劑（myostatin inhibitors）、利尿劑（Diuretics）、丙磺舒（Probenecid）、血漿膨脹劑（plasma expanders）及其具有相似化學結構或相似生物作用的物質，如甘油（glycerol）、靜脈輸入白蛋白（albumin）、右旋糖酐（dextran）、甘露醇（mannitol）等

（10）利尿劑和其他掩蔽劑包括但不僅限於乙醯唑胺（acetazolamide）、阿米洛利（amiloride）、坎利酮（canrenone）、氯噻酮（chlorthalidone）、呋塞米（furosemide）、噻嗪類（thiazides）、氨苯蝶啶（triamterene）及其具有相似化學結構或相似生物作用的物質，如曲螺酮（drosperinon）、巴馬溴（pamabrom）等。

如果運動員尿樣中含有利尿劑和其他掩蔽劑，並同時含有其他外源性禁用物質（即使該物質濃度可能低於允許濃度上限）時，治療用藥豁免無效。

（二）禁用方法

1.提高輸氧能力

以下方法禁用：

（1）血液興奮劑，包括使用自體、同源或異源血液或使用任何來源製成的血紅細胞製品。

（2）人為提高氧氣攝入、運輸或釋放的方法，包括但不僅限於使用全氟化合物、乙丙昔羅（efaproxiral，RSR13）及經修飾的血紅蛋白製劑（如以血紅蛋白為主劑的血液替代品，微囊血紅蛋白製劑等）。補充氧氣不再禁用。

2.化學和物理竄改

以下方法禁用：

（1）在興奮劑檢查過程中，竄改或企圖竄改樣品的完整性和有效性的行為是禁止的，包括但不僅限於：導管插入術、置換尿樣和/或竄改尿樣（例如蛋白酶）。

（2）靜脈輸液禁用，但在醫療機構進行的合理治療或臨床檢查中的正當使用除外。

3.基因興奮劑

以下具有潛在提高運動能力的手段禁用：

（1）改變細胞或遺傳元素（例如 DNA、RNA）。

（2）使用藥學或生物製劑以改變基因表達。禁止使用過氧化物酶體增殖物激活受體 δ（PPARδ）激動劑（例如 GW1516），以及 PPARδ－磷酸腺苷（AMP）－激活蛋白激酶（AMPK）軸激動劑（如 AICAR）。

4.刺激劑

所有刺激劑（包括其相應的旋光異構體）禁止使用，但局部使用咪唑衍生物，以及列入 2010 年監控程序中的刺激劑除外。

刺激劑包括非特定刺激劑和特定刺激劑，主要物質有：阿屈非尼（艾捉非尼 adrafinil）、安非拉酮（二乙胺苯丙酮 amfepramone）、苯丙胺（amphetamine）、安非他尼（amphetaminil）、苯氟雷司（benzylpiperazine）、苄非他明（benzphetamine）、可卡因（cocaine）、乙非他明（乙苯丙胺 etilamphetamine）、美芬雷司（氯丙苯丙胺 mefenorex）、美芬丁胺（mephentermine）、美索卡（麥索卡 mesocarb）、甲烯二氧苯丙胺（methylenedioxyamphetamine）、普尼拉明（prenylamine）、普羅林坦（苯咯戊烷 Prolintane）、腎上腺素（adrenaline）、麻黃鹼（ephedrine）、香草二乙胺（益迷奮 etamivan）、芬坎法明（莰苯乙胺 fencamfamin）、環已君（環己丙胺 propylhexedrine）、偽麻黃鹼（pseudoephedrine）、司來吉蘭（司立吉林 selegiline）、士的寧（strychnine）、異庚胺（1-甲基己胺 Tuaminoheptane），以及其他具有相似化學結構或生物作用的物質。

5.麻醉劑及其衍生物

禁用的麻醉劑主要包括：丁丙諾啡（buprenorphine）、右嗎拉胺（右嗎拉米 dextromoramide）、二醋嗎啡（海洛因 diamorphine heroin）、美沙酮（methadone）、氫嗎啡酮（hydromorphone）、嗎啡（morphine）、羥嗎啡酮（oxymorphone）、哌替啶（Pethidine）等。天然或合成屈大麻酚（THC），以及具有類 THC 作用的大麻（酚）類（如 hashish 哈希什，marijuana 瑪利華納，HU - 210）禁用。

6.糖皮質類固醇

所有糖皮質類固醇禁止口服、靜脈注射、肌注和直腸給藥。依照治療用藥豁免國際標準，運動員由過關節內、關節周圍、腱周圍、硬膜、皮下及吸入途徑使用糖皮質類固醇時，必須聲明。

治療耳、口腔、皮膚（包括電離子透入療法／超聲波透入療法）、牙齒、鼻、眼和肛門疾患的局部用藥不禁用，既不需要申請治療用藥豁免也不需要聲明。

三、興奮劑的危害

興奮劑的使用會給運動員的身體和心理造成很大的危害，會使運動員的身體產生很多副作用，而且有些危害是終生的，甚至可能導致猝死。

各類興奮劑的危害都已被證實，具體病理症狀如下：

第一，蛋白同化製劑（合成類固醇）可以增加肌肉力量，加快訓練後的恢復，濫用此類藥物可引起人體虛弱、內分泌系統紊亂、肝臟功能損傷、心理與行為異常；

第二，肽類激素具有廣泛的生理作用，影響細胞生長和激素分泌，濫用此類藥物可引起人體內分泌系統功能紊亂，嚴重時甚至可以危及生命；

第三，麻醉藥品，如嗎啡、度冷丁等，由直接作用於中樞神經系統而抑制疼痛的產生，濫用會導致成癮，引起嚴重的性格改變，導致犯罪；

第四，刺激劑的大劑量服用可導致呼吸和循環衰竭，甚至引起心臟衰竭造成死亡；

第五，麻黃素的副作用是心悸、呼吸急促等；

第六，醫療用毒性藥品可對人體造成直接的毒性損害；

第七，其他類，如使用利尿劑可快速減輕體重，或在興奮劑檢查時利用它沖淡尿液以稀釋尿中的違禁物質，可使尿中的鹽和電解質過度流失，破壞體內的電解質平衡，有可能導致心律不整或心臟衰竭而危及生命。

四、國際田聯反興奮劑委員會的重要提示

（一）對運動員的提示

中國《反興奮劑條例》規定：含有興奮劑目錄所列禁用物質的藥品，生產企業應當在包裝標誌或者產品說明書上，用中文註明「運動員慎用」字樣。「運動員慎用」是針對體育運動過程中可能影響運動員的運動能力、違反興奮劑管理規定、導致不良體育事件等含興奮劑藥品的安全警示，一般標註在藥品說明書或者標籤的注意事項內。運動員患病就醫或使用藥品時，必須充分瞭解藥品的安全警示，規範合理地使用藥品。

運動員有義務確保自己所接受的任何治療沒有違反反興奮劑規則。如果你對某種藥物是否在禁用之列有疑問，就不要服用。尤其需要小心的是食品補劑和中藥或中成藥，它們通常不在控制之列，但可能含有違禁物質。如果不知情而服用了違禁藥物或含有違禁物質的藥品，也將受到處罰。

運動員因治療目的確需使用興奮劑目錄中規定的禁用物質或方法時，按規定提出申請，獲得批准再以使用。這對運動員的健康而言，是一種人性化的制度，稱為治療用藥豁免。

其他禁用清單提示個別局部用藥，如腎上腺素與局麻藥合用或局部使用（如鼻、眼等）不禁用；糖皮質類固醇治療皮膚（包括電離子透入療法／超聲波療法）、耳、鼻、眼、口腔、牙齒和肛門疾患的局部用藥製劑不禁用，也不需要任何治療用藥豁免。

（二）對教練員的提示

目前教練員、醫生、管理人員和運動員已作為一個整體來共同剷除興奮劑，並創造一個可以使田徑運動公平開展的環境。

在運動隊中，教練員可起到非常重要的作用，除運動員家人外，他可能比其他任何人都更能對運動員產生直接影響，應對運動員進行含興奮劑藥品的風險的教育，提供最新的準確訊息，增強他們對藥品風險的瞭解及安全、合理用藥的意識。應當教育、提示運動員不得使用興奮劑，並向運動員提供有關反興奮劑規則的諮詢。教育運動員確信那些勝過他們的人不是靠興奮劑欺騙，而是天才和艱苦訓練的結果。

如果體育運動要持續發展，那麼營造一個大家都反對興奮劑的環境是最基本的要求。反對興奮劑是基於道德、倫理、法律和健康的綜合原因。教練員不得向運動員提供興奮劑，不得組織、強迫、欺騙、教唆、協助運動員在體育運動中使用興奮劑，不得阻撓興奮劑檢查，不得實施影響採樣結果的行為。如果教練員能培育一代運動員對興奮劑的正確態度，那麼下一代的運動員就會摒棄興奮劑欺騙。

正確地關注運動員的利益是教練員的責任。放任或鼓勵使用禁用物質是這種責任的墮落，參與這些活動的教練員在田徑運動中將沒有容身之地。

近幾年來，體育運動在很大程度上已被濫用興奮劑所污染，並到了危險的程度，濫用興奮劑使公眾在某些情況下懷疑成績的真實性，並且錯誤地相信每一個打破紀錄的優異成績都是使用藥物的結果。

使用禁用物質在健康上的冒險和道德、倫理的喪失以及在法律上的觸犯，使那些靠自己實力取勝的運動員因為某些人的欺騙而受到不公平待遇。

（三）對醫生的提示

田徑運動員的醫生應該加強含興奮劑藥品的風險教育，掌握最新的準確訊息，增強對藥品風險的瞭解及安全、合理用藥的意識。瞭解並掌握禁用清單的分類和物質成分，對於運動員合理用藥是非常必要的。

治療用藥要明確成分，要瞭解哪些常用的感冒藥含有麻黃素類成分，哪些降血壓藥含有利尿劑成分，哪些中藥製劑含有天然的違禁成分等，並向運動員說明藥品性質和使用後果，避免疏忽或錯誤用藥。應該保證運動員治療時不使用世界反興奮劑條例——禁用清單中的東西。

合理的醫療需要是運動員使用含興奮劑藥品的唯一理由。隊醫在為運動員開具

藥品時，應當首先選擇不含興奮劑目錄所列禁用物質的藥品；只有當醫生認為，使用不在禁用清單之列的替代藥物將得不到滿意的療效或對運動員的身體健康造成明顯損害時，才可考慮使用含興奮劑藥品。要結合運動員的傷病情況、賽內或賽外狀態，按規定獲得特許治療性用藥。

過去曾有這種情況發生，即醫生誤以為禁用物質的量小到不能對運動員的成績產生多大幫助，實驗室就不會確認為陽性。但需要強調的是，實驗室對大部分物質的分析不是取決於其含量的大小，而是只要出現甚至是極小的含量，也將會被視為陽性。

還需要強調的是，雖然保證不使用禁用物質是運動員的責任，但更重要的是你要時刻注意保證運動員不會因為你的失誤而受處罰。

還有一點需要記住，一些藥物從一個國家到另一個國家會有不同形式的品牌，你需要警告運動員在國外按處方開藥時應特別地小心。

第二十四章

田徑運動科學研究

容仕霖

第一節・田徑運動科學研究的目的與任務

　　田徑運動科學研究工作是整個體育科學研究工作的一個重要的組成部分。田徑運動科學研究工作的目的，是探討有關田徑運動教學與訓練實踐所面臨的理論與方法問題，研究解決問題的途徑和方法，探索其本質與規律，從而提高田徑運動教學與訓練工作的科學性，促進田徑運動教學質量與訓練水準的提高。

　　田徑運動科學研究工作的根本任務，是在前人研究成果的基礎上，深入研究前人尚未認識的問題或尚未研究過的領域，解決前人尚未解決的問題，為田徑運動的發展提供新的理論和方法，服務於田徑運動的實踐活動。

　　具體說來，田徑運動科學研究工作的主要任務有以下幾項：

　　第一，立足於解決田徑運動實踐所面臨的新問題，探索該問題的本質與發展規律，創造新的理論和方法，為進一步豐富和完善體育科學體系服務。

　　第二，利用新的田徑運動的理論與方法，為發展各類學校以及幼兒園的體育教育事業和增強全民族的體質服務。

　　第三，利用新的田徑運動的理論與方法，指導田徑運動訓練工作，為提高田徑運動技術水準服務。

　　第四，透過田徑運動科學研究工作，不斷提高田徑專業人員的業務水準和從事科學研究工作的能力，促進田徑專業人才的成長。

　　第五，不斷探索田徑運動的社會適應性方面的問題，為改善田徑運動的管理體制及競賽制度服務；為制定和修改適合社會發展的體育方針和政策服務，為充分發揮體育在建設社會主義精神文明方面的作用服務。

第二節・田徑運動科學研究的地位與作用

田徑運動是各個體育項目的基礎。田徑運動科學研究在整個體育科研工作中的獨特地位也是其他體育項目所不能替代的。

一、體育科學研究工作所獨有的一些特點

體育科學研究工作除了具備現代科學研究共同存在的的需要性、創造性、繼承性、複雜性和艱巨性、綜合性和集體性、一次性和連續性的特點之外，還具有體育科學研究工作本身所獨有的一些特點：

1.研究對象的複雜性和個體差異性

「人的運動與運動的人」是體育科學研究最基本也是最主要的研究對象。人體是一個結構巧妙而又無時不在變化的複雜有機體。而參加體育運動的每一個人，又都是具有不同社會背景、生活背景和團體背景的社會成員。

體育科學研究既要揭示人體運動規律以幫助人們謀求更好的競技或鍛鍊效果，又要研究和探討體育運動對每一個社會成員會產生怎樣的生物學、社會學、心理學、教育學以及倫理學意義上的效應。同時，參與體育運動的人，有著思維特徵、個性特徵、智力水準及道德水準上的差異，有著性別、年齡及健康水準的差異，有著專項、訓練年限、訓練水準的差異，有著技術水準及戰術風格的差異。因此，研究對象的複雜性和個體差異性是體育科研活動的一個非常顯著的特點。

2.運動項目的多樣性及運用知識的高度綜合性

若將奧運項目、非奧運項目、大眾體育項目、傳統體育項目、民族體育項目，以及各大項中所包含的不同性質的小項綜合起來統計的話，體育運動項目可多達數千項。而各個項目的技術結構、戰術變化、評定成績的方法及對體能的具體要求，均有所不同，各有各的規律和特點。體育運動項目的多樣性，增加了體育科研成果在應用和推廣方面的難度，同時也增加了體育科研工作的複雜性。

由於體育科學研究對象的複雜性和個體差異性，以及體育科研領域的廣闊性和體育科學體系的高度綜合性，使得運用任何一門單一學科的知識和理論所進行的研究，都難以取得顯著的研究成果。因此，多學科的相互滲透和多學科的綜合運用，就成為體育科學技術研究工作的一個顯著特徵。

3.體育運動中所產生的各種結果和現象的不確定性和不可重複性

體育競賽的各種結果和現象的因素也是多方面的，其中有些因素對於體育運動

科研工作者來說，是未知的或知之甚少的，甚至是難以駕馭的。

在條件完全相同的競賽情況下，也不可能出現完全相同的結果和現象。原因主要是參與運動的人都是動態變化的。

體育運動中所產生的各種結果和現象的不確定性和不可重複性，不僅造成了體育科學研究工作的複雜性，而且也使得體育科學驗證性研究難以獲得完全相同的重複實驗結果。這也是體育科學研究工作的顯著特徵之一。

二、田徑運動的特點確立了田徑科研在體育科研中的獨特地位

田徑運動的特點使得田徑運動科學研究在體育科研中占有獨特的學術地位，主要表現在以下幾個方面：

1.田徑運動競技對手間的非直接對抗性相對減少了體育科研的複雜程度

就球類、格鬥類競技項目來說，制勝因素在很大程度上取決對手的臨場狀況。在這些項目中，不僅要研究自身的狀況，也要研究對手的狀況，還要研究相互影響的狀況，這就大大地增加了科學研究工作的複雜性。而田徑競賽過程中，除了對對手有一定的心理影響外，制勝的主要因素是自身的訓練程度。這就相對減少了體育科研的複雜程度。所以，無論是在體育基礎理論、應用理論研究方面，還是在體育技術開發研究方面，往往都把田徑運動作為首選項目。

2.田徑運動對運動員體能的極限要求和運動技、戰術的相對簡單性，為體育科學研究提供了相對單純的研究對象

球類、格鬥類等項目在訓練、比賽中，往往需要運動員在速度、耐力、力量、柔韌、協調、平衡等身體素質方面有綜合的表現；技術動作也是多種類型動作的組合。這使得研究過程中得到的指標觀測結果也是綜合性的，難以分解和研究單一指標與單一觀測結果的對應關係。

田徑運動包含男女 40 多個單項，每個單項對運動員的身體素質要求相對比較單一，而且要求運動員以最大能力去完成；技術動作結構也相對比較簡單。這一鮮明特點，有利於研究單一指標與單一觀測結果的對應關係和觀測到人體的最大指標值。這為體育科學研究提供了相對單純的研究對象。

3.田徑運動成績測量方法簡便，測量結果客觀，有利於進行深入的定量研究

在體育科研中，「從定性分析開始─選擇指標進行定量測試與分析─結合定量分析結果和專業理論對研究的事物進行再定性」，是認識事物的基本思路。由於田徑運動成績的測量只有長度和時間兩種計量單位，測量方法十分簡便，所以，一般情況下一只秒表、一條皮尺就可以完成對田徑運動成績的測量。

長度和時間是可以度量的兩種基本物理量，其測試結果也能客觀地反映事實。因此，在對運動訓練理論、體育基礎學科理論研究中，以及在研究方法的應用研究中，大多首選田徑運動作為研究對象。

4.田徑運動成績的相對確定性、相對可重複性，為驗證性實驗研究提供了重複驗證的可能性

在科學研究工作中，一個最重要的問題就是實驗的可重複性問題。顯然，如果實驗不能得到重複驗證，那麼，這個實驗企圖證明的因果關係就無法得到認可，也就無法建立科學理論。而體育運動中所產生的各種結果和現象的不確定性和不可重複性，使得驗證性實驗研究難以實現實驗的可重複性。

在眾多體育項目中，儘管田徑運動中所產生的各種結果和現象也具有不確定性和不可重複性，但是，在同等條件下，這種不確定性和不可重複性的波動和變異不大，而且，由於田徑運動具有非直接對抗性和技術相對簡單的特點，使得在實驗研究中對非施加因素的控制變得相對容易一些。

所以，相對於其他項目來說，田徑運動中所產生的各種結果和現象具有相對的確定性和可重複性。這為體育科研中驗證性實驗研究提供了較可靠的研究對象和進行重複驗證的可能性。

綜上所述，由於田徑運動本身的一些顯著特徵，使田徑運動在體育科學研究中具有許多優勢。無論是體育基礎學科的研究，還是新的研究方法的應用研究，大多數都選擇以田徑運動為研究對象。這不僅使田徑運動科研活動的開展走在了其他運動項目的前列，而且也給其他運動項目的科研活動提供了可借鑑的實踐經驗。

所以說，田徑運動科學研究在整個體育科研工作中的獨特地位也是其他體育項目所不能替代的。

三、田徑科研對田徑運動發展的作用

1.田徑科研在學校體育教育中發揮重要作用

一批田徑教師積極研究田徑運動在大、中、小學校對青少年兒童中實施素質教育中的地位和作用，不斷探索各級各類學校田徑教學的有效手段和方法，為教育教學改革和提高體育教育的質量與效果作出了貢獻，也為田徑運動的發展培養了大批的專門人才。

2.田徑科研工作促進了田徑運動的科學化進程

透過對田徑運動訓練的研究，為教練員提高運動員的競技能力，不斷探索新的途徑和方法；為充分認識和控制運動訓練與運動競賽過程，提高運動訓練和競賽的科學化水準提供了理論與方法的支撐。

田徑運動 高級教程

3.田徑科研工作促進了田徑運動技術的改善

透過田徑科研，把現代科學技術的研究成果越來越多地引入田徑領域，例如，電腦技術的應用和雷射測距技術的應用，大大改善了大型田徑運運會的組織與管理工作；塑膠跑道、人造草皮、金屬標槍、尼龍竿等的使用，不僅使田徑運動場館設施和器材得到改善，也對田徑運動技術水準的提高起到了明顯的促進作用。

4.田徑科研促進了田徑運動專門人才的成長

透過田徑科研工作，不斷提高田徑專業人員的業務水準和從事科學研究工作的能力，促進了田徑專業人才的成長。積極開展田徑研究工作，已經成為培養田徑研究生、高級教練員和教師的一條重要途徑。

5.田徑科研工作為進一步豐富和完善田徑運動理論和體育科學體系做了貢獻

田徑科研面對田徑運動實踐，不斷探索實踐所面臨的新問題的本質與發展規律，創造新的理論與方法，為進一步豐富和完善田徑運動理論和體育科學體系做了貢獻。

1994 年出版的《田徑運動高級教程》和 2003 年出版的《田徑運動高級教程（修訂版）》就全面反映了田徑運動理論與方法的研究成果。田徑科研也為體育基礎學科、應用學科提供了大量的研究資料與事實。因此，也可以說田徑科研為整個體育科學體系的建設也作出了突出的貢獻。

6.田徑科研為增強人民體質提供更加有效的理論依據和方法

近年來，一批學者積極探索田徑運動對增進人體健康、促進康復以及改善精神和心理狀態的作用及其機制，為增強人民體質提供理論依據和方法。同時，在適應社會主義市場經濟體制的大趨勢下，加強了田徑運動社會化、產業化、職業化的研究，為開拓田徑運動市場運作進行了一些有益的探索。

這些對推動田徑運動的發展也起到了積極的作用。

第三節・田徑運動科學研究的一般程序與研究方法的應用

田徑運動科學研究既涉及自然科學，又涉及人文社會科學。隨著科學研究工作的不斷深入發展，體育科學研究方法在兩大科學領域的通用性，得到不同領域研究者更加廣泛的認同。按照收集材料的不同方法，將研究工作分為直接使用經驗方法和間接使用經驗方法兩種研究工作類型，現對兩種研究工作類型的一般程序和研究方法的應用概括分述如下：

一、直接使用經驗方法類研究工作的一般過程和研究方法的應用

直接使用經驗方法類研究工作指的是直接採用觀察法、調查法或實驗法來獲取第一手研究材料和事實的研究工作。這一類研究工作的過程基本相同，大致可以分為五個階段：

1.抉擇與準備

這一階段包括研究者選定自己的研究方向、研究課題，以及相關知識和研究條件的準備工作。

研究人員只有在對自己確定的研究方向的前沿問題有所瞭解的前提下，才能進一步選擇自己的研究課題。選擇研究課題時，首先要求研究者提出尚未解決的科學問題，從中選擇並論證課題；然後提出假設，確定研究工作的組織形式，掌握必要的研究工具和研究方法，擬定研究計畫。最後完成研究課題計畫書的撰寫。

在選題過程中，主要運用文獻資料法、邏輯思維方法和系統方法等，使研究設計和工作計畫有效、縝密、可行。選題的優劣則取決於研究人員的知識、能力和經驗。

2.資料與事實的收集

這一階段的主要任務是獲取相關文獻情報資料和新的經驗事實。資料與事實的收集是開展科學研究的基礎，是能否作出科學發現的先決條件。

根據研究課題計畫書的設定，在這一階段主要使用一種或多種經驗方法（調查法、觀察法、實驗法）。但是，使用經驗方法時並不等於只是進行單純的操作性活動，而是在科學思維支配下進行的一種創造性的實踐活動。

3.資料與事實的加工整理

這一階段主要是運用邏輯思維方法、數學方法和事物屬性方法，對所收集到的資料與事實進行加工、整理，即由科學抽象建立科學概念，並對所研究的現象和變化規律作出解釋和說明。科學研究成果的創造性程度如何，則主要取決於這一階段。

4.提出科學假說，建立科學理論

研究人員透過對資料與事實的加工、整理，就可以得到科學研究的成果——科學假說或科學理論。若研究任務是驗證一個假設，透過觀察或實驗檢驗之後，如果發現事實與假設相符，那麼，假設就可以上升為假說；若研究任務是驗證一個假說，透過觀察或實驗檢驗之後，如果發現事實與假說相符，那麼，假說就可以上升為理論。假說和理論都是科學研究的成果。這一階段主要使用的是理論方法和邏輯思維方法。

科學研究成果都可以透過學術論文、學術專著或研究工作報告等形式表現出來。所以，學術論文的寫作是整個科學研究過程中必不可少的步驟之一。此類論文結構一般包括前言（選題依據、研究現狀、研究任務）、研究對象與研究方法、研究結果與分析討論、結論與建議等。

5.科研成果的評價

研究人員透過前四個階段的工作，一般都能獲得預期的科研成果。區別在於有的完全達到了預期目標；有的則是部分地達到預期目標；有的甚至會得到否定的研究成果。否定的研究成果也是科研成果。因此，科研成果必須進行鑑定和評價，這是科學研究活動的最後一個環節，也是對這個課題研究工作的總結。

二、間接使用經驗方法類研究工作的一般過程和研究方法的應用

間接使用經驗方法類研究工作指的是不直接採用觀察法、調查法或實驗法來獲取第一手研究材料和事實，而是主要依靠文獻資料法來獲取研究資料和事實，或者完全依靠理論方法和邏輯思維方法進行理論推導、論證的一類研究工作。

這類研究工作的過程一般可分為以下五個階段：

1.選擇題目

此類研究工作，選題是關鍵。選題時應根據社會需要和主、客觀條件，並在瞭解學術動態的基礎上進行選題。選定題目後，還要確立論述的主題和論證角度。

2.收集資料

研究題目確定之後，接著就要廣泛、深入地收集資料。此時，收集資料的方法採用的完全是文獻資料法，沒有資料就無法進行研究。

3.確立論點

所謂論點是指研究人員對研究題目的認識和新的見解，是整篇論文的靈魂。它是透過對收集到的大量資料進行分析、比較、綜合、演繹等思維活動之後所獲得的。因此，確立論點的過程就是運用理論方法、邏輯思維方法對大量資料進行理論加工的過程。可以說，此類學術研究水準的高低，在很大程度上取決於其論點有無意義，有無真知灼見，有無新的突破。

然後看材料的取捨，引用是否真實、準確、完整、統一、簡明、新穎。

4.寫作論文

此類研究論文的寫作，實質是按照研究者所採用的理論方法將論點、論據、論

證的有機組合。其格式主要包括前言（問題的提出、研究的意義）、本論（對研究問題的論述）和總結。

5.成果評價

這個階段與前一類研究工作的目的、過程相同。

此類研究工作的一般研究過程與直接使用經驗方法類研究工作的一般研究過程大致相同。在研究方法的應用方面則是以理論方法和邏輯思維方法為主；在收集資料方面主要是文獻資料法。

數學方法中除了簡單的概率統計之外，其他方法則較為少見。

第四節・田徑運動科學研究的主要內容與常用方法

一、田徑運動科學研究的一般內容

田徑運動科學技術研究的範圍非常廣泛，具體的研究內容也十分豐富。首先，與田徑運動實踐活動本身有關的內容，都是田徑運動科學研究的主要內容。其次，現代科學技術的蓬勃發展，使新興學科不斷湧現。

如何把這些新興的科學技術引進或應用到田徑運動實踐活動中去，也是田徑運動科學研究的一個重要內容。

田徑運動科學研究具體內容的分類方法很多，根據不同的分類標準有不同的分類方法。常見的分類方法是按研究課題的研究方向分類。

田徑運動科學研究的主要內容，按研究課題的研究方向大體可以分為以下幾個方面：

第一，田徑運動教學方面的研究。例如，教學指導思想、教學任務的研究；教學內容的研究；教學組織形式的研究；教學方法與教學手段的研究；教學電化技術的研究；教學效果評價的研究等等。

第二，田徑運動訓練方面的研究。例如，運動員選材的研究；訓練指導思想的研究；訓練內容的研究；訓練方法與訓練手段的研究；兒童、少年、婦女運動訓練特徵的研究；競賽方面的研究等等。

第三，田徑運動各方面的設備條件研究。例如，田徑運動教學和訓練輔助儀器設備的研製；田徑運動科研、競賽專用儀器設備的研製；先進儀器設備在田徑運動各方面的應用推廣研究；田徑運動場、館的設計和建造方面的研究等等。

第四，田徑運動一般理論的研究。例如，田徑運動的歷史、現狀、發展趨勢的研究；田徑運動技術與技術原理的研究；田徑運動情報、訊息的研究；田徑運動各方面的管理研究等等。

二、當前田徑運動科學研究的熱點課題

當前，從研究內容來說，各國田徑運動科學研究的重點仍然在運動訓練方面，但是，在重視提高田徑成績的同時，也很重視大眾和幼兒田徑活動等。從研究課題的性質來說，在仍然比較重視基礎研究的同時，應用研究和開發研究的比重也在逐步增大。

所謂「熱點課題」也就是研究成果發表的數量較多的一些研究課題。歸納起來有以下幾個方面：

第一，田徑運動訓練新理論與新方法的研究。這方面的研究主要集中在高水準運動員訓練方法和現代訓練理論的形成與發展等問題上。

第二，田徑運動員疲勞診斷和恢復訓練的理論與方法的研究。這方面的研究主要集中在疲勞程度的診斷和一些新的診斷指標的尋覓，以及更加有效的綜合恢復訓練的理論與方法等方面。

第三，在田徑運動員的營養和營養藥物應用的研究方面，多數學者還是注重營養藥物的應用研究。

第四，在提高運動訓練的科學性方面，越來越多的運動訓練部門正在從訓練體制、教練員隊伍的組成、對整個訓練過程的有效監控、對運動員疲勞的診斷和恢復訓練、運動員的生活管理等等方面，尋求更加系統的科學訓練的理論與方法，力求更多地擺脫「經驗訓練方法」。

第五，在改善田徑運動的管理體制及競賽制度方面，近年來也有不少學者為制定和修改適合社會主義市場經濟發展需要的管理體制和競賽制度開展調查研究。

第六，在田徑運動員心理特徵和心理訓練方法的研究方面，主要集中研究的是發展（開發）研究類課題，努力尋求更加有效的心理訓練的手段和方法。

第七，在中、小學田徑運動教學理論與方法的研究方面，主要集中研究的是改變以往對中、小學生採用大學體育專業式的教學方法，力求透過遊戲或能夠更加引起學生興趣的教學方法，來提高中、小學生的體質和基礎運動能力，達到教學的目的。

第八，不斷探索田徑運動的社會適應性方面的問題，努力使田徑運動能夠更加適應不同年齡、性別和不同職業的群體從事田徑運動的需求。

三、常用科研方法在田徑運動科學研究中的應用

選擇什麼樣的研究方法是由研究課題的性質和任務、內容和要求來決定的，即使對同一領域或相同課題開展科學研究工作，也會因研究者的學術水準、學術專長、研究條件的不同，而採用不同的研究方法。同一研究課題的研究方法不同，既有研究角度的不同，也有層次上的區別，應創造或選擇適宜的科學研究方法。但

是，歸根結底，所使用的研究方法必須與研究課題的性質、任務等相適應，必須與研究課題的經費投入狀況和儀器設備等實驗條件相適應，必須以保證實現研究課題的研究目的為前提。

在田徑運動科學研究過程中，在確定總體研究思路和對收集到的資料與事實進行整理加工的過程中，依靠的是理論方法、邏輯思維方法、數學方法等，比較龐雜的課題則往往採用系統方法。

常用的理論方法和邏輯思維方法有分類法、比較法、類比法、分析與綜合方法、歸納與演繹方法、證明與反駁方法、推理和外推方法、驗證法等，常用的數學方法主要是數理統計方法，常用的系統方法有系統論、訊息論、控制論、耗散結構論、突變論、協同論和灰色系統理論等。

在田徑運動科學研究過程中，最重要、最基礎的任務是收集資料與事實。正確的收集資料與事實，靠的是經驗方法。資料與事實的收集工作是研究工作的基礎。經驗方法主要包括文獻資料、調查法、觀察法和實驗法。

這些研究方法具體到某一個研究課題時，可能會採用其中某一種方法，也可能會因研究課題的複雜性而同時採用兩種或多種研究方法。

1.田徑運動一般理論研究方面的常用方法

(1) 田徑運動的歷史、現狀、發展趨勢的研究

這一類研究主要採用文獻資料法收集資料。對歷史的研究則完全靠文獻資料法收集資料。對現狀的研究除了使用文獻資料法以外，也經常使用調查法進行資料與事實的收集。發展趨勢的研究除了使用文獻資料法以外，還常用專家調查法（特爾菲法）對發展趨勢進行預測。

(2) 田徑運動技術與技術原理的研究

對田徑運動技術與技術原理的初步研究，往往使用文獻資料法進行概括或論述。但對更深層的研究，如新的技術、技術觀點的提出，對技術原理有新的見解等，則需要結合觀察法或實驗法收集新的資料與事實，作為論據來支持自己的新觀點、新見解。

在使用觀察法時，一般常使用間接觀察法（攝影法或錄影法），將技術動作記錄下來後再進行深入的分析。

(3) 田徑運動情報、訊息的研究

情報、訊息的研究基礎是情報與訊息的收集。收集情報和訊息主要是靠文獻資料法。當然，有些情報、訊息是由對比賽的觀察或會議交流、調查等方法獲得的，但主要的、基本的收集情報、訊息的方法還是文獻資料法。

(4) 田徑運動各方面管理研究

這方面的研究主要採用文獻資料法和調查法。一般使用文獻資料法對現行管理文件和有關資料進行收集，採用調查法對管理現狀進行調查。

田徑運動 高級教程

2.田徑運動教學研究方面的常用方法

⑴ 教學指導思想、教學任務、教學內容的研究

這方面的研究，除了使用文獻資料法以外，常用的是調查法。透過對不同教師或學生的調查，獲得第一手資料和事實，以此為論據，提出更加完善或更加具體的教學指導思想、教學任務和教學內容。

⑵ 教學組織形式和教學效果評價的研究

這方面的研究，主要是以觀察法、收集資料與事實。透過對教學組織形式和教學效果的觀察來獲得第一手資料和事實，然後對教學的組織形式進行討論和對教學效果進行評價。

⑶ 教學方法和教學手段的研究

這方面的研究主要採用實驗方法。因為對新方法、新手段的提出，要求有較強的論證性，所以，多採用「雙盲對照」或「三盲對照」設計的組間比較方法或配對比較方法，以實驗結果來反映新方法、新手段的實施效果。

3.田徑運動訓練方面的研究

⑴ 運動員選材的研究以及兒童、少年、婦女運動訓練特徵的研究

這方面的研究主要採用觀察法。也就是說，採用間接觀察法（測量法）對研究對象進行必要的測量，對所獲得的數據進行處理後，提出選材的標準或者根據數據顯示的規律提出兒童、少年、婦女在田徑運動訓練方面的特徵。

⑵ 訓練指導思想和競賽方面的研究

這方面的研究主要採用文獻資料法和調查法獲取資料和事實。競賽方面的研究有時還採用觀察法進行研究。

⑶ 訓練方法和訓練手段的研究

這方面的研究與教學方法和手段的研究相似，也要求有較強的論證性，所以，多數採用實驗方法進行研究。

4.田徑運動各方面設備條件的研製

田徑運動各方面設備條件的研製包括田徑運動教學和訓練輔助儀器設備的研製、田徑運動科研和競賽專用儀器設備的研製和其他領域的儀器設備在田徑運動各方面應用推廣的研究，以及田徑運動場館的設計和建造方面的研究等等。

目前，體育運動專用儀器設備和器材的研製，特別是保健和健身器材的研製，正在蓬勃興起；另一方面，電子、訊息產業的發展，使得其他行業的儀器設備和器材在田徑運動方面的應用推廣越來越迅速。

這些都有力地推動了田徑運動的教學、訓練、科研、競賽等儀器設備和器材的更新，對田徑運動的發展起到了促進作用。因此，廣泛開展田徑運動各方面設備條

件的研製工作，有著十分重要的意義。

田徑運動各方面設備條件的研製屬於技術開發研究。技術開發是一個內涵廣泛的概念，一般是指為滿足社會進步、經濟和生產發展的客觀需要，在基礎研究和應用研究的基礎上，進行有計畫、有組織、有目標的研製活動，是把知識性研究成果物化成產品，使潛在的生產力轉變為現實的生產力的一種科學研究活動。

技術開發的研究方法與理論研究的方法區別很大。主要是運用發明創造的方法。常用的發明創造的方法有以下幾種：

(1) 智力激勵法

這種方法一般是透過特設的會議，例如請 10 名左右對某一技術領域有見解的專家，圍繞著一個目標明確的議題，自由地發表各種意見和設想，使與會者互相啟發，擴大聯想，從而形成創造性思維的共振和連鎖反應，誘發出許多新穎的設想，最後由決策者進行綜合和選擇。由於這種方法創造了自由討論的氣氛，與會者思想開放，相互激勵，往往一次會議就可以提出多個方案。所以，這種方法又被形象的稱為「頭腦風暴法」。

(2) 設問法

設問法是根據需要解決的問題，或者需要發明創造的對象，列出所有的有關問題。例如：「現在的發明稍加變化有無其他用途？」「能否用其他東西代用？」「能否與其他發明進行組合？」等等，然後，對一個個問題進行核對、討論。故此法又稱為「檢核表法」。

這種設問方法，是以種種方式使發明者的思想得到重整，並導致擴展原有概念的方法，它既可以使我們萌生技術革新的設想，又可以激發我們產生技術發明的新構想。

(3) 列舉法

列舉法包括特性列舉法、缺點列舉法和希望列舉法。這是對已有的發明，從分析其特性和缺點以及對已有發明提出新的期望入手，提出改進意見後而產生發明設想的一種發明創造方法。

(4) 技術組合法

這是以一種技術為主，融合其他技術，或者把幾種技術有機地組合在一起，而形成新技術發明的一種發明創造方法

(5) 技術移植法

這是把其他領域應用成功的發明，稍加改造後應用到自己研究領域的一種發明創造方法。

根據發明的需要，上述常用的發明創造的方法可以單獨使用，也可同時使用兩種或多種方法。

值得提出的是：技術開發研究不單純是指儀器設備的研製，也包括運動技術創新、新的教學訓練方法的創建和應用推廣等內容。

田徑運動 高級教程

例如，從跨越式跳高技術到滾式、俯臥式、背越式跳高技術的出現，就是運動技術不斷創新的典型案例；田徑運動在各個時期出現的不同的訓練理論和訓練方法也是技術開發研究的成果。

因此，在運動技術創新、教學方法手段創新、訓練方法手段創新等的創建與推廣研究方面，也應主動採用上述發明創造的方法。

第二十五章

體育教育訓練學研究生的培養

徐昌豹　詹建國　容仕霖　馬衛平

第一節・研究生培養工作

一、研究生培養工作的發展概況

中國高層次體育人才，包括高級田徑專門人才——研究生的培養工作，開始於20世紀50年代。在半個多世紀的發展過程中，大致經歷了五個階段：

第一階段（1954年2月—1959年8月）

1954年2月中央體育學院（北京體育學院前身，現為北京體育大學）為學習蘇聯培養研究生的經驗，聘請了10位蘇聯專家擔任研究生導師，相繼開設了田徑、足球、體操、游泳、體育理論、生理、解剖、衛生8個專業，並配了備中國的教師做助教，開始向全國招收研究生。當時田徑專業研究生共22名，來自於國家體委直屬體育學院和少數高等學校年齡在36歲以下的在職田徑教師和教練員。學習年限兩年半，他們於1956年12月畢業。

1957年秋季，上海體育學院聘請了3位蘇聯專家擔任研究生導師，在籃球、排球和體育理論3個專業中招收研究生。學習年限為兩年。透過這一階段藉助蘇聯專家培養研究生的實踐，為中國自己培養研究生奠定了基礎。當時畢業後的研究生，後來都成為中國體育系統中教學、科研和管理部門的骨幹力量，有些還走上了領導崗位。他們為中國田徑運動發展和體育事業的發展做了重要貢獻。

第二階段（1959年9月—1966年5月）

1959年9月北京體育學院選拔有經驗的教授和副教授擔任研究生導師，配備中年教師做助教，組成指導小組，開始招收和培養研究生。開設田徑、足球、籃球、排球、體操、游泳、舉重、武術、人體解剖、運動生理和體育理論11個專業。到1966年為止，共招收和培養研究生20名左右。學習年限為3年。

1962年9月，上海體育學院也由本院資深教授擔任導師，開始招收和培養研

田徑運動 高級教程

究生，開設田徑、體操、籃球、運動解剖和體育理論 5 個專業。到 1966 年為止，共招收和培養研究生 13 名，其中田徑專業研究生 1 名。學習年限 3 年。

這一階段研究生的來源，大多是本校本科應屆優秀畢業生，少數來自體育院校和師範院校體育系的在職教師。透過自己招收和培養研究生的實踐，積累了豐富的研究生教育經驗。那時畢業的田徑專業研究生，也都成為田徑界的骨幹力量和學術帶頭人，有的也走上體育院校的領導崗位，他們同老一輩田徑專業研究生一樣，為中國田徑運動的發展和體育事業的發展，發揮了重要的作用。

1966 年開始的「文化大革命」期間中斷了研究生教育。1977 年 10 月國務院批轉了《教育部關於 1977 年高等學校招生工作意見》，並根據「有條件的普通高等學校要積極招收研究生」的精神，於 1978 年恢復了研究生教育制度。

第三階段（1978 年 9 月─1986 年 12 月）

這一階段，除北京和上海兩所體育學院外，武漢、西安、瀋陽、成都等其他幾所國家體委直屬體育學院也相繼開始招收和培養研究生，體育學院的研究生教育得到迅速發展，體育教育的層次有了進一步完善。

隨著研究生專業和招生人數的增加，各體育學院都進一步加強了研究生管理工作，成立了相應的研究生管理機構，如研究生部、科研處下屬的研究生科等，並逐步建立了研究生教育的管理制度。

20 世紀 50─60 年代，研究生培養是採用學年制。從這一階段開始，在研究生教育中試行學分制。培養方式有導師個人指導和指導小組集體指導兩種形式，同時重視發揮教研室集體培養的作用。

1980 年 2 月第 5 屆全國人民代表大會第 13 次會議透過了《中華人民共和國學位條例》，並決定於 1981 年 1 月 1 日起實施。

學位制度是教育制度的重要組成部分，它與研究生教育有著密切的聯繫。學位作為文憑的補充，是反映高等教育各個階段所達到的不同學術水準的一種稱號。學位制度的建立，既是一個國家高等教育走向成熟的重要標誌，又是評價一個國家科技水準和高等教育質量的一種尺度。

實行學位制度以來，學位和研究生教育取得了蓬勃發展，研究生教育出現了嶄新的面貌。在國家教委「立足國內，適度發展，優化結構，相對集中，推進改革，提高質量」的研究生教育改革和發展的基本方針指導下，國務院學位委員會和國家教委幾經調整《授予博士、碩士學位和培養研究生的學科、專業目錄》和逐批審定博士學位、碩士學位授予單位和專業授予點，形成了學科門類齊全、組織嚴密的研究生學位授予體系，使研究生教育逐漸走向規範化。

到 1986 年為止，國務院學位委員會和國家教委 3 次審批博士學位、碩士學位授權單位和專業授予點。期間，北京、上海、武漢、西安、瀋陽、成都 6 所國家體委直屬體育學院，以及廣州體育學院、河北師範大學體育系和國家體委體育科學研究所等單位，先後被批准為體育教學理論與方法、運動訓練學專業的碩士學位授予

點，使培養高級體育專門人才的碩士生教育得到了進一步的發展。

第四階段（1987年1月─2000年12月）

1986年北京體育學院體育教學理論與方法專業、運動生理專業，以及上海體育學院體育理論專業，成為中國第一批被國務院學位委員會和國家教委批准的體育學博士學位授予單位和學科、專業授予點。

1988年北京體育學院體育教學理論與方法專業招收兩名博士生，並於1991年順利畢業，獲得博士學位，成為自己培養的體育學學科領域運動技術類專業的第一批體育博士。

1993年北京體育大學（原北京體育學院）運動訓練學專業及華東師範大學運動生物化學專業又被批准為博士學位授予點，使體育學博士生教育得到進一步發展。博士生教育的發展，也標誌著培養高層次體育專業人才進入一個嶄新階段。

博士生教育以培養能夠勝任體育科學研究和高等學校體育教學與訓練的高層次專業人才為目標。

博士生教育是國家培養學科骨幹和科技骨幹的重要源泉。博士生培養的數量和質量更是反映一個國家和地區學位和研究生教育水準的重要標誌。

到2000年為止，體育教學理論與方法和運動訓練學專業共招收博士生88名，其中田徑專業方向9名。學成之後的博士，都已成為各工作單位的學術骨幹和學術帶頭人，從事著重要的體育科學研究工作和教學訓練工作，有的也走上了各級領導崗位，為中國體育科學的發展和提高體育運動整體水準發揮著積極作用。

這一階段，國家體委在1990年制定的1990─2000年體育發展近期和遠期規劃中，把提高體育科學的研究水準和大力培養體育高層次專門人才，放到了重要的位置。接著，根據1992年國務院學位委員會和國家教委頒發的《關於加強博士生培養工作意見》與《博士生培養工作暫行規程》，國家體委在1994年又專門頒發了《國家體委直屬體育院校、研究所研究生培養工作的若干規定》，強調加強研究生培養工作的管理，使研究生培養工作進一步規範化，培養工作的質量不斷提高。

之後，北京體育大學和上海體育學院等學位授予單位，都先後制定了較為完整的《研究生工作指南》或《研究生工作手冊》，使研究生教育的招生、培養、管理達到更進一步的規範。

1997年，國務院學位委員會和國家教委在1990年頒佈的《授予博士、碩士學位和培養研究生的學科、專業目錄》的基礎上，為適合21世紀現代化建設對各類高層次人才培養的需求，又進行了專業目錄調整，並頒佈了新的專業目錄。調整後的新的專業目錄，體現出拓寬培養口徑，加強複合型應用人才的培養，改變了過去研究生培養類型、規格比較單一的狀況。

在新的專業目錄中，把「體育學」改成為教育學學科門類的一級學科；原有的10個二級學科改成為4個學科，並相應地成為現有4個二級學科下屬的三級學科（表145）。

表 145　1997 年調整後的學科、專業名稱

一級學科	二級學科	三級學科
體育學	體育人文社會學	體育理論
		體育史
		體育管理
	運動人體科學運動	生理學
		運動生物力學
		運動生物化學
		體育保健
	體育教育訓練學	體育教學理論與方法
		運動訓練學
	民族傳統體育學	武術教學理論與方法

第五階段（2001 年 1 月至今）

進入 21 世紀以來，隨著政治、經濟的迅速發展及社會對高層次專門人才的需要日趨多樣化，促使研究生教育規模不斷擴大。

但是，在研究生教育中，培養目標仍比較單一，人才培養的適應性不強，學術型碩士研究生規模過大，專業型碩士研究生規模過小，專業型碩士研究生所涉及的職業領域也比較小，在職攻讀專業型碩士研究生的比例較大，全日制攻讀的比例較小。在社會對人才需求逐漸多樣化的形勢下，碩士研究生的就業趨向，已更多地從教學、科研崗位轉向實際工作部門。因此，教育部又重新審視和定位碩士研究生的培養目標，進一步調整和優化碩士研究生的類型結構，逐漸將碩士研究生教育從以培養學術型人才為主，向以培養應用型人才為主轉變。

當前，中國在碩士研究生教育中，有學術碩士學位和專業碩士學位兩種類型。學術碩士學位，以學術研究為導向，偏重理論和研究，重在培養大學教師和科研機構的研究人員；專業碩士學位，以專業實踐為導向，重視實踐和應用，突出學術性與職業性的緊密結合，培養在專業和專門技術上有過正規的和高水準訓練的高層次專門人才。

2009 年，教育部決定招收全日製攻讀專業碩士學位研究生，又將在 2011 年擴大專業碩士學位招生類別，並開始實施兩種類型碩士研究生分類考試，以及分別劃定錄取分數線。

2011 年體育教育訓練學專業碩士學位類別及其涉及的領域有體育教學、運動訓練、競賽組織、社會體育指導。

到 2010 年為止，國務院學位委員會和教育部已經審定的體育教育訓練學專業博士學位授予權學科和專業點單位已有 14 個，按「體育學」一級學科招生的單位有北京體育大學、上海體育學院、華東師範大學、華南師範大學 4 個。體育教育訓

練學專業碩士學位授予權學科和專業點單位已有 102 個，按「體育學」一級學科招生的單位有 37 個。

21 世紀以來，隨著中國經濟建設的迅速發展，體育事業和體育研究生教育也迅速發展。北京體育大學研究生部改設研究生院，很多體育學院都設研究生部，有些普通高校的體育院、系等都培養博士、碩士研究生，在校的體育研究生「成千上萬」，導師隊伍也在壯大，取得成就。當今，重要問題是要努力提高研究生教育的質量。

我們的責任是努力提高研究生田徑教材、教學的質量，促進和提高指導教師的思想和業務水準。

二、研究生培養工作的意義

高層次人才的培養是資源開發的重要內容。國家的富強，靠的是經濟實力的不斷提高，經濟的發展又必須依靠科學技術的進步，而科學技術發展的關鍵，取決於高層次人才數量和品質。體育事業的發展同樣是這樣，我們要有效地實施「全民健身計畫」和「奧運爭光計畫」，實現成為體育強國的戰略目標，發展和依靠體育科技進步是關鍵，而最終是取決於高層次體育人才的數量和品質。

研究生教育是教育的最高層次，是培養高層次人才的主要途徑。發展研究生教育，培養一大批高質量的高層次專門人才，乃是增強國力的需要，是科技進步、經濟建設和社會發展的需要，同時也是發展體育事業、不斷提高體育整體水準的需要。隨著科學技術的不斷進步，科學訓練理論的不斷更新，先進的訓練實踐經驗的不斷積累和完善，世界田徑運動技術和訓練水準得到迅速發展，規模大、級別高的田徑比賽次數增多，競賽項目逐漸增加，運動員訓練更加系統化，突出專項訓練、增大訓練強度，重視營養與恢復，競賽制度的改革及科學化程度的提高等等，使得田徑項目的世界紀錄已經達到非常高的水準。

中國田徑運動正在迅速發展。田徑運動員打破世界紀錄，並在世界田徑大賽和奧運會上獲得金牌。優秀田徑運動員劉翔在 2006 年 7 月 12 日瑞士洛桑舉行的田徑超級大獎賽中，以 12.88 秒的成績勇奪 110 公尺欄金牌，並打破世界紀錄，震動了全世界，為國家爭得了榮譽。2008 年，北京成功地舉辦了第 29 屆奧運會，說明中國已經能夠在世界體壇占有一定的席位。但是，中國田徑運動總體發展水準不高，與世界田徑強國相比，還有相當大的差距。要縮短這段差距，亟待廣大田徑工作者的努力奮鬥。

面對 21 世紀中國社會經濟的發展和人民生活水準的不斷提高，以及隨著「全民健身計畫」的貫徹實施，增強全民族的體質已經是重要的目標和任務，而關心青少年和兒童的健康成長又成為重點。進行終身體育教育，培養學生體育鍛鍊的意識、技能與習慣，又是學校體育改革的趨勢。

以「健康第一」為目的的體育健身、體育健康、體育休閒娛樂等，已成為高等學校和中學體育教學的發展方向。為此，充分挖掘田徑運動的健身功能，科學地選用田徑運動的基本內容和形式為全民健身、為學校體育服務，又是田徑運動發展的新的熱點。然而，隨著市場經濟的深入發展，體育逐漸趨向產業化、職業化、商品化，因此田徑運動如何走向社會、走向市場又成為廣大田徑運動工作者需要探討和研究的現實問題。

總之，隨著時代的發展，對田徑運動的發展提出了更新更高的要求，為了迎接新世紀的新的挑戰，需要做許許多多的事情，然而積極開發田徑運動的人才資源，特別是開發高層次田徑專門人才，應該是最重要的大事。研究生教育是培養和開發高層次人才的有效途徑，因此加強研究生教育，努力做好研究生培養工作，具有十分重要的現實意義和深遠意義。

三、研究生的培養方案和個人培養計畫

(一) 培養方案

培養方案是研究生教學工作和教學管理工作的基本依據。凡具有博士學位或碩士學位授予權的學科、專業，都需要制定本學科、專業研究生的培養方案。培養方案應體現出對本學科、專業博士生或碩士生的基本要求，對培養目標、學習年限、研究方向、培養方式、課程設置及學分安排、學位課程及考核要求、科學研究和學位論文，以及社會實踐等，作出具體規定。

1.培養目標

碩士學位：培養堅持四項基本原則，德、智、體全面發展，適應中國現代化體育事業發展的需要，能在體育機構中勝任專業技術職務工作和業務管理工作，能承擔體育教學與訓練的研究和高等院校教學的高層次人才。

具體要求：堅持解放思想、事實求是，具有開拓進取、銳意改革的精神，願意為振興國家的體育事業而獻身。具有較紮實的體育人文社會學和運動人體科學及體育教學與訓練相關領域的理論基礎，具有獨立從事體育教學訓練的科學研究和教學工作，以及承擔專業技術工作的能力，較為熟練地掌握一門外語，能閱讀外文資料並撰寫論文摘要，能熟練運用電腦相關軟體，能在科研院所、高等學校體育院系從事本專業或相鄰專業的教學、訓練與科研工作。

博士學位：培養堅持四項基本原則，德、智、體全面發展的具有堅實廣博的理論基礎和系統深入的專業知識，有嚴謹求實的科學態度及作風，能創造性地從事研究，有較強的獨立工作能力和教學訓練組織能力的高級專業人才。畢業後能從事高等體育院系和科研機構的教學訓練及科研工作，能在體育部門從事管理工作。

具體要求：堅持解放思想、實事求是，具有開拓進取、銳意改革的精神，願意

為振興國家的體育事業而獻身。具有紮實的人文社會學科及運動人體科學方面的理論基礎，通曉與體育教學和訓練相關科學的淵源、現狀及演變趨勢，把握體育教學與訓練的國內外概況，熟悉體育教學與訓練領域的重大理論問題和實踐問題，以及這些問題的產生原因、表現形式及發展動態。具有良好的理論研究能力和應用能力，能創造性地研究和解決體育教學與訓練的理論問題和實踐問題，其研究成果對學科的發展和體育事業具有實際的指導意義。至少掌握一門外語，能熟練閱讀資料並撰寫論文，能獨立進行國際學術交流。掌握電腦操作技術，能編製相關程序，能熟練應用相關的電腦軟體。

碩士生和博士生學習年限為三年。碩士生的課程學習時間與論文工作時間約各占一半，前半部分主要進行碩士課程學習，後半部分主要為實踐、科研與論文工作。碩士生至遲在第四學期確定論文題目，擬定論文工作計畫。論文工作時間不得少於一年。

博士生的第一學年以課程學習為主，第二和第三學年以學位論文為主。博士生在第一學年內，應完成論文的前期工作。第三學期初，由課題論證，並擬定論文工作計畫。論文工作時間不少於兩年。

2.研究方向

① 體育教學理論與方法。
② 運動訓練理論與方法。

3.課程設置

體育教育訓練學專業的課程設置分學位課程和非學位課程兩類。學位課程有公共必修課，專業基礎課和專業課，這些課程都為必修課。非學位課程都為選修課。課程設置的科目範圍主要包括馬克思主義哲學、外語、體育教育學、學校體育、運動訓練學、運動項目（專項）訓練理論與方法、動作技能學、體育方法學、運動生理、運動生物力學、體育保健康復、運動生物化學、體育管理學、運動心理學、體育史、體育社會學等。

4.主要相關學科

教育學、心理學、生理學、生物力學、社會學、科學方法等。

（二）個人培養計畫

個人培養計畫是對研究生三年培養的總體設計。一般在研究生入學三個月內，必須與導師共同研究制定個人培養計畫。

個人培養計畫的主要內容應包括：研究生的培養目標，研究生的簡單情況分析，研究方向和學位論文的研究範圍、目標及意義，課程學習，社會實踐，論文研

究工作等的具體安排和預計完成的時間。

個人培養計畫具有明顯的個人特點，導師要充分瞭解自己研究生的個人情況，如掌握基礎知識和專門知識的程度、從事科研工作的經歷及以往的科研成果等，這樣才能有針對性地安排專業基礎課和專業課。在計畫中，要確定研究生研究方向和研究範圍，根據研究方向和研究範圍，選修有關的課程，以及蒐集、閱讀國內外的有關文獻資料。在有可能的情況下，積極安排參加校內外（包括國內和國際）的有關學術活動和調研諮詢活動。

個人培養計畫直接關係到研究生培養的業務質量，計畫的制定必須充分體現研究生的個人實際情況，儘量發揮研究生的個人專長。然而，對各個環節的具體安排，又要考慮有切實的可行性。

四、研究生的學位論文工作

學位論文是研究生接受科學研究訓練和提高獨立從事科研工作能力的重要環節。學位論文的質量是評價研究生學術水準和授予學位的主要依據。

（一）學位論文的基本要求

1.碩士學位論文的基本要求

① 論文應屬於體育教育訓練學專業範圍，並在導師的指導下，由研究生本人完成。

② 論文的基本科學論點、結論和建議，應在學術上及對體育科學的發展具有一定的理論意義和實踐價值。

③ 應能運用基礎理論和專門知識來闡述和分析論文所涉及的各個問題。

④ 應能設計、掌握和運用本研究課題的具有較高科學性和嚴謹性的科研方法。

⑤ 應對所研究的課題有獨立見解或新見解。

⑥ 論文工作須有一定的工作量。論文題目確定後，用於論文工作的時間至少一年。

⑦ 論文要求詞句精練通順，條例分明，文字圖表清晰整齊，裝幀符合規格要求。

碩士學位論文的內容一般包括序言、文獻綜述、研究方法、實驗結果與計算、理論分析與討論、結論與建議，以及參考文獻等。

在序言和文獻綜述中，應充分論述選題的依據和研究問題的理論意義和實踐意義。對所選用的研究方法，要加以嚴謹的論證。對提出的新的論點，要有理論上的論證和（或）實驗驗證。引用他人的成果或材料，或應用原著和原作者的話，要加以附註說明。

2.博士學位論文的基本要求

① 論文應著重於反映博士生是否在體育教育訓練學學科上已掌握了堅實寬廣的理論知識和系統深入的專門知識；是否具有獨立從事科學研究工作的能力；在理論和實踐上，是否做出了創造性的成果，並具有較大的理論意義和實踐價值。

② 論文應在導師指導下，由博士生本人獨立完成。在論文題目確定後，用於論文工作的時間至少兩年。

③ 論文應是一篇（或一組）反映出相對完整領域的理論研究成果。

④ 論文應文句簡練，圖表清晰，層次分明，分析嚴謹，計算無誤，數據可靠，立據正確，裝幀符合規格要求。

博士學位論文的內容一般包括：簡要闡述課題的理論意義和實踐價值，國內外研究動態，需要解決的問題和途徑，以及本人所能作出的貢獻。

闡述所採用的研究方法、試驗裝置和計算方法，並將整理和處理的數據進行理論上的分析和討論。對所得結果進行概括和總結，並提出進一步研究的看法和建議。列出必要的原始數據和所引用的文獻資料。引用別人的科研成果和別人合作的部分應加以說明。

（二）學位論文工作的主要環節

研究生學位論文工作是系統的科學研究的訓練，它包括一系列相互銜接的環節，不管是碩士生，還是博士生，儘管他們研究的規律與深淺程度不一，但都必須經歷這些環節，才能達到培養獨立從事科研工作能力的目的。

1.選題

選題是學位論文工作的首要環節。選題應該注意以下幾個方面：

⑴ 創造性

課題研究要體現一定的創造性，反映在選擇的研究課題應具有一定的現實意義和實踐意義。

從事基礎研究，例如體育教學理論和運動訓練理論的研究，主要評價其揭示的教學訓練現象和規律，提出的觀點及研究方法有何創新，能否表現出一定的學術價值。

從事應用研究，例如體育教育和運動訓練的方法和手段等，主要評價提出的方法和手段等有無實踐應用價值，或所進行的應用研究成果能否表現出經濟效益和社會效益。如果都看不出有什麼意義，那麼這種課題就不具有新意，也就沒有研究的必要。有些課題雖然有一定的重要性，但是研究的人很少，有的甚至已經有研究結果，而自己又提不出更新的觀點，只是跟著別人亦步亦趨，做一些重複性的工作，體現不出有任何新意，這種課題也沒有研究的意義。

⑵ 科學性

　　主要是研究方法的科學性。研究方法是「車」和「橋」，它對研究的成功起著非常重要的作用。在各種學科領域中，因研究方法的創新而取得重大發現的事例也有不少。因此，研究生，特別是碩士生，必須對學習和運用科學的研究方法多下工夫。當代科學技術日新月異，新的研究方法層出不窮，儀器設備不斷更新，電腦廣泛應用，這些多為選擇研究方法提供了良好的條件。然而，要根據課題的需要，儘量選擇簡單、有效、合理、正確的方法，並且運用得恰到好處，科學地達到研究目標和完成研究任務，切忌盲目追求新穎，搞華而不實。

⑶ 可行性

　　研究的課題，雖然很有創新意識，具有獨到見解，但不具備實現的條件，也只能是「望洋興嘆」。因此，選題必須注意可行性。

　　可行性還體現在選題要考慮研究生的實際能力，尤其是他們的專業基礎，是否有能力去完成所研究的課題。無論是研究生選擇的課題，還是研究生跟著導師的課題進行研究，最好都能發揮研究生的專業特長，這樣將更有利於以後研究的順利進行。選題還必須考慮一些客觀條件的限制，例如研究生的研究經費有限、要在規定的時間內完成學位論文等，這些因素都在很大程度上影響課題研究的可行性。因此，選擇研究的課題一定要有切實的可行性。

2.文獻資料的蒐集和閱讀

　　科學研究，包括體育科學研究，都不是無源之水，無本之木，必須吸收前人研究的成果，避免重複和走彎路，力求在繼承前人研究的基礎上發揚光大，爭取更上一層樓。尤其是當前新興學科迅速發展，各類學科相互交叉滲透，各種訊息迅猛增加，因此研究生在選題之前，尤其在選題之後，要十分重視蒐集和閱讀文獻資料。透過蒐集和閱讀文獻資料，可以全面瞭解本研究範圍的現狀，把握本研究課題的定位，以求尋找研究的新的生長點和突破口。

3.撰寫論文

　　撰寫論文是科學研究工作的最後總結，也是反映研究成果的基本形式。論文的質量，首先取決於研究成果的價值，但在很大程度上，還取決於論文的文字語言的組織與表達。因此，論文的撰寫要體現出結構嚴謹、文字簡練、語言通順、表達準確。

　　論文應包含有論點、論據和論證。撰寫論文時要體現論點清楚；論據充分、準確；論證確切、邏輯性強。

4.論文報告和答辯

　　學位論文完成後，經導師同意，寫出論文評語和推薦意見，由研究生提出申請

學位。一般由院校學位評定委員會組織答辯委員會，安排論文的評閱和答辯工作。答辯透過，才能授予學位。因此，論文的報告和答辯也是研究生學位論文工作的最後考核。

由於論文報告都有時間限定，碩士生一般為 15～20 分鐘，博士生一般為 40～45 分鐘，所以事先都要寫好報告提綱，並根據報告需要，製作相應直觀圖具，如幻燈片、投影片、多媒體課件等。

論文報告後，答辯委員會成員、論文評閱人和與會者都可以對論文提出問題，研究生要當場作出回答。為了有效地進行答辯，與論文報告一樣，也要事先做好答辯準備。要透徹理解自己的論文內容，瞭解與論文有所涉及的有關基礎理論知識和專門知識，要預計各方面可能提出的問題，及早擬好答辯提綱或答案。

第二節・研究生的知識——智能結構與選擇研究方向

科學技術研究工作的實質是人類探索未知、創造新知識和新技術的一種相當繁重、相當複雜的腦力勞動過程。因此，並不是任何人都可以從事。凡是立志獻身科學技術研究工作的人，必須在走上科學技術研究道路之前，建立自己的知識——智能結構和正確地選擇自己的研究方向。攻讀學位研究生課程的過程，也就是建立研究生的知識-智能結構和選擇研究方向的過程。

一、合理的知識與智能結構是科學技術研究者的素質基礎

所謂知識與智能結構，是指知識、智力和能力三者相結合而構成的一個複合體系，也就是把各種知識結構、智力結構、能力結構有機結合起來所構成的一個模型。這個結構應具備以下特點：

首先是整體性，即在實際工作中，這個體系的功能是作為一個整體功能表現出來的，而不是零星的、各自獨立地表現出來的。

其次是它的可變性，即該結構可隨著研究方向的不同和研究的深入程度不同而發生相應的變化，而且，這個變化應當是可以透過自我調節來完成的。

在知識與智能結構中，知識指的是科學知識。即這種知識所反映的是自然和社會的規律，是客觀事物、現象和過程本質的聯繫，並用準確的概念、判斷和推論將這些規律和聯繫表示出來；而且，運用這些知識能夠預見未來，指導人們繼續去認識和改造客觀世界的實踐活動。

智能是智力與能力的合稱。智力一般包括觀察力、記憶力、想像力、思維能力和注意力。能力是指人們能夠有效完成某項實際活動的智力基礎及與此項實際活動相應的知識與技能的綜合力。

田徑運動高級教程

一個人能力的形成和發展是在掌握和運用知識、技能的過程中實現的；掌握知識和技能又以一定的能力為前提。能力在一定程度上制約一個人在知識、技能的掌握上可能取得的成就；而知識是能力的基礎，知識的掌握又會促成能力的提高。

實踐告訴我們，任何單獨的知識、智力或能力，都不能順利地完成某種綜合性的、創造性的、由多種單個活動所組成的複雜任務。而要順利地完成這種複雜任務，則需要多種知識、智力和能力的結合。

因此，面對科學技術研究工作所面臨的那種相當繁重、相當複雜的腦力勞動過程，我們必須把多種知識、智力和能力有機地結合在一起，形成與科學技術研究工作相適應的知識與智能結構。

當然，不同的人所建立的知識與智能結構不可能是完全一致的。因此，不存在一種對任何研究人員和任何研究領域都適合的、統一不變的知識與智能結構。儘管各人所建立的知識與智能結構不同，但其中所包含的基本內容卻大體上是一致的。顯然，在從事科學技術研究工作之前，建立合理的知識與智能結構，是每一位科學技術研究者必須完成的一項準備工作。

合理的知識與智能結構，是從事科學技術研究工作的素質基礎，沒有完備的或基本完備的知識與智能結構，就無法從事科學技術研究工作。同樣，若所具備的知識與智能結構，對於所從事的研究任務來說不盡合理或有明顯的缺陷，也是無法順利完成該項研究任務的。

「邊幹邊學」和「學中幹，幹中學」對於簡單的以操作技能為主的工作或許適宜，而對於運用知識和智能為主的科學技術研究工作來說，則是不適宜的。因此，科學技術研究工作的特性要求準備從事科學技術研究工作的人，必須具備或基本具備與將要從事的研究任務的要求相符的知識與智能結構。

二、現代科學技術的發展趨勢對研究者知識與智能結構的要求

科學技術發展史的研究表明：古代科學家一般多為通才；近代科學家一般多為專才；現代科學家則需要的是通才基礎上的專才。這就是近些年來被各國科技界、教育界廣泛重視的「通才取勝」論。

在古代，科學處於萌芽階段。人們對客觀世界的認識，只能從整體上去把握，缺乏認識的深度。當時在科學上有所貢獻的一些科學家的知識面是「博」而「淺」。古希臘的亞里斯多德就是一位典型的通才，他對天文、物理、生物學和邏輯、倫理、美學等都有較深的造詣。

中國古代的教育家孔子、諸子百家和許多自然科學家，往往也是思想家和文學家，他們也是一些具有多方面知識的通才。這種「博」而「淺」的知識結構特點，我們用圖 83a 來表示。

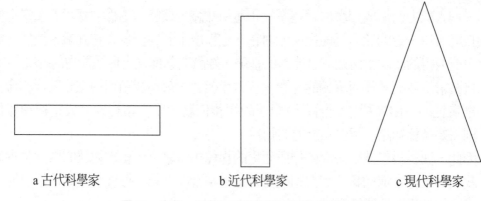

a 古代科學家　　　　　　b 近代科學家　　　　　　c 現代科學家

圖 83　古代、近代、現代科學家知識結構示意圖

　　隨著人類認識客觀的方法和手段的改進，近代的人們對客觀世界的認識有所深入，各門自然科學之間的聯繫從自然哲學中分化出來，獨立地進行縱向的研究。有許多科學家花畢生精力在自己所鑽研的學科領域成為傑出的專才。儘管當時也產生了像牛頓那樣的通才，但主流是專才取勝。例如，伽利略、哥白尼、達爾文等等，都是在某一學科領域作出卓越貢獻的專才。

　　這種「窄」而「深」的知識結構特點，我們用圖 83b 來表示。

　　現代科學的發展，不僅使學科分支越來越細，也使學科之間的聯繫加強了。學科之間的交叉、滲透和綜合，以及邊緣學科的誕生等構成了現代科學發展的趨勢。這種發展趨勢顯然需要研究人員是具備橫跨自然科學和社會科學兩大領域的多面手。同時，各學科的深入發展，又要求研究人員應具備高深的專業理論知識。也就是說，現代科學要求研究人員應當是「廣」而「深」的通才，即通才基礎上的專才或專才基礎上的通才。

　　這種「廣」而「深」的知識結構特點，我們用圖 83c 來表示。

　　我國現代著名學者胡適曾用「為學要如金字塔，既能廣大又能高」[1]的詩句來概括他對知識廣博與精深之間辯證關係的認識。

　　中國著名地質學家李四光也曾提出：「任何專業都不是孤立的，它和周圍的其他專業總是有一定聯繫的，往往是要求某一主要專業作出它的貢獻時，也往往同時需要其他專業的協作。如若從事某一專業者對別的專業一無所知，他就很難得到它們的支持，很難來自由運用一切必須的知識出色地完成任務。這就是說，我們既要專，又要有一定範圍的博。不專只博，一無著落；不博光專，鑽牛角尖。所以，科學技術工作者，應該在博的基礎上求專，在專的要求下求博，看來這樣處理博與專的關係是正確的」[2]。

　　顯然，交叉學科的興起，使人們進一步認識到，新型的科學研究人才，必須既是某一學科領域裏的專才，又是當代自然科學和社會科學綜合基礎上全面發展的通才。全面發展就意味著具備廣博的基礎理論知識、精深的專業理論知識和豐富的實踐經驗。只有這樣，才有可能在科學技術的某一領域裏作出開拓性和突破性的貢獻。

三、科研人員應具備的知識與智能結構簡介

（一）科研人員應具備的知識與智能結構的基本要素

1.知識結構中的基本要素

作為一名科學研究人員，在他的知識結構中應包括以下基本要素：①語言知識（包括語文和外語知識）；②哲學與歷史知識；③科研方法與數學知識；④基礎理論知識；⑤專業理論知識。

需要指出的是，專業理論知識包括專業基礎理論知識和專業理論知識。而基礎理論知識則指的是包括人文社會科學和自然科學在內的基礎理論知識。

2.智力結構中的基本要素

一般認為，智力包括觀察力、記憶力、想像力、思維能力和注意力等五個基本要素。這五個基本要素相輔相成，共同構成了一個人的智力水準。

3.能力結構中的基本要素

科研人員的能力是一種綜合性的能力，它是由多種能力有機結合而成的。主要包括以下幾種能力：

①自學能力；②獲取訊息、發現問題和分析、判斷的能力；③實際動手能力（包括試驗操作能力、計算機應用能力等）；④寫作能力和口頭表達能力；⑤社會活動能力和組織管理能力。在具備了一定的知識、智力、能力的基礎上，才可能具有一定的創造或創新能力。

（二）建立知識與智能結構的基本原則

建立自己的知識與智能結構，不是簡單地將上述知識、智力、能力羅列在一起，而是要遵循完整性、層次性、比例性和動態性的建立原則。

完整性原則是指知識和智能結構的基本要素缺一不可。一個完整的結構才可能具有完善的功能；不完整的結構只能具有不完善的功能。根據系統論中的「木桶原理」（圖84），木桶的盛水量取決於最短的那根板條，其最長的板條對盛水量的多少不起作用。也就是說，一個人的知識與智能結構的整體水準的提高，往往體現在弱勢學科和弱勢能力的提高方面。

例如，某位研究者各門學科都很優秀，但數學基礎較差，那麼，無論他研究的問題多麼深奧，它只能停留在定性研究的水準上。當他數學水準提高後，他的整體學術水準才能提高。如果採取揚長避短的方法，不在數學方面下工夫，那麼，無論他的「長」發展得多麼長，他的整體學術水準還是停留在定性研究的水準上。

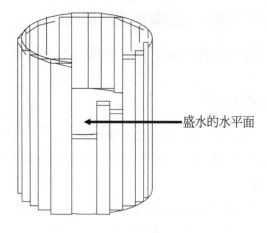

盛水的水平面

圖 84　「木桶原理」示意

　　層次原則是指知識、智能和能力應按照基礎層次、中間層次和最高層次進行排列。即第一層次是知識結構，第二層次是智力結構，第三層次是能力結構。同時，各層次也要按這個排列來劃分小的層次。

　　例如，在知識結構中，基礎理論知識為基礎層次，專業基礎理論知識為中間層次，專業理論知識為最高層次。在智力結構中，觀察力和記憶力為基礎層次，想像力和思維能力為中間層次，注意力為最高層次。在能力結構中，自學能力為基礎層次，與科研工作相關的能力為中間層次，創新能力為最高層次。整個層次結構應形成「寶塔」式的多層結構。

　　比例原則是指層次與層次之間、各層次中的各要素之間的比例要適當。即在大的層次中要突出知識結構的比重；在同一層次中要突出那些與實現當前目標有決定意義因素的比重，使整個知識與智能結構形成「金字塔」式的結構（圖 85）。

　　即建立一個基礎寬厚、層次分明、比例恰當的知識與智能結構，以便充分發揮整體結構的最佳功能。

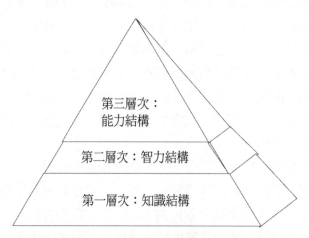

第三層次：
能力結構

第二層次：智力結構

第一層次：知識結構

圖 85　科研人員的知識與智能結構（三大層次）示意

田徑運動 高級教程

動態性原則是指隨著知識的更新和研究方向的發展和轉移，要適時地調整、補充和完善自己的知識──智能結構。例如，愛因斯坦在創立相對論時，遇到了數學推導方面的困難。於是，他暫時停下手頭的研究工作，抽出時間去提高自己的數學知識。

　　透過適時的調整、補充和完善自己的知識──智能結構，最終創立了相對論。也就是說，根據研究工作的需要，適時地調整、補充和完善自己的知識──智能結構，在拓寬自己知識──智能結構的同時，也使得「金字塔」「增高」，即增加了研究領域的研究深度（圖86）。

　　當然，隨著知識的更新和研究方向的發展與轉移，要適時地調整、補充和完善自己的知識──智能結構，一定要在自己原有知識與智能結構的基礎上進行，切忌橫向轉移的跨度太大，甚至脫離自己原有的知識與智能結構。那樣做幾乎等於是重新建立另一個知識與智能結構了（圖87）。

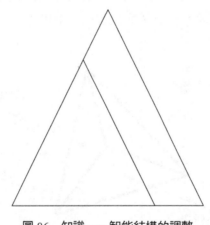

圖 86　知識──智能結構的調整

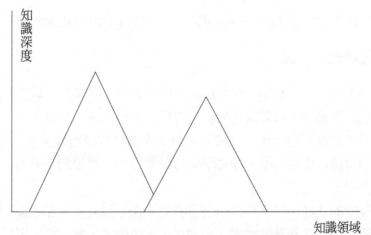

圖 87　跨度過大的知識──智能結構的調整

四、研究生理想的知識與智能結構

現代體育科學技術的發展趨勢，與現代科學技術的發展趨勢是一致的。特別是體育自然科學（生物學）屬性和深厚的人文社會（心理學和社會學）屬性，更加突出地需要研究人員應當是橫跨人文社會科學和自然科學兩大領域的通才，同時，也應當是自己研究領域的專才。作為體育教育訓練學研究生來說，不僅需要有寬厚的基礎知識、體育基礎理論和專業理論知識，還需要具備一定的科學研究能力和較好的體育技能。

從體育教育訓練學研究生「拓寬基礎理論和專業理論知識面，培養獨立從事科學研究能力」的培養目標出發，體育教育訓練學研究生理想的知識與智能結構至少應考慮理論知識方面、科研知識方面、運動技能方面三個方面的知識與智能結構（圖88）。

這3個方面如同三個支柱，共同支撐著體育教育訓練學研究生理想的知識與智能結構。各方面既相互關聯，又相互制約，缺一不可。

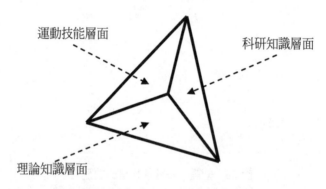

圖88　體育教育訓練學研究生知識與智能結構的三個方面

下面，分別闡述理論知識、科研知識和運動技能方面的基本內容：

（一）理論知識方面

由圖89可以看出，在理論知識方面，其要素與一般科技人員的知識與智能結構相同。在這個層面上，重要的是拓寬基礎理論學科知識（特別是文、史、哲等方面的基礎知識）和加深專業理論知識（包括專業基礎理論知識和專業理論知識），以及由大量的實踐教學和自學，提高學生的自學能力、實際動手能力、社會活動與組織管理能力等。

語文是基礎的基礎。文字和口頭表達能力不僅是撰寫論文和學術交流的需要，而且也是科研人員文化素養的體現。精通1～2門外語，無疑擴大了研究人員獲取材料、訊息及學術交流的範圍。

田徑運動 高級教程

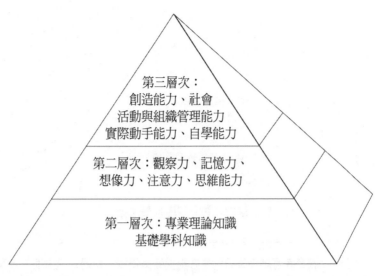

圖 89　體育教育訓練學研究生知識與智能結構（理論知識方面）示意

　　體育史是人類歷史的組成部分，何況任何一門學科都有其發生和發展過程。這門學科的發生、發展過程也就是這門學科的歷史。學習一門科學，從其歷史入手是最好的方法。

　　哲學的重要性是毋容置疑的。掌握先進哲學思想不僅使研究人員具備富有哲理的頭腦，而且對自己的研究必將起到指導和啟迪的作用。體育基礎理論和專業理論則是體育科學研究的基礎，是知識——智能結構中的主體部分。根深才能葉茂。所以，準備從事科學研究的人員必須下大力氣打好基礎。

　　自學能力是能力結構的基礎。自學能力是不斷調整、豐富、完善自己知識——智能結構所必須的一種能力。科學史研究表明，科學研究人員一生中 70%～90%的知識是靠自學獲取的。

　　隨著研究工作的不斷深入，自學能力就越發顯示其重要性。可以說，自學能力的提高既是研究生教育階段的重要培養目標之一，也是研究生教育階段後人才成長與發展的分水嶺。

（二）體育科研知識方面

　　由圖 90 可以看出，在體育科研知識方面，其要素主要包括統計學與數學知識、測量與評價知識、科研方法知識。

　　科學研究方法是通用的，是我們認識世界的工具。歷史上凡是在科學研究方面作出貢獻的人，除了他們具有較好的天賦才能與客觀條件以外，還與他們運用正確的研究方法或正確地運用了研究方法分不開。

　　研究材料的真實性、可靠性是科學研究的基礎。但是，體育現象所具有的多樣性、動態性、複雜性等特徵，給我們帶來了體育現象測量與評價方面的困難。為了獲取真實、可靠的材料，我們必須掌握相關的測量與評價知識。

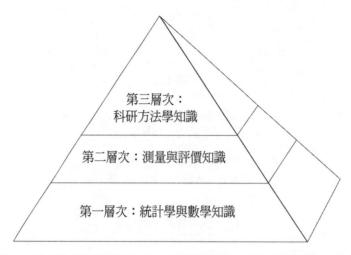

圖 90　體育教育訓練學研究生知識與智能結構（科研知識方面）示意

　　數學方法是通向一切科學大門的鑰匙。體育科學體系中，不僅體育自然學科需要數學，體育社會學科也需要數學，就連體育人文學科的研究方面，數學也越來越廣泛地成為深入研究的工具。掌握一定的數學知識無疑是科研人員知識——智能結構中的一個重要組成部分。

　　常用的科研方法、測量評價理論與方法、數理統計方法的內容在本科教學過程中都已經學習過，需要加強的是將幾門課程融會貫通，結合體育科學研究工作的需要，透過系統複習達到能夠恰當選擇方法和熟練運用方法的程度，並在此基礎上適當學習和借鑑其他學科的研究方法。

（三）運動技能方面

　　由圖 91 可以看出，在運動技術方面，其要素主要包括：體質、運動技術、技術教法和訓練法。

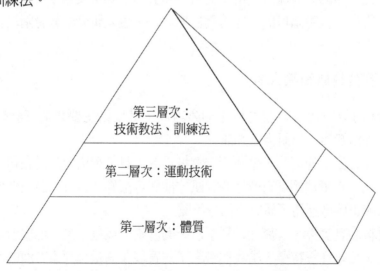

圖 91　體育教育訓練學研究生知識與智能結構（運動技術方面）示意

體質是掌握運動技術及其教法、訓練法的物質基礎，而掌握運動技術及其教法、訓練法則是體育教育訓練學研究生的基本技能，也是最重要的培養目標之一。

在多年的研究生培養工作實踐中，人們往往把研究生的理論知識與運動實踐能力對立起來。其實，研究生的體育運動技術水準，往往影響著研究生對專項理論、體育教學訓練理論的理解，也影響著研究生對研究方向和研究內容的把握能力。

系統掌握了專項理論、體育教學訓練理論的研究生，不僅能夠更好地指導自己和他人的體育運動實踐活動，而且必然對所研究的問題有更深刻、更豐富的感悟。理論與實踐，二者是相輔相成、相互影響的統一體。

也就是說，體育教育訓練學研究生應當是既掌握了較為系統的體育科學理論知識，又具備較好運動技能和教學訓練能力的複合型人才——這才是社會所需要的高級體育專門人才。

五、選擇研究方向

（一）選擇研究方向的意義

在科學研究過程中，科研人員策劃或正在進行的對科學體系的某一個領域的專門研究，稱為科學研究方向，簡稱研究方向。

這個領域指的既不是一個專業或一個學科，也不是某一個具體的研究課題，而是某一方面需要研究問題的集合。這個領域可以是一個學科內的某一領域，也可以是跨學科的某一個領域，還可以是實踐活動提出的某一方面的問題。例如，田徑運動教學理論與方法的研究，就是田徑運動中的一個研究領域；普通人群體質評價標準與增強體質的方法研究，就是一個跨多個學科的綜合性研究領域；新時期中國競技體育管理體制的研究，就是體育實踐活動提出的一個研究領域。

體育實踐活動和體育科學本身都是一個非常廣泛的領域，因此，體育科學研究涉及的範圍很廣，任何體育科研工作者也不可能在有限的時間裏對各個領域都展開研究。就拿閱讀文獻資料來說，不算國外的專業雜誌，僅國內體育類十多份核心期刊，每年刊載的學術文章就不少於 3000 篇，一個人即使是想要粗略地瀏覽一遍，那麼，他每天至少也要瀏覽 8～10 篇，天天如此，年年如此，恐怕誰也做不到，何況「學海無涯，生命有限」。所以，選擇對體育科學某一個領域進行專門研究是十分必要的。

研究方向的選擇，可以避免在選題上無所適從或耗費過多的精力，有利於研究者集中精力跟蹤該研究方向的學術前沿，從而能恰當選擇具體的研究課題。許多研究生和初步從事體育科研的人員常常為選擇科研課題犯難。其中一個主要原因就是沒有選擇好自己的研究方向，對所涉及的研究領域缺乏必要的深入瞭解，不知道這個領域裏的理論和實踐存在什麼問題，需要解決什麼問題。

如果確定了某一個研究方向，並在該研究方向上對前人研究的成果和存在的問

題有較深入瞭解，那麼，他對目前這個研究領域裏的理論和實踐存在什麼問題，需要研究和解決什麼問題，也就比較清楚了。

在此基礎上，根據自己的能力和研究條件來選擇一個研究課題就是相對比較容易的事情了。

研究方向的選擇，可以避免「東一鋤頭，西一棒槌」和「打一槍換一個地方」式的膚淺研究或低水準的重複研究，同時，也有利於研究者集中精力在該研究方向上進行深入研究，從而有所發現、有所發明。

其實，選擇研究方向和隨後的研究工作就像是「挖井」，確定了井的位置，隨後就要一鏟子一鏟子地向下挖掘。如果挖了幾鏟子沒有見到水就換一個地方再挖，那麼，最後挖出來的是一些「魚鱗坑」，而不是一口井。井中會有泉水湧出（科研成果），而「魚鱗坑」中是絕不會有的。

所以，研究工作者在選擇研究課題前，首先應確定好自己的研究方向。這對於剛剛開始從事體育科學研究的人員和研究生來說，尤為重要。因為最初研究方向的確定，對其以後甚至一生的研究活動都會產生重要影響。當然，研究方向的確定也不是一勞永逸、一成不變的。我們強調的是它的相對穩定性。總之，研究方向的選擇，不僅為科研選題指明了方向和奠定了基礎，而且也有利於我們在某一個領域裏集中精力進行深入細緻的研究和取得有價值的研究成果。

（二）選擇研究方向應該注意的問題

一般來說，恰當選擇研究方嚮應當注意以下問題：

1.正確地認識自己

在選擇研究方向之前，首要的任務是正確地認識自己。所謂正確地認識自己，就是要有自知之明，不但要知己所長，還要知己所短。真正準確地客觀評價自己，這是自古以來都非常困難的一件事情。不過，選擇研究方向並不是對自己進行全面的剖析，而主要是從自身知識結構、研究能力、所處的環境、個人興趣、可能具備的研究條件來考慮。例如，從事體育教育工作的研究人員一般應把學校體育實踐作為自己的研究方向；從事運動訓練工作的研究人員一般則應以運動訓練實踐作為自己的研究方向。

剛剛涉足科學研究的人不宜把基礎理論研究作為自己的研究方向；實驗設備差的研究者不宜選擇有關運動人體科學的基礎理論研究作為自己的研究方向。所以，在選擇研究方向前，必須充分認識自己，切忌一拍腦袋就倉促決定，或者為趕時髦，一哄而起，時興什麼就研究什麼。一定要綜合考慮和充分發揮自身的優勢，做到揚長避短，恰當選擇自己的研究方向。

對自己知識與智能結構的認識，主要包括基礎理論知識和專業基礎理論知識的認識、智力水準的認識和能力的認識，即在基礎理論知識和專業理論知識方面，自

已對各門課程的掌握程度。比如哪一門課程自己比較熟悉，掌握得比較全面而深入？哪門課程屬於一般瞭解？哪門課程涉獵較少？在注意力、觀察力、記憶力、想像力、思維能力方面，有無長處或短處？在自學能力、發現問題的能力、實際動手能力、獲取訊息能力、分析判斷能力、寫作能力、人際交流或社會活動組織能力等方面，自己是否具備？實際能力如何？等等。

對自己知識與智能結構的認識，可以採用自我感覺、自我嘗試、他人評價相結合的方法。

所謂自我感覺就是分析一下自己如果面對某一件事情，自己有無把握去完成。一般說來，凡是沒有充分把握的事情，往往說明自己在這方面的能力有所欠缺；反之，凡是有充分把握的事情，正好說明自己在這方面具備一定的才能。

所謂自我嘗試就是動手去做某一件事情，看自己能否完成好；或者分析一下社會對自己已經做過的事情的評價。例如，自學一門課程，並由模擬考試來檢查自己的自學能力；或者在參與某項社會活動後，注意聽取來自社會不同方面對自己的評價。

所謂他人評價就是請熟悉自己的親人、師長、朋友來評價自己。「當局者迷，旁觀者清」，請這些人來幫助自己客觀地認識自己。

上述三種方法結合起來運用，效果會更好一些。

人人都有各種各樣的興趣。興趣不是天生的，而是後天在社會需要或個人愛好的基礎上，在實踐活動中產生和發展起來的。它是一個人喜歡接觸和認識某種事物的意識傾向。一個人的興趣有寬有窄，有多有少。興趣不但可以轉移，而且還可以培養。特別是學術興趣的培養，應當同養成勤於思考、刻苦鑽研的學習和工作習慣聯繫起來。俗話說：「愛好的不一定擅長，擅長的一定愛好。」當一個人對某個學術方面的問題感興趣，但僅僅停留在淺嚐輒止、膚淺毛糙的瞭解，那他的興趣是很難持久保持下去的。

當最初的興趣與後來的不斷努力結合起來，特別是在取得一定成績之後，他的興趣就會越來越濃厚，且隨著對這個學術方面問題研究的不斷深入，會長久地保持著這方面的興趣。興趣是一個人在事業上取得成就的重要因素。所以，瞭解自己在學術方面的興趣所在，也是認識自己的一個重要方面。

對自己所處環境和研究條件的認識，也是在選擇研究方向前自我認識的一個重要方面。從對社會需要和體育科學發展趨勢，到個人學習、工作環境；從科研儀器設備到可能獲得的科研經費等等，都是應當考慮的因素。

總之，正確認識自己是選擇研究方向的前提和基礎。

2.從個人學術興趣、學術專長、未來工作任務出發選擇個人的研究方向

科學研究工作需要極大的熱情和韌性。只有從個人學術興趣與未來工作任務出發選擇個人的研究方向，才可能使研究生的學習與研究持續發展，長久發展。

體育科學理論體系構成的一個重要特徵，是專項理論知識是一個綜合知識體系，每一部分都分別與不同的專業基礎理論知識緊密聯繫。例如，田徑運動的發展史是體育史學的一部分內容；田徑運動的教學理論與方法是在教育學理論與方法引導下，透過田徑運動教學實踐檢驗而形成的；田徑運動訓練理論與方法是一般訓練學理論指導下的專項訓練理論與方法；對田徑運動技術原理的論述和專項運動技術的分析，採用的是生物力學的理論與方法，等等。也就是說，不熟悉體育運動項目，也就無法去研究體育科學理論；同樣，不熟悉 1～2 門體育專業基礎理論知識，也不可能使運動項目某一方面的研究深入下去。

特別是對於體育教育訓練學的研究來說，應指導研究生從個人學科和術科專長出發選擇個人的研究方向，即從個人學科專長出發，結合擅長的運動項目來選擇自己的研究方向。

比如，某研究生對教育學感興趣，且教育學理論知識較為紮實、寬厚，又對田徑運動比較熟悉，就可以選擇田徑運動教學理論與方法作為自己的研究方向。又比如，某研究生的生物力學課程學有專長，又從事過業餘跳高訓練，那他把跳高運動技術診斷與分析作為自己的研究方向是再合適不過了。

當然，考慮長遠一些，與自己未來所從事的工作結合起來一起考慮，更能使研究方向保持長久一些。

3.選擇個人研究方向要以應用研究為主

科學研究的內容按研究課題的研究過程分類，通常將其劃分為基礎研究、應用研究和發展（開發）研究，實踐中，基礎研究、應用研究和發展（開發）研究是相互聯繫、相互促進、相互制約的，它們共同組成了一個類別齊全、結構完整、理論與實踐相互交融的體育科學研究的內容體系。其中應用研究是聯繫基礎研究和發展（開發）研究的紐帶和橋樑。

嚴格講，體育科學沒有基礎研究的內容，體育學的基礎理論學科基本上是其他基礎學科派生出來的。例如，運動解剖學、運動生理學、運動生物化學等，都是從人體解剖學、人體生理學、生物化學等學科派生而來，只不過在從事體育運動的特定人群範圍內對原理論進行了一些深入研究和擴展。

也就是說，一般情況下，我們應該將研究方向的選擇重點放在運用基礎研究的成果或運用已有的體育科學理論，去解決體育運動實踐中某一具體項目的應用或解決某一實際問題方面的應用理論問題研究的方面。

4.根據社會需要和體育科學發展趨勢來選擇研究方向

有的時候，個人興趣與社會需要會不一致。遇到這種情況，個人興趣最終要根據社會需要來選擇和轉移。一個人事業的成功，固然興趣是一個重要的因素，但起決定作用的因素是社會的需要。

只有將個人興趣與社會需要緊密融合在一起，才能更加充分地施展個人才能，也就有可能為社會作出貢獻，從而也得到社會的認同和讚許。如果在選擇個人的研究方向時，能夠結合體育科學發展的趨勢來考慮，則使自己的研究工作能夠站在學科發展的前沿，有可能為體育科學的發展作出更多、更大的貢獻。

5.根據指導教師的意見來選擇自己的研究方向

在研究生報考時和入學後，都會有一個選擇指導教師的機會。其實，選擇了導師就意味著已經初步地選擇了一個大致的研究方向，也就是指導教師本人的研究方向。指導教師在自己的研究領域內耕耘多年，積累了豐富的科研經驗。研究生可以在指導教師的研究領域內選擇一個小的領域作為自己的研究方向。當然，根據指導教師的意見來選擇自己的研究方向是最省力的選擇方法。

作為研究方向，其研究領域可大可小。對於研究生來說，先選擇一個稍寬泛的研究領域，研究一些難度不大的課題，然後再逐步深入研究；或者先選擇一個較窄的研究領域，有所進展後，再向相鄰領域擴展。兩種途徑各有利弊，前者有利於循序漸進，在科研能力得到鍛鍊和提高後，再對更加重大、更加前沿的課題進行研究；後者有利於儘快取得一定的成績，增強研究生的自信心，但對其初期的科研能力也提出了較高的要求。

綜上所述，選擇自己的研究方向需要作多方面的綜合考慮。樹多枝而路多歧，的確是一個難以決斷的問題。但是，選擇研究方向是從事科研工作的一次戰略性選擇，是研究生在全面學習專業基礎理論和專業理論的基礎上選擇學習重點的需要，是個人從事科學研究活動的主攻方向，是持續不斷地研究課題的來源。因此，必須給予高度重視，必須在客觀認識自己的基礎上，理性地選擇好自己的研究方向。在研究方向的選擇和確定中，最忌諱的就是沒有研究方向或有了研究方向而朝三暮四地不斷變更。為趕時髦而草率確定自己的研究方向則是更加不可取的。

（三）田徑運動的研究方向

田徑運動科學研究的領域非常廣泛，研究內容也十分豐富。可以按一定的分類標準將研究內容劃分為若干類型，羅列一些常見的田徑運動研究方向供參考，以便於研究生和初步從事科研工作的人員來把握、選擇和確定研究方向。

1.按科學研究的一般過程分類

這是一種各學科進行科研工作較為通用的分類方法，其優點是便於透過明確研究課題的性質來把握其研究成果的價值，同時也可根據研究課題題目的表述明確其研究方向和學科歸屬。

同前面介紹的科學研究的內容按研究課題的研究過程分類一樣，通常將其劃分為基礎研究、應用研究和發展（開發）研究三種類型。

（1）基礎研究

基礎研究是指著重從理論上探討自然界、社會有關領域中的某些現象、矛盾和關係，旨在揭示其中存在的某些客觀規律與法則，驗證或創立新的科學理論、定律的研究活動。或者說，基礎研究是一種無目標或有一定目標的認識世界的活動。這類研究課題的特點，是並不實際解決體育實踐中所面臨的實際問題，而是透過對體育現象的本質和普遍規律的認識和揭示，去發現和闡述對整個人類體育活動有著積極影響的新的基礎理論和知識。因此，基礎研究有著鮮明的超前性、創造性和理論性的特點。

基礎研究通常是指數學、物理學、化學、天文學、地理學和生物學 6 大基礎學科中的純理論研究。在基礎研究中，還包括定向的基礎理論研究和技術科學方面的基礎理論研究。

在探索體育運動各種現象和事物的本質與規律的過程中，有一定研究方向或目標地去發現體育運動的新理論、新知識的研究，就屬於定向基礎研究。這主要是指運動生理學、運動生物化學、運動生物力學等生物學科中的純理論研究和體育概論、學校體育學、運動訓練學、社會體育學等體育理論的研究。

作為田徑運動的研究，基本不涉及基礎研究，但是，由於田徑運動屬於體能類項目，運動員在比賽中要衝擊個人的生理極限，而且運動員和運動員之間基本上沒有相互配合，也沒有相互的直接對抗和較大的相互干擾，所以，基礎研究往往把田徑運動員作為觀測或實驗的對象。

透過基礎研究可以驗證和提出新的理論性研究成果，不斷豐富各門基礎學科的知識和理論，並為應用研究和發展（開發）研究提供理論依據。基礎研究的研究週期較長，其研究成果屬於潛在的生產力，一般不能立即應用到實踐中去。但是，基礎研究一旦有所突破，將對整個體育科學技術的發展產生十分重大和深遠的影響。

（2）應用研究

應用研究是一種有明確目標地認識世界的研究活動。在解決體育運動教學、訓練、科研等實踐方面的一些具體問題時，所涉及到的一些理論與方法問題的研究，屬於應用研究。

應用研究又可根據其研究內容的不同分為應用理論研究和應用技術研究兩種。應用理論研究是運用基礎研究的成果去探索解決實際問題的新途徑、新方法的研究活動；應用技術研究的主要任務是在基礎研究和應用理論研究成果的基礎上，研究直接解決實踐中的方法問題。

田徑運動專項理論部分的研究屬於應用理論研究，而新的教學法和訓練法的設計和效果檢驗，則屬於應用技術研究。

（3）發展（開發）研究

有明確目標地改造世界的研究活動屬於發展（開發）研究。這一類研究課題的研究內容主要是體育運動教學、訓練、競賽、科研及群體活動專用的儀器設備和器

材的研發，以及基礎研究和應用研究成果的具體應用和推廣研究。田徑運動專用儀器設備、器材等的研發和新的教學法、訓練法的應用與推廣研究，以及田徑運動的科技攻關活動，都屬於發展（開發）研究。

2.按體育科研工作常見的研究方向分類

按體育科研工作常見的研究方向分類，大體可以劃分為以下幾方面：

① 田徑運動的發展戰略研究；

② 田徑運動訓練理論與方法的研究；

③ 田徑運動教學理論與方法的研究；

④ 不同年齡、性別和不同職業的群體從事田徑運動的理論與方法的研究；

⑤ 從事田徑運動的不同年齡、性別和職業群體的體質研究；

⑥ 從事田徑運動的不同年齡、性別和職業群體的運動創傷及康復體育方面的研究；

⑦ 田徑運動常用科研方法規範化研究及新的科學理論與技術在田徑運動中的推廣與應用的研究；

⑧ 田徑運動教學、訓練、科研、競賽等方面的儀器設備的研製；

⑨ 田徑運動競賽的組織與裁判法的研究；

⑩ 田徑運動情報訊息的研究等等。

當然，以上羅列的研究方向並不全面；另一方面，在上述列舉的研究方向下，還可以劃分得更細緻一些，選擇其中某一部分稍窄的研究領域作為研究方向。

3.按涉及的專業基礎理論課程分類

按田徑運動所涉及的專業基礎理論劃分方法進行分類，可將田徑運動的研究內容分為：

(1) 涉及體育史學的研究

例如，①田徑運動發展史的研究；②田徑運動各項目發展史的研究；③有關田徑運動的科研、學術、教學、訓練、運動技術、競賽規則、場地器材、裝備等某一方面的專題發展史研究，等等。

(2) 涉及運動生物力學的研究

例如，①田徑運動技術原理的研究；②田徑運動各項目運動技術的研究；③田徑運動各項目運動員技術診斷理論與方法研究，等等。

(3) 涉及教育學的研究

例如，①田徑運動教學理論與方法的研究；②不同教學對象（小學、中學、大學、殘疾人等）的田徑教學理論與方法研究；③田徑運動各類專門人才（裁判員、教練員、各類田徑運動工作者的進修與提高等）短期培訓的教學理論與方法研究；④田徑運動各運動項目的教學理論與方法的研究，等等。

(4) 涉及運動訓練學的研究

例如，①田徑運動訓練理論與方法的研究；②田徑運動各項目訓練理論與方法的研究；②少年兒童或婦女田徑運動訓練理論與方法的研究；④大、中、小學或業餘體校田徑運動業餘訓練的理論與方法研究；⑤田徑運動高水準運動員訓練理論與方法的研究；⑥田徑運動員競技能力培養的研究，等等。

(5) 涉及體育科研方法學的研究

例如，①田徑運動科技攻關的理論與方法研究；②田徑運動科技服務的理論與方法研究；③田徑運動常用科研方法的規範研究；④新方法的引入及其適用性、適用範圍的研究，等等。

(6) 涉及運動生理學、運動生物化學、運動營養學的研究

例如，①田徑運動員疲勞與恢復的理論與方法研究；②田徑運動員營養與恢復的理論與方法研究；③田徑運動員營養狀況評定與膳食安排研究；④田徑運動員機能診斷的理論與方法研究；⑤嚴禁田徑運動員使用興奮劑和防止誤用含有興奮劑的常規藥物的研究；⑥田徑運動各項目教學、訓練的生理生化特徵、機制等方面的深入研究，等等。

(7) 涉及運動遺傳（選材）學、體育測量與評價學科的研究

例如，①不同年齡青少年田徑運動員的初級選材研究；②田徑運動員訓練過程中的中、高級選材研究；③不同年齡、不同訓練階段田徑運動員綜合選材指標體系（測量指標、測量方法、評價方法、評價標準等）的研究；④田徑運動各領域測量與評價方法的研究，等等。

(8) 涉及運動醫學、體育保健學、運動心理學的研究

例如，①田徑運動員常見運動疾病與創傷的機理與預防措施的研究；②田徑運動員心理特徵、心理失常與干預手段、方法的研究；③田徑運動各項目對不同人群增強體質的影響與鍛鍊方法的研究；④對田徑運動員體質研究，⑤田徑運動對常見慢性病的預防和康復治療效果的研究，等等。

(9) 涉及體育管理學、計算機應用的研究

例如，①田徑運動員的管理研究；②田徑運動會的組織與管理研究；③電腦在田徑運動各方面的應用研究；④田徑運動場地的管理與使用研究，等等。

(10) 涉及體育社會學、比較體育學、體育市場營銷學、體育美學等學科的研究

例如，①田徑運動與經濟、社會發展關係的研究；②田徑運動市場化運作的研究；③不同國家之間或不同地域之間田徑運動發展的比較研究；④田徑運動各項目的美學特徵研究，等等。

從不同學科的理論與方法出發，結合田徑運動都可以形成一定的研究方向。這是具有田徑運動專長又具有某一理論學科專長的研究生選擇研究方向的最基本的途徑，也可作為具有其他運動項目專長又具有某一理論學科專長的研究生在選擇研究方向時的參考。

田徑運動 高級教程

第三節・研究生創新能力的培養

一、創新是研究生教育的真諦

創新是人所普遍具有的潛能。人的潛能是多方面的，潛能是人類最大而又開發得最少的寶藏。然而，由於情境上的限制，人只發揮了很少一部分的潛能，作為一種潛在的可能性，它在現實學生的身上有著多元的表現：我們經常可以見到這樣一類學生，他們好奇心強、反應靈敏，面對問題，答案豐富多彩；而另一類學生則思維僵化、從眾模仿，面對提問，答案標準劃一，缺乏新意。究其原因，是不同的教育模式和學習方式影響了他們創造心理的發展和創造潛能的開發。

創新是科學研究的靈魂和生命。科學研究是以獲得創新成果為目的的勞動，這種勞動本身包含著一種探索和認識過程。

「把學生培養成了專業人士，就是教育的失敗！」這是耶魯大學的教育理念，它強調的是大學要注意通識教育，重視綜合人文社會科學的訓練，而不是只看重硬技術。

「大學的每一天都是第一天」這是卡斯帕爾的信念，它強調的是大學要培養學生的創新精神。

洪堡在將科學研究引入大學時就已明確闡釋，科學是某種還沒有得出完全結論的東西，還沒有被完全發現、完全找到的東西，完全性的結論取決於對真理和知識的永無止境的探求過程，取決於研究、創造性，以及自我行動原則上的不斷反思；他還認為，科學應是純科學，即哲學，純科學不追求任何自身之外的目標，只進行純知識、純學理的探求，至於科學的實用性，其重要意義僅僅是第二位的。因此，研究生教育必須以崇尚學術，以探討深奧的科學、技術和文化知識作為存在的前提。

創新性是由研究生教育的「研究」特質所決定的。碩士研究生作為中國研究生的一個重要組成部分，其創新能力的高低必將成為制約國家創新體系建設的重要因素。我們對研究生教育的要求也鮮明地反映出這一點。《中華人民共和國高等教育法》第一章第五條和第二章第十六條明確指出：「高等教育的任務是培養具有創新精神和實踐能力的高級專門人才。」

2000 年教育部在《關於加強和改進研究生培養工作的幾點意見》中，從研究生的課程設置、教學方式、學位論文等諸多方面強調研究生創新能力的培養。「碩士生課程設置要具有前沿性和前瞻性」，「博士生課程以提高學生創新的能力的需要來確定」。教學方式突出以研究生為主體，「充分發揮研究生的主動性和自覺性，更多地採用啟發式、研討式、參與式教學方式」。從研究生的培養目標到研究生的課程設置、教學方法均突出其創造性。研究生教育作為中國高等教育的最高層次，培養

具有創新能力的高層次創新型人才，是時代賦予研究生培養單位和研究生教育者的使命與責任。

國務院批轉教育部《2003—2007年教育振興行動計畫》中提出，要「實施研究生教育創新計畫」，其目的就是為了培養和增強研究生的創新能力。

總之，研究生教育作為學校教育最高層次的教育類型，是培養創新人才的核心主體，研究生創新理念的形成、創新知識結構的完善、創新技能的增強是世界各國研究生教育所追求的共同目標。創造性是研究生教育的首要標準，是研究生教育始終追求的目標，也可以說是研究生教育的真諦。

近年來，中國田徑理論研究的氛圍空前活躍並取得了顯著成績，田徑理論研究在中國田徑事業中的重要作用日益顯現。然而，中國田徑理論研究也面臨許多新的、亟待研究的重要課題。與社會和新時期體育事業發展的要求相比，中國田徑運動的發展還相對滯後，田徑運動的重要地位還沒有受到普遍重視，其理論研究落後於體育事業改革和發展的實踐，對一些重大理論問題的研究還沒有人突破，這些問題與中國體育事業快速發展的要求相比還不適應。

在當代科學技術迅猛發展，學科間不斷滲透交叉，新發現、新概念層出不窮的時代背景下，認真分析和探討阻礙中國田徑理論研究創新的因素，有的放矢地尋找解決辦法，對於推進中國田徑理論創新研究具有十分緊迫和重要的意義。

二、創新研究的內涵與特徵

創新這個詞語在《辭海（世博珍藏版）》中的解釋是，「拋開舊的，創造新的。……《南史·宋世祖殷淑儀傳》：『今貴妃蓋天秩之崇班，理應創新。』」美籍奧地利經濟學家熊彼得從經濟學角度解釋過「創新」，他的「創新」理論一出現，很快就得到人們的關注，隨即對「創新」一詞的使用範圍越來越廣，涵義也越來越豐富。時至今日，「創新」已不再侷限於經濟學家的視野，而是滲透到各個學科，體育學科也不例外。

體育理論創新是以獨特的方式對體育現象進行超越性的理性加工，探索體育現象的真相、性質和規律，或在解決有關實踐問題的過程中，在充分暸解和吸收前人或他人已有理論觀點或方法的基礎上，透過積極的思考提出新的理論觀點或解決問題的思路與方法，或對原有命題、觀點進行新的闡釋，並賦予新的含義的創造性活動，而理論創新是一切創新的前提和基礎。

所謂理論創新，是指人類在體育實踐中，對不斷出現的新情況、新問題進行新的理論分析和解釋，對認識對象或實踐對象的本質規律和發展變化的趨勢作出新的揭示和預見。

在體育科學領域，理論的每一次重大突破和創新，都在體育事業發展進程中留下了不可磨滅的輝煌一頁。總體說來，理論創新具有以下幾個特點。

田徑運動 高級教程

1.獨創性

獨創性指體育社會可得的研究成果和前人已有的成果相比較具有實質性特點和顯著性變化，既不是依已有的形式複製而來，也不是依既定的程序或秩序推演而來，而是在原理、結構、功能、性質、方法、過程等方面具有顯著性變化。

2.前瞻性

前瞻性指的是質的方面的突破或飛躍，它要求體育社會科學研究成果能夠突破原有理論、技術框架、傳統觀念和思維定式的束縛，提出新概念、新觀點、新方法、新結論、新體系，體現突破性、開拓性、突發性和領先性。

3.繼承性

繼承性指從事田徑理論研究的人員必須瞭解和研究體育學術史和田徑運史，紮紮實實地搞好學術積累。因為「一個不研究學術史和思想史的學者要想取得很大的學術成就，要想取得創新的突破，幾乎是不可能的。」[3] 缺乏紮實的治學、豐富的學養，缺乏對前人體育思想和田徑運動歷史沿革的深刻理解，就不能有真正意義上創新。堅持在繼承中創新、在創新中繼承才能做到「古為今用，洋為中用。」

三、中國田徑理論研究創新的障礙分析

創新障礙是指在田徑理論研究中阻礙創新發展，不利於創造主體培養創造素質，推進創造過程，達到創造目標，獲得創造成果的各種阻力因素的總和。審視今天的研究生教育可以發現，它往往不是著意培養、發展存在於人自身的創造之意向與潛能，相反，卻習慣於用一切、現成的知識文化去充斥人的頭腦，結果是已有的、既定的客觀知識反而會成為一種教條、偏見、迷信、傳統習慣勢力，限制、約束了人的創造性、生命力，成為人發展的異化物。

這一教育思想困擾或阻礙著研究生教育。那麼，在中國的田徑理論研究中，什麼在阻礙創新呢？

（一）社會本位障礙

我們說科學有兩大功能，即認識功能和社會功能，所謂認識功能就是科學是尋求真理的學問，它能夠消除人類理智的困惑，而不考慮用途。所謂社會功能，就是認為科學能夠對社會的發展作出貢獻。

田徑理論研究中的社會本位強調科學研究中社會功能和實用價值，大力宣傳科學的社會功能，把科學與傳統文化對立起來，它忽視了科學理論的認識作用和個體發展功能，妨礙了人的個性的自由發展，使純理論科學在中國沒有得到很好的發

展，導致人心浮躁，急功近利，把學術研究作為片面追求個人名利的工具，使得體育科學的認識功能不斷被淡化，甚至被遺忘，從而窒息創新。

科學的本質是求知，求知精神是科學發展的根本，美國著名科學家亨利‧羅蘭在他的《為純科學說幾句話》一書中提到：「要運用科學，就必須讓科學自身獨立下去，如果我們只注意科學的應用，必然會阻止它的發展，那麼要不了多久，我們就會退化成中國人那樣，他們幾代人沒有在科學上取得什麼進展，因為他們只滿足於科學的應用，而根本不去探討為什麼要這樣做的原因。」[4]正如約翰‧齊曼所說：「可以這麼說，幾乎任何一位真正著名的科學家，都有一種尋根究底的精神，都對各種新奇古怪的想法或事件保持高度的警覺，並為之深深著迷。」[5]因為，一個理論的優劣，要看它是否在學理上有所推進，而不只是看它在實際上產生了多少效績，或者被什麼部門引用。

（二）思維障礙

思維障礙是阻礙創新的主要因素，它主要包括從眾思維、慣性思維、簡單思維。

1.從眾思維

這種思維求同有餘，求異不足，在研究過程中強調整齊劃一，忽視個體差異和個性的發展。這種思維定式與中國傳統文化的消極面的影響有關。中國傳統文化反映了中國古代內陸型、農耕型的生產方式，這就決定了其文化是以倫理為中心，以家庭為紐帶的，尤其儒家價值中的「群體至上」原則是主流。

創造學理論告訴我們，創新思維的品質是求異思維，它要求創造者要善於從與眾不同的角度和思路去思考問題，不去理睬權威及前人思維的角度、方法、路徑等。

美籍華人，諾貝爾物理學獎得者朱棣文曾說：「科學的最高目標是不斷發現新的東西，因此，要想在科學上取得成功，最重要的一點就是要學會以別人不同的方式、別人忽略的方式思考問題。」對書本、古人、師表、權威、經驗敢於超越，敢於標新立異，才能有所發現，有所創造。

2.簡單思維

這種思維方式往往陷入一種非黑即白的單向思維誤區，其特點就是認為任何事物都是由正反兩極組成的非黑即白、非對即錯、非左即右等等，站在此方就必然要反對彼方。

這種唯一答案的定式阻礙不利於在體育研究中發展思維的培養和探求解決問題的多種答案，拒絕相互學習、交流和借鑑。這種思維方式與複雜多樣的現實生活不相符合，不能真實反映客觀事物發展的本來面目和內在規律。

3.慣性思維

所謂慣性思維就是對已有的概念、理論觀念、方式形成了一種思維定式，它反映了認知個體過分依賴於以往的知識存量和知識結構來看待其他事物和採取行動，它以強大的慣性限制了創造性思維的發展，當遇到問題時，思維就像「短路」似的，常常迅速而不由自主地按原有的思維展開，從而失去了想像的空間，這樣已有的理論觀念就束縛了創造力。

慣性思維往往以現存的、習以為常的或具有權威性統治地位的經典理論作為思考問題的出發點，在研究中害怕失敗，不敢冒險嘗試；淺嘗輒止，堅持最初的觀念，不願再多加思考，產生更好的觀念；固執己見，不肯修正或接納他人的意見；急功近利，不願等待和深思，切盼成就與結果；缺乏挑戰性，缺乏冒險精神、敢於質疑而不怕失敗的勇氣。創新性的思考在很多情況下要求人們突破原有的知識侷限、思維模式和舊的經驗方法。

（三）組織形式障礙

體育學在歷史上經歷了長期的學科分化過程，先是從教育學科中分離出來，繼而各自分離出若干分門別類的學科研究領域和研究分野。但是，「無論是自然世界還是人類世界，並沒有因為學科分化而改變運動形式。問題的出現不會因為學科的分化而改變綜合性、整體性的原本面貌。」[6]「特別是 20 世紀以來，科學研究步入了『大科學』時代，以往單打獨鬥的分散化模式已經無法適應形式發展的需要，協同創新成為現代科學技術發展的基本趨勢。據有關學者統計，1901－1972 年間，在 286 位獲得諾貝爾獎的科學家中，有三分之二的人是與他人合作取得成果的，且合作研究的比例隨著時間的推移而增大。」[7]

隨著體育事業迅速發展，使得體育滲透到社會各個領域更加廣泛，交互性、綜合性、整體化趨勢越來越明顯，這種邊界越來越模糊。然而，在體育研究領域，學科越分越細成了阻礙體育學術發展的主要因素，田徑理論研究出現的種種困境正是這種分化的結果，這種單兵作戰的封閉的、分割的形式難以適應形勢的需要，在田徑理論研究中難以實現整體突破。因為田徑理論研究的創新越來越依靠於學科的交叉，越來越依靠於體育學科之間的互滲與融合。

從個體性的分散研究向現代團隊性的集體研究轉變，是傳統體育研究方法向現代體育研究方法轉變的時代要求，是推進田徑理論研究跨越式發展的重要舉措。

（四）知覺障礙

知覺障礙是指對問題缺乏敏感性，無法覺察解決問題所需要的訊息，也不能確實看出問題的所在。有時表現為只注意問題的細微處，不能瞭解問題情景的全貌；有時表現為不能界定術語，無法瞭解語言的意義，也不能傳達及瞭解問題，更難解

答問題;在觀察時不能應用全部感覺,也不善於應用各種感官去感受;不能由一個答案看出其多方面應用的能力。

知覺障礙的根本原因,是人們在研究問題時經常願意採取「非此即彼」的極端論法,習慣於遵循舊的習慣,研究者在研究中不能覺察解決問題所需要的訊息,不能綜合運用多種感官的協同作用,不能全面地、聯繫地分析問題與解決問題,沒有創新意識,缺乏想像力。

四、研究生創新教育的內涵體系

以培養研究生創新精神和創新能力為目標的創新教育,主要圍繞著四個層面的核心內容展開:

(一)研究生創新意識的培養

創新意識是指一個人根據社會和個體生活發展的新需要,引起某種創造動機,表現出創造的意向和願望,這種創造意向就是創新意識。創新意識的培養是指推崇創新、追求創新、以創新為榮的觀念和意識的培養。

創新意識包括強烈的創新激情、探索慾、求知慾、好奇心、進取心、自信心等心理品質,也包括具有遠大的理想、不畏艱難的勇氣、鍥而不捨的意志等非智力因素。只有在強烈的創新意識引導下,人們才可能產生強烈的創新動機,發揮創新潛力集聚和聰明才智,釋放創新激情。

創新意識是創新能力培養的前提。因為,創新能力不僅表現為新技術、新產品的發明,還表現為善於發現問題、求新求變、積極探究的心理取向。因此,要增強創新意識,努力發現新問題、把握新情況、明確新任務,提升研究境界。研究方法包括研究的途徑、工具、手段和程序。科學研究方法是研究能否獲得成功的基本保證,研究方法的創新對理論創新常常具有革命性的意義。

在田徑理論研究中,要重視方法論的轉換與創新,重視不同學科研究方法的借鑑與整合;加強調查研究,注重實證研究,做到定量研究與定性研究的統一。定性研究方法側重於建議、設計、評價,提出應該如何做,有較強的主觀意識;而定量研究側重於描述現實,解釋事物的變化規律,說明事物是什麼,強調用「數據」說話。在研究中既要重視理論上的邏輯推理,也要重視定量分析和案例解剖,強調定性方法與定量方法相互融合,取長補短。

(二)研究生創新思維的培養

創新思維是人類在認識和改造客觀世界的過程中有創新意義的思維,是人類思維發展的最高形式。研究生創新思維培養是指發明或發現一種新方式用於處理某種事物的思維過程。這裏要講的「思維模式」是人的思維方式,但指的是哲學意義上

的主體思維方式，是指思維的一種程序，長久穩定而又普遍起作用的思維方法。思維習慣是指思維形式和思維結構中的規律性，可以把它看做是人的思維定式和「內在化」認識運行模式的總和。

思維品質是思維能力強弱的反映，是個體思維活動中智力特徵的表現，是判斷一個人創新思維能力的主要指標。某種思維模式一旦在人群中形成固定的、主流的思維習慣和框架，就能成為人們的主體思維結構。創新思維的過程不是單獨的一種思維形式，而是抽象思維、形象思維、靈感思維和社會思維等思維形式共同作用的思維過程，是對人類常規思維的一種突破。

亞里斯多德說：「思維是從驚訝和問題開始的。」學生的創新意識、創新過程，經常來自於對某個問題的好奇心和興趣，因為問題是創新的起點，也是創新的動力。馬克思曾深刻地指出：「一個時代所提出的問題，和任何在內容上是正當的因而也是合理的問題，有著共同的命運：主要的困難不是答案，而是問題。因此，真正的批判要分析的不是答案，而是問題」，「問題就是公開的、無畏的、左右一切個人的時代聲音。問題就是時代的口號，是它表現精神狀態的最實際的呼聲。」

樹立問題意識就是要使我們始終處於不斷發問的狀態。帶著問題研究是進行田徑理論研究的最基本要求，田徑理論研究在某些領域讓人感到面目陳舊、鮮有進展的關鍵原因，就是缺乏對現實問題的深入細緻的分析和研究，缺乏從實踐出發探本求源的求真精神。強化問題意識要著眼於現實問題，積極參與體育實踐，深入社會、深入基層，這樣才能率先發現並切身感受到這些問題，同時也才能激發研究者自身研究和解決這些問題的決心和動力。

強化問題意識要著眼於前瞻性問題，既立足今天又放眼明天，既正視現實又面向未來，既重視基本理論問題研究又重視對策性問題研究。面對現實，面對未來，反映了體育科學研究的品質，也體現著田徑理論研究創新能力的研究水準。

（三）研究生創新氛圍的營造

「當今科學技術的發展呈現出三個特點：一是門類科學與技術整合化；二是科學與技術一體化；三是工程科學社會化，社會科學工程化。」[8]當前，體育事業在迅猛發展，面臨的問題越來越複雜，需要組織跨學科的團隊，運用多學科的知識去解決。可以說，學科交叉與融合是體育科學發展的新趨勢和內在要求，組建良好的學術團隊決定著體育科研創新的成敗。

田徑理論研究應由個別群體優勢變成集群優勢，完善以項目為紐帶、以課題負責人為龍頭、人才組合靈活、有利於激發科研人員創造性的研究組織形式。突破阻礙研究人員有機組合和資源共享的學科壁壘、學校壁壘和區域壁壘，鼓勵跨學科、跨地區、跨國度組合研究力量，形成機構開放、內外聯合、良性競爭、優勝劣汰、有利創新的研究合作體。

團隊中的學術帶頭人應具有較高的學術水準和較強的組織協調能力，敏銳的學

術眼光和寬廣的胸懷，各成員之間應有共同的研究興趣和相對集中的研究問題和研究方向，有較好的團隊協作精神和較強的創新意識。

此外，還要營造良好的創新制度性環境。制度環境是指學術研究有關的各種制度的綜合，它包括很多方面，比如項目申請制度、工作考核制度、科研評價制度、專業技術職務評聘制度等等。制度環境往往對人們的科研觀和價值觀有重要的導向作用，良好的制度環境是體育社會創新的有力保障。

在田徑理論研究中，創新是一種開拓性的勞動，是對前人研究的一種超越，這種超越由於受各種因素的影響，並不是一步到位，而是漸進的。用簡單化的市場競爭法則來取代學術自身的發展規律，會不可避免地帶來急功近利的學術風氣和浮躁心態。因此，我們制定的各種制度要能起到鼓勵、倡導、保持科研人員創新積極性的作用，而不能過分地挑剔，不能有急功近利的短期行為。應由客觀、合理的制度引導科研人員靜下心來，潛心鑽研，厚積薄發。營造更加有利於創新型人才脫穎而出和發揮作用的良好環境，充分調動體育工作者的主動性、積極性和創造性，全面提升田徑理論的研究質量和創新能力。

（四）研究生創新情感的培養

創新過程並不僅僅是純粹的智力活動過程，它還需要研究生以創新情感為動力，比如應當樹立遠大理想堅強的信念，以及具有強烈的創新激情等。在智力和創新情感雙重因素的作用下，研究生的創新才能才可能獲得綜合效應。研究生除創新情感外，個性在創新力的形成和創新活動中也有決定創新成就的大小。創新個性一般來說主要包括勇敢、富有幽默感、獨立性強、有恆心及有一絲不苟等良好的人格特徵。可以說，具有優越的創新情感和良好的個性特徵是形成和發揮研究生創新能力的底蘊。

繁榮發展田徑運動事關中國體育事業發展的全局，是體育事業發展和進步的重要推動力量。田徑運動的理論創新是一項極其艱難的工作，也是中國體育事業發展水準的重要標誌，它要求體育科學工作者具有一種高度的責任感和堅韌不拔的理論勇氣、大膽探索、不怕挫折、堅持創新、促進發展，只有這樣，才能真正繁榮中國田徑運動理論，實現中國田徑運動的跨越式發展。

第二十六章

大型田徑比賽中的
成績訊息管理

沈信生　譚紅

　　隨著電腦技術、訊息技術和網路技術在社會中各行各業的應用和普及，無論是國際大型田徑比賽、國內全國性田徑比賽，還是基層的群眾性田徑比賽，都趨向於利用網路化的電腦技術進行比賽成績的處理和發送。

　　在奧運會田徑比賽和世界田徑錦標賽、田徑系列賽，以及中國的全運會田徑比賽、田徑系列賽中，比賽成績處理的方法和過程，已經完全基於完整的電腦網路系統。2008 年北京奧運會，以及近年來在中國舉辦的世界性田徑比賽中使用的成績處理和發布系統，非常典型地體現了國際上大型集會活動的訊息綜合處理的最高水準。中國田徑比賽的成績訊息處理工作，近年來也在逐步向國際水準提升，特別是在全國運動會上，田徑成績訊息處理系統的框架和數據處理流程基本上沿用奧運會和世界田徑錦標賽的模式。

第一節・田徑比賽成績訊息類別

　　田徑比賽的成績訊息主要分為文字訊息、音頻訊息和圖像訊息三種。

　　文字訊息：電腦終端屏幕顯示；電子文檔文件；紙質印刷（打印）文件。

　　音頻訊息：比賽現場廣播；電腦終端聲音播放；音頻電子文件。

　　圖像訊息：比賽現場大屏幕顯示；電腦終端圖像播放；圖像（視頻）電子文件；紙質圖像印刷（打印）文件。

　　在田徑比賽過程中，經常會有兩種或者三種成績訊息疊加起來，同時發送到訊息的接受者。例如，田徑場上的大屏幕公告，在顯示運動員到達終點的活動視頻中，疊加比賽成績字幕，同時現場播音員宣告比賽成績，使得三種成績訊息同時作用於觀眾，加深觀眾的印象。

　　田徑比賽的成績訊息中，最多的還是文字訊息。運動員的比賽結果，也是由一些具體的數據來表示的。因此，我們將在本章第二節中主要介紹成績文字訊息的處理。

第二節·田徑成績訊息處理規範

國際奧委會和國際田聯共同對田徑成績訊息處理、發送的格式和過程，作了具體的規定，發佈了「田徑訊息技術服務需求文檔」（Information Technology ServicesRe－quirements Document Athletics）。在該「田徑訊息技術服務需求文檔」中，非常詳細地論述了田徑比賽中的各種各類田徑成績數據處理的形式、規格、過程和要求，我們通常簡稱為 ORIS，即「奧運會田徑成績與訊息服務需求」（The Olympic Results and Information Services Requirements）。在國際田徑比賽中，ORIS 已成為田徑成績訊息數據的規範。

隨著實際需求的變化，ORIS 文檔內容也在不斷地修改和補充。國際奧委會和國際田聯在每屆奧運會週期中，都會多次發佈新版本的 ORIS 文檔，以更好地滿足田徑比賽成績訊息處理的需要。

一、ORIS 文檔內容

ORIS 文檔分為五個部分。

第一部分：成績報表總匯（SECTION1-OUTPUTS）。在這一部分彙總了所有田徑比賽中需要輸出的報表，並分別對每一類成績報表的版面安排、字段定義、數據格式、數據範圍等等進行了詳細的說明。

第二部分：發送成績報表的種類、時間以及發送對象（SECTION 2-WHICH OUTPUT,WHEN and to WHOM）。在這一部分詳細地說明了在什麼時間、生成何種成績報表、發送到什麼地方、送交給何人等等。

第三部分：發送各類成績報表的程序（SECTION 3-PROCEDURES）。在這一部分結合田徑比賽的各項活動進程，詳細說明了各類成績報表生成的具體操作流程，包括事前、事中、事後的各項事宜。

第四部分：賽場大屏幕顯示（SECTION 4-SCOREBOARDS）。在這一部分主要說明了在各個時刻賽場大屏幕（Public Scoreboard）顯示的成績內容格式，以及田賽公告顯示屏（Field Scoreboard）顯示的成績內容格式。

第五部分：是成績訊息視頻實時播放系統（SECTION 5-REAL-TIME DISPLAY SYSTEM）。在這一部分主要說明了比賽期間內部視頻系統播放實時比賽成績的版面、內容、格式和時間。

二、2008 年北京奧運會成績報表實例

表 146—表 152 是 2008 年北京奧運會 ORIS 文檔中每日競賽日程、參賽名單、比賽成績、詳細比賽成績、獎牌統計、獎牌榜、名次統計表的樣式。

田徑運動 高級教程

表 146 每日競賽日程 DAILY COMPETITION SCHEDULE

NATIONAL STADIUM
国家体育场
STADE NATIONAL

ATHLETICS
田徑 / ATHLÉTISME

FRI 星期五 VEN
15 AUG 2008

DAILY COMPETITION SCHEDULE
每日競賽日程 / HORAIRE DES COMPÉTITIONS PAR JOUR

Time	Event	Round
9:00	Women's Heptathlon 100m Hurdles	Heat 1
9:05	Men's Shot Put	Qualification Group A
9:05	Men's Shot Put	Qualification Group B
9:08	Women's Heptathlon 100m Hurdles	Heat 2
9:16	Women's Heptathlon 100m Hurdles	Heat 3
9:24	Women's Heptathlon 100m Hurdles	Heat 4
9:32	Women's Heptathlon 100m Hurdles	Heat 5
9:45	Men's 100m	Round 1 - Heat 1
9:53	Men's 100m	Round 1 - Heat 2
10:01	Men's 100m	Round 1 - Heat 3
10:09	Men's 100m	Round 1 - Heat 4
10:17	Men's 100m	Round 1 - Heat 5
10:25	Men's 100m	Round 1 - Heat 6
10:30	Women's Heptathlon High Jump	Group A
10:30	Women's Heptathlon High Jump	Group B
10:33	Men's 100m	Round 1 - Heat 7
10:40	Men's Hammer Throw	Qualification Group A
10:41	Men's 100m	Round 1 - Heat 8
10:49	Men's 100m	Round 1 - Heat 9
10:57	Men's 100m	Round 1 - Heat 10
11:10	Women's 800m	Round 1 - Heat 1
11:18	Women's 800m	Round 1 - Heat 2
11:26	Women's 800m	Round 1 - Heat 3
11:34	Women's 800m	Round 1 - Heat 4
11:42	Women's 800m	Round 1 - Heat 5
11:50	Women's 800m	Round 1 - Heat 6
12:10	Men's Hammer Throw	Qualification Group B
19:00	Women's Heptathlon Shot Put	Group A
19:00	Women's Heptathlon Shot Put	Group B
19:10	Men's 1500m	Round 1 - Heat 1
19:19	Men's 1500m	Round 1 - Heat 2
19:28	Men's 1500m	Round 1 - Heat 3
19:37	Men's 1500m	Round 1 - Heat 4
19:45	Men's 100m	Round 2 - Heat 1
19:52	Men's 100m	Round 2 - Heat 2
19:55	Women's Discus Throw	Qualification Group A
19:59	Men's 100m	Round 2 - Heat 3
20:06	Men's 100m	Round 2 - Heat 4
20:13	Men's 100m	Round 2 - Heat 5
20:25	Women's 3000m Steeplechase	Round 1 - Heat 1
20:37	Women's 3000m Steeplechase	Round 1 - Heat 2
20:49	Women's 3000m Steeplechase	Round 1 - Heat 3
21:00	Men's Shot Put	Final
21:15	Women's Heptathlon 200m	Heat 1
21:20	Women's Discus Throw	Qualification Group B
21:22	Women's Heptathlon 200m	Heat 2
21:29	Women's Heptathlon 200m	Heat 3
21:36	Women's Heptathlon 200m	Heat 4
21:40	Women's Triple Jump	Qualification Group A
21:40	Women's Triple Jump	Qualification Group B
21:43	Women's Heptathlon 200m	Heat 5
21:55	Men's 400m Hurdles	Round 1 - Heat 1
22:05	Men's 400m Hurdles	Round 1 - Heat 2
22:15	Men's 400m Hurdles	Round 1 - Heat 3
22:25	Men's 400m Hurdles	Round 1 - Heat 4
22:30	Men's Shot Put	Medal Ceremony
22:45	Women's 10,000m	Final

第二十六章 大型田徑比賽中的成績訊息管理

表 147　男子 100 公尺預賽參賽名單 START LIST for MEN'S 100m ROUND 1

NATIONAL STADIUM
国家体育场
STADE NATIONAL

FRI 星期五 VEN
15 AUG 2008

ATHLETICS
田径 / ATHLÉTISME

MEN'S 100m
男子100米 / 100 m - HOMMES

ROUND 1
第1轮 / 1ER TOUR

START LIST
参赛名单 / LISTE DE DÉPART

WORLD RECORD			9.72	BOLT Usain	JAM	New York, NY (USA)		1 JUN 2008
OLYMPIC RECORD			9.84	BAILEY Donovan	CAN	Atlanta, GA (USA)		27 JUL 1996

HEAT 1   9:45

Lane	Bib	Name	NOC Code	Date of Birth	PB	SB	Result	Rank
2	1460	VIZCAINO Jenris	CUB	16 MAY 1980	10.18	10.25		
3	2163	BOLT Usain	JAM	21 AUG 1986	9.72	9.72		
4	2091	CERUTTI Fabio	ITA	26 SEP 1985	10.13	10.13		
5	2929	THEMEN Jurgen	SUR	26 OCT 1985	10.71	10.71		
6	1238	LIMA Vicente	BRA	4 JUN 1977	10.13	10.26		
7	2893	MANIORU Francis	SOL	17 SEP 1981	10.86	10.90		
8	3302	KAMUT Moses	VAN	7 JUL 1982	10.64			
9	1024	BAILEY Daniel	ANT	9 SEP 1986	10.12	10.12		

HEAT 2   9:53

Lane	Bib	Name	NOC Code	Date of Birth	PB	SB	Result	Rank
2	1419	GRUESO Daniel	COL	20 JUL 1985	10.24	10.24		
3	2868	COLLINS Kim	SKN	5 APR 1976	9.98	10.07		
4	2459	CRESS Roman William	MHL	2 AUG 1977	10.39			
5	2142	POWELL Asafa	JAM	23 NOV 1982	9.74	9.82		
6	2976	TOHI Aisea	TGA	15 APR 1987	11.10	11.10		
7	1824	PICKERING Craig	GBR	16 OCT 1986	10.14	10.14		
8	1282	BOSSE BERANGER Aymard	CAF	13 MAR 1985	10.25	10.58		
9	2596	KUC Dariusz	POL	24 APR 1986	10.17	10.26		

HEAT 3   10:01

Lane	Bib	Name	NOC Code	Date of Birth	PB	SB	Result	Rank
2	1928	ZAKARI Aziz	GHA	2 SEP 1976	9.99	10.23		
3	2015	WIBOWO Suryo Agung	INA	8 OCT 1983	10.25			
4	2092	COLLIO Simone	ITA	27 DEC 1979	10.14	10.28		
5	1771	MBANDJOCK Martial	FRA	14 OCT 1985	10.06	10.06		
6	1109	HINDS Andrew	BAR	25 APR 1984	10.16	10.16		
7	3310	LEWIS Jared	VIN	9 MAR 1982	10.49	10.53		
8	3025	THOMPSON Richard	TRI	7 JUN 1985	9.93	9.93		
9	2296	NAWAI Rabangaki	KIR	9 JUN 1985	11.17	11.46		

HEAT 4   10:09

Lane	Bib	Name	NOC Code	Date of Birth	PB	SB	Result	Rank
2	1280	SANOU Idrissa	BUR	12 JUN 1977	10.14	10.38		
3	2148	FRATER Michael	JAM	6 OCT 1982	10.00	10.00		
4	1308	BROWNE Pierre	CAN	14 JAN 1980	10.12	10.19		
5	1002	AZIZI Massoud	AFG	2 FEB 1985	11.11			
6	3018	BROWN Darrel	TRI	16 OCT 1985	9.99	10.02		
7	2184	ASAHARA Nobuharu	JPN	21 JUN 1972	10.02	10.17		
8	1319	OLONGHOT Ghyd-Kermeliss-Holly	CGO	15 MAR 1986				
9	1853	da SILVA Holder	GBS	12 JAN 1988	10.45	10.45		

HEAT 5   10:17

Lane	Bib	Name	NOC Code	Date of Birth	PB	SB	Result	Rank
2	3265	GAY Tyson	USA	9 AUG 1982	9.77	9.77		
3	2864	D'SOUZA Danny	SEY	14 NOV 1987	10.91	10.91		
4	1231	MOREIRA Jose Carlos	BRA	28 SEP 1983	10.16	10.25		
5	2507	FASUBA Olusoji	NGR	9 JUL 1984	9.85	10.10		
6	1040	SANITOA Shanahan	ASA	26 JUL 1989				
7	1578	RODRIGUEZ Angel David	ESP	25 APR 1980	10.14	10.14		
8	1431	YOUSSOUF Mhadjou	COM	5 JUN 1990	10.68	10.68		
9	1535	MILO Lukas	CZE	19 OCT 1983	10.26	10.26		

Ω OMEGA　　　　Atos Origin　　　　lenovo

表 148　男子 100 公尺預賽比賽成績 START LIST for MEN'S 100m ROUND 1

NATIONAL STADIUM
国家体育场
STADE NATIONAL

FRI 星期五 VEN
15 AUG 2008

ATHLETICS
田径 / ATHLÉTISME

MEN'S 100m
男子100米 / 100 m - HOMMES

ROUND 1
第1轮 / 1ER TOUR

RESULTS
比赛成绩 / RÉSULTATS

WORLD RECORD		9.72	BOLT Usain	JAM	New York, NY (USA)	1 JUN 2008
OLYMPIC RECORD		9.84	BAILEY Donovan	CAN	Atlanta, GA (USA)	27 JUL 1996

HEAT 1　　Start Time: 8:46　　　　　　　　　　　　　　　　Wind: -0.2 m/s

Rank	Bib	Name	NOC Code	Date of Birth	Lane	Reaction Time	Fn	Result	
1	2163	BOLT Usain	JAM	21 AUG 1986	3	0.186		10.20	Q
2	1024	BAILEY Daniel	ANT	9 SEP 1985	9	0.198		10.24	Q
3	1238	LIMA Vicente	BRA	4 JUN 1977	6	0.168		10.26	Q =SB
4	1460	VIZCAINO Jenris	CUB	16 MAY 1980	2	0.157		10.28	q
5	2091	CERUTTI Fabio	ITA	26 SEP 1985	4	0.136	F[1]	10.49	
6	2929	THEMEN Jurgen	SUR	26 OCT 1985	5	0.179		10.61	PB
7	3302	KAMUT Moses	VAN	7 JUL 1982	8	0.181		10.81	
8	2893	MANIORU Francis	SOL	17 SEP 1981	7	0.197		11.09	

HEAT 2　　Start Time: 9:53　　　　　　　　　　　　　　　　Wind: 0.0 m/s

Rank	Bib	Name	NOC Code	Date of Birth	Lane	Reaction Time	Fn	Result	
1	2142	POWELL Asafa	JAM	23 NOV 1982	5	0.142		10.16	Q
2	2868	COLLINS Kim	SKN	5 APR 1976	3	0.162		10.17	Q
3	1824	PICKERING Craig	GBR	16 OCT 1986	7	0.174		10.21	Q
4	1419	GRUESO Daniel	COL	20 JUL 1985	2	0.178		10.35	q
5	2596	KUC Dariusz	POL	24 APR 1986	9	0.144		10.44	q
6	1282	BOSSE BERANGER Aymard	CAF	13 MAR 1985	8	0.144		10.51	SB
7	2976	TOHI Aisea	TGA	15 APR 1987	6	0.159		11.17	
8	2459	CRESS Roman William	MHL	2 AUG 1977	4	0.190		11.18	

HEAT 3　　Start Time: 10:01　　　　　　　　　　　　　　　　Wind: 0.0 m/s

Rank	Bib	Name	NOC Code	Date of Birth	Lane	Reaction Time	Fn	Result	
1	3025	THOMPSON Richard	TRI	7 JUN 1985	8	0.188		10.24	Q
2	1771	MBANDJOCK Martial	FRA	14 OCT 1985	5	0.162		10.25	Q
3	2092	COLLIO Simone	ITA	27 DEC 1979	4	0.140	F[1]	10.32	Q
4	1928	ZAKARI Aziz	GHA	2 SEP 1976	2	0.177		10.34	q
5	1109	HINDS Andrew	BAR	25 APR 1964	6	0.140		10.35	q
6	2015	WIBOWO Suryo Agung	INA	8 OCT 1983	3	0.175		10.46	
7	3310	LEWIS Jared	VIN	9 MAR 1982	7	0.123		11.00	
8	2296	NAWAI Rabangaki	KIR	9 JUN 1985	9	0.152		11.29	SB

HEAT 4　　Start Time: 10:09　　　　　　　　　　　　　　　　Wind: -0.2 m/s

Rank	Bib	Name	NOC Code	Date of Birth	Lane	Reaction Time	Fn	Result	
1	2148	FRATER Michael	JAM	6 OCT 1982	3	0.155		10.15	Q
2	1308	BROWNE Pierre	CAN	14 JAN 1980	4	0.141		10.22	Q
3	3018	BROWN Darrel	TRI	16 OCT 1984	6	0.139		10.22	Q
4	2184	ASAHARA Nobuharu	JPN	21 JUN 1972	7	0.160		10.25	q
5	1853	da SILVA Holder	GBS	12 JAN 1968	9	0.184		10.58	
6	1280	SANOU Idrissa	BUR	12 JUN 1977	2	0.171	F[1]	10.63	
7	1319	OLONGHOT Ghyd-Kermeliss-Holly	CGO	15 MAR 1986	8	0.172		11.01	
8	1002	AZIZI Massoud	AFG	2 FEB 1985	5	0.160		11.45	

第二十六章　大型田徑比賽中的成績訊息管理

Ω OMEGA　　　　Atos Origin　　　　lenovo

表 149　男子馬拉松決賽詳細比賽成績 DETAILED RESULTS for MEN'S MARATHON

NATIONAL STADIUM
國家体育場
STADE NATIONAL

SUN 星期天 DIM
24 AUG 2008
7:30

ATHLETICS
田徑 / ATHLÉTISME

MEN'S MARATHON
男子马拉松 / MARATHON - HOMMES

DETAILED RESULTS
详细比赛成绩 / RÉSULTATS DÉTAILLÉS

WORLD RECORD				2:04:26	GEBRSELASSIE Haile	ETH	Berlin (GER)		30 SEP 2007
OLYMPIC RECORD				2:09:21	LOPES Carlos	POR	Los Angeles, CA (USA)		12 AUG 1984

Rank	Bib	Name					NOC Code	Date of Birth	Result	Time Behind
		5km	10km	15km	20km	Half	25km	30km	35km	40km

1	2263	WANSIRU Samuel Kamau					KEN	10 NOV 1986	2:06:32	OR
		14:52 (1)	29:26 (8)	44:37 (5)	59:10 (5)	1:02:34 (2)	1:13:58 (5)	1:29:14 (2)	1:44:37 (1)	1:59:54 (1)
		14:34	15:11	14:33	3:24	11:24	15:16	15:23	15:17	6:38

2	2391	GHARIB Jaouad					MAR	22 MAY 1972	2:07:16	0:44
		14:53 (8)	29:26 (8)	44:37 (7)	59:10 (4)	1:02:34 (5)	1:13:58 (6)	1:29:18 (3)	1:44:38 (2)	2:00:12 (2)
		14:33	15:11	14:33	3:24	11:24	15:20	15:20	15:34	7:04

3	1651	KEBEDE Tsegay					ETH	15 JAN 1987	2:10:00	3:28
		14:54 (14)	29:32 (9)	44:37 (8)	59:33 (7)	1:02:50 (8)	1:14:43 (8)	1:30:25 (6)	1:48:29 (8)	2:02:37 (4)
		14:38	15:05	14:56	3:17	11:53	15:42	18:04	18:08	7:23

4	1650	MERGA Deriba					ETH	26 OCT 1980	2:10:21	3:49
		14:52 (4)	29:25 (2)	44:37 (6)	59:10 (1)	1:02:34 (3)	1:13:58 (2)	1:29:14 (1)	1:44:37 (2)	2:01:51 (3)
		14:33	15:12	14:33	3:24	11:24	15:16	15:23	17:14	8:30

5	2261	LEL Martin					KEN	28 OCT 1978	2:10:24	3:52
		14:52 (5)	29:25 (3)	44:38 (1)	59:10 (3)	1:02:34 (4)	1:13:58 (4)	1:29:23 (4)	1:48:07 (4)	2:02:58 (5)
		14:33	15:11	14:34	3:24	11:24	15:25	18:44	18:51	7:26

6	2926	ROTHLIN Viktor					SUI	14 OCT 1974	2:10:35	4:03
		14:53 (13)	29:44 (14)	44:57 (13)	1:00:23 (11)	1:03:49 (10)	1:15:54 (10)	1:31:38 (8)	1:47:57 (8)	2:03:54 (7)
		14:51	15:13	15:26	3:26	12:05	15:44	16:19	15:57	6:41

7	1652	ASFAW Gashaw					ETH	25 SEP 1978	2:10:52	4:20
		14:54 (21)	29:40 (13)	44:44 (11)	1:00:14 (10)	1:03:50 (11)	1:16:13 (12)	1:32:08 (11)	1:48:17 (9)	2:04:18 (8)
		14:46	15:04	15:30	3:36	12:23	15:55	16:00	16:01	6:34

8	1575	ASMEROM Yared					ERI	4 FEB 1980	2:11:11	4:39
		14:52 (3)	29:25 (4)	44:37 (3)	59:33 (8)	1:02:50 (7)	1:14:43 (7)	1:30:26 (7)	1:48:29 (7)	2:03:39 (6)
		14:33	15:12	14:56	3:17	11:53	15:43	18:03	17:10	7:32

9	3224	RITZENHEIN Dathan					USA	30 DEC 1982	2:11:59	5:27
		14:50 (30)	29:58 (19)	45:11 (17)	1:00:30 (13)	1:03:54 (12)	1:15:57 (11)	1:31:47 (10)	1:48:25 (10)	2:04:50 (9)
		14:50	15:13	15:19	3:24	12:03	15:50	18:38	16:27	7:09

10	3174	HALL Ryan					USA	14 OCT 1982	2:12:33	6:01
		15:03 (42)	30:11 (26)	45:32 (21)	1:01:04 (18)	1:04:29 (17)	1:16:43 (15)	1:32:35 (13)	1:48:33 (11)	2:05:30 (10)
		15:08	15:21	15:32	3:25	12:14	15:52	15:58	16:57	7:03

11	3318	FOKORONI Mike					ZIM	10 JAN 1977	2:13:17	6:45	PB
		14:54 (15)	30:03 (23)	45:46 (23)	1:01:31 (21)	1:05:00 (20)	1:17:20 (18)	1:33:10 (16)	1:49:37 (12)	2:06:10 (11)
		15:09	15:43	15:45	3:29	12:20	15:50	16:27	16:33	7:07

12	2085	BALDINI Stefano					ITA	25 MAY 1971	2:13:25	6:53
		15:41 (82)	31:22 (56)	47:10 (54)	1:02:45 (38)	1:06:14 (36)	1:18:31 (34)	1:34:10 (17)	1:50:21 (18)	2:06:34 (13)
		15:41	15:48	15:35	3:29	12:17	15:39	16:11	16:13	6:51

660

表 150　男子馬拉松　獎牌統計 MEDALLISTS for MEN'S MARATHON

NATIONAL STADIUM
国家体育场
STADE NATIONAL

SUN 星期天 DIM
24 AUG 2008

ATHLETICS
田径 / ATHLÉTISME

MEN'S MARATHON
男子马拉松 / MARATHON - HOMMES

MEDALLISTS
奖牌统计 / MÉDAILLÉS

Medal	Name	NOC
GOLD	WANSIRU Samuel Kamau	KEN - Kenya
SILVER	GHARIB Jaouad	MAR - Morocco
BRONZE	KEBEDE Tsegay	ETH - Ethiopia

Ω OMEGA　　　　　Atos Origin　　　　　lenovo

第二十六章　大型田徑比賽中的成績訊息管理

661

表 151　獎牌榜 MEDAL STANDINGS

NATIONAL STADIUM
國家體育場
STADE NATIONAL

ATHLETICS
田徑 / ATHLÉTISME

MEDAL STANDINGS As of 24 AUG 2008
獎牌榜 / CLASSEMENT DES MÉDAILLES

After 47 of 47 Events

Rank	NOC	Men				Women				Total				Rank by Total
		G	S	B	Tot	G	S	B	Tot	G	S	B	Tot	
1	USA - United States	4	5	5	14	3	4	2	9	7	9	7	23	1
2	RUS - Russian Federation	2	1	3	6	4	4	4	12	6	5	7	18	2
3	JAM - Jamaica	3			3	3	3	2	8	6	3	2	11	4
4	KEN - Kenya	3	2	4	9	2	3		5	5	5	4	14	3
5	ETH - Ethiopia	2	1	1	4	2		1	3	4	1	2	7	=5
6	BLR - Belarus		2	2	4	1	1	1	3	1	3	3	7	=5
7	CUB - Cuba	1		2	3		2		2	1	2	2	5	=7
8	AUS - Australia	1	1	1	3		1		1	1	2	1	4	=9
8	GBR - Great Britain		2		2	1		1	2	1	2	1	4	=9
10	UKR - Ukraine			1	1	1	1	2	4	1	1	3	5	=7
11	BEL - Belgium					1	1		2	1	1		2	=11
11	NOR - Norway	1			1		1		1	1	1		2	=11
11	POL - Poland	1	1		2					1	1		2	=11
14	ITA - Italy	1			1		1		1	1	1		2	=11
14	NZL - New Zealand			1	1		1		1		1	1	2	=11
16	BRN - Bahrain	1			1					1			1	=22
16	BRA - Brazil					1			1	1			1	=22
16	CMR - Cameroon					1			1	1			1	=22
16	CZE - Czech Republic					1			1	1			1	=22
16	EST - Estonia	1			1					1			1	=22
16	PAN - Panama	1			1					1			1	=22
16	POR - Portugal	1			1					1			1	=22
16	ROU - Romania					1			1	1			1	=22
16	SLO - Slovenia	1			1					1			1	=22
25	TRI - Trinidad & Tobago		2		2						2		2	=11
25	TUR - Turkey						2		2		2		2	=11
27	BAH - Bahamas		1	1	2						1	1	2	=11
27	MAR - Morocco		1					1	1		1	1	2	=11
29	CRO - Croatia						1		1		1		1	=22
29	ECU - Ecuador		1		1						1		1	=22
29	FRA - France		1		1						1		1	=22
29	LAT - Latvia		1		1						1		1	=22
29	RSA - South Africa		1		1						1		1	=22
29	SUD - Sudan		1		1						1		1	=22
35	CHN - China							2	2			2	2	=11
35	NGR - Nigeria							2	2			2	2	=11
37	CAN - Canada							1	1			1	1	=22
37	FIN - Finland			1	1							1	1	=22
37	GER - Germany							1	1			1	1	=22
37	GRE - Greece							1	1			1	1	=22
37	JPN - Japan			1	1							1	1	=22
37	LTU - Lithuania			1	1							1	1	=22
	Total:	24	24	24	72	23	24	22	69	47	48	46	141	

Ω OMEGA　　Atos Origin　　lenovo

662

表 152　名次統計表 PLACING　TABLE

NATIONAL STADIUM　**ATHLETICS**
國家体育場　田後 / ATHLÉTISME
STADE NATIONAL

Beijing 2008

PLACING TABLE　As of 24 AUG 2008
名次统计表 / TABLEAU DE PLACEMENT

After 47 of 47 Events

Rank	NOC	1st Pl	1st Pts	2nd Pl	2nd Pts	3rd Pl	3rd Pts	4th Pl	4th Pts	5th Pl	5th Pts	6th Pl	6th Pts	7th Pl	7th Pts	8th Pl	8th Pts	Total Points
1	USA - United States	7	56	9	63	7	42	4	20	3	12	1	3	3	6	5	5	207
2	RUS - Russian Federation	6	48	5	35	7	42	6	30	3	12	8	24	3	6	3	3	200
3	KEN - Kenya	5	40	5	35	4	24	3	15	3	12	1	3	3	6			135
4	JAM - Jamaica	6	48	3	21	2	12	2	10	2	8	5	15	3	6	1	1	121
5	ETH - Ethiopia	4	32	1	7	2	12	2	10	1	4	2	6	2	4	1	1	76
6	GBR - Great Britain	1	8	2	14	1	6	4	20	2	8	3	9	2	4	2	2	71
7	BLR - Belarus	1	8	3	21	3	18	2	10	1	4	1	3			1	1	65
8	CUB - Cuba	1	8	2	14	2	12	2	10	2	8	3	9					61
9	UKR - Ukraine	1	8	1	7	3	18	1	5	1	4	1	3	2	4	1	1	50
10	GER - Germany					1	6	1	5	4	16	2	6	3	6	5	5	44
11	POL - Poland	1	8	1	7					3	12	2	6	4	8	2	2	43
12	AUS - Australia	1	8	2	14	1	6					4	12					40
13	CHN - China					2	12	4	20	1	4			1	2	1	1	39
14	FRA - France			1	7			2	10	4	16			1	2	1	1	36
15	ESP - Spain							1	5	3	12	2	6	3	6	2	2	31
16	CZE - Czech Republic	1	8							1	4	2	6	2	4	1	1	23
17	CAN - Canada					1	6	2	10	1	4	1	3					23
18	BAH - Bahamas			1	7	1	6	1	5					2	4			22
19	BRA - Brazil	1	8					2	10			1	3					21
20	ITA - Italy	1	8			1	6			1	4			1	2			20
21	BEL - Belgium	1	8	1	7					1	4							19
21	NOR - Norway	1	8	1	7					1	4							19
23	TRI - Trinidad & Tobago			2	14									2	4			18
24	FIN - Finland					1	6	1	5	1	4	1	3					18
25	BRN - Bahrain	1	8							2	8					1	1	17
25	ROU - Romania	1	8							2	8					1	1	17
27	TUR - Turkey			2	14									1	2			16
28	MAR - Morocco			1	7	1	6					1	3					16
29	NZL - New Zealand	1	8			1	6											14
30	NGR - Nigeria					2	12							1	2			14
31	RSA - South Africa			1	7					1	4			1	2			13
32	JPN - Japan					1	6			1	4			1	2			12
33	SLO - Slovenia	1	8									1	3					11
34	ZIM - Zimbabwe							2	10									10
35	POR - Portugal	1	8													1	1	9
36	CMR - Cameroon	1	8															8
36	EST - Estonia	1	8															8
38	PAN - Panama	1	8															8
39	CRO - Croatia			1	7													7
39	ECU - Ecuador			1	7													7
39	LAT - Latvia			1	7													7
42	SUD - Sudan			1	7													7
43	GRE - Greece					1	6									1	1	7
44	LTU - Lithuania					1	6											6
45	HUN - Hungary							1	5							1	1	6
46	SWE - Sweden							1	5							1	1	6
47	AHO - Netherlands Antilles							1	5									5
47	KAZ - Kazakhstan							1	5									5
47	UGA - Uganda							1	5									5
50	ERI - Eritrea									1	4					1	1	5
51	MEX - Mexico											1	3	1	2			5
52	MOZ - Mozambique									1	4							4

第二十六章　大型田徑比賽中的成績訊息管理

第三節・田徑成績訊息處理系統

　　田徑比賽成績訊息處理系統的主要功能，是完成奧運會中對比賽成績的記錄、採集、儲存、展示和分發，以及賽事相關事宜的發佈和處理。

　　根據 2008 年北京奧運會的技術支持構架，田徑成績處理系統分為硬件系統和軟件系統兩大部分（圖 92）：

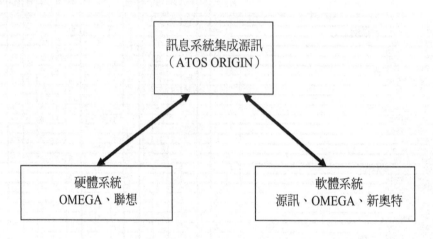

圖 92 2008 年北京奧運會田徑成績處理系統的技術支持構架

　　硬體系統主要是由 OMEGA 公司（計時計分設備）和中國的聯想公司（電腦、網路設備）提供；

　　軟體系統主要是由源訊公司（比賽訊息存儲和發佈）、OMEGA 公司（現場成績處理）和新奧特公司（中文比賽訊息發佈）提供。

　　訊息系統硬體和軟體的集成，由源訊公司負責。

　　比賽期間的成績訊息系統由下面的幾大模塊進行工作：

Internal BOCOG's Systems——北京奧組委中心數據庫系統

On-Venue Results——賽場成績處理系統

Timing & Scoring——計時記分系統

Information Diffusion System（IDS）——訊息發佈系統

訊息發佈系統（IDS）下屬有五個子系統：

Commentator Information System（CIS）——評論員訊息系統

Information System（INFO）——綜合訊息系統

Results Data Feed（RDF）——成績數據輸入系統

Internet Data Feed（IDF）——互聯網數據輸入系統

Print Results Distribution System（PRD）——打印分發系統

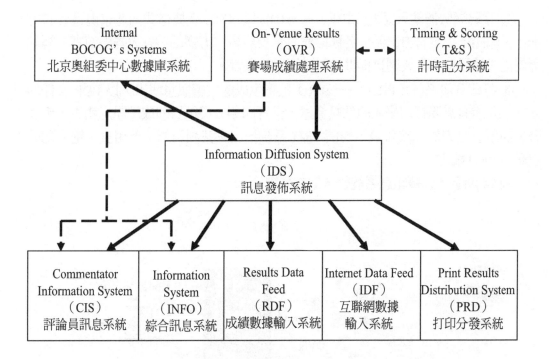

圖 93　田徑成績訊息系統的工作流程示意

　　處於系統上方的北京奧組委中心數據庫系統、賽場成績處理系統、計時記分系統三個系統，以及中心部位的訊息發佈系統（IDS）都是在後台工作，與訊息系統服務對象不發生直接的關係。

　　處於系統下方的五個系統，則是系統面對服務對象進行成績訊息輸出的端點。所有比賽成績的內容，由這樣五個通路，傳達到各類已獲授權的用戶。

　　① 中心數據庫系統──2008 年北京奧運會的主數據庫，所有運動會訊息均透過該數據庫存放及調用。

　　② 賽場成績處理系統──從計時記分系統、手工輸入的數據；根據比賽規則計算運動員和運動隊的成績或排名；把比賽結果發送到現場計分牌或電視版上顯示出來；為 ISB 和 NBC 生成電視圖像；向現場評論員訊息系統輸入成績和結果；向訊息發佈系統輸入成績和結果。

　　③ 計時記分系統（T&S）──獲取、記錄和顯示現場比賽的結果。

　　④ 評論員訊息系統（CIS）──成績實時發佈系統，主要供現場解說員、評論員使用。CIS 只顯示當前比賽單元的比賽訊息。徑賽的每組成績和田賽的每次試跳／擲成績都同步顯示。

　　⑤ 綜合訊息系統（INFO）──綜合訊息系統是比賽成績、新聞、背景資料、競賽日程、氣象等綜合訊息顯示系統。在 INFO 中可以查詢所有項目的訊息。

　　⑥ 成績數據輸入系統（RDF）──RDF 是向各新聞出版單位提供比賽數據。RDF 以格式數據向 World News Press Agencies（WNPA）發送成績報告。

⑦互聯網數據輸入系統（IDF）——IDF以XML數據格式向北京奧運會官方網站、國際奧委會官方網站、各國際體育單項組織官方網站、各大轉播商官方網站等發送成績訊息，生成網頁提供給互聯網用戶瀏覽。

⑧打印分發系統（PRD）——PRD是將生成的成績訊息報表，以PDF文件的形式，向所有需要打印報表的站點發送，供打印和分發紙質的成績訊息報表。奧運會期間所有官方的成績報表，均由PRD系統輸出。裁判員的工作用表，絕大部分也是由PRD輸出。

圖94顯示了成績訊息系統的各個部分實例：

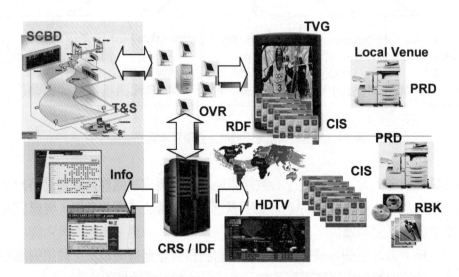

SCBD=Scoreboard 計分牌　　　　　TVG=TV Graphics 電視圖像
RBK=Results Books 成績簿　　　　HDTV=High-Definition TV 高清電視

圖94　成績訊息系統的各部分實物

在完整的成績訊息處理系統的技術支持下，我們能夠準確、快速、實時地將所有的比賽成績訊息數據發送給所有參加比賽和觀看比賽（現場或電視），也包括所有關注比賽的人們，使他們及時地瞭解比賽的進程和比賽結果。

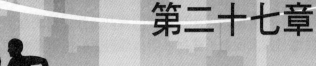

第二十七章

大型田徑
運動會的裁判工作

張思溫　楊培剛　呂季東

現代奧運會田徑比賽、世界田徑錦標賽和世界盃田徑賽，被稱為世界最高級的三大田徑比賽。通常將洲際以上的田徑運動會，如洲際運動會、世界大學生田徑比賽統稱為世界級的大型田徑賽。

世界大型田徑比賽，是在國際田聯和洲際業餘聯盟或洲際田徑協會的直接領導下，完全按照國際田聯競賽手冊的規定舉行的比賽，舉辦國都十分重視。競賽規模大、規格要求高、競爭激烈。現代這類田徑比賽的裁判工作已達到高度現代化和規範化的水準。

中國《田徑競賽規則（2010—2011）》在第一章第 1 條規定：國內各類田徑比賽分類中，把「全國運動會、全國城市運動會和中國田徑協會主辦的國內、國際田徑比賽」列為國內一類比賽，競賽的組織和裁判工作要求達到國際水準。

第一節・大型田徑賽裁判工作的特點

裁判工作的目的是確保公平競賽，保證運動員在競賽條件均等的情況下進行比賽，既不能讓運動員在比賽中獲得任何不正當的利益，也不能使運動員遭受損失，應為運動員創造最佳的比賽條件。隨著國際田徑運動水準的不斷提高，國際田徑大賽上運動員之間的競爭更加激烈。為適應這一形勢發展的要求，裁判工作也必須隨之改進，以確保實現公平競爭之目的。其特點表現為：

一、現代電子儀器設備運用於比賽的裁判工作

為使田徑比賽更加公正、準確地進行，多年來科技人員和裁判員不斷研究出的電子設備已用於裁判工作，如全自動終點攝影計時代替了人工手計時、雷射測距儀代替了鋼捲尺丈量成績、自動超聲風速測量系統代替了傳統的風筒式風速儀、電腦

667

聯網運用於編排和訊息的傳遞代替了手工操作等等，使比賽成績更加準確、可靠，訊息傳遞更加迅速。現代的裁判工作是由裁判員、掌握電子儀器設備的技術人員和提供輔助的志願者共同協作完成的。當前大型田徑比賽的裁判工作已達到高度自動化水準。由於儀器設備的現代化，大大促進了裁判工作水準的提高和發展。

二、裁判員分工細，專業性增強

由於田徑比賽場地大、項目多，參賽運動員多，組次多和電子設備的使用，使得裁判員分工越來越細，例如徑賽項目比賽，在檢錄裁判長、徑賽裁判長和發令裁判長的領導下，需要由檢錄、起點、終點、計時（包括攝影計時）、檢查、風速（如果不是自動的）各裁判組和有關技術人員共同協作完成。

各裁判組既要獨立工作又要密切協調配合，這樣才能完成一場徑賽項目的比賽任務，可稱之為徑賽裁判工作的「一條龍」（圖 95）。隨著競技水準的不斷提高，要求裁判員判定成績、名次更加準確無誤。

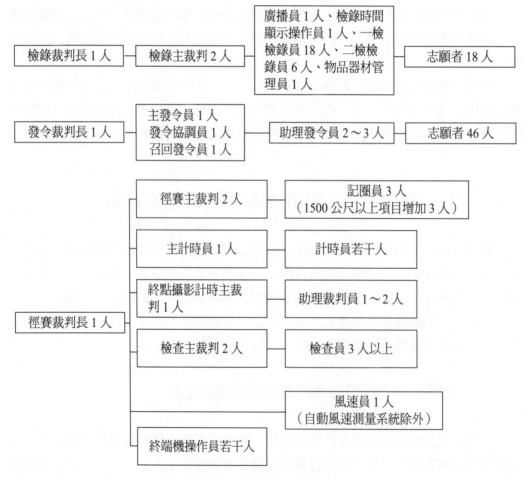

圖 95　徑賽各裁判組設置

由於先進的儀器設備進入裁判工作，裁判員分工更加細微。例如過去一組擲鐵餅項目比賽，4～5 名裁判員就可以完成比賽任務，而現在分工為裁判長、裁判員，共需 11 人（表 153）。

表 153　擲鐵餅裁判組分工表

裁判名稱	人數	職責
裁判長	1	
國際技術官員	2	1 名在投擲區、1 名在落地區
主裁判	1	舉旗
裁判員	1	負責投擲弧另一邊的判罰
裁判員	1	負責投擲弧後面一邊的判罰與時限鐘操作
記錄員	1	同時操作成績顯示牌和記錄器械
外場裁判員	3	尋找落點、放置鐵釬／棱鏡與返還器械
管理裁判員	1	同時往器械架上放置和發放器械

註：根據國際田聯技術委員會 2010 年 2 月會議紀要編製

田徑比賽項目多，走、跑、跳、擲技術各有特點，比賽方法各不相同，競賽規則對各項比賽的要求又各有側重，因而裁判員的專業分工要求越來越高：要求裁判員首先熟悉各項運動技術和運動員賽前準備活動的規律，熟練地掌握各項裁判工作的方法和特點，還要會操作現代化儀器設備，並具備較高的英語口語水準。所以大型田徑比賽對裁判員專業化要求越來越高。

三、裁判員「大兵團協作」

一次大型田徑賽，參賽運動員少則幾百人，多則幾千人。2008 年北京奧運會田徑比賽共 10 天，18 個單元，共 47 個項目的比賽，有來自 200 個國家（地區）的 2120 名運動員參加了該次比賽，該項目賽事的競賽訊息共發佈了 1 萬多條。其賽事組織架構也較為複雜（圖 96 和圖 97）。

所以，比賽規模大是田徑比賽的特點。大型田徑賽裁判員人數，要根據比賽的規模、參賽人數和規程要求來定。

國際大型田徑比賽裁判員的人數一般在 250 人左右，再配備適量的志願者。例如 2008 年北京奧運會田徑比賽裁判員的總人數為 278 人（其中包括國際田聯技術代表 3 人，國際技術官員 59 人，國內技術官員 216），而為整個賽事服務的專業志願者達到了 522 人。

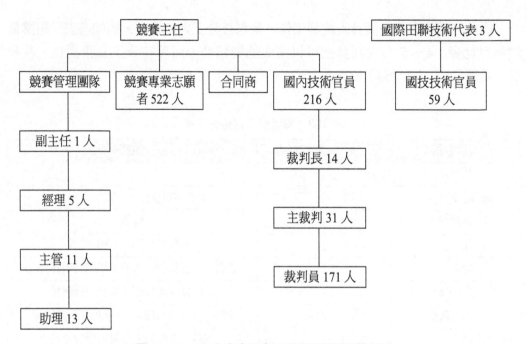

圖 96　2008 年北京奧運會田徑競賽團隊組織結構

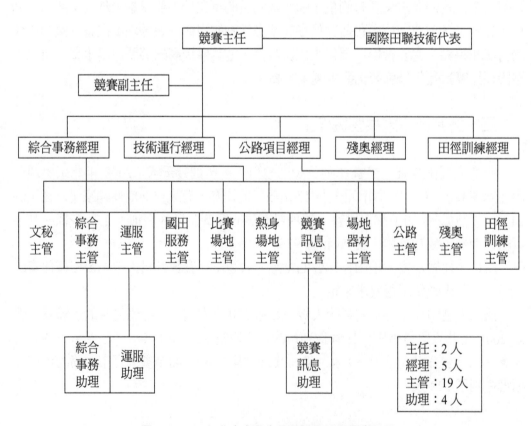

　　　　　圖 97　2008 年北京奧運會田徑競賽管理團隊結構

整個田徑競賽團隊的運行，工作人員在賽前進行學習、討論，將比賽中可能發生的情況提前考慮，列出運行計畫時間，精確到分秒。同時，他們還要與媒體、安保、交通等部門進行演練，使整個工作都能做到積極主動，考慮全面。整個田徑競賽團隊密切協作，包括競賽團隊與國內技術官員、合同商和志願者之間，在賽前相互協調溝通，比賽過程中相互補台，充分發揚了團隊精神。

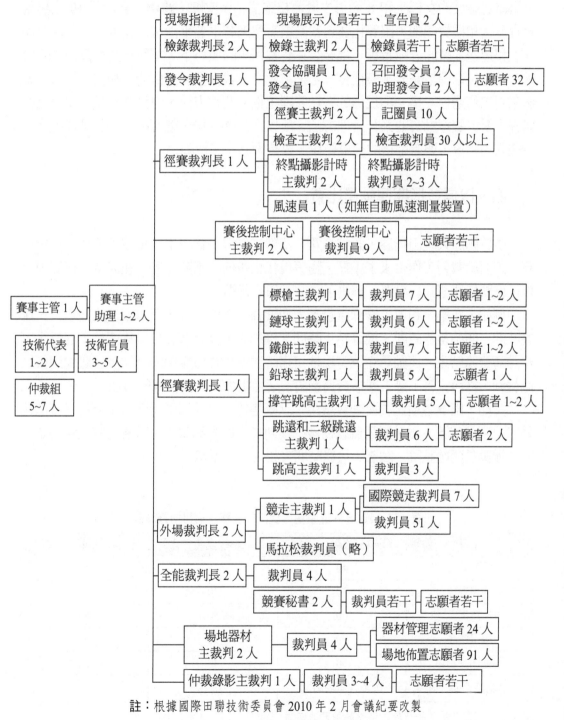

註：根據國際田聯技術委員會 2010 年 2 月會議紀要改製

圖 98　大型田徑比賽裁判組織機構

第二十七章　大型田徑運動會的裁判工作

從裁判員機構設置來看，裁判員的組織工作是複雜的，也是十分嚴密的。從業務上講，各裁判組都有自己的獨立性。但從比賽的整體上講，各裁判組又是一個緊密協作的整體（圖98）。

一名裁判員工作失誤，一個裁判組工作失誤，都會直接影響比賽任務的完成。另外，大型田徑比賽時各裁判組還需要志願者協助工作。例如，起點需要24名分3組運送服裝的女學生和8名男生搬運起跑器和道次牌，跨欄比賽需要10名男生負責運送和擺放欄架，田賽比賽各裁判組需配備若干名平沙坑（採用電動平沙器除外）和運送器械的志願者等，都必須在各裁判組的領導下，按照規則和裁判法的要求，準時、準確地完成本職任務，否則都會影響裁判整體工作的順利完成。所以整個裁判工作過程，是一項很強的系統管理工程。裁判方法，也是裁判員在整個比賽過程中對參賽運動員的系統管理方法。所以大兵團協作，就必須加強各級裁判長和主裁判的領導，要有嚴格的組織紀律，要有大協作的精神。

四、以信號指揮運動員比賽

由於國際大型田徑賽，語言複雜，裁判工作很難統一用一種或兩種語言指揮比賽，因而給裁判工作帶來了不便。隨著現代化設備的不斷完善，在大型田徑賽中以電子信號指揮運動員參賽，解決了語言不通的難點。

例如，在第一和第二檢錄處設有大型檢錄時間顯示牌，可以顯示比賽項目、比賽時間、開始檢錄時間、檢錄結束時間。綠燈亮，標誌著該項檢錄開始；紅燈亮，標誌著檢錄結束。運動員在練習場地可隨時觀察檢錄顯示牌的信號，自覺地到檢錄處報到，從而完善了過去廣播員透過語言廣播指揮運動員檢錄的方法。

又如，田賽各項比賽運動員試跳、試擲開始，以成績顯示牌顯示運動員號碼代替了裁判員喊號。顯示運動員號碼後，裁判員立即啟動試跳、試擲的時限鐘開始計時，運動員開始試跳、試擲。檢錄時間表如表154所示。

表154　2008年北京奧運會田徑比賽各項目檢錄時間

項目	第一檢錄處（分鐘）	第二檢錄處（分鐘）	到達比賽區（分鐘）
競走、接力	40	25	15
其他徑賽項目	30	20	10
跳高	60	50	40
撐竿跳高	80	70	60
其他田賽項目	50	40	30
全能每天第一項	按照各單項時間		

註：一般按照參賽隊手冊規定比賽開始前的時間

五、嚴格按照國際田聯競賽手冊的規定進行工作

國際田徑大型比賽，都是在國際田聯的直接領導下進行的，仲裁委員、技術代表、技術官員也都是由國際田聯指派，裁判員由承辦國選派，但是裁判員的設置和工作程序要符合國際田聯競賽手冊的要求，裁判方法要同國際上一致，比如，田賽項目比賽，裁判員舉白旗為試跳、試擲成功，舉紅旗為試跳、試擲失敗。

第二節・推動田徑裁判工作發展的幾個因素

一、田徑運動項目的增多

第 1 屆古代奧林匹克運動會只有單一的短跑項目，以後中長跑、跳躍、投擲項目也列入比賽。1896 年第 1 屆奧林匹克運動會田徑比賽也只有男子 12 項〔100 公尺、400 公尺、800 公尺、1500 公尺、馬拉松（40 公里）、110 公尺欄、跳高、跳遠、撐竿跳高、三級跳遠、鉛球、鐵餅〕，隨著田徑運動項目技術水準的不斷提高和發展，比賽項目越來越多。第 29 屆北京奧運會田徑比賽男女共 47 項，女子項目也幾乎和男子項目等量齊觀（女子只差 50 公里競走一個項目）。女子過去跑的最長距離為 3000 公尺，1984 年 5000 公尺、10000 公尺、馬拉松都已列為正式比賽項目。1991 年女子三級跳遠被列為正式比賽項目，1993 年 8 月 12 日在德國斯圖加特召開的國際田聯代表大會上作出決定，女子撐竿跳高和擲鏈球 1993 年以來所創造的最好成績將作為世界紀錄；女子撐竿跳高和擲鏈球分別在 1994 年和 1998 年正式列為比賽項目。2008 年，女子 3000 公尺障礙被列為奧運會正式比賽項目。由於田徑比賽項目逐漸增多，田徑比賽的規模越來越大，裁判員的人數也隨之增加，根據比賽項目的不同要求也必須採取不同的裁判方法，從而促進了裁判工作的發展。

二、現代科學技術在田徑比賽中的運用

20 世紀 60 年代田徑比賽已普遍使用了機械跑表，從而解決了計時問題。目前國內外大型田徑賽中，全自動電子攝影計時、電腦（計算機）聯網、錄影聯網以及田賽項目使用雷射測距等，對裁判方法的變革起到了推動作用。

三、場地、器材的變化和革新

田徑場地的變化，主要是根據有利於發揮跑速的要求，其次要考慮便於競賽的組織和進行，也要利於觀看比賽。如 20 世紀 60 年代出現了塑膠跑道，但大多數國

家田徑比賽場地的半徑為 35～38 公尺之間。80 年代不少國家舉辦國際大型田徑比賽，標準 400 公尺場地半徑出現了 37.898 公尺。1995 年國際田聯出版了《田徑設施手冊》，提出了田徑比賽 400 公尺標準場地的半徑最好是 36.50 公尺。國際田聯建議，所有新建造的跑道應按 36.50 公尺半徑建造，並被稱之為「400 公尺標準跑道」。

田徑比賽器材，如標槍規格及性能的變化、各種裁判電動設備的出現，對裁判工作也有很大影響，裁判方法也必須隨之變化。

四、運動技術的革新與發展

如競走高頻技術、背越式跳高的出現等，推動了器材設備的革新，從而推動了裁判方法的改變和不斷完善。

五、規則的修改和變化

規則的修改是為適應和促進田徑運動的不斷發展的需要而逐步完善的，同時規則的改變又促進了運動技術的改進。為此，裁判方法也要與之相適應。例如田賽項目比賽規則規定了試跳、試擲的時限；為使運動員按時參賽，設置了管理裁判，加強了對運動員的管理；又如為對運動員實行全面控制，賽後及時組織運動員頒獎和接受興奮劑檢查、有秩序地領取衣物等，增設了賽後控制中心。

規則的變化對裁判工作的發展起著直接的推動作用。

六、運動成績的提高

隨著運動成績的提高，競爭更加激烈，為使參加 1000 公尺以上項目的運動員起跑後更好地發揮速度，國際田聯的規則從 2002 年起規定，運動員超過 12 人時，則可將運動員分為兩組同時起跑，大約 65%的運動員為第 1 組，位於常規的弧形起跑線起跑，其餘運動員為第 2 組，起跑線位於第五至第八分道線。畫第二條弧形起跑線時，應使所有的運動員跑進的距離相等。

這一規定解決了運動員人數多、競爭激烈、容易相互影響而造成擠撞和阻擋犯規的問題，從而促進了起跑裁判方法的改進。

七、便於觀眾觀摩比賽

隨著運動員水準的提高，觀看比賽的觀眾越來越多，觀眾十分關心每名運動員的名次和成績，因而研究出各種電動成績數位顯示牌、大螢幕等設備，大大方便了

田徑運動 高級教程

觀眾觀看比賽。當前的大型田徑賽事都配備了專門的現場展示團隊，為比賽現場提供製作精美的視頻、配樂、字幕和解說等，用來進一步調動現場觀眾的興趣，營造良好的賽場氛圍。

八、裁判工作本身需要不斷完善

根據現代大型田徑賽的特點，為使成績更加準確，減少人為因素產生的誤差，自動化電子設備進入裁判工作，這就要求裁判方法更加細微，分工明確，崗位責任落實，裁判工作高度規範化，從而促進了裁判工作的發展。

第三節・大型田徑賽先進科學的裁判設備

一、場地條件的現代化

第一，國際田徑規則規定，「標準跑道全長應為 400 公尺，應由兩個平行的直道和兩個半徑相等的彎道組成。」「分道寬應為 1.22 公尺 ±0.01 公尺，包括右側的分道線，分道線為寬 5 公分的白線，所有的分道寬應相同。」「在規則第 1 條 1（a）、（b）、（c）和（f）的國際比賽中，徑賽跑道至少應設 8 條分道。」

400 公尺的標準跑道，3000 公尺障礙跑的水池一般設在北彎道頂端外側或者跑道內側，應使直道和彎道跑銜接更加自然，有利於運動員發揮欄前速度。同時田賽項目比賽能充分使用彎道跑內兩端的場地。國際田徑大賽撐竿跳高及格賽兩組比賽同時在北彎道內同方向進行。

第二，《田徑競賽規則（2010—2011）》第 140 條規定，「任何堅固、勻質、符合國際田聯《田徑場地設施標準手冊》中有關規定的地面均可用於田徑運動。規則第 1 條 1（a）中的比賽和國際田聯直接控制的比賽，只准在鋪設人工合成地面的場地上舉行，該場地的地面應符合國際田聯制定的技術指標，並獲得國際田聯批准的、有效的一級證書。如具備此種場地，建議規則第 1 條 1（b）至（j）的比賽也應在該場地上舉行」。

中國田徑協會規定，「凡舉辦國內正式田徑比賽的場地，均應符合國際田聯的有關規定，並獲得中國田徑協會批准的有效證書」。

20 世紀 60 年代初，國際上出現了塑膠跑道，增加了跑道的彈性，對提高田徑運動水準起到了促進作用，當前塑膠跑道已在各國普遍使用。舉辦國際田徑大賽，要求比賽的主場地和練習場地必須是塑膠跑道，目前中國舉辦全國的田徑比賽，要求比賽的主場地和練習場地也必須是塑膠跑道。

第三，舉辦國際大型田徑比賽，除了具備符合規則要求的比賽主場地外，還必

須配有標準的 400 公尺徑賽練習場地和投擲練習場地。第一檢錄處一般設在練習場地，檢錄後檢錄員帶領運動員透過地下通道進入第二檢錄處（該處也設有熱身場地），然後再帶入比賽場地，以使賽前準備活動與比賽互不干擾，構成了合理的比賽和賽前練習場地群。國際大賽田徑場地，跑道外還有一週的地下通道，檢錄員透過地下通道，從距離比賽地點最近的地道出口，將運動員帶入比賽場地，保證了比賽場地良好的秩序。

二、器材設備條件的現代化

（一）加快了對全自動電子攝影計時的研究和使用

從 20 世紀 60 年代起，國際大型田徑比賽已使用電動計時，但在一些路跑項目中，由於採用了傳感系統計時方法，所以國際田聯規則規定，准許使用電動計時和傳感系統計時兩種計時方法。《田徑競賽規則（2010—2011）》第 260 條 22 款（1）規定，跑和競走「紀錄必須由正式計時員、一台經批准的全自動終點攝影計時器或傳感系統計時方予承認（見規則第 165 條）。（2）800 公尺及 800 公尺以下的徑賽項目（包括 4×200 公尺接力和 4×400 公尺接力），只有經批准的並符合規則第 165 條規定的全自動終點攝影計時器所記錄的成績，方予承認」。就是說，800 公尺以下的徑賽項目，只承認電動計時的世界紀錄。當前，國內外田徑大型比賽的徑賽項目，已全部使用電動計時。為了確保電動計時的準確性，國際田聯建議，國際田徑大型比賽，統一使用國際田聯批准的瑞士「歐米伽」或日本「精工」等計時設備。目前不少國家也加快了對全自動電子攝影計時的研究和使用。

（二）為使裁判員更加準確地執行規則，先進的儀器進入了裁判工作

1.起跑使用了「犯規監測器」

為使發令員判罰更加準確，起點使用了「起跑犯規監測儀」。監測儀由一個主機和每條跑道起跑器上的附屬裝置組成，用電腦控制。起跑時，誰搶跑，主機和起跑器就會發出信號，發令員或召回發令員即可召回運動員。

《田徑競賽規則（2010—2011）》第 161 條 2 款規定：「在規則第 1 條 1（a）、（b）、（c）和（f）的比賽中，和申請承認為世界紀錄的成績時，起跑器應與國際田聯批准的起跑犯規監測儀連接。發令員和指定的召回發令員應頭戴耳機，以便清楚地聽到該儀器檢測出起跑犯規時（反應時小於 100/1000 秒）發出的信號。當發令員和指定的召回發令員聽到此音響信號，如果發令槍已響或被批准的發令裝置已起動，則應發出召回信號，發令員應立即檢查起跑犯規監測儀上的起跑反應時，以便確認對起跑犯規負有責任的運動員。強烈建議在所有其他比賽中使用這套系統。」起跑犯規監測儀的作用，有助於發令員對運動員起跑犯規的客觀裁決。中國從

1990 年第 11 屆亞運會開始，在一系列的國內與國際大型比賽中均使用了這種起跑犯規監測儀。

2.終點和場內四角設有電動時間顯示牌

徑賽項目比賽，終點和場內四角設有電動時間顯示牌，現場人員可隨時看到運動員跑進的時間。當第一名運動員到達終點時，終點電動時間顯示牌的時間停止，顯示出第一名的成績。另外，終點電動記圈顯示器的使用，代替了人工翻牌記圈的方法。

北京奧運會田徑賽場的跑道下，還埋設了專門的傳感裝置，用於接收安放在800 公尺以上項目運動員身上芯片所發射出的信號，以實現自動記圈的功能。

3.田賽項目使用了電動成績公告牌、「雷射測距儀」和「雷射高度測量器」等

田賽項目的比賽，使用了電動成績公告牌和電動時限顯示器，便於觀眾瞭解運動員比賽情況，也便於運動員掌握比賽的時間。

田賽遠度項目的成績丈量，以「雷射測距儀」代替了鋼捲尺，縮短了丈量成績的時間。

撐竿跳高比賽中，「雷射高度測量儀」和「電動撐竿跳高升降架」的使用，減少了高度丈量、升降和移動橫桿的難度。

4.使用了自動超聲風速測量系統

自動超聲風速測量系統的使用，為運動員、裁判員、觀眾及時瞭解比賽時風速情況提供了方便。直道上的風速數據還可透過網絡及時傳遞給終點攝影計時。

（三）電腦聯網提高了裁判工作效率

20 世紀 80 年代國際田徑大賽，不僅使用電腦進行編排、記錄和公告，而且訊息傳遞也全部自動化，形成了電腦聯網。檢錄處、終點、攝影計時、編排和各田徑項目比賽記錄台都設有終端機，各終端機透過主機都可以隨時提取所需要的訊息和資料，大大加快了訊息傳遞速度，使成績公告更加及時，提高了編排、記錄、公告、複印等工作效率。

（四）國際大型田徑比賽，使用了錄影聯網

每場徑賽和田賽，都設有現場錄影監視，並透過錄影總控制室與大屏幕聯網，各項比賽現場情況可以及時地在大屏幕上顯示出來，即使是外場馬拉松、競走比賽也可以顯示，為裁判員判定運動員現場是否犯規提供了可靠依據，協助了裁判工作，同時也增加了觀眾觀看比賽的興趣。

1992 年巴塞隆那奧運會，訊息和通訊技術已發展到了很高的水準。錄影機和

電腦聯網成為巴塞隆那奧運會的王牌和成功的關鍵，例如 100 公尺和 110 公尺欄比賽，設有一架小型空中攝影機，架設在田徑場上方 35 公尺處高的單軌上，移動速度每秒達 12 公尺。它的控製程度是按運動員的加速度和速度曲線設計的，並同發令槍聯網，因而能觀察到運動員在整個比賽過程中的連續動態，運動員達到終點兩三秒內便能確定誰是勝利者。在 2008 年北京奧運會的田徑比賽中，轉播公司（BOB）為每一個比賽項目都提供了高清轉播信號，十幾台攝影機從各個方位和視角為觀眾全面地展示比賽的每一個細節。

第四節・大型田徑運動會裁判員應具備的條件

裁判員是田徑比賽的組織者，又是執法官。田徑比賽裁判員的基本職責是保證在公平競爭的前提下，為參加比賽的每名運動員提供一個創造最佳運動成績的條件。因此，裁判員不僅要根據規則的規定，對田徑比賽的全過程實行全面的控制，而且還要與參賽運動員協調一致地進行配合。只有如此，才能順利圓滿地完成比賽任務。

由於大型田徑賽所具有的特點，以及對裁判工作高度規範化的要求，作為一名大型田徑賽的裁判員應具備以下條件。

第一，要具有公正無私的職業道德，要具有為參賽運動員創造優良成績而認真負責的工作態度

公正無私，就是保證運動員競賽條件都是均等的。認真負責的工作態度，是裁判員的基本素質，它不僅能保證裁判工作的順利進行，而且還可為運動員創造好成績創造最佳條件。

第二，精通競賽規則

參加田徑裁判工作的人員，只有精通競賽規則，認真執行競賽規則的有關規定，才能使比賽在公平競賽的條件下進行，才能正確地處理比賽中出現的各種問題。有時候比賽中會出現規則中未明確規定的特殊問題，解決這些問題的指導原則，應該以規則的精神為依據，這就要求每一名裁判員都必須精通競賽規則。作為一名裁判長，尤其要深刻地理解規則精神。

規則規定，裁判長在比賽中遇有裁判員的裁判意見有爭議時，有權作出最後裁決，而裁決的依據只能是對規則的正確理解。

第三，熟練地掌握裁判方法，學會使用電子儀器設備

裁判方法是實施競賽規則的具體方法，也是裁判員對參賽運動員實行系統管理的全過程，目的是確保公平競賽。因此，作為一名合格的裁判員，應認真學習和研究裁判方法，尤其是國內外大型田徑比賽，裁判工作的規範化要求更高，要求裁判員必須業務全面，專長突出，有良好的視覺、觸覺和快速反應能力，能熟練運用裁

田徑運動 高級教程

判方法，並要認真學習和掌握先進的儀器設備。

第四，裁判員要有高度的組織性

高度的組織性是使全體裁判員隊伍具有整體性的必要條件，而整體性是做好裁判工作的重要保證。

大兵團協作是現代大型田徑比賽裁判工作的特點。裁判員在賽場上的入場、退場和工作中的協調一致性，以及在裁判過程中的儀表、姿態，都能體現裁判隊伍高度的組織紀律性和良好的精神面貌。裁判員在賽場活動的規範化，代表了裁判員隊伍嚴肅認真的工作態度；裁判員在賽場自然、大方、有序的工作作風，會創造和諧的比賽氣氛，因而要求每一名裁判員在執行裁判工作時要求做到：儀態端正，工作規範；不吸菸，不嚼食物；始終精神飽滿，注意力集中。

第五，對待運動員要熱心、耐心和適度

在裁判工作中既要表示對運動員的關心、友好和愛護，又要堅持原則，嚴格要求。要避免裁判員和運動員之間不適當的交談（在國際大型田徑比賽中一般用信號指揮比賽）。比賽過程中遇有運動員不與裁判員配合的情況時，應加以引導和教育，按規定進行處罰。裁判長可透過出示黃牌對某一運動員提出警告；對違反規則的運動員，可出示紅牌，以取消其繼續比賽的資格。

第五節・大型田徑賽裁判工作中易出現的問題及其處理

大型田徑賽的組織工作是十分嚴密的，裁判員是競賽的組織者，因而對每一名裁判員的要求是高標準的。賽前在裁判長的領導下進行嚴格的訓練，裁判工作要求做到萬無一失。但是大型田徑賽規模大，比賽時間長，組織工作複雜，比賽中裁判工作也難免出現這樣那樣的問題。

在田徑比賽中，裁判工作出現的問題，一般有三種原因：一是運動員違反規則，裁判員裁決時出現問題；二是裁判員工作中的失誤；三是對規則中沒有明文規定的問題理解不統一，處理上違反規則精神。觀察以往大型田徑賽裁判工作中容易發生問題的情況，有以下幾種：

一、判定名次和成績的錯誤

規則規定：「計時應至運動員軀幹（不包括頭、頸和四肢）的任何部位抵達終點線後沿垂直面的瞬間為止。」雖然大型田徑賽已全部使用終點攝影計時，但有時因片子圖像不清晰或判讀裁判員經驗不足而出現判讀錯誤，以致判讀的名次和成績產生誤差。所以《田徑競賽規則（2010—2011）》第 260 條世界紀錄 22 款（3）中規定：「在場內徑賽比賽中，創紀錄時使用全自動計時器所攝的終點圖像和計時器

零啟動測試圖像必須隨申請文件交給國際田聯。」攝影計時主裁判應隨時準備提供終點攝影照片，備大會技術代表或裁判長檢查。這項規定是為確保世界紀錄的準確性所採取的檢查措施。在裁判工作中，賽前要認真校對，檢查全自動電子計時設備，嚴格按照規則第 165 條第 14 款規定的「全自動電子計時裝置必須經國際田聯批准方可使用，並根據比賽舉辦前 4 年內所作的一次精度測試結果進行審批。」裁判工作中要重視對判讀裁判員的培養，確保判讀的準確性。

二、在跨欄比賽中，判別運動員是否犯規易出現的錯誤

在跨欄比賽中，有時發生運動員一隻腿從欄側繞欄犯規。規則規定，跨欄時運動員的整個身體均應從每一欄架上方越過。由於運動員犯規的程度不同，裁判員在判別運動員犯規時，應掌握兩條標準：一是擺動腿和起跨腿是否都從欄頂水平面的上方越過；二是看運動員的一隻腿或一隻腳是否從欄側低於欄頂水平面越過。

此外，裁判員判別運動員是否有意用手或腳把欄架推倒，想從中獲取利益，是判罰的難點。其中對運動員是否故意用腳把欄架踢倒是不容易判別的。跨欄比賽中，要求檢查員應仔細觀察，以辨明運動員是否有故意把欄架高度壓低並趁機加速過欄的企圖。大型田徑運動會跨欄比賽時，一般增加檢查員的人數，站在有利觀察的位置上（圖 99）。

三、在徑賽不分道項目的比賽中，常發生推、擠和阻擋犯規現象

大型田徑賽中，不分道項目比賽時，由於運動員多，水準相差不大，競爭激烈，因而常出現推、擠和阻擋犯規現象，如果觀察不仔細，裁判工作就會出現漏判和誤判的錯誤。例如某次運動會，在 1500 公尺比賽中，彎道上後邊的運動員從右側超前邊的運動員時，兩名運動員在擦身跑動中，被超者踩掉了超人者的鞋子，故超人者的領隊提出抗議，指責被超者踩掉他們運動員的鞋子犯規。經調查，裁判員認為被超者是在正常的跑進中，並無任何有意的犯規動作，故不應判為犯規。這個例子說明，不分道跑比賽中，容易出現犯規，但裁判員如何判別，這就要求裁判員認真觀察現場實際情況。

大型田徑賽都設有錄影系統，辨明實際情況後再按規則精神處理。

四、長距離比賽中，由於運動員多，記圈員少，有時容易出現記圈錯誤

在長距離比賽中，尤其在超圈情況下，由於裁判員業務不熟練或精力不集中會出現記圈失誤，使運動員多跑或少跑一圈，嚴重影響運動員的成績和名次。徑賽裁

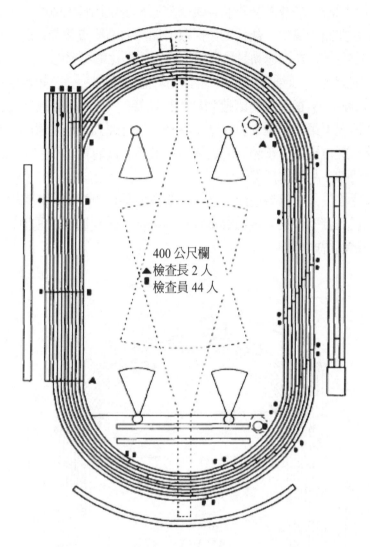

圖 99　第 11 屆亞運會 400 公尺欄比賽時裁判員的位置

判員要高度重視長距離記圈工作，研究記圈方法。在比賽中，記圈裁判員要精力高度集中，杜絕記圈錯誤的發生。根據近幾年中國裁判員的長距離比賽記圈的經驗，採用裁判員「人盯人」，即記圈又記運動員每圈跑的成績，是記圈少出差錯可靠的方法。

五、在接力賽跑中，判別運動員在接力區犯規，是檢查裁判工作的難點

　　規則規定：「在所有接力賽跑中，都必須在接力區內傳遞接力棒。接力棒的傳遞開始於接力棒第一次觸及接棒運動員，只有接棒運動員手持接力棒的瞬間才算完成傳遞。僅以接力棒的位置決定是否在接力區內完成接力，而不取決與運動員的身體或四肢的位置。」尤其在 4×100 公尺接力比賽中，速度快，裁判員既要看棒，

又要看接力區，同時一名裁判員要兼看幾條跑道，這是比較困難的，因而常出現判罰的爭議。在大型田徑賽中，裁判工作採取增加接力區檢查裁判員的人數、分道盯人的方法，並配合錄影判別運動員是否傳接棒犯規是比較可靠的方法（圖 100）。

另外，規則規定：「運動員必須手持接力棒跑完全程。……如發生掉棒，必須由掉棒運動員撿起。」在某次全國運動會田徑比賽的 4×400 公尺接力比賽中，出現了這樣一種情況：第四棒運動員快到終點時，後邊運動員超前邊的運動員，把被超者的棒碰掉，嚴重影響了被超者的跑進，但被超者沒有拾棒而空手到達終點，裁判員根據規則精神，判兩隊都犯規。

以上掉棒運動員沒有拾棒造成犯規，主要是運動員對規則精神學習理解不夠造成的，可見田徑比賽不但要求裁判員掌握規則精神，而且也要求運動員、教練員認真學習規則和掌握規則精神。

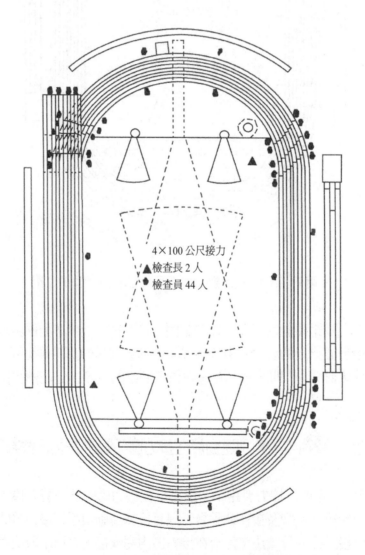

圖 100　第 11 屆亞運會 4×100 公尺接力檢查員位置

田徑運動 高級教程

六、兼項運動員請假回來後的處理問題

關於運動員兼項請假問題，競賽規則作過多次修改。1992 年競賽規則取消了運動員兼項請假回來後的處理辦法。這是因為國際大型田徑比賽的競賽日程，提前一年下發到各會員國，運動員是根據競賽日程報名，會避免兼項同時比賽，因而規則沒有明文規定兼項請假回來後的處理辦法，結果造成了 1998 年田徑競賽規則出版前，在田徑競賽中，裁判員對運動員兼項請假回來後的處理辦法的爭議。

根據這一情況，1998 年田徑競賽規則對第 140 條 3 款運動員兼項請假作了補充修改：如果兼項運動員回來後「又決定不參加試跳（擲），或輪到其試跳（擲）時不在場，一旦該試跳（擲）時限已過，應圖 100 第 11 屆亞運會 4×100 公尺接力檢查員位置檢查長 2 人 4×100 公尺接力檢查員 44 人視其試跳（擲）失敗。」這就明確了運動員兼項請假回來後，錯過輪次或試跳機會一律不補。在裁判方法的操作上，裁判員按運動員的試跳（擲）順序開始計時，時限已過，按失敗處理。

《田徑競賽規則（2010—2011）》第 142 條作了如下規定，「3.如果一名運動員同時參加一項徑賽和一項田賽或多項田賽，有關裁判長每次可以允許該運動員在某一輪的比賽中，或在跳高和撐竿跳高的每次試跳中，以不同於賽前抽籤排定的順序進行試跳（擲）。如果該運動員後來在輪到其試跳（擲）時未到，一旦該試跳（擲）時限已過，將視其該次試跳（擲）為免跳（擲）。」

七、關於運動員無故延誤比賽時間的問題

由於田徑運動水準的不斷提高和參賽人數的增多，為使比賽進程正常進行，規則對田賽項目規定了時限。《田徑競賽規則（2010—2011）》第 180 條規定：「16.田徑項目比賽時，運動員無故延誤試跳（擲）時間，將導致不允許其參加該次試跳（擲），並記錄為該次試跳（擲）失敗。在任何情況下，均由有關裁判長決定何為無故延誤。」這條規則精神主要是為防止運動員無故拖延比賽時間而影響比賽進程制定的。在比賽中，判定運動員無故延誤比賽時間，是由該項執行主裁判決定，並向裁判長報告。規則還規定：「比賽時，有關裁判員負責向運動員顯示一切準備就緒，試跳（擲）開始，並從這一瞬間開始計算該次試跳（擲）的時間。如果運動員在此之後才決定免跳，當時限結束時，應判該次試跳（擲）失敗。……如果時限到時運動員已開始了試跳（擲），應允許其進行該次試跳（擲）」。

《田徑競賽規則（2010—2011）》對田賽項目比賽時限作了如下規定：

① 3 人以上所有項目均為 1 分鐘。撐竿跳高的時限從根據運動員的預先要求將立柱調整好時算起。不允許為額外的調整增加時限。

② 在跳高和撐竿跳高（不包括全能項目）比賽的最後階段，如果在比賽的某一輪中只剩下 2～3 名運動員時，跳高的時限為 1.5 分鐘，撐竿跳高應為 2 分鐘；

只剩下一名運動員時，跳高的時限應為 3 分鐘，撐竿跳高為 5 分鐘。但全能項目例外。

③ 在跳高和撐竿跳高比賽中還剩一名以上的運動員時，在全能和其他田賽項目中不論所剩下運動員人數多少，如果同一運動員連續進行兩次試跳（擲），撐竿跳高的時限為 3 分鐘，其他田賽項目為 2 分鐘。

八、關於運動員的腳觸及投擲圈上沿犯規的問題

在擲鐵餅、鏈球比賽中，運動員開始旋轉時，支撐腳觸及投擲圈的上沿，是犯規判斷的難點，掌握不準，也會產生差錯。尤其是大型田徑賽，優秀運動員的試擲開始兩腳多是緊緊頂住投擲圈後沿，因而在開始支撐旋轉時，支撐腳掌從投擲圈的後沿上方經過時易造成犯規。特別是雨天比賽，地面較滑，運動員的支撐腳易蹬著投擲圈的後沿上方造成犯規。採用背向旋轉推鉛球技術比賽時，同樣也會造成犯規。裁判員首先要盯住投擲圈後沿，再轉向前沿。大型田徑賽要配備錄影監視。

例如 1993 年上海第 1 屆東亞運動會上，日本運動員採用背向旋轉技術比賽，裁判員兩次判他蹬投擲圈後沿上方犯規，日本領隊提出抗議，並要求提供大會錄影，由於大會無此配備，造成裁判工作的被動。最後仲裁根據裁判員的判決和國際技術官員的判決，裁決裁判員判決有效。我們應該吸取這一教訓。

九、關於是否由運動員直接抽籤排定道次和比賽順序問題

1992 年規則第 141 條 12 款（a）規定，「第一個賽次，由運動員抽籤排定道次」；第 195 條 5 款規定，在全能項目比賽中，最後一項分組編排，也應由運動員抽籤排定。規則的其他條文未明確由運動員抽籤的決定。當前國內外田徑大賽，編排工作全部採用大會抽籤，這是因為設備自動化的發展，由運動員直接抽籤編排已不適應準和快的現代化設備的要求，所以當前大型田徑賽的編排全部由大會抽籤。

1992 年中國競賽規則已明確規定，編排中的分組、分道、排序由技術代表或指定的委派人負責。1998 年競賽規則關於運動員抽籤的條文已作了修改，明確了全部由技術代表或其指定的委託人抽籤。當前的《田徑競賽規則》（2010—2011）第 166 條第 2 款規定：「應由技術代表安排比賽的預、次、複賽。如果未任命技術代表，則應由組委會安排。」在道次的安排方面，第一個賽次，抽籤排定；後繼賽次中，排列前 4 名的運動員或隊，抽籤排定 3、4、5、6 道；選擇排列第 5、第 6 名的運動員或隊，抽籤排定 7、8 道；選擇排列後兩名的運動員或隊，抽籤排定 1、2 道。

以上僅舉大型田徑比賽裁判工作中易發生的問題及其處理方法的幾例。比賽中，裁判工作經常出現預想不到的問題，尤其是基層運動會田徑比賽，更會遇到各

種各樣的問題。競賽規則中不可能全部以條文的形式規定出來，這就要求裁判員以「公平競爭」的精神，對各種問題進行裁決。對於如何正確處理裁判工作中出現的一些疑難問題。應掌握以下幾條原則：

第一，裁判員要認真學習競賽規則和競賽規程，並掌握規則精神，細微地研究裁判方法，要預見裁判工作中可能會出現的問題，並採取有效的預防措施，防患於未然。這是對待比賽中出現疑難問題和解決這些問題的最好方法。例如，徑賽比賽中，分道跑運動員容易踏上或跑出左側分道線；不分道跑的比賽中，由於競爭激烈，容易出現擠、撞、阻擋犯規；接力賽中，在接力區傳接棒容易出接力區犯規等。因而裁判長在安排檢查員的位置時，要突出重點檢查區域（圖101）。一旦運動員犯規，裁判員要拿出確切的證據，提供裁判長裁決。

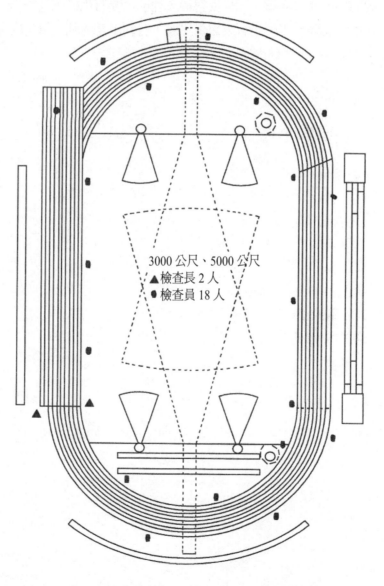

圖 101　第 11 屆亞運會 3000 公尺、5000 公尺檢查員位置

685

第二，比賽中出現了疑難問題要進行調查研究，掌握事實真相是處理問題的基礎。比賽中出現運動員犯規問題，首先裁判員應立即向裁判長報告，裁判長有時還要親自察看現場或現場錄影，證實確屬運動員犯規，按規則規定或規則精神作出正確的裁決。調查後，出現的問題如屬裁判員工作失誤造成的，就要本著「有錯必糾」的精神，在實事求是的原則基礎上，在規則允許的範圍內，在條件許可的情況下，儘可能採取有效措施給予糾正和彌補。對仲裁的裁決要堅決服從，並要做好善後工作。對裁判員自身的錯誤，裁判長要敢於負責，負有責任的裁判員要認真地反省，總結經驗和吸取教訓。

第三，準確掌握規則精神，是處理比賽中疑難問題的關鍵。在比賽中出現的一些問題，往往是規則中沒有明文規定的，處理這類問題時，一是不得改變規則條文；二是一視同仁，條件均等；三是反對損人利己，要有利於田徑技術的發展和提高；四是要弄清楚運動員犯規是有意還是無意，有利還是無利。這是處理問題的基本原則。

田徑運動 高級教程

第二十八章

田徑運動場地

孫大元

　　田徑運動場地是田徑運動教學、訓練、科研、開展群眾性體育活動和組織田徑運動比賽不可缺少的物質條件。從事田徑運動的工作者，掌握田徑運動場地設計、計算、丈量測畫及有關基本知識很有必要。

第一節·田徑運動場地的發展

　　田徑運動場地的形狀和結構有一個演變過程。最早（公元前 776 年）的古代奧林匹克運動會，採用的是由一個直跑道演變到由兩個平行的直道和一個半圓彎道組成的「馬蹄形」跑道，並一直沿用到現代第 1 屆奧林匹克運動會前。

　　1896 年第 1 屆現代奧運會興建的田徑場地，是由兩個平行的直段和兩個相對的相等半圓彎道組成的半圓式跑道。期間也曾出現過籃曲式、三圓心式和四角式場地。後來跑道的周長穩定下來，成為周長為 400 公尺的半圓式田徑場，這種形狀的場地一直用到現在。內突沿半徑穩定為 36 公尺的半圓式田徑場，一直用到第 22 屆奧運會。1984 年，第 23 屆奧運會在美國洛杉磯舉行，將跑道建成內突沿半徑為 36.50 公尺的半圓式 400 公尺田徑場。第 24 屆韓國漢城奧運會，建了跑道內突沿半徑為 37.898 公尺的半圓式 400 公尺田徑場。

　　半圓式跑道的田徑場經過長期實踐，被國內外公認為是形狀最好的一種，其優點在於同一條跑道的彎道半徑相等，跑彎道的技術比較穩定，有利於發揮速度。同時，在場地設計、計算、丈量測畫，以及組織田徑競賽等工作方面也比較方便。

　　目前還有籃曲式、三圓心式、四角式等很少一部分形狀和結構的田徑場地仍保留著，儘管周長也為 400 公尺，但由於同一條跑道彎道的半徑不等、或彎道半徑小、或進出彎道次數多，所以在跑彎道時不利於發揮速度，在場地設計、計算、丈量測畫等方面都很不方便。不過它們仍是基層田徑教學、訓練和比賽不可缺少的、可繼續使用的場地。

田徑運動場地跑道表層的結構，從土層、草地發展到煤渣、石灰、黏土混合層。隨著田徑運動的發展和科學的進步，20 世紀 60 年代出現了人工合成材料面層的跑道（「塑膠跑道」又稱「塔當」）。這對田徑運動成績提高起到了一定的促進作用。中國塑膠跑道出現較晚，但發展較快，20 世紀 70 年代僅有一個北京工人體育場，它是內突沿半徑 36 公尺的半圓式 400 公尺塑膠跑道場地。80 年代，有了大連市人民體育場（由西德波利坦運動場地公司設計修建的內突沿半徑 36.50 公尺的半圓式 400 公尺塑膠跑道場地）、天津民園體育場（由義大利設計修建的內突沿半徑 37 公尺的半圓式 400 公尺塑膠跑道場地），中國自行設計修建的有上海虹口體育場和北京國家奧林匹克體育中心體育場等。隨著改革開放的不斷深化和經濟建設的騰飛，國家在文化教育和體育事業上的投資也在不斷地加大，各省、區、市、縣級體育局和各級各類學校在體育場設施的修建上，可以說正在掀起一個修建「塑膠」跑道的熱潮，現在一年全國修建的 400 公尺塑膠跑道田徑場，相當於上世紀 90 年代初全國擁有的 400 公尺塑膠跑道田徑場的總和，這對於推動中國田徑運動的發展起到了積極的作用。

　　當今世界上，塑膠跑道面層的材料與鋪設方法已經有很大的發展，使中國人工合成材料面層生產與國際水準之間的差距拉大了。

　　目前中國大量採用的還是傳統的密實型「澆鑄彈性材料」面層，它是在現場將原材料組分加入到攪拌機中混合後，鋪設在基礎上的工藝。由於它是一次成型施工工藝，跑道很容易出現面層顆粒脫落現象。因此，國外基本已經淘汰這類施工方法，而採用分層鋪設的新施工工藝，它避免了表面層顆粒與聚氨酯黏結不牢的缺陷，比傳統工藝施工的場地不容易脫落顆粒。

　　隨著科學技術的發展，國外已經開發出許多新穎的運動場地鋪裝材料。如由工廠預先按鋪設位置製成布料捲材狀再在現場用黏合劑與基礎黏合在一起的，這個「預先製成的捲材」系統是橡膠合成的，性能特性能夠完全統一，厚度也能控制得非常準確。由於它的高強彈性設計，有利於運動員創造優異成績，非常適合於高級別比賽的田徑跑道，如亞特蘭大、雪梨、雅典、北京奧運會，上海、廣東、江蘇、山東全運會和廣州亞運會的主賽場田徑跑道就是採用這類面層材料鋪設的。但是，這種高強彈性材料對運動員肢體的刺激強度極易造成傷害，不適宜用作平時訓練設施；而且，這種用橡膠為原材料預製成的捲材，不具有聚氨酯那種抗機械損傷的性能，尤其是運動員的鞋釘戳扎，在面層上會永久留下損傷痕跡而無法復原，在室外條件下極容易老化，使用壽命也僅為 5 年。因此，這類材料不適宜作為室外經常訓練用的場地。

　　國外已經廣為學校與社區體育場使用的透氣型「混有樹脂的橡膠碎粒」類材料鋪設運動場地面層，其最大的優點是它們的多孔性（透氣型），這意味著甚至有輕微超過平整度允許誤差的區域，也不會積水。這種產品包含了一個聚氨酯混合樹脂橡膠碎粒的主要層面，最後用噴散程序覆蓋的聚氨酯塗料的有凹凸的緻密表面層，

不同於三元乙丙橡膠（EPDM）顆粒表面層，沒有會脫落的防滑顆粒。近年國內已經引進這類材料鋪設了相當數量的田徑場跑道，經使用已充分表現出它的優越性，深受學校的歡迎，取得了極好的效果。

還有一種複合型是在形成的「樹脂橡膠碎粒」基墊上以一個「澆鑄彈性材料」層作為最高面層的「復合方式」系統，有時稱之為「三明治」或「雙層夾板」系統。這種系統的性能介於「澆鑄彈性材料（混合型）」與「混有樹脂的橡膠碎粒（透氣型）」兩種材料之間。從表面上看，它與澆鑄彈性材料類型（混合型）的面層沒有任何區別，從截面上看才能看出它是復合結構的。廣州天河體育中心田徑場、杭州浙江大學田徑場、北京奧體中心第 21 屆世界大學生運動會田徑場、北京朝陽體育中心第 11 屆世界青年田徑錦標賽（第 29 屆北京奧運會訓練場）跑道鋪設的面層就是這一類型的材料。

田徑場地表面的特性，是國際田聯最關注的。他們對場地的種種要求、規定有詳細的描述，對田徑場地各種參數的正確測試方法也有詳細的敘述。測試和研究場地是非常專業的，要求非常高，測驗儀器複雜，還要對測試結果作解釋。所以，國際田聯已經在全球建立了質量認證體系的指定測試實驗室網絡，他們對田徑場的測試都有良好的設備和豐富的經驗。對合成材料面層的測試是將運動參數與材料參數相結合，且將運動參數作為首要考慮因素，而我們國家標準的各個測試項目反映的基本上都是材料參數，而且對新型的透氣材料面層沒有制定檢測標準。這些對中國田徑運動場地建設的發展與驗收帶來一定的負面影響。因此，制定出新的檢測標準，建立符合國際田聯質量認證體系要求的專門測試實驗室，以確保中國的運動場地建設與國際接軌是當務之急。

為了能按照現代化的建築標準施工，對田徑設施設計和建造規格作出更清晰的界定，對田徑設施的技術和性能要求給予更多的注意，1995 年國際田聯編寫了《田徑場地設施標準手冊》，並在國際田聯第 41 屆（1997 年）代表大會上作出決定：「今後有關田徑場地設施方面的規定將不再列入《國際田聯手冊》（即《田徑競賽規則》），而彙編入《田徑場地設施標準手冊》。」1999 年國際田聯修訂出版了第二版《田徑場地設施標準手冊（1999 年版）》。繼後，2003 年和 2008 年出版了第三版和第四版《田徑場地設施標準手冊（2003 年版）》和《田徑場地設施標準手冊（2008 年版）》。中國田徑協會除 1998 年委託上海體育學院內部翻譯出版了《田徑場地設施標準手冊（1995 年中文版）》，於 2002 年和 2009 年由人民體育出版社翻譯出版了《田徑場地設施標準手冊（1999 年中文版）》和《田徑場地設施標準手冊（2008 年中文版）》。

國際田聯的《田徑場地設施標準手冊》說：目前的經驗表明，大多數 400 公尺橢圓跑道被建成彎道半徑為 35 公尺到 38 公尺之間是適宜的，最好的是 36.5 公尺的。現在，國際田聯建議所有新造的跑道應按後者的規定建造，並被稱之為「400公尺標準跑道」。

一般來說，跑道半徑的變化主要經歷了由 36 公尺到 37.898 公尺再到 36.50 公尺的過程。前幾年較為流行的設計是取 37.898 公尺為半徑的 400 公尺半圓式田徑場，它的優點是彎道半徑相對較大，有利於運動員的奔跑，跑道的直段和曲段都是整數（分別為 80 公尺和 120 公尺），便於徑賽項目設施的佈置；但是，它最大的缺點是占地面積較大，尤其是東西方向的寬度大，造成在相同的看台設計時，兩側留下的空地太小，帶來田賽項目設施佈局的困難和影響看台上觀眾的視點設定，無法滿足觀看設置在跑道外側的跳躍項目比賽的要求。

之所以提議修建半徑為 36.50 公尺的跑道，是由於這樣跑道的優勢在於，同樣能適應運動員的跑步節奏，以及跑道內除可包括一個標準足球場（68 公尺×105 公尺）外，由於直段的加長使兩個半圓區的面積擴大，因此，在兩個半圓區內可以容納下所有的投擲項目設施及部分跳躍項目。並且，在同樣的看台設計情況下，「標準跑道」的占地面積最小，對在跑道外側佈局田賽項目設施帶來很多方便，對看台上觀眾的視點改善帶來良好的效果。

第二節·田徑運動場地的設計

一、設計的基本原則

國內外大型田徑運動比賽場地的設計，總的原則應標準化、規範化。而標準化、規範化必須符合以下要求：

① 場地的設計，必須符合田徑競賽規則的規定。

② 場地的設計應科學，充分利用競賽規則規定精神，有利於運動員提高成績，有利於運動員公平競賽。

③ 場地的設計，應有利於使用和保養。

④ 場地的設計，佈局合理，田賽項目應具備兩個同時進行的比賽場地，面層的鋪築軟硬要適度。

二、田徑場地競賽設施佈局設計

田徑場地競賽設施佈局是要根據田徑場的不同形狀、規格和用途合理安排，使比賽有計畫地、順利地進行。此外，也應適於其他球類等運動項目的使用。這樣，田徑場地的競賽設施佈局有很多種，但要遵循下述的原則：

第一，必須確保比賽時的安全；

第二，在競賽過程中，必須使得田賽和徑賽互不影響，也要保證各田賽項目間互不干擾；

第三，要充分利用田徑場內的空地面積，有利於觀眾觀看比賽，提高觀賞效果；

第四，在場地中間儘可能設置一個足球比賽場地；

第五，在非比賽期間，要考慮教學、訓練和群眾健身的需要。

（一）室外田徑場的競賽設施佈局設計

所謂田徑場的競賽設施佈局，主要是指田賽項目的設施佈局，因為徑賽項目的設施都是固定在半圓式跑道中的。

現代大型田徑比賽的田賽項目，由於參賽的人數較多，一般是第一天進行分組及格賽，第二天進行決賽。為了使及格賽做到公平合理，應該儘量做到分組同時進行比賽，要求場地條件也基本一致，這就要有兩個方向相同的比賽場地。因此，在設計時，對田賽場地的佈局應有一個全面的考慮，除長距離投擲項目（鐵餅、標槍和鏈球）外，做到跳高、跳遠、三級跳遠、撐竿跳高和鉛球都有兩個條件基本一致的比賽場地，以保證運動員在及格賽中能同時在同等條件下進行比賽（圖102）。

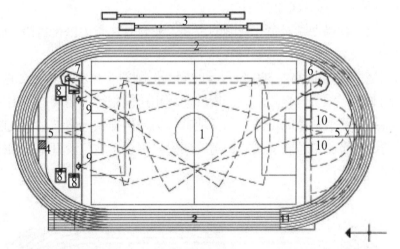

1.足球場　2.標準跑道　3.跳遠和三級跳遠設施　4.障礙水池　5.標槍跑道
6.擲鐵餅和擲鏈球設施　7.擲鐵餅設施　8.撐竿跳高設施　9.推鉛球設施
10.跳高設施　11.終點線

圖102　標準比賽設施佈置

中國建造的體育設施多數是綜合性的體育場，在田徑跑道內都安排了球類活動設施，因此，無法將所有的田賽場地都安排在跑道圈內的兩個半圓區中，在跑道外側必須設置一定的田賽場地。一般是將跳遠、三級跳遠場地安排在跑道外側的空地上。由於運動員領獎台設置在主席台前（一般是在西看台前），因此，最好在主席台前不安排比賽場地或不作為主要比賽場地，以免發獎時造成正在進行的比賽中斷。由於跳遠、三級跳遠項目比賽的項次較多，比賽區域的使用頻率也高，因此，

儘量將其設置到主席台對面（一般是在東看台前）的東側跑道外的空地上。如果鉛球的落地區不能設置在草皮足球場中，而要設置在跑道圈內的半圓區中，撐竿跳高比賽場地就只能設置主席台前的空地上。

國外有許多田徑場地是專用的，不像中國田徑與足球場地兼用。因此，專用田徑場跳遠可安排在跑道內。第 25 屆奧運會舉辦地西班牙的巴塞隆那的蒙錐克田徑場就是這樣安排的。但是，在使用安全性方面應該給予特別高度的重視，因為在這種佈局的場地上曾發生過長投器械砸傷人的事故。

一般情況下，田賽比賽場地都可以安排佈置在田徑場內，為了保證比賽的安全，在有條件的情況下，可把鐵餅和鏈球比賽另安排在其他的場地內進行。非標準田徑場的佈局，不僅將全部田賽場地安排在場內，而且還安排了籃、排球場，這有利於教學並充分利用場地的空間。

總之，各種佈局都是根據需要和實際情況而安排的，各有其優缺點。

（二）室內田徑場的競賽設施佈局設計

室內田徑場的設計和佈局，也應充分依據競賽規則規定精神，為運動員提高成績和公平競賽提供一個良好的條件。

室內田徑比賽場地應完全在封閉的空間，並有為比賽提供符合條件的照明、供暖和空調。

室內田徑比賽場地包括 200 公尺長的橢圓形跑道（標準距離室內跑道），由兩個直段和兩個向內傾斜的彎道組成。用於短跑和跨欄跑的內場直道；用於跳高、撐竿跳高、跳遠和三級跳遠的助跑道和落地區；另外再提供一個推鉛球投擲圈與落地區。一般情況，直跑道位於橢圓形跑道的中央，田賽場地位於直跑道和橢圓形跑道之間，如圖 103 所示。

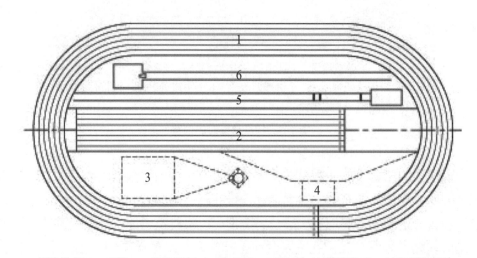

1.標準跑道　2.直道　3.推鉛球區　4.跳高區　5.跳遠和三級跳遠區　6.撐竿跳高區

圖 103　200 公尺室內標準跑道比賽設施平面圖

經驗表明，最適宜的 200 公尺橢圓形跑道建造的彎道半徑在 15～19 公尺之間，最佳半徑為 17.20 公尺。國際田聯建議，只要可能，將來所有的跑道都按後者的規格建造，並被稱為「200 米標準室內跑道」。當然，由於建築物或其他限制因素，造成室內跑道以各種半徑和 / 或幾何形狀建造。設計者應該保證短跑跑道和田賽設施能夠安排在內場適宜位置，並能滿足安全需要。

彎道傾斜角不應超過 15°或低於 10°。所有分道在跑道彎道橫截面上傾斜的角度應一致。

所有跑道、助跑道和起跳區均應用人工合成的材料（如塑膠）覆蓋或安裝木質表層，但在起跳區不應有特殊彈性。為適合這種場地要求，室內比賽用鞋的釘長為 6 毫米。除按圖 103 作適用於競賽要求的設計和佈局外，還可以結合平時訓練要求進行場地的設計和佈局（圖 104）。

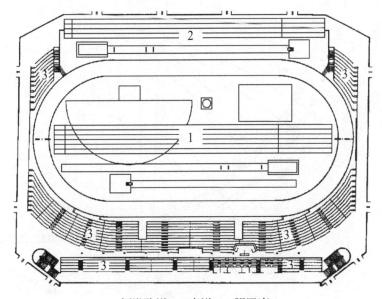

1.標準跑道　2.直道　3.觀眾席

圖 104　200 公尺室內低標準項目設施場地設計平面圖

三、塑膠面層跑道的標高設計

（一）跑道傾斜度的設計

田徑競賽規則規定：「跑道的左右傾斜度最大不得超過 1：100，在跑進方向上的向下傾斜度不得超過 1：1000。」

以往對跑道的傾斜度（豎向）設計比較粗糙，多採用足球場坡度設計的方法，僅標出一個傾斜方向和斜率（%），跑道外圈為一個統一的標高，造成直道部分傾斜度太大，而彎道部分傾斜度過小，不利於運動員的成績發揮。在設計跑道坡度時，應充分按照規則為運動員建造最佳的傾斜度跑道，並對傾斜度（豎向）作出具

體的標高要求（圖 105 彎道半徑為 36.50 公尺的跑道標高設計），以正確控制施工過程，並提供檢測評定的依據。

跑道的內突沿從頭至尾必須水平放置。

當起點和終點在橢圓跑道直段的延伸處時，由於橢圓跑道橫向傾斜度是延續的（最大 1.0%），結果，在起點的某些區域縱向傾斜度將大於 0.1%。在這些部分內，要做到同時符合橫向和縱向坡度要求幾乎是不可能的。因此，直道中短跑跑道的傾斜度變化應在起點與終點線之間直線測量。即 100 公尺起點比終點不能高出 0.10 公尺，110 公尺起點不能高出 0.11 公尺。

按縱向每 5°，橫向每兩條跑道為一控制點。

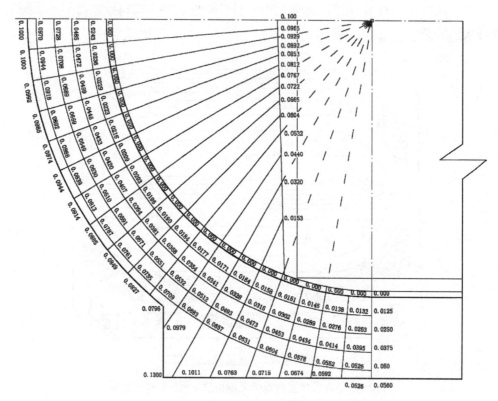

圖 105　彎道半徑為 36.50 公尺的跑道標高設計（公尺）

（二）田賽項目助跑道與落地區傾斜度的設計

《田徑競賽規則》規定，跳躍項目比賽區域的最大傾斜度，跳遠、三級跳遠和撐竿跳高在跑進的方向上為 0.1%，左右方向坡度為 1%；跳高助跑道的最後 15.00 公尺，在跑進方向上為向下 0.4%，沿著以立柱中心點為圓心的半圓區域內的任一半徑線，傾斜度也應是在助跑道開始處與起跳線之間直線測量。

投擲項目比賽區域的最大傾斜度，擲標槍助跑道的最後 20.00 公尺，在助跑跑

田徑運動高級教程

進方向上為向下 0.1%，左右方向坡度為 1%。推鉛球、擲鐵餅和擲鏈球的投擲圈必須是水平的，推鉛球、擲鐵餅、擲鏈球的落地區，投擲方向傾斜度為向下 0.1%，每段弧上的傾斜度由弧上最低點決定。

由於田賽項目的比賽場地多數是設置在跑道內側的半圓區內，因此，這部分的傾斜度設計必須結合足球場地的傾斜度，並根據田賽不同項目的要求，確定正確的標高。

四、競賽項目設施的設計

（一）徑賽項目設施的設計

1.直道

400 公尺橢圓跑道中應至少有 6 條直道。直道距離應從終點線靠近起點的一邊向後丈量（偏差不超過 0.02 公尺）。直道應包括至少向後 3 公尺的起跑預備區域和由終點線處至少向前 17 公尺的緩衝區域。

2.彎道

有 8 條、6 條或不常見的 4 條橢圓形跑道。內側安全區域不少於 1 公尺，外側則最好也有 1 公尺的安全區。建議直道比彎道多建一道，以保護經常使用的第一道。

3.障礙賽跑道

400 公尺標準跑道的障礙水池可以被永久建立在標準跑道第二彎道內突沿的內側或在外突沿的外側（圖 106 和圖 107）。在障礙賽跑道上，一共有 5 個欄架，如有可能應放在等間距處。其中的一個是障礙水池的一部分。

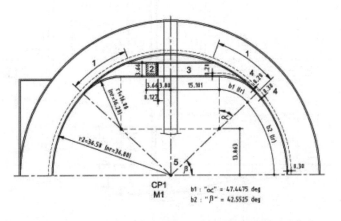

圖 106　水池在 400 公尺跑道彎道內的障礙跑跑道（公尺）

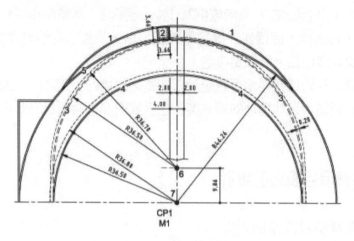

圖 107　水池在 400 公尺跑道彎道外的障礙跑跑道（公尺）

　　障礙水池（圖 108）的長（包括水池邊欄架）為 3.66 公尺（±2 公分），寬為 3.66
公尺（±2 公分）。在世界許多地方有嚴格的用水規定，因此 2007 年國際田聯代表
會議批准減少水池的深度至 0.50 公尺，但保持原水深 0.70 公尺的傾斜角度，相當
於在 0.50 公尺深度保持大約 1.20 公尺的水準底部。然後池底有規律地向前上方成
斜坡，直至跳躍方向的末端與跑道地面平齊。

　　現有的水池可在底部加鋪水泥至深度為 0.50 公尺，排水也應作相應調整。符
合原標準的水池仍可使用。

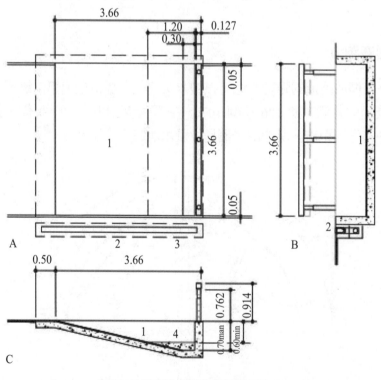

圖 108　障礙水池平面圖（公尺）

池底應鋪設厚度不小於 25 毫米與跑道表面相同的合成材料。這種材料在水池末端向欄架方向至少鋪設 2.50 公尺，向跑進方向應鋪設 0.50 公尺。

不用時，水池應用填補板覆蓋。

（二）田賽項目設施的設計

1.跳躍項目競賽區域

（1）跳遠、三級跳遠設施的設計：跳遠、三級跳遠設施包括助跑道、起跳板和落地區，通常設置在直道的外側，應有向兩個不同方向各兩套的設施。

① 助跑道：助跑道從起點至起跳線的長度至少應為 40 公尺，最大應為 45 公尺，寬度為 1.22 公尺（±0.01 公尺）。它應以 0.05 公尺寬的白線或者用相距 0.50 公尺、寬 0.05 公尺、長 0.10 公尺的分隔線標出。助跑道表面通常與跑道鋪設相同。

② 落地區：落地區必須長 8～10 公尺，寬至少為 2.75 公尺。落地區的中心線須與助跑道中心線重合。

為了保證在兩個方向上都能進行比賽，在助跑道的兩端都應設有一個落地區。為了做到有兩個方向相同的跳遠比賽場地，一般採用平行設置兩個比賽設施，如果兩個落地區能平行放置，則間距至少為 0.30 公尺，如果兩個落地區是叉開的，那麼間距至少也是 0.30 公尺（圖 109）。

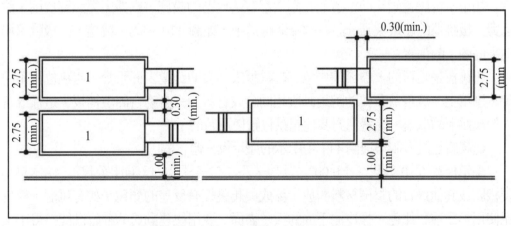

註：圖中標註 1 為沙坑；標註 2 為跑道。

圖 109　兩個平行的跳遠與三級跳遠設施間的最小距離（公尺）

現在國內較多採用並列雙助跑道合用一個大落地區的比賽設施，以前對落地區的寬度沒有明確的統一標準，一般都建造過大，裁判員使用時有諸多不便。按田徑規則要求，如是並列雙跑道合用一個落地區，應該修建成寬度為不小於 4.02 公尺的落地區，建議修建成寬度為 4.27 公尺（圖 110）。

因為在比賽使用時，只需從不使用的助跑道一側的沙坑邊緣向裏丈量 1.22 公

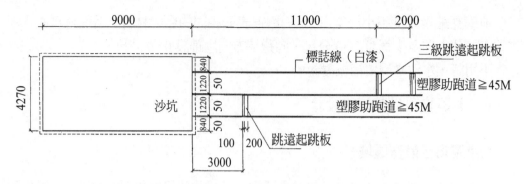

圖 110　跳遠、三級跳遠場地平面圖（公尺）

尺，然後再設置一條 0.05 公尺寬的白帶子，或鋪設一塊 1.27 公尺寬的人工合成材料的面層，即形成了一個符合規則的 3.00 公尺寬的落地區。

對於落地區沙坑的深度，現在的設計都太深，需填入大量的黃沙，而深在底下的沙在實際使用過程中是永遠不會被翻動的，實為浪費。按實際使用的情況來講，周邊的深度控制在 20 公分，以坡度向中間部位傾斜，最深處達 30 公分，其下部修建一個集水井，以管道與排水溝接通。

③ 起跳板：起跳板的規格為 1.21～1.22 公尺×0.20 公尺（±0.02 公尺）×0.10 公尺。跳遠起跳板應放在距落地區近端 3 公尺處，三級跳遠的起跳板應安放在距落地區近端男子為 13 公尺、女子為 11 公尺處。根據比賽水準，跳遠和三級跳遠的起跳點可採用其他的適宜位置。

如是平行設置兩條助跑道並在兩端都有落地區的設施，根據田徑競賽規則，跳遠與三級跳遠的起跳板應分設在兩條助跑道中，如圖 110 中的「跳遠、三級跳遠場地平面圖」的佈置。

起跳板是矩形的，被漆成白色。起跳板表面與助跑道表面平齊。起跳位置不用時，應填上一塊覆蓋有與助跑道鋪設相同合成材料的完全吻合的填補板，這樣既有利於起跳板的保養，又避免對其他起跳位置使用時的干擾。

建議將起跳板制得與圖 111 中所示的顯示板一體化的。

顯示板寬 0.10 公尺（±0.002 公尺），長 1.22 公尺（±0.001 公尺），由木料、硬橡膠或其他適宜的堅硬材料製成，漆成與起跳板有反差的顏色。如有可能，橡皮泥使用第三種對比色。橡皮泥下面的板子表面，要用使運動員的鞋釘既能抓得牢又不滑的材料。

顯示板高出起跳板水平面 7 毫米（±1 毫米）。顯示板的邊緣都應有 45°角的傾斜，靠近助跑道的邊緣沿長度方向填上 1 毫米厚的橡皮泥，或截去一部分，在凹處填上橡皮泥後，有 45°的傾斜。顯示板的上部也需在開始的大約 10 毫米位置覆蓋橡皮泥直至整個長度。當凹處填充後，整個裝置必須有足夠的堅硬度能承受運動員腳產生的所有壓力。

建議採用與安放顯示板凹槽一體化的起跳板（圖 112）。

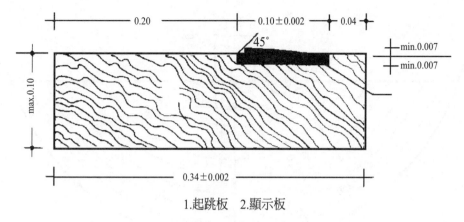

1.起跳板　2.顯示板

圖 111　起跳板與顯示板一體化的例子（公尺）

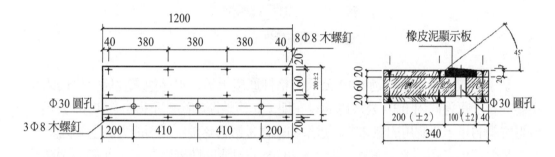

圖 112　起跳與顯示一體化板的平面圖和截面圖（毫米）

對於助跑道是永久性的人工合成材料表面，為了在比賽用時能將起跳板正確地安裝，應在修建助跑道基礎時，安裝一個由耐腐蝕材料製成的嵌入底盤。當起跳板安放好後，應是牢固和不易變形的。

（2）**跳高設施的設計**：包括一個半圓形助跑道區和一個落地區。通常應有兩套設施。

① 助跑道區：半圓形助跑道的半徑至少為 20 公尺，允許在任一方向上進行助跑。如果為了將橢圓形跑道作為助跑道而把突沿移開，則必須考慮保證橢圓形跑道和沿跑道沿的弓形表面高度一致（圖 113）。

助跑道和起跳區通常鋪設與跑道一致的材料，但是起跳區應鋪設成 20 毫米厚。

② 落地區：落地區應不小於 6 公尺×4 公尺×0.7 公尺。上面要覆蓋一個相同尺寸的防鞋釘穿透的落地墊。跳高架立柱與落地區之間至少應有 0.10 公尺的間隔，以免在比賽中由於落地區的移動而觸及立柱，以致碰落橫桿。

落地區由一塊或多塊具有蜂窩狀或其他類似結構的墊子組成，以保護從 2.50 公尺高處落下的運動員。墊子必須覆蓋和結合在一起，以防止運動員的肢體或任何身體部分進入墊子之間。

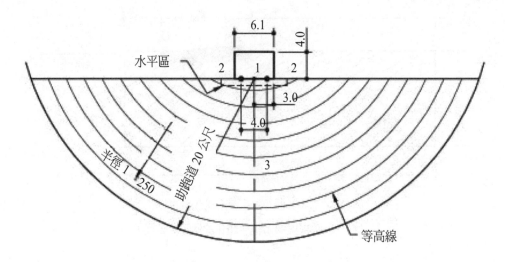

1.落地區　2.立柱　3.助跑道區

圖 113　跳高設施（公尺）

　　墊子應放在高度不超過 0.10 公尺的格柵底座上，以提高通風性能。格柵的每邊應在墊子每邊向內 0.10 公尺處鋪設在地上。落地區的高度不得低於 0.40 公尺。值得強調的是，所使用的泡沫塑料類型和結構是影響落地區緩衝能力的主要因素。

　　整個落地區頂層必須覆蓋一塊大約 0.05 公尺厚的防鞋釘墊子，並有一個防風雨覆蓋物。

　　（3）撐竿跳高設施的設計：包括助跑道，一個用於撐竿插入的插斗和一個落地區。通常應有向兩個不同方向各兩套的設施。

　　① 包括插斗的助跑道：跑道至少長 40 公尺，助跑道長度從零線開始丈量。助跑道寬度為 1.22 公尺（±0.01 公尺）。它應以 0.05 公尺寬的白線標出，或者用寬 0.05 公尺、長 0.10 公尺的間距 0.50 公尺的分隔線。在助跑道盡頭，插斗邊沿應與助跑道齊平，盡頭內邊上沿與零線吻合。零線應以 0.01 公尺寬的白線標出，並延伸至支架以外。

　　助跑道表面通常與跑道表面一致，但是起跳區應鋪設成 20 毫米厚。

　　插斗由金屬、木料或其他適宜的堅硬材料製成，凹陷入地面，底部長度為 1 公尺，底部的寬度自後向前逐步變窄，後端為 0.60 公尺，至前壁底部為 0.15 公尺，插斗底部與前壁構成 105°夾角，前壁長 0.224 公尺，插斗左右兩壁向外傾斜，在靠近前壁處形成約 120°夾角。在插斗底部的角上設一個或多個排水孔。

　　如插斗為木料製成，底部自後端量起在 0.80 公尺的長度內襯金屬薄片。

　　插斗不用時，覆蓋一塊表面鋪有與助跑道相同合成材料的、可以與地面同樣高度的覆蓋板。

　　② 落地區：除尺寸外，在跳高落地區設施中所述的內容都適用。落地區在零線後至少鋪設墊長 8 公尺（其中約 2 公尺凹狀斜坡墊是為插斗準備的），寬 6 公

尺，高 0.8 公尺。插斗兩邊的落地區部分應距離插斗 0.10～0.15 公尺，並且向插斗外側方向在垂直面上傾斜 45°（圖 114）。

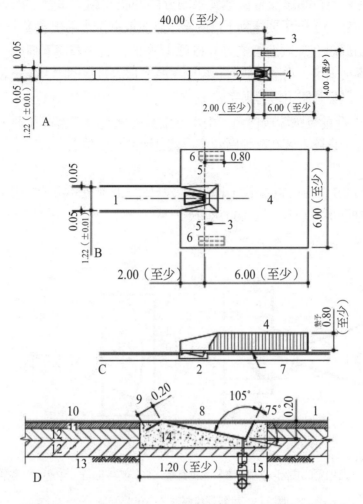

A：佈置計畫　B：佈置詳圖　C：縱剖面圖　D：起跳插斗縱剖面圖
1.助跑道　2.起跳插斗　3.零線　4.落地墊　5.立柱安裝區或地面插孔
6.立柱距離　7.格柵　8.蓋板　9.凸緣　10.合成表面　11.瀝青混凝土底層
12.沙礫底層　13.地基　14.混凝土　15.排水管

圖 114　撑竿跳高設施（公尺）

2.投擲項目競賽區域

（1）推鉛球設施的設計：包括投擲圈、抵趾板和落地區。通常至少有兩套設施。

① 投擲圈：投擲圈的箍由鐵、鋼或其他適宜材料製成，頂面與外面的地面齊平。圈內區域由混凝土製成，不能導致滑動。圈內地面比圈輪邊低 0.02 公尺（±0.006 公尺）。圈內直徑為 2.135 公尺（±0.005 公尺）。圈箍厚度至少 0.006 公尺，漆成白色。從圈的兩邊各畫一條寬 0.05 公尺透過圈內圓心並與落地區中心線

垂直的、至少長 0.75 公尺的白線。

丈量成績要透過的圓心必須標出（最好用以內徑為 0.004 公尺的黃銅管埋置與表面齊平）。另外，在圈邊安置與地齊平的分開的防腐蝕排水管（比如，直徑為 0.020 公尺的黃銅管），管子要達到下層的滲水層，或與排水系統連接。

投擲圈是由鋪設在加固金屬網上 0.15 公尺厚的混凝土整體面構成。投擲圈混凝土面鋪設時應被固定。它應被放射狀拉緊。為了保證投擲圈的混凝土表面有足夠的附著摩擦力，它必須使用鏝刀來完成。

② 抵趾板：抵趾板應漆成白色，由木料或其他適宜材料製成弧形，內沿應與投擲弧內沿吻合，它應安裝在落地區兩條白線之間的正中位置，並固定於地面（圖 115）。

抵趾板寬為 0.112～0.30 公尺，長 1.15 公尺（±0.01 公尺），當固定在位置上後要高出圈內地面 0.10 公尺（±0.002 公尺）。

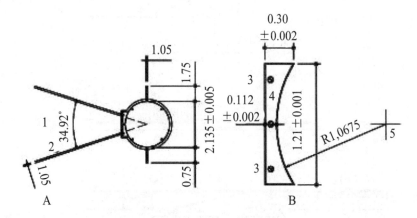

A：設計規劃　B：抵趾板
1.落地區　2.落地區的標記　3.固定物　4.抵趾板　5.直徑為 4mm　中心洞（銅管）

圖 115　推鉛球投擲圈（公尺）

③ 落地區：落地區（圖 116 中標註 1 的扇形區域）的表面應該是允許鉛球留出痕跡的，它可以是草地或其他適宜材料。落地區必須經投擲圈中心以 34.92°角鋪設，並以 0.05 公尺寬的白線標出，線的內邊是落地區的分界線。落地區長度為 25 公尺。

落地區縱向傾斜度在投擲方向上向下最大不可超過 0.1%。

根據《田徑競賽規則 2002》的規定，「從 2003 年 1 月 1 日起，除擲標槍外，各投擲項目落地區標誌線的內沿延長線的夾角 34.92°」。落地區角度的縮小，一方面提高了對運動員的技術要求，另一方面也是為了使設置扇形落地區比以前更方便。按原規則落地區標誌線的內沿延長線的夾角為 40°時，在離投擲圈圓心 20 公尺處，兩條落地區標誌線相距 13.680 公尺，即每離開圓心 1 公尺落地區標誌的橫距離增加 68.4 公分；而按現規則夾角為 34.92°時，在離投擲圈圓心 20 公尺處，兩條

落地區標誌線相距 12 公尺，即每離開圓心 1
公尺，落地區標誌的橫距離增加 60 公分。數
字簡單了，計算方便，容易操作。

（2）擲鐵餅設施的設計：包括投擲圈，
防護網和落地區。

① 投擲圈：除投擲圈直徑為 2.50 公尺
（±0.005 公尺）外，鉛球投擲圈設施的內容
均適用。

② 防護網：為了保證觀眾、裁判員和運
動員的安全，鐵餅只能從環形圍繞的防護網
中擲出。任何形式的網在任一點距投擲圈中
心的最小距離為 3 公尺，防護網的開口處寬
度為 6 公尺，距投擲圈中心為 7 公尺。高度
至少為 4 公尺。這種防護網不能用於擲鏈球
（擲鏈球防護網能用於擲鐵餅）（圖 117）。

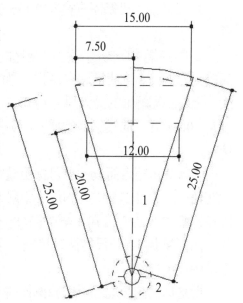

圖 116　推鉛球、擲鏈球和擲鐵餅
　　　　落地區測量示意

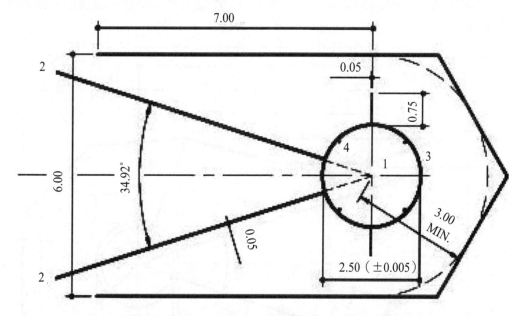

1.中心點（外圍設置規劃的交叉點）　2.落地區標記　3.環形金屬邊沿　4.排水管

圖 117　擲鐵餅投擲圈和護籠的詳細設計（單位：公尺）

③ 落地區：落地區長為 80 公尺，保持 34.92°扇形角。除此，鉛球落地區的內
容均適用。為保證擲鐵餅時的安全，在投擲時，不允許有人進入危險區。因此，建
議在落地區線外至少 1.00 公尺處建立附加隔離柵，它也可阻擋滾滑的鐵餅。每次
比賽前都要檢查護籠，保證安裝正確，狀態良好。

（3）擲鏈球設施的設計：包括投擲圈，防護網和落地區。

① 投擲圈：投擲圈直徑為 2.135 公尺（±0.005 公尺），同鉛球投擲圈設施的內容。

② 防護網：防護網可採用合適的天然材料或合成纖維製作，也可使用低碳或高抗張力鋼絲，以使鏈球在跳彈、彈回或穿過網的連接部或嵌板處時，不至發生危險。金屬絲網網眼的最大尺寸為 0.05 公尺，粗繩網網眼為 0.044 公尺，最小抗拉強度為 300 公斤。防護網必須使其能夠阻擋以 32 公尺／秒速度運行重 7.26 公斤的鏈球。

防護網可組合而成，也可採用整塊掛在有良好支撐條件的框架上。任何形式的網在任一點距投擲圈中心的最小距離為 3.5 公尺，防護網的開口處寬度為 6 公尺，距投擲圈中心為 7 公尺。網的高度至少為 7 公尺。防護網前端應放置兩塊寬 2 公尺、高至少為 10 公尺的活動擋網，可以打開或關閉，關閉時應被鎖定，並且距落地區中軸 1.12 公尺。

擲鏈球的防護網也可用於擲鐵餅，既可安裝一個直徑分別為 2.135 公尺和 2.50 公尺的同心鐵圈，也可將防護網加大，在鏈球投擲圈後安裝一個鐵餅圈。後者由於花費、空間要求以及視覺影響的因素，建議不採用（圖 118）。

③ 落地區：落地區長為 90 公尺，保持 34.92°扇形角。除此，鉛球落地區的內容均適用。

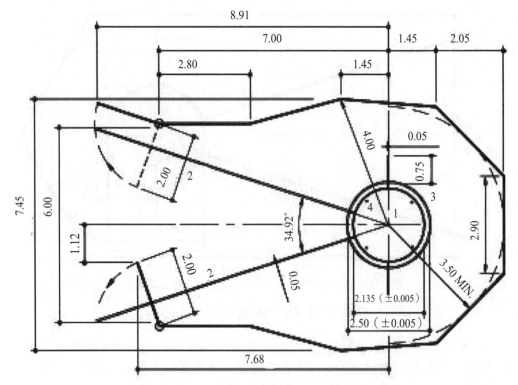

1.中心點（外圍設置規劃的交叉點）　2.落地區標記
3.環形金屬邊沿　4.可拆卸的擲鏈球投擲環

圖 118　合併投擲區詳細設計和擲鐵餅、鏈球護籠設置（公尺）

（4）擲標槍設施的設計：包括助跑道、投擲弧、落地區。通常有沿半圓區域中心與直道平行設置助跑道的兩套設施。

① 助跑道：助跑道長度至少 30 公尺，條件許可時應不短於 33.50 公尺。長度的丈量從助跑道的開始處至與投擲弧後沿齊平並延伸至助跑道外的白線處。助跑道由兩條相距 4.00 公尺（±0.01 公尺）、寬 0.05 公尺的平行白線標出。從起擲弧終點倒退 4 公尺，助跑道邊有兩個白色 0.05 公尺×0.05 公尺的矩形，協助裁判員判定試擲運動員是否離開助跑道，加快測量速度。

當助跑道超出半圓區域時，通常它延伸至跑道和跑道外沿以外，在這種情況下有必要設置可移動突沿，並使沿突沿的地面高度與彎道和半圓區域一致。

② 投擲弧：投擲弧安裝在助跑道的盡頭。投擲弧是一個圓心在助跑道中線上、半徑為 8 公尺、朝投擲方向的寬 0.07 公尺的白色圓弧，在助跑道標誌線兩側外，垂直方向上延伸長 0.75 公尺、寬 0.07 公尺白線。圓心可用不同於表面的顏色標出，半徑為 0.20 公尺（圖 119）。

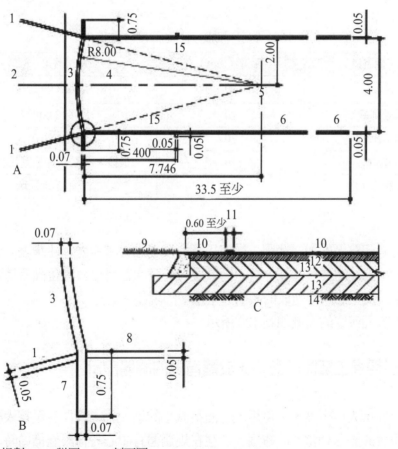

A：設計規劃　B：詳圖　C：剖面圖
1.投擲扇形區標記　2.落地區　3.投擲弧　4.助跑道加固區　5.中心點（外圍設置規劃的交叉點）
6.助跑道　7.投擲弧延伸標誌線　8.助跑道側邊線　9.草皮　10.合成表面　11.投擲弧標記
12.瀝青混凝土　13.沙礫層　14.地基　15.白色矩形 0.05 公尺×0.05 公尺

圖 119　擲標槍的助跑道和投擲弧（公尺）

③ 落地區：設置在任何一個半圓區域內的助跑道，其落地區均在跑道中間的草地上。落地區長 100 公尺，根據比賽水準，分界標誌線可延長。

五、塑料面層的厚度設計

田徑規則對運動員使用的釘鞋的鞋釘長度有明確的限定，因此，為了保證運動員在比賽時能正確地使用符合規則要求的釘鞋，跑道的面層必須達到規定厚度的要求。

除需加厚區域外，場地平均厚度應不小於 12 毫米，低於產品證書規定厚度 10%的面積不能超過總面積的 10%；任何區域的厚度均不應小於 10 毫米。

跳高起跳區在助跑道最後 3 公尺、三級跳遠在助跑道最後 13 公尺、撐竿跳高在助跑道最後 8 公尺、擲標槍在助跑道最後 8 公尺以及起擲弧前端的區域厚度均不應小於 20 毫米。障礙賽跑水池落地區面層厚度應不小於 25 毫米（表 155）。

表 155　跑道（助跑道）的厚度、長度

跑道（助跑道）	厚度（mm）	長度
跳高	20	最後 3.00 公尺
三級跳遠	20	最後13.00 公尺
撐竿跳高	20	最後 8.00 公尺
擲標槍	20	最後 8.00 公尺加投擲弧前區域
障礙賽跑水池	25	水池落地區域

對於跳高起跳區的加厚範圍，從使用壽命及場地佈置考慮，建議設計成一條寬度為 15～20 公尺的長形區域。這一區域邊緣任意處都可以放置跳高落地區，避免了固定在某一點上起跳而造成的該處過早損壞的現象。

場地中表面較厚的區域如圖 120 所示。

六、田徑場工藝設計必須先於體育場的總體設計

在當今城市人口密度大，可用土地面積減小的情況下，選擇有足夠大的可用空地來建造體育設施有相當大的難度。往往在規劃體育中心各種設施佈局時，對保證田徑運動設施的占地考慮欠周到，多是在周圍看台定位或開始修建後，才請設計單位進行田徑場工藝設計。

由於事前對田徑運動設施的佈局沒有或不知道按國際田聯的最新規定去設計，因此，給田徑場的工藝設計造成了許多無法彌補的憾事。

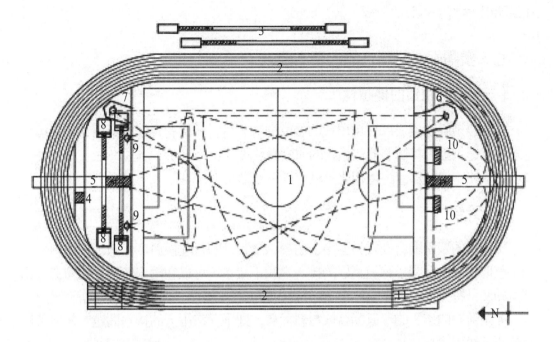

1.足球區　2.標準跑道　3.跳遠和三級跳遠場地　4.水池　5.擲標槍助跑道
6.擲鐵餅和擲鏈球投擲場地　7.擲鐵餅投擲區　8.撐竿跳高場地　9.推鉛球投擲場地
10.跳高場地　11.終點線

圖 120　場地中表面較厚的區域（短斜線區）

可見，必須建立一個早期發展目標，包括區域框架、地區計畫和早期就獲得適當的空地。只有採用這種設計思路才可能提供既符合要求又有合適的位置的體育設施。

考慮到體育設施的綜合利用能力，對不同運動項目使用和同時幾個運動項目使用所需體育設施的設計，田徑設施通常被設計成多用途的場地（跑道內設有活動場地），田徑運動設施構成了體育設施中的主要部分。它們既可用來進行田徑訓練，又可用來做其他體育運動。

在進行體育場總體設計前，首先應根據該體育場的功能定位，確定田徑場的各種設施的佈局，然後按正常觀看各項比賽的視點要求來設計看台。

體育場的設計趨向縮小競賽場地面積——使觀眾能更加接近運動員，更好地互動。如第 29 屆北京奧運會的田徑比賽主賽場就是走的這條路：3000 公尺障礙跑的水池設置在北半圓區內，既減少了用地面積，也方便了設置彎道跟蹤電兔的運行軌道；跳遠／三級跳遠使用一條助跑道（不再用雙助跑道），落地區寬度取 2.75 公尺（不用 3 公尺寬度）；撐竿跳高競賽區設在半圓區內（不設在跑道外側區域上）。這樣的佈局使輔助區面積大大縮小。

但是，作為基層單位建造田徑場，不可能舉辦國際級別的比賽，以日常教學訓練為主的，就不應照抄奧運會比賽場地的設計。應該儘可能地擴大輔助區的面積、跳遠／三級跳遠使用雙助跑道和障礙水池設置在跑道的外圈、鉛球落地區不宜設置

在足球場草坪內等等。

七、塑膠面層材料性能的基本要求

（一）塑膠跑道的優越性

田徑場塑膠跑道表層採用現代的聚氨酯合成材料，具有良好的耐用性能指標，是一種能提供動力特徵的最佳組合的運動場地設計。

聚氨酯跑道與煤渣跑道相比，具有以下優點：

1.全天候

不透水的聚氨酯合成材料面層，由於跑道設計的合理傾斜度和施工中達到規定的平整度要求，保證了跑道良好的排水性和不積水，可以在雨天情況下繼續進行比賽；即使是特大暴雨，在雨停後 20 分鐘內即可將水排淨，保證跑道的正常使用。

如是新穎的透水的聚氨酯合成材料面層，則不存在雨天的排水問題，任何時候都能正常使用。

2.彈性好

聚氨酯材料與堅硬的基礎材料相比，它在受到力的作用時，可以產生良好的緩衝作用，加上設計時根據運動場地的功能定位，對跑道的硬度有一定的要求，因此，它具有非常適合運動要求的彈性，既不會對運動者造成傷害，又可以給運動者以充足的反作用力，創造比在其他場地更優異的運動成績。

3.接著力強

由於聚氨酯材料具有較大的摩擦力，以及可被尖針刺穿，因此，對於平底鞋或運動釘鞋都有良好的接著力，不會出現打滑現象，使運動者的能力得到最充分的發揮。

4.伸長性好、耐釘刺扎

由於聚氨酯材料有規定的拉伸強度要求，因此，當運動釘鞋的釘刺穿跑道面層時，也不會造成聚氨酯材料的斷裂，具有很長的使用壽命。

5.耐磨

由 EPDM 材料做成的面層防滑顆粒同樣具有良好的伸長性和彈性，加上新的復合施工工藝，使面層顆粒在與運動鞋的不斷摩擦中也不易脫落，具有極強的耐磨性能。

6.抗老化

由於聚氨酯材料中添加了專門的防紫外線原料，即使場地終日暴露在陽光和風雨之中，仍能在相當長的時期內保持它的良好性能。

7.阻燃

由於在聚氨酯材料中添加了阻燃劑，即使跑道遭遇明火也不會燃燒。當然，並不等於說塑膠跑道不怕火，在遇火後還是會留下燃燒斑塊的，因此，在運動場跑道區域應該嚴禁吸菸。

8.色彩鮮豔、防塵、無菌清潔、易於養護管理、有利於整個環境美化

由於聚氨酯材料沒有靜電作用，不吸附塵埃，加上沒有可供細菌生長的有機營養物質，因此，非常易於清洗，用水沖刷後即可恢復原來的鮮豔色彩。

絳紅色的跑道配上白色的分道線，再加上綠色的草皮，能使運動者得到一個心情舒暢的鍛鍊環境。

9.能為青少年提供更安全的活動場地

由於聚氨酯材料面層的跑道平坦均勻，可吸收震動，彈跳自如，是一種集運動、技術、防護功能於一體的國際公認的最佳訓練和比賽的場地，尤其對於青少年來說，它具有很高的防止膝關節受傷的保護作用。

上述的優越性能只有符合國際田聯規定要求的聚氨酯材料和其他一系列物理性能要求所鋪設的跑道才能全面達到。

現代合成材料的田徑跑道表層，具有良好耐用性能系統指標，設計成能提供動力特徵的最佳組合。顯然，短跑項目的運動員對場地面層的要求不同於長跑運動員，對於運動會的比賽及平時的運動訓練，如果將跑道設計成只適應某一特定運動員群體的，肯定是不能接受的。

基於這樣的原因，整個場地面層系統應在不同運動員使用該設備時的各種要求之間建立一種折中的動力特徵「平衡」。國際田徑業餘聯合會根據所有運動員的要求，對技術上存在可變動力特徵的合成材料面層性能指標作出了規定，以適應各種不同類型的項目。當主場地是用來作為國際比賽的設施，則「準備活動」場地跑道的面層，也應該具有與主場地相同的動力特徵。

（二）合成材料面層的性能要求

運動場跑道合成面層的要求有兩層含義，即有效和耐用。

作為運動場設施在比賽期間要符合規定的要求，面層就必須在相當長的一段時期內保持它們的特性，滿足比賽對設施高質量的全面要求，並且合成材料面層運動

場跑道象徵著一項相當可觀的財政投資，作為業主對一種商品的精打細算的需要，他們唯一的要求是能拿到最好的、可使用的東西。這也意味著應積極鼓勵為提高平時運動訓練的使用效果。

為了對投資得到合理的回報，業主希望合成材料面層在需要大修前至少維持8～10年。當然，面層的壽命還依賴於使用的程度和使用的水準。

1.耐久性

能經受得起運動過程中的擠壓、摩擦、鞋釘戳扎、紫外光線照射、水和氣溫的侵襲。

2.效果

使運動員在該面層上運動時感到舒適與安全。面層無缺陷，如氣泡、裂縫、分層等；平整度高，不應有起伏，在任何位置和任一方向上用 4 公尺直尺檢測間隙不得超過 6 毫米，或者在 1 公尺直尺下不得超過 1 毫米。不允許有超過 1 毫米高度的台階式的接縫。

3.厚度

除需加厚區域外，場地平均厚度應不小於 12 毫米，低於產品證書規定厚度10%的面積不能超過總面積的 10%；任何區域的厚度均不應小於 10 毫米。承受壓力區域（撐竿跳高、標槍、三級跳遠的助跑道，跳高的起跳區，障礙水池落地區）的厚度，障礙水池落地區為 25 毫米，其他加厚區為 20 毫米。

4.緩衝性能

場地表面材料在負荷狀態下產生彈性變形，產生相應的作用力。國際業餘田徑聯合會規定：在規定範圍（10℃～40℃）內任何溫度下，場地表面力量縮減的範圍在 35%～50%之間。

5.垂直變形

運動員腳對地面衝擊時，在垂直於地面的方向上產生相應的作用力，合成材料發生形變，即為垂直變形。國際業餘田徑聯合會規定：在 10℃～40℃的氣溫下，場地的變形範圍為 0.6～2.5 毫米之間（2003 年前為 0.6～1.8 毫米之間，2006 年前為 0.6～2.2 毫米之間）。

6.摩擦力

運動員腳和場地表面之間不應發生滑動，腳與地面接觸時產生摩擦力。國際業餘田徑聯合會規定：在潮濕的條件下摩擦係數不低於 0.5。

7.拉伸性能

當合成材料發生斷裂時，表現有一定的伸長性。國際業餘田徑聯合會規定：場地表面拉伸力的最小數值，密實型是 0.5MPa，透氣型為 0.4Mpa；所有類型場地表面在斷裂處的伸長率的最小數值，都應是 40%。

8.顏色

大多數室外田徑場的跑道都用紅色表面。如果跑道表面顏色由於天氣的原因而發生改變，其顏色也應該保持一致。

9.排水

表面應能自動使水流走。國際業餘田徑聯合會規定：下雨 20 分鐘後，合成材料表面有積水的深度不能超過面層紋理的厚度。

第三節・徑賽場地（跑道）的計算

一、跑道周長與各分道周長的計算

「400 公尺標準跑道」包括了兩個半徑分別為 36.50 公尺的半圓和與之相連接的長度為 84.39 公尺的兩個直段。跑道內邊有一個高約為 0.05 公尺、寬至少為 0.05 公尺的突沿。

跑道內沿長度為 398.12 公尺（36.50 公尺×2×3.1416＋84.39 公尺×2），按跑道內突沿的外沿向外 0.30 公尺處理論上的跑進路線（測量線）計算，長度為 400.00 公尺（36.80 公尺×2×3.1416＋84.39 公尺×2）。因此，內道（第一道）按理論上的跑進路線計算，長度為 400.00 公尺（允許誤差為＋4 公分，即應不少於 400.00 公尺和不超過 400.04 公尺）。

其他跑道用距內側分道線的外沿向外 0.20 公尺處丈量理論跑進線。所有的分道寬為 1.22 公尺±0.01 公尺。

二、起跑線的計算

（一）分道跑，在直道上起跑的起跑線

直段、直道上的起跑線（包括欄架橫木、接力區預跑線和前後沿的後緣）是從終點線靠近起點的一邊（後沿），按項目的比賽距離到起點線遠離終點的一邊（後沿）丈量所得。應該與分道線（或外突沿）相垂直。

（二）分道跑，在彎道上起跑的起跑線（起點前伸數）

有彎道段落的分道比賽項目，由於終點線只有一條，而各比賽項目的距離都是以第一分道為基準的，其他各分道弧段與第一分道弧段長度各不相同，為使各分道運動員所跑的距離相等，其他分道起點比第一分道起點要前移一定距離，這就是起點前伸數。

分道跑的徑賽項目，在彎道上的起跑線（包括欄架橫木、接力區預跑線和前後沿的後緣）是以第一道起點線為基準，以各道相應的前伸數向前移動呈梯形位置，延長線必須透過圓心的梯形起跑線。

起點線前伸數計算：

$$W_x = m \cdot \pi \left[(n-1) \cdot d - 1 \right]$$

式中：W 為前伸數，m 為曲段數，d 為分道寬，n 為所處的道次。

這就是任意田徑場地徑賽項目前伸數的計算通用公式。由此公式可以計算出任意周長、任意分道寬和任意道次上的前伸數。同時可以看出前伸數與田徑場地的內沿半徑沒有關係。

（三）部分分道跑，在彎道上起跑的起跑線（切入差與搶道線）

「800 公尺項目在第一個彎道末端的搶道線之前應為分道跑」，「4×200 公尺接力和 4×400 公尺接力中，第一個整圈和第二圈的第一個彎道末端的搶道線之前應為分道跑」，「在彎道結束處用一條 5 公分寬的線橫跨跑道做出標記（稱為搶道標誌線），並在跑道兩側放置標誌旗。表示運動員可以從此處離開各自的分道。」外道運動員往裏道切入跑進就需多跑一定的距離，此多跑的距離叫切入差。

部分分道跑的徑賽項目，各分道在彎道上的起點線，是以其跑過彎道數的正常前伸數加上對應的切入差，形成的梯形起跑線。搶道標誌線的畫法，以前規則及有關文獻上都將該線畫成一條等半徑的圓弧線。

現根據對每位運動員所站的不同起跑位置的數學計算，發現運動員在弧線外側比在內側起跑要少跑距離。按照競賽規則，運動員必須在條件相同、機會均等的前提下比賽才是合理的。

1995 年國際業餘田徑聯合會出版的《田徑場地設施標準手冊》，對 800 公尺搶道標誌線畫法的表述，已經將畫法由「圓弧線」改為「漸開弧線」（圖 121）。與等半徑圓弧線相比，運動員跑進距離的誤差有了明顯的改進（表 156）。

（四）不分道跑的起跑線（漸開弧線）

800 公尺以上的賽跑用曲線型（漸開弧）起跑線，不用分道。

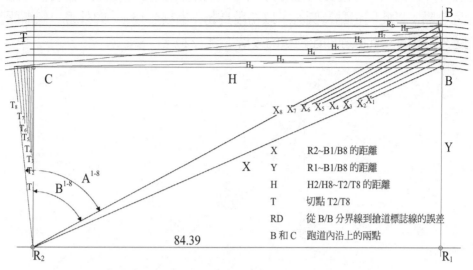

（國際田聯《田徑場地設施標準手冊》圖 2.2.1.6c）

圖 121　800 公尺跑的搶跑標誌線

表 156　400 公尺標準跑道的 800 公尺搶道標誌線（公尺，度）

道次	X（R₂-D）	Y（R₁-D）	A 角	B 角	A-B=弧度	弧長	84.39+弧長	斜邊 H	縮減※
1	92.06	36.80	73.82	73.82	0	0	84.39	84.39	0
2	92.518	37.92	73.958	73.115	0.843	0.847	84.877	84.884	0.007
3	93.02	39.14	74.26	72.358	1.748	1.01	85.40	85.431	0.031
4	3.545	40.36	74.26	71.601	2.659	1.537	85.927	86.002	0.075
5	4.077	41.58	74.414	70.856	3.558	2.0567	86.447	86.581	0.134
6	94.623	42.80	74.569	70.118	4.451	2.573	86.963	87.174	0.211
7	95.18	44.02	74.728	69.389	5.339	3.086	87.476	87.778	0.302
8	95.75	45.24	74.886	68.672	6.214	3.592	87.982	88.396	0.414

※未按理論實跑線，而按 H 線丈量。

（國際田聯《田徑場地設施標準手冊》表 2.2.1.6b）

1.在彎道上起跑的起跑線

半圓式 400 公尺田徑場的 1000 公尺、2000 公尺、3000 公尺、5000 公尺和 10000 公尺跑的起點線都在彎道上。應根據場地內沿的半徑和彎道的分道數，以漸開線原理計算出運動員所跑的初段距離：

$$A_T - T_n = \pi（R+0.3）/ 180 \times arcCOS〔/ R + nd〕$$

式中：$A_T - T_n$ 為初段距離，d 為分道寬，n 為分道數，R 為彎道半徑。

從第一（2000 公尺和 10000 公尺）或第三（1000 公尺、3000 公尺和 5000 公尺）

直曲段分界線與第一分道實跑線的交點向前，沿實跑線在彎道上丈量初段距離，取得一固定點；以此固定點為圓心，以初段長為「漸展半徑」，向外畫一條漸開弧線與跑道外沿相接，此弧線即起跑線的後沿（圖 122）。

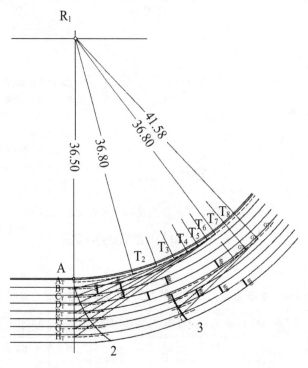

圖 122　第一彎道上的起點與 2000 公尺和 10000 公尺分組起跑的標誌

　　《田徑競賽規則（2010－2011）》規定：在 1000 公尺、2000 公尺、3000 公尺、5000 公尺和 10000 公尺的比賽中，「如果運動員人數超過 12 人，可將他們分成兩組同時起跑。大約 65% 的運動員為第一組，在常規起跑線處起跑。其餘運動員為第二組，在另一條弧形起跑線處同時起跑，該起跑線畫在外側一半跑道上。第二組運動員應沿著外側一半跑道跑至第一彎道末端。……畫第二條弧形起跑線時，應使所有運動員跑進的距離相等」。根據這個規定，外側一半跑道上的弧形起跑線，同樣應以第五分道的實跑線半徑長和外側彎道的分道數，用漸開線原理計算出第二組運動員所跑的初段距離；從第五分道 800 公尺起跑線與實跑線的交點向前，沿第五分道的實跑線在彎道上丈量初段距離，取得一固定點；以此固定點為圓心，以第二組的初段長為「漸展半徑」，向外畫一條漸開弧線與跑道外沿相接，此弧線即外側一半起跑線的後沿。

　　分組的弧形起跑線應該用標誌使所有的運動員都能跑同樣的距離。應將錐形物或其他明顯的標誌放置在外半部跑道的內側線上直至直道的開始處，以用來提示外側一組運動員什麼地方被允許加入其他從常規起點起跑的運動員中。2000 公尺和 10000 公尺的這一點是與 800 公尺的搶道標誌線重合的。

2.在直道上起跑的起跑線

1500 公尺跑和 3000 公尺障礙跑等的起跑線，以前規則及有關文獻上也與搶道標誌線一樣都是畫成一條等半徑的圓弧線。

根據《田徑場地設施標準手冊》，對搶道標誌線畫法的表述改為「漸開弧線」畫法，在直道上起跑的不分道跑項目的起跑線也應改為「漸開弧線」畫法。因此，應該畫成一條像彎道上起跑的起點線那樣要求的漸開弧線，讓所有運動員跑出的初段距離都相等。

在實際畫線施工中，採用的是在內側分道的實跑線上以間隔小於 30 公分的距離敲上一排鋼釘，然後將鋼尺靠緊鋼釘，以基準點為 0 點安放彩筆，繃直鋼尺向外移動時用彩筆畫下起跑標誌線供噴畫時使用。

分成兩個組起跑，分組的起跑線也是在第 5 分道的實跑線上按上述方法操作的。

在直道上起跑的不分道跑項目的起跑線以及搶道標誌線也應用「漸開弧線」畫法。它們都是以前方的直曲段分界線的實跑點向前的實跑線上按上述方法操作。

三、跨欄跑欄位與接力區的計算

與分道跑在彎道上起跑的起跑線的計算相似，將彎道跨欄跑各欄架的位置及接力跑各接力區至終點的距離，計算出它們各自的前伸數。按欄架橫木、接力區預跑線和前後沿的後緣，以各道相應的前伸數向前移動呈梯形位置，延長線必須透過圓心的梯形起跑線。

4×400 公尺接力跑中，第一接力區的中點標誌線與 800 公尺起跑線相同。每個接力區都是以此中點向兩邊各延伸 10 公尺的藍色箭頭標誌線標出的 20 公尺。第二和最後一個接力區應該以起/終點線為中心向兩邊各延伸 10 公尺的藍色中斷線作標記，並與終點線平行。

四、障礙跑水池與欄位的計算

水池建立在彎道內弧內側的跑道，要以兩個轉換弧形跑道和一個轉換直道與主跑道相連；水池建立在彎道外弧外側的跑道，要以兩個轉換直道和一個轉換彎道與主跑道相連。就不能用固定的突沿來做邊沿，標準跑道的突沿將移放至水池跑道的轉換開始與結束處。

水池跑道必須用白線標出，因此，跑道的丈量應該是在此線外沿向外 0.20 公尺的測量線上進行。

在障礙賽跑道上，一共有 5 個欄架，如有可能應放在等間距處。其中的一個是障礙水池的一部分。

第四節 · 田徑運動場地丈量與檢測方法

一、徑賽場地的檢測方法與步驟

（一）直接丈量方法

按有關的數據，用鋼尺沿計算線直接丈量各種位置的方法。它不需要作複雜的換算，一般用於直段、直道上各種距離的丈量。

（二）經緯儀丈量方法

經緯儀丈量法是利用經緯儀來測量各條彎道上一定弧長的方法。測量時，用經緯儀測量彎道上一定弧長所對的角度，確定該弧長在彎道上所處的位置。這種方法的優點是計算簡單，測量準確。但是受儀器精度的限制，操作時不如其他方法簡便。這種方法畫出的線準確，尤其是塑膠面層跑道的田徑場，畫線是一勞永逸的工作，為了保證畫線的品質，必須用該方法。

室內田徑場跑道由於彎道的傾斜度大，斜坡是一個弧形面，兩個點位之間距離不呈直線是一條弧線，因此在畫線時定位，尤其是在驗收檢測時，無法用鋼尺（或皮尺）進行準確的丈量，只有使用經緯儀根據彎道上一定弧長所對的角度，才能確定該弧長在彎道上所處的位置；或測量出彎道上的角度，才能確定該角度所對的弧長。

由於經緯儀刻度盤讀數是按順時針方向排列，而且是以跑道兩彎道的圓心軸線為背視 0°的，而我們所測量的弧和角度是按逆時針方向計算的，所以要把所求角度數換算成測量角度。方法是用 270°減去該計算角度數即可。

將經緯僅安放在彎道半徑圓心 O 或 O′上，做好儀器的「對中」「整平」和「對光」（即調整十字絲的清晰度）工作。固定水平度盤，調整好儀器，儀器平轉到所測彎道弧長所對的測量角度。然後透過目鏡挪動立在該分道線上的垂直標竿，使望遠鏡中的十字縱絲與標竿中心線相重合，這就是所需要的彎道弧長了。

為了保證測量準確，測量每一個角度均應進行「盤左觀測」和「盤右觀測」，若有誤差，應取其平均值。

各分道寬和各條彎道上一定弧長所對的測量角度可列成表供使用，以免計算，該表可從有關田徑場測畫方法的書中查到。

（三）正弦丈量方法

又稱直弦丈量法。它是根據各條分道彎道上各個位置之間的弧長所對的角度，運用正弦定理計算其所對應的弦長，以弦量弧的方法。

直弦丈量法的原理和計算方法比較簡單，但是測量點過多，連續多次丈量，會

田徑運動 高級教程

造成較大的誤差。實際測量時比較麻煩也不夠準確。在分道線上丈量弦長時，鋼尺（或皮尺）兩端必須壓在分道線外側。當所測弦長過長時，鋼尺（或皮尺）長度不夠，還需要打接力，誤差就更大了。因此，多是在曲段內突沿上，確定與基準點相對應的位置時採用此丈量方法。在實踐中多採用放射式丈量法。

（四）餘弦丈量方法

放射式丈量法是屬於餘弦丈量法中的一種。它是由已知的基準點至圓心和由放射點至圓心的半徑及其構成的夾角，利用餘弦定理求出從基準點至放射點的放射線長度的一種丈量方法。這種方法是根據計算的結果，由某基準點向其他各分道做放射式丈量，比直弦丈量法省人力，功效高。是目前絕大多數土質田徑場地畫線時及對塑膠面層跑道檢測時採用的丈量方法。

用放射線進行丈量的方法也有多種，丈量時都把基準點選在跑道內沿，向各分道線做放射式丈量。目前常用的有固定基準點、相應基準點和移動基準點放射式丈量三種方法。我們建議採用固定基準點放射式丈量法為好。

固定基準點就是基準點固定。如使用四個直曲段分界與內突沿的交點為基準點，利用餘弦定理公式求出各固定基準點至彎道上各徑賽項目位線的放射線長度。這種方法的優點是：基準點固定且數量少，計算丈量簡單方便且比較準確，省時省力，因而是較為普遍採用的丈量方法。但是，由於基準點少，由每個基準點引申出來的放射點就較多（包括了各種徑賽的點位線），前後交錯，容易造成混亂。因此，在丈量前，必須熟悉各種徑賽項目的要求，明確它們各自丈量的位線，以免出現丈量錯誤。

（五）檢測的注意事項

① 各「放射線長度」所對應的角度均統一以「經緯儀量法」所計算的角度為準。
② 本章提供「放射線長度」都是到「分道線」位置的長度，而不是到「實跑線」的長度，故丈量時，0 點一律是跑道內突沿外側的固定基準點，止點則在各分道線的外側。

二、田賽場地的檢測方法與步驟

（一）跳躍場地的檢測

1.跳遠、三級跳遠場地的檢測

助跑道從起點至起跳線的長度至多 45 公尺，助跑道寬 1.22 公尺（±0.01 公尺）。

落地區必須長 8～10 公尺，寬至少為 2.75 公尺。

起跳板的規格為 1.22 公尺（±0.01 公尺）×0.20 公尺（±0.02 公尺）×0.10 公尺（±0.01 公尺）。跳遠起跳板應放在距落地區近端 3.00 公尺處，三級跳遠的起跳板應安放在距落地區近端，男子為 13 公尺、女子為 11 公尺處。

2.跳高場地的檢測

半圓形助跑道的半徑至少為 20 公尺，落地區應不小於 6 公尺×4 公尺。

3.撐竿跳高場地的檢測

跑道至少長 40 公尺，助跑道長度從零線開始丈量。助跑道寬 1.22 公尺（±0.01 公尺）。插斗底部長度為 1 公尺，底部的寬度自後向前逐步變窄，後端為 0.60 公尺，至前壁底部為 0.15 公尺，插斗底部與前壁構成 105°夾角，前壁長 0.224 公尺，插斗左右兩壁向外傾斜，在靠近前壁處形成約 120°夾角。

（二）投擲場地的檢測

1.鉛球場地的檢測

圈內直徑為 2.135 公尺（±0.005 公尺）。圈內地面比圈輪邊低 0.02 公尺（±0.006 公尺）。圈箍厚度至少 0.006 公尺。

落地區長度為 25 公尺。如果在離投擲圈圓心 25 公尺處，兩條分界線的間距為 15.00 公尺，則表示獲得了 34.92°的扇形角。

2.鐵餅場地的檢測

除投擲圈直徑為 2.50 公尺（±0.005 公尺）外，鉛球投擲圈設施的內容都適用。

落地區長為 80 公尺，如果保持 34.92°扇形角，則在離投擲圈圓心 80 公尺處，兩條分界線間距 48.00 公尺。

3.鏈球場地的檢測

投擲圈直徑為 2.135 公尺（±0.005 公尺），同鉛球投擲圈設施的內容。

落地區長為 90 公尺，如果保持 34.92°扇形角，則在離投擲圈圓心 90 公尺處，兩條分界線間距 54.00 公尺。

4.標槍場地的檢測

助跑道長度為 33.5 公尺，助跑道由兩條相距 4 公尺、寬 0.05 公尺的平行白線標出。

投擲弧寬 0.07 公尺，是一個圓心在助跑道中線上、半徑為 8 公尺的朝投擲方

向的圓弧，在助跑道標誌線兩側外，垂直方向上延伸長 0.75 公尺、寬 0.07 公尺。從投擲弧終點倒退 4.00 公尺，助跑道邊有兩個白色 0.05 公尺×0.05 公尺的矩形。

分界線在沿圓心與投擲弧和助跑道標誌線交叉處的連線延長線上鋪設。落地區長 100 公尺，在離起擲弧圓心 100 公尺處，兩條分界線內沿連線長 50 公尺。

主要參考文獻

〔1〕朱文華.博大與精深.人才，1982（6）：32.

〔2〕周林，等科學家論方法：第一輯呼和浩特：內蒙古人民出版社，1983：48.

〔3〕袁振國.著力提升高校哲學社會科學的創新能力.中國高等教育，2006（12）：6.

〔4〕董光壁.中國近現代科學技術史論綱.長沙：湖南教育出版社，1992：170.

〔5〕約翰·齊曼真科學曾國屏，等.譯.上海：上海科技教育出版社，2002：29.

〔6〕袁振國.論高校哲學社會科學研究的形式與方法創新.中國高等教育，2006
（17）：17.

〔7〕朱克曼 H.科學界的菁英.北京：商務印書館，1982.

〔8〕丁烈云以需求為導向推動人文社會科學創新中國高等教育，2000（4）：35.

〔9〕國家中長期教育改革和發展規劃綱要（2010—2020）.北京：人民出版社.

〔10〕中國田徑協會.田徑競賽規則（2008）.北京：人民體育出版社.

〔11〕中國田徑協會.田徑競賽規則（2010—2011）.北京：人民體育出版社.

〔12〕全國體育學院教材委員會.田徑運動高級教程.北京：人民體育出版社，
1994.

〔13〕張貴敏.田徑運動教程.北京：人民體育出版社，2007.

〔14〕文超.田徑運動高級教程（修訂版）.北京：人民體育出版社，2003.

〔15〕文超.中國田徑運動百年.北京：人民體育出版社，2006.

〔16〕文超.體壇沐櫛集.廣州：華南理工大學出版社，2008.

〔17〕田徑運動編選小組.田徑運動.北京：人民體育出版社，1961.

〔18〕《田徑》編寫組.田徑.北京：人民體育出版社，1978.

〔19〕《田徑》編寫組.田徑.北京：人民體育出版社，1983.

〔20〕孫慶傑，王翠英.田徑.北京：高等教育出版社，1993.

〔21〕車保仁，李鴻江，邰崇禧田徑（專修版）北京：高等教育出版社，1999.

〔22〕中國田徑協會《田徑場地設施標準手冊》北京：人民體育出版社，2009.

〔23〕袁作生，等.現代田徑運動科學訓練法.北京：人民體育出版社，1997.

〔24〕謝利民.現代教學論綱要.西安：陝西人民教育出版社，1998.

〔25〕何增生.要敢於和善於突破創新——參加「中國女子鉛球攻關組」訓練的
體會.田徑，1995（2）

〔26〕闞福林.要突出整體效益——對鉛球訓練的認識.田徑，1991.

〔27〕闞福林.發展中國高水準女子鉛球運動員專項速度的探討.田徑，1992.

〔28〕中國田徑協會中國田徑教學訓練大綱成都：成都科技大學出版社，1999.

〔29〕中國田徑協會中國田徑教學訓練大綱北京：北京體育大學出版社，2009.

田徑運動 高級教程

各章編著者簡介

（按章排序）

文超，1930 年 5 月生，黑龍江省齊齊哈爾市人。短跑、跳遠運動員。1956 年北京體育學院研究生部田徑研究班畢業。

西安體育學院教授，日本大阪體育大學名譽教授。

歷任西安體育學院院長，中國田徑協會副主席，中國體育發展戰略研究會委員，西北體育發展戰略研究會會長，全國田徑理論研究會會長，全國體育院校教材委員會《田徑》教材小組組長等職。

主編的教材、專著分別獲得國家教委國家級優秀教材獎、國家體委優秀教材一等獎、國家體委軟科學專項一等獎及體育科技進步獎等。獲國務院頒發的政府特殊津貼和證書。著有《田壇耕耘錄》等書。

研究方向：體育院校建設與改革、中國競技體育體制改革。

容仕霖，1949 年 6 月生，廣東省惠州市人。100 公尺和 200 公尺跑成績為 10.8 秒、22.3 秒。教育學碩士，河北體育學院教授。曾獲「河北省教學名師」、「全國優秀教師」等榮譽稱號。

1982 年西安體育學院研究生畢業。1982 年至今，先後在西安體育學院、河北體育學院任教，歷任西安體育學院科研處副處長、研究生部負責人、河北體育學院基礎理論教學部副主任和主任、運動訓練系主任、科研處處長等職務。共主編或參編教材 16 部，主編的《體育科學研究方法》獲教育部優秀教材二等獎，有 5 項研究成果獲得省部級科技獎勵。

現任全國田徑理論研究會副會長、優秀教授，河北省體育科學學會常務理事、河北省國民體質監測中心技術部主任。

研究方向：體育科研方法學、體育教育訓練學、體質學。

詹建國，1960 年 7 月生，雲南省瀘西縣人。短跑、跨欄運動員。北京體育大學教授，博士生導師。

1986 年畢業於西安體育學院研究生部，獲碩士學位，留校任教。2000 年畢業於北京體育大學研究生部，獲博士學位。全國田徑理論研究會委員，優秀教授。指導了 35 名碩士與博士研究生，均獲學位。

近年來，參加了教育部博士點基金課題和亞運科研攻關與科技服務等 10 餘個課題研究工作，是奧運會、亞運會科研攻關與科技服務專家組成員。獲國家體育總局體育社會科學、軟科學優秀成果一等獎、三等獎等，在體育學術期刊和國內外學術會議上發表論文 50 餘篇、譯文 40 餘篇。專著有《跨欄跑》一書。

研究方向：體育教學理論與方法、運動訓練理論與方法。

各章編著者簡介

吳瑛，1957 年 6 月生，山東蓬萊人，短跑運動員。1980 年 1 月畢業於上海體育學院，留校任教；1986 年 8 月至 1990 年 11 月在蘇聯國立中央體育學院學習，獲教育學副博士學位。

歷任上海體育學院附屬競技體校副校長、校長（兼競技體育系主任）；現任上海體育學院教務處處長、教授、博士生導師，中國體育科學學會運動訓練分會常委、上海市體育科學學會理事、中國大學生田徑協會常委（訓練委員會主任）、全國高等院校體育教學訓練研究會副會長、全國田徑理論研究會副會長、優秀教授，上海市田徑協會副主席等職。

主持完成了教育部、國家體育總局科研項目、上海市曙光計畫基金項目、上海市科委中醫專項研究課題、國家體育總局 08 奧運科技攻關課題等 7 項省部級課題。先後在國內外刊物上發表論文 30 餘篇，出版教材 3 部。1998 年獲國家體育總局「優秀中青年學術技術帶頭人」。

研究方向：體育教學理論與方法、運動訓練理論與方法。

劉江南，1955 年 9 月生，廣西壯族自治區陸川縣人。教授，博士，博士生導師。十項全能運動員。1986 年廣州體育學院研究生部畢業，獲教育學碩士，1999 年 11 月至 2000 年 11 月在美國舊金山大學學習公共管理。曾任廣州體育學院副院長、現任廣州市體育局長、中國體育科學學會體育社會專業委員會委員、中國體育發展戰略委員會委員，全國田徑理論研究會副會長，優秀教授，全國體育院校《田徑》教材小組成員。廣東省教育學會學校體育研究會會長。曾獲國家體委軟科學專項一等獎，廣東省優秀教學成果二等獎，國家體委優秀教材一等獎等。著有《為國爭光，為國增利》，在《體育科學》等較有影響的期刊上發表數十篇論文，參與了較多的全國體院田徑教材編寫工作，指導了 10 餘名碩士、博士研究生，被譽為「學者型」體育局長。為申辦、承辦第 16 屆亞運會作出重要貢獻。

研究方向：體育管理學、體育社會學。

王君俠，1943 年 11 月生，陝西省漢中市人，中跑運動員。西安體育學院教授，碩士生導師。原西安體育學院運動系主任、中國田徑協會裁判委員會常委、全國田徑理論研究會常委、優秀教授，全國體育院校田徑教材小組副組長。曾獲國家級優秀教材獎。近幾年來，參加中國競走訓練的工作。

研究方向：競走與中長跑。

王志莉，女，1964 年 1 月生，陝西韓城人。自小接受中長跑運動訓練。副教授。1985 年西安體育學院畢業，留校任教至今。1992 年至 1995 年於北京體育大學讀研究生，獲教育學碩士學位。多年的田徑教學訓練工作取得優異成績，成為學生的「良師益友」。獲第二屆全國田徑裁判論文報告大會的特等獎、全國田徑理論研

究會優秀論文一等獎。曾任初中田徑教材編寫工作的副主編。

研究方向：田徑運動教學訓練理論與方法。

田秀東，1929 年 11 月生，遼寧省鐵嶺市人。吉林體育學院教授。1956 年北京體育學院研究生部田徑研究班畢業。1954 年全國 13 城市田徑比賽中 5000 公尺、10000 公尺跑冠軍。1956 年全國田徑比賽 3000 公尺障礙跑冠軍，並創首個中國紀錄。曾為吉林省田徑協會副主席。

歷任吉林省田徑隊領隊、吉林體育學校校長。吉林體育學院體育系主任、體育科研所所長等職。現為吉林體院教學督導組組長。

發表多篇田徑運動員訓練論文，參加多本田徑專著編寫工作，1994 年、2003 年、2011 年共主筆三版《田徑運動高級教程》中長跑、3000 公尺障礙跑教材。

全田徑理論研究會榮譽委員。

研究方向：體育教育訓練學。

梁田，女，1929 年 12 月生，廣州市人，優秀女子長跑運動員，中國田徑運動史料研究專家。1956 年北京體院研究生部田徑研究班畢業。副研究員。積累大量田徑資料，發表大量田徑文章。參加了《全國田徑訓練大綱》、《中國田徑運動史》、《田徑運動高級教程》（共三版）、《中國田徑運動百年》、《體壇沐櫛集》、《廣東科技志》、《嶺南體壇人物誌》、《廣東體育菁英大觀》等編寫工作。著有《中國田徑發展簡史》。

全國田徑理論研究會優秀研究員。

研究方向：田徑運動史料。

李相如，1956 年 4 月生，陝西省漢陰縣人，跨欄運動員。1988 年畢業於西安體育學院研究生部，教育學碩士，留校任教。1994 年至今，首都體育學院教授、碩士生導師、社體系主任，全國田徑理論研究會副會長、優秀教授，中國體育科學學會社會體育專業委員會委員，國家體育總局國家級社會體育指導員評審組成員，北京市跨世紀人才、北京市科技創新標兵、北京市教學名師。曾獲全國體育學院教學論文報告會二等獎、國家體委優秀教材一等獎、國家體育總局科技進步三等獎等。著有《全民健身新視點》等書。

研究方向：體育社會學，田徑教學訓練理論與方法。

倪俊嶸，1952 年 8 月生，廣東省茂名市人，400 公尺欄運動健將，解放軍體育學院教授，碩士生導師。1986 年畢業於廣州體育學院。解放軍體育學院田障教研室主任、全國田徑理論研究會副會長、優秀教授、解放軍高等教育委員會委員，國務院學位委員會博士點申報評審專家，教育部碩士生教學用書評審專家。曾獲國家

體育總局體育科技三等獎，全軍科學技術進步二等獎、全軍優秀教材三等獎。四總部教書育人突出貢獻獎。全軍教學名師。著有《軍事體育訓練》等書。

研究方向：軍事體育教學訓練理論與方法。

袁林，1965 年 1 月生，上海市人，馬拉松跑運動員。1986 年畢業於北京體育學院，吉林體育學院教授，碩士生導師。吉林體育學院田徑教研室主任、全國田徑理論研究會委員。主要從事田徑運動教學和訓練工作，撰寫著作及參編教材 8 部，參與國家和省級科研課題 12 項，發表論文 30 餘篇。

研究方向：田徑運動教學訓練理論與方法。

王保成，1945 年 9 月生，河南省南陽市人，跳遠、三級跳遠運動員。首都體育學院教授，碩士生導師。1982 年畢業於西安體育學院研究生部、教育學碩士。歷任首都體育學院研究生部主任、科研處長，中國體育科學學會訊息專業委員會委員，全國體育院校《田徑》教材小組成員。全國田徑理論研究會常委。指導了許多碩士研究生，發表了多篇論文，著有《力量訓練》等書。曾獲國家級優秀教材獎、國家體委優秀教材一等獎、國家體育總局體育科技進步三等獎、奧運會科技攻關二等獎。

研究方向：田徑運動教學訓練理論與方法。

許樹海，1950 年 8 月生，陝西省西安市人，跳遠運動員。西安體育學院教授，碩士生導師。1985 年畢業於西安體育學院研究生部，教育學碩士，曾在日本大阪體育大學進修。歷任西安體育學院田徑教研室主任，全國田徑理論研究會委員。曾獲國家教委國家級優秀教材獎，國家體委優秀教材一等獎。

研究方向：田徑運動教學訓練理論與方法。

郭元奇，1957 年 6 月生，山東省龍口市人，三級跳遠運動健將。北京體育大學教授、博士生導師。1985 年畢業於北京體育學院研究生部，獲教育學碩士學位，留校任教。被評為北京體育大學有突出貢獻的教師、優秀教練員。參加《田徑運動高級教程》第二、三版的編寫工作。

研究方向：體育教學理論與方法、運動訓練理論與方法。

朱詠賢，1940 年 4 月生，浙江省寧波市人，撐竿跳高運動員（金屬竿 3.90 公尺），田徑國際級裁判員。1964 年畢業於上海體育學院，留校任教。上海體育學院教授、博士生導師。原上海體育學院田徑系主任，中國大學生田徑協會常委、教練委員會常務副主任，全國田徑理論研究會委員。他積極推動研究會的工作，積極推出年輕學者、委員，被評為優秀教授，被譽為優秀博導。他指導了 12 名博士生、

田徑運動 高級教程

10 餘名碩士生。多年來，參與了國家體育總局田徑教學訓練等大量科研工作、教材工作，曾獲國家體委科技進步一等獎，國家體委優秀教材一等獎等。主編有《少兒健身》和《奧林匹克田徑》等科普讀物。

研究方向：體育教學理論與方法、運動訓練理論與方法。

成萬祥，1952 年 1 月生，上海市人，跳高運動員。上海體育學院教授，教育學博士，博士生導師。1978 年畢業於上海體育學院，在日本築波大學研究生院學習、體育學碩士，獲上海體育學院研究生部博士學位。歷任上海體育學院田徑系副主任（主持工作）、圖書館副館長、教務處副處長、教學訓練保障中心主任。獲得上海市教學成果二等獎 1 項，完成省部級課題多項。先後在國內外刊物上發表論文 20 餘篇。參與編撰教材 4 部。

全國田徑理論研究會常委、全國田徑教練員崗位培訓指導組成員。

研究方向：體育教學理論與方法、運動訓練理論與方法。

孫南，1956 年 4 月生，河南省新鄉市人，撐竿跳高運動員。北京體育大學教授，博士生導師。1986 年北京體育學院研究生部畢業、教育學碩士。國際田聯地區發展中心常務副主任，國際田聯高水準訓練中心（北京）技術主任、亞洲田徑教練員協會理事、全國少年兒童田徑研究委員會副會長、《國際田聯地區發展中心、北京學刊》常務副主編，全國田徑理論研究會委員。主持全國教育科學規劃課題和國家級規劃教材。

研究方向：體育教學理論與方法、運動訓練理論與方法。

史美創，1957 年 11 月生，浙江省寧波市人。撐竿跳高運動員，上海體育學院附屬競技體育學校國家級教練員，碩士生導師。1982 年畢業於上海體育學院，曾在莫斯科體育學院學習。培養了中國女子撐竿跳高全國紀錄創造者高淑英（4.64 公尺）。

研究方向：運動訓練理論與方法。

徐政，1961 年 1 月生，浙江平湖人，十項全能運動員，全國體院比賽冠軍。1982 年畢業於西安體院，2001 年畢業於上海體院研究生部，碩士學位。現在是西安體院碩士生導師，副教授。

2008 年參加西安體院奧運會攻關課題組獲國家體育總局三等獎和國家田徑運動管理中心一等獎。近年來，指導的女子撐竿跳高運動員在田徑世界盃賽、亞洲運動會田徑比賽、亞洲田徑錦標賽、全運會田徑比賽、全國田徑錦標賽上獲得冠軍、亞軍等優異成績。

研究方向：運動訓練理論與方法。

李祖林，1929 年 4 月生，山東省龍口市人，標槍運動員。研究員。1956 年北京體育學院研究生部畢業，1960 年蘇聯列寧格勒體育學院研究生畢業。原國家體委體科所研究員，兼國家田徑隊鐵餅教練員，中國田徑協會技術委員會委員，全國田徑理論研究會委員。曾獲國家體委優秀教材一等獎。

劉明，1961 年 4 月生，山東濟南人。投擲運動員。田徑國際級裁判員。教授，博士。1982 年 1 月北京體育學院畢業，2003 年 7 月上海體育學院研究生部畢業，獲全國優秀教師獎。

先後完成省部級和廳局級課題 18 項，其中 5 項榮獲省科技進步和省優秀教學成果獎，主編或參編出版了（田徑）高校教材、《田徑運動高級教程》、《大學體育基本理論教程》等 11 部；在《體育科學》等國內外學術期刊上發表論文 50 餘篇。

全國田徑理論研究會常委，優秀教授。全國非智力因素研究會常務理事，廣東省體育科學學會常務理事，廣州市體育科學學會副理事長，全國中文體育核心期刊《體育學刊》副主編。

研究方向：體育教學訓練理論與方法、運動員非智力因素研究。

張貴敏，1950 年 4 月生，遼寧省大連市人。十項全能運動員。教授，教育學博士，博士生導師。2001 年畢業於上海體育學院研究生部，曾在德國格丁根大學學習運動訓練學。

歷任瀋陽體育學院院長，中國體育科學學會訓練學分會副主任、體育產業分會副主任，教育部教學指導委員會委員，全國體育院校教材委員會委員、田徑教材小組組長，全國田徑理論研究會副會長、優秀教授，遼寧省中青年學術帶頭人、遼寧省優秀專家，享受國務院頒發的特殊津貼。

主編《田徑運動教程》等教材、專著 7 部。主持、參加 3 項國家級立項課題，14 項省部級立項課題，獲國家級與省部級科技成果獎 21 項。

研究方向：體育產業、運動技術診斷。

劉平，1971 年生，黑龍江省五大連池市人，2004 年畢業於上海體育學院，教育學博士，瀋陽體育學院田徑教研室副主任、教授，遼寧省優秀青年骨幹教師、遼寧省中青年決策諮詢專家，全國田徑理論研究會委員。

主持國家社科基金等課題 4 項，參與省、部級課題 12 項，其中 4 項為奧運攻關項目。在核心期刊發表論文 10 篇，多次參加奧科會、亞科會。主持研究成果獲遼寧省人民政府社科成果獎、遼寧省自然科學學術成果獎等研究成果獎共 10 項；參與研究成果獲省、部級成果獎 10 項。參編「十一五」國家級規劃教材等教材 3 部。

研究方向：田徑教學訓練理論與方法。

馬明彩，1935 年 11 月生，江蘇省沛縣人，投擲運動員，北京體育大學教授，博士生導師。1960 年畢業於北京體育學院。全國田徑理論研究會常委，全國體育學院教材委員會《田徑》教材小組成員。曾獲國家體委優秀教材一等獎，國家體委科技進步一等獎、國家體育總局科技進步三等獎等。獲國務院頒發的政府特殊津貼和證書。

研究方向：體育教學理論與方法、運動訓練理論與方法。

康利則，1954 年 5 月生，陝西省佳縣人，投擲運動員。西安體育學院教授，碩士生導師。1988 年畢業於西安體育學院研究生部，教育學碩士。西安體育學院運動系主任、全國田徑理論研究會常委，獲得陝西省政府優秀教學成果二等獎。

研究方向：田徑運動教學訓練理論與方法。

梁彥學，1937 年 3 月生，陝西省韓城市人，十項全能運動員。1961 年畢業於北京體育學院，原國家體委訓練局田徑集訓隊教練員。中國田徑協會教練委員會常委，執教國家田徑隊全能運動員訓練 30 餘年，獲得優異成績，獲國務院頒發的政府特殊津貼和證書。在北京市婦聯、電視台等聯合舉辦的「好丈夫」評比中，經數輪評審終獲「家政管理獎」。

曾為全國田徑理論研究會常委，獲國家體委優秀教材一等獎。

研究方向：運動訓練（全能運動）理論與方法。

盧建功，1937 年 1 月生，河北省涿州市人，短跑運動員。上海體育學院教授，碩士生導師。1960 年畢業於蘇聯中央體育學院，1966 年上海體育學院研究生畢業。中國田徑協會科研委員會委員，全國田徑理論研究會委員、優秀教授。曾獲國家體委優秀教材一等獎。

他在 1990 年主筆翻譯的蘇聯體育學院田徑教科書，對提高中國《田徑運動高級教程》的質量發揮了重要作用。他對引進蘇、俄先進的田徑理論知識作出積極、突出的貢獻。

研究方向：田徑運動教學訓練理論與方法。

蘇明理，1952 年 10 月出生，陝西紫陽人。中跑運動員。1976 年西安體院畢業，2000 年西北大學經濟管理學院研究生班畢業。西安體育學院院長，教授、碩士生導師、博士生導師。全國體育院校教材委員會委員，中國體育科學學會管理學專業委員會副主任委員，陝西省田徑協會名譽主席，全國田徑理論研究會副會長，優秀教授。近年主持省、部級以上課題 8 項，主編和參編教材、專著 4 部，在核心期刊發表學術論文 20 餘篇。

研究方向：體育管理學、田徑運動教學訓練理論與方法。

徐昌豹，1938 年 10 月生，浙江省鄞縣人，跳高運動員。上海體育學院教授，博士生導師。1964 年畢業於北京體育學院研究生部。原任上海體育學院田徑系主任、教務處處長等職，全國體育院校田徑教材小組成員，全國田徑理論研究會副會長、優秀教授。上海市體育科學學會理事，上海市田徑協會副主席，曾獲國家體委優秀教材一等獎、國家級科技進步三等獎、國家體委科技進步一等獎和三等獎、中國體育科學學會體育科學三等獎等。

他在編寫中國體育院校田徑教材工作中發揮了積極、重要的作用。獲國務院頒發的政府特殊津貼和證書。

研究方向：體育教學理論與方法、運動訓練理論與方法。

程其練，1957 年 3 月生，江西省新建縣人，江西師範大學體育學院教授，碩士生導師。江西師範學院體育系畢業，江西師範大學體育學院院長，江西省高校中青年學科帶頭人，江西省體育科學學會副理事長，江西省高校體協副主席，全國田徑理論研究會常委。獲江西省高校優秀多媒體教學課件一等獎、江西省第三屆普通高等學校優秀教材二等獎。獲江西省體育局授予的「2008 年北京奧運會突出貢獻獎」。

研究方向：學校體育學、田徑運動教學訓練理論與方法。

許崇高，1952 年 11 月生，山東榮城人。1975 年畢業於西安體育學院，1987 年北京體育學院助教班學習（碩士課程），1992 年赴日訪問（亞洲 10 國青少年體育運動領導人學習班成員）。

1993 年至 1995 年北京師範大學心理學系高訪學者，2000 至 2002 年中科院心理所教育與發展心理學研修班畢業（博士課程）。

西安體育學院教授，國家級田徑精品課程主講教師、碩士生導師，陝西省田徑協會科研委員會副主委，中國教育與發展心理學會會員，全國田徑理論研究會委員，中國體育科學學會運動訓練學會田徑專業委員會常委。

研究方向：田徑運動教學訓練理論與方法、學校體育學。

姚輝洲，1959 年 1 月生，山東鄆城人，跳高運動員。廣西師範大學教授，教育學博士，調研員。

1982 年畢業於廣西師範大學體育系，2006 年畢業於上海體育學院研究生部，獲教育學博士學位。

歷任廣西體育專科學校校長。曾任高校體育專業田徑運動、運動訓練學、體育社會學等課程，以及省級重點課程和精品課程負責人。主編或參編（田徑）高校教材和教學參考書等 10 部。1996 年開始擔任碩士生導師。先後主持或參加 7 項國家級、省部級教育科學規劃和哲學社會科學規劃課題研究，發表論文 30 多篇。培養

一級和健將級運動員數人。

獲省部級普通高等學校優秀教學成果獎二等和三等獎 3 項、省部級優秀社會科學成果二等和三等獎兩項。全國高校優秀青年體育教師、全國優秀國家級裁判員、全國田徑理論研究會副會長、優秀教授。

研究方向：體育社會學、田徑運動教學訓練理論與方法。

袁作生，1945 年 12 月生，湖北省武漢市人，短跑運動員。1969 年畢業於北京體育學院。北京體育大學教授，博士生導師。曾任北京體育大學運動系主任兼競技體校校長，全國田徑理論研究會常委，中國田徑協會裁判委員會副主任。曾獲國家體委優秀教材一等獎。

研究方向：體育教學理論與方法、運動訓練理論與方法。

韓敬，1954 年 12 月生，江蘇省南京市人，跳遠運動員。西安體育學院教授，碩士生導師。1988 年畢業於西安體育學院研究生部，教育學碩士。全國田徑理論研究會副會長兼秘書長、優秀教授。中國體科學學會訓練學分會田徑專項委員會常委、陝西省田徑協會常委、西安體育學院田徑教研室主任、國家體育總局優秀中青年學術技術帶頭人。田徑省級精品課程主持人。田徑國家級精品課程主要負責人。參加編著《中國田徑運動百年》（纂編定稿）、《田壇經驗論》（副主編）等。在核心期刊發表論文 30 餘篇。曾獲國家體育總局、總局田管中心奧運攻關科技進步一等和三等獎等多項獎勵。

研究方向：田徑運動教學訓練理論與方法。

楊學軍，女，1951 年 7 月生，浙江省諸暨市人，跳高運動員。上海體育學院教授，碩士生導師。1989 年畢業於上海體育學院研究生部，教育學碩士。全國田徑理論研究會委員，曾獲國家體委體育科技進步一等獎，國家體育總局教學成果二等獎。

研究方向：田徑運動教學訓練理論與方法。

周家穎，1963 年 7 月生，湖北省當陽市人。西安體育學院教授、博士、博士研究生導師，西安體育學院體育系主任，國家級體育教育學特色專業建設點負責人，國家級田徑精品課程第二負責人，國家田徑奧林匹克高水準後備人才訓練基地負責人。全國高等院校體育教育訓練學研究會常委、中國體科學會訓練學分會田徑專項委員會常委、全國田徑理論研究會委員，中華全國體育總會第八屆委員會委員，陝西省田徑協會副主席。在體育類核心期刊發表論文 30 餘篇，主持省部級課題多項。

研究方向：體育教學理論與方法、運動訓練理論與方法。

黃向東，1941 年 9 月生，湖北省黃陂縣人，十項全能運動員。武漢體育學院教授，碩士生導師。曾任武漢體育學院競技體校校長，中國田徑協會科研委員會委員，全國田徑理論研究會副會長、優秀教授。曾獲國家科委科技進步二等獎、中國體育科技進步一等獎、國家教委科技進步二等獎。中國民主同盟湖北省委員會副主席、湖北省政協常委兼副秘書長。

研究方向：運動訓練科學化研究。

和平，1947 年 5 月生，遼寧開原人，短跑運動員。天津體育學院教授，碩士研究生導師，1974 年畢業於天津體育學院，曾任天津體育學院運動訓練科學系主任等職。

現任教學督導組組長，天津市普通高校教育教學質量專家督導組組長，全國田徑理論研究會委員、優秀教授。

編著有《競技體育導論》等。創編的《田徑運動》集郵，獲得 2004 年雅典奧運會和 2008 年北京奧運會世界奧林匹克體育集郵競賽金獎。

研究方向：競技體育與奧林匹克運動。

馬衛平，1959 年 12 月生，湖南省長沙市人，跳高運動員。湖南師範大學博士、教授、博士生導師。1982 年湖南師範大學體育系畢業，2005 年湖南師範大學課程與教學論專業博士畢業。

2006 年被聘為體育人文社會學專業博士研究生導師。現任湖南師範大學校友會秘書長，中國體育科學學會會員，全國田徑理論研究會副會長、優秀教授。湖南省體育科學學會常務理事。

1999 年獲「全國體育新苗獎」，獲第七屆全國大學生運動會科學論文報告會二等獎、第八屆全國田徑理論研討會一等獎、第十屆全國高師體育科學論文報告會一等獎。

在《體育科學》《體育學刊》《北京體育大學學報》等國內核心期刊上發表論文50 餘篇。出版專著《健身方法導引——田徑是健身之本》和《體育與人——一種體育哲學》和《體育哲學》等。

研究方向：體育教育學、體育社會學。

沈信生，1955 年 3 月生，江蘇省大豐縣人，三級跳遠運動員。北京體育大學教授、博士生導師。1988 年北京體育大學研究生部畢業，教育學碩士。中國田協裁判委員會委員。

曾獲全國普通高校優秀教學成果二等獎。承擔了 2008 年北京奧運會、2010 年廣州亞運會等重大田徑賽事的成績訊息處理裁判任務。

研究方向：體育教學理論與方法、運動訓練理論與方法。

譚紅，1960 年 4 月生，湖南省湘鄉縣人，標槍運動員。西安體育學院教授、碩士生導師。1982 年畢業於西安體育學院。曾任西安體育學院現代教育技術與網絡訊息中心主任。獲全國體育院校論文報告會三等獎。全國田徑理論研究會委員。編著有《中國田徑百年》的擲標槍章。

　　研究方向：田徑運動教學訓練理論與方法。

　　張思溫，1934 年 2 月生，山東省莘縣人，北京體育大學教授，碩士生導師。1959 年畢業於北京體育學院。原北京體育大學副校長，原國際田聯地區發展中心主任（北京），全國體育學院教材委員會副主任，中國田徑協會副主席，全國田徑運動會總裁判長，全國田徑理論研究會副會長。曾為《田徑運動高級教程》第一、二版副主編，獲國家體委優秀教材一等獎，國家體育總局科技進步三等獎等。

　　研究方向：重大田徑賽事管理。

　　楊培剛，1960 年 9 月生，江蘇啟東人，田徑運動員。上海體育學院副院長、中國乒乓球學院院長，中國田徑協會競賽委員會副主任，中國鐵人三項協會副主席，上海市田徑協會副主席，田徑國際級裁判員。

　　歷任上海體育學院附屬競技體校校長，上海體育職業技術學院副院長、院長，上海第二體育運動學校校長，萬體基地主任，上海田徑運動中心主任。曾擔任北京奧運會、廣州亞運會等多項國際、國內重大田徑比賽的賽事主管之職。

　　研究方向：重大田徑賽事管理、高水準運動員培養。

　　呂季東，1969 年 12 月生，浙江餘姚人，田徑運動員。教育學博士，教授。1992 年畢業於上海體育學院，任教師。2005 年 9 月至 2006 年 8 月，在美國印第安那大學做訪問學者。

　　歷任上海體育學院體育教育訓練學院常務副院長、上海體育學院國際交流處處長，現任上海財經大學體育部主任，中國田徑協會競賽委員會委員，田徑國際級裁判。曾擔任北京奧運會、廣州亞運會等多項國際、國內重大田徑比賽的田賽裁判長之職，連續多年擔任上海國際田聯黃金大獎賽和鑽石聯賽的賽事主管工作。

　　承擔了國家科技支撐計畫項目 1 項，主持完成了國家體育總局科研項目、上海市青年科技啟明星項目、上海市教委創新人才培養教學改革課題等 3 項省部級課題。先後在國內外刊物上發表了專項力量訓練領域的論文 20 多篇。出版專著 1 本，參編教材 4 部。

　　研究方向：重大田徑賽事管理、高層次體育人才培養。

　　孫大元，男，1944 年生，浙江慈溪人。上海體育學院教授，碩士生導師。1965 年上海體育學院畢業。

全國田徑理論研究會委員。中國田徑協會第 4 屆裁判委員會委員、國際一級田徑技術官員。國際運動與休閒器材裝備聯合會（IAKS）會員。國家標準《人工材料體育場地使用要求及檢驗方法第 1 部分室外合成面層運動場地》（20032360—T—451）起草組成員。2008 年第 29 屆（北京）奧林匹克運動會國家體育場（鳥巢）運行團隊田徑競賽組織擔任場地器材主管。

在田徑運動場地設施方面發表論文和譯文 16 篇。4 篇論文分獲第一屆和第二屆全國田徑裁判科學論文報告會的特等獎和二等獎。翻譯、審校並出版了 1995、1999 和 2008 版中譯本《國際田聯田徑設施手冊》。撰寫出版並修訂出版了《塑膠面層運動場地建設與保養指南》一書。

自上世紀 90 年代起曾經為 49 個大、中學校運動場田徑跑道，省市級體育場和國外國家級體育場田徑場地建設擔任顧問和設計、施工、驗收的指導工作。其中 4 個場地獲得 IAAF 田徑場地一級認證，2 個場地獲得 IAAF 田徑場地二級認證。

研究方向：田徑運動場地建設與保養。

運動精進叢書

歡迎至本公司購買書籍

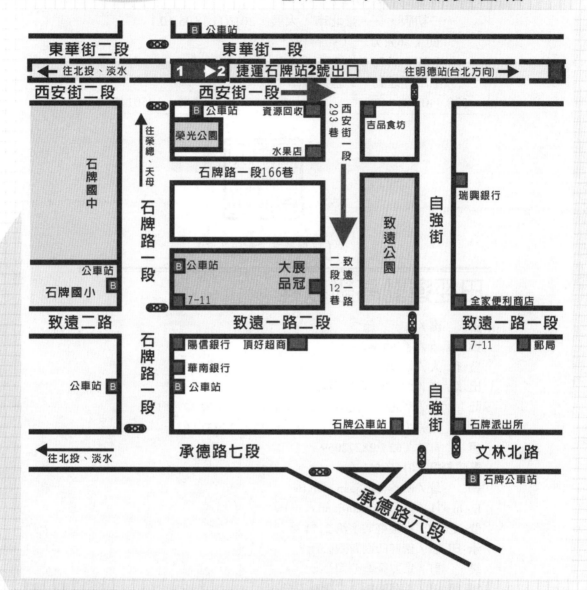

建議路線

1.搭乘捷運・公車

　　淡水線石牌站下車，由石牌捷運站2號出口出站(出站後靠右邊)，沿著捷運高架往台北方向走(往明德站方向)，其街名為西安街，約走100公尺(勿超過紅綠燈)，由西安街一段293巷進來(巷口有一公車站牌，站名為自強街口)，本公司位於致遠公園對面。搭公車者請於石牌站(石牌派出所)下車，走進自強街，遇致遠路口左轉，右手邊第一條巷子即為本社位置。

2.自行開車或騎車

　　由承德路接石牌路，看到陽信銀行右轉，此條即為致遠一路二段，在遇到自強街(紅綠燈)前的巷子(致遠公園)左轉，即可看到本公司招牌。

國家圖書館出版品預行編目資料

田徑運動高級教程 / 文超主編
——初版，——臺北市，大展，2016 [民 105.10.]
面；26公分—（體育教材：15）
ISBN 978-986-346-130-2（平裝）
1.田徑運動 2.運動教學
528.9403 105014764

田徑運動高級教程

主 編／文 超
責任編輯／叢 明 禮
發 行 人／蔡 森 明
出 版 者／大展出版社有限公司
社 址／臺北市北投區（石牌）致遠一路 2 段 12 巷 1 號
電 話／（02）28236031，28236033，28233123
傳 真／（02）28272069
郵政劃撥／01669551
網 址／www.dah-jaan.com.tw
E-mail／service@dah-jann.com.tw
登 記 證／局版臺業字第 2171 號
承 印 者／傳興印刷有限公司
裝 訂／眾友企業公司
排 版 者／菩薩蠻數位文化有限公司
授 權 者／北京人民體育出版社
初版 1 刷／2016 年（民 105 年）10 月

定價／880元

大展好書　好書大展
品嘗好書　冠群可期